현대 정치이론 산책

장 원 석 지음

온누리디앤피
DESIGN & PRESS

현대 정치이론 산책

초판인쇄 | 2017년 9월 25일
초판발행 | 2017년 9월 30일

지은이 | 장원석 | 제주대학교 사회과학대학 정치외교학과 교수

펴낸곳 | 온누리디앤피
등　록 | 제51호(1995년 08월 31일)
주　소 | 제주특별자치도 제주시 신성로12길 21-2
전　화 | (064)722-0086
전　송 | (064)755-3380

ISBN 978-89-94495-52-1 93300

값 32,000원

이 도서의 국립중앙도서관 출판예정도서목록(CIP)은 서지정보유통지원시스템 홈페이지(http://seoji.nl.go.kr)와 국가자료공동목록시스템(http://www.nl.go.kr/kolisnet)에서 이용하실 수 있습니다.(CIP제어번호: CIP2017024694)

현대 정치이론 산책

서문

저자는 대학에서 정치사상을 전공하였다. 아마 고전강독에 대한 매력에 이끌렸기 때문일 것이다. 은사의 영향으로 현상학에 대한 학습을 중점적으로 하게 되었고 그것은 방법론과 마르크스주의에 대한 관심을 제고시켰다. 현상학의 주요 개념과 이론들은 사회과학 방법론의 인식론과 직결된다. 또한 현상학적 마르크스주의는 서구마르크스주의의 주요한 이론적 전통이기도 하다. 불문학을 좋아했던 저자는 특히 20세기 프랑스 지성사에 관심을 가졌는데 메를로-퐁티, 사르트르, 까뮈 등이 활약했던 1940년대와 50년대는 감정이입이 가능한 박진감 있는 시기였다. 그들은 헤겔과 마르크스를 이론적 무기로 삼아 레지스탕스와 부역자 재판, 스탈린체제 등에 대해 지적인 성찰을 감행하였다. 그들이 전개한 치열한 논쟁은 철학이 정치의 세계에 어떤 방식으로 개입을 하며 또 어떠한 영향을 미치는지를 여실히 보여주었다. 그들을 바라보며 정립된 일련의 시각은 저자의 학문적 세계관의 모체가 되었고 본서 제1부 및 2부의 주제와 관련이 있다.

1968년 프랑스 5월 혁명은 후기산업사회의 등장을 증명한 문명사적 사건이었으며 이후 서구의 지성사는 탈근대적인 의식세계를 보여주었다. 생태주의, 미시정치학, 노마디즘, 애고니즘, 역사의 종언, 전자민주주의 등 새로운 패러다임들이 등장하였다. 이 시기의 새로운 양상은 이전의 그것과 비교할 때 거대담론을 거부하며 이념적인 치열성보다는 현실적합성을 강조하는 특징이 있다. 저자는 모더니즘보다는 포스트모더니즘의 관점에서 이 시기를 이해하려 하였고 제3

부와 제4부는 주로 이러한 맥락의 새로운 정치이론들을 다루고 있다. 다만 한나 아렌트의 경우는 탈근대의 흐름과 무관하지만 20세기의 대학살에 대한 철학적 성찰을 시도했다는 점에서 주제의 무게를 감안하여 여기에 포함시켰다.

미국의 자유주의적 전통은 미국의 건국정신에 대한 공화주의적 해석가능성에도 불구하고 미국의 예외주의라는 표현이 말해주듯이 유럽의 그것과는 사뭇 다른 모습을 보여준다. 제5부에서는 미국식 자유주의의 본질과 전개과정을 살펴본 후, 미국식 자유주의가 미국의 헌법과 정치제도에 어떻게 투영되고 있는지, 그리고 그것의 저력과 문제점은 무엇인지를 검토하였다. 제6부에서는 싱가포르의 정치체제를 모델로 삼아 부드러운 권위주의의 통치원리를 살펴본 후 그것의 민주화 가능성을 예측해 보았고, 아시아적 가치 논쟁과 관련해서는 아시아적 민주주의의 잠재력에 대해서 호의적으로 해석해 보았다. 이는 미국식 자유주의가 최고선일 수는 없다는 소박한 판단에 기인하였다.

이 책은 그동안 발표했던 여러 편의 논문들을 편집한 것인데 하나의 주제를 심층적으로 다루고 있지 못하다. 그것은 고도의 전문성을 본질로 하는 장인정신의 추구보다 다양한 관심사에 대한 지적 호기심의 충족을 선호하는 저자의 딜레탕트적 성벽을 반영하고 있을 터이다.

2017년 9월

장원석

목차

제4부 현대 서구정치이론과 새로운 패러다임의 모색

제5부 미국 민주주의론

제6부 아시아 민주주의론

제 1 부

사회과학 방법론

제1장

해석학 논쟁과 사회과학 방법론의 제문제

❶ 문제의 제기

이 글의 목적은 가다머와 베티, 가다머와 하버마스에 의해서 행해진 해석학의 논쟁[1)]을 사회과학 방법론[2)]의 시각에서 정리해보는

1) 이에 관해서는 J. Bleicher, *Contemporary Hermeneutics: Hermeneutics as Method, Philosophy and Critique* (London : Routledge and Kegan Paul, 1980), pp. 3-4 참조. J. Bleicher는 양자를 구별하기 위해서 전자를 해석학적 논쟁(hermeneutical dispute), 후자를 해석학 논쟁 (hermeneutic dispute)이라 표현 하고 있다. 이러한 표현은 후술하는 해석학적 순환(hermeneutical circle)과 해석학 순환(hermeneutic circle)의 구별과도 일치한다.

2) 방법론(methodology)의 논의는 상이한 몇 가지 수준에서 검토될 수 있으며 기술적 쟁점은 연구의 방법(method) 혹은 기법 및 절차 등과 관계되나 철학적 쟁점은 인식론(epistemology)의 문제와 관계된다. 두 개의 논의 영역을 구별할 필요가 있다. Alan Bryman, "The Debate about Quantitative and Qualitative Research: A Question of Method or Epistemology," *The British Journal of Sociology*, Vol. 35 (1984), pp. 75-76. 이 글은 인식론의 문제와 초점을 맞추어 논의를 전개하려 한다. 인식론의 문제를 본격적으로 검토하고 있는 정치학 논문으로서 Leo Strauss, *What is Political Philosophy* (Glencoe, Illinois: The Free Press, 1959)와 E. F. Miller, "Positivism, Historicism, and Political Inquiry," *APSR*, Vol. 66 (1972)를 들 수 있다. 양자 모두 정치학연구의 인식론적 기초를 전통철학과 실증주의, 역사주의로 파악하고 있다. 달마이어에 의하면 전통철학, 실증주의, 역사주의 삼자의 관계는 진리의 역사성과 가치판단의 문제를 놓고 서로 착종하고 있으며 분업관계를 형성하기도 한다. F.R. Dallmayr, "Beyond Dogma and Despair. Toward a Critical Phenomenology of Politics," *APSR*, Vol. 70 (1976), pp. 64-79. 유진 밀러는 행태주의의 인식론적 토대가 실증주의에 있다고 한다면

데 있다.

사회과학이라는 용어자체에 이미 과학적 성격이 강조되고 있는 것처럼 사회과학 방법론은 과학적 탐구의 논리를 본질로 하여 발전하여 왔으며 우리는 사회과학 연구에 있어서 과학적 연구경향을 포괄적 의미에서 실증주의라고 칭하여 왔다. 사회현상에 대한 과학적 연구가 직면하는 어려움을 정리해 본다면 크게 두 개의 카테고리로 나누어 볼 수 있다. 하나는 사물에 대한 객관적 이해가능성과 관련된 문제이고, 다른 하나는 가치판단과 관련된 문제이다.

사물에 대한 객관적 이해는 과학적 탐구의 첫 번째 과제이다. 그러나 사회과학의 경우 이 문제는 다음의 두 가지 어려움을 만들어낸다. 하나는 행위와 결합하고 있는 의식의 처리문제이다. 사회현상은 인간의 행위를 매개로 하여 성립되며 행위는 의식과 결합되는데, 인간의 내면의 세계를 객관적으로 설명한다는 것은 쉬운 일이 아니다. 이것은 주로 연구대상으로서 행위자와 관련된 문제이다. 또 다른 어려움은 사회현상을 다룸에 있어서 연구자 주관의 개입을 완전히 배제한 객관적 연구가 가능한가의 문제이다. 일찍이 베이컨은 4개의 우상론을 통하여 인식과정에서 있어서 인간의 한계를 지적한 바 있다.[3] 이것은 탐구의 주체로서 연구자와 관련된 문제이다. 전자가 '의

적실성과 행동을 모토로 삼는 후기행태주의 혁명의 인식론적 입장을 역사주의에 있다고 말하고 이것을 크게 쿤식의 과학철학, 칼 만하임의 지식사회학, 니체의 사상, 실존주의적 현상학의 네 개의 흐름으로 논하였다. 레오 스트라우스는 전통철학을 옹호하는 입장에서 전통철학의 쇠퇴를 가져온 두 개의 적으로 실증주의와 역사주의를 지적하고 실증주의는 결국 역사주의화 한다고 경고하였다. Leo Strauss, *What is Political Philosophy*, pp. 25-27. 이들의 논의를 해석학의 문제들과 결부시킬 때 역사주의는 전이해의 문제를, 전통철학은 진리의 객관적 실재와 가치판단의 문제를 집중적으로 거론하고 있다고 말할 수 있다. 정치학을 중심으로 실증주의 인식론에 대한 비판적 검토를 행하고 또 다른 예로서 John G. Gunnell, *Philosophy, Science and Political Inquiry* (Morristown, New Jersey : General Learning Press, 1975) 참조.

식의 객관화'에 관련된 문제라면 후자는 소극적 가치판단으로서 '전이해(fore-understanding)' 혹은 '선이해'와 관련된 문제라고 할 수 있다. 여기서 소극적이라 함은 상황에 의해서 규정되어짐을 의미한다.

두 번째로 제기되는 문제는 가치판단의 문제이다. 이것은 사회과학의 역할이 단순히 현상을 분석하고 설명하는 데 국한되어야하는가 혹은 변혁을 추구하고 사회가 나아갈 바람직한 방향을 제시할 수 있어야 하는가의 문제이다.[4] 이 경우 가치판단은 전이해와는 달리 적극적 성격의 것이며 도덕률이나 역사이성, 이데올로기의 문제 등이 개입된다. 가치판단을 행할 경우 그것이 사물에 대한 객관적 이해에 근거한다면 더욱 바람직하다 할 것이다.

실증주의의 전통은 이러한 문제와 관련하여 다음과 같은 태도를 취해 왔다고 볼 수 있다. 첫째로 의식의 객관화 문제에 있어서 실증주의는 조작적 행위를 통한 접근을 모색해 왔다. 지표나 변수를 이용하여 사물의 핵심을 계량화시키는 측정의 방법이 시도되었다. 조작주의(operationalism)는 의식의 세계를 가능한 한 객관화시키려는 노력의 산물이라고 할 수 있다. 첫 번째 카테고리의 두 번째 문제에 있어서 실증주의는 연구자의 주관을 배제한 객관적 연구를 강조해 왔고 이와 관련하여 순수한 감각자료(pure sense data)의 가능성을 주장해 왔다. 실증주의는 대상을 주체로부터 절연시키는 객관주의(objectivism) 인식론에 입각해 있다고 말할 수 있다. 두 번째 카테

3) 베이컨은 특히 종족의 우상과 동굴의 우상을 인간세계에 고유한 현상으로 파악하였다. 전자는 감정이나 정열처럼 인간의 본성 그 자체에 기인하는 것으로서 인류 공통적 현상이며, 후자는 개인적 특질에서 기인하여 사물의 올바른 이해를 방해한다. J. Larrain, *The Concept of Ideology* (Hutchinson, 1979), pp. 20-22.

4) 마르크스가 현실의 이해가 아닌 현실의 변혁을 철학의 임무로 주장하였을 때 그것은 동일한 맥락에서 행해진 고전적인 예이다. K. Marx, "Theses on Feuerbach," in R. Tucker(ed.), *The Marx-Engels Reader* (New York: Princeton Univ. Press, 1979), p. 145.

고리의 문제인 가치판단 논쟁과 관련하여 실증주의는 가치와 사실의 분리를 주장하고 가치중립적 연구를 강조하였다. 베버의 가치중립론은 학문연구에 있어서 잘못된 편견이나 선입견을 배제하려는 데 그 정신이 있다고 본다면 이것은 소극적 성격의 전이해와 적극적 성격의 가치판단 과정 모두에 적용될 수 있는 논리일 것이다.

한편 성서해석과 문헌연구에서부터 출발한 해석학은 오늘날 정신과학 일반의 원리를 논하기에 이르렀으며 그것은 현상학이나 비판이론과 더불어 실증주의를 비판하는 현대철학의 중요한 흐름을 구성해 왔다. 베티와 가다머, 하버마스 등에 의해 행해진 해석학 논쟁은 해석학의 본질에 대한 상이한 시각을 통해서 앞에서 거론된 사회과학방법론의 제문제와 관련하여 각각 특징적인 문제제기를 하였다.[5)]

의식의 객관화 문제에 초점을 맞추는 논리가 베티의 해석학이론(hermeneutical theory)이라면, 전이해의 문제에 초점을 맞추는 논리가 가다머의 철학적 해석학(philosophical hermeneutics)이며, 가치판단의 문제에 초점을 맞추는 논리가 하버마스의 비판적 해석학

---

5) 이러한 논쟁을 통해서 다양한 해석학의 정의가 사회과학방법론의 제반문제, 특히 실증주의적 방법론에 대한 비판과 관련을 맺을 수 있다는 것이지 논쟁이 실증주의적 방법론 비판을 그 목적으로 하고 있다는 이야기는 아니다. 그리고 이하 해석(interpretation)과 이해(understanding)의 용어를 구별하지 않고 사용한다. 그것은 해석학의 본질을 둘러싼 제논쟁에서 두 개의 개념이 사실상 혼용되고 있기 때문이다. 주로 현상학 계열의 학자들에 의하여 현대 사회과학의 제반문제가 방법론의 토대로서 인식론상의 문제에서 연원하고 있다고 진단되어지며 이를 '이해의 위기'로 표현하는 경향이 있다. 대표적 글로써 F. R. Dallmayr and Thomas A. McCarthy, "Introduction : The Crisis of Understanding", in F. R. Dallmayr and Thomas A. McCarthy(ed.), *Understanding and Social Inquiry* (Notre Dame: Notre Dame Univ. Press, 1997), pp.1-11. M. Merleau-Ponty, "The Crisis of Understanding", *Adventure of Dialectic*, tran S. J. Bien (Evanston: Northwestern Univ. Press, 1973), pp.9-29; Jung Hwa Yol, *The Crisis of Political Understanding* (Pittsburgh : Duquesne Univ. Press, 1979) 등을 들 수 있다.

(critical hermeneutics)이라고 할 수 있다. 해석학 이론이 행위자의 주관을 문제 삼았다면 철학적 해석학과 비판적 해석학은 연구자의 주관을 문제 삼았다. 이제 베티와 가다머, 가다머와 하버마스의 논쟁을 살펴보고 그것이 갖고 있는 사회과학방법론상의 함의를 검토해 본다.

❷ 해석학 논쟁

1) 가다머의 철학적 해석학

1960년 하이델베르그의 철학자 한스 게오르그 가다머는 『진리와 방법: 철학적 해석학의 개요』를 저술하여 해석학의 새로운 방향을 제시하였다. 가다머는 이 책에서 근대과학의 객관주의적 사고와 이것을 완전히 불식하지 못한 종래 해석학의 전통을 비판하고 이해의 역사성을 강조하는 새로운 해석학으로서 철학적 해석학을 주장하였다. 그러나 다른 한편 그는 인식주체의 절대성을 전제하는 주관주의 철학의 한계에 대해서도 비판을 행함으로써 전통적인 객관주의와 주관주의 철학을 동시에 문제 삼았다. 가다머에 의하면 사물의 이해 혹은 해석에 있어서 객관적 지식의 추구에 선행되어야 할 보다 중요한 문제는 그것의 존재방식에 대한 물음이며 따라서 방법의 문제 - 객관성 확보를 위해 동원되는 - 만으로는 진리를 보장하지 못한다. 가다머가 문제 삼는 것은 보다 근원적인 물음으로서 이해의 본질이다. 이 점에 있어서 가다머의 논리는 전적으로 하이데거에 의존하고 있다.[6]

---

6) 가다머는 자신의 책 서문에서 하이데거야말로 이해가 현존재의 존재방식임을 설득력 있게 입증했다고 지적하고 자신의 해석학이 기본적으로 이러한 맥락에 의

이해는 현존재가 지닌 세계내 존재의 근본적인 존재방식이다. 이해는 대상에 대한 사유의 과정이기 이전에 인간자체의 존재방식이며 이해의 선구조는 인간의 역사적 실존을 증명한다. 이해는 존재의 일부이며 존재는 이해에 선행한다. 무시간적인 범주를 거부하고 이해의 역사성을 강조하는 가다머의 철학적 해석학은 이해의 선구조가 예술경험이나 역사이해 모두에 있어서 공통적이라고 본다. 존재론의 입장에서 보았을 때 두 개는 기본적으로 동일한 경험의 구조를 갖는다. 가다머는 미적 경험의 논의를 출발점으로 하여 최종적으로 역사의식의 문제를 거론함으로써 철학적 해석학이 주장하는 해석의 일반원리를 정립하였다.

가다머에 의하면 예술작품 혹은 텍스트의 진정한 이해는 주관과 객관의 이분법적 사고를 극복함으로써 가능하다. 즉 대상으로서 자기완결적인 작품의 세계나 감상자의 주관 어느 한쪽을 고집해서는 안 된다. 예술은 사물을 재현하고 있지만 그것은 닫혀진 세계가 아니라 열려진 세계이다. 이해의 존재론적 구조는 예술경험에 있어서 우리가 작가의 의도에 구속될 필요가 없으며 해석자의 주관적인 미의식 역시 거부되어야 함을 보여준다. 예술작품의 진정한 이해는 작품이 제기하는 물음에 대한 우리들의 끊임없는 참여이며, 이것은 우리들 자신이 갖고 있는 세계경험의 투영이다. 예술작품의 이해는 예술가와 감상자의 주관을 뛰어넘어 역사 속에서 역동하는 작품의 의미 바로 그것에서 모색되어야 한다. 가다머는 예술작품의 이해에 있어서 해석의 관건이 작가의 의도나 작품의 본래적 의미가 아닌 세계속의 존재로서 해석자의 의미부여에 있음을 주장한다.

존하고 있다고 말하고 있다. H. J. Gadamer. *Truth and Method* (New York: Seabury, 1975), p. xviii.

따라서 텍스트나 작품을 이해함에 있어서 진정한 준거점은 행위자나 관찰자, 혹은 저자나 독자 어느 한쪽이 아니라 현재의 우리에게 드러난 역사적 의미이며, 해석학의 진정한 과제는 대상의 의미를 복원시키는 것이 아니라 재창조과정으로 파악된다.[7)]

가다머의 역사해석 역시 이해의 선구조, 전이해의 문제를 논의의 출발점으로 삼고 있다. 역사적 대상의 이해는 현재의 의식을 통해서만 가능하며 따라서 우리는 현재와 무관하게 역사를 이해할 수 없다. 그러나 현재의 의식은 과거로부터 전승된 의식이며 과거는 현재 속에 영향을 미치고 있다. 가다머는 객관적 역사를 추구하였던 랑케의 역사학파를 비판했으며 특히 딜타이의 역사이해를 문제 삼았다.[8)] 딜타이의 경우 역사학파를 비판하고 정신과학의 이름하에 비(非)자연과학적인 방법론에 입각한 역사이해를 추구하였으며 추체험을 통한 감정이입의 방법론을 주장하였다. 그러나 가다머가 볼 때 딜타이의 논리는 역사학파의 객관성의 이상을 아직도 벗어나지 못하고 있다. 왜냐하면 딜타이는 방법을 달리함으로써 - 충분한 추체험을 통해서 - 대상에 대한 객관적인 인식이 가능하다고 생각하기 때문이다.

가다머는 자신이 비판하고 있는 역사의식을 대신하여 진정한

---

7) 가다머에 있어서 해석학의 과제는 본래적 의미의 재구성(reconstruction)이나 재생산(reproduction)이 아닌 현재적 지평 속에서의 의미의 생성이며 이를 통합(integration)이라 표현하고 있다. *ibid.*, pp. 146-150. 예술작품의 자율성과 의미의 역동성을 주장한다는 점에서 가다머의 주장은 신비평(new criticism)의 원리와 일맥상통한다. 그러나 신비평의 경우는 주관주의화된 미의식의 위험이 상존한다. R. E. Palmer, *Hermeneutics: Interpretation Theory in Schleiermacher, Dilthey, Heidegger, and Gadamer* (Evanston: Northwestern University Press, 1969), pp.174-175 참조.

8) 딜타이와 역사학파의 관계에 대한 가다머의 평가는 H. J. Gadamer, *Truth and Method*, pp. 192-214.

역사의식으로서 '영향사의식'(effective-historical consciousness)을 주장한다.[9] '영향사의식'이란 역사이해의 과정에서 역사적으로 작용하는 의식이며 역사적 전통의 영향 하에 사유하는 의식을 말한다. 과거를 현재의 우리와 무관하게 과거로서만 이해하려는 태도는 역사의 진정한 의미를 외면하는 골동품 수집가의 태도이다. 과거의 의미는 현재와 무관하게 그 자체로서 파악될 수 없다. 개인의 자기성찰을 과도하게 강조하였던 계몽주의의 잘못된 전통은 역사로부터 차단된 닫혀진 세계를 전제함으로써 이성의 능력을 회복하려 하였다.[10] 그러나 무전제적인 이해란 존재할 수 없으며 선입견(prejudice)은 역사이해의 기반이 된다. 전통과 권위는 전이해의 중요한 카테고리로서 이성은 이들과 대립관계에 있지 않으며 오히려 이들을 배경으로 하여 탄생한다. 역사적 이해는 이해되어야 할 대상과 인간의 자기이해와의 변증법적 상호과정이다. 과거의 사실을 해석함에 있어서 현재의 척도를 거부하는 것은 한 역사가 다른 시대의 역사에 의해 판단되어서는 안 된다고 하는 역사적 상대주의의 논리이다. 가다머는 현재적 해석이야말로 한편으로는 숨겨진 사상의 의미를 드러나게 해주는 탈은폐의 작업이며, 다른 한편으로는 오류의 원천을 제거해주는 효과가 있음을 지적한다. 이것이 그가 주장하는 시간간격, 시간적 거리(temporal distance)의 효과이다.[11] 텍스트에 의해 제기된 물음에 답하기 위한 일차적인 과제는 그것의 의미지평을 이해하는 일이

---

9) *Ibid*., pp.264-274. 원어는 'wirkungsgeschichtliches Bewuβtsein'이며 'historically operative consciousness'라고 번역하기도 한다. R .E. Plamer, *op. cit*., p.191.

10) 한 사회가 갖는 선입견을 존재의 역사성이라는 측면에서 긍정적으로 수용하고 있는 가다머는 "'계몽주의의 근본적인 선입견은 선입견에 대한 선입견이었다." 라고 비판한다. Gadamer. *Truth and Method*, pp.239-240.

11) 가다머는 전자를 시간간격의 소극적(negative)효과, 후자를 그것의 적극적(positive) 효과로 보고 있다. *ibid*., pp. 265-266.

다. 언표된 것의 배후를 파악해야 한다. 그러나 이러한 물음에 대한 대답은 해석자 자신의 지평과 결합되어야 하며 따라서 해석은 과거와 현재의 지평융합(fusion of horizons)을 본질로 한다. 가다머에 따르면 역사적 사건을 이해하기 위해서 역사가에 의한 역사의 재구성을 주장했던 크로체나 콜링우드는 이러한 입장을 취했던 근대의 몇 안 되는 사상가 중의 한 사람이었다.[12] 가다머는 법률해석이나 성서해석에 있어서 현재적 적용의 문제는 예술과 역사경험의 경우보다 해석학의 본질을 보다 극명하게 보여주는 유용한 모델을 제공하고 있다고 말한다.

가다머는 철학적 해석학의 개방성과 보편성을 강조한다. 해석의 작업이 영향사의식에 의해 끊임없이 새로워진다는 의미에서 해석의 개방성이며, 따라서 그는 불변의 진리라든가 절대적 해석 등을 인정하지 않는다.[13] 또한 현재적인 의미부여가 해석자의 주관성을 뛰어넘어 공통의 경험을 배경으로 하고 있다는 의미에서 해석학의 보편성을 주장한다. 언어는 인간이 세계를 이해하는 보편적 매체이며 언어에의 귀속은 해석학적 경험의 근거이기 때문이다.[14]

2) 베티의 해석학 이론

이탈리아 법률사가 에밀리오 베티는 1962년 『정신과학의 일반

12) *Ibid.*, p.333, p.527.

13) 가다머는 해석학의 개방성(openness)을 소크라테스적인 질문과 응답의 변증법으로 파악한다. 그것은 도그마를 거부하는 끊임없는 문제제기이며 물음의 시도이다. *ibid.*, pp. 325-326.

14) 해석학의 보편성을 논하고 있는 가다머의 논문으로서 H. J. Gadamer, "The Universality of the Hermeneutical Reflection", *Philosophical Hermeneutics* (Berkley: California University Press, 1976), pp. 3-18. 가다머에 있어서 해석학의 보편성은 쿤의 패러다임론과 비교가능하다. J. Bleicher, *Contemporary Hermeneutics: Hermeneutics as Method, Philosophy, and Critique*, p. 127.

적 방법론으로서 해석학』을 출판하여 가다머의 철학적 해석학을 비판하고 존재론에 오염되지 않는 전통적 해석학의 전통을 옹호하였다. 베티에 의하면 가다머의 실존적 해석학은 해석의 객관성을 부정함로써 올바른 해석과 그릇된 해석을 구별할 수 있는 기준을 제공하지 못하였다. 따라서 가다머의 철학적 해석학은 주관주의와 상대주의의 위험이 있다. 베티는 해석에 있어서 주관적 계기를 인정하면서도 대상은 대상으로서 규명되어야 하며 객관적으로 타당성 해석이 여전히 가능하다고 주장한다.

베티에 의하면 해석은 의미부여와 본질적인 차이가 있다.[15] 해석행위는 사상(事象)의 본래적 의미를 복원시키는 작업이다. 인간의 모든 사고와 행위는 의미를 내포하고 있는 형식들을 산출해내며 이것을 정신의 객관화라고 말할 수 있다. 해석의 대상인 이 객관정신은 해석자에 의해서 소급하여 재인식, 재발견되어지며 여기에 다리를 놓는 작업이 이해 혹은 해석의 과정이다. 베티는 4가지의 해석학의 규준을 주장한다.[16] 처음 두 개는 해석의 대상과 관련된 규준이며, 나중의 두 개는 해석의 주체와 관련된 규준이다.

대상의 해석학적 자율성의 규준(the canon of the hermeneutical autonomy of the object)은 대상이 대상자체의 논리에 의해서 이해되어야 한다는 주장이며 그것은 곧 해석이 행위자의 관점과 동기에 보다 충실할 것을 요구한다.[17] 해석은 원저자가 의도했던 의미를 재

15) 이것은 의미(meaning)와 의의(significance)의 구별의 문제로 볼 수 있다. 베티에 있어서 해석학의 목적은 의의가 아닌 의미이다. R.E.Palmer, *op.cit.*, p. 60.

16) 이하 E. Betti, "Hermeneutics as the General Methodology of the Geisteswissenschaften", in J. Bleicher, *Contemporary Hermeneutics: Hermeneutics as Method, Philosophy and Critique*, pp. 52-94 참조.

17) 이 첫 번째 규준은 가다머의 '구문의 자율성의 규준'(canon of the autonomy of the text)과 혼동을 일으킬 우려가 있다. 그러나 가다머의 규준은 베티와 반대로

구성하는 작업이다. 해석자는 대상 속에 자신을 성공적으로 투사시킬 수 있어야 하며 그 전제로서 해석대상은 해석자로부터 독립되어야 한다. 대상에 충실하기 위해서 해석행위는 해석자의 완전한 자기포기를 요구한다. 해석자는 행위자와 정신적인 동질성을 확보해야 한다. 모든 판단의 척도는 대상에 고유한 것이고 해석의 기준은 행위자의 관심 속에 내재해 있다. 이를 해석학 기준의 내재성의 규준(the canon of the immanence of the standards of hermeneutics)이라고도 한다.

두 번째 해석의 규준은 해석학적 탐구의 총체성과 의미일관성의 규준(the canon of totality and of the coherence of meaning of hermeneutical investigations)이다. 대상은 전체와의 관련 속에서 총체적으로 파악되어야 하며 의미맥락이 고려되어야 한다. 개별적 요소들로부터 전체의 의미를 얻어낼 수 있고, 개별적 요소들은 반대로 전체와 관련하여 의미를 명료화할 수 있게 된다. 베티는 이 점에 있어 특히 슐라이어마허의 해석학적 순환의 논리(hermeneutical circle)를 인용하고 있다.[18] 부분과 전체는 일련의 고리사슬을 형성하여 순환적 이해를 가능하게 한다. 개별자의 행위는 그의 총체적 삶 속에서 조명되어질 때, 또한 문화체계라는 보다 큰 배경 하에서 이해되어질 때 보다 정확한 이해가 가능하다. 대상의 객관적 의미를 전체 속에서 파악한다 함은 대상에 대한 공시적 분석뿐만 아니라 이시적 분석까지를 요구한다. 행위자의 의도와 사태의 궁극적 발전 사이에는 긴장관계가 있을 수 있기 때문이다. 이러한 의미에서 역사란 행

구분의 의미가 저자로부터 독립되어야 함을 강조한다. *ibid.*, p. 122.

18) 슐라이어마허에 의해 정립된 해석학적 순환(hermeneutical circle)의 원리는 해석자를 배제하는 개념이지만 가다머의 해석학 순환(hermeneutic circle)은 해석자를 참여시키는 개념이다. *ibid.*, pp. 78-79.

위자 자신보다도 해석자가 행위자를 더 잘 이해할 수 있다고 말할 수 있다. 그러나 후술하는 바와 같이 역사적 사건의 결과에 대한 고려가 가다머의 주장처럼 역사의 현재적 해석을 의미하지 않는다.

셋째로 이해의 현재성의 규준(the canon of the actuality of understanding)이다. 베티는 과거의 재구성과정이 필연적으로 해석자의 직관과 통찰력 등 주관적 계기를 내포하고 있음을 인정한다. 해석은 해석자 자신의 삶과 밀접한 관계를 갖는다. 그러나 베티에 있어서 요구되는 현재성의 의미는 가다머의 그것과 다르다. 베티는 해석자의 주관적 계기가 대상의 자율성의 요구에 최대한 부응할 것을 주장한다. 그것은 자의와 편견이 아닌 감수성이나 분별력, 지적 개방성을 의미한다. 베티의 이해는 창조적 이해가 아닌 정확한 이해이다. 이를 방해하는 수많은 우상과 편견을 극복해야 한다. 베티는 올바른 이해를 방해하는 가장 위험스러운 장애의 하나로 이데올로기를 지적한다. 이 명제와 관련하여 베티는 특히 이해의 현재성을 과도하게 강조하고 주체와 대상의 구분을 부정하거나 역사현상의 즉자적 성격 자체를 부인하는 극단적인 견해를 비판한다. 베티가 예로 드는 신학자 불트만은 해석의 주체가 없을 때 역사란 존재할 수 없다고 주장하였다. 왜냐하면 불트만은 역사에 있어서 문제가 되는 것은 역사적 대상의 현실적 의미뿐이라고 보았기 때문이다.[19] 베티는 가다머의 시간적 거리의 효과를 인정한다. 그러나 대상의 의미는 충분한 시간의 경과에 의하여 완성된 형식으로 발견될 수 있다고 본다. 가다머의 논리는 시간적 거리를 무한히 확장시키고 있다. 대상의 의미를 무한정한 미래의 해석에 내맡긴다는 것은 현상의 참다운 본질이 역사의 최후에서만 구현가능하다는 종말론의 논리이다.[20] 베

19) *Ibid.*, p. 64.

티는 역사적 대상의 즉자성을 부정하고 현시점에서의 유의미성만을 고집하는 가다머의 태도가 사실상 역사를 과거와의 대화가 아닌 독백으로 만들고 있다고 비판한다.

마지막 규준은 이해에 있어서 의미적합성의 규준(the canon of meaning-adequacy in understanding) 혹은 의미의 해석학적 일치성의 규준(the canon of the hermeneutical correspondence of meaning)이다. 이미 누차 강조된 것처럼 해석자는 자기의 선입견을 최대한 배제해야 한다는 의미에서 지적인 개방성을 가지고 대상 속으로 접근하여 의미의 일치를 모색해야 한다. 해석의 대상은 보다 넓은 의미에서 객관화된 정신으로서 내적 의미를 갖는다. 해석은 창조의 과정을 역전시켜 해석자로부터 객관화된 정신의 원천으로 소급하는 과정을 말한다.

베티는 위와 같은 맥락에서 비코의 말을 인용하여 세계는 인간에 의해 만들어졌으며 그런 이유로 하여 우리는 그 원리와 법칙을 알아낼 수 있다고 주장하였다.[21]

3) 하버마스와 비판적 해석학

1967년 하버마스는 『사회과학의 논리에 대하여』라는 책자를 통하여 가다머의 철학적 해석학에 대한 비판을 시도하였다. 전이해에 대하여 가다머가 절대적 권위를 부여하려 했을 때 베티가 이미 올바른 해석과 그릇된 해석의 문제를 제기한 바 있으며 그는 대상에 충실함으로써만 이 문제를 해결할 수 있다고 주장하였다. 반면 하버마스는 이성의 비판능력을 신뢰함으로써 전이해에 대한 적극적인 검토

---

20) *Ibid.*, p. 69.

21) *Ibid.*, p. 87.

를 제안하였다.[22]

하버마스 역시 가다머의 실증과학을 향한 비판에 대해 입장을 같이한다. 그러나 하버마스는 가다머의 철학적 해석학이 철저한 역사성을 강조하여 실증주의가 주장하는 객관성의 허구를 비판하고 있음에도 불구하고 다른 한편으로 소극적으로나마 실증주의를 정당화하는 측면을 갖고 있다고 본다. 그것은 가다머의 철학적 해석학이 객관성의 근원을 존재론적으로 파악하고 있지만 그 근원에 대한 또 한 번의 성찰을 거부한다는 점이다. 즉 가다머의 철학적 해석학은 해석의 최종적 준거로서 전이해를 사회적 합의라는 논리로서 절대화하는 경향이 있다. 가다머는 이해의 존재론적 구조를 밝혀내는 과정에서 존재를 성역화하고 존재의 우위를 주장하였다. 하버마스의 비판적 해석학은 프랑크푸르트학파의 비판이론이 그렇듯이 실증과학의 격률이라 할 수 있는 가치중립과 객관성의 요구가 지배이익을 정당화하는 현상유지의 이데올로기라는 입장에서 출발을 한다.

하버마스는 전이해의 불가피성을 인정한다.[23] 그리고 전이해의 일환으로서 전승된 문화와 언어체계에 대한 강조가 과학의 세계를 이차적 질서로 간주하고 과학적 지식의 근원이 우리들의 삶의 세계 속에 놓여있음을 보여 준다는 사실을 긍정적으로 평가한다. 가다머의 철학적 해석학은 플라톤의 말을 인용하여 우리가 언어의 거울을 통해 진리에 이를 수 있음을 주장하였다.[24] 그러나 하버마스는 전이

22) 이하 J. Habermas, "The Hermeneutics Claim to Universality", in J. Bleicher, *Contemporary Hermeneutics: Hermeneutics as Method, Philosophy and Critique*, pp. 181-211. 이 글은 가다머의 반론 - 『수사학, 해석학, 이데올로기 비판』(*Rhetorik, Hermeneutik und Ideologiekritik*, 1967) - 에 대해 1971년 재비판을 시도한 글이다.

23) *Ibid.*, p. 183.

24) *Ibid.*, p. 187.

해의 정당성 그 자체를 문제 삼을 수 있어야 하며 일상적인 상호주관은 비판적으로 검토되어야 한다고 본다. 하버마스에 의하면 이해의 선구조로서 사회적 합의는 체계적으로 왜곡되어 질 수 있다. 언어적 전통을 포함한 사회화과정 속에는 폭력의 요소가 상존한다. 하버마스는 참된 합의가 가능한 만큼이나 지배이익에 의해 왜곡된 합의의 존재도 가능하다고 본다. 허위의식이 가능한 것이다. 따라서 소여의 현실을 가치척도로 상정하는 가다머의 철학적 해석학은 이상적인 상황을 전제로 할때만 성립될 수 있는 논리이다. 진리는 비폭력적인 언어상황 속에서 이루어지는 이상적인 합의이다.[25] 그것은 합리적 담화의 소산이다. 하버마스의 비판적 해석학은 사회적 합의의 이면을 비판적으로 검토함으로써 왜곡되지 않은 진정한 합의를 모색함을 사명으로 삼는다.

하버마스는 사회적 행위의 맥락을 노동과 지배, 언어의 세 요소가 상호연관된 영역으로 파악한다.[26] 언어는 노동과 지배의 두 변수에 의해 매개되며 노동과 지배는 언어의 객관적 맥락을 형성한다. 따라서 해석학은 언어의 문제를 고찰함에 있어서 노동과 지배의 두 차원을 동시에 고려해야 한다. 이는 물적 토대로서 계급의 문제와 정치권력의 문제가 담화의 질서 속에 침투되고 있으며 이 결과 체계적으로 왜곡된 의사소통이 가능함을 의미한다. 다수에 의해서 견지되는 왜곡된 합의와 허위의식의 가능성을 문제 삼는 하버마스의 비판적 해석학은 가다머의 철학적 해석학이 이러한 문제를 소홀히 함

---

25) *Ibid.*, pp. 205-206. 하버마스는 여기서 G. H. Mead를 인용하여 이상적인 담화의 가능성이 민주주의의 전제임을 강조하고 있다.

26) J. Habermas, "A Review of Gadamer's Truth and Method", in F. R. Dallmayr and Thomas A. McCarthy(eds.), *Understanding and Social Inquiry* (Notre Dame Univ. Press, 1977), pp. 360-361.

으로써 실증과학에 대한 비판에도 불구하고 사실상 현실을 정당화하는 보수적 이데올로기의 역할을 행하고 있음을 지적하였다. 전이해의 중요한 카테고리로서 권위의 문제를 다룸에 있어서 하버마스는 베버를 인용하지만 사실상 반(反)베버적인 입장을 취한다. 권위란 일종의 정당화된 폭력이며 이성에 의하여 극복되어야 할 대상이다. 따라서 하버마스는 가다머식의 해석학의 보편성을 인정하지 않으며 개방성을 요구하지도 않는다.[27] 현실을 규정하는 모든 가치가 해석의 기준이 될 수 없으며 현재의 시점에서 작용하고 있는 전통과 권위, 선입견은 비판적으로 검토되어야 한다. 상호적 주관은 해석의 규범적 원리가 되지 못한다. 필요한 것은 존재구속성을 뛰어넘는 이성의 비판능력과 이에 수반되는 정당한 가치판단이다. 하버마스는 바람직한 가치판단의 추상적인 척도로서 해방의 관심(emancipatory interest)을 주장한다.[28] 모든 해석행위는 인간사회를 억압과 질곡으로부터 해방시키기 위해서 기존질서에 대한 끊임없는 비판을 시도해야 한다. 따라서 하버마스에 있어서 해석은 곧 비판을 의미한다. 지배와 노동이 담화과정을 왜곡시킬 수 있는 것처럼, 역으로 진실한 의사소통을 통하여 지배와 억압의 구조를 극복할 수 있다. 여기에 이성의 반성(reflection) 능력과 해방에의 관심을 추구하는 비판적 해석학의 의의가 있다. 하버마스는 이성이 전통 속에 용해될 수 있는 가능성을 부정하지 않지만 가다머와는 달리 이성과 전통의 대립가능성을 보다 강조한다. 인류역사의 진보는 기존의 권위와 전통에 대한

27) 하버마스에 따르면 오늘의 상황은 해석학의 보편성을 주장하는 것보다 왜곡된 보편성의 주장을 지적하는 것이 더 시급한 문제일 수 있다. J. Habermas, "The Hermeneutics Claim to Universality", p. 209.

28) 이 개념에 대해서는 J. Habermas, *Knowledge and Human Interests* (Boston: Beacon press, 1971), pp. 310-371 참조.

도전의 역사였으며 계몽주의는 이성의 비판능력을 보여준 인류의 위대한 유산이다. 하버마스의 비판적 해석학은 공동체의 외적 합의에 대한 의문을 제기함으로써 해석학의 본질을 계급적 이해와 정치권력의 배후를 문제 삼는 이데올로기 비판으로 파악하고 있다.

❸ 해석학과 사회과학 방법론

1) 해석학 이론과 의식의 객관화

베티의 해석학 이론은 해석의 본질이 대상의 본래적 의미를 복원시키는 데 있다고 보고 있다. 따라서 그것은 사회적 행위를 논함에 있어서 행위자의 의도와 동기를 중시하며 이를 위해 연구자가 행위자의 의식세계에 보다 충실할 것을 요구하고 있다.

그러면 실증주의는 행위자의 의식세계에 접근하기 위해서 어떠한 전략을 취해왔는가.

실증주의의 중요한 특징 중의 하나는 계량주의를 취하는 데 있다. 모든 자료는 객관적 관찰이 가능하도록 수량화된다. 경험적으로 관찰될 수 있는 언명들을 추출해 내는 것은 검증의 원리의 전제가 되기 때문이다. 이 과정에서 사실을 체계적으로 기호화시키는 조작적 행위가 과학적 탐구의 기초적인 단계를 구성한다. 이러한 일련의 작업은 이른바 심신일원론의 논리와 무관하지 않다. 즉 의식과 육체는 동일한 실체이고 따라서 관찰가능한 행위를 통하여 내면의 세계를 추론해 볼 수 있다는 가정이다. 그러나 조작적 행위와 계량화 작업은 다음과 같은 문제점들을 내포하고 있다.[29] 그것은 현상의 내면

29) 이관우, 『조사분석방법론』(서울: 형성출판사, 1981), pp. 189-192.

적 본질, 심화된 의미를 제대로 파악하지 못하며 오직 외형상의 논리만을 발견할 가능성이 있다. 조작적 행위는 또한 현상의 다수 질적 속성 중 어느 한 측면만을 포착함으로써 대상의 전체적인 이해에 실패하기 쉽다. 이 점은 실증주의의 또 하나의 중요한 특징인 방법론적 개인주의의 문제와 밀접한 관계를 갖는다. 현대의 실증과학은 현상을 무수한 개개의 사실로 분리시킨 후 분리된 사실의 복합체를 통하여 전체를 대신하려 함으로써 현상 속에 내재해 있는 배경의 전체적인 맥락을 간과하기 쉽다. 여기서 계량화를 위한 척도의 타당성의 문제가 발생하며 개체화와 부분화를 모색하는 실증과학의 미시적 분석은 진리의 편린만을 획득하게 된다.[30] 관계맥락을 배제한 체 추상화를 시도하는 실증주의의 전략은 이론과 실제의 괴리를 초래할 가능성이 많다. 이러한 결과 실증주의적 방법론은 고도의 과학성을 추구하고 있음에도 불구하고 이론적 유의성을 결여하게 된다.

조작주의와 방법론적 개인주의에 입각해 있는 실증주의의 전략에 대해서 일찍이 딜타이가 문제를 제기하였다. 딜타이는 자연의 세계와 인간의 세계가 모두 과학적으로 연구될 수 있음에도 불구하고 인간의 세계를 다루는 과학은 자연과학의 그것과 성격을 달리한다고 보았다. 딜타이는 정신과학(Geisteswissenschaften)의 특징을 인간의 내적 체험과 삶에 연관된 대상을 다루고 있다는 데서 발견하였으며 따라서 그것은 자연과학의 방법론과는 다른 특수한 방법론을 사용해야 한다고 생각하였다. 딜타이에 의하면 자연과학은 자연을 설명하지만 정신과학은 삶의 표현을 이해한다.[31] 딜타이는 인간의 내면적

---

30) 이러한 문제제기는 해석학 뿐만 아니라 마르크스주의의 부르주아 과학비판 논리이기도 하다. 통합과학을 지향하는 마르크스주의는 사물의 본질에 대한 이해가 전체(whole)의 범주를 통해서만 가능하다고 주장한다. G. Lukacs, *History and Class Consciousness: Studies in Marxist Dialectics* (Cambridge : The MIT Press, 1972), p. 27.

삶과 체험이 인과론적이며 양적인 사고에 의해서 접근될 수 없으며 자아를 타자 속에 전위시키는 전(前)반성적 차원의 행위인 이해를 통해서만 접근이 가능하다고 주장하였다. 따라서 이해의 방법은 일반화를 모색하지 않으며 개별성을 강조한다. 이해는 감정이입을 통해 행위자의 내적체험 속으로 합류하는 행위이며 이를 통해서 우리는 행위자의 의식세계를 재구성할 수 있다. 우리는 추체험을 통해서 개개인의 내면의 세계와 만나게 되고 나아가 인간의 본성을 알게 된다. 다른 한편으로 딜타이는 슐라이어마허가 이미 언급한 해석학적 순환의 원리를 주장하였다. 딜타이는 실증주의의 원자론적 사고를 배격하고 삶의 총체성을 강조한다. 체험은 본질적으로 역사적이며 그것은 일련의 구조적인 관계 속에 놓여져있다. 따라서 의미의 이해는 체험의 관계맥락을 고려함으로써만 가능하다.[32] 이해는 과학주의가 주장하는 개념의 범주 속에서 불가능하며 부분과 전체의 상호적인 순환작용을 통해서만 가능하게 된다. 그러나 딜타이에 있어서 역사성은 연구자가 아닌 행위자에 초점을 맞춘 개념이며 따라서 연구자의 역사성에 초점을 맞추는 가다머 등의 철학적 해석학과는 성격을 달리 한다.

---

31) 딜타이에 있어서 해석의 궁극적 목표로서 삶(life)의 개념은 헤겔의 객관정신(objective spirit)과 유사한 범주의 개념이다. R. E. Palmer, *Hermeneutics: Interpretation Theory in Schleiermacher, Dilthey, Heidegger, and Gadamer* (Evanston: Northwestern University Press, 1969), p. 123. 따라서 해석학의 대상으로서 삶의 표현은 헤겔에 있어서 정신의 대상화와 밀접한 관계를 갖는다. J. Bleicher, *The Hermeneutic Imagination* (London: Routledge and Kegan Paul, 1982), p. 62. 이러한 지적들은 딜타이의 해석학에 대한 헤겔철학 더 나아가 독일관념론의 잔재라고 말할 수 있다.

32) 그러나 딜타이는 해석의 객관적 맥락으로서 계급문제의 성찰에 실패했기 때문에 루카치는 그의 저서 『이성의 파괴』에서 그를 반동적 철학자로 평가하였다. G. Lukacs, *The Destruction of Reason*, trans. P. Palmer (New Jersey: Humanities Press, 1981), p. 423.

딜타이의 해석학은 베버의 방법론적 성찰을 사로잡았으며 베버에 의하여 이른바 이해의 사회학의 전통이 수립되었다. 관념론의 전통을 거부하면서도 실증주의의 전능을 또한 거부하였던 막스 베버는 일생에 걸쳐 그 종합의 논리를 모색하였으며 전자와 관련하여 가치중립과 이상형 등을 논하였으나 후자와 관련하여 이해의 사회학을 주장하였다. 딜타이가 이해의 문제를 설명과 대립시킨 것과는 달리, 베버는 양자를 상호보완적인 것으로 받아들였으며 과학의 이념에 보다 충실하였다. 베버의 이해의 사회학은 사회현상의 주관적 측면을 강조하고 행위자의 의식세계에 최대한 충실할 것을 주장하였다. 그러나 베버는 이해의 방법을 한정된 방식으로 적용시켜 인과적 설명과의 결합을 모색하였다. 베버의 경우 일반법칙에 의한 설명과 개별적인 것의 이해는 양자 모두 정당한 것이었고, 두 개의 방법론은 상호의존적인 접근방식이며 사회적 현실을 파악함에 있어서 양자 모두 불가결하다고 보았다. 이해의 방법은 순수한 자연주의적 설명과는 대조적으로 하나의 행위, 하나의 관계의 의미를 포착하려고 한다. 우리는 의미를 이해함으로서만 행위를 파악할 수 있다. 그러나 베버는 완전한 추체험만이 의미해명의 절대조건은 아니며, 예를 들어 케사르를 이해하기 위해서 케사르가 될 필요는 없다고 보았다.[33] 즉 베버는 사회적 행위의 파악에 있어서 설명과 이해를 동시에 추구하였고 이러한 맥락에서, 의미와 결합된 인과관계 혹은 인과적 설명과 대조되는 해석적 설명의 개념 등을 논하였다.[34] 베버는 의미의 이해와 관련하여 사회적 행위를 이념형에 따라 4개로 유형화하였다.[35]

---

33) W. G. Runciman(ed)., *Max Weber: Selections in Translation*, trans. E. Matthews (Cambridge: Cambridge University Press, 1978), p. 8.

34) *Ibid.*, pp. 11-25.

35) *Ibid.*, pp. 28-29.

관습에 복종하는 전통적 행위와 감정적으로 결정되는 감정적 행위는 인과론적인 설명에 보다 가까운 거리에 있다. 베버가 『직업으로서의 정치』에서 말했던 심정윤리의 기초가 되는 가치합리적 행위는 스스로 부과한 신념에 충실한 행위로서 수단의 적합성과 결과의 고려를 외면한다는 점에서 비합리적인 행위이다. 책임윤리의 기초가 되는 목적합리적 행위는 미래에 대한 합리적인 판단과 예측 속에서 이루어지는 행위로서 사회적 행위의 이념형이 된다.

이해의 사회학과 해석학적 순환의 논리로서 요약될 수 있는 딜타이의 전통은 베버를 거쳐 베티의 해석학 이론에 계승되었으며 이것은 해석학이론의 두 준칙 - 해석학적 자율성의 규준, 해석학적 탐구의 총체성과 의미일관성의 규준 - 속에 잘 나타나 있다. 첫 번째 준칙은 해석행위에 있어서 행위자의 관점을 해석의 기준으로 삼을 것을 요구하고 있으며, 두 번째 준칙은 개별자의 행위가 총체적인 맥락 속에서 검토될 것을 요구하고 있다.

그러나 가다머가 지적하듯이 베티식의 해석학 이론은 의식의 세계에 대한 비자연과학적 접근의 논리를 주장하고 있음에도 불구하고 궁극적으로 경험적 자아를 통한 의식의 객관화가 가능함을 주장한다는 점에서 실증과학의 논리와 공통점을 갖고 있으며 따라서 해석학 논쟁에 있어서 가장 실증주의에 접근해 있는 입장이라고 말할 수 있다. 그것은 객관성의 이상을 포기하지 않고 있으며 사실상 새로운 유형의 과학을 추구하고 있다.

2) 철학적 해석학과 전이해의 문제

가다머의 철학적 해석학은 정신현상의 탐구에 있어서 객관성의 이념을 거부한다. 가다머에 의하면 대상을 연구자와 무관하게 즉자적인 존재로 파악한다는 것은 불가능할 뿐 아니라 바람직하지도 않다. 가다머는 해석행위의 정수가 전이해에 놓여 있음을 주장하고 과학적 지식의 존재론적 바탕을 문제 삼았다.

실증주의의 중요한 교의중의 하나는 객관성의 추구이며 이와 관련하여 실증주의는 객관주의 인식론을 주장해왔다. 객관주의 인식론은 인식주체와 인식객체를 분리시킨 후 인식객체가 인식주체로부터 독립하며 존재한다고 가정한다. 즉 대상은 의식과 무관하게 의식밖에서 그 자체로 존재한다. 대상으로서 인식객체의 논리가 곧 법칙이며 법칙의 세계는 연구자의 개입을 거부한다. 진리는 주체가 아닌 대상 속에 존재하며 따라서 진리는 구성되는 것이 아니라 발견되는 것으로 간주된다. 실증주의가 주장하는 가치와 사실의 이분법은 연구자 주관의 개입을 배제하고 사실의 세계에 연구의 초점을 맞춤으로써 즉자태로서 객관성의 확보를 기도하는데 의의가 있다. 주관에 의해 오염되지 않은 순수한 사실의 세계를 추출해내는 것은 과학적 탐구의 최초의 요청이다. 과학은 주관으로부터 독립된 사실의 세계를 발판으로 하여 자기완결적인 세계를 만들어낸다. 사회실재론이 자연과학의 패러다임에 입각하여 사회현상의 본질을 구성원의 의식세계와 무관한 실체로 파악했을 때 그것은 객관주의 인식론의 한 예라고 말할 수 있다. 뒤르껭은 사회현상을 사물로 취급하는 방법론적 제의를 행한 바 있다.

베티의 해석학이론은 주관성의 문제 - 이해와 의미의 문제 - 를 제기함으로써 실증주의의 객관성의 이념에 도전하였다. 그러나 그것은 행위자의 세계만을 문제 삼음으로써 실증주의 한계를 완전히 극복하지 못하였다. 연구자의 의식세계는 철저히 배제되었고 대상의 즉자적 본질이 여전히 고수되었다.

객관주의 인식론은 다음과 같은 문제점들을 갖고 있다. 우선 객관주의 인식론이 전제하고 있는 일련의 가정들 - 세계의 존재와 인과율의 지배, 지각에 의한 인식가능성 등 – 은 과학적으로 증명되지 아니한 형이상학적 명제들이며 이를 과학의 비과학적 토대라 말할 수 있다.[36] 또한 사회현상에 대한 연구는 문제설정에서부터 개념과 가설의 정립, 자료수집, 자료해석에 이르기까지 전 과정이 사실상 연구자 주관의 영향을 암암리에 받는다. 개인적이며 사회적인 요인들이 산출해 내는 연구자의 선입견이나 세계관 등 의도하지 않은바 소극적 의미에서의 가치판단이 존재함을 우리는 부정할 수 없다. 그러므로 과학적 연구가 추구하는 객관성의 이상은 엄밀성을 결여한다고 볼 수 있으며 과학적 행위는 자신의 원칙을 제대로 실현하지 못하고 있다고 말할 수 있다.

실증주의가 취하고 있는 객관주의 인식론에 대해서 일찍이 현상학이 문제를 제기하였다.[37] 실증과학이 주장하는 객관성, 객관적 지식의 본질은 무엇인가. 현상학의 논리에 의하면 과학의 세계는 삶의 세계에서 파생된 이차적 질서이며 따라서 과학의 근원은 일상적 삶의 세계이다. 과학적 연구가 주장하는 객관성의 이념은 초월적인 근거를 갖고 있지 않으며 그것은 사회구성원들의 상호적 합의를 바탕으로 하고 있다. 현상학은 객관성의 본질을 상호주관성으로 파악한다. 과학의 논리가 생활세계를 외면할 때 그것은 공중누각에 불과하며 현실의 참모습을 보여주지 않는다. 초기 훗설의 실증주의 비판은 베티적인 경향을 보여주었다. 훗설은 근대과학의 본질을 갈릴레

36) W. J. Goode and P. K Hatt, *Method in Social Research* (New York: McGraw-Hill Book Company, 1952), p. 20.

37) 밀러(E. Miller)가 지적하듯이 실존적 현상학 외에도 쿤의 과학철학, 칼 만하임의 지식사회학, 니체의 사상 등이 실증주의의 객관주의 인식론에 대해 문제제기를 행하였다. 이 경우 현상학의 생활세계론은 일상인의 전이해를 지식의 준거로 수용하지만 쿤의 패러다임론은 특히 과학자집단의 전이해를 지식의 토대로 삼고 있다는 차이가 있다. T. Kuhn, *The Structure of Scientific Revolutions* (Chicago : Chicago Univ. Press, 1970).

이식의 수학적 세계관으로 파악하였으며 근대과학은 직관에 의해서 주어지는 현실의 세계에 도식과 기호의 옷을 입힌 결과 현실의 올바른 이해에 실패하였을 뿐 아니라 현실을 은폐하는 기능을 행하게 되었다고 보았다.[38] 엄밀한 학으로서 제일철학을 추구하였던 훗설의 선험적 현상학은 수학적 세계관의 한계를 극복하기 위하여 사물 자체로의 복귀를 강조하였으며, 이를 위해 순수 자아에 의한 현상학적 환원과 판단중지, 본질직관 등의 초월적 태도를 주장하였다. 현상학은 최초의 세계로 돌아가려는 철학이며 본래적인 상태에서 출발하여 문제를 바라보려는 철학이다. 그러나 후기에 와서 그는 세계로부터 독립된 초월적 자아의 존재가 사실상 불가능하며 인간의 의식은 늘 역사 속에 침전되어 있다는 사실을 인정하면서 역사주의적인 맥락에서 생활세계(life world)에 대한 논의를 시작하였다. 논리 이전, 과학 이전의 세계로서 생활세계는 공통된 경험의 세계이며 개별자의 사고에 선행하여 존재하는 세계이다. 실증과학의 토대는 생활세계 속에서의 상호적 주관이며 그것은 본질적으로 역사적이다. 생활세계에 관한 논의가 보여주는 결론은 과학이 주장하는 객관성의 근원이 인식주체의 상호간 합의에 기인하고 있으며 초기의 선험적 현상학이 주장했

---

38) E. Husserl, *The Crisis of European Sciences and Transcendental Phenomenology*, trans. David Carr (Evanston: Northwestern Univ. Press, 1970), pp. 51-52. 정화열은 비슷한 맥락에서, 과학주의의 문제점으로서 개념에 의한 현실세계의 물화 현상을 화이트헤드의 전도된 구체성의 오류(Fallacy of Misplaced Concreteness)의 개념으로 설명하였다. Jung Hwa Yol, *The Crisis of Political Understanding* (Pittsburgh : Duquesne Univ. Press, 1979), pp. 62-63. 메를로-퐁티가 '과학은 사물을 조작할 뿐 그것들 속에 사는 것을 포기하였다'고 말하였을 때 동일한 맥락의 지적이라 말할 수 있다. M. Merleau-Ponty, *The Primacy of Perception and Other Essays*, ed., James M. Edie (Evanston : Northwestern Univ. Press, 1964), p. 159. 과학주의의 현실세계로부터의 이탈을 강조하는 이러한 논리가 극단화될 때 이론화작업 자체를 회의하는 탈구조주의, 해체주의의 논리가 등장한다고 하겠다.

던 순수자아에 의한 현상학적 환원은 불가능하다는 사실이다.[39]

사회학자 슈츠는 훗설의 생활세계론에 입각하여 사회적 지식의 근원으로서 일상적 삶의 세계의 중요성을 강조하고 과학의 세계가 궁극적으로 일상적 삶의 세계에 접근해야 할 것임을 강력히 시사하였다.[40] 슈츠는 일상세계의 중요한 특징 중의 하나를 구성원들이 세계를 대하는 자연적 태도(natural attitude)에 있다고 본다. 자연적 태도는 세계의 존재에 대하여 회의를 유보하는 태도를 말한다. 삶의 욕구와 관심을 본질로 하는 일상세계의 존재는 분석이나 사고의 대상이 아니며 최소한의 믿음과 가정에 기초해있다. 일상세계는 또한 공통된 삶의 경험에 바탕을 두고 있는 세계이다. 상식이 존재하고 최소한의 합의가 존재하며 이것이 상호주관의 바탕이 된다. 과학의 세계는 일상세계의 바탕 위에서 이차적으로 구성된 세계이다. 그것은 일상세계의 자연적 태도를 문제 삼으며 일상세계의 상식적 체험을 과학의 논리로 변형시킨다. 일상적 인간이 과학의 세계로 진입하는 것은 삶의 현실에 대한 관심의 유보를 통해서이다.[41] 슈츠는 현

---

39) 실존주의적 현상학의 대표적인 이론가인 모리스 메를로-퐁티는 훗설의 이러한 변화를 선험적 주관(transcendental subjectivity)으로부터 상호주관(intersubjectivity)으로의 이행이라 표현하였으며 후기 훗설의 철학을 발생적 현상학(genetic phenomenology)이라 말하였다. 그것은 후기 훗설의 철학이 존재의 역사성을 강조하여 세계를 발생 상태에서 파악하려 했기 때문이다. M. Merleau-Ponty, *Sense and Non-sense*, trans. Herbert L and Patricia A. Dreyfus (Evanston : Northwestern Univ. Press, 1964), pp. 134-135.

40) 필자는 해석학의 문제와 관련하여 슈츠의 일상세계론은 과학의 논리가 상식의 논리위에 토대해 있을 때 타당성을 가질 수 있다는 주장으로 이해한다. 따라서 그는 전이해의 일환으로서 상식의 세계를 상정하였다. 그러나 과학의 논리가 행위자의 입장에서 수락될 수 있어야 한다는 관점에서 슈츠의 이론을 해석할 수도 있으며 이러한 관점에서 볼 때 슈츠는 오히려 베티적이다. 슈츠가 훗설의 선험적 주관주의를 완전히 극복하지 못했으며 철학적 해석학의 입장을 충분히 취하지 못하고 있다고 보는 견해로서 J. Bleicher, *The Hermeneutic Imagination* (London: Routledge and Kegan Paul, 1982), pp. 115-121 참조.

실의 다양한 존재양식을 주장하여 과학적 세계와 일상세계의 공존을 지적하였지만 최종적으로 그가 의도하는 것은 과학적 세계의 일상세계에 대한 수렴이다. 사회과학자의 구조물은 일상적 인간의 상식에 의해서 수용될 수 있어야 하며 삶의 세계에 보다 접근해야 한다.[42] 즉 슈츠에게 있어서 궁극적인 가치의 척도는 일상세계(everyday life)이며 상식의 체험이다.

현상학에 의해 주장되어진 과학의 전단계로서 생활세계, 상식의 세계의 존재는 가다머의 철학적 해석학에 의해서 정당한 선입견(legitimate prejudice)이라는 개념으로 정리되었다.[43] 하이데거 존재론의 영향을 받아 가다머의 철학적 해석학은 방법의 문제를 논하기 이전에 현존재의 존재방식을 문제 삼았으며 따라서 과학적 행위를 존재론의 종속변수로 간주하였다. 과학적 행위 이전의 단계에서 작용하는 최소한의 사회적 합의로서 전이해는 현존재의 지평을 제공한다. 가다머는 해석행위가 늘 전이해를 포함하고 있으며 대상을 있는 그대로 재현시킨다는 것은 불가능하다고 보았다. 해석자는 이미 그가 몸담고 있는 세계의 일부이다. 가다머는 또한 대상을 본래적 의미로 파악하려는 것이 바람직하지 않다고 보았다. 사건의 의미는 시간의 흐름 속에서만 진정한 모습을 드러내기 때문이다. 전이해의 대표적 양태로서 권위와 전통은 시간의 흐름 속에서 스스로를 정제시킴으로써 정당성을 획득하여 정당한 선입견의 지위를 확보하게 된

41) A. Schutz, *Collected Papers, Vol.1 : The Problem of Social Reality*, ed. Maurice Natanson (The Hague : Martinus Nijhoff, 1962), p. 229. 슈츠는 자연적 태도의 에포케가 현상학적 판단중지와는 달리 믿음(belief)에 대한 유보라고 말하고 있다.

42) *Ibid.*, p. 44. 슈츠는 이를 과학적 구성물이 추구해야 할 '적합성의 공준'(postulate of adequacy)이라 말하고 있다.

43) Gadamer, *Truth and Method*, p. 246.

다. 인간의 의식 속에 침투해 있는 과거의 영향으로서 영향사의식은 역사 이해에 있어서 이해의 전구조를 보여주고 있다. 결국 가다머의 철학적 해석학은 객관주의 인식론이 주장하는 주관과 객관의 구분을 거부한다. 객관은 언제나 주관과 결합하여 탄생하고 있으며 주관의 바탕 위에서 성립되고 있다. 그러나 철학적 해석학은 전이해와 정당한 선입견이 주관주의가 아닌 상호적 주관임을 강조하여 해석학의 보편성을 주장하였다.

3) 비판적 해석학과 가치판단

하버마스의 비판적 해석학은 가다머의 철학적 해석학이 가치와 주관의 문제를 고려하고 있음에도 불구하고 그것이 존재구속성의 차원을 벗어나지 못하고 있으며 규범적인 연구지침을 제시하고 있지 못하고 있다고 비판하였다. 가치판단의 문제는 편의상 소극적 가치판단과 적극적 가치판단으로 나누어 생각해 볼 수 있다. 소극적 가치판단은 전(前)반성적으로 연구자의 행위에 영향을 미치는 가치의 효과를 의미하며 그것은 개인적인 선입견일 수도 있고 사회적인 합의에 기초해 있을 수도 있다. 앞서 말한 철학적 해석학의 전이해는 이러한 범주에 해당된다. 그러나 적극적 가치판단은 해석이 아닌 변혁을 본질로 삼고 있으며 이상사회의 건설을 위해 의식적인 가치추구를 시도한다는 점에서 전자와 차이가 있다. 가치판단의 문제를 적극적 가치판단에 초점을 맞추어 실증주의의 논리와 비판적 해석학의 입장을 정리해보자. 이제 문제의 차원은 가치중립논쟁에 있어서 사회과학의 가치중립이 가능한가에서부터 그것이 바람직한가의 차원으로 전환되며, 설명이냐 이해냐의 문제는 설명이냐 변혁이냐의 문제로 바뀌어진다.

실증주의에 있어서 과학의 이념은 현상에 대한 객관적 이해이다. 대상에 대한 객관적 이해가 가능한가에 대하여 가령 가다머의 철학적 해석학에서처럼 반론이 존재하지만, 과학은 본질적으로 현상의 분석을 사명으로 삼고 있다. 여기에 몇 가지 조건이 추가로 요청되며 그것들 중 하나는 보다 체계적이고 효율적인 설명이 가능해야 한다는 주문이다. 이를 위해 과학은 끊임없이 일반화를 시도하며 규칙성과 법칙의 발견을 모색한다.[44] 과학은 인과율의 존재를 전제로 하며 발견된 법칙에 의한 예측을 시도한다. 이러한 의미에서 과학은 결정론적이다. 실증주의가 주장하는 가치와 사실의 분리 혹은 가치중립론은 한편으로 전이해의 극복을 강조하고 있지만, 다른 한편으로 적극적 가치판단을 거부하는 이중적 함의를 갖고 있다고 볼 수 있다. 행태주의 선언은 순수과학(pure science)의 구호를 내세움으로써 과학의 임무가 실천의 문제로부터 독립되어 있다는 입장을 분명히 하였다.[45]

베버는 소극적 의미의 가치판단이 불가피함을 인정하였다. 예를 들어 그는 연구대상의 선택에 있어서 전이해의 일환으로서 가치연관(Value-relevance)의 개념을 인정하였다.[46] 그러나 그는 적극적인

---

44) 과학적 이론이 추구하는 법칙지향적 성격에 대해 covering-law model 혹은 nomological explanation 이라는 표현을 사용한다. J. D. Moon, *The Logic of Political Inquiry: A Synthesis of Opposed Perspectives*, in F. I. Greenstein and W. Polsby(eds.), *Political Science, Vol.1: Scope and Theory* (Addison-Wesley Publishing Company, 1975), pp. 13-137. 그리스어로 nomos는 법칙을 의미한다. 경우에 따라서는 nomothetic method의 표현을 사용하기도 한다. 이에 대한 고전적 예는 헴펠에게서 발견되어지며 헴펠은 일반적 법칙과 조건 하에서 논리적 결론을 모색하는 연역-법칙적(deductive-nomological) 모델을 논하고 있다. C. G. Hempel, *Philosophy of Natural Science* (Englewood Cliffs: Prentice-Hall, 1966), pp. 49-54. 물론 이러한 개념의 의의는 개성기술적(ideographic) 방법과 대비라는 측면에서 이해될 수 있다.

45) David Easton, "The Current Meaning of Behavioralism," in J. C. Charlesworth (ed.,), *Contemporary Political Analysis* (New York : The Free Press, 1967), p. 16.

의미에서의 가치판단 문제에 관련하여 단호한 입장을 취하였다. 과학자는 개인적인 신념이나 가치관으로부터 자유로워야 하며 모든 세계관으로부터 독립하여야 한다. 베버는 적극적인 가치선택이 과학의 영역을 넘어선다고 생각하였다. 무엇을 할 것인가를 말하는 순간부터 그는 과학자이기를 그치는 것이다. 베버에 있어서 가치중립의 첫 번째 의미는 과학자가 학문연구과정에서 과학자로서의 역할에만 충실해야하며 시민으로서의 역할에 인도되어서는 안 된다는 뜻이고, 두 번째 의미는 존재의 진실로부터 당위의 진술을 끌어내려 해서는 안 된다는 뜻이다.[47] 베버는 과학에 대하여 엄격한 견해를 갖고 있었으며 적극적인 의미에서의 가치판단이 과학정신에 위배된다고 생각하였다. 그러나 교육의 문제에 있어서 베버는 다소 완화된 태도를 보여주었다. 학자는 교단에서 자신이 세계관을 학생들에게 강요해서는 안 된다. 교수는 연구업적과 강의의 질을 통해 자신의 인격을 표현해야 하며 특정의 이데올로기나 당파적 견해를 주입시키려 해서는 안 된다. 자기의 이상을 주장하고 싶은 학자는 통상적인 시민의 수단 - 조직 활동이나 신문평론, 가두행위 등 - 을 이용할 것이며 강단을 수단으로 삼아서는 안 된다. 그러나 베버는 가치판단이 불가피할 경우 그것이 주관적 신념에 근거하고 있음을 주지시킬 수 있는

46) "가치와의 연관(relevance to value)이란 연구대상의 선택과 경험적 분석의 문제를 결정하는 과학적 관심(scientific interest)의 철학적 해석을 지칭하는 표현이다." M. Weber, "The Meaning of 'Ethical Neutrality'", *The Methodology of the Social Science*, trans & eds. by E. A. Shils and H. A. Finch (New York: The Free Press, 1949), p. 22. 가치연관(value-relevance)의 개념에 대한 계속되는 논의는 M. Weber, "'Objectivity' in Social Science and Social Policy," p. 76; M. Weber, "Critical Studies in The Logic of The Cultural Science," p. 150 참조. 이 개념은 최초에 리케르트(Rickert)에 의해서 사용되었다.

47) L. Coser, *Masters of Sociological Thought* (New York : Harcourt Brace Jovanovich INC, 1971), pp. 221-222.

용기와 정직성이 발휘되어지고 반대의견이 자유롭게 개진될 수 있다는 조건하에 허용될 수 있다고 생각하였다.[48)]

실증주의의 적극적인 가치중립론에 대해서 일찍이 고전적 정치철학이 통렬한 비판을 행해왔다. 정치철학자 레오 스트라우스에 의하면 현대의 정치이론과는 달리 고전적 정치철학은 정치생활의 서술이나 이해에 그치지 않고 정치생활의 올바른 교도를 강조하였다. 그것은 선과 정의의 실천적 목적을 추구하였으며 최선의 정치질서를 모색하였다. 그러나 근대과학의 전통으로서 베버의 가치중립론은 가치와 사실의 구분을 통하여 가치의 세계를 외면하려 함으로써 학문의 본연적 임무를 포기하였고 도덕적 무책임성의 위험을 보여주었다. 스트라우스는 당위의 세계가 적극적으로 학문의 역할 속에 포섭되어야 하며 이성의 능력에 입각한 최선의 선택이 가능하다고 주장한다. 스트라우스는 베버의 가치중립론이 가치선택의 객관적 척도가 존재하지 않는다는 가정에 근거하고 있으며 이는 베버가 인간의 이성을 충분히 신뢰하지 못하는 데서 비롯한 것이라고 지적한다.[49)] 사회과학이 시민적 학문이 될 것을 주장하는 스트라우스는 보편적 가치의 추구를 강조하고 사회과학이 궁극적으로 윤리학의 지배를 받을 것을 주장하였다.

고전적 정치철학과 더불어 적극적 가치판단의 문제를 본격적으로 거론한 것은 비판이론이다. 비판이론은 현실개조에 대한 적극적

48) M. Weber, "The Meaning of Ethical Neutrality," pp. 2-8.

49) Leo Strauss, *What is Political Philosophy* (Glencoe, Illinois: The Free Press, 1985), pp. 22-23. 이 문제에 관하여 고전적 정치철학은 실증주의 뿐만 아니라 역사주의적 전통에 대해서도 비판적 입장을 취한다. 역사주의는 가치와 사실의 구별을 거부하지만 이것은 전이해의 차원에서이며 선과 악의 적극적 가치판단을 거부함으로써 사실상 윤리상대주의에 빠지고 있다. *ibid.*, pp. 26-27. 레오 스트라우스의 역사주의 비판은 하버마스의 가다머에 대한 비판의 논리와 동일한 맥락을 갖고 있다.

인 관심을 강조했으며 비판을 제일의적 가치로 추구하였다. 비판이론가들은 실증과학의 가치중립론을 현실의 모순을 은폐하는 현상유지의 이데올로기라고 규정한다. 비판이론은 실증과학의 가치중립이 목표의 정당성 여부의 문제를 외면하고 기술합리성만을 추구하여 수단의 조작에만 관심을 보임으로써 인간사회를 도구적 이성, 일차원적 이성이 지배하는 사회로 전락시키고 있다고 비판한다. 그러나 비판이론은 통속적 유물론에 대해서도 마찬가지로 비판적 태도를 취하며 비판이론의 실증주의 비판은 마르크스주의의 실증주의 비판과 성격을 달리한다. 마르크스주의의 실증주의 비판은 궁극적으로 자본주의체제 비판을 겨냥하고 있다. 가령 루카치의 실증과학 비판은 궁극적으로 실증주의가 부르주아 세계관의 일부임에 초점을 맞추고 있다.[50] 그러나 비판학파의 실증주의 비판은 계급적 패러다임을 뛰어넘어 산업사회의 물상화를 문제 삼으며 따라서 과학 그 자체의 본질을 문제 삼는다.[51]

제2세대 비판이론가의 대표적 인물이라고 할 수 있는 하버마스는 적극적 가치 판단의 문제와 관련하여 이론과 실천의 통일을 강조하고 학문의 해방적 관심을 주장하였다. 하버마스는 국가 간섭의 증대와 과학기술의 진보가 서구자본주의체제를 크게 변경시켰으며 모순의 축이 경제적 영역에서 정치적 영역으로 선회하게 되었다고 주

50) G. Lukacs, *History and Class Consciousness : Studies in Marxist Dialectics* (Cambridge : The MIT Press, 1972), p. 10. 루카치에 의하면 실증과학의 제반 논리 - 사실숭배, 방법론적 개인주의, 객관성의 강조 등 - 는 자본주의사회의 직접적 산물이다. 루카치는 자본주의 특유의 의식구조를 물신숭배(commodity-fetishism), 물화(reification) 등의 개념으로 표현하고 있다. 그것은 부르주아지의 이데올로기적 무기이다.

51) Horkheimer, *Eclipse of Reason* (New York : Seaburg, 1974); T. Adorno and M. Horkheimer, *Dialectic of Enlightenment* (New York : Herder & Herder, 1972); Marcuse, *One Dimensional Man* (Boston : Beacon, 1964).

장한다. 그 결과 계급갈등이 완화된 반면 국가권력의 강화에 따른 새로운 정당성의 위기(legitimation crisis)가 초래되고 있다. 이 과정에서 과학은 한편으로 생산력의 확대를 통하여 인류사회의 진보에 기여하였지만 다른 한편으로 지배권력을 정당화하는 이데올로기의 역할을 수행하게 되었다.[52] 하버마스의 실증과학 비판은 경제적 환원을 거부하는 논리 속에 과학의 기술합리성과 테크노크라시의 지배를 비판하고 있으며 후기 베버적인 요소가 강하다. 그는 과학이 이데올로기적 성격을 극복하고 해방적 역할을 담당하려면 왜곡된 사회적 합의에 대한 근본적인 재검토를 시도할 수 있어야 하며, 이를 위해 사회적 의사결정과정을 진정한 토론의 장으로 만들고 대중의 정치의식을 활성화시키는 노력이 경주되어야 할 것임을 역설하였다.

비판적 해석학이 주장하는 적극적 가치판단론은 실증주의에 대한 가장 강력한 비판의 시도라고 말할 수 있다. 이러한 입장에서 바라보았을 때 베티의 해석학이론은 명백히 실증주의의 잔재이고, 가다머의 철학적 해석학은 은근한 실증주의의 성격을 지닌다. 양자 모두는 보수적 이데올로기의 요소를 함축하고 있다. 그러나 마르크스주의적인 관점에서 볼 때 문제의 근원을 계급모순으로부터 과학의 이데올로기적 성격으로 변경하는 하버마스식의 논리 역시 또 하나의 보수적 이데올로기이다.[53] 그것은 과학을 이데올로기로 간주하는 이데올로기이다. 마르크스주의적인 관점에서 볼 때 문제의 근원은 과학이 아니라 자본주의의 과학인 것이다.

---

52) 이에 관해서는 Habermas, "Technology and Science as Ideology," in *Toward a Rational Society : Student Protest, Science, and Politics*, trans. J. Shapiro (London : Heinemann, 1971), pp. 81-122 참조.

53) 이를 유물론적 해석학(materialistic hermeneutics)의 입장이라 말할 수 있으며 잔트퀼러(Sandkuhler)와 로렌저(Lorenzer) 등이 그 대표적 예이다. J. Bleicher., *op. cit.*, p. 165.

비판적 해석학은 전이해에 대한 또 한번의 에포케를 통하여 일상세계의 배후를 문제삼음으로써 진리의 근원적 토대를 정초하려 했던 데카르트적인 출발을 시도하였다. 비판적 해석학이 취하는 이데올로기 비판의 논리는 현상과 본질, 진리와 억견을 구별해 온 플라톤 이후 서구철학의 전통이라 말할 수 있으며 결국 진리와 이데올로기를 구별하는 최종의 척도가 무엇인가의 문제로 귀착된다. 그리고 비판적 해석학은 선험적 이성의 비판능력을 신뢰한다.[54] 따라서 적극적 가치판단론은 가치판단과 비판의 척도가 주관주의화, 심정윤리화되는 위험을 끊임없이 경계해야 할 것이다.

❹ 맺는 말

한국의 정치학은 근래에 들어 한국 현대사의 해석과 관련하여 공시적 연구영역에서 벗어나 이시적 연구를 적극적으로 자임하게 되었다. 그러나 한국의 정치학은 끊임없이 해석학의 제반 문제와 직면하고 있음에도 불구하고 이를 의식하지 않고 있다고 보여진다. 가령 1948년 제주 4·3사건에 대한 연구를 예로 들어보자. 행위자의 주관적 의도에 초점을 맞출 때 초기에 봉기를 주도했던 적극적 가담자의 경우를 대상으로 한다면 4·3사건의 기본성격은 단정단선 반대와 사

54) 하버마스 개인의 자유주의적 경향에도 불구하고 해방적 관심의 실천적 함의는 전투적이며 독선적 요소를 내포하고 있다. F. R. Dallmayr, "Reason and Emancipation : Notes on Habermas," *Beyond Dogma and Despair* (London: Notre Dame Univ. Press, 1981), pp. 236-238. 하버마스는 이러한 문제를 잘 의식하고 있으며 따라서 그는 이성적 당파성(partiality)에 의한 이데올로기 비판 역시 공유된 의사소통에 입각해야 할 것임을 주장한다. Habermas, *Legitimation Crisis* (Boston: Beacon, 1975), p. 142.

회주의 통일정부수립으로 요약될 수 있는 반면, 사건의 진행과정에서 연루되는 소극적 가담자를 포함한 다수 주민들에게 사건의 의미는 흑백논리 하에서 진행되어진 만인에 의한 만인의 투쟁이었고 모두는 사건의 와중에서 생명을 보존하기 위해 어느 편에 가담하였다. 사건의 객관적인 맥락은 해방 이후 계속되어 온 좌우이념투쟁의 연장이다(커밍스의 논리에 따른다면 일제시대부터 배태되어온 이념적 갈등의 소산이다). 사건의 결과를 고려할 때 – 베티에 따르면 사건의 객관적 의미 속에는 사건의 결과까지를 포함하는데 – 여순반란사건의 경우처럼 좌파혁명가들의 모험주의적 성격을 지적할 수 도 있다. 혹자는 4·3사건이 아시아지역에서의 최초의 반미투쟁이었음을 주장하기도 한다. 이러한 연구들은 어느 정도 객관적인 검증이 가능한 해석학 이론의 입장에 서 있다. 자유민주주의와 반공을 국시로 하는 대한민국의 역사는 4·3사건을 공산폭도의 만행으로 규정해왔고, 이러한 사회적 전이해는 공산주의 야만과 비인간성을 강조해왔다. 시대의 변화에 따라 4·3사건은 이념의 비극으로 완곡히 묘사되기에 이르렀지만 그것은 사회주의 이데올로기의 환상과 허구를 비판하는 의미를 함축하고 있다. 그러나 당파성의 이론에 입각하여 정당한 관점의 고수를 주장하는 연구의 한 갈래는 4·3사건을 지배계급의 착취와 억압에 항거해 투쟁한 민중봉기, 생존권투쟁으로 정당화한다. 그것은 6·25 해석의 경우와 마찬가지로 정의의 전쟁이다. 우리는 해석학 일반의 논의에 입각하여 각각의 논리가 갖는 의의와 한계를 말할 수 있다.[55] 해석학의 제문제를 분명히 의식하지 못할 때 논쟁은 일관성을 결여하게 되며 진정한 논쟁은 존재하지 아니하

55) 4·3사건 연구문헌은 제주 4·3연구소, 『제주항쟁 실천문학사』 1991년 창간호 권말부록 참조.

고 각자의 주장만이 존재하게 된다. 각자는 서로 다른 이야기를 하고 있는 것이다. 모든 정치학 연구는 해석학적 의미와 한계가 분명히 인식되어져야 하며 모든 논쟁은 동일한 맥락에서 진행되어야 할 것이다.

이상에서 밝힌 해석학의 본질에 관한 다양한 주장들을 종합할 수 있다면, 그리고 이들 주장이 양립가능하다면 각각의 문제제기는 실증주의 비판에 동시적으로 유효하다 할 것이다. 왜냐하면 상호간의 논쟁에도 불구하고 실증주의에 대한 비판은 이들의 공통된 기반을 이루고 있으며 논쟁의 이슈는 실증주의의 문제점과 일대일 대응관계를 이루고 있기 때문이다. 즉 해석학 이론이 강조하는 내면적 이해나 철학적 해석학이 주장하는 전이해, 비판적 해석학이 주장하는 적극적 가치판단은 과학적 방법론이 간과하고 있는 전형적인 문제들이며 이러한 문제들은 상호배타적인 관계 속에서가 아니라 동시적으로 고려되어야 하기 때문이다.

우선 베티와 가다머의 논쟁을 정리해보자. 이것은 과거를 과거로, 대상을 대상으로서만 이해해야하는가 혹은 현 시점에서 그것이 우리에게 드러나는 의미에 초점을 맞추어야 하는가 하는 문제이다. 이 문제에 대해서 우리는 어느 한편의 주장만을 옳은 것으로 지지할 수가 없다. 대상을 있는 그대로 이해하는 것이나 대상의 현재적 의미를 이해하는 것이나 각각은 일면적인 타당성을 갖고 있다. 따라서 양자는 별개로 고찰될 수 있음에도 불구하고 이해의 전체적 과정 속에 편입되어야 하며 이해의 작업은 양자를 모두 필요로 한다고 말하는 것이 그 종합의 논리가 될 것이다. 폴 리꾀르(Paul Ricoeur)는 이러한 맥락에서 양자의 관계를 해석학적 아치(hermeneutical arc)로 규정하였다.[56)]

다음에 가다머와 하버마스의 논쟁을 검토해보자. 전이해의 정당성을 인정할 것인지 여부를 둘러싼 양자의 논쟁 역시 흑백논리적인 해결이 불가능하다. 이미 헤겔은 현실적인 것은 이성적이고 이성적인 것은 현실적이다라는 명제를 통해서 현실의 이중적 계기를 설파했거니와 현실의 존립근거를 긍정적으로 파악한다면 상대적으로 가다머의 논리가, 현실의 존립근거를 부정적으로 파악한다면 하버마스의 논리가 보다 타당성을 가질 것이다. 따라서 단절과 연속, 비판과 적응이라는 현실의 이중적 계기를 생각한다면 양자의 논리는 종합되어야 하며 어느 한편의 일방적인 논리는 기각되어야 할 것이다. 각각의 주장은 상대방의 극단적인 논리를 상정하여 비판을 행하고 있다고 보여 진다.

세 개로 유형화되어지는 해석학의 실증주의 비판이 유효하다면, 해석학은 실증주의에 대한 문제제기를 통해 양자의 관계를 어떻게 설정하고 있으며 또한 양자의 관계는 어떻게 설정되어야 하는가. 이에 대해 시각의 차이가 있을 수 있지만 대체적으로 보아 해석학의 태도는 과학적 탐구의 논리 자체를 정면으로 부정한다기보다 과학적 탐구의 논리의 한계를 지적하고 그 반성을 촉구하는 보완적 역할을 자임하고 있다고 보여 진다. 가령 가다머의 경우 방법이 진리를 확보하지 못한다고 주장했을 때 역으로 존재의 세계를 규명함으로써 방법은 진리를 가능케 한다고 말할 수도 있다. 해석학의 논리를 실증주의에 대한 반명제로 수용하더라도 양자를 지양하는 종합명제의

---

56) P. Ricoeur, "The Model of the Text: Meaningful Action Considered as a Text", in P. Ricoeur, *Hermeneutics and the Human Sciences: Essays on Language, Action and Interpretation*, ed.& trans. by T. B. Thompson (London: Cambridge Univ. Press, 1980), p. 218. 이 글에서 리쾨르는 텍스트해석의 방법론이 인문과학의 패러다임을 제공해 줄 수 있다고 말한 후, 대상의 본래적 의미와 그것의 현실적 귀속은 해석학의 각 단계를 구성하고 있으며 양자의 관계는 상호적임을 주장하고 있다.

필요성이 인정되어지며, 이것은 실증주의의 자기수정을 통해서 성취되기 때문에 결론은 별반 차이가 없다. 즉 양자는 상호보완적 관계로 파악되어야 하며 서로는 상대에 대하여 일종의 역할분담(modus vivendi)을 행하고 있다고 보아야 할 것이다.[57] 해석학은 경험과학의 골격을 바로잡으려고 하고 있으며 가다머의 경우는 역사의 문제를, 하버마스의 경우는 철학의 문제를 제기하고 있다. 정치학의 경우 실증주의를 인식론적 기반으로 삼고 있는 행태주의 방법론은 종래의 완고한 과학주의 논리를 포기하고 후기 행태주의의 혁명을 선언하기에 이르렀으며 자신의 신조로서 '적실성'과 '행동'의 구호를 제창함으로써 이러한 비판에 화답한 바 있다.[58] 후기행태주의선언은 현실과 유리된 연구를 배격하고 연구의 내용이 기법에 우선할 것, 가치에 대한 적극적 고려와 지식인의 책임, 행동의 문제 등을 주장하였다. 후기행태주의선언은 궁극적으로 보아 경험과학의 토대를 건실히 하기 위한 자기강화작업의 일환이지만 왈도가 말하고 있는 것처럼 일시적인 우회가 아닌 보다 근본적인 성격의 것으로 파악되어야 할 것이다. 이러한 시각에서 바라볼 때 실증주의에 대한 해석학의 문제제기는 반과학의 논리를 지향한다기보다는 새로운 과학, 즉 해석학적 분석틀을 보완하는 사회과학을 위한 밑거름이 될 것이다.

---

57) 현상학을 예로 들어 동일한 논리를 주장하는 대표적인 예로서 Maurice Natanson, "Introduction to Part Ⅲ," in M. Natanson,(ed), *Philosophy of the Social Science* (Evanston: Northwestern Univ.Press, 1973), pp. 186-188; S. Strasser, "Phenomenology and the Human Sciences," in J. J. Kockelman (ed.), *Phenomenology* (New York: Doubleday Anchor, 1967), p. 503. 가다머 역시 자신의 입장이 과학을 반대하려는 것이 아니라 방법의 한계를 지적하려는데 의도가 있음을 고백하고 있다. Gadamer, *Truth and Method*, pp. 446-447.

58) D. Easton, "The New Revolution in Political Science", *American Political Science Review*, Vol. 58, No. 4 (December, 1969), pp. 1051-1061.

제2장

과학적 이론과 이론의 선택

❶ 문제의 제기

모든 이론이나 주장은 형이상학이 아닌 한 그 타당성이 현실세계에서 확인되어질 때 비로소 의미를 갖는다고 할 수 있다. 과학의 본질이 방법에 있다고 말할 때 과학적 방법의 의의는 이러한 이론이나 주장을 확인가능하도록 하는데 있다. 이론이나 주장의 진위여부가 구체적으로 판별되어질 수 없다면 그것은 학문과 지식의 발전에 아무런 도움을 주지 못할 것이다. 행위의 최종적인 심판자가 행위자 자신일 때 거기에는 주관적 신념의 오류 가능성이 상존한다. 마찬가지로 하나의 이론이 그 타당성 여부에 대한 객관적인 검토가 불가능 형식으로 전개되어질 때 그것은 심정윤리의 차원으로 전이되어 영원한 진리를 가장할 수 있게 된다. 어떻게 우리는 이론이나 학설의 실제를 검토할 수 있는가? 과학적 방법의 특징은 무엇인가? 이것은 곧 과학의 본질에 대한 질문이며 오랫동안 과학 철학의 이름으로 논의되어온 핵심적 주제이기도 하다.

한편, 이론의 과학성, 과학적 이론의 문제와는 별개로 이론의 선택과 처방의 문제가 논의될 수 있다. 사회과학에 있어서 가치중립에 관한 오랜 논쟁은 현상분석의 문제를 넘어선 'for what'의 문제를 강조하기에 이르렀다.[1] 현실적인 문제의 해결이야말로 학문의 궁극적인 목표이며 과학은 그 자체 목적이 될 수 없다. 설명과 예측의 차원을 넘어선 처방의 문제는 과학자의 적극적인 가치판단을 요구한다. 또한 문제인식의 과정자체가 관찰자의 주관에 의해 영향을 받는다. 따라서 이론 선택의 기준은 그것의 과학성 여부에만 달려있는 것이 아니라 현실적인 문제해결을 위한 이론의 적실성 여부를 고려하지 않을 수 없다. 모든 이론은 보다 과학적이어야 하며 과학성은 이론을 평가하는 중요한 척도이지만 이론의 사회적 요청 역시 또 하나의 평가의 기준이다.

과학과 비과학의 구획(demarcation)에 관한 포퍼(Popper), 쿤(Kuhn), 라카토스(Lakatos), 파이어아벤트(Feyerabend)의 일련의 논쟁은 이러한 두 개의 차원을 확실히 구분하지 않음으로 해서 문제의 외연이 지나치게 확대되었고 만족할만한 해결책이 제시되지 못하여 왔다.[2] 포퍼가 주장하는 과학의 합리성과 그 기준에 대한 가장 결정적인 반론은 문제인지와 개념체계의 상이성을 이유로 이론간 객관적 비교와 평가의 가능성을 부정하는 불가공약성의 논리이다. 특히, 사회과학의 경우 그것은 쉽게 관찰되어질 수 있는 현상이다.

필자는 과학적 이론의 문제와 이론의 선택 문제를 별개의 것으

---

1) 이러한 상황은 정치학의 경우 D. Easton의 후기행태주의 선언에 잘 나타나있다. D. Easton, "The New Revolution in Political Science," *APSR*, Vol. 58, No. 4 (1969), pp. 1051-1061. 후기행태주의 인식론에 관한 대표적인 논문으로서 E. Miller, "Positivism, Historicism, and Political Inquiry," *APSR*, Vol. 66, No. 3 (1972), pp. 796-817

2) 이들의 논쟁을 수록한 책으로 I. Lakatos & A. Musgrave(ed.), *Critcism & the Growth of Knowledge* (Cambridge: Cambridge Univ. Press, 1976)가 있고 특히 K. Popper이론에 대한 반론과 재반론을 정리한 책으로 P. A Schilpp (ed.), *The Philosophy of K. Popper* (La Salle, Illinois: Open Court, 1974)가 있다. 과학사 전반적인 맥락에서 이 문제를 다룬 책으로는 A. F. Chalmers, 신일철·신중섭 역 『현대의 과학철학』 (서울: 서광사, 1985) 참조할 것.

로 간주하여 과학의 기준으로서 포퍼의 반증가능성의 논리를, 이론의 선택에 있어서 쿤과 파이어아벤트의 불가공약성의 논리를 수용하려한다. 그러나 이 글의 목적은 과학의 기준을 확실히 하려는데 있으며 이론의 과학성 여부는 이론평가의 충분조건이 아니지만 필요조건이라는 인식하에서 출발하고 있다. 잘못된 이론은 수정하고 폐기할 수 있어야 한다. 따라서 이론의 선택과 불가공약성의 원리를 이론의 과학성 문제와 별개의 것으로 검토하는 것은 그것이 후자와 양립가능함을 지적함으로써 오히려 과학의 기준에 대한 포퍼 이론의 유용성을 강조하려는데 있다.

❷ 과학적 이론과 반증 가능성의 원리

1) 전통적인 과학관

근대 과학은 구체적인 사례의 축적을 통하여 일반적인 법칙을 도출하는 귀납추리를 과학의 기초로 삼아왔고 이에 대해 최초의 체계적인 설명을 시도한 베이컨은 잘 익은 포도를 모아서 좋은 포도주를 짜내듯이 우리는 감정이나 편견을 제거한 순수한 관찰을 통하여 자연으로부터 지식의 포도주를 얻을 수 있다고 말하였다.[3] 관찰의 결과인 단칭언명으로부터 가설이나 이론 같은 보편언명을 추론해내는 귀납의 방법은 20세기 초 논리실증주의에 이르러 실험을 통한 엄격한 가설검증의 과정을 강조함으로써 자신을 이론적으로 재무장하였다. 논리실증주의의 검증의 원리(principle of verification)에 따르면 경험적으로 검증가능한 명제만이 과학적 명제이며 더 나아가서

3) K. Popper, *Objective Knowledge: An Evolutionary Approach* (Oxford: The Clarendon Press, 1979), pp. 341-342.

의미있는(meaningful) 명제가 된다. 그러나 검증의 원리가 여전히 귀납의 논리에 근거해 있고 귀납의 정당성의 근거가 비판을 받자 카르납에 와서는 귀납을 통한 검증이 확률적임을 인정하였고, 그 결과 과거의 주장을 완화시켜 확증가능성(confirmability)의 원리를 과학의 구획 기준으로 설정하기에 이르렀다. 즉 귀납에 의한 일반화는 개연적 의미에서 참이며 관찰사례의 수가 많으면 많을수록 그 가능성은 높아진다는 주장이다.[4]

이러한 일련의 귀납의 전통에 대해 일찍이 흄이 문제를 제기하였다. 관찰된 과거의 사례를 통하여 관찰되지 아니한 미래의 법칙을 추론해내는 것이 논리적으로 정당한 것인가? 흄에 의하면 매일 해가 떠올랐다는 사실이 내일도 해가 떠오르리라는 것을 논리적으로 함축하지 않는다. 과거의 사실에 비추어 미래도 그것과 같으리라고 생각하는 것은 인간의 습관과 기대 때문이다.[5] 우리는 과거의 한정된 사례를 통하여 무한한 미래를 모두 포섭할 수 없으며 따라서 검은 백조가 나올 가능성을 논리적으로 배제할 수 없다. 귀납주의에 대한 흄의 문제제기는 근대 경험과학의 기반을 흔들어 놓았을 뿐 아니라 러셀에 의한다면 그것은 18세기 합리주의의 파산이었다.[6] 더구나 귀납의 기초가 되는 순수한 경험자료 즉, 연구자의 주관에서 완전히 벗어난 사실 그 자체를 확보할 수 있는가 혹은 관찰언명에 오류의 가능성이 존재하지 않는가 하는 문제를 추가하면 귀납의 논리는 더욱 딜레마에 빠지게 된다.

---

4) 전통적인 과학철학의 전개과정에 대해서는 A. Chalmers 책 서론, 제1장, 제2장 참조.

5) K. Popper, *Objective Knowledge: An Evolutionary Approach*, p. 4.

6) *Ibid.*, p. 5.

2) 포퍼의 반증가능성의 원리

흄이 제기한 문제를 새로운 방식으로 해결하려는 것이 포퍼의 반증의 원리(principle of falsification)이다. 미래에 존재할 수 있는 무한한 관찰사례를 염두에 둔다면 개별적인 단칭언명을 아무리 모아도 보편언명을 일반화시킬 수 없으며, 가설적인 보편언명을 수립하더라도 단칭언명을 통하여 그것을 정당화 시킬 수 없다. 그러나 반대로 보편언명이 잘못되었을 때 그것을 현실세계에서 확인할 수는 있다. 즉 단칭언명을 통해서 보편언명을 반증할 수 있다. 포퍼는 고전 논리학의 후건부정방식(Modus Tollens)에 의거하여 우리는 어떠한 명제가 진리임을 확인할 수 없으나 그것이 잘못되었는지 여부를 확인할 수 있다고 주장한다.[7] 여기에는 포퍼 자신의 지식론이 그 배경을 이룬다. 포퍼에 의하면 객관적 진리라는 것이 실제로 존재하며 우리는 마지막 지점에 발을 디딜 수는 없으나 끊임없이 그것을 향해 접근해 나가고 있다. 과학의 본질, 과학적 지식의 본질은 추측과 논박, 무수한 시행착오를 통해서 최종적 진리를 향해 나아가는 과정이며 그것은 아직 반증되지 아니함으로 해서 그 가치를 인정받는 가설적, 잠정적 성격을 특징으로 한다.[8] 학문과 지식의 발전은 끊임없이 오류를 제거해 나가는 반증의 원리에 의해 가능해진다. 그리고 포퍼에 있어서 확증(corroboration)은 귀납주의가 주장하는 검증(verification)

---

7) K. Popper, *The Logic of Scientific Discovery* (New York: Harper and Row Publisher 1959), p. 41. Hempel도 마찬가지 맥락에서 실험명제를 통한 가설의 검증이 후건긍정의 오류(fallacy of affirming the consequent)를 초래한다고 지적하고 있다. C. G. Hempel, *Philosophy of Natural Science* (Englewood Cliffs: Prentice Hall, 1966), p. 7.

8) 포퍼는 과학적지식의 진리에의 접근정도를 박진(verisimilitude)이라는 개념으로 표현하고 있다. K. Popper, *Objective Knowledge: An Evolutionary Approach*, pp. 52-60

이나 확증(confirmation)의 개념과는 달리 단지 반증을 이겨내는 소극적 상황만을 지칭하는 개념이다.[9] 그것은 특정시점에서 어떤 이론의 과거 업적, 임무수행능력에 대한 평가기록표이다. 따라서 반증(falsification)과 마찬가지로 대담한 추측의 확증(corroboration) 역시 지식의 성장에 큰 기여를 한다. 즉 기존의 이론으로부터 오류를 제거하거나 혹은 새로운 정보내용을 추가함으로써 학문의 발전이 이루어진다. 포퍼에게 '과학적'의 의미는 반증이 가능하거나 확증되었음을 뜻하며, 전자는 형식 즉 과학적 방법의 문제이고 후자는 결과 즉 과학적 지식의 문제라고 할 수 있다. 따라서 '보다 과학적'이라는 것은 반증가능성이 더 높거나 보다 높은 수준에서 확증이 이루어졌음을 말한다. 이러한 진리론과 과학관을 토대로 하여 반증가능성(falsifiability)을 과학의 기본원리로 삼을 때 그것이 함축하는 바를 두 가지 지적하면 다음과 같다.

첫째, 모든 이론은 반증가능한 형식으로 개진되어야 한다. 즉 경험세계에서 관찰언명을 통하여 그것에 대한 논박이 최소한 논리적으로 가능해야 한다. 보다 좋은 이론이 되려면 반증가능성의 정도가 높아야하며 이를 위해서는 풍부한 정보내용을 보유함으로써 비판에 더 많은 부분을 노출시킬 수 있어야 한다. 이론이 주장하는 바가 많으면 많을수록 그 이론은 더욱 위험부담이 크게 되며 미래에 반박될 가능성이 높아진다. 따라서 모든 이론은 보다 명확하고 상세히 진술되어질 것을 요청받는다.[10] 만일 하나의 이론이 모호하게 진술된다

9) 확증(corroboration)의 개념에 대한 포퍼의 설명은 K. Popper, *Conjectures & Refutations* (London: Routledge and Kegan Paul, 1972), pp. 57-58 참조. 일반적으로 Confirmation과 Corroboration 두 단어 모두 확증이라고 번역되어지고 있다.

10) K. Popper, *The Logic of Scientific Discovery*, pp. 119-125.

면 그것은 자신에 대한 재해석을 통하여 실험의 결과를 자의적으로 수용함으로써 반증을 회피할 수 있게 되며 또한 확증되더라도 내용이 빈약하면 지식의 발전에 별다른 기여를 하지 못한다.

둘째, 모든 이론은 반증의 위기에 직면했을 때 이를 겸허하게 받아들이고 잘못을 시인할 수 있는 용기를 보여야 한다. 이론을 보호하기 위하여 임시방편적인 애드 혹(ad hoc)전략, 혹은 규약주의의 책략(conventionalistic strategem)을 사용해서는 안 된다.[11] 즉 불필요한 보조가설을 첨가하거나 새로운 약속을 만들어낸다든지, 개념과 정의를 변경시켜 이론과 결과를 일치시킨다든지, 실험결과의 신뢰성을 고의적으로 부정한다든지 하는 퇴행적인 반응을 보여서는 안 된다는 것이다. 그러나 경험적 내용을 증대시킴으로써 반증가능성을 높여주는 정당한 의미의 보조가설의 도입은 예외이다.[12]

이러한 기준에 비추어 볼 때 포퍼는 프로이드의 정신분석학, 아들러의 심리학, 마르크스주의를 비과학적이라고 평한다.[13] 아들러의 심리학의 경우 예를 들어 열등감으로써 행위의 동기를 설명하는 그의 이론은 어떠한 경우에도 자의적 해석이 가능하기 때문에 반박이 불가능하다.[14] 마르크스주의의 경우 어떤 부분은 처음부터 반증이

---

11) *Ibid.*, pp. 78-84. 포퍼는 이 문제를 *Objective Knowledge: An Evolutionary Approach*의 제5장, 'the Aim of Science'에서 본격적으로 다루고 있다. K. Popper, *Objective Knowledge: An Evolutionary Approach*, pp. 191-204.

12) *Ibid.*, pp. 82-83.

13) K. Popper, *Conjectures and Refutations*, p. 34. 여기서 포퍼는 1930년대 지적 세계를 풍미했던 아들러와 프로이드의 심리학, 마르크스의 역사이론이 어떠한 관찰에 의해서도 반박될 수 없게 되어 있다는 사실을 의식하면서부터 과학의 본질문제를 숙고하게 되었다고 말하고 있다.

14) *Ibid.*, p. 35. 어떤 사람이 위험한 강둑에 서 있는데 멀지 않은 곳에서 한 어린이가 물에 빠졌다. 이 사람은 어린아이를 구하기 위해 강 속으로 뛰어들거나 혹은 뛰어들지 않거나 할 것이다. 만일 그가 강 속으로 뛰어들면 아들러(Adler)주의자들은 이렇게 설명한다. 그 사람은 위험을 무릅쓰고 강 속으로 뛰어들 수 있다

불가능하며 어떤 부분은 반증되었으나 그것을 인정하지 않고 끊임없이 변명을 시도하는데 문제가 있다.[15] 이들 이론은 모든 것을 말하려하나 아무것도 말해주는 것이 없다. 포퍼는 반증가능성의 원리를 과학의 기준으로 제시함에 있어서 아인슈타인의 과학에 대한 태도에 크게 감명을 받았다고 말하고 있다. 아인슈타인은 일반상대성이론을 주장함에 있어서 일련의 구체적인 예측을 행한 후 이것이 실패한다면 자신의 이론이 더 유지될 수 없을 것임을 분명히 공언하였기 때문이다.

3) 포퍼이론의 문제점과 대안들

그러나 반증가능성의 척도는 다음과 같이 위험을 내포하고 있다. 반증주의에 의한다면 이론의 증명은 불가능하나 이론의 폐기는 결정적 일 수 있다는 가정을 취한다. 그러나 귀납의 논리를 문제 삼을 때와 동일한 이유에서 이론을 반증하는 관찰언명의 오류 가능성을 지적한다면 폐기되어야 할 것은 이론이 아니라 관찰언명 그 자체일 수도 있다.[16] 또한 과학이론은 대개 단일명제가 아니라 복합명제로 되어 있으며 많은 초기조건(initial condition)과 보조가설(auxiliary hypothesis)이 결합되어 있다. 이 경우 예측이 잘못된 것으로 판명되어도 이것이

는 용기를 보임으로써 자신의 열등감을 스스로 극복하려 했다는 것이다. 만일 그 사람이 강 속으로 뛰어들지 않았다 할지라도 아들러 이론을 옹호하는 사람들은 그것을 정당화 할 수 있다. 그 사람은 어린이가 물에 빠져 죽는 상황에서도 침착하게 서 있을 수 있다는 담력을 보임으로써 열등감을 극복하려했다는 것이다. 이러한 이론은 인간의 모든 행동과 부합되며 따라서 우리에게 인간행동에 대해 아무것도 말해주지 못하고 있다.

15) 포퍼는 마르크스의 프롤레타리아 혁명론이 반증되었다고 본다. 그러나 마르크스주의자들은 여러 가지 논리로 이론의 존속을 고집해왔다. *Ibid.*, p. 37. 또한 포퍼는 변증법의 논리가 본질적으로 반증을 회피하고 있다고 본다. 같은 책, 제15장 'What is dialectic?' pp. 331-335 참조.

16) I. Lakatos & A. Musgrave(ed.), *op. cit.*, pp. 95-103

테스트중인 이론의 결함에서 비롯하는지 혹은 초기조건, 보조가설의 문제인지가 불분명하며 결정적인 이론의 반증이 매우 힘들어진다.[17] 따라서 코페르니쿠스 혁명의 경우 150여년에 걸친 오랜 확인 과정이 필요했다는 과학사를 염두에 두며 반증주의에 의한 설명방식의 난점을 극복하기 위한 일련의 새로운 시도가 행해졌다.

토마스 쿤의 경우 반증의 논리를 후퇴할 수 없는 진일보로 평가하면서도 한 이론이 적용할 수 없는 사례를 발견하는 것이 곧 이론에 대한 반증으로 간주되어서는 안 된다고 주장한다. 실제 과학사가 보여주는 바에 따르면 모든 이론은 끊임없이 자신을 위협하는 사실과 직면해 왔음에도 불구하고 반증되지 않은 채 이를 극복해왔다. 쿤에 의하면 이론과 충돌하는 사실의 존재는 반증사례(counter instance)가 아니라 하나의 변칙사례(anomalies)로 취급되어야 하며 변칙성은 이론을 반증하지 못한다.[18] 문제가 되는 것은 이론 자체의 타당성이 아니라 이론을 운용하는 수수께끼풀이(puzzle-solving) 능력이다. 적어도 정상과학이 존재하는 한 우리는 이론을 의문시하지 않으며 이론을 명료화시키고 정확성을 증대시키는데 모든 노력을 기울인다. 정상과학 내에서는 포퍼가 말하는 반증의 논리, 즉 이론에 대한 끊임없는 비판적 검토가 이루어지지 않으며 오히려 이론의 강화를 통해서 현상에 대한 설명을 시도한다. 다만 변칙성의 누적적인 증가가 정상과학이 근거하고 있는 패러다임 자체를 위협하고 과학혁명을 야기하는 경우, 비로소 이론은 폐기된다. 그러므로 쿤에 있어서는 하나의 이론이 패러다임을 확보하고 있는지 여부가 과학과 비과학의 구

17) 특히 퍼트남(Putnam)과 라카토스가 이 문제를 제기하고 있다. P. A. Schilpp, *op. cit.*, pp. 993-1009.

18) T. Kuhn, *The Structure of Scientific Revolution* (Chicago: Chicago Univ. Press, 1970), p. 77.

별기준이 된다. 여기서 포퍼와 쿤은 과학사에 대한 사실인식에 있어서 상당한 편차를 보여준다. 쿤은 대부분의 시기를 정상과학의 시기로 나머지를 과학혁명의 시기로 보는데 반해, 포퍼는 정반대의 입장을 취한다. 쿤에 의하면 포퍼가 말하는바 이론의 반증과 비판적 논의는 비정상적인 경우라고 할 수 있는 과학혁명의 시기에만 가능하며 그것은 정상과학의 시기에는 적용되지 않는 논리이다. 양자간 입장의 차이가 정상과학의 지속기간에 대한 상대적인 인식의 차이라면 경우에 따라서 이견이 상당히 좁혀질 여지가 있다고 볼 수 있다.

반증주의의 위험과 쿤의 강력한 반론으로부터 포퍼는 구해내려는 노력은 라카토스에 의해 이루어졌다. 물론 포퍼 자신도 반증주의에 내재하고 있는 위험에 대해 나름대로 해답을 시도한 바 있다. 그는 관찰언명의 경험적 기초를 의문시함으로써 비롯되는 회의주의를 극복하기 위해서 과학자 집단의 합의에 의거하여 진위를 명백하게 판정할 수 있는 최소한의 명제인 기본언명(basic statement)의 존재를 주장하고 이것을 반증의 기초로 삼으려 하였다.[19] 또한 테스트 상황의 복잡성과 관련하여 모든 보조가설은 그 자체 독립적으로 테스트 가능해야함을 지적 하였고,[20] 명제의 타당성이 더 이상 의심받지 아니하는 배경지식(background knowledge)의 도움을 통해서 이론에 대한 검토가 가능하다고 주장하였다.[21] 즉 포퍼는 퇴행적 의미의 규약주의를 거부하였지만 이론의 반증 가능성을 제고시키는 건설적 의미의 규약주의를 인정함으로써 이 문제에 대처하려 하였다. 그러나 반증주의에 대한 보다 강력한 옹호는 라카토스에 의해 행해졌다.[22] 그는 포퍼의 이론에서 세련된 반증주의의 요소를 찾아내려 한

19) K. Popper, *The Logic of Scientific Discovery*, p. 43.

20) K. Popper, *Objective Knowledge*, pp. 192-193.

21) K. Popper, *Conjectures & Refutations*, p. 238.

다. 세련된 반증주의(sophisticated falsificationism)는 반증을 통하여 이론을 폐기하는데 관심을 두기보다는 반증을 통하여 보다 나은 대안을 모색하는데 관심이 있다.[23] 세련된 반증주의는 보다 나은 이론이 나오기 전에는 경솔하게 반증을 행하지 않는다. 진보의 기준은 새로운 이론이 기존이론의 성과들을 포섭할 수 있어야 할 뿐 아니라 이론의 시리즈(series)를 문제 삼게 되며 반증은 과거의 이론과 비교를 통해서 이루어진다.[24] 일정한 시점에서 이론T는 이전의 이론과 비교해서 위의 조건을 충족시킬 때만 새로운 과학이론으로 수용되어진다. 라카토스는 반증의 대상이 되는 이론의 시리즈를 연구프로그램(research programmes)이라 불렀으며 이것은 핵심원리(hardcore)와 보호대(protective belt)로 구성된다고 본다. 핵심원리는 이론자체를 폐기하지 않고는 수정, 변경시킬 수 없는 이론의 중심부분으로서 마르크스주의의 경우 계급투쟁설, 뉴톤 이론의 경우 만유인력의 법칙 등이 여기에 해당된다. 보호대는 변칙사례로부터 이론을 보호하기 위하여 보조가설을 활용함으로써 이론의 존속을 모색해 나가는 부분이다. 그러나 보호대의 사용이 무조건적으로 허용되는 것은 아니다. 라카토스의 적극적인 연구지침(positive heuristics)은 앞서 말한 바와 같이 전진적 프로그램(progressive programmes)이 가능할 때만 보호대의 사용을 허가하고 있다. 아인슈타인의 이론은 뉴톤 이론이 성공적으로 설명했던 것을 모두 설명했을 뿐 아니라 또한 다른 변칙사례와 다른 과학이론의 문제까지 확인한 바 있다.[25]

22) 이하 I. Lacatos, "Falsification and The Methodology of Scientific Research Programmes," in *Criticism and The Growth of Knowledge*, I. Lakatos and A Musgrave (ed.), pp. 91-189 요약이다.

23) *Ibid.*, pp. 119-121.

24) *Ibid.*, pp. 118.

25) *Ibid.*, p. 124.

포퍼의 반증의 논리와 쿤의 정상과학의 논리를 절충시킨 라카토스의 연구프로그램론은 결정적인 반증을 거부함으로써 프로그램의 타당성을 확인하는데 오랜 시간을 필요로 하기 때문에 미네르바 부엉이와 같이 현실 속에서 과학자에게 효과적인 과학적 지식의 기준을 제시하지 못한다는 비판이 있다.[26]

❸ 이론의 선택과 불가공약성의 원리

1) 이론의 선택과 과학의 합리성

포퍼와 쿤에 있어서 과학의 합리성이 의미하는 바는 경쟁하는 이론들간의 비교, 선택을 위한 객관적 기준이 존재하는가 문제이다. 포퍼는 반증가능성의 정도 혹은 확증보강의 정도(degree of corroboration)를 주장하였고, 라카토스의 경우 전진적 프로그램의 제원칙을 기준으로 제시하였다. 반면 쿤은 이론의 평가는 그것이 기초하고 있는 패러다임자체의 타당성 여부에 달려있으며 패러다임간의 객관적 비교나 평가는 불가능하다는 생각에서 과학의 합리성을 거부하였다.

그러나 이론의 선택은 두 가지 차원을 포함한다고 볼 수 있다. 하나는 동일한 문제를 누가 더 잘 설명해 내는가 하는 것이고 다른 하나는 무엇을 우선적으로 문제 삼을 것인가에 관련된 선택이다. 전자에 의하면 보다 현실을 정확하게 설명해주는 이론이 더 우수한 이론이 되며 여기서 문제는 이론과 사실의 일치여부 혹은 접근여부이다. 설령 진리의 객관적 실재에 의문을 제기한다 할지라도 완전한 불가지론자나 회의주의자가 아닌 한 우리는 연속선상의 어느 지점에

---

26) A. F. Chalmers, *op. cit.*, pp. 147-148.

선가 진위판별의 경계를 설정하게 되고 이것에 보다 가까운 이론이나 지식을 우선적으로 선택하게 될 것이다. 그러나 후자의 경우에는 문제의식 자체가 문제가 되며 사물의 어떤 측면을 더 강조할 것인가에 대한 가치 판단의 문제가 비교와 선택의 관건이 된다. 이 경우 이론은 현상에 대한 설명과 분석의 울타리를 넘어서 문제의 본질과 관련된 가치와 우선순위를 근본적으로 재검토하게 된다. 이때 이론의 선택은 이론의 설명능력을 여전히 고려하고 있음에도 불구하고 보다 중요한 것은 문제의식 그 자체이며 자유냐 평등이냐 혹은 성장이냐 분배냐 등의 출발점의 불일치가 이론간의 객관적인 비교와 평가를 어렵게 만든다. 이것은 우리가 정책결정이나 이념논쟁에서 흔히 직면하게 되는 문제이다.

그런데 포퍼와 라카토스의 경우 두 번째 영역을 별개로 분리시킴 없이 과학의 합리성만을 일관되게 주장함으로써 이론의 선택 문제를 너무 협소하게 파악하였다. 만일 이론 선택의 두 번째 차원을 인정한다면 과학의 합리성이 의미하는 바를 보다 한정적인 범위에 국한시켜야 할 것이다. 주로 두 번째 차원의 이론 선택의 문제와 관련하여 쿤의 패러다임론은 고유한 논의영역을 확보하게 된다. 그러나 쿤 역시 후술하는 바와 같이 이론의 선택에 있어서 첫 번째 차원의 문제를 외면함으로써 자신의 논리를 필요이상으로 확대시켰다. 따라서 쿤의 패러다임론 또한 한정적으로 적용되어야 하고 그 나머지 부분에 대해서는 과학의 합리성 주장이 인정되어야 할 것이다.

2) 불가공약성의 원리

이론 선택의 문제에 대한 포퍼와 쿤의 입장을 살펴보자. 포퍼는 반증가능성의 원리를 단일이론의 수용여부 뿐만 아니라 경합하는 복수이론들간 선택의 기준으로서도 제시하였다. 따라서 포퍼에 따르면 보다 반증가능성의 정도가 높은 이론이 언제나 선택되어야 한다. 그러나 이론의 선택은 과학성 여부만을 문제 삼는 것이 아니라 근본적인 가치판단을 또한 문제 삼기 때문에 후자의 경우 포퍼의 기준은 만족할 만한 해결책이 되지 못한다. 두 이론이 쿤이 말하는 바 서로 다른 패러다임에 기초하고 있는 경우, 그들 간의 개념과 용어 및 문제의식의 차이 때문에 사실상 객관적 비교와 선택이 불가능한 상황이 존재할 수 있다. 쿤은 이론 선택의 문제를 패러다임 선택의 문제로 보며 동일 패러다임 내에서는 이론 선택의 여지가 없다고 본다. 쿤에 따르면 하나의 지배적인 패러다임 위에서 정상과학(normal science)이 탄생하며 정상과학 하에서는 하나의 강력한 이론만이 존재한다. 이론은 패러다임 자체가 변하지 않는한 결코 반증되지 아니하며 변칙사례의 발견은 이론으로 하여금 수수께끼풀이의 노력을 통해 자신을 보완하고 강화시키는 계기가 될 뿐이다. 쿤은 '하나의 패러다임, 하나의 이론'설을 주장함으로써 동일 패러다임 내에서의 이론경합을 처음부터 문제삼지 않고 있다. 이론의 선택문제는 패러다임의 변화가 있을 때만 가능하고 이 경우 선택은 곧 패러다임의 선택을 의미한다. 쿤에 의하면 정상과학의 시기에는 기존의 이론을 정교화 시키는 작업만이 행해지며 기존이론을 기각해야하는 새로운 선택의 상황은 일어나지 않는다. 오직 과학혁명의 시기에만 이론 선택의 문제가 발생하며 그가 주장하는 불가공약성의 원리는 이 경우에 적용되어지는 논리이다. 이 글의 주제에 초점을 맞출 때 쿤의 패러다임론은 이론과 정상과학, 이론과 패러다임, 정상과학과 패러다임의 관계를 명백히 규정하고 있지 못하고 있다는 문제가 있을 뿐 아니라,[27] 고집의 원리(principle of tenacity)[28]를 지나치게 강조함으

27) 쿤에 있어서 패러다임의 개념이 매우 모호하다는 지적이 끊임없이 제기되어왔다.

로써 하나의 패러다임 하에서는 하나의 이론만이 존재한다는 그의 주장은 현실적으로 설득력이 없다고 본다. 하나의 패러다임 하에서도 이론의 설명능력을 문제 삼아 얼마든지 이론 간의 경쟁이 있을 수 있다. 현행이론이 늘 최상의 것이 아니기 때문이다. 이 경우 쿤의 수수께끼풀이에 관한 설명은 개념자체가 모호할 뿐 아니라 자유로운 토론과 비판을 학문의 본질로 수용한다면 그것은 다양한 접근의 가능성을 간과하거나 배제시킬 위험마저 있다. 그러므로 이곳에서는 쿤의 패러다임론 중에서 특히 상이한 패러다임간의 선택의 문제를 논하는 불가공약성의 원리에 초점을 맞추어 포퍼의 척도를 보완하려 한다. 불가공약설의 원리를 검토하기 위해서 쿤의 패러다임론을 간략히 정리해보자.

쿤은 『과학혁명의 구조』에서 과학의 발전을 누적적인 과정을 보아 왔던 전통적인 견해에서 탈피하여 그것을 하나의 혁명과정으로 파악하였다. 쿤에 의하면 과학의 진보는 전과학—정상과학—위기—혁명—새로운 정상과학의 과정을 통하여 이루어진다. 성숙한 과학은 하나의 패러다임에 의해 지배를 받는다. 패러다임이란 과학의 기준을 구성하는 이론적인 가정과 법칙들, 그것들을 적용하기 위한 기술과 방법의 총체, 연구를 위한 형이상학적인 원리를 포함하는 포괄적 개념이다.[29] 하나의 패러다임이 출현하기 이전의 시기인 전과학의 시기는 근본적인 것에 대한 의견의 일치가 이루어지지 않음으로 해서 수많은 이론들의 경합을 벌인다. 그러나 패러다임이 일단 형성되

예를 들어 마가렛 매스터만은 『과학혁명의 구조』에서 21가지의 패러다임 개념이 사용되고 있다고 말한다. I. Lakatos & A. Musgrave(ed.), *op. cit.*, p. 61.

28) 파이어아벤트의 표현으로 하나의 이론이 현실적인 어려움 속에서도 자신을 계속 고수하려는 경향을 말한다. I. Lacatos & A. Musgrave (ed,), *op. cit.*, p. 203.

29) A. F. Chalmers, *op. cit.*, p. 153.

면 패러다임을 자연과 일치시키기 위한 구체적인 시도인 정상과학이 구축된다. 그리고 그 자체 완성된 패러다임이란 존재하지 않기 때문에 정상과학은 끊임없이 패러다임을 정교화시켜 나간다. 정상과학하에서 패러다임의 규칙을 이용하여 문제를 해결해 나가는 과정이 이른바 쿤의 수수께끼풀이(puzzle-solving) 과정이다.

이때 문제해결이 성공적이지 못할 경우 그 원인은 패러다임의 부적합성에서가 아니라 연구자 자신의 이론 운용능력에서 찾게되며,[30] 따라서 많은 변칙사례에도 불구하고 정상과학은 자신을 유지한 채 자기 완성의 노력을 계속한다. 그러나 퍼즐풀이에 계속 실패하고 변칙사례가 증가함에 따라 정상과학과 패러다임에 위기가 발생하며 이상과학의 단계가 도래한다. 과학자들의 연구에 혼란이 발생하고 철학적이며 형이상학적인 논쟁이 시작된다. 이제 과학혁명이 시작되고 새로운 패러다임이 기존 패러다임을 대처하게 되며 이 과정은 매우 급격하고 전면적인 것이라서 마치 정치혁명과도 같다.[31] 이러한 과학의 발전과정에서 보여지는 패러다임과 패러다임의 관계가 쿤의 불가공약성(incommensurability)의 원리이다.[32] 경쟁관계에 있는 패러다임은 그것이 해결해야 할 문제가 무엇인가에 대해 의견의 일치를 보지 못하며 패러다임이 사용하고 있는 개념과 용어 - 조작적 행위 - 에 있어서 약속을 달리하고 있기 때문 상호간 공통적인 대화가 불가능하다.[33] 객관적 기준에 근거하여 하나의 패러다임의

30) T. Kuhn, *op. cit.*, p. 5, p. 35, p. 80.

31) *Ibid.*, p. 93.

32) 이 말이 맨 처음 철학에 도입된 것은 1960년에 있었던 쿤과 파이어아벤트의 대화였다고 한다. 이 말은 그리스 수학에서 'no common measure'라는 의미로 사용되었다. Ian Hacking, *Representing and Intervening* (Cambridge: Cambridge Univ. press, 1983), p. 67; 신중섭, "쿤의 새로운 과학철학,"『철학연구』, 제9집 (고려대철학회, 1984), p. 131 재인용.

우월성을 증명할 수 없으며 선택은 종교의 선택과도 같고 패러다임의 변화는 개종(conversion)의 경험이며 심리학에서의 형태변화(Gestalt switch)에 비유될 수 있다.[34] 자신의 입장을 상대에게 강요해서는 안 되며 오직 설득과 선전만이 필요할 따름이다. 쿤은 특히 패러다임의 상대적인 문제해결 능력과 개개인의 미적 감각이 패러다임 선택에 관건이 된다고 본다. 그러나 어떤 문제의 해결이 더 중요한가는 주관적 가치판단의 영역이며,[35] 결국 새로운 패러다임의 성립은 학문공동체에 있어서 구성원 다수의 합의를 어느 쪽이 확보하느냐에 달려있다고 본다.[36]

쿤의 불가공약성의 원리에 대한 비판은 대체로 그것이 함축하고 있는 상대주의 철학을 겨냥하고 있다. 결국 불가공약성의 원리는 지식의 궁극적 기반을 합리적 기준이 아닌 다수의 자의적 선택에 의존케 함으로써 상대주의와 비합리주의에 빠지고 있다는 것이다. 이러한 비판은 불가공약성의 원리가 궁극적으로 다수에 의한 힘의 논리이며 일종의 군중심리의 문제라고까지 말하기에 이른다.[37] 그러나 상대주의에 관한 논쟁 자체가 명확한 해답을 내리기 어려운 주제일 뿐 아니라 현대철학의 흐름이 오히려 상대주의를 수용하고 있음을 생각할 때 상대주의를 비판의 논거로 삼는 것은 설득력이 약하다. 뿐만 아니라 쿤은 패러다임의 선택이 매 시기 공동체 구성원들에 의한 최선의 가치판단의 결과라고 말한다. 따라서 그것은 다만 주관적이라는 이유 하나만으로 배격되어야 할 성격의 것이 아님을

---

33) T. Kuhn. *op. cit.*, pp. 148-149.

34) *Ibid.*, p. 151, p. 111.

35) *Ibid.*, pp. 109-110.

36) *Ibid.*, p. 94.

37) I. Lakatos and A Misgrave (ed.), *op. cit.*, pp. 259-260.

의미한다.[38] 그것은 특수한 상황 속에서 다수가 행하는 최선의 노력이며 선택의 배후에는 이른바 상호주관(intersubjectivity)이 이루어지고 있기 때문에 패러다임의 상대성을 지적인 무정부주의나 비합리주의처럼 취급하는 것은 합당치가 않다. 또한 쿤은 비판에 답하여 상이한 패러다임간 최소한의 비교 형식을 논하였는 바, 이론의 정확성, 일관성, 적용범위, 단순성, 산출능력 등의 문제를 검토하였지만 이들 변수사이의 우선순위가 존재하지 않는 한 궁극적으로 주관적인 가치판단에 귀착될 수밖에 없다고 보았다.[39] 쿤은 때때로 상대주의자로서 자신의 이미지를 불식시키려고 노력하였지만 그의 패러다임론이 근본적으로 절대적 진리를 거부하는 상대주의 철학에 입각해 있음을 상기할 때 그의 변명은 별의미가 없다고 본다. 따라서 이 점을 문제 삼아 그의 이론에 내적 일관성이 결여되었다고 지적하는 것도 마찬가지로 의미가 없다. 또 다른 비판으로 쿤이 불가공약성의 원리를 말하면서 패러다임간의 양립불가능성을 동시에 주장했는데 이것은 모순이라는 지적이 있다.[40] 즉 상호의사소통이 불가능하다는 바로 그 이유 때문에 상이한 패러다임은 더욱 양립가능하고 따라서 과학혁명이 이루어지기 어렵다는 주장이다. 그러나 이 문제는 다음과 같이 이해되어야 한다고 생각한다. 즉 논리적으로는 상이한 패러다임의 양립이 가능하지만 현실적으로 하나의 패러다임이 지배적인 위치를 차지함으로써 여타 패러다임의 영향력이 소멸되어 사실상의 힘의 교체가 이루어진다는 것이다. 그러므로 과학혁명 이전이나

---

38) T. Kuhn, "Reflection on My Critics," in I. Lakatos and Musgrave (ed.), *Criticism and The Growth of Knowledge*, p. 263.

39) *Ibid.*, pp. 261-262.

40) J. Watkins, "Against Normal Science," in I. Lakatos and A Musgrave (ed.), *Criticism and The Growth of Knowledge*, p. 34.

이후에나 상이한 패러다임의 공존은 늘 가능하지만, 실제에 있어서는 어느 하나가 지배적으로 될 수밖에 없다. 불가공약성의 원리가 모든 패러다임은 상호주관적인 선택에 근거해 있으며 최소한의 인간의 척도(human criteria)를 갖는다는 사실을 강조할 때, 그것은 역설적이게도 정상과학의 한계를 지적하는 논리가 되며 진리를 독점하려는 모든 시도를 거부하는 포퍼의 도그마 비판처럼 절제와 겸허의 철학의 될 수 있다. 자신의 존립 근거는 곧 타인의 존립근거이기 때문이다.

❹ 맺는 말

필자는 이 글을 통해 과학에 대한 포퍼의 견해를 제한적으로 수용하려 하였다. 과학적이기 위해서 모든 이론은 보다 분명히 자신을 표현해야 한다는 것, 이것이 포퍼의 반증주의가 주장하는 기본논리이며 적어도 이론의 과학성을 문제 삼는 한 이 원칙은 철저히 견지되어야 한다고 생각한다. 특히 우리는 규약주의의 책략을 경계해야 하며 자기비판을 거부하고 임기응변을 통해 끊임없이 자기보호를 시도하는 '이론의 도그마화'를 배격해야 한다. 이 경우 쿤의 정상과학의 논리는 다음과 같은 두 가지 측면에서 고려해 볼 여지가 있다. 첫째로 쿤의 논리는 반증가능성의 원리가 보다 신중히 적용되어야 한다는 제어효과의 의미를 갖는다는 것이다. 포퍼의 이론에 공감하는 사람들이 쿤을 수용하는 일반적인 입장이라고 볼 수 있다. 정상과학에 대한 주장은 적어도 이론의 반증이 매우 어려운 작업이며 하나의 이론을 기각시키기 위해서 충분한 검토를 필요로 한다는 사실을 강조한다. 둘째로, 쿤의 논리를 존재의 차원에서 이해한다면 학문의 현실은 포퍼식의 반증의 원리뿐만 아니라 쿤의 정상과학의 원리도 실제로 공존하고 있다고 말할 수 있다. 한편에서는 기존이론에 대한 끊임없는 비판과 교정이 이루어지지만 다른 한편에서는 하나의 이론체계가 장기적으로 권위를 행사할 수 있으며 따라서 과학 혁명의 가능성도 상존한다고 볼 수 있다.

이와 관련하여 포퍼와 쿤의 논쟁에 있어 '존재'와 '당위'의 문제를 검토해 볼 필요가 있다.[41] 포퍼의 사회철학인 비판적 합리주의(critical rationalism)는 혁명을 거부하는 점진적 개혁주의를 주장함으로써 때로는 보수적이라는 비판을 받아왔다.[42] 그의 과학에 대한 입장 역시 귀납의 문제뿐만 아니라 혁명이론의 전천후적인 논리구조를 비판함으로써 동일한 맥락을 보여 주었다. 반면 과학의 발전이 혁명적일 수밖에 없다는 쿤의 이론은 과학혁명과 정치혁명의 유추를 통하여 포퍼와 상반된 이미지를 제공한다. 그러나 양자의 논리를 자세히 검토하게 되면 상호간의 입장이 역전되고 있음을 알 수 있다. 쿤에 대한 비판론자들이 쿤이 지나치게 정상과학의 권위를 강조함으로써 과학의 본질인 비판정신을 폄하하고 있다고 주장하는데 반해, 포퍼에 대한 비판은 반증가능성의 원리가 기존의 이론을 너무 쉽게 반박하려 함으로써 현실과 유리된 과학사 인식을 보여주고 있다고 주장하고 있다. 즉 포퍼가 쿤의 이론에 내재하는 보수적 측면을 비판하고 있는 반면, 쿤은 포퍼의 이론이 갖는 이상주의적 한계를 비판하였다. 평상시 끊임없이 현실개혁이 이루어진다면 혁명이 구태여

---

41) 이 문제는 분석의 차원으로서 과학의 합리성과 처방의 차원으로서 이론의 선택이라는 이제까지의 논의와는 또 다른 차원의 논의이다.

42) 예를 들어 E. H. Carr, 『역사란 무엇인가』, 길현모 역 (서울: 탐구당, 1976), pp. 204-205. 여기서 카아(Carr)는 포퍼의 이성주의적 태도를 높이 평가하면서도 그를 비타협적 보수주의자로 규정한다. 혹은 포퍼와 마르쿠제의 논쟁을 수록한 F. Stark (ed.), 『혁명이냐 개혁이냐』, 박성수 역 (서울: 인간신서, 1982) 참조.

필요하지 않는 것이고 반대로 평소에 현실에 대한 비판활동이 허용되지 않음으로 해서 문제가 누적된다면 언젠가 그것이 폭발하리라는 것은 자명한 이치이며 이는 정치의 세계나 학문의 세계나 마찬가지로 적용될 수 있는 논리이다. 전자가 포퍼의 논리라면 후자가 쿤의 논리이다. 개혁이야말로 혁명을 예방하는 최선의 전략인 것처럼 포퍼의 보수주의는 부단한 비판 작업을 내용으로 하는 사실상의 혁신주의이고 쿤의 과학혁명은 질적인 도약에 앞서서 기성권위에 대한 침묵과 장시간의 모순의 축적을 전제로 하는 보수적 현실인식을 함축하고 있다. 논자들은 포퍼가 주로 당위의 차원에서 과학을 바라보는데 반해 쿤은 존재의 차원에서 과학을 논하고 있다고 이해하려 한다. 물론 포퍼는 존재의 차원을 무시하지 않았다. 즉 포퍼의 과학사 인식은 그것을 기존이론에 대한 끊임없는 비판과 재비판의 과정으로 파악하였다. 쿤 역시 당위의 차원을 완전히 배제하지 않았으며 기존 이론체계가 너무 쉽게 포기되어서는 안 된다고 생각하였다. 하지만 대체적으로 볼 때 포퍼의 주장은 과학의 당위성을 말하고 있고 쿤의 주장은 현실적인 과학의 전개를 보여주려 하고 있다는 상대적인 차이가 인정될 수 있다.[43] 그러나 현실 속에는 합리와 비합리가 공존하고 있으며 포퍼식의 반증의 원리와 쿤의 정상과학의 원리가 동시에 진행되고 있다고 파악하는 것이 보다 정확한 지적일 것이다. 이

43) 포퍼가 쿤의 정상과학의 논리에 대해 그것은 도그마 정신이며 문명의 위기를 초래할 것이라고 경고할 때 그는 과학이 견지해야 할 당위의 세계를 말하고 있다고 볼 수 있다. 그러나 그는 과학사의 인식에 있어서도 정상과학자의 수가 극히 소수라고 판단하였다. I. Lakatos & A. Musgrave (ed.), *op. cit.*, p. 54. 파이어아벤트가 쿤에 대해 존재와 당위의 문제를 모호하게 하고 있다고 지적했을 때 쿤은 자신이 규범의 차원을 무시하지 않고 있으나 기본적으로 서술적임을 시사하였으며(*ibid.*, p. 237), 『과학혁명의 구조』 서두에서 자신의 연구가 과학사의 이론과 실제의 불일치에 대한 회의에서 비롯하였다고 말하고 있다. T. Kuhn, *op. cit.*, p. v.

경우 어느 쪽이 더 전형적인가하는 문제는 또 다른 논의를 필요로 하며 여기서 문제를 삼는 것은 과학이 지향하는 이상형의 모색이고 포퍼 이론의 의의는 이러한 차원에서 이해되어야 할 것이다.

마지막으로 필자는 이론의 선택은 그것의 과학성여부가 선택의 중요한 기준임에도 불구하고 또 다른 선택의 차원이 존재하며 가치판단의 문제와 관련하여 쿤의 불가공약성의 원리가 인정되어야 한다고 보았다. 그리고 불가공약성의 원리가 함축하는 의미를 비과학성과 비합리성에서 찾은 것이 아니라 인간의 의식 활동에 내재하는 존재구속성과 여기서 초래되는 패러다임의 필연적인 한계로 보았다. 모든 패러다임은 매 시기에 있어서 다수에 의한 최선의 선택이지만 특정시대와 사회를 배경으로 하는 바 상황변경의 문제를 고려하지 않을 수 없으며 공시적(共時的)인 관점에서도 여타 패러다임의 가능성을 배격할 절대적인 근거가 존재하지 않는다. 또한 상호주관의 원리는 다수에 의한 오류가능성의 문제를 완전히 배제할 수도 없다. 따라서 어떠한 패러다임도 현실적인 승리를 통해 자신이 절대적인 진리임을 고집해서 안 되며 자신의 한계를 자각하고 상대 패러다임을 존중해야만 한다.[44] 이렇게 된다면 불가공약성의 원리는 비합리주의나 진리를 독점하려는 주관적인 도그마의 논리에서 벗어나 새로운 미래를 기약하는 개방사회의 논리로 전환될 수 있으며 여기에 불가공약성의 원리가 갖는 보다 깊은 의미가 있다할 것이다. 불가공약성의 문제는 파이어아벤트에 와서 더욱 극단화되어 그는 경직된 과

44) 이것은 20세기 초 서구사회가 첨예한 이념적 갈등 속으로 진입하였을 때 칼 만하임이 취했던 기본입장이기도 하다. 만하임의 경우 패러다임의 개념 대신 세계관 (Weltanschung)의 개념을 사용한다. E. Miller는 1970년 이후 미국 정치학의 역사주의적 경향에 큰 영향을 미친 철학적 흐름으로 쿤의 새로운 과학철학, 칼 만하임의 지식사회학, 실존주의적 현상학 등을 지적하고 있는데 비슷한 맥락의 논의라고 말할 수 있다. E. Miller, *op. cit.*, p. 806.

학이 개인의 개유를 침식한다는 특유의 인본주의 사상에서 과학적 지식의 우위자체를 거부하기도 하였다.[45)]

[45)] 파이어아벤트에 있어서 불가공약성의 원리는 쿤과는 달리 모든 정상과학의 권위 그 자체를 거부한다. 과학은 인류에 의해 발전된 수많은 사고양식 중의 한가지이며 신화나 이데올로기와 다를 바 없다. P. Feyerabend, *Against Method* (London: New Left Book, 1975), p. 298.

제 2 부

현대 사회주의론

제3장

페레스트로이카와 레닌주의의 재해석

❶ 머리말

카아(E, H. Carr)는 역사란 끊임없이 새롭게 음미되야 한다는 의미에서 '모든 역사는 현대사'라는 크로체의 말을 인용하였다. 동시에 그는 역사가 지나치게 자의적으로 해석되어서는 안된다는 생각에서 콜링우드의 재현(re-enactment)이 개념 속에 내재해 있는 또 다른 위험성에 대해서 경계를 하였다.

고르바초프가 이끄는 소련정부는 페레스트로이카를 추진함에 있어서 야기되는 모든 이론적 문제에 대하여 진정한 레닌주의론의 복귀와 왜곡된 사회주의 - 스탈린주의 - 의 청산의 논리를 전개하고 있다. 소련 내의 일부 보수세력과 몇 개의 사회주의국가, 그리고 정통 마르크스주의와 볼셰비즘의 전통에 대해 향수를 느끼는 서구사회의 경직된 좌파 지식인들을 제외한다면 이러한 주장은 오늘날 사회주의 진영에 일반화된 논리인 것 같아 보인다. 진정한 레닌주의란 무엇인가? 레닌주의와 스탈린체제 사이에는 어떠한 관계가 있는가?

포퍼(K. Popper)는 하나의 이론이 자신에 대한 재해석을 통하여 끊임없는 반증을 회피해 나갈 때 그것은 이론으로서 생명력을 상실한다고 보았다.[1] 포퍼의 논리를 세련화시킨 라카토스는 핵심원리

(hardcore)와 보호대(protective belt)의 개념을 통하여 이론보호 한계를 분명히 한 바 있다.[2] 이론의 본질을 훼손시키는 재해석이란 이론의 수정이나 폐기와 다름이 없는 것이다.

모든 것이 다 사회주의이고 레닌주의일 수는 없다. '진정한'이라는 수식어가 붙을 때 더욱 그러하다. 일찍이 마르크스는 『독일이데올로기』에서 문제의 해결을 궁극적으로 휴머니즘에 호소하는 일군의 사회주의자들의 '진정한 사회주의'(The True Socialism)론에 대해 비판을 행한 바 있다.[3] 필자는 '진정한 레닌주의'론이 레닌주의에 대한 재해석의 한계를 넘어서고 있으며, 금일의 소비에트체제의 변화를 진정한 레닌주의론에 의존할수록 그것은 레닌주의의 정체성을 내부로부터 파괴시키는 자기모순적인 결과를 초래하게 될 것이라고 본다. 새로운 모습으로 재생되고 있는 레닌주의는 레닌주의의 신화를 정당성의 근거로 사용하고 있지만 사실상 레닌주의를 크게 변질시켜 나아가고 있다. 페레스트로이카가 주장하는 '혁신적 재구성'

---

1) K. Popper, *Objective Knowledge: An Evolutionary Approach* (Oxford : The Clarendon Press, 1979), pp. 191-204 참조. 포퍼는 반증을 회피하는 이러한 논리를 애드 혹(ad hoc)의 전략, 혹은 규약주의의 책략(conventionalistic strategem)이라 말하고 있다.

2) 이에 관해서는 I. Lakatos, "Falsification and The Methodology of Scientific Research Programmes," in I. Lakatos and A. Musgrave(ed.), *Criticism and The Growth of Knowledge* (Cambridge Univ. Press, 1976), pp. 91-189 참조. 핵심원리는 이론자체를 폐기하지 않고는 수정, 변경시킬 수 없는 이론의 중심부분을 말하며 보호대는 변칙사례로부터 이론을 보호하기 위하여 보조가설을 수정, 변경시킴으로써 이론의 존속을 꾀해나가는 부분이다.

3) 마르크스는 여기서 프랑스의 경우 생시몽, 푸리에, 프루동을, 독일의 경우 포이에르바하, M. 헤스, K. 그린, 하이네 등을 거론하고 있다. 엥겔스 역시 여기에 추가하여 여타의 진정한 사회주의론자(The True Socialists)에 대한 비판을 행한 바 있다. K. Marx, and F. Engels, *The German Ideology* (Moscow : Progress Publisher, 1976). Vol. 2 참조. 필자가 이 용어를 거론하고 있는 것은 마르크스주의 휴머니즘을 부정하기 위해서가 아니라 마르크스와 엥겔스 자신에 의해서 이미 자의적인 사회주의 개념정의가 비판되고 있음을 지적하기 위해서이다.

은 이미 레닌주의 핵심원리의 일부를 파괴시켜버리고 있다. 따라서 필자는 페레스트로이카의 이념적 성격에 대한 올바른 이해를 위해서는 '진정한 레닌주의'의 논리외에 '레닌주의의 수정'의 논리가 인정되어야 할 것이라고 본다.

우선 진정한 레닌주의론에 관하여 살펴보고 스탈린체제를 어떻게 볼 것인가 하는 문제를 아울러 검토하겠다. 그 다음 여기서 비롯되는 소비에트 혁명사의 재해석의 문제로서 트로츠키주의와 부하린주의의 문제를 검토하겠다. 페레스트로이카의 논리에 따를 때 부하린주의는 진정한 레닌주의의 원형이 되며 소련은 부하린에 대한 전면적인 재평가를 해야 할 것이다. 이 경우 진정한 레닌주의론이 모색하고 있는 체제는 사회주의 강화라는 자신의 주장과는 달리 사회주의의 기본원칙으로부터 크게 벗어나고 있음을 발견하게 될 것이다. 부하린과 부하린주의에 대하여 평가를 유보할 경우 그것은 자기모순적이다.

❷ 진정한 레닌주의론

소련은 민주화와 경제개혁으로 요약되어지는 페레스트로이카를 추진함에 있어서 진정한 레닌주의로의 복귀를 기치로 내걸고 있다. 진정한 레닌주의론의 논리를 검토해 보면 다음과 같은 두 개의 주요한 부분으로 구성되어 있음을 알 수가 있다. 하나는 스탈린주의에 대한 비판이고 다른 하나는 후기레닌주의에 대한 강조이다. 전자가 소극적 차원의 것이라면 구체적 대안을 제시한다는 의미에서 후자는 적극적 차원의 것이다. 전자가 주로 민주와의 문제와 관련되었다면 후자는 주로 경제개혁의 문제와 관련되어 있다. 그러나 두 개의 논리는 서로 밀접히 관련되어있다. 우선 첫 번째 논리를 살펴보자.

오늘날 사회주의의 변화를 정당화하는 데 사용되는 가장 전형적인 논리는 왜곡된 사회주의 - 스탈린주의 - 청산의 논리일 것이다. 사회주의 현실의 모든 문제는 스탈린체제의 잔재이며 그것은 진정한 사회주의, 진정한 레닌주의와 무관한 것으로 간주된다. 스탈린체제는 진정한 레닌주의의 반(反)명제이며 왜곡된 사회주의이다. 그러나 스탈린주의를 희생양으로 삼는 이러한 논리는 사회주의의 실패의 책임을 모두 스탈린주의에 전가함으로써 고전적 사회주의 이론 속에 내재하고 있는 문제점들을 외면하고 사태의 본질을 왜곡시킬 가능성이 있다. 진정한 레닌주의란 무엇인가를 논하기 앞서 무엇이 왜곡된 레닌주의인가를 검토해 보자. 스탈린주의가 의미하는 구체적인 내용은 무엇인가? 스탈린주의를 명쾌하게 정의 내리기란 쉬운 일이 아니며 용어 자체의 타당성 여부에 대해서도 의문이 제기되어져 왔다.[4] xx주의라는 용어사용의 관례에 따를 때 스탈린주의는 스탈린 집권 후 이루어진 소비에트체제의 변화를 총칭하는 개념이라 할 수 있지만 서구사회는 비판적 맥락에서 일탈된 권력의 문제를 우선적으로 거론하여 왔다. 1958년 2월 제20차 소련공산당대회에서 흐루시초프에 의해 시작된 스탈린 격하운동 역시 스탈린의 개인숭배와 권력남용의 문제를 중점적으로 비판하였다. 일탈된 권력으로서 스탈린주의는 가공할만한 국가폭력과 인민의 희생위에서 건설된 스탈린

4) 스탈린 자신은 독자적인 이데올로기로서 스탈린주의를 인정하지 않았다. 서구에서의 스탈린주의 용어 사용은 1931년 6월 『뉴욕타임즈』지에서 Walter Duranty에 의해 시작된 것으로 추측되어지며 소련에서는 트로츠키와 그 추종자들에 의해 개념화되었다. 이론적인 체계를 결여하고 있다는 이유로 '스탈린체제'라는 용어를 대신 사용하자는 주장도 있다. 사상문예운동, 『사회주의 대개혁의 논리』(서울 : 풀빛, 1990), pp. 246-247; 로버트 터커, 『스탈린이즘』, 김광삼 역 (서울 : 문학예술사, 1982), p. 21, p. 184 참조.

의 일인독재이며 차르체제를 대체하는 또 하나의 전제정치였다. 대숙청과 강제수용소, 비밀경찰, 개인숭배 등으로 상징되는 스탈린의 억압정치는 칼 프리드리히와 브레진스키의 전체주의 모델이 되었고, 조지 오웰에 의해 동물농장으로 묘사되었다. 그는 자신의 권력을 유지하기 위해서 거의 대부분의 동료 볼셰비키들을 희생시켰으며 수백만의 시민을 처형하였다. 혹자는 절대권력의 속성 자체를 문제 삼았고 혹자는 스탈린의 퍼스날리티를 이야기하였다. 그러나 끝없는 권력에의 갈망과 테러리즘의 정치를 넘어서는 스탈린체제의 보다 중요한 특징은 새로운 지배양식의 출현에 있다. 즉 중앙집권적 관료기구의 등장과 당의 관료주의화 문제이다. 스탈린체제의 관료주의(bureaucracy)에 대한 비판은 두 가지 차원을 동시에 함축하고 있다. 하나는 당의 독재와 당관료집단(apparatchiki)의 새로운 지배계급(nomenklatura)화 문제이고, 다른 하나는 국가기구의 팽창과 과도한 중앙집권화에 따른 체제의 비능률과 권위주의의 문제이다. 양자는 서로 밀접한 관계를 갖고 있으며 후술하는 것처럼 스탈린의 경제정책 역시 이것과 관계가 있다.

스탈린의 권력자원으로서 당의 관료집단은 이 시기에 새로운 계급으로 부상하여 모든 권리를 독점하고 인민위에 군림하는 존재가 되었다.[5] 스탈린의 권력강화와 더불어 당의 도덕적 우위가 극단적으로 강조되었고 계급투쟁의 구호가 다시 등장하였다. 당의 의사는 선험적으로 무오류적임이 주장되었으며 토론과 비판의 자유가 사라져 버렸다. 민주집중제의 원리는 민주주의의 후퇴와 집중주의의 강화

5) 레닌사망 직후 스탈린은 '레닌입당'(Leninist levy)을 실시하여 24만명의 새로운 당원을 충원함으로써 레닌의 당을 대중정당으로 전환시켰다. 이 과정에서 입당과 더불어 숙청이 시작되었으며 이후 당원은 특권과 더불어 지도자에 대한 충성을 강요받게 되었다. E. H. Carr, 『러시아 혁명』, 나남편집부 역 (서울: 나남, 1983), pp. 77-78.

형태로 나타났으며 지도자 일인의 의사를 집행하는 당은 더 이상 인민의 의사를 대변하지 아니하였다. 반대세력에 대한 조직적인 테러가 자행되고 시민들의 정치적 자유가 박탈되었다. 프롤레타리아 독재의 이름으로 당의 독재가 행해졌고 이것은 지도자 일인독재로 귀착되었다. 스탈린은 당과 국가의 중요한 지위에 대한 임명을 통제하는 당 기구를 엄격하고 세심히 관리함으로써 자신의 지위를 유지하였다. 당의 관료집단은 생산수단의 사적 소유가 아닌 권력의 독점에 의해서 새로운 지배계급으로 부상하였고 스탈린의 독재는 수많은 사람들의 희생에도 불구하고 다른 일부집단에 대해서 신분상승의 기회를 제공하였다. 질라스(M. Djilas)에 의해 새로운 계급론이 제기된 후 이에 대해 광범위한 논의가 이루어져 왔다.[6] 스탈린은 사라졌지만 이들 지배집단은 오늘날까지 존속하여 권위주의와 비능률, 부패의 온상이 되었으며 브레즈네프 세대는 스탈린체제의 살아있는 유산이 되었다. 고르바초프는 이들 보수적 아파라치키 세력과 맞서 민주화를 추진하기 위해서 복수후보제와 비밀투표제를 도입하여 당의 체질을 혁신하려 하고 있다. 정보의 공개가 이루어지고 시민의 정치적 자유가 신장되어 이를 바탕으로 한 인민의 정치참여와 소비에트의 활성화가 시도되고 있다. 심지어 소련은 복수정당제의 도입을 고려

6) 사회주의 국가에 있어서 새로운 계급의 본질이 자본주의 국가의 그것과 성격을 달리하며 새로운 계급론은 과장되었다고 보는 견해에 대해서는 A. 기든스, 『선진사회의 계층구조』, 장정수 역 (서울 : 종로서적, 1986), 제13장, '사회주의 사회에서의 계급과 당' 참조. 관료계급의 등장은 이미 신경제정책 추진과정에서 부르주아 전문가집단이 대거 진출하면서 비롯되었지만 스탈린체제가 본격적으로 가동되면서 이들은 대부분 숙청, 교체되었다. 그리하여 이후의 관료집단은 이데올로기적으로 무장되고 지도자 일인에 대해 충성을 바치는 새로운 구성원으로 대체되었다. 이 경우 새로운 계급은 비이념 지향적 전문가집단으로서 테크노크라트들을 배제하고 있는 개념이다. 이념의 문제가 완화되면서 훗날 급속도로 성장한 테크노크라트집단은 오히려 민주화에 긍정적인 역할을 수행하고 있다.

하기에 이르렀다. 대통령제의 도입 역시 지나치게 비대해진 당의 권한을 약화시키려는 데 그 의도가 있다고 풀이되어 진다. 고르바초프는 보수적 당관료세력과의 투쟁에 최종적으로는 대중의 힘을 동원하고 있는 중이다. 스탈린체제의 과도한 중앙집권화 현상 역시 스탈린 관료독재의 연장이지만 그것은 사회주의체제에 있어서 근대화전략의 문제와도 밀접한 관계가 있기 때문에 경제정책의 문제와 관련하여 이를 살펴보겠다.

1920년대 볼셰비키의 경제정책은 부하린(Bukharin)을 중심으로 한 NEP추진세력과 프레오브라젠스키(Preobrazhensky)를 대표로 하는 좌파 반대세력을 두 개의 축으로 하여 치열한 이론투쟁을 전개하였다. 권력장악 초기의 스탈린은 조심스럽게 시장경제의 원리와 농업경제의 활성화를 강조하는 부하린의 이론에 동조하였으며 트로츠키와의 권력투쟁에 이를 십분 활용하였다. 그러나 신경제정책이 만족할만한 성과를 거두지 못하고 오히려 여러 가지 문제점을 드러냈을 때 결국 그는 신경제정책을 포기하고 중앙통제경제정핵을 채택하여 공업화전략과 농업집단화전략을 추진하였다.[7] 1928년 소련은 제1차 5개년 경제개발계획을 시작하였으며 이후 중공업 우선정책을 계속적으로 추진하였다. 스탈린의 공업화전략의 성과에 대해서는 엇갈리는 평가가 이루어지고 있지만 공업화를 지원하기 위해 추진된 농업집단화 정책이 엄청난 희생을 치루었다는 사실에 대해서는 이론의 여지가 없다. 스탈린정권은 곡물인도를 거부하거나 집단농장에 들어가기를 꺼리는 모든 농민을 소비에트의 적으로 몰아 일종의 전

[7] 이러한 정책의 전환에는 경제적 원인 외에 정치적 고려도 작용하였다. 특히 신경제정책 하에서 당의 통제를 벗어났던 농민들의 자주성에 종지부를 찍음으로써 정권의 안정성을 확보하려는 의도가 있었다. 혹은 투쟁이야말로 권좌유지의 확실한 수단이라고 생각했을 수도 있다. L. 샤피로, 『소련공산당사』, 양홍모 역 (서울: 문화예술사, 1982), p. 363.

쟁을 수행하였으며 사실상의 현대판 노예제라고 할 수 있는 수많은 강제수용소를 만들어 내었다. 사회주의경제의 원형으로서 스탈린의 중앙통제경제는 비록 후진 러시아를 일약 서구 열강과 어깨를 겨룰 수 있는 강대국의 지위로 발돋움시켰으나 시간의 흐름에 따라 외연적 성장의 한계를 노정하였다. 중앙집권적 계획경제는 비능률과 관료주의, 생산성의 저하, 산업구조의 왜곡화를 초래하여 소련경제를 침체의 늪에서 허덕이게 만드는 주요원인이 되었다. 고르바초프의 페레스트로이카는 이 문제를 해결하기 위해서 관료주의 문화의 청산을 강조할 뿐만 아니라 보다 근본적인 처방으로서 경제정책의 일대 전환을 시도하기에 이른다.

대중과 유리된 미헬스적 지배집단의 존재가 스탈린체제의 관료주의화를 의미하는 한 부분이고 과도한 중앙집권화에 따른 소비에트 체제의 후기베버주의적 경향을 또 다른 부분이라고 할 때, 스탈린체제의 관료주의와 강압정치는 정치권력적 요인 외에 상당부분 중앙통제경제의 메커니즘에 기인하였다고 말할 수 있다. 국가에 의한 통제와 동원은 개인의 창의와 자유를 본질로 하는 민주적 제가치나 절차와 상충적이라 할 수 있으며 정부주도하의 공업화전략과 민주주의의 비(非)친화관계에 대해서는 권위주의체제의 성립에 관한 여러 가지 설들이 이를 설명하고 있다.[8]

이제 스탈린주의가 내포하고 있는 두 개의 중요한 요소인 관료독재와 중앙통제경제가 과연 스탈린주의에 고유한 것인가를 생각해 보자. 야만주의의 외피를 벗겨버렸을 때 스탈린주의의 본질은 사실

8) 소련의 경우 사기업의 존재를 배제하고 있지만 능률을 민주주의에 우선시한다는 점에서 스탈린의 공업화전략은 오도넬이 주장하는 권위주의체제와의 선택적 친화관계(elective affinity)가 그대로 적용된다고 하겠다. G. O'Donnell, *Modernization and Bureaucratic Authoritarianism* (Berkeley: California Univ. Press, 1973), p. 206.

상 볼셰비즘의 전통에서 연원하고 있다는 생각은 오랫동안 학자들에 의해 컨센서스를 형성해 왔다.[9] 단일정당체제를 고집하고, 대중의 의식수준과 정치적 상황을 이유로 하여 대중에 대한 당의 지도적 역할을 강조하고, 민주집중제의 원리를 통하여 권위주의적 당 운영의 전통을 수립한 볼셰비키의 전통이야말로 스탈린의 일당독재와 관료주의의 정치적 기초가 되었다. 레닌을 혁명의 승리자로 만들었던 바로 그 원칙들이 스탈린의 공산당을 가능하게 하였으며 더 나아가 오늘의 소련공산당을 만들어 내었다. 레닌의 당이론과 볼셰비즘의 전통을 배제한 스탈린의 공산당을 생각할 수 있는가? 스탈린이 비록 레닌의 이상을 크게 변질시켰다고는 하나 그 잠재적 위험을 제공한 것은 레닌이며 이러한 의미에서 스탈린주의의 불씨는 이미 레닌주의 자체에서 발견될 수 있다. 소련이 직면하고 있는 모든 문제는 스탈린주의의 잔재이며 그것은 볼셰비즘에 대한 배신이라고 주장하는 논법은 가장 손쉬운 정당화의 방법이지만 자신의 역사를 스스로 부정하는 모순을 만들어낸다. 즉 이러한 논리는 현재를 정당화하기 위해 과거를 차단함으로써 고르바초프 이전의 소련 역사를 왜곡된 사회주의의 역사,, 심지어 스탈린체제를 우익정권이라고 주장하기도 하였다. 스탈린의 경제정책 역시 마찬가지이다. 스탈린의 중앙통제경제는 극단적인 방법론과 이에 따른 엄청난 희생이 문제가 되지만 기본적으로는 신경제정책이 초래한 위기를 극복하기 위해서 이미 전시공산주의에서 시도된 바 있었던 볼셰비즘의 전통적 노선으로 회귀한 경우이며,[10] 따라서 스탈린의 경제정책을 전적으로 왜곡된 사회주

9) S. 코헨, "볼셰비즘과 스탈린이즘", 로버트 터커, 『스탈린이즘』, 김광삼 역 (서울 : 문화예술사, 1982), p. 198. 코헨 자신은 이러한 전통적인 견해에 대해 반론을 제기하고 있다.

10) 여기에 대한 반론도 있다. 가령 S. 코헨은 신경제정책에서 보여주었던 혼합경제

의라고 말할 수 없다. 신경제정책의 폐해에 대하여 다수의 볼셰비키들이 비판을 행하였으며 트로츠키의 경제노선은 결국 스탈린에 의해 실현되었다. 스탈린의 억압정치가 부분적으로 스탈린의 경제정책에 기인하고 있으며 계획경제를 볼셰비즘의 전통으로 보았을 때, 스탈린체제의 상당부분은 스탈린 개인의 과오라기보다는 사회주의 이데올로기에 상존하고 있는 위험이라고 말할 수 있다. 스탈린주의와 볼셰비즘은 정치조직의 원리에 있어서나 경제정책의 문제에 있어서나 결코 무관한 관계가 아니다.

스탈린주의에 관해 최초로 본격적인 연구를 시도한 역사학자 메드베데프는 스탈린주의를 레닌주의의 연속으로 단정 짓는 것에 대해 반대하면서도 스탈린주의에 대한 책임의 일부는 레닌주의에 있다고 조심스럽게 말하고 있다.[11] 그는 스탈린주의가 소비에트체제의 토양 위에서 발생한 현상이며, 스탈린 시대에 일어난 일을 레닌시대에 일어난 일과 완전히 분리하여 생각해서는 안 된다고 말한다. 레닌은 이상으로서 민주주의를 말하였지만 여타 정당의 존재를 부정하였으며 프롤레타리아 독재에 의거하여 직접적인 폭력을 광범위하게 사용하였다. 또한 새로운 국가의 법률과 법령은 권력남용이 가능하도록 포괄적으로 제정되었다. 아무런 법적 근거 없이 전러시아비상위원회가 만들어진 것도 이 시기이다. 이 조직은 검찰과 징벌기능을 한손에 장악하고 있었다. 스탈린은 다만 이 조직을 당의 정치기관으로 전환시켰을 뿐이다. 또한 메드베데프는 신경제정책의 폐기를 마

의 모델을 볼셰비즘의 '또 하나의 전통'으로 간주한다. S. Cohen, *Bukharin and Bolshevik Revolution* (Oxford: Oxford Univ. Press, 1980), pp. 3-5.

11) R. 메드베데브 외, "스탈린주의란 무엇인가?" 『사회주의 대개혁의 논리』, pp. 248-249. 그는 두 체제의 동일성(identity)을 부정하지만 연속성(continuity)은 인정한다고 말하고 있다. R. Medvedev, "On Gulag Archipelago." *New Left Review*, Vol. 15 (1974), p. 30.

르크스주의와 레닌주의가 보여준 교리상의 오류 - 개인 노동에 대한 과소평가 - 라고 말한다. 레닌은 신경제정책을 통화여 시장경제의 원리를 대폭 수용했으나 계획경제의 우월성에 대한 그의 믿음은 확고한 것이었다. 레닌의 전술적 후퇴는 스탈린에 의해 2보 전진으로 연결되었다. 메드베데프는 결국 레닌주의의 취약한 부분을 악화시킨 것이 스탈린주의이며 따라서 레닌주의 역시 스탈린주의에 대해 부분적으로 책임을 져야 한다고 주장한다. 솔직한 태도로써 과거의 잘못을 시인하고 마르크스주의와 레닌주의를 재검토할 수 있는 용기를 갖게 될 때 소련의 사회주의는 번영을 기약할 수 있을 것이라고 그는 말하고 있다.

다음에 두 번째 논리 - 후기레닌주의의 문제 - 를 검토해보자. 오늘날 소련이 직면하고 있는 가장 심각한 문제는 낮은 생산성과 근로의욕 저하, 성장률의 둔화, 심각한 소비재와 생필품의 결여 등으로 요약되는 경제위기이며 후기레닌주의 대한 강조의 일차적 의미는 경제조직 원리의 재편성과 관계가 있다.

고르바초프는 새로운 경제정책이 공동소유와 개인이익을 조화시키는 데 목적이 있으며 기업의 자율성과 노동의 인센티브를 크게 강화시키는 방향으로 추진될 것임을 강조하면서 그것이 레닌의 정신 - "사회주의는 살아있는 창조성이다" - 이었다고 주장하고 있다. 그는 페레스트로이카에 관한 자신의 저서에서 페레스트로이카의 이념적 기초에 대해 다음과 같이 말하고 있다. "오늘날 우리는 레닌의 말기 작품들을 이전보다 훨씬 잘 이해하게 되었다. 이 작품들은 본질적으로 그의 정치적 유산인데 우리는 왜 이 작품들이 나타나게 되었는가를 보다 분명하게 이해하게 되었다. 중병에 걸렸으면서도 레닌은 사회주의의 장래에 대해 심려를 했었다. 그는 새로운 제도에 잠복해 있는 위험들을 감지했다. 우리 역시 이러한 관심사를 이해해야 한다. 레닌은 사회주의가 수많은 문제를 안고 있다는 것을 알았다. 따라서 그는 사회주의 그 자체에는 본래적이지 않는, 혹은 적어도 어떤 면에서는 사회주의의 고전적 개념들과는 상이한 방법들을 이용하였다. ‥‥레닌주의 시대는 정말 매우 중요하다. 이 시기는 우리에게 교훈적인데 그것은 이 시기가 실질적인 역사적 상황의 분석에 기초한 마르크스-레닌주의적 변증법의 힘을 증명하였던 시기라는 점에서이다. 우리들 중 대부분은 이미 4월 총회보다 오래전부터 우리 경제와 문화, 민주주의, 외교정책 분야에 관한 모든 것들이 재평가되어야 함을 인지하고 있었다. 남은 중요한 일은 이러한 인식을 일상생활의 실제언어로 옮겨놓는 것이었다."[12] "페레스트로이카가 지속되면서 우리는 반복해서 레닌의 저작들을 연구하고 있다. 마르크스와 레닌의 고전들은 우리에게 사회주의의 기본적 특징물에 대한 개념정의를 남겨주었다. 이 고전들은 사회주의의 세세한 모습을 우리에게 준 것은 아니었다. 이들은 단지 사회주의의 이론적 발전단계들에 관해서만 말해주고 있다. 사회주의 현 단계가 어떻게 해야 될지를 밝히는 것은 우리의 업무다. 우리는 이 단계를 사실상 면밀히 탐사해야 할 것이다. 왜냐하면 그 고전들은 우리에게 접근방법만을 가르치고 있지 세세한 기술까지 가르치고 있지는 않기 때문이다."[13]

대사상가들에게서 흔히 발견되어지듯 '후기'레닌주의에 대한 논의가 있어왔다. 혁명 후 권력을 장악한 레닌은 현실정치의 책임을 떠맡음으로써 많은 딜레마와 직면하게 되었다. 구체제의 타도와 달리 새로운 체제의 건설은 추상적 이념이 아닌 구체적 정책을 필요로 하였다. 오랫동안 볼셰비키들의 일차적 관심사는 혁명의 성사여부였

12) M. 고르바초프, 『페레스트로이카』, 이봉철 역 (서울 : 중원문화, 1988), p. 24.
13) *Ibid.*, p. 46.

고 따라서 그들은 대체적으로 체제건설에 필요한 구체적 프로그램을 결여하고 있었다. 더구나 마르크스주의의 제반원리가 얼마나 현실적으로 성공을 거둘 것인지는 전혀 미지수였다. 제국주의의 압력과 내전의 상황 속에서 시도된 전시공산주의는 대다수 국민의 불만을 유발했을 뿐만 아니라 심각한 경제위기를 초래하였고 신생 소비에트체제의 존립 자체를 위협하기에 이르렀다. 크론슈타트(Kronstadt) 수병의 반란이후 레닌은 정책의 실패를 자인하였다. 혁명의 이상이 곧 현실 속에서 성공을 거두지 못하였을 때 이념은 보다 온건해졌고 원칙의 문제는 대폭 완화되었다. 레닌은 1921년, 농촌경제의 황폐화를 막기 위해 부농(Kulak)에 대한 공격을 중지하였으며 비(非)마르크스적인 시장경제의 원리를 부분적으로 채택하였다. 신경제정책의 도입에 따라 정치, 사회, 문화 등 여타 영역에서도 다양성과 경쟁, 관용과 자유의 원리가 상당한 정도로 허용되었다. 이 시기에 레닌은 체제정비를 위한 휴식기의 필요성을 강조하고 국제적으로도 통일전선전술을 주장함으로써 계급투쟁의 교리는 더욱 후퇴하였다. 이것과 시기적으로 정확히 일치하지는 않지만 레닌주의의 후기 철학의 문제도 거론될 수 있다. 『철학노트』(*Philosophical Notebooks*)이후의 레닌은 헤겔철학에 대한 새로운 연구를 통하여 과거에 보여주었던 유물론에 대한 완고한 집착을 버리고 철학의 문제를 보다 신중하게 검토하였고 관념론의 문제를 종합적으로 파악하려 하였다. 이 점은 마르크스주의를 서구 철학의 전통과 접목시키려 했던 서구마르크스주의자들에 의해 종종 지적된 바 있다.

혹자는 신경제정책(NEP)의 선언을 전술의 문제로 파악하여 그 잠정적 성격을 강조하였고 혹자는 그것을 이상과 현실의 괴리를 자인한 본질적인 변화, 즉 새로운 레닌주의의 전개로 파악하였다.[14] 후자의 해석에 의거할 때 후기레닌주의의 논리가 가능해지며 이러한 입장을 취했던 대표적인 이론가인 부하린의 경우 후기레닌주의를 더 높게 평가하고 후기레닌주의에 입각한 사회주의 건설을 본격적으로 시도하려 하였다. 그러나 신경제정책은 중도에 포기되었고 훗날 스탈린주의 격하운동에도 불구하고 마르크스주의 이론가들은 신경제정책에서 보여준 레닌의 태도변화를 진정한 레닌주의라고까지 주장하지는 않았다. 흐루시초프나 코시긴 집권 당시 이루어진 경제개혁은 기업의 자율성을 제고시키고 근로의욕을 고취시키려 하였지만 그것은 기본적으로 계획경제를 보완하는 수준에서 이루어졌다(리베르만 방식이 그 좋은 예이다). 그들은 다만 지나치게 경직된 계획경제의 폐단을 시정하려 했을 뿐이다. 서구의 이론가들 역시 혁명전후 일련의 사태 속에서 레닌이 보여주었던 유연한 태도를 염두에 두며 이 문제를 원칙의 포기라고까지 생각하지 않았다. 그러나 고르바초프의 개혁정책은 경제체제의 근본적인 재편성을 대담하게 시도하고 있으며 이 문제를 레닌의 이름을 빌어 정당화함으로써 재론의 여지를 제공하고 있다.[15] 물론 그들은 신경제정책이 단순한 자본주의원리의 도입이 아니며 시장과 계획의 변증법적 통일이었다고 단서를 달며, 계획경제에 대한 신념을 여전히 표명하고 있지만 개혁의 방향은 한마디로 시장경제의 원리를 도입하는 데 있다고 말할 수 있다.

자본주의의 시장경제를 대신하는 사회주의 경제체제에 대해서 마르크스나 그 후예들이 구체적인 청사진을 밝힌 적은 없었지만 자유방임체제에 대한 반명제로서 계획경제의 이상은 마르크스주의 사

---

14) 외견상 레닌의 태도는 이중적이었다. 그는 신경제정책을 '패배'이며 '공격을 위한 철수'라고 주장하면서도 그것이 단순한 편법이 아님을 또한 주장하였다. E. H. Carr, 『러시아 혁명』, 나남편집부 역 (서울: 나남, 1983), p. 43; D. 맥렐런. 『마르크스주의 논쟁사』, 안택원 역 (서울: 인간사랑, 1986), p. 169 참조.

15) 한 예를 들면 M. Gorbachev, *The Socialist Idea and Revolutionary Perestroika* (Novosti Press Agency Publishing House, 1989), p. 73.

상에 깊게 뿌리를 내려왔다. 볼셰비키 역시 계획화의 문제를 숙고할 시간적 여유를 갖지 못했지만 계획경제라는 대원칙에 대해 아무도 문제를 제기하지 않았다.[16] 레닌은 계획과 통제의 방식을 통해 사태를 수습해 나간 독일의 전시경제로부터 강한 인상을 받았으며 1919년의 당 강령은 경제에 대한 국가적 단일계획을 요구하였고 이후 경제문제에 대한 당과 소비에트의 태도는 항상 단일경제계획을 전통적으로 요구해왔다. 전시공산주의의 실패로 신경제정책의 도입이 불가피해졌지만 레닌은 이것이 초래할 혁명정부의 오염과 자본주의 부활에 대해 끊임없이 경계를 촉구하였고 우경화하는 인사들을 상대로 마지막 순간까지 비판을 행하였다. 신경제정책을 예로 들어서 시장경제의 도입을 진정한 레닌주의로 간주한다는 것은 전후의 맥락에 비추어 볼 때 주객이 전도된 논리라 아니 할 수 없다.

후기레닌주의론이 주장하는 또 하나의 주제는 이미 스탈린주의 비판에서 지적되어진 관료주의 극복과 당의 민주화의 문제이다. 레닌은 말년에 당의 관료주의화 경향에 대해 우려를 표명하였고 사회주의 건설의 관건이 관료주의 극복에 있다고 말하였다. 그는 스탈린의 독선을 경계하였으며 스탈린이 서기국을 장악하여 자신의 개인적 지위를 구축하는 방식에 대해 경악하였다. 그의 유서는 스탈린보다 덜 위험한 인물이 자신의 지위를 계승해야 할 것임을 강조하였다. 최근에 소련공산당 중앙위원회 정치국 후보위원인 라주몹스키는 페레스트로이카가 당내 민주주의에 대한 레닌주의로의 완전한 복귀이며 당의 재건을 논하기 위하여 레닌의 최후의 저작들에 나오는 그의 이념과 사상을 알아야 한다고 말하고 있다.[17] 진정한 레닌주의론자

16) E. H. Carr, 『러시아혁명』, pp. 112-113.

17) G. 라주몹스키, “당민주화에 관하여”, 『사회주의 대개혁의 논리』, p. 237.

들에 의해서 레닌주의의 민주적 요소는 이전의 시기까지 더욱 광범위하게 검토되어 그가 결코 당의 무오류성을 주장한 바 없으며 민주집중제 원칙은 자유로운 토론과 표현의 자유를 전제로 하였음이 강조되어졌다. 진정한 레닌주의론은 또한 레닌이 당의 지도적 역할을 말하였을 때 그것은 대중에 대한 강제가 아니라 교사의 역할을 의미했으며, 인민의 대의기관으로서 소비에트의 이념 역시 레닌의 사회주의적 민주주의의 이상에 부합된다고 말하고 있다.

레닌주의란 무엇인가? 레닌주의의 핵심원리 중의 하나가 레닌의 당이론에 있다는 데 대하여 이론을 제기할 사람은 없을 것이다. 우리가 하나의 사상(事象)을 이해할 때 가장 바람직한 태도는 덜함도 더함도 없이 대상을 있는 그 자체로 이해하는 일이다. 그는 대중의 혁명역량을 문제 삼아 직업적인 혁명가의 역할을 강조하는 전위당이론을 주장하였다. 당의 대중에 대한 우위라는 그의 신념은 확고한 것이어서 대중의 자발성과 창의를 더 높게 평가하고 레닌의 당이론이 결국 독재로 전락하게 될 것임을 지적하는 로자룩셈부르크와 이 문제를 놓고 대논쟁을 벌인 바 있다.[18] 그는 결코 반대정당의 존재를 고려한 적이 없으며 민주집중제의 원리는 민주주의에 대한 강조에도 불구하고 사실상 규율과 복종을 강요하는 권위주의적 당 조직과 운영의 원리가 되어왔다. 혁명의 와중에서 그것은 당의 효율적인 투쟁을 위한 당연한 요청이기도 하였다. 그는 한때 소비에트 민주주의를 생각하기도 하였으나 혁명직후 행해진 선거에 참패함으로써 이후 소비에트를 신뢰하지 않았다. 그의 프롤레타리아 독재론은 억압적 국가기구의 폐기를 주장하면서도 구체제의 잔재를 청산하기 위해서 과도기적인 체제는 더욱 강력한 조직이 되어야 한다고 주장

[18] 이에 관해서는 존 몰리뉴, 『마르크스주의 당논쟁사』, pp. 109-116 참조.

하였다.[19] 그는 프롤레타리아의 중앙집권주의를 이상적인 정치조직의 원리로 생각하였다. 레닌은 결코 스탈린식의 체제를 염원하지 않았을 것이다. 그는 사태의 진전을 바라보며 자신의 본래 의도가 왜곡되어졌다고 생각했을 것이다. 그는 민주주의에 대한 아름다운 영혼을 가졌을 수도 있다. 그러나 그의 이상은 서구 민주주의의 그것과는 전혀 다른 것이었으며 그는 프롤레타리아 독재와 당의 절대적 지위에 대하여 결코 신념을 포기한 적이 없었다. 물론 당내 민주주의의 경우 당의 기본질서를 위협하지 않는다면 얼마든지 허용될 수 있었음은 당연한 이치일 것이다. 그의 이론에서 다양성과 관용, 자유경쟁을 바탕으로 하는 서구식 민주주의의 요소를 강조한다면 그것은 진정한 레닌주의라기보다는 왜곡된 레닌주의라고 말하는 것이 보다 정확한 지적일 것이다. 그는 의회민주주의를 혐오하였고 사회민주주의를 주장하는 세력들과 끊임없이 투쟁을 행해 왔다. 그가 병석에서 당의 관료주의화를 우려했지만 왜곡된 현실의 사단으로서 자신이 이론을 근본적으로 재검토하려 하지 않았다. 그가 문제 삼았던 것은 불순분자들, 부르주아지세력의 당으로의 진출과 당의 타락이었지 당의 권한과 당의 조직원리 속에 내재해 있는 위험에 대하여 회의하지 않았다. 당의 존재란 그에게 있어서 여전히 지고의 것이었다. 따라서 정치적 맥락에서 볼 때 후기레닌주의란 전기레닌주의의 이상을 실현하는 것 이상의 것이 아니라고 말할 수 있다. 더구나 레닌의 관료주의에 대한 진단은 당의 우경화를 관료주의의 중요한 원인으로 바라봄으로써 트로츠키의 경우처럼 핵심을 크게 빗나가고 있다.[20]

---

19) 레닌은 『국가와 혁명』에서 파리 코뮌을 논하면서 마르크스와 엥겔스를 인용하여 새로운 체제는 강력한 힘을 행사하는 프롤레타리아 중앙집권주의(proletarian centralism)가 되어야 한다고 말하고 있다. V. I, Lenin, *Collected Works* (Moscow : Progress Publishers, 1960), pp. 301-308 참조.

반면에 고르바초프의 민주화조치는 당의 절대적 지위를 파괴하는 방향으로 나아가고 있으며 고르바초프의 개혁은 당에 대한 인민의 우위를 지향하고 있다. 당의 지도적 역할이 포기되었고 민주집중제 원칙의 재고가 천명되고 있다. 그는 레닌이 끊임없이 경계하였던 사회민주주의에 대한 재평가를 요구하고 있다. 대체적으로 진정한 레닌주의의 논리는 레닌이론의 일면적 특징을 전체로 포장하는 경향이 있다. 혹은 레닌이론의 형식 - 살아있는 창조성의 원리 - 을 빌어 레닌이론의 내용을 뛰어넘으려 하고 있다.[21] 그러나 레닌주의가 취하고 있는 정치현실주의를 필요이상으로 과도하게 강조함으로써 레닌주의를 무원칙한 사상체계로 만드는 오류를 범해서는 안 될 것이다.

❸ 트로츠키주의와 부하린주의의 재평가 문제

진정한 레닌주의론이 주장하듯 스탈린주의가 레닌주의의 왜곡이며 그 필연적 산물이 아니라고 할 때 스탈린주의를 대체할 수 있었던 가능성으로서 트로츠키주의와 부하린주의를 생각해 볼 수 있다. 양자는 모두 진정한 레닌주의의 후계임을 자처하여 서로 다른 청사진을 가지고 스탈린과 투쟁하였다. 특히 부하린의 경우 오늘의 페레스트로이카와 동일한 논리로서 개혁을 주도하려 하였다. 그들을 어떻게 평가할 것인가? 오늘날 소련의 보수와 혁신 세력 모두가 스

20) 레닌은 충분히 공산주의자화 되지 못한 부르주아계급 출신 관리들에 의해 관료주의가 진행되고 있다고 생각하였다. M. 리브만, 『레닌』, 안택원 역 (서울: 미래사, 1985), pp. 334-342 .

21) "우리에게 정해진 공식은 없다. 정치는 가능성의 예술이다." M. 고르바초프, 『페레스트로이카』, p. 69.

탈린의 과오를 인정한다고 한다면 결국 대안은 전자가 트로츠키 노선을, 후자가 부하린 노선을 택할 가능성이 많으며 이들에 대한 역사적 재평가를 통해서 하나의 돌파구를 모색할 수밖에 없다고 필자는 생각한다. 우선 트로츠키의 입장을 먼저 살펴보기로 하자.

트로츠키의 스탈린주의에 대한 해석은, 특히 스탈린 관료주의 해석은 일관성이 결여됨으로써 평자들에게 상당한 혼란을 불러 일으켜 왔다.[22] 그러나 대체적으로 볼 때 그의 스탈린주의 해석은 시간의 흐름에 따라 부정적 평가를 강화시켜 나갔다고 볼 수 있다. 1935년 이전 그는 스탈린체제의 관료주의화를 비판하면서도 스탈린정권에 의한 사회주의 건설을 긍정적으로 평가하였다. 그는 스탈린체제가 본격적 프롤레타리아 혁명의 이념을 수행하고 있지는 못하고 있지만 기본적으로 그것은 노동자의 정권이라는 것을 인정하였다. 그러나 그는 독자적인 관료세력의 등장에 비판적이었고 더 나아가 그것의 우경화를 우려하였다. 그는 신경제정책이 부르주아계급을 회생시키고 있으며 특히 부르주아 전문가집단이 관료로 충원될 수 있는 기회를 제공하고 있다고 생각하였다. 그는 스탈린체제와 이들 집단과의 경계에 대해 혼란을 갖기도 했지만 결국 그 차이를 인정하였다. 즉 스탈린의 관료세력은 노동자계급의 대변자가 되고 있지 못하

22) 트로츠키는 1923년 스탈린주의와 테르미도르의 유추를 거부하였으나 1926년 그 가능성을 예언하였다. 1927년 그는 테르미도르의 가능성을 부정하였고 1928년과 1929년 다시 테르미도르의 위협을 경고하였다. 1935년 그는 1924년에 이미 테르미도르가 시작되었다고 주장하였다. 트로츠키의 이러한 일관성 없는 태도에 대하여 그것이 부분적으로 유동적인 현실정치의 속성에 기인하였다고 볼 수도 있지만 본질적으로는 당에 대한 신념과 스탈린체제에 대한 반감 사이에서 드러나는 일종의 자기모순이라고 보는 것이 더 타당한 해석일 것이다. C. Lefort, "Contradiction of Trotsky," in J. B. Thom-son(ed.), *The Political Forms of Modern Society* (Cambridge: Polity Press, 1986), pp. 49-50. 그러나 당의 단결을 해치는 것이 반혁명으로 간주되는 마르크스주의의 독특한 파벌에 대한 공포와 관련시켜 이 문제를 해석하는 입장도 있다. L. 샤피로, 『소련공산당사』, p. 287.

지만 그렇다고 부르주아지 세력이라고 말할 수도 없다는 것이다. 심지어 그는 관료주의 하에서도 사회주의 건설이 가능하다고 말하기까지 하였다. 그는 프롤레타리아의 헤게모니가 유효한 이유로서 혁명정부를 상대로 한 폭력전복사태가 발생하지 않고 있음을 들었다.[23] 그러나 1933년 소련이 반대파를 완전히 숙청하고 코민테른이 히틀러정권을 승인했을 때 그는 스탈린주의가 레닌의 볼셰비키당을 파괴해버렸다고 선언하면서 새로운 혁명정당의 건설을 주장하기 시작하였다. 1935년 그는 스탈린의 관료주의를 우익 부르주아지 세력의 등장이라는 의미에서 테르미도르의 반동, 보나파르티즘체제라고 주장하였다.[24] 그는 1924년 이후 테르미도르가 시작되었으며 독자적인 관료집단의 등장이 보나파르티즘을 탄생시켰다고 주장하였다. 또한 그는 영구혁명론을 주장하며 독일 사회민주주의자들이 독일의 프롤레타리아 혁명을 좌초시킨 결과 소련의 부르주아 계급을 구해냈다고 비난하였다. 1936년 그는 『배반당한 혁명』(*The Revolution Betrayed*)에서 소련을 통치하는 새로운 엘리트의 등장을 지적하고 이들이 과거 부르주아 계급에 기반을 두고 있음을 입증하려 하였다. 그러나 그는 스탈린주의에 대한 새로운 해석을 시도함으로써 소련이 과연 사회주의 국가인지 여부, 10월 혁명의 성과가 아직도 유효한지 여부에 대해 딜레마에 빠지게 되었을 때 다시 한발 후퇴하였다. 그는 다음과 같이 완화된 논리를 만들어 내었다. 소련은 변질된 노동자국가

---

23) 로버트 맥닐, "스탈린이즘에 대한 트로츠키주의자의 재해석," 로버트 터커, 『스탈린이즘』, p. 217.

24) *Ibid.*, pp. 218-219. 트로츠키는 1935년 "The Workers' State and The Question of Thermidor and Bonapartism"이라는 제목의 팜플렛에서 이러한 결론을 내렸다. 그러나 그의 테르미도르 혹은 보나파르티즘에 대한 정의는 엄밀한 것이 아니었으며 초기에는 계급적 의미를 함축했으나 시간의 흐름에 따라 혁명에 대한 반동 일반의 개념으로 완화되었다. K. Mavrakis, *On Trotskyism* (London: Routledge and Kegan Paul, 1976), p. 100.

이지만 계획경제와 생산의 국유화라는 소련경제의 기반이 존립하는 한 소련은 노동자의 국가라고 할 수 밖에 없으며 이들 새로운 엘리트집단은 하나의 계급(class)이라기 보다 하나의 특권계층(caste)이며 기생집단에 불과하다. 그것은 계급에 의한 착취와 성격을 달리한다. 스탈린의 보나파르티즘은 프롤레타리아 독재의 왜곡된 표현이지만, 소련의 테르미도르는 반동이지 반혁명이 아니며 계급 간의 권력이양이 아닌 계급 내의 권력이양에 불과하다. 혁명은 배반되었지만 전복되지 않았다.[25] 부르주아적 정권과 노동자의 국가 사이에서 존재하는 모순을 해결하기 위해서는 스탈린체제가 노동자의 국가가 아니다라고 말하거나 혹은 테르미도르나 보나파르티즘의 계급적 성격을 부정해야 할 것이다. 트로츠키는 최종적으로 후자 쪽을 택했으나 그것은 관료주의를 체제의 우경화로 파악해온 이전의 주장과 충돌하는 것이었으며, 그는 여전히 이 문제에 대해서 명확한 해답을 제시하지 못하였다. 후기의 트로츠키가 시도하고 있는 논리는 오늘날 구조주의 마르크스주의자들이 취하고 있는 자본주의 국가론- 궁극적으로 부르주아지의 이해와 결합되는 계급 초월적 국가 - 적인 설명방식에 입각해 있으면서도 [26] 그것이 여전히 노동자의 국가임을 주장하는데 문제가 있다고 할 수 있다. 트로츠키의 딜레마는 스탈린 관료

25) L, Trotsky. *The Revolution Betrayed* (New York: Pathfinder Press, 1972), pp. 251-252. 이 문제에 대한 트로츠키주의자들 간의 논쟁은 로버트 맥닐, *op. cit.*, pp. 225-238에 소개되고 있다.

26) 트로츠키에 있어서 스탈린체제의 관료주의, 테르미도르, 보나파르티즘은 독자적인 세력으로서의 관료와 부르주아지세력으로서의 관료 두 가지가 혼재되어 있다. 로버트 맥닐, *op. cit.*, p. 218. 따라서 후자의 경우 도구주의 국가론적인 설명방식에 더 가깝다고 말할 수 있다. 마르크스주의자들의 국가의 자율성 논쟁에 대해서는 Nicos Poulantzas, "The Problem of The Capitalist State," *New Left Review*, No, 58 (1969), pp. 303-325 ; Ralph Miliband. "The Capitalist State : a Reply to Nicos Poulantzas," *New Left Review*, No, 59 (1970), pp. 53-60; Miliband, "Poulantzas and The Capitalist State," *New Left Review*, No. 82 (1973) 참조.

주의를 분석함에 있어서 지나치게 계급적 패러다임에 집착함으로써 사회주의 체제의 내재적 위험을 외면한 데서 기인하였다.

한편 트로츠키는 스탈린과의 투쟁에서 당내 민주주의를 계속 주장하였지만 그것 역시 매우 제한적 성격의 것이었다. 그는 스탈린 독재에 반대했지만 엄격한 당의 규율과 권위 그 자체를 부정하려 하지 않았으며 이러한 태도는 당에서 추방된 이후에도 계속되었다. 그의 당에 대한 태도는 헌신적이며 충성스러운 것이었다. 권위에 맹종하는 새로운 세대가 당의 기구로 충원되는 상황 속에서 치루어진 13차 전당대회에서도 그는 다음과 같이 말하였다. “우리는 누구도 당의 의사에 대해 문제를 제기하는 것을 원하지 않는다. 분명히 당은 언제나 옳다. … 우리는 당과 더불어 당에 의해서만 옳을 수 있다. 왜냐하면 역사는 그것만이 유일한 길임을 보여주어 왔기 때문이다. … 만일 당이 결정을 내렸을 때 우리들 중의 누군가 그것이 부당하다고 생각되더라고 그는 다음과 같이 말 할 것이다. 그것이 옳건 그르건 그것은 나의 당이고 나는 당의 결정을 끝까지 따르겠다.”[27] 프롤레타리아 독재에 대한 그의 생각 역시 매우 완고하였다. “프롤레타리아 독재의 특수한 형태라는 것, 이를테면 민주주의적 프롤레타리아 독재 따위는 있을 수 없다. 노동계급이 민주적인 프롤레타리아 독재를 수행하려면 그것은 민주주의 강령의 한계에 얽매이지 않을 수 없기 때문이다. 이 점에 대해서는 어떠한 환상도 용납되어 질 수 없다.”[28] 이제 트로츠키의 스탈린주의 해석의 문제점을 살펴보자.

레닌이나 트로츠키에게 관료주의는 제정시대의 관리들의 새로

---

27) B. Souvarine, *Stalin*, trans. C. R. James (London: Secker and Warburg, 1939), pp. 362-363. C. Lefort, “Contradiction of Trotsky,” p. 40에서 재인용.

28) L. Trotsky. *The Permanent Revolution and Results and Respects*, 3rd. ed. (New York, 1969), p. 80. D. 맥렐런, 『마르크스주의 논쟁사』, p. 119에서 재인용.

운 체제로의 진입과 부르주아적 관행의 재현을 우선적으로 연상시켰다. 트로츠키는 스탈린의 관료주의를 맹렬히 비난했지만 관료주의의 근본적인 원인이 신경제정책에 따른 부르주아 집단의 등장에서 비롯되었다고 생각하였으며 스탈린체제의 우경화만을 우려하였다. 따라서 스탈린의 체제강화와 더불어 오히려 좌경화가 재촉되었을 때 그의 주장은 완전히 설득력을 상실하였다. 그는 스탈린 관료주의의 본질을 우익세력의 침투라고만 강변하였지 볼셰비즘 자체에 내재해 있는 프롤레타리아 독재와 일당제의 원리 혹은 민주집중제의 문제점을 인정하려 하지 않았다. 그리고 그의 관료주의 비판은 레닌의 경우처럼 대체적으로 국가기구 일반을 겨냥하고 있으며 당의 관료화 문제에 대해서는 언급을 자제하였다. 또한 그의 당내 민주주의론은 결코 당의 지위 자체에 대해 문제를 제기하지 않았으며 당에 대해서 변함없는 충성과 애정을 표시함으로써 그는 볼셰비키당의 전통에 충실하였다. 더구나 그는 부하린의 신경제정책에 맞서 계획경제와 공업화 전략을 강조하였고 스탈린이 노선을 변경하여 이를 대부분 수용하였을 때 그는 경제정책에 있어서 스탈린과 별 차이를 보여주지 못하였다.[29] 그는 다원주의와 시장경제의 도입이 혁명의 이상을 왜곡시킬 것을 두려워하였지만 일당독재가가 관료주의의 중요한 원인이 되고 있음을 깨닫지 못하였다. 따라서 그의 반스탈린 투쟁은 레닌의 민주주의론과 마찬가지로 한계를 갖는 것이며 오늘날 마르크스주의자들이 보여주고 있는 국가론의 한계- 생산양식만을 문제 삼고 조직 원리를 외면하는 - 를 보여주는 전형이라고 말할 수 있다.[30]

---

29) 부하린은 스탈린의 방향전환을 트로츠키주의에 대한 이념적 항복(ideological capitulation)이라고 말하였다. S. Cohen, *Bukharin and Bolshevik Revolution*, p. 311. 트로츠키도 훗날 스탈린 집단화정책을 비판한 바 있으나 비판의 초점을 과도한 집단화와 폭력적 방법론에만 맞추고 있다. L. Trotsky, *op. cit.*, pp. 38-41 참조. 그러나 이것은 원칙의 문제에 대한 이의제기라고 할 수 없다.

트로츠키의 패배는 그 자신의 철학의 논리적 귀결이었다. 그는 한편으로 역사의 객관적 법칙을 강조하였다. 그는 스탈린주의를 혁명의 퇴조가 초래하고 있는 일시적인 그러나 불가피한 재앙이라고 생각하였고, 미래의 승리를 향한 한 과정에 불과하다고 확신하였다.[31] 혁명은 퇴조기에 접어들었고 스탈린체제는 혁명의 과정에서 나타나는 필연적 단계이다. 그러나 조만간 이러한 과도기가 종료될 것이므로 참고 기다려야 한다. 다른 한편으로 그는 혁명에 대해서, 당에 대해서, 국가에 대해서 변함없는 충성을 맹세하였다. 문제는 스탈린이었지 볼셰비즘이 아니었다. 그는 역사발전이 법칙을 이유로 그리고 당과 국가에 대한 애정을 이유로 들어 스탈린과의 적극적 투쟁을 유예하였고, 심지어 기회주의적인 태도를 보이기까지 하였다.[32]

혁명정부의 타락과 관료주의를 비판하면서도 볼셰비즘의 전통에 대한 근본적인 에포케를 행하지 않고 있다는 점에서 트로츠키야말로 레닌의 정신에 접근하고 있다고 말할 수 있다. 만일 페레스트로이카의 논리에 대하여 보수파의 반격이 이루어지고 스탈린 체제의 문제점을 인정하면서도 이념의 순수성을 지키려는 경우, 트로츠키에 대한 역사적 재평가가 불가피하게 될지 모른다. 트로츠키는 숱한 역경 속에서도 민주집중제와 전위당이론을 포기하지 않음으로써 어떤 의미에서 사회주의 운동에 있어서 레닌의 전통을 유지하는데 큰 기

30) 이 문제에 관해서는 박상섭, 『자본주의국가론』 (서울: 한울, 1985), 제9장 '네오마르크스주의 국가론에 대한 평가' 참조.

31) C. Lefort, "Contradiction of Trotsky," p. 35.

32) 그 한 예로 다음과 같은 사건을 들 수 있다. 1925년 볼셰비즘에 동조적이었던 미국인 신문기자 이스트만(Eastman)이 '레닌사후'라는 글을 통해 레닌의 유언장을 공개하려고 했을 때 트로츠키는 당중앙위원회와 타협하여 그를 국제적 반동의 하수인이며 경멸할만한 거짓말쟁이라고 비난하였다. 그러나 1934년 트로츠키는 레닌의 유서공개사건을 언급하면서 그 당시 자신은 유화적인 제스츄어를 쓸 수밖에 없었다고 변명하였다. *ibid.*, pp. 37-41.

여를 하였다.[33]

후기레닌주의에 입각하여 스탈린과 이론투쟁을 전개했다는 점에서 부하린이야말로 페레스트로이카의 진정한 레닌주의론이 상정하는 원형적 인물이었다. 17세의 나이로 제1차 러시아혁명에 투신하여 1917년 혁명 당시 약관 29세에 당중앙위원이 되었고 1919년 8인의 정치위원 중 한 사람이 되는 등 눈부신 활약을 하였던 그는 1921년 이전에는 가장 강경한 좌파노선의 리더였다.[34] 그러나 그는 신경제정책의 도입과 더불어 과거노선을 청산하고 후일 코민테른이 우익편향이었다고 규정하는 온건노선을 걷기 시작하여 톰스키, 류코프와 함께 정치국의 우파세력을 대변하였다. 그는 스탈린과 연합하여 좌파시절의 동지였던 트로츠키를 축출하고 신경제정책을 계속적으로 추진하려 하였으나 1928년 스탈린이 방향을 전환하여 급속한 공업화와 농업집단화정책을 실시하자 이에 반대하다 실각되었고 1938년 국가반역죄로 처형되었다.

스탈린주의가 볼셰비즘의 유일한 대안이 아니었다고 할 때 우리는 트로츠키와 더불어 상이한 청사진을 가지고 스탈린의 노선에 투쟁함으로써 볼셰비즘의 또 다른 가능성을 모색한 부하린의 이론을 제3의 대안으로서 생각해 볼 수 있다. 비록 정치적 역량이나 그 실현가능성에 있어서 부하린주의는 트로츠키주의에 미치지 못하였지만 트로츠키주의와 달리 전통적인 마르크스주의에 대하여 근본적인 수정을 가했다는 점, 그리고 마르크스주의 이론가로서 그의 독보적인 존재는 부하린주의에 대해 충분한 의의를 부여해 왔다.[35] 부하린

---

33) 존 몰리뉴, 『마르크스주의 당논쟁사』, p. 142.

34) 이에 관해서는 김남국, "N. I. Bukharin의 초기 노선에 관한 연구," 서울대 대학원 정치학과 1989년 석사학위논문 참조.

35) 부하린과 트로츠키를 병렬시키는 데 대해 부하린의 위치를 너무 과대평가하고

은 마르크시즘의 본질이 비판적 사고이며 도그마가 아니라고 주장하면서 신경제정책에서 보여준 레닌의 변화를 전술적 후퇴가 아닌 환상의 붕괴로 이해하였고, 이후 그의 수정주의 노선은 그로 하여금 혁명러시아의 사회민주주의자가 되게 만들었다.

1921년 3월 레닌은 신경제정책을 결정하였다. 징발제도는 현물세로 대체되었고 농민들은 자기생산물의 일정량을 잉여물로 보유할 수 있게 되었으며 시장제도가 다시 복구되었다. 시장을 위해 생산을 행하는 부유한 농민(kulak)과 신흥부르주아계급이라 할 수 있는 네프맨(nepman)이 새로운 경제 질서의 주인공이 됨으로써 대부분의 볼셰비키들에게 실망을 안겨주었다.[36] 프레오브라젠스키를 대표로 하는 당내 좌파이론가들과 이들의 후원자였던 트로츠키는 쿨라크와 네프맨의 등장에 의한 혁명의 타락을 개탄하는 한편, 사회주의의 자본축적과 경제성장을 위해서 엄격한 국가계획경제와 공업화 전략이 필수적이며 이를 위해 농업부문의 희생이 불가피하다고 주장하였다. 그러나 신경제정책의 추진세력들은 프롤레타리아와 농민의 연대야말로 레닌의 이상이며 내전의 상황이 다시 재연되어서는 안될 것임을 강조하였다. 신경제정책은 1923년 공산품가격이 상승하는 반면 농산물 가격이 하락하는 교차위기(scissors crisis)가 발생하였을 때 첫 번째 위기를 맞이하였고, 이후 경제전략을 둘러싼 치열한 논쟁이 시작되었으며, 1924년 농민으로부터의 곡물매입이 순조롭게 진행되지 아니하고 부농과 중간상인에 의한 가격기구의 교란이 발생했을 때 문제는 더욱 심각해졌다.[37]

있다는 지적이 있다. E. H. Carr "The Legend of Bukharinism," *The Time Literary Supplement* (September 20, 1974), pp. 989-991.

36) 그들은 NEP가 새로운 프롤레타리아 착취(New Exploitation of the Proletariat)를 의미한다고 주장하기도 하였다. E, H. 카아, 『러시아 혁명』, p. 64.

대표적인 좌파이론가 프레오브라젠스키는 '본원적 사회주의 축적'(primitive socialist accumulation) 이론을 내세워 후진농업국가의 사회주의 건설을 위한 자본축적은 산업화의 토대로서 사경제에 대한 국가착취를 필연적으로 요구한다고 말하며 국영공업의 농업에 대한 경제적 독재를 주장하였다. 그는 경제적으로 낙후된 사회일수록 공업화가 시급하며 마찬가지로 공업화의 물질적 토대로서 국가에 의한 농촌생산물의 강제수용이 더욱 요청된다고 주장하였다. 그는 구체적인 방법의 하나로서 도시와 농촌간의 상호교환 비율을 전자에게 유리하도록 강제하는 것을 제안했는데 이것은 국영공업에 의한 독점가격정책을 의미하였다.[38)]

부하린은 여기에 맞서 농촌경제야말로 러시아의 경제적 미래에 대한 열쇠를 쥐고 있으며 인위적인 산업화는 경제의 불균형만을 초래할 것이라고 주장하였다. 그는 농민의 구매력은 산업생산을 위한 전제이고 그들의 세금과 저축은 새로운 사업투자의 기초가 된다고 주장하였다. 농업의 발전을 공업발전의 전제조건으로 간주하는 그는 농산품생산과 공업의 효율성을 증대시키기 위하여 낮은 공산품가격이 필요하다고 주장하였다. 그는 1917년 혁명의 성공과 1905년 혁명의 실패는 도시와 농촌간 협조여부가 관건이 되었다고 말하였다.

부하린은 신경제정책을 혼합경제체제로 이해하였으며 자본축적 과정에서 사적 부문의 자발적 기여를 국가에 의한 강제저축보다 중

37) 이러한 현상은 신경제정책의 결과 농업생산이 증대하고 공업이 정체됨으로써 발생하였다. 신경제정책에 대해서 비판적인 세력들은 공산품가격을 계속 유지하면서 공업부문을 활성화시킬 것을 주장했지만, 신경제정책의 추진세력은 가격통제를 행하여 공산품가격을 낮출 것을 주장하였다. 소련정부는 후자 쪽에 기울어진 정책을 추진하였다. M. Dobb, 『소련경제사』, 임휘철 역 (서울: 형성사, 1989), pp. 200-201.

38) *Ibid.*, p. 216.

시하였다.[39] 따라서 그는 1925년 생산에 대한 자극의 필요성을 주장하는 부농의 주장을 옹호하고 "당신의 재산을 축적하라. 당신에게 제한이 가해질 것을 두려워 말라."라고 외쳤다.[40] 부하린은 농민이 잠재적인 개인주의적 성향, 자본주의적 경향에도 불구하고 협동조합의 발전과 더불어 사회주의 체제로 동화될 것이며 부농 역시 체제 속에 편입되어 사회주의 건설에 긍정적인 기여를 하게 될 것으로 보았다. 그는 부농의 경우 숫자가 작을 뿐 아니라 봉건 지주와는 근본적으로 성격이 다르며 대다수의 중간농들 역시 국가와의 협조를 통하여 사회주의에 성공적으로 편입될 수 있다고 생각하였다. 1924년 쓰여진 팜플렛, '사회주의에 이르는 길'(The Way to Socialism)은 레닌의 만년의 논문에 입각하여 시장경제를 통한 점진적인 사회주의 건설을 주장하였으며 한동안 그것은 신경제정책의 고전이 되었다. 부하린은 또한 1923년 이후의 레닌의 입장을 강조하며 유럽 프롤레타리아 혁명의 도움 없이도 러시아의 독자적 산업화가 가능하다는 '달팽이 걸음론'(Snail's Pace)을 주장하여 스탈린의 일국사회주의론의 이론적 근거를 제공하였다.[41] 그러나 1927년에 들어서 위기의 제증상이 다시 심각해졌을 때 트로츠키와 카메네프, 지노비에프의 연합전선은 신경제정책의 문제점들을 더욱 통렬하게 비판하기 시작하였다. 그들은 식량가격의 상승에 따른 도시노동자의 실질임금 저하를 비난하였고, 부농의 힘이 비대해지고 농촌에서 자본주의적 요소가 강화되고 있음을 비난하였다. 1928년 외견상 당의 공식적 입장에 별다른 변화가 없었으나 비공개적인 중앙위와 정치국 회의에서

39) 따라서 프레오브라젠스키는 부하린 일파를 'Soviet Manchester School'이라고 비난하였다. S. Cohen, *Bukharin and Bolshevik Revolution*, p. 179.

40) E, H. 카아, 『러시아 혁명』, p. 86.

41) S. Cohen, *op. cit.*, p.183.

스탈린은 과거 좌파의 입장에 가까운 새로운 노선을 제안하였고 부하린과의 불화가 표면화되었다. 1928년 부하린은 '한 경제학자의 비망록'(Notes of An Economist)이란 글을 통해 국가에 의한 농민착취가 혁명전 러시아로의 복귀를 초래할 것이라고 경고하고 곡물위기가 부농의 술책 때문이 아니라 농민에 대한 정책의 부재에서 기인한다고 주장하였다. 1929년 1월 부하린은 『프라우다』지에 레닌의 정치적 유언을 발표하고 레닌이 최후에 남긴 논문에 의거하여 - 특히 '협동에 관하여'(On Cooperation)를 인용하여- 사회주의에 대한 전반적 견해의 극적인 전환을 강조하며 신경제정책의 본질을 계급투쟁의 수단이라고 주장하는 스탈린에 대항하였다. 그러나 사태는 부하린에게 불리한 방향으로 전개되고 있었으며 1929년 부하린이 자본주의 분자와 결탁하고 있다는 언론의 공개적인 비판이 시작되었다. 스탈린은 1928년 11월, 공업화에 박차를 가하고 부농에 대해 규제를 가하는 조치를 취함과 동시에 우익편향에 대한 직선적인 공격을 시작하였다. 스탈린은 신경제정책으로 인해 자본주의의 활성화가 초래될 가능성이 상존해 왔으며 이제 위험수위에 이르렀다고 주장하였고, 1929년 12월 신경제정책의 종료를 선언하였다. 러시아의 제3의 혁명으로 일컬어지는 1929년 소련공산당의 노선변화는 스탈린과 부하린의 대립이 원칙에 관한 문제인 데 반해, 스탈린과 좌익반대세력의 대립은 기본적으로 권력투쟁적 성격의 것임을 입증하였다. 스탈린은 트로츠키를 포함한 좌익반대세력을 제거하자마자 사실상 그들의 정책을 채택하였다. 따라서 좌익지도자의 일부는 스탈린의 정책전환이 분명해졌을 때 스탈린과의 화해를 모색하였다.[42]

---

42) L. 사피로, 『소련공산당사』, pp. 358-360. 그 중에는 프레오브라젠스키도 들어 있었다.

부하린의 정치적 사고는 전적으로 경쟁과 다양성, 설득과 협조를 강조하는 자신의 경제적 프로그램의 산물이었다. 그는 제한적인 수준에서 다원주의의 원리를 옹호하였다. 그는 정치의 문제에 있어서 서구식 민주주의를 주장하는 데까지 나아가지 않았으며 반대정당의 존재를 생각하지 못하였다. 그러나 그는 일당제 체제 하에서의 최대한의 개인과 집단의 자유를 주장하였으며 다양한 자발적 결사체의 존재가 인민의 정치훈련을 도울 뿐 아니라 국가의 독주를 견제할 수 있는 안전판이 되어줄 것이라고 생각하였다. 그는 당과 국가기구의 급속한 팽창과 관료화를 우려하였고 따라서 자유선거를 통한 소비에트 활성화를 주장하였다. 트로츠키와 좌파가 관료주의의 문제를 체제의 우경화로만 바라보던 시절 그는 재산에 기초하지 않은 새로운 권력으로서 당관료의 등장을 발견하였다. 볼셰비키의 대부분이 프랑스혁명을 상기하며 우익반동만을 생각할 때 부하린만이 새로운 종류의 독재를 우려하였다.[43] 부하린은 이미 1928년 레닌과 사회주의 국가의 성격을 놓고 논쟁을 벌였을 때 레닌이 현실적인 입장에서 프롤레타리아 국가의 과도기적 측면을 강조하고 국가소멸의 이상을 유보하려는 데 대해 비판적인 입장을 취한 바 있으며 그는 전시공산주의를 새로운 리바이어던의 출현으로 생각하였다.[44]

1929년 스탈린은 이 문제를 재론하면서 국가는 그 소멸조건을 충족시키기 위해 먼저 최고도로 발전하지 않으면 안 된다고 말하고 이제 계급투쟁을 강화해야 할 시기에 접어들었다고 주장하며 부하린을 비판하였다. 스탈린에 의하면 소련의 경우 사회주의가 성취되고 착취계급이 사라졌지만 자본주의 국가들에 의한 밖으로부터의 위협

43) S. Cohen, *op. cit.*, p. 144.

44) 이 문제에 관한 논쟁과정에 대해서는 *ibid.*, pp. 39-40 참조. 레닌은 부하린의 견해가 '어린애같다'(childish)고 비난하였다.

이 상존하고 있기 때문에 아직도 국가가 소멸할 시기가 도래하지 않았다는 것이다.

부하린은 일찍이 진정으로 프롤레타리아적인 예술과 문학을 이끌고 있다고 자처하는 집단인 프롤레트쿨트(Proletkult)가 예술과 창작의 자유에 대한 당의 간섭을 반대하고 레닌과 대립했을 때 이들을 옹호하여 레닌과 갈등을 빚은 바 있다.[45] 1925년 그는 문예이론을 둘러싼 논쟁에 개입하여 문학이 하나의 원리를 가지고 모든 사람들을 강요한다는 것은 바람직하지 않으며 각각은 서로 다른 문학적 스타일을 가지고 경쟁에 임해야 할 것이라고 주장함으로써 당내 우파의 철학을 대변하였다. 그러나 당은 1928년 문학을 대중조직의 도구로 규정하여 당이 추진하는 선전활동에 적극적 참여할 것을 촉구하였고, 1932년 스탈린은 이른바 사회주의 리얼리즘(socialist realism)의 원칙을 천명하여 소비에트의 예술과 문학은 당과 혁명이념에 충실할 것을 요구하였다.

레닌은 유언에서 부하린을 당의 가장 위대한 이론가로 극찬하면서도 그의 관점이 완전히 마르크스주의적이지 않다고 덧붙임으로써 그가 마르크스주의 이론가로서 결점을 가지고 있음을 지적하였다.[46] 트로츠키와 좌파는 그를 데르미도르의 화신으로 간주하였으

---

45) 보그다노프에 의해 주도된 이 운동에 대해 1922년 소련 정치국은 공개비판을 행하고 프롤레트쿨트가 당의 교육성 통제 하에 놓여야 할 것임을 경고하였다. 레닌은 프롤레트쿨트를 신경제정책에 따른 쁘띠부르주아지의 발호로 간주하였는데 여기에는 레닌과 보그다노프의 개인적인 감정도 크게 작용하였다. 레닌이 부하린의 보그다노프에 대한 호의적인 태도를 비난하였을 때 부하린은 이를 어느 정도 수용하였지만 이 문제는 레닌과 불화의 가장 큰 원인의 하나가 되었다. J. Biggart, "Bukharin and The Origin of The Proletarian Culture Debate," *Soviet Studies*, Vol. 36, No. 2 (April 1987), pp. 229-230.

46) T. Deutscher, "Bukharinism vs Trotskyism," *Monthly Review*, Vol. 26. No. 11 (April 1975), pp. 229-246 참조.

며 심지어 트로츠키는 스탈린과 손을 잡을 수 있어도 부하린과 손잡을 수는 없다고 말하였다.[47]

카아는 부하린주의를 볼셰비즘의 유력한 전통으로 파악하고 그를 레닌의 진정한 계승자로 자리매김하려는 시도는 서구자유주의자의 편견이며 취향이라고 말하였다.[48] 이것은 진정한 레닌주의를 주장하는 최근의 논리에 대해서도 마찬가지로 적용될 수 있을 것이다. 부하린은 오늘날 인간의 얼굴을 한 사회주의, 질라스와 두브체크의 선구자로 평가받고 있으며 그에 대해 최초의 본격적인 연구를 시도한 코헨(S. Cohen)은 부하린주의가 소련의 미래를 결정할 유일한 대안이라고 말하고 있다. 후르시초프시대에 와서 스탈린 비판과 더불어 그는 무죄를 인정받았으며 1988년 소련 최고법원은 그의 복권을 결정하였다.

❹ 맺는 말

레닌은 일찍이 '모든 이론은 회색이며 영원히 푸르른 것은 젊음의 나무'라는 괴테의 말을 즐겨 인용하였다. 그의 사상의 중요한 특징은 정치현실주의를 취한 데 있으며 이점은 브레스트-리토브스크 조약이나 신경제정책, 통일전선전술 등 혁명 후 소비에트체제 건설과정에서 두드러지게 나타난 바 있다. 그는 일보전진을 위해서 이보를 후퇴하였다. 그는 좌익소아병 환자(infantile disease in left-wing communism)라고 스스로 명명하였던 일군의 이념적 강경세력과 또

47) S. Cohen. *Bukharin and Bolshevik Revolution*, p. 269.

48) E. H. Carr, "The Legend of Bukharinism," p. 999.

다른 투쟁을 행하였다. 그러나 이 과정에서 나타나는 또 하나의 레닌주의 - 온건하고 실용주의적인 레닌주의 - 가 이전의 레닌주의를 대체하거나 그것을 병렬시켰다고 말하기 어렵다. 새로운 방법론은 혁명정국의 어려움을 타개하기 위해 불가피했던 최소한의 조치였으며 기존의 이데올로기에 대한 하나의 보안책으로서 사용되어졌다. 스탈린독재나 관료주의의 등장에 대한 우려가 민주집중제의 원리의 포기를 의미하지 않는다. 진정한 레닌주의란 성공적 소비에트 건설을 꿈꾸었던 레닌의 순수한 이상이라 말할 수 있으며 후기의 레닌이 보여준 새로운 방법론을 의미하는 것이 아니다. 레닌의 소비에트체제 건설은 그 높은 이상에도 불구하고 현실적으로 많은 문제를 야기하였다. 그는 복수정당제를 거부함으로써 일당독재의 전통을 만들어내었다. 민주집중제의 원리는 경직된 관료주의와 새로운 계급의 등장을 초래하였다. 폭력을 불사하는 냉정한 문제해결의 방식은 훗날의 정치적 테러를 예고하였다. 레닌 자신은 탁월한 정치적 능력과 헌신적인 봉사로 이것이 초래하는 위험들을 극복할 수 있었을 것이다.[49] 스탈린체제는 레닌주의를 크게 왜곡시켰다. 그는 혁명의 이상보다 개인적인 권력욕에 더 사로잡혀 있었으며 그런 의미에서 반혁명적이었다. 그러나 스탈린체제를 가능케 해주는 잠재적 요인은 이미 레닌주의 속에 내재해 있었다고 보는 것이 더 정확한 지적일 것이다. 스탈린주의를 희생양으로 삼아 근본적인 문제를 언제까지나 외면할 수 없다. 오늘날 페레스트로이카가 표방하는 진정한 레닌주의로의 복귀는 스탈린주의의 잔재를 청산한다는 논리만으로는 불충분하며 레닌주의 자체에 대한 비판이 인정되어야 한다.

---

49) R. Medvedev, "On Gulag Archipelago," p. 32. 이 점에 대해서는 E. H. 카아도 비슷한 이야기를 하고 있다. E. H 카아, 『볼셰비키혁명사』, 이지원 역 (서울: 화다, 1985), p. 215.

페레스트로이카가 그들의 주장처럼 궁극적으로 사회주의 강화일 수도 있다. 수렴론에 관한 논의가 보여주듯이 양체제의 상호접근에도 불구하고 여전히 본질적인 차이가 존재한다는 점에서 그렇다.[50] 그러나 이 경우 본질적인 차이라는 것은 점차 정도의 차이로 변해가고 있으며 새로운 사회주의는 결국 본래적 사회주의 원칙에서 멀어지고 있음도 분명하다. 이 경우 페레스트로이카가 주장하는 사회주의적 민주주의는 서구 자유민주주의의 제원칙을 제한적으로 적용하는 것에 다름이 없으며 사회적 시장경제 역시 시장경제 원리의 점진적 도입을 의미할 뿐이다. 세계사의 새로운 변화는 사회주의가 서구식 민주주의와 자본주의의 원리와 접목되어가는 과정으로 파악될 수 있으며 그것에 대해 어떠한 명칭을 붙이는가 하는 것은 수사학의 문제에 불과하다. 자본주의체제의 변화에 대해서도 동일한 논리가 적용될 수 있음은 물론이다.

레닌이 그렇게 증오하였던 사회민주주의 노선을 고르바초프가 당당히 지지하고 있는 현실이다. 만일 고르바초프의 페레스트로이카가 실패한다면 다음에는 '진정으로 진정한' 레닌주의가 등장할 가능성이 있다. 국내의 어느 학자는 필자와는 상반된 맥락에서 그러나 비슷한 주장을 행하고 있다. "고르바초프의 레닌주의는 기껏해야 레닌에게 한정된, 그리고 레닌 사후의 소련사회에 이를 대결시키는, 그것도 레닌의 병약한 말년의 한 두 개의 단편적 저작에서 뽑아낸 레닌주의이다. 마르크스와 엥겔스의 고향인 독일에서 카우츠키와 베른슈타인에 의해 마르크스주의가 배신되고 제2지대인 러시아에서 레

50) A. G. Meyer, "Theory of Convergence," in C, Johnson(ed.), *Change in Communist Systems* (Stanford: Stanford Univ. Press, 1970), pp. 339-340. 양체제 사이에는 아직도 재산제도(property system)의 본질적인 차이가 존재한다. 이외에도 논자에 따라 정치문화의 차이, 체제가 추구하는 가치의 차이 등을 지적할 수도 있다.

닌에 의해 혁명의 순결성이 지켜졌던 것처럼, 지금 레닌의 고향 소련에서 고르바초프에 의해 마르크스-레닌주의가 배신되고 제3지대로 그 과제가 옮겨지고 있는 듯 보인다"[51]

필자는 소련의 페레스트로이카를 사회주의의 붕괴 혹은 자본주의로의 회귀라는 다소 성급한 분석이나 진정한 사회주의, 나아가서 사회주의 강화라는 견강부화의 논리를 모두 거부하며 수렴론의 입장에서 그러나 상호수렴의 한계는 아직 존재하고 있다는 입장에서 시장적 사회주의의 등장을 파악하려 하였다.[52]

이데올로기에 대한 집착은 그 신봉의 정도가 강렬할 경우 새로운 변화에 대하여 우려와 공포의 반응을 보이고 조금 덜할 경우 새로운 논리로의 변화를 정당화하게 되는 것 같다. 사회주의의 변질을 우려하는 일부 강경한 마르크스주의자들의 판단은 진정한 사회주의를 운위하는 자들과 분명히 다른 입장을 보이고 있으며 그들의 주장은 시대착오적인 측면을 갖고 있음에도 불구하고 우파의 논리와 상당히 유사하다는 데 아이러니를 보여주고 있다. 진정한 레닌주의로의 복귀를 주장하는 사람은 필자의 주장을 비판할 수도 있을 것이다. 그러나 고르바초프의 개혁이 성공할 경우 소비에트체제가 서구체제에 더욱 접근할 가능성이 상존하고 있으며(이를테면 인간적인 자본주의 모델로서 스웨덴모델) 만일 고르바초프가 실패할 경우 소련의 이후 역사는 고르바초프의 이론을 수정주의로 비판하여 '진정으로 진정한' 레닌주의를 주장하게 될 가능성 역시 배제할 수 없다.

---

51) 김홍명, "혼란에 빠진 사회주의체계," 『한겨레신문』, 1990. 3. 24.

52) 필자는 '수렴론'과 '진정한 사회주의론'이 기본적으로 서로 다른 이데올로기적 입장을 취하고 있다고 본다. 수렴론은 사회주의 체제의 이념적 종착역을 사회민주주의의 어느 한 지점으로 보는 반면 진정한 사회주의론은 사회민주주의의 가치를 인정하면서도 사회주의로부터의 어떠한 후퇴도 인정하지 않으려 한다. 그것이 지향하는 이데올로기는 사회민주주의가 아니라 '진정한 사회주의'다.

이 경우 물론 진정으로 진정한 사회주의는 당의 입지 강화와 통제경제로의 복귀를 그 주요 내용으로 삼게 될 것이다.

진정한 레닌주의론의 또 다른 표현이 되고 있는 사회주의 강화론은 계획부문이 시장부문보다 우위에 선다는 것을 전제로 하는 논리이다. 그러나 변화의 종착점이 어디가 될 것인지는 누구도 장담할 수 없다. 오직 시간이 모든 것을 해결해 주겠지만 필자는 계획경제로부터 시장경제로의 변화가 더욱 가속화되고 있는 현실에 비추어 그것은 조만간 사회주의 강화론이 설정하는 경계선을 통과해 버릴 것이라고 생각하고 있다.

포퍼에 의하면 반증을 회피하는 두 개의 전형적 방법은 첫째로 개념을 모호하게 정의내림으로 해서 필요할 때마다 수시로 정의를 변경하는 것이고 둘째로 추가적인 조건을 제시함으로 해서 반증을 인정하지 않는 것이다.[53] '진정한'의 논리는 추상적인 개념정리를 바탕으로 내용을 전천후화 시킴으로써 대체적으로 첫 번째 방법에 의존하는 경향이 있다. 특히 사회주의 강화론의 경우 과도기를 구체적으로 규정하지 않음으로 해서 사회주의체제는 언제나 과도기이고 사회주의 이론은 항상 타당한 이론으로 존속할 수 있다. 시장부문이 계획부문을 능가하는 경우에도 이러한 애드호크의 전략을 사용한다면 사회주의 체제인가 여부는 시장과 계획의 구성비에 있는 것이 아니라 체제가 지향하고 있는 정치적 혹은 문화적 목표(노동계급의 해방이나 소외의 극복 등)에 달려 있다고 주장함으로써 새로운 사회주의의 논의를 계속 주장 할 수 있을 것이다. 그리하여 체제의 모든 변화를 진정한 사회주의를 향한 자기쇄신이라는 논리로 모호하게 규정

53) 그 외에도 실험자의 신뢰도나 이론가의 통찰력을 의심함으로써 반증을 거부하는 방법이 있을 수 있다. K. Popper, *The Logic of Scientific Discovery* (New York: Harper and Row Publisher, 1959), p. 81.

한다면 사회주의체제는 영원히 빛나게 될 것이다.

이제 이 글의 결론을 다시 한번 정리하면 다음과 같다. 첫째, 페레스트로이카가 표방하는 일련의 노선은 진정한 레닌주의라고 보기 어렵다. 둘째, 만일 고르바초프의 노선을 진정한 레닌주의로 고집한다면 부하린주의는 진정한 레닌주의론자들에 의해 전면적으로 재평가되어야 한다. 셋째, 부하린주의보다 오히려 트로츠키주의가 몇 가지 측면에서 더 레닌주의적이었다. 마지막으로 소련의 변화는 동서체제의 상호수렴과정의 일부이며 아리스토텔레스적인 혼합체제의 미덕을 지향하는 보편적 역사원리의 연장이다.

이 글은 소련의 변화를 국내정치와 경제체제의 변화에만 초점을 맞추어 논의했으며 외교정책이나 여타의 분야를 충분히 고려하지 못한 한계를 갖는다.

제4장

모리스 메를로-퐁티와 변증법의 모험

❶ 머리말

이 글의 목적은 서구철학의 전통 속에서 마르크스주의를 어떻게 이해할 것인가 하는 문제를 모리스 메를로-퐁티(Maurice Merleau-Ponty)를 중심으로 검토하려는 데 있다.

1930년대 초 꼬제브(A.Kojéve)의 헤겔강의에서 비롯되는 프랑스의 마르크스의 논의는 전후(戰後) 실존주의 논쟁에 이르러 최고조에 달하게 된다.[1] 논쟁 주역의 한 사람 이었던 메를로-퐁티는 의식(意識)의 문제를 중심으로 마르크스주의를 재해석하려는 입장을 서구마르크스주의라 부르고 이것을 정통적인 경제적 결정론과 구별하였다. 그러나 메를로-퐁티는 서구 마르크스주의가 사르트르(Sartre)에 이르러 극단적인 경향에 빠졌다고 본다. 사르트르는 객관적 세계를 무시하고 의식의 절대적 자유에 의존함으로써 의식만으로는 세계변혁을 기도할 수 있다고 주장하였다. 메를로-퐁티는 사르트르의 마르크스주의를 비판하는 과정에서 전통철학의 주관주의를 극복하고

1) 이에 대해서는 G. Lichteim, *Marxism in Mordern France* (New York: Columbia Univ. Press, 1969), pp. 84-101 참조.

새로운 역사철학을 전개하게 되었다.[2)]

메를로-퐁티에 의하면 역사란 객관적 상황에 인간의 의식이 개입함으로써 그 의미가 드러나는 것이며 어느 한편을 다른 한편으로 환원시키는 유물론이나 관념론은 모두가 일면적일 수밖에 없다고 말한다. 그는 하부구조와 인간의 의식간의 변증법적 관계 속에서 주어진 여건을 인간의 의지에 의해 극복하려는 태도를 마르크스가 말하는 프락시스(Praxis)의 참의미로 파악하고 이런 의미에서 마르크스주의야말로 우리 시대의 역사철학이라고 주장하였다.[3)] 메를로-퐁티는 마르크스의 혁명이론을 모체(母體)내에서 진행 중인 태아의 생성과정에서 비유하고, 그러나 순산할 지 여부는 아직 알 수 없는 것이라 함으로써 경제적 결정론에 입각한 과학적 마르크스주의와 객관적 여건을 무시하는 의식 일변도의 주관주의적 접근을 모두 거부하였다.[4)]

❷ 마르크스주의의 철학적 고찰

메를로-퐁티는 프랑스적인 시각에서 근대 서구의 정신사를 합리주의 역사로 규정하였다. 그것은 17, 18C의 이성만능을 주장하였던 주관적 합리주의와 19C말 자연과학적인 법칙을 추구하였던 실증주의로 대별된다.[5)] 전자의 전형은 데카르트의 철학에서, 후자는 S-R

---

2) 이 글은 사르트르의 변증법 이론을 비판한 메를로-퐁티의 『변증법의 모험』을 중심으로 논의를 전개한다. M. Merleau-Ponty, *Adventures of the Dialectic*, trans. J. Bien (Evanston: Northwestern Univ. Press, 1973). 이하 AD로 略한다.

3) M. Merleau-Ponty, *Humanism and Terror*, trans. J. ONeill (Boston: Beacon, 1969), p. 113. 이하 HT로 略한다.

4) M. Merleau-Ponty, *Sense and Nonsense*, trans H .L Dreyfus & P. A. Drefus (Evanston: Northwestern Univ. Press, 1964), p. 81. 이하 *SNS*로 略한다.

모델에 입각한 근대심리학에서 발견된다. 이러한 합리주의가 갖는 문제점은 무엇인가? 전자는 인간을 관념적으로만 취하고 후자인 인간을 수동적 도구로만 바라봄으로써 양자 모두 현실적인 문제해결을 위한 인간적인 노력을 외면하고 있다고 메를로-퐁티는 본다. 20세기의 양차대전에 의한 파국은 이러한 합리주의 정신의 허구를 노정시켜 주었다. 왜냐하면 금세기는 비합리적인 것들의 실루엣으로 시종일관되었기 때문이다(SNS, 4). 따라서 메를로-퐁티는 합리주의 철학의 한계를 인정하고 역사의 비극을 허용할 수 있는 또 다른 철학의 계열을 헤겔, 마르크스, 니체, 훗설 등에서 발견하고 이들의 철학 정신을 합리주의 전통에 접목시키려고 노력하였다. 이러한 대안으로 등장한 것이 그의 실존적 현상학(existential phenomenology)이다. 메를로-퐁티는 특히 후기 훗설에 대한 독창적인 해석[6]을 통해 지각이론과 역사인식을 전개하고 의식과 세계를 어느 한편으로 환원시킴 없이 양자를 동시에 포섭하는 새로운 철학의 이정표를 제시하였다.

메를로-퐁티에 의하면 실존적 현상학은 진리의 기반을 생활세계에 둠으로써 실증주의가 주장하는 과학의 객관성과 주관주의가 주장하는 의식의 명증성에 대해 모두 한계를 부여한다. 생활세계의 개

---

5) 메를로-퐁티는 전자를 'major rationalism', 후자를 'minor rationalism'으로 표현한다. M. Merleau-Ponty, *Signs*, trans. Richard Mecleary (Evanston: Northwestern Univ. Press, 1964), pp. 147-148. 이하 *S*로 略한다.

6) 메를로-퐁티는 사르트르에게서 초기 훗설(*Ideen I*)을 소개받은 후, 1939년 루뱅대학교 훗설연구소를 방문하고 그의 유고 특히 *The Crisis of European Science and Transcendental Philosophy: An Introduction to Phenomenology*(1936)를 읽고 감명을 받았으며 이에 근거하여 자신의 철학을 전개하였다. 그러나 후기 훗설에 대한 그의 해석은 지나치게 훗설을 실존주의화 시킴으로써 훗설을 변형시키고 있다고 비난받기도 한다. Gay B. Madison, *The Phenomenology of Merleau-Ponty* (Ohio: Ohio Univ. Press, 1981), pp. 267-290.

념은 객관성의 근거로서 상호주관성의 문제를 제기할 뿐 아니라 의식을 세계 속에 연루시킴으로써 의식의 절대적 자유를 부정한다. 과학의 법칙이나 의식의 사고 작용은 생활세계에 근거하고 있는 지각의 2차적 질서이거나 혹은 승화작용에 불과하다. 생활세계론은 그것이 함축하는 상대주의적 논리를 통하여 주관과 객관, 의식과 세계, 철학과 과학의 이분법적 도식화를 제거하고 밀접한 상호연관성 위에서 양자를 종합하는 제3의 길을 제시한다. 메를로-퐁티는 생활세계에 분석의 초점을 둠으로써 진리의 기원을 보다 현실에 접근시키고 과학과 철학이 공존할 수 있는 영역을 확보하려 하였다. 그가 바라보는 사회과학의 법칙이란 완벽한 진리의 구현으로서 보편타당성을 주장하는 것이 아니라 상호적 합의 속에서 보다 높은 합리성의 상태를 모색하는 과정이며 인간의 의지가 개입할 여지를 늘 허용하는 잠정적인 성격을 띤다. 메를로-퐁티는 실존적 현상학을 끊임없이 시작하는 철학, 질문의 과정으로 보고 그것은 철학의 한 분야가 아니라 철학 그 자체라고 생각한다(S, 133).

메를로-퐁티는 이러한 실존적 현상학이 초기 헤겔의 실존주의와 후기 훗설의 현상학이 결합됨으로써 가능하게 되었다고 본다. 메를로-퐁티는 초기 헤겔의 철학을 계속되는 모순 속에서 그것과 대결을 행하는 역사의 주체이자 객체인 자아의 자기실현과정으로 보고, 이것을 후기헤겔 - 프러시아국가에서 궁극적인 합일을 모색하는 절대지의 소유자로서 헤겔 - 과 구별하였다. 반면 훗설은 초기에 과학의 위기로부터 제1철학을 회복시키려는 의도에서 엄밀학(rigorous science)으로서 현상학을 시도하였으나, 그 후 그가 도달한 결론은 완전한 현상학적 환원은 불가능하다는 것이었고 세계는 발생 상태로 존재한다는 것이었다. 그리하여 "선험적 주관(transcendental subjectivity)은 상호주관(inter subjectivity)이다."

라는 명제에 도달한다.[7] 다시 말하면, 훗설의 현상학은 초기의 선험적 현상학 (transcendental phenomenology)으로부터 후기의 발생적 현상학(genetic phenomenology)으로 방향을 전환하였다. 메를로-퐁티는 이것을 훗설 현상학이 반(反)헤겔적인 입장에서 출발하였으나, 결국은 역사의 인식을 통하여 헤겔 철학에 접근하게 되는 것이라고 설명한다(SNS, 106).

메를로-퐁티는 의식과 세계의 이원론을 극복하기 위한 출발점을 지각이론에서부터 모색하였다. 그는 "20세기는 정신과 육체의 경계선을 소멸시켰다."라고 말하며 인간의 육체가 지각과정을 통하여 단순한 수동체를 넘어서서 주체로서 적극적인 역할을 행하고 있음을 입증하려 했다(S, 226). 그는 게쉬탈트(Gestalt) 심리학의 도움에 힘입어 지각과정에서 외부의 대상과 신체기관 상호간 일대일 대응관계를 넘어서는 전체로서의 구조와 형태가 지각주체에 의해 파악되고 있음을 강조하고, 인간의 육체가 단순한 생리적 기능 외에 의식의 기능까지 행하고 있다는 관점에서 신체적 주체(body-subject)론을 주장하였다.[8] 신체적 주체론에 의하면 지각의 세계는 주관과 객관, 의식과 대상간의 명확한 구분이 이루어지지 않는 혼재의 장으로 이곳에 있어서 의미의 생성은 신체를 매개로 지각주체가 타인, 나아가 세계와 교류를 통하여 이루어지는 지각체험의 상호적 합의에 근거하고 있다. 상호주관성의 영역 속에서 개별자의 자유 의지와 침전된

---

7) SNS, p. 134. 메를로-퐁티는 이러한 훗설의 변화를 *Cartesian Meditation*(1929)으로부터 본다. M. Merleau-Ponty, *Themes from the Lectures at the College de France*, trans. J. ONeill (Evanston: Northwestern Univ. Press, 1970), p. 106.

8) 메를로-퐁티의 입장을 요약해주는 이 표현은 R. Kwant (1963)의 조어이다. 메를로-퐁티 자신은 'body as the subject of perception' 혹은 'body as a natural subject'이라는 표현을 주로 쓴다. Sonia Kruks, *The Political Philosophy of Merleau-Ponty* (Sussex: The Harvester Press, 1981), p. 23.

(sedimented) 세계가 동시에 작용한다. 메를로-퐁티는 작용하는 지향성(operative intentionality)이라는 개념을 통해 인간이 세계 속의 존재임을 설명하였다.[9]

메를로-퐁티는 지각이론을 통해 객관주의 심리학과 칸트적인 선험철학을 화해시키는 새로운 철학의 통로를 모색한 후 이것을 역사인식에 적용시켜 역사를 법칙과 자유의지, 필연과 우연, 의미와 무의미가 공존하는 것으로 파악하였다.[10] 역사에는 최소한의 의미와 방향이 존재하지만 그것은 많은 여백을 간직하고 있다. 역사에는 대양으로 흘러가는 강물처럼 일방적인 인과관계가 존재하지 않는다. 역사는 진리와 최선만을 구현시키지 않으며 놓쳐버린 많은 기회들이 존재한다(SNS, 105). 여기서 메를로-퐁티는 합리주의 역사관을 비판하고 비합리와 무의미 영역을 포함하는 보다 넓은 합리성의 개념을 제시하려고 하였다. 헤겔은 비합리의 영역을 궁극적으로 이성의 간지로 해결하려 함으로써 합리주의에서 완전히 벗어나지 못하였다(SNS, 63). 비합리와 우연의 영역을 그 자체로 인정할 때 인간의 자유의지는 존재가치를 갖게 된다. 인간의 자유의지는 최소한의 역사의 의미와 방향에 기초하여 세계 속에 뛰어들어 주어진 여건을 극복하고 새로운 의미와 합리성을 구축해 나갈 때 결정론 뿐 아니라 단순한 투기, 모험과도 구별되어진다. 스피겔버그(Spiegelberg)는 메를로-퐁티의 입장이 '현실적인 것은 부분적으로 이성적이며 이성적인

9) M. Merleau-Ponty, *Phenomenology of Perception*, trans. Colin Smith (London: R. K. P., 1962), p. xxiii. 메를로-퐁티는 칸트의 지향성이 단순한 주관적 차원을 넘어서지 못하는 반면 훗설의 지향성은 상호주관성의 차원까지 포섭하고 있다고 말하고 이것을 '작용하는' 지향성이라 말함으로써 전자와 구별하였다. 이하 *PP*로 略한다.

10) 메를로-퐁티는 도처에서 역사의 성격을 'contingency'라고 표현한다. 이 개념은 우연과 필연의 결합이라는 의미로 사용되고 있다. *S*, p. 239.

것은 부분적으로 현실적'이라고 보는데 있다고 말한다.[11] 이러한 사실은 인간이 역사의 주체이자 또한 객체라는 이중성에서 기인한다. 역사의 객체로서 인간은 주어진 객관적 상황 속에 존재하게 되나 인간은 또한 역사의 주체로서 자신의 기투(project)에 의해 역사를 변형시켜 나간다. 인간의 이러한 두 측면이 결합될 때 사회 현상에 대한 과학의 분석과 철학의 실천은 상호보완적인 것이 된다. 세계를 안다는 것과 변혁시킨다는 것은 서로가 서로를 필요로 하고 있는 것이다. 메를로-퐁티는 주어진 여건을 넘어선다는 의미에서 역사의 과정을 실존(ex-ist)의 문제로 본다(SNS, 128). 그의 역사철학은 도그마와 회의주의를 모두 거부하고 끊임없는 자기수정의 과정을 강조한다. 오류의 가능성을 인간의 속성으로 보는 그는 역사의 전개를 진리의 실현이라기보다는 오류의 제거과정으로 보기 때문이다. 메를로-퐁티는 이러한 실존적 현상학의 역사철학을 환상을 제거한 낙관주의라고 말하고 있다(S, 240).

메를로-퐁티는 실존적 현상학의 입장에서 마르크스주의를 해석한다. 그는 마르크스주의의 본질을 의식과 세계에 관한 이원론을 극복하려는 역사철학으로 보고 프롤레타리아를 특정계급의 의미를 넘어 인간의 존재양식이라는 일반적 실존의 범주에서 파악하였다. 프롤레타리아는 자본에 의해 왜곡되어진 삶의 형태로서 진정한 삶의 회복을 위해 스스로를 초월하려고 한다. 즉 프롤레타리아는 자신을 부정함으로써 자기실현을 기도한다. 그것은 의식과 세계를 동시에 구현하고 있다. 프롤레타리아는 자본주의 사회의 역사적 산물이나 자신을 넘어설 수 있는 자율적 의식을 소유하고 있다. 그것은 세계

11) H. Spiegelberg, *The Phenomenological Movement: A Historical Introduction* (The Hague: Martinus Nijhoff, 1982), p. 543.

와 연루되어진 의식으로서 역사의 주체이자 객체인 것이다. 메를로-퐁티는 계급을 분석함에 있어서 계급은 경제적 삶이라는 객관적 여건만으로 형성되는 것이 아니며 자신의 상황에 대한 자각까지를 요구한다고 말한다(PP, 444). 메를로-퐁티는 마르크스주의의 변질과 이에 따른 변증법의 소멸이 프롤레타리아를 의식이나 사실 어느 한 쪽으로만 파악하여 이원론을 극복하지 못하는 데서 비롯된 것으로 본다. 마르크스주의에 대한 객관주의적 해석은 프롤레타리아를 세계의 일부로만, 즉 하나의 물질로만 간주함으로써 그것의 자율적 능력을 간과하고 당에 의한 통제를 능사로 삼는다. 마르크스주의에 대한 주관주의적 해석은 프롤레타리아를 의식의 측면에서만 파악하여 그것을 관념적 실체로 만들고 현실적인 구현을 당의 순수의지에서 확인하고 있다. 그러나 프롤레타리아는 의식이자 사실이며 그것은 실제의 삶을 통해서 문제를 자각한다. 그들의 프락시스는 주어진 사실을 극복하려는 의식의 노력이며 의식과 사실 양자는 동시에 작용한다. 당은 이론적인 명료화를 통해서 그들의 프락시스를 보다 높은 차원으로 인도할 뿐이다. 따라서 메를로-퐁티가 당과 프롤레타리아의 관계를 마르크스주의 이론의 초점으로 삼을 때, 그것은 의식과 세계의 관계를 어떻게 설정할 것인가 하는 철학의 근본과제를 검토하는 것을 뜻한다. 그는 프롤레타리아의 본질에 대한 올바른 파악이야말로 새로운 역사철학으로서 마르크스주의를 참되게 이해하는 관건이라고 보았다.[12)]

메를로-퐁티는 실존적 현상학을 최종적으로 휴머니즘 또는 철학적 인간학의 차원으로 끌어 올리려 하였다.[13)] 전통철학의 이원론

---

12) *AD*, p. 45. 여기서 Archimedes' point라는 표현을 사용하고 있다.

13) J. Wild와 J. M. Edie는 메를로-퐁티가 딜타이의 꿈과 훗설의 위기의식을 해결해주는 'humanistic disciplines'을 제공하고 있다고 말한다. M. Merleau-Ponty,

을 극복함으로써 그가 성취하려고 한 것은 객체화된 세계 속에서 소외된 인간을 본래의 위치로 회복시키는 일이었다. 여기서 그는 "뿌리는 인간이다."라는 마르크스의 주장을 상기시킨다(SNS, 125). 그는 과학과 철학이 공존할 수 있는 새로운 형이상학을 제시함으로써 과학을 인간학의 차원에서 새롭게 구성하려 하였다. 그러나 메를로-퐁티는 인간의 전능을 주장하지 않는다. 그는 인간이 세계 속의 존재이기 때문에 여건에 의한 한계를 소유하며 또한 불확실성과 오류는 인간에게 불가피한 속성이라고 말한다. 그는 긍정적 진리를 거부함으로써 오히려 진리에 접근하고 있는 몽떼뉴의 회의에 공감하였다(S, 198). 그러나 메를로-퐁티는 주어진 여건 속에서 이것을 극복하기 위하여 최선을 다하는 인간의 모습을 자신의 철학의 기초로 삼는다. 인간에 의해 인간이 존중되는 새로운 사회는 이미 약속받은 것이 아니며 투쟁의 산물임을 그는 강조한다. 그는 승리를 장담할 수는 없지만 가능성을 실현하기 위해 최선의 노력을 기울이는 것이 삶의 본질이라고 보았으며 이를 프롤레타리아의 자기회복의 노력에서 찾으려 하였다. 그는 이것을 주어진 운명을 극복해 나가는 마키아벨리적인 덕성(virtu)에 비유하였다(S, 217-219). 그리하여 메를로-퐁티는 "우리시대의 영웅은 인간 그 자신이다."라고 말한다(SNS, 186).

❸ 통속적 유물론 비판

메를로-퐁티는 엥겔스 이후의 경제적 결정론에 근거한 이른바 정통적(orthodox) 마르크스주의를 마르크스주의에 대한 통속적

In Praise of Philosophy, trans., J. Wild & J. M. Edie (Evanston: Northwestern Univ. Press, 1963), p. xxii.

(vulgar) 해석이라고 본다. 이에 대해 서구철학의 전통 속에서 의식의 관점으로부터 마르크스주의에 접근하는 입장을 서구마르크스주의(Western Marxism)라 부르고 이것을 통속적 입장과 구별되는 진정한(authentic) 해석으로 보았다.

메를로-퐁티에 의하면 서구마르크스주의, 따라서 마르크스주의에 대한 진정한 해석은 루카치의 초기저작에서 비롯된다.[14] 그리고 루카치는 베버가 밝혀준 자본주의 역사에 근거하여 마르크스주의를 해석하고 있다. 자본주의 역사에 관한 베버의 설명은 자본주의 정신으로 집약된다. 메를로-퐁티는 베버의 자본주의 정신에 관한 논의를 다음과 같은 두 가지 측면에서 중시한다. 첫째, 베버는 선택적 친화력(selective affinity)의 개념을 통하여 역사를 어느 한 요소로 환원시킴 없이 전체로서 파악하려고 했다(AD, 18). 그는 자본주의 체제의 성립이 생산기술 뿐만 아니라 이를 가능케 해주는 법과 조직, 합리적인 생활양식 등 이른바 상부구조의 제요소들이 결합하여 하나의 망을 구성함으로써 가능했다고 말한다. 자본주의 씨앗이 역사상 산재해 왔음에도 불구하고 서유럽에서만 그것이 가능했던 이유는 자본주의의 합리화정신을 종교적으로 정당화시켜주는 초기 캘비니즘의 현세적 금욕주의(worldly asceticism)가 이곳에서만 나타났기 때문이다(AD, 13). 16, 17세기의 초기 캘비니즘은 신의 구원에 대한 완전한 무력감에서 자신들이 할 수 있는 최선의 것은 현실세계 속에서 근면과 검약을 통하여 부를 증식시키는 일이며 이것이 신의 소명이라고 믿었다. 그리고 이러한 청교도 정신이 일한 만큼의 대가를 가져다주는 자본주의 노동윤리와 결합하였다고 베버는 말한다. 둘째로, 베버는 역사의 이해를 끊임없는 의미의 모색과정으로 파악하여

---

14) *AD*, p. 31. 『역사와 계급의식』을 가리킨다.

완결된 절대지(絶對知)나 카테고리화를 거부하고 그것의 잠정적 성격을 강조하였다. 베버에 의하면 역사의 전개는 완전한 진리를 구현시키는 것이 아니라 미래를 향해 늘 의문의 여지를 남기는 것이며 계속되는 오류의 제거과정을 통하여 진리에 끊임없이 접근한다(AD, 9). 그리고 이러한 과정은 기계적으로 이루어지는 것이 아니며 주관이 객관을 새롭게 구성함으로써만 즉 인간의 개입에 의해서만 가능한 것이라고 생각하였다 이와 관련하여 베버는 자본주의 정신이 초기금욕주의를 벗어나면서 탐욕과 자만으로 윤색되기 시작하였고 이에 따라 정신적 쇠퇴가 초래되었다고 지적한다. 자본주의 마지막 단계는 화석화된 사회이며 영혼없는 전문가, 애정없는 관능인의 세계이다. 여기서 베버는 자본주의의 한계를 인정하였고 자본주의의 합리화정신이 여전히 교정되어야 할 오류의 여지를 남긴다고 보았다. 이런 점에서 메를로-퐁티는 베버를 가리켜 '한계를 자인할 줄 아는 영웅적인(heroic) 자유주의자'라고 말하고(AD, 26) 그의 입장을 역사에 대한 다면적 접근과 창조적 선택의 정신으로 요약한다. 메를로-퐁티는 이러한 베버적 입장이 초기 루카치의 출발점을 이룬다고 말한다. 루카치는 베버적인 관점에서 자본주의 후기단계를 물화(物化 reification)의 과정으로 파악하고 베버의 자본주의 정신이 어떻게 프롤레타리아 계급의식으로 전환되는 지를 밝힌다. 루카치에 의하면 프롤레타리아는 자본주의 사회의 물화과정 속에서 자아를 상실하고 객체화된 인간이며 그것은 자기회복을 끊임없이 시도한다. 프롤레타리아는 자의식을 소유하는 객체로서 정치경제학의 법칙에 대하여 도전한다. 그것은 자신을 상품으로 바라보는 상품이다(AD, 44). 부르주아는 계급사회를 타파하는데 성공하였으나 부분적인 이익만을 대변하게 되었고 완전히 동질적인 사회를 구현하는데 실패하였다. 반면 소외된 계급으로서 프롤레타리아는 보편적 계급이다. 그것은 자신의 이해를 통해 세계를 이해한다. 프롤레타리아는 자신의 계급을 부정함으로써, 즉 계급투쟁을 통하여 계급없는 사회를 만들어냄으로써 인간의 회복이라는 역사적 임무를 수행한다. 역사는 프롤레타리아와 더불어 자기의식을 소유하게 되고 혁명의 과정 속에서 주체와 객체는 통일되며 마침내 프롤레타리아는 자기회복의 숭고한 순간을 맛보게 된다(AD, 46). 메를로-퐁티에 의하면 루카치의 프롤레타리아론은 몇 가지 점에서 전통적인 견해와 입장을 달리한다. 첫째, 루카치는 마르크스의 사적유물론을 엥겔스 이후의 통속적 마르크스주의처럼 헤겔식 관념론에 대한 단순한 대립만으로 보지 않는다. 마르크스의 사적 유물론은 역사를 경제로 환원시키려 하는 것이 아니라 경제를 역사 속에 편입시킴으로써 구체적인 삶의 관계를 조명하려는 데 의의가 있다. 마르크스가 철학을 부정한 것은 추상적인 개념세계에서 벗어나 그것을 현실에서 완성시키려는 데 목적이 있었다(SNS, 133). 마르크스가 주장하는 경제의 중요성은 의식의 자율성에 대한 전면적 부정을 의미하지 않는다. 루카치는 마르크스가 관념론 뿐 아니라 단순한 유물론과도 투쟁하고 있음에 유의하고, 프롤레타리아 계급의식론을 통하여 사물의 반영으로서 의식의 이데올로기성 외에 의식의 자율적 영역이 존재함을 밝히려 하였다. 루카치는 발자크(Balzac)을 논하는 가운데 그가 부르주아 세계에 속해 있었고 따라서 많은 편견을 가지고 있었음에도 불고하고 그의 작품이 다른 작가보다 더 혁명적일 수 있었음을 예로 들고, 허위의식(false consciousness)과 의식의 허위성(falsity of consciousness)을 구별하였다(AD, 42). 의식은 계급적인 왜곡가능성에도 불구하고 또한 진실을 내포한다. 프롤레타리아 밖에도 진리가 존재할 수 있으며 프롤레타리아로부터 오는 것이 모두 진리는 아니다. 의식 속에서 자율과 종속, 진실과 허위가 존재하고 있다. 따라서 루카치는 소련의 문학을 최고의 것으로 간주하는 사회주의 리얼리즘 (socialist realism)에 대항하여 문학의 상대적 자율성을 주장하였다.[15] 한마디로 루카치는 경제가 역사를 결정하는 중요한 요소이지만 유일한 요소는 아니라고 보며 의식을 제거해 버린 마르크스주의는 더 이상 마르크스주의일 수 없는 것으로 파악하였다. 메를로-퐁티는 이와 같은 루카치의 입장을 옹호하면서 "발레리의 시를 경제적 상황의 에피소드로만 볼 수 있는가?"라고 묻고 "역사는 머리로 걷지 않지만 발도 생각지도 않는다"라고 대답한다(PP, 172, xix). 메를로-퐁티에 의하면 과학적 마르크스주의는 의식의 제거와 더불어 모든 행위에 대한 판단의 척도를 상실하였다. 이러한 딜레마를 해결하기 위해 고안해낸 편의물이 역사법칙의 장악자로서 당이라고 그는 보았다. 둘째로, 루카치는 의식의 자율성을 받아들임으로써 마르크스의 프락시스를 끊임없는 자기비판의 정신으로 파악하고 혁명을 객관적 법칙으로 설명하는 종래의 마르크스주의 해석에 반대하였다. 그는 역사의 객관적 법칙을 주장하는 것이 결국 인간의 개입을 배제하고 문제제기를 회피하는 자본주의적 은폐의 논리라고 비판하였다(AD, 35). 이와 같은 이유 때문에 루카치는 역사의 객관적 법칙, 말하자면 진보(progress)의 개념을 계속적으로 문제를 파헤치며 이것을 극복해 나가는 노력의 과정으로 재해석할 것을 주장하였다. 루카치는 현실을 존재가 아니라 생성으로 파악했으며 따라서 역사발전은 본질적으로 경향 이상의 것을 나타낼 수 없다고 보았다. 역사의 전개는 예정된 에센스의 실현이 아니라 주어진 객관적 상황 하에서 제기되는 문제를 끊임없이 극복해 나가는 과정이며 프락시스는 가능성의 영역에 머무를 뿐이고 승

15) *AD*, p. 71. 그러나 루카치는 1949년 "대체적으로 소련문학은 올바른 길을 제시한다."라고 말하고 굴복하였다.

리를 약속받은 것이 아니다. 프락시스는 최소한 존재하는 역사의 의미와 방향을 구체화시키는 인간의 노력이며 가능성에의 기대이다. 따라서 루카치는 프락시스를 객관적 상황과 주관적 의지가 교차되는 영역으로 보았다. 여기서 메를로-퐁티는 루카치가 마르크스의 진면목을 파악하기에 이른다고 주장한다(AD, 47).

메를로-퐁티는 루카치가 밝힌 프락시스의 관점에서 1917년 러시아 혁명을 해석한다. 러시아혁명은 객관적 논리에 의해 예정된 것도 혹은 혁명가 집단의 투쟁만으로 이루어진 것도 아니었다. 외국자본의 강요로 급속한 산업화를 추진 중이던 반식민지 상태의 러시아 정부, 중산계층의 미약한 존재, 농촌으로부터 흘러들어온 새로운 프롤레타리아의 과격성과 혁명 지도층의 노력, 이러한 모든 요소가 결합됨으로써 혁명은 모습을 드러내기 시작하였다. 그것은 필연과 우연의 결합이었으며, 이런 의미에서 결코 마르크스주의 원리에 위배되는 것이 아니었다(HT, 131). 루카치에 의하면 프락시스는 혁명 이후의 사회에도 계속적으로 적용되며 이것은 프롤레타리아의 자기비판으로 수행된다. 마르크스가 스스로 혁명은 상태가 아니라 과정임을 지적했듯이, 사적 유물론의 정수는 그 원리를 자기자신에게 적용하는 데 있다. 혁명은 절대화되어서 안 되며 끊임없는 자기비판이 이루어져야 한다. 객관적 가능성(objective possibility)으로서 루카치의 프락시스론은 상대성을 통하여 진리에 접근하고 있으며 마르크스주의를 진리의 생성과정, 끊임없는 질문으로 파악함으로써 그의 일반적 분위기(stimmung)는 진리의 문턱을 강조하고 있다고 메를로-퐁티는 말한다(AD, 53). 다시 말하면 역사는 서로의 합의에 기초하여 오류를 끊임없이 고쳐나가는 과정이며 따라서 누구도 결코 궁극적인 진리를 주장할 수 없다는 것이다. 마지막으로, 루카치는 프롤레타리아의 자율적 성격을 인정함으로써 당과 프롤레타리아의 관계를 재정립하였다. 메를로-퐁티는 이것을 다음과 같이 설명한다. 프롤레타리아는 역사의 주체임에도 불구하고 한계를 갖고 있다. 그들의 상황인식은 저급한 수준이며 많은 유혹이 도사리고 있다. 여기에 프롤레타리아의 삶을 명료하게 정립해 주고 보다 높은 수준의 실천을 가능하게해 줄 이론가 집단으로서 당의 존재가 요청된다. 그러나 당과 프롤레타리아의 관계는 지배 복종의 관계가 아니며 군대조직과도 다르다 그것은 커뮤니케이션의 관계이며 상호적인 관계이다. 프롤레타리아 계급의식이 절대적 진리를 확보해 주는 것은 아니며 따라서 대중의 신화는 기각되어야 하지만 또한 당의 전능도 부정되어야 한다. 당의 이론이 아무리 잘 정립되어도 대중이 거부하면 성립될 수 없으며 최종적인 타당성 여부는 노동자가 당의 정치에 진리의 봉인을 할 때 비로소 가능한 것이다(AD, 52).

메를로-퐁티는 이러한 루카치의 입장이 레닌을 대표로 하는 정통적 마르크스주의와 대립된다고 본다. 엥겔스 이후 마르크스주의 해석은 사회를 제2의 자연으로 보고 의식주체를 분석대상에서 제외시키는 전통을 수립하였다. 레닌의 『유물론과 경험론 비판』은 이러한 입장을 인식론적으로 정리하여 인간의 사고를 두뇌에 의한 외계의 반영으로 보고 변증법은 물질 속에서만 진행된다고 주장하였다.[16] 이와 관련하여 레닌은 프롤레타리아 계급의식이 자본주의에 오염됨으로써 노동조합 수준 이상의 것으로 넘어서기 어렵다고 보았다. 따라서 그는 진정한 프락시스를 프롤레타리아 계급 밖에 있는 당에서 기대하였다. 메를로-퐁티에 의하면 레닌의 견해는 유물론에

16) 메를로-퐁티는 의식과 물질의 관계를 어떻게 규정하는가의 시각에서 마르크스주의 해석의 흐름을 분류하였다. 따라서 레닌은 주의주의(voluntarism)를 주장했음에도 불구하고 그것은 기본적으로 유물론에 입각해 있었기 때문에 정통적(orthodox) 마르크스주의로 분류된다. 이러한 분류상의 문제에 대하여는 G. Lichtheim, *op. cit.*, p. 95 참조.

변증법의 옷을 입힌 것에 불과하며 결과적으로 변증법을 미이라로 만들고 있다(AD, 65). 그것은 의식주체로서 프롤레타리아를 외면함으로써 마르크스 주의를 자기비판의 의무에서 면제시키고 실증주의의 도그마에 빠뜨린다.

메를로-퐁티는 당의 의지로 집약되는 레닌의 주의주의(voluntarism)는 결국 통속적 마르크스주의의 논리를 벗어나지 못한다고 본다(AD, 86). 왜냐하면 그것은 당에 의한 역사의 절대적 진리 포착을 전제로 하고 있으며 계급의식의 자율성을 부인하기 때문이다. 당은 의식을 물질과 동일시 한 후 이에 대한 적절한 통제만을 문제 삼음으로써 스스로 역사의 주체로 등장하고 있으며 프락시스로서 인간의 행위는 본래의 의미를 상실하고 역사의 메카니즘을 통제하는 단순한 기술(technique)로 전락하게 된다. 물론 메를로-퐁티는 레닌의 의도가 서구자본주의를 경험하지 못한 후진국에 발전을 위한 효과적인 이데올로기를 제공하는 데 있었다고 말한다. 그러나 이러한 정통적 마르크스주의는 본질적으로 자본주의의 실증과학과 다를 바 없는 통속적 유물론의 논리를 벗어나지 못하고 있다고 메를로-퐁티는 보았다.

정통적 마르크스주의의 도그마적 특성은 특히 트로츠키의 경우에 뚜렷하게 나타난다. 메를로-퐁티는 레닌의 정통적 마르크스주의 이론이 어떤 의미에서 트로츠키에 의해 현실정치에 적용되었다고 본다. 트로츠키는 다윈주의(Darwinism)를 변증법의 본질로 생각하였다. 따라서 그는 스탈린의 등장과 관료제화 경향을 일시적인 일탈현상으로 간주하고 역사의 자발적인 회복을 믿었다. 1926년 지노비에프와 카메네프가 스탈린과 투쟁하기 위해 트로츠키에 도움을 청했을 때, 그는 스탈린주의가 역사의 필연이며 여기에 대항하는 것은 전혀 무모한 일임을 강조하고 끈기를 갖고 때를 기다릴 것을 충고하였다. 그는 스탈린주의에 접어든 혁명의 퇴조가 혁명의 정착을 위해 불가피한 과정이며 곧 대중이 지배하는 참된 사회주의가 도래할 것으로 믿었다. 따라서 트로츠키는 추방된 후에도 스탈린에는 반대했으나 소련에 대한 변호를 계속하며 제4인터내셔날에서 자신의 환상을 만족시켰다. 메를로-퐁티에 의하면 트로츠키는 역사를 구조적 필연성에 입각하여 낙관적으로 바라봄으로써 현실의 문제를 일시적 타락으로 보고 변함없는 당에의 신뢰와 승리를 예견하는 태도를 견지할 수 있었다. 메를로-퐁티는 이러한 의미에서 트로츠키의 입장을 '볼셰비즘 밖의 볼셰비즘(bolshevism outside of bolshevism)'이라고 부른다.[17] 한마디로 트로츠키는 객관적 마르크스주의의 논리에 따라 스탈린에 굴복하였다고 메를로-퐁티는 해석하였다.

루카치는 초기에 정통적 마르크스주의에 반대하였으나 후기에는 자신의 입장을 번복하여 "레닌의 철학이야 말로 마르크스주의 발전에 있어서 커다란 진보였다."라고 말하였다.[18] 메를로-퐁티는 이와 같은 루카치의 전향을 다음과 같이 본다. 즉 루카치는 스스로 시인했듯이 너무 계시적(apocalyptic)이었다는 것, 그는 혁명이 하부구조의 변화를 동시에 요구하는 장기적 과정임을 망각하고 프롤레타리아의 즉각적인 출현으로 모든 것이 해결되리라는 성급한 낙관론에 빠졌다는 것, 이러한 낙관론은 현실적으로 혁명이 실패함으로써 쉽게 무너져 버렸다는 것이다. 다시 말하면 메를로-퐁티는 루카치의 전향을 극단적 주관주의 - 하부구조에 의해 매개되지 않는 주관주의 - 가 낳은 결과라고 본 것이다(AD, 64). 다음에 극단적 주관주의

---

17) *AD*, p. 88. 따라서 메를로-퐁티는 트로키츠키주의와 스탈린주의가 본질적으로 큰 차이 없다고 본다. 단 메를로-퐁티는 트로츠키의 이러한 입장을 후기 트로츠키에 국한시키고 있다. 『그들의 모랄과 우리의 모랄』을 쓸 당시 트로츠키는 진정한 마르크스주의 정신을 잘 이해하고 있었다. *AD*, pp. 76-77.

18) *AD*, p. 66. 『청년헤겔』 (1948)의 한 구절이다.

의 문제점을 사르트르와 관련시켜 알아본다.

④ 주관주의적 해석의 문제점

본래 메를로-퐁티는 마르크스주의를 해석함에 있어서 통속적 유물론의 비판을 제일의적인 것으로 삼았다. 그것은 당시 지배적이었던 경제결정론 일변도의 경향에서 벗어나 의식의 문제를 부활시킴으로서 새로운 사회를 창조하기 위한 인간적인 노력을 강조하려 했기 때문이다. 그는 레지스탕스의 경험을 이러한 노력의 연장으로 파악하였으며 해방의 저력을 통해 서구마르크스주의의 이상을 실현하려 하였다. 그러나 1938년 모스크바 재판 이후 강제수용소, 베를린 봉쇄에 이르기까지 날로 경직화되고 있는 스탈린주의에 대한 회의는 1950년 한국전쟁을 계기로 그를 일변케 하였다.[19] 한국전쟁은 소련의 음모가 아닐지는 모르지만 적어도 소련은 전쟁을 억제하려고 하지 않고 있음을 그는 확인했기 때문이다. 그는 스탈린주의가 더 이상 마르크스주의 이상을 구현시켜 주지 못하고 있으며 이것은 마르크스주의가 극단적으로 객관주의화 된 변형으로서 보나파르티즘(Bonapartism)에 불과하다고 보았다. 그것은 마르크스주의의 향기만을 간직하고 있을 뿐이며 역사의 주체인 인간을 수단 이상의 것으로 생각하지 않고 있다. 따라서 메를로-퐁티는 한국전쟁 이후 자신에게 남아있는 유일한 대안은 침묵뿐이라고 믿고 정치적 논평을 일체 삼

---

19) 모스크바재판 이후 메를로-퐁티는 소련에서 진행 중인 혁명의 과정에 대하여 회의하기 시작하였으며 이후 그는 지켜보는 태도 (Wait & See)를 취하였다. J. P. Sartre, *Situations*, Trans. Benita Eisler (Connecticut: Fawcett Publication, 1965), p. 167; *SNS*, p. 171.

가며 사실상 『현대』지에서 손을 떼었다.[20] 한편 사르트르는 자신이 회고하듯 메를로-퐁티의 정치적 식견이 탁월함을 인정하고 『현대』지의 정치적 이슈에 관한한 그에 대한 동의로 일관하여 왔다. 그러나 한국전쟁의 발발하자 그는 메를로-퐁티와 달리 그것을 제국주의의 함정이라고 생각하였다.[21] 그는 뒤늦게 공산주의에 공감하며 메를로-퐁티가 사실상 물러난 『현대』지를 그의 말을 빌면 선장 없이 항해하기 시작하였다.

메를로-퐁티가 이 당시 느낀 공포가 스탈린주의였다면 사르트르가 느끼기 시작한 공포는 자본주의의 음모였다.[22] 이제 그들은 서로 다른 방향으로 움직이기 시작한 것이다. 뒤클로(Duclos)사건[23]이 일어났을 때 사르트르는 매우 분개하였으며 이를 항의하는 공산당 주도의 시위가 실패하자 즉각 『공산주의자와 평화』를 발표하고 이제 확실해진 자신의 정치적 입장- 공산주의에 대한 공감- 을 천명하였다. 그는 이 글에서 공산주의가 평화를 원하고 있다는 제한된 주제를 다루겠다고 시작했으나 그것을 넘어서서 프랑스 공산당과 스탈린주의에 대한 전폭적인 지지를 보내고 이를 거부하는 트로츠키파에 비판을 행하였다.[24] 편집상의 문제로 사르트르와 결별한 메를로

20) Sartre, *Situation*, p. 89.

21) *Ibid.*, p. 191.

22) D. Archard, *Marxism and Existentialism* (Belfast: Blockstaff Press, 1980), p. 72.

23) 뒤클로(Duclos)사건이란 1952년 새로 부임해 오는 리지웨이(Ridgeway) 나토 사령관 취임에 대하여 프랑스공산당이 데몬스트레이션을 일으켰을 때 주동자의 한 사람이던 공산당 소속위원 뒤클로를 면책특권에도 불구하고 스파이 혐의로 체포한 것을 말한다.

24) AD, p. 97. 그러나 사르트르는 후일 특히 헝가리 사태 이후 『스탈린의 망령』, 『변증법적 이성비판』에서 경직된 공산주의에 대해 비판을 가함으로써 『공산주의자와 평화』에서의 자신의 입장을 변경시켰다. 여기에는 메를로-퐁티의 비판이 크게 영향을 미쳤다고 지적되고 있다. 특히 『변증법적 이성비판』은 실천적 타성태(Practico- Inert)의 개념을 통해 자신의 철학 자체를 보완하였다. D.

-퐁티는 이 시기에 마르크스 저작에 대한 집중적 연구를 다시 시작하였다. 당시 그는 두 가지 문제를 해결하려 하였다 하나는 '왜 마르크스주의가 실제에 있어서 스탈린주의로 귀결되고 있는가'의 문제였고,[25] 다른 하나는 '유물론을 거부하는 사르트르 철학이 어떻게 스탈린주의와 결합될 수 있는가'의 문제였다. 여기서 메를로-퐁티는 주관주의와 객관주의가 극단화될 경우 동일한 결론에 도달한다는 사실을 발견하였다. 의식의 절대성은 객관적인 역사법칙 그 자체로 전환됨으로써 양자는 하나가 되는 것이다. 메를로-퐁티는 사르트르에게서 마르크스주의 해석의 새로운 병폐를 발견하고 이에 대한 비판을 통하여 서구마르크스주의가 빠지기 쉬운 극단적 주관주의 해석에 경종을 울리려고 하였다.

사르트르에 의하면 세계는 서로 침투가 불가능한 즉자(卽者, Being-in-itself)와 대자(對者, Being-for-itself), 즉 물질과 의식으로 구성되어 있다. 그리고 모든 즉자상태는 혐오와 파괴의 대상이며 그것은 의식의 절대성에 의해 극복해져야만 한다. 즉 의식은 부정을 속성으로 한다. 그러나 여기서 메를로-퐁티는 다음과 같은 문제점을 발견한다. 사르트르는 의식에 전능한 부정의 힘을 부여함으로써 의식이 부정에 성공함과 동시에 즉자의 위치를 차지하게 만들고 있다. 의식은 부정의 부정에 실패하고 사실상 대자에서 즉자로 반전되고 있다는 것이다(AD, 169). 메를로-퐁티는 사르트르가 공산주의에 대하여 그것이 건강한(healthy) 것인가 여부를 묻지 않고 자본주의에

Archard, *op. cit.*, p. 91.

25) 이에 대해 그는 스탈린주의에 도달한 극단적인 객관주의의 근원이 마르크스 자신에게 있음을 발견하고 마르크스주의는 실제에 있어서 뿐 아니라 이론 자체에도 문제가 있다고 생각하게 된다. *AD*, p. 62. 이 점은 그의 마르크스주의로 부터의 이탈과 관련되며 여기에서는 논의하지 않겠다.

대한 부정이라는 가치만으로 그것을 신격화하고 있음을 상기시킨다. 메를로-퐁티는 의식과 물질간의 관계가 단순한 부정을 통한 일방적인 것이 아니며 끊임없는 상호관계 속에 놓여 있다고 말한다. 사르트르의 변증법의 실패는 의식을 순수한 코기토(cogito)의 영역에서만 모색하고 타인과의 관계 속에서 그것을 파악하지 못했기 때문이다(AD, 183-194). 사르트르는 물질에 의해 매개되는 의식과 세계의 상호관계를 무시하여 역사의 문제를 개인적 자유의 문제로 전환시켰다. 그러나 메를로-퐁티에 의하면 나의 사고와 감각은 이미 타인과의 관계 속에 어떤 위치를 차지하는 의미의 집합 속에 붙들려 있다. 이것을 극복하는 길은 사실에 대한 새로운 의미 부여를 통해서가 아니라 나에게 제공되는 것을 실제로 살아나감으로써만 가능하다. 절대적 자유에 의한 역사의 설명은 마음만 먹으면 독재정치도 금방 무정부주의로 바뀔 수 있다고 생각하는 것과 다를 바가 없다. 메를로-퐁티는 이러한 논리를 계급의식의 분석에 적용시킨다. 세계내 존재양식이라는 객관적 상황을 무시하고 행위자의 선택과 결단만으로 계급의식이 가능할 수는 없다. 그것은 지식인의 사회참여가 갖는 한계이다(AD, 447).

메를로-퐁티는 1952년에 발표된 공산당 지지선언문이라 할 수 있는 사르트르의 『공산주의자와 평화』와 『클로드 르포르에 대한 답변』[26]을 그의 초기철학 즉 『존재와 무』의 도식에 의거하여 분석하고 사르트르가 당과 프롤레타리아에 관해 펼친 논리를 다음과 같이 설명한다. 사르트르는 마르크스주의의 프락시스의 의미를 사실을 초

26) C. Lefort는 『현대』지에 참여했던 한 사람으로 당에 의한 독재를 거부하고 당내 민주주의를 주장하였다. 그가 사르트르의 『공산주의자와 평화』를 비판하자 사르트르는 『클로드 르포르에 대한 답변』(1953)을 발표하였다. 두 글 모두 『현대』지에 게재되었다.

월하는 의식의 절대적 자유로 파악하고 있다. “가상적인 사랑과 실제의 사랑과 차이는 없다. 주체라는 것은 생각하는 주체이며 정의상 그가 생각하는 것이 바로 그 자신이기 때문이다. 역사상 참된 정치는 항상 새로 만들어진 것이었으며 혁명 또한 우리가 원하는 것을 만들어내는 것에 불과하다.”라고 사르트르는 말한다(AD, 132). 사르트르가 설명하는 프락시스는 의식이 이룰 수 있는 힘의 한계를 인정하지 않는다. 따라서 사르트르는 헤겔의 말을 수정하여 ‘모든 실재하는 것은 프락시스이며 모든 프락시스는 실재하는 것’이라고 주장한다. 조건을 결정짓는 것은 내 자신이며 그것의 의미는 백지와 다름없다는 것이다. 사르트르는 혁명을 원한다면 의식의 변혁만으로 충분하며 그 의외의 모든 것은 결정론의 논리에 속하는 것으로 배격되어야 한다고 말한다. 타인이나 세계는 구역질나는 것, 파괴의 대상일 뿐이다. 여기서 메를로-퐁티는 의식을 역사로부터 절연시키고 사물에 의해 매개되는 인간관계를 거부하는 것이 사르트르가 취하는 대전제라고 본다. 이러한 전제하에 사르트르는 프롤레타리아에 대한 자신의 견해를 다음과 같이 밝힌다.

오늘날 프롤레타리아는 혁명의 의사와 능력을 모두 상실하고 있다. 그들은 혁명을 기대하지만 그 속에 뛰어들려고 하지 않는다. 그들은 자본주의 앞에서 어떻게 대처할 것인가를 알지 못하며 정치적 행동의 능력도 없다. 그들이 행하는 스트라이크는 당이 필요로 하는 것 보다 항상 한발 앞서거나 뒤늦고 있다. 이러한 네오-프롤레타리아(neo-proletariat)는 역사를 포착하는데 실패하고 있으며 이것은 현대 대중사회의 속성이기도 하다. 숙련노동자로서 재능과 가치는 그들이 정치적으로 사고하고 행동하는 것을 방해하고 있다. 부르주아가 공통의 이익으로 단합되어가는 반면 프롤레타리아는 내부의 결속을 도모하지 못하고 있으며 오히려 부르주아와 부분적으로 결합되고 있는 것이 현실이다. 정치의식과 힘을 상실한 네오-프롤레타리아가 어떻게 혁명을 수행하겠는가? 이것은 당이 주도하는 운동의 빈번한 실패와 여기서 드러난 노동자의 무관심에 대한 사르트르의 해석이다. "사르트르가 보여주고 있는 것은 매우 절망적인 상황이다. 사르트르를 읽으면 혁명이 불가능함을 입증하려고 노력하는 것 같은 인상을 받는다."라고 메를로-퐁티는 말한다(AD, 167). 그러나 사르트르는 무능력해진 혁명주체인 프롤레타리아에 대해 곧 대안을 제시한다. 그것은 당(黨)이다. 인간은 만들어져야 할 것 이외에 아무것도 아니라는 논리에 따라 당은 프롤레타리아를 새롭게 창조해낸다. 프롤레타리아란 만들어지는 것이며 존재하는 것이 아니다. 프롤레타리아는 당에 의해 비로소 존재하게 되며 당은 프롤레타리아의 존립근거가 된다. 프롤레타리아의 계급의식은 당이 소유하는 명철성에 의해서만 가능해 진다. 당의 정당성은 선출이나 위임에 의한 것이 아니다. 그것은 프롤레타리아의 존립근거를 제공해 주는 데 있다. 당의 존재는 프롤레타리아의 신뢰 혹은 그들 간의 의사표출과 무관하며 무에서부터 프롤레타리아 사회를 창조해내기 위한 논리적 존재라고 사르트르는 말한다. 따라서 당과 프롤레타리아 사이에는 필연적으로 동일성의 원칙이 성립된다. 프롤레타리아가 당 속에 있고 당이 프롤레타리아 속에 있다. 프롤레타리아의 행동이 존재한다면 그것은 당의 행동이고 당이 행동하기를 멈출 때 프롤레타리아는 소멸된다. 따라서 당의 의사에 분열이 있을 수 있는가? 그것이 곧 프롤레타리아의 총체의사인 한 단 하나의 당만이 존재하며 그 내부에 분열이란 있을 수 없다. 계급 없이 당이 존재할 수는 없지만 당이 없으면 노동계급은 먼지 속으로 사라질 뿐이다. "당으로 넘쳐 흘러가는 물결은 당에게서부터 나온 것이며 따라서 판단의 척도는 당 자신 외에 존재하지 않는다."라고 사르트르는 주장한다(AD, 111). 당이야말로 사르트르의 자유인 것이다.

이러한 사르트르의 마르크스주의 해석에 대하여 메를로-퐁티는 "여기서 우리는 최초로 과거의 정통적인 입장에 호소함이 없이 커뮤니즘을 정당화하는 시도를 보게 된다."라고 말한다. 사르트르는 마르크스주의에 대한 유물론적 해석에는 변증법이 사멸되고 있음을 확인하고 그들의 원칙이 아니라 자신의 원칙에 의하여 커뮤니즘을 이해하여 보겠다고 말했다. 메를로-퐁티에 의하면 사르트르의 원칙은 커뮤니즘의 것과 다를 뿐 아니라 정반대이기도 하다. 예를 들어 후기 루카치가 변증법을 형식적으로 유지하면서 사실상 이를 제2의 자연으로 귀환시키고 있는 반면, 사르트르는 역사를 의지의 직접적 산물로 파악하고 있다. 그러나 이러한 극단적 객관주의와 극단적 주관주의는 공통적 요소를 갖고 있다. 즉, 만일 사회가 제2의 자연이라면 필요한 것은 일종의 정치공학으로서의 기술뿐이며, 만일 사회가 의지만의 결과라면 질서는 순수한 창조의 산물이다. 양자 모두 당의 행위에 대한 척도를 상실함으로써 테러적이 된다는 점에서 동일한 결과를 초래하고 있다(AD, 98). 메를로-퐁티는 커뮤니스트에 의해 비밀히 이루어진 변증법의 파괴가 사르트르에 와서 공개적으로 행해지고 있다고 말한다(AD, 98). 그는 또한 사르트르가 커뮤니스트들이 스스로를 어떻게 생각하는가를 고려함 없이 자기의 철학 속으로 그것을 끌어 들이려 하고 있으며 논의는 커뮤니즘에 대한 절대적 정당화로 귀결되어지고 있다고 본다. 왜냐하면 커뮤니즘의 행위는 평가의 척도가 부재함으로써 무로부터의 사회건설과 다름이 없게 되며 어떠한 조건이나 제약도 인정하지 않는 영웅적 사업이 되기 때문이다. 사르트르가 존재하지 않는 프롤레타리아 개념에 의거하여 마르크스주의의 의미를 순수한 창조로 간주할 때 이것은 초월이 아니라 비약이라고 메를로-퐁티는 말한다. 사르트르는 현실을 외면하고 당위의 시각에서 관념적으로만 마르크스주의를 이해하고 있는 것이다. 커뮤니즘과 다른 방향에서 출발하여 당을 절대화하고 그것에 대한 합리적 통제와 토의를 불가능하게 함으로써 동일한 결과를 초래하는 사르트르의 마르크스주의를 메를로-퐁티는 '극단적 볼셰비즘'(ultra Bolshevism)이라고 부르고 있다(AD, 164). 메를로-퐁티에 의하면 자기비판이야말로 변증법의 진수임에도 불구하고 정통적인 해석에 입각한 커뮤니즘이나 사르트르식의 주관주의적 해석 모두 이에 실패하고 있는 것이다. 사르트르의 당에 대한 집착과 프롤레타리아에 대한 과소평가는 어디서 비롯되는가? 메를로-퐁티는 사르트르가 의식을 사실에 대해 절대적 우위에 놓음으로써 프롤레타리아를 관념적으로만 취한데서 그 이유를 찾고 있다. 즉 프롤레타리아가 삶의 산물이며 역사의 객관적 실체임에도 불구하고 사르트르는 이것을 단순히 사고의 대상으로, 세계와의 정신적 결합으로만 파악하였다. 그가 생각하고 있는 프롤레타리아는 생산과정 속에 근거하여 존재하게 되는 역사적 실체가 아니라 단순히 비참한 자의 시선을 지칭하는 것에 불과하다(AD, 154). 그것은 자신의 고유한 힘과 뿌리를 소유하지 못하고 있다. 사르트르가 상정하고 있는 것은 살아 움직이는 실체가 아니라 동정의 대상으로서 하나의 카테고리인 것이다. 빈곤이 언제나 혁명을 유발하지 않았다는 사실이 사르트르로 하여금 빈곤과 혁명을 무관한 것으로 이해하고 노동자가 삶을 통해 체험하는 객관적 조건을 간과하기에 이른 것으로 메를로-퐁티는 파악한다(AD, 106). 프롤레타리아가 관념적 실체가 됨으로써 그는 프롤레타리아에 실망했을 때 논리만으로 쉽게 그것을 부정하고 대용물을 다시 모색할 수 있었다. 역사는 순수의식의 산물이고 당은 자본주의 세계의 사실성을 파괴하기 위한 절대적 자유라고 주장하는 데서 프롤레타리아로부터 당으로의 역할 이전이 이루어진 것이다. 메를로-퐁티는 이것을 루카치 이후 서구마르크스주의와 지식인의 정치참여가 빠지기 쉬운 오류라고 생각한다. 참된 의미의 행동은 의도뿐 아니라 객관적 사실을 받아들이는 것을 거부하지 않는다. 당의 의사는 역사의 실체로써 프롤레타리아의 정치참여와 비판을 허용할 때 참다운 행동이 되며 순수행위의 공상을 버림으로서 비로소 세계변혁은 가능해 진다고 메를로-퐁티는 말한다.

사르트르의 마르크스주의 해석의 실패가 의식의 순수성을 고집함으로써 역사를 설명하지 못하고 있는데서 비롯되었다고 보는 메를로-퐁티는 두 개의 영역을 매개해줄 제도(institution)의 새로운 개념을 제시한다.[27] 제도라는 것은 사회현상에 일관성을 견지하게 해주는 암묵적 합의로서 오랜 시간에 걸쳐 형성되어진 객관적 의미를 말한다. 그것은 지속성의 차원을 확보해주는 의미와 경험의 축적이며 사회적 행위의 일관성을 제공하는 맥락이 된다. 그것은 의식과 사실의 복합으로서 사회현상을 지칭하며 여기서 개인적 자유와 객관적 역사는 동시에 구현된다. 메를로-퐁티는 마르크스가 말하는 '제2의 자연으로서 사회'의 의미를 이러한 제도의 관념으로 파악한다. 즉 그것은 자연의 법칙과는 다른 것이나 사회현상을 사실상 규제하고 있는 전통, 습관, 규범 등의 존재를 의미한다. 사회경제적 측면에서 이러한 최소한의 질서와 규칙을 인정함으로써만 사르트르식의 절대적 자유론은 극복될 수 있다. 메를로-퐁티는 제도의 개념을 통하여 상호주관성이라는 현상학의 기본원리를 사회현상을 설명하기 위한 지표로 부각시키고 이를 통해 마르크스주의 해석의 올바른 방향을 찾으려 하였다. 즉 메를로-퐁티는 마르크스주의가 주장하는 역사법

27) M. Merleau-Ponty, *Themes from the Lectures at the Collége de France*, trans. J. Óneill (Evanston: Northwestern Univ. Press, 1970), pp. 40-41.

칙을 상호주관의 영역으로 파악하였다.

"청년마르크스와 1923년의 서구마르크스주의는 하부구조의 관성(貫性)을 표현할 적절한 수단을 결여하고 있다. 역사의 논리를 이해하기 위해서는 그것의 특수한 영역 즉, 제도를 이해해야만 한다. 제도는 자연을 지배하는 인과율과는 다르나 그것이 의미하는 것과 밀접한 관련을 갖는다.……이것은 사람들 사이의 관계를 보여주는 사물의 질서이며 자연법칙을 향하는 역사의 하중에도 불구하고 새로운 창조를 향해 열려 있다. 마르크스의 사상은 이 속에서 출구를 발견해야 한다."(AD, 64-65).

❺ 맺는 말

메를로-퐁티는 서구합리주의 철학이 역사를 의식이나 물질 어느 한편으로 환원시킴으로써 문제해결을 위한 노력을 외면하였음을 비판하였다. 그는 실존적 현상학을 통하여 의식과 세계의 상호의존성을 강조하고 주어진 여건을 극복하는 인간의 의지 속에서 역사의 의미를 찾으려 하였다. 메를로-퐁티는 마르크스주의의 진수를 루카치의 프롤레타리아론에서 모색하였고 이것을 실존적 현상학의 논리로서 해석하였다. 프롤레타리아는 객관적 상황의 산물인 동시에 이를 극복하려는 주관적 의지를 소유하고 있기 때문이다.

엥겔스와 레닌에 의해 정립된 객관주의적 마르크스주의만을 문제 삼아 오던 메를로-퐁티는 사르트르가 유물론을 비판하면서도 스탈린주의에 동조하게 되자 마르크스주의에 대한 극단적 주관주의 해석의 새로운 병폐를 발견하였다. 그것은 당을 절대화함으로써 마르크스주의의 객관주의적 해석과 동일한 결론에 이르고 있었기 때문이었다. 사르트르는 의식만을 강조함으로써 노동자가 혁명의 힘을 상실한 오늘 프락시스의 주체는 당이라 말하고 당이 프롤레타리아를 새롭게 창조해야 한다고 주장하며 당의 의지에 모든 것을 기대하였다. 메를로-퐁티는 이것을 루카치 이후 서구마르크스주의가 빠지기 쉬운 오류라고 보았다. 메를로-퐁티는 마르크스주의를 의식과 사실을 통합시키는 새로운 역사철학으로 해석하였으며 마르크스가 사회를 제2의 자연이라고 말했을 때 그것의 의미를 의식과 사실의 결합으로 파악하였다.

메를로-퐁티는 서구마르크스주의에 대한 철학적인 분석을 통하여 마르크스주의 해석을 공산당의 단순한 투쟁논리에서 해방시키고 보다 깊이 있고 다양한 접근의 가능성을 보여주었다. 리히타임은 프랑스의 마르크스주의 논의가 메를로-퐁티에 와서 비로서 독일의 수준에 도달하게 되었다고 말한다.[28] 또한 메를로-퐁티는 마르크스주의에 대한 도그마적 해석을 거부함으로써 1960년대 후반의 뉴레프트(New left) 운동과 1970년대의 유로코뮤니즘의 선구가 되었다고 평가받고 있다.[29] 그러나 그는 혁명의 프롤레고메나로서 마르크스주의의 본래적 의미보다 철학적 이원론의 극복이라는 존재론 일반의 시각에 더 많은 의미를 부여하려 함으로써 혁명의 열기를 희석시키고 그것을 고도로 추상화시키는 결과를 초래하였다고 비난받기도 한다.[30] 이 글은 메를로-퐁티의 서구마르크스주의론 통해 실존적 현상학과 마르크스주의의 논리적 친연관계를 살펴보았

---

28) G. Lichtheim, *Marxism in Modern France*, p. 169.

29) Barry Cooper, *Meleau-Ponty and Marxism* (Toronto: Toronto Univ. Press, 1979), p. 168.

30) Sonia Kruks, *The Political Philosophy of Merleau-Ponty* (Sessex: The Harvester Press, 1981), p. 57.

다. 따라서 마르크스주의와 일정거리를 유지하게 되는 그의 후기 철학 non-communist left론에 대한 논의를 생략하였다.

제 3 부

환경의 이념과 민주주의론

제5장

환경의 이념과 현대 민주주의

❶ 머리말

환경의 가치가 새로운 시대정신으로 강조됨에 따라 생태주의와 현대민주주의의 상호관계에 대한 논의가 근래에 들어 활발히 진행되어져 왔다. 자유와 평등을 강조하는 기존의 자유민주주의는 환경의 파괴가 초래한 지구적 위기를 관리하기에 적합한 체제인가? 환경의 위기는 현대민주주의에 어떠한 영향을 미칠 것인가? 녹색민주주의[1]의 내용과 실체는?

생태적 위기에 대한 인식의 수준, 인간과 자연의 관계에 대한 존재론적 태도, 자유민주주의의 본질에 대한 견해와 시각 등의 차이에 따라 상이한 결론이 예상된다. 현대민주주의의 다양한 모델도 양자의 관계를 고찰하는 변수가 된다.

---

1) 논자에 따라서는 '환경'의 어휘와 '녹색' 혹은 '생태'의 어휘가 함축하고 있는 의미를 구별하기도 한다. 이러한 용법에 의하면 환경민주주의는 기존의 자유민주주의를 본질적으로 수용하는 개념이지만, 녹색민주주의나 생태민주주의는 자유민주주의의 한계를 초월하려 하는 개념이다. John Barry, *Rethinking Green Politics: Nature, Virtue and Progress* (London: SAGE Publication, 1999), p. 5; Michael Mason, *Environmental Democracy* (London : Earthscan, 1999), pp.1-2. 이 글에서는 두 개념의 차이를 구별함 없이 혼용하기로 한다.

환경운동은 민주주의에 대한 태도와 관련하여 급진적 민주주의에서부터 급진적 권위주의에 이르기까지 과거의 어떠한 사회운동보다도 더 복잡한 이념적 스펙트럼을 보여주었다. 환경과 민주주의의 친화관계가 주장되는가하면, 양자 간의 상호충돌 가능성이 지적되기도 한다. 후자의 주장에 따르면 민주적 절차가 반드시 생태적 결과를 보장하는 것은 아니다.

이 글은 환경의 이념과 현대민주주의의 관계를 네 가지 논의영역에 초점을 맞추어 고찰하려 한다. 첫째, 생태주의와 민주주의는 결합가능한가? 둘째, 민주주의의 유형과 환경문제의 해결은 어떠한 관계를 갖는가? 셋째, 중앙과 지방의 권력의 배분은 환경문제의 해결에 어떠한 의미를 갖는가? 넷째, 지역통합기구의 출현이 녹색민주주의에 대해서 부과하는 새로운 과제는 무엇인가?

❷ 생태주의와 민주주의의 결합가능성

1) 생태주의의 민주주의 비판

근래에 들어 자유민주주의의 원칙과 제도, 관행이 생태적 위기의 관리에 적합한 지 의문이 일어왔다. 문제제기의 한 예를 살펴보면 그 내용은 다음과 같다. 첫째, 그것은 미래의 세대, 정치적 경계 밖의 거주인, 인간 이외의 유기체 등 새로운 환경 구성요소의 이해를 대변하지 못한다. 둘째, 시간적 제약으로 신중한 의사결정을 위한 정치적 숙고의 과정 대신 편의주의적 경향을 보인다. 셋째, 복잡한 생태적 문제에 대한 과학적 지식의 한계이다. 넷째, 전체의 이익과 충돌되는 당파적이며 경쟁적인 타협과정의 문제이다. 다섯째, 생태위기의 해결을 위한 통합적인 노력을 방해하는 법과 기구의 분열적 한계이다. 생태주의 철학의 현대민주주의 비판을 편의상 심층생태학(deep ecology), 생태권위주의(eco-authoritarianism), 생태무정부주의(eco-anarchism)의 세 가지 범주로 정리하여 살펴보기로 한다. 이 경우 심층생태학은 생태권위주의나 생태무정부주의 모두와 결합이 가능하다(Eckersley 1998, 354-356).

첫째, 심층생태학의 민주주의 비판이다(Taylor 1996, 86-107). 생태주의 철학 의 급진적 지류로서 심층생태학은 휴머니즘적 세계관의 전통을 비판함으로써 사실상 자유민주주의가 추구하는 기본적 가치들을 부정하는 결론에 이른다. 심층생태학은 인간의 사회는 거대한 자연적 질서의 일부이며 인간은 자연에 대해서 특권적 지위를 향유할 수 없다고 주장한다. 그것은 자연의 과정에 대한 총체적인 이해와 모든 살아있는 생명체에 대한 도덕적 평등주의를 표방한다. 심층생태학에 의하면 자연은 인간과 무관하게 그 자체로서 내재적인 가치를 갖고 있으며 더 이상 착취의 대상이 아니다. 심층생태학은 세계관의 근본적인 변경 없이 점진적인 문제해결을 주장하는 '피상적 환경주의'(shallow environmentalism)와 자신을 구별한다(Zimmerman 1994, 20). 심층생태학의 대표적인 이론가인 아른 내스(Arne Naess)는 우리가 직면하고 있는 생태적 위기가 근대의 규범적 전제인 인간중심주의(anthropocentrism)에서 비롯되었으며 새로운 철학은 자연과 결합된 인간의 조건에 대한 존재론적 성찰을 요청한다고 말한다. 로빈 에커슬리(Robyn Eckersley)에 의하면 인간중심주의는 근시안적 사고와 무지한 이기심의 산물이다. 로라 웨스트라(Laura Westra) 역시 모든 문제는 잘못된 세계관에서 비롯되었으며 우선적 과제는 생태중심주의적 세계관을 구축하는 것이라 말한다. 웨스트라에 의하면 생태계의 통합과 보존이 최고의 가치이며 그것은 모든 도덕적 고려에 우선한다. 심층생태학은 자유주의 철학의 기본적 가치체계를 부정함으로써 결국 민주주의의 이념과 충돌한다. 왜냐하면 생태중심주의적 세계관은 상황에 따라 인간의 자유, 권리, 복지의 가치를 훼손하는 행위를 정당화할 수 있기 때문이다. 이 점에 대해서 웨스트라는 직설적이다. 그녀는 개인의 우위를 주장하는 뿌리 깊은 신념과 투쟁하여 정언적 격률을 추구하는 한 민주주의의 성스러운 재단을 비난하는 모험을 감수할 수밖에 없다고 토로한다(Taylor 1996, 97). 물론 심층생태학을 주장하는 이론가들 중에는 그것이 민주주의와 양립가능하다고 주장하는 사람도 있다. 가령 에커슬리의 경우가 그렇다. 그는 자아의 개념을 생태적 맥락 속에서 새롭게 재정의함으로써 민주주의를 훼손함 없이 문제의 해결이 가능하다고 본다. 에커슬리는 자아를 자연의 일부로서 파악할 때 환경적 정의와 사회적 정의는 더 이상 모순되지 않으며 인간의 복지는 생태적 건강을 통해서 더욱 강화된다고 본다. 그는 생태주의가 민주주의를 위협하는 것이 아니라 오히려 그것을 완성시킨다고 말 한다. 그러나 테일러(Bob Pepperman Taylor)에 의하면 에커슬리의 이러한 주장은 현실성을 결여하고 있으며 최악의 경우 지적 불성실의 표현이 된다(Taylor 1996, 94). 그는 생태적 정의가 인간의 희생과 고통을 초래할 수 있음을 솔직히 인정해야 할 것이라고 말한다. 테일러는 심층생태학의 지나친 이념주의가 결과적으로 정책적 문제해결 능력을 파괴하고 있다고 비판한다.

둘째, 생태권위주의의 민주주의 비판이다. 이것은 근래에 들어 힘이 많이 약화되었지만 1970년대와 80년대를 풍미했던 이론이다. 이러한 견해에 의하면 현행의 자유민주체제는 환경의 위기를 신속하고 효과적으로 극복할 수 있는 능력을 갖고 있지 못하기 때문에 권위주의체제가 불가피하거나 혹은 어떤 형태의 권위주의 체제가 적극적으로 요청된다. 이들은 위기의 수준을 매우 심각하게 간주하는 경향이 있으며 강제 없이는 인류사회의 생존 자체가 위태롭다고 본다.

자유민주주의의 본질적 한계로 거론되는 항목은 지나친 개인주의, 재산권의 존중, 공권력에 대한 거부감 등이다. 자유민주주의는 개인적 행동의 자유와 사유재산제를 원칙으로 하는 정치이념이기 때문에 개인의 무분별한 소비와 이기적 행동을 규제하기 힘들다. 따라서 이들은 환경의 위기를 극복할 수 있는 '진정한' 권위주의를 적극적으로 갈망한다. 또한 그들은 생태적 위기의 극복이 객관적 과학의 지식을 요구한다고 말한다. 따라서 위기의 진단과 처방은 민주적 의사결정에 의해서가 아니라 전문기술관료 집단의 역할에 의해서 이루어져야 한다. 생태적 위기를 극복하기 위해서 권위주의 체제를 도입할 필요가 있다고 역설하는 학자들의 견해를 살펴보면 다음과 같다.

가렛 하딘(Garrett Hardin)은 지구를 포화상태에 놓인 목초지에 비유하여 인류가 용량을 초과하는 방목을 시도하고 있다고 주장하며 최초의 본격적인 사회적 분석을 시도하였다. 하딘에 의하면 위기의 근원은 사악한 국가권력이나 기업이 아닌 과도한 자유를 향유하는 합리적 개인의 자기이익 추구에서 비롯된다. 심각한 인구문제를 해결하기 위해서 비상조치가 취해져야 한다고 주장하는 그는 완전한 파멸보다는 차라리 불의를 택하는 것이 낫다고 말한다(Hardin 1973, 145). 경제학자 로버트 하일브로너(Robert Heilbroner) 역시 서구사회가 국제적인 차원에서 환경의 문제에 대처하지 못할 때 권위주의적 체제의 등장은 불가피하다고 말한다. 그는 "환경의 위기가 초래한 시련의 극복은 민주주의 체제보다 권위주의 체제하에서 보다 용이하며, 생존의 문제가 달려있다면 그러한 정부는 불가피할 뿐 아니라 필요하다."라고 주장한다(Heilbroner 1980, 130). 윌리암 오펄스(William Ophuls)에 이르면 생태권위주의 이론은 종교적인 분위기를 자아낸다. 오펄스에 의하면 인류는 생존자체가 문제가 되는 총체적 위기의 묵시록적 상황을 이해해야 한다. 이제 인류사회의 목표는 진보나 발전이 아닌 생존 그 자체이다. 녹색정치와 민주주의 사이에는 잠재적 긴장관계가 존재한다. 자유민주주의가 원칙적으로 개인의 욕망에 제약을 가하지 않고 물질적 번영을 추구하는 한 생태주의는 본질적 모순과 직면할 수밖에 없다. 더구나 문제를 진단하고 처방하기 위해서 필요한 과학적 지식의 요청은 민주주의 원칙에 의해서 방해를 받게 된다. 오늘의 인류에게 필요한 것은 생태전사로서 사명감을 갖는 성직자적인 과학자들이다(Ophuls 1977, 159). 오펄스와 유사한 입장을 취하는 밀스(M. Mills) 역시 플라톤의 이상정치를 연상시키는 주장을 한다. "개인적으로 말해서, 나는 내가 공감하는 대의를 추구하는 진정한 녹색위원회에 나의 민주적 권리를 포기하는 것에 반감을 갖고 있지 않다. 실제적 차원에서 이러한 회생이 필요하다."(Mills 1996, 113).

진정한 권위의 지배를 주장하는 또 다른 집단은 생태마르크스주의(eco-Marxism)와 생태사회주의(eco-socialism)이다. 그들은 생태적 위기의 근원을 자본주의로 간주하고 진정한 권위를 구현하는 민주적 국가의 건설을 역설한다. 그들은 후술하는 것처럼 생태무정부주의자와 달리 조직사회의 필요와 기술의 진보를 수용하는 바탕 위에서 사회적 정의와 생태적 정의의 실현을 추구한다. 이를 위해 사회적 노동의 분업을 민주적으로 재조직하거나 산업민주화를 위한 노동참여적 의사결정구조를 도입할 것 등이 제안된다.

셋째, 생태무정부주의의 민주주의 비판이다. 생태무정부주의의 다양한 논리에도 불구하고 국가의 존재에 대한 부정적 평가는 이들 모두에게서 발견되는 공통적 요소이다. 이들은 국가를 불필요할 뿐 아니라 바람직하지 않은 존재로 간주한다. 이들의 견해에 의하면 인간은 본래적으로 자발적인 협력과 노력을 통해서 유기적인 공동체를 유지하게 되어있으나 국가의 존재에 의해서 사회는 조직적으로 파괴되었다. 생태무정부주의는 녹색국가란 용어상의 모순이며 필요한 것은 국가를 개조하는 것이 아니라 해체하는 일이라고 주장한다(Barry 1999, 78). 반국가주의적인 유토피아 속에서 자신의 정체성을 모색하는 생태무정부주의는 녹색이념이 지속되는 한 결코 사라질 수 없는 중요한 대안적 이론체계이다. 대표적 이론가인 머레이 북친(Murray Bookchin)은 자본주의의 왜곡 된 자유에서 해방되어 진정한 자유를 추구하는 자유의 생태학(ecology of freedom)을 주장한다(Bookchin 1982). 북친에 의하면 자본주의체제는 불필요한 생산활동과 경쟁을 통해서 자연을 크게 파괴하였으며 조작된 소비자 선택의 자유를 앞세워 진정한 자유를 외면해 왔다. 녹색좌파임을 자처하는 머레이 북친의 사회적 생태주의는 환경의 위기가 권위적이며 억압적 사회구조의 산물이라고 보며 자본주의와 국가사회주의를 비판한다. 후기자유주의(postliberal)로 호칭되는 북친의 생태아나키즘은 자본주의를 비판하고 평등주의적 공동체를 추구한다는 점에서 마르크스주의와 유사하지만 19세기의 고전적 무정부주의와 마찬가지로 정부를 불신하고 최소한의 관리조직 – 마르크스가 말하는 '사물의 관리'(administration of things) – 만을 인정한다는 점에서 차이가 있다(Fowler, 1999: 193). 북친은 심층생태학의 인간중심주의 비판에 대해서 부정적인 입장을 취한다. 북친에 의하면 문제의 책임은 인류일반이 아니라 잘못된 행동을 취하는 일부의 집단에 있다. 북친은 심층생태학이 경우에 따라서는 반동적 역할을 수행할 수 있음을 지적한다. 에코아나키즘은 최선의 사회체제를 자연의 질서에 따르는 체제로 보며 고도로 참여적이고 공동체주의적인 사회를 추구한다. 국가없는 사회의 이상은 자율적인 공동체의 건설에 다름이 없다. 그러나 혹자는 생태무정부주의에 의해서 표방된 반국가주의가 획기적인 권력의 분산과 참여를 주장하는 급진적 민주주의와 결합 가능하다는 조심스런 주장을 하기도 한다. 가령 북친의 경우 전통적인 무정부주의와 달리 관리의 기능을 담당하게 될 최소의 조정기제를 인정하고 있는데 이것은 권력의 집중에 대한 비판이나 혹은 의사결정 권한의 분권화 요청으로 해석될 수 있으며 따라서 국가 기구 자체를 전면적으로 부정하는 것은 아니다(Zimmerman 1994, 91-93).

2) 생태주의와 민주주의의 결합

녹색참여민주주의론은 이 주제와 관련하여 가장 인기있는 이론이다. 이 이론 에 의하면 정책결정과정에 대한 주민의 참여를 활성화하는 '진정한 민주주의(true democracy)'의 실현이야말로 환경의 위기를 극복할 수 있는 지름길이다. 이러한 이론은 참여적 상황에서 인간은 분별력 있게 행동할 것이라는 인간에 대한 믿음에 기초하고 있다. 물론 이러한 가정이 반드시 현실화되리라는 보장이 없으며 참여와 환경과 사이에 딜레마가 발생할 수 있다. 따라서 그들은 환경문제에 대한 시민의식의 제고를 동시에 강조하는 경향이 있다. 그러나 민주주의와 생태주의가 서로 충돌할 수 있다는 사실을 인정하면서도 민주주의의 이념에 입각해 생태적 목표를 추구해야 한다는 당위적 논리 역시 녹색민주주의를 주장하는 또 하나 변론이 된다. 편의상 전자를 적극적 녹색민주주의론이라 칭한다면 후자는 소극적 녹색민주주의론이 될 것이다.

먼저 적극적인 녹색민주주의론의 논리를 살펴보자. 이 이론에 의하면 자유민주주의는 환경의 위기와 관련하여 여러 가지 취약점을 갖고 있지만 점진적인 개혁의 과정을 통해서 상당한 성과를 기대할 수 있으며 여타의 대안은 존재하지 않는다. 개혁의 내용은 참여민주주의의 강화와 과학에 대한 민주적 통제로 요약될 수 있다. 이 이론은 환경위기의 책임이 대체적으로 국민 개개인보다 정부권력과 전문가집단의 무책임한 결정에 기인한 바가 크다고 본다. 국민 개개인의 이기심이 민주적 참여의 과정에 장애로 작용할 수 있지만 이른바 죄수의 딜레마를 지나치게 강조하고 위기위식을 과장하는 것은 바람직하지 않다. 따라서 환경문제와 관련된 정책결정에 있어서 심사숙고의 과정을 강화하는 것이 문제 해결의 지름길이 된다. 이를 위해 정보의 공개, 공청회 및 주민토론의 활성화, 시민단체의 역할 강화, 비(非)대의기구 대표의 참여 등을 강조한다. 이 이론은 기본적으로 대의민주주의를 수용하는 전제하에서 그것을 시민참여의 기제를 통해 보완하려 하지만 직접민주주의의 도입에 대해서는 반대의 입장을 취한다. 따라서 급진적 민주주의론에 입각하여 정부의 모든 권위를 부정하는 생태무정부주의적 주장은 현대사회의 복잡성과 거대성을 무시하는 비현실적인 태도로 배격된다(Barry 1999, 211).

이들은 또한 과학적 지식을 앞세운 전문가 집단의 폐쇄적 의사결정과정을 비판하고 과학의 독단과 횡포에 대한 대중의 윤리적 판단이 필수적으로 요구 된다고 본다. 가령, 존 배리(John Barry)는 "과학은 대중에 의해 윤리적 통제를 받아야 하며 그렇지 않으면 벡(Beck)이 말하는 실험실 사회(experiment society)로 전락할 것이다. 과학적 지식은 생태적 의사결정의 필요조건이나 충분조건은 아니다."라고 말한다(Barry 1999, 202). 벡에 의하면 과학에 대한 민주적 통제는 민주주의와 생태주의의 선택적 친화를 가능케 한다(Beck, 1995: 17). 따라서 이들은 환경의 논리를 앞세워 민주주의를 부정하는 일련의 이론을 환경파시즘이라고 비판한다(Regan 1983, 362).

펠크(Paehlke)는 자유민주주의체가 내부적인 한계에도 불구하고 구공산주의 국가의 권위주의체제보다 환경보호에 훨씬 더 효과적이었음을 입증하는 충분한 증거가 있으며 권위주의 체제가 환경보호에 효과적이었음을 증명하는 어떠한 증거도 존재하지 않는다고 주장한다(Paehlke, 1996, 19). 펠크에 의하면 참여민주주의의 과정만이 사회의 모든 영역과, 미래의 세대, 여타의 생명체의 필요를 통합시킬 수 있다. 드라이젝(Dryzek) 역시 지난 20여년의 정치생태학이 내린 결론은 권위주의적인 문제해결방식은 실패했다는 것이다(Dryzek 1996, 108). 그는 특히 미국과 캐나다의 예를 들어 정보의 공개, 대중의 조사, 공청회, 이익집단의 참여 등 의사결정과정의 개방과 환경문제의 개선의 상호관계를 주목한다.

그러나 녹색민주주의의 소극적 변론은 생태주의와 민주주의가 상호보완적인 측면을 갖고 있을 뿐만 아니라 상호모순적인 측면 역시 갖고 있음을 인정한다. 대체적으로 볼 때 녹색민주주의론이 모색하는 생태주의의 수준은 UNCED(유엔환경개발회의)가 제시하는 지속가능한 개발의 이념과 일치하며 따라서 녹색민주주의론은 인간중심주의의 세계관을 분명히 하는 경향이 있다(Lafferty 1998). 이 경우 생태주의와 민주주의는 일정 부분 충돌이 불가피해진다. 문제는 어느 한편의 희생을 최소화하며 동시적으로 두 개의 가치를 실현해 나가는 것이다. 녹색민주주의론자인 드라이젝에 의하면 인간의 활동과 생태계의 상호 관계로서 생태적 합리성(ecological rationality)은 여타의 기능적 합리성(사회적, 경제적, 정치적)과 조화를 이루어야 한다. 따라서 그는 다음과 같이 말한다. "나는 생태계 그 자체가 목적이 아닌, 생태계가 인간을 위해서 무엇을 할 것인가에 관심이 있다."(Dryzek 1987, 36). 녹색민주론자인 테일러 역시 생태적 고려가 최고의 도덕률이 될 경우 그것은 민주주의의 제가치를 파괴할 우려가 있다고 경고한다(Taylor, 1996: 94).

❸ 민주주의의 유형과 환경문제 해결의 상호관계

이제 민주주의의 작동양식을 세개의 이념형으로 파악하여 각 체제와 환경 문제 해결의 상호관계를 살펴본다(Lafferty and Meadowcroft 1996, 7-11).

1) 공공선의 추구체제로서 민주주의

민주주의를 인민의 지배로 이해하고 집단적인 의사결정을 강조하는 체제이다. 개인이나 집단은 토론과정을 통해서 자신이 주장이 공동체의 이익에 부합됨을 증명해야 한다. 따라서 단순한 다수결의 논리나 경쟁적 이익의 조화 기제는 부정되고 공동체의 이익을 추출하고 완성하는 과정이 강조된다. 일반의지(general will)의 추출은 전문적 지식이나 풍부한 경험을 갖는 주체에 의해 공론화되며 다소 장시간의 입안과정을 요구한다. 개혁은 보수세력의 저항을 극복하며 진행된다. 환경문제의 경우 확고한 대중의 합의를 도출하기가 매우 어려울 수 있다. 공공선의 구체적 내용이 다수에 의해 지각되고 공감대를 형성할 때 변화는 가능하지만 과학적 불확실성, 전문가집단의 의견분열, 완고한 전통적 관행, 기득권의 저항 등으로 그것은 손쉽게 성사되지 않는다. 그러나 일단 민주적 의사결정이 이루어지면 단호하고 안정적인 조치가 가능하다는 긍정적인 측면이 있다. 이러한 모델은 최상의 방식의 공적 토론을 전제하고 있다고 볼 수 있다.

2) 다원적 이해의 조정체제로서 민주주의

이러한 형태의 민주주의는 집단적 이해의 표출과 집약을 조정하는 기제로 민주주의를 이해한다. 정책적 결과는 다양하게 조직화되고 경우에 따라서는 중첩적으로 얽혀있는 복잡한 이해관계의 상호작용에 의존한다. 이익의 표출과 집약이 시시각각 변화함에 따라 정책내용도 달라진다. 이익집약의 과정은 조직력과 가동자원, 정체성과 집단적 가치의 정도에 의해 결정된다. 강력한 경제적 이해가 큰 영향력을 행사할 수 있지만 어떤 집단도 독점적 권력을 행사할 수는 없다. 어느 한 집단에 의해서 제기된 공적 이슈가 다양한 이해관계를 갖는 주체들에 의해서 검토되고 승인될 때 정부는 개혁을 제도화한다. 환경적 문제의 해결은 다수집단의 관심과 이해가 변화를 수용하고 정치적 행위자들간의 협상과정이 투명성을 확보할 때 정당화된다. 그러나 강력한 이해의 연합은 개혁을 지연시키며 정부의 반응 역시 균형의 변화에 따라 불안정한 궤도를 밟을 수 있다. 특히 특수이익의 연합을 초월하는 공공선의 개념이 미약함으로써 일관되고 장기적인 환경목표의 수립이 어렵게 된다.

3) 엘리트 상호간의 경쟁과 책임체제로서 민주주의

민주주의는 정기적인 선거과정을 통해서 정치적 지도자를 선출하고 교체하는 과정으로 이해되며 엘리트의 상대적 자율성이 존중된다. 정치적 의사결정의 역할은 엘리트의 영역에 귀속되고 그들은 기술관료에 의해서 보좌된다. 일반대중은 복잡한 정치적 사안을 판단할 수 있는 지적 능력을 결여하고 있거나 시간적 제약으로 인하여 적극적인 개입을 회피하는 경향이 있다고 간주된다. 엘리트집단은 상당한 재량권을 갖고 있으며 기술관료의 도움을 받아 문제를 확인하고 최선의 대안을 결정한다. 이러한 체제는 대중이 충분한 정보를 갖고 있지 못하거나 여론이 분열된다 해도 정부가 문제해결에 주도적 역할을 수행 할 수 있는 장점이 있다. 그러나 이러한 방식의 민주주의는 장기적인 안목의 환경정책을 수립할 수 있는 반면, 대중의 의사와 무관하게 여타의 정책목표를 우선할 수 있는 위험도 있다. 더구나 정치적 엘리트와 경제적 엘리트의 유착 가능성은 폐쇄적인 의사결정 방식에 따른 권력의 남용을 초래할 수 있다.

이들 각각의 체제는 하나의 이념형으로서 현대민주주의의 상이한 운용방식을 보여준다. 그리고 각각은 환경문제와 관련하여 장점과 단점을 갖고 있다. 실제의 정치체제는 이들 이념형과 정확히 부합되지 않으며 상이한 형식과 비율로서 세 가지 민주주의 요소가 결합된 혼합형이 될 것이다. 따라서 바람직한 녹색민주체제의 선택은 각 모델의 장점을 극대화하고 결함을 최소화하는 방향으로 구성요소를 균형있게 결합하는 일이다.

❹ 중앙집권과 지방분권의 생태론적 함의

사회적 관계의 조직 수준과 환경문제의 해결 사이에는 어떠한 상관관계가 있는가? 생태의 이념과 관련하여 분권론을 주장하는 근거는 다음과 같다(Martel 1994, 51-54). 첫째로, 소규모의 공동체는 구성원들의 책임의식을 강화시켜 사려 깊은 행동을 하도록 만든다는 것이다. 이것은 자유주의적 사회규범에 의한 무분별한 환경파괴를 방지하는 결정적인 요인이 된다. 둘째로, 주변 환경에 대한 충분한 지식을 갖고 있는 것은 지역주민이며 따라서 이들에게 적절한 의사결정의 권한을 부여하는 것이 바람직하다는 주장이다. '지구적으로 생각하고 지역적으로 행동하라'는 구호는 문제의 해결이 일상적 삶의 현장에서부터 시작된다는 의미이다. 셋째로, 소규모 단위로 행해지는 환경의 오염은 대규모적인 오염의 경우보다 처리가 용이하다는 점이다. 가령 적량의 하수는 치명적인 화학물질을 과도하게 사용함

없이 처리가 가능하다. 커크패트릭 세일(Kirkpatrick Sale)은 친환경적인 사회조직의 단위로서 생태지역공동체(bio-regionalism)의 개념을 주장한다(Sale 1985). 생태지역공동체는 인위적인 행정기준이 아닌 자연환경의 속성에 기초에 획정된 공동체를 말한다. 자연과 조화를 이루며 산다는 것은 우리가 주변의 자연을 이해하고 그것에 적응하며 자연의 능력 안에서 자연의 법칙과 리듬을 존중함을 의미한다. 토양과 식물과 수로와 지형 등 자연의 경계에 근거해 성립된 생태공동체는 자연과 합일된 삶을 가능케 한다. 그것은 또한 공동체의 생존에 필요한 최소의 요구를 충족시킴으로써 자족적인 삶에 보다 접근하여 외부로부터의 압력에 의한 환경의 파괴를 최소화시킨다.

그러나 생태적 분권론을 비판하고 생태적 집권론을 지지하는 사람들은 분권화가 주민의 삶을 녹색 방식으로 전환시킨다는 필연적 보장이 없을 뿐 아니라 지역별 단위가 어떻게 전체적으로 조화를 이루게 될 것인가에 대해 분명한 대답이 없다고 말한다. 생태사회주의가 우려하듯이 분권화가 초래하는 불균등발전은 지역 상호간의 경쟁을 심화시키고 상대적으로 약세에 놓여있는 지역으로 하여금 환경파괴를 감수하는 개발을 통해 재정적 한계를 보전하려는 의욕을 촉발시킬 것이다. 또한 강제력을 수반한 조정기제를 결여한 분권화는 환경의 목표를 추구하는 공동체의 의지를 약화시킬 가능성이 많다. 각각의 공동체는 단합된 노력이 경주되지 않을 경우 혼자의 행동의 별다른 효과를 기대하기 어렵다는 사실을 잘 알고 있기 때문이다. 특히 환경문제는 그 속성상 지리적 경계가 분명치 않기 때문에 당사자들 상호간에 동시적인 노력이 행해지지 않을 때 사태의 해결은 난망해진다. 비용이 예상되는 경우 자발적인 협력은 더욱 어려워지고 공동체 상호간에 무임승차이론이 성립될 수 있다. 지구온난화나 산성비 문제의 경우가 그렇다. 따라서 분권화는 지역 상호간에 적대적인 행위를 가능케 하여 지역주의나 국지주의가 초래될 가능성이 많으며 자발적으로 행동하라는 구호는 범지구적으로 생각하라는 구호를 사실상 방해할지 모른다(Martel 1994, 57). 따라서 생태적 집권론자들은 분권론의 효용이 생태적 효과 보다 사회적 효과에 놓여 있다고 말한다.

분권화의 수준은 지방정부와 지역공동체로 다시 이분되어 지는데 일부 녹색론자들은 전자보다 후자를 더 강조하는 경향이 있다. 그들은 대의제와 지방의회를 불신하고 행정권력의 남용을 우려하며 주민자치의 이념을 추구한다. 따라서 그들은 주민의 직접참여를 가능케 하는 주민발안과 주민소환제도의 도입을 주장한다. 그러나 인간의 이기심을 소여의 것으로 이해한다면 유인과 제재를 통해서 이해관계를 조정하는 최소한의 제도적 장치로서 지방정부의 역할이 인정된다 할 것이다. 선출된 권위체로서 지방정부가 주민참여의 기제에 의해서 민주적으로 보완될 때 그것은 생태적 행정의 주체가 될 수 있다. 이런 의미에서 리우회의의 아젠다(Agenda)21은 주민참여와 지방정부의 역할을 지속가능한 발전의 핵심으로 간주함으로써 지방정부는 중앙정부와의 권력분립 논의에 있어서 새로운 정당성을 부여받게 되었다(Ward 1997, 110).

집권론과 분권론 각각의 생태론적 효능과 한계를 고려한다면 모든 수준의 사회조직이 나름대로의 순기능을 발휘할 것이 요청된다. 돕슨(A. Dobson)은 지속가능한 발전을 추구하는 사회에 요청되는 정치적 구조는 극단적인 분권화로부터 세계정부에 이르기까지 모두를 포함한다고 결론을 내린다. 상위 사회조직과 하위 사회조직간의 권력 관계를 연속선상의 과정으로 파악할 때 중앙정부와 지방정부, 지방정부와 지역공동체 상호간의 이상적인 역할 분담은 어떠한 방식으로 이루어지는 것이 바람직한가? 휴즈 워드(Hugh Ward)는 이 문제와 관련하여 두 가지 원칙을 제시한다(Ward 1997, 150-156). 첫째는 보조성의 원칙(principle of subsidiarity)이다. 하위 수준에서 해결 가능한 환경문제에 대해 상위 수준의 사회조직은 관여를 자제해야 한다. 즉 환경적 규제의 권한은 가능한 한 하위 수준의 사회조직에게 부여된다. 둘째는 움직이는 균형(dynamic equilibrium)의 원칙이다. 중앙정부로, 지방정부, 지역공동체의 사이에 적절한 힘의 균형이 이루어져야 한다.

❺ 지역통합과 녹색민주주의의 새로운 과제

근래에 들어 유럽연합(EU)은 환경정책의 영역과 관련하여 강력한 개입주의 원칙을 천명해왔다. 단일의 주권국가를 분석단위로 삼는 전통적인 민주주의 이론은 유럽연합과 같은 초국가적 지역통합기구의 등장으로 인해서 새로운 문제와 직면하게 되었다. 데비드 헬드(David Held)에 의하면 정치적 의사결정권자와 그 수혜자와의 대칭적 관계가 파괴되고 있다. 초국가적 지역통합기구의 의사결정은 한편으로 개별적 이해관계의 극복과 강력한 구속력의 존재를 요청하지만, 다른 한편으로 민주적이고 합리적인 합의과정을 전제로 한다. 민주적인 의사결정은 정당성과 실효성 차원 모두에서 집행상의 구속력을 부여하기 때문이다. 단위국가의 정책결정에 대한 유럽연합의 개입은 초국가적 지역통합기구에게 주어지는 이중적 과제의 교훈을 잘 보여준다. 이 문제를 유럽연합의 주요기구들과 관련하여 간단히 고찰하면 다음과 같다.

각료이사회(Council of Ministers)는 회원국 대표들로 구성되는 최고입법기구로서 개별국가의 이해를 공동정책에 반영하는 기제가 된다. 개별국가의 비토권을 약화시키기 위해서 의사결정방식을 다수결제도로 전환하였으나 정책결정을 특별이사회에 위임하는 사례가 증대됨에 따라 대표성의 문제가 제기되고 있다. 유럽연합의 사실상 집행기구인 집행위원회는(European Commission) 20명의 위원과 1만 3천명의 직원을 거느린 거대한 관료조직이다. 집행위 위원들은 회원국가에 의해서 추천되며 집행위원회는 대부분의 정책 제안을 주도한다. 그러나 과소평가할 수 없는 힘을 보유하고 있는 것으로 평가되고 있는 집행위원회의 의사결정과정은 관료적이며 투명성을 결여하고 있다는 비판을 받고 있다. 그 다음에 유럽의회는 경제사회위원회, 지역위원회와 더불어 유럽연합 속에서 대표성을 확보하고 있는 몇 개의 조직중의 하나로서 유럽적 관점을 대변한다. 유럽의회는 본래 이사회의 자문기구로 출발하였으나 점차 입법기능이 강화되고 있으며 녹색 주체로서 중요한 역할을 수행하고 있다. 한편 사법재판소는 규정해석을 통해서 집행을 강제하는 역할을 맡고 있는데 환경정책의 경우 유럽연합의 잠재적 기능을 폭넓게 해석하며 법적 권한을 부여하는 경향이 있다. 환경단체들은 사법재판소를 통해 해당국가를 상대로 각종 규정의 이행을 강요한다. 사법 재판소는 지속가능한 발전과 같은 모호한 규정의 해석을 통해서 환경규제에 결정적인 역할을 수행한다.

유럽연합의 권한이 강화됨에 따라 의사결정과정상의 비민주적 흠결이 점차 거론되었고 이 문제를 해결하기 위한 다각적 노력이 경주되었다(Baker 1996, 213-233). 특히 각료이사회와 집행위원회의의 민주적 책임성의 문제가 초점이 되었다. 집행위원회는 위원의 교체가능성을 염두에 둘 때 제한적 의미에서나마 의회에 책임을 진다고 말할 수 있지만 이사회는 누구에게도 책임을 지지 않는다. 이 문제에 대한 첫 번째 대응조치는 파트너쉽과 보조성의 원칙을 도입하여 정책결정과 집행에 있어서 가능하면 지역적 특수성을 존중하는 관행을 수립하는 것이다. 그러나 이러한 원칙의 해석에 있어서도 갈등이 존재한다. 두 번째의 조치는 유럽의회의 권한을 강화시켜 이사회와 집행위원회를 견제하는 것이다. 단일 유럽의정서는 협력조항을 신설하여 이사회의 모든 입법과정에 제2차 의회 독회를 필수화하였으며 마스트리히트조약은 공동의사결정절차(codecision procedure)를 신설하여 각료이사회가 의회와 더불어 조정위원회를 구성하도록 하고 있다. 세 번째의 조치는 환경관련단체의 정책결정과정에 대한 접근가능성을 제고시키는 일이다. 환경관련 정책결정과정이 다수의 기구 속에 분산되어 있고 의제설정 자체가 유동적이기 때문에 환경단체들은 연합체를 구성하여 집행위원회나 유럽의회에 접근한다. 집행위원회나 유럽의회는 이들 단체의 전문성과 상징성을 존중하여 가능한 최대한의 참여기회를 부여하려 한다. 그러나 직접적 대표가 아닌 협의의 대상으로서의 위상이나 상반된 목표를 추구하는 이익단체와의 경쟁 때문에 이들 환경단체의 역할은 한계가 있다. 유럽연합이 밑으로부터의 전략을 강조함에 따라 집행위원회는 3개의 애드혹(Ad hoc) 대화조직 - 기능대표·비정부기구·지역 및 지방당국의 일반협의포럼, 관련국가와 집행위원회 대표의 집행네트웍, 집행위원회와 회원국가 대표로 구성되는 환경 정책감시단 - 을 제안하고 있는데 그 효과는 아직 미지수이다(Baker 1996, 230).

❻ 맺는 말

이상의 논의를 요약하면 다음과 같다. 첫째, 역사의 종언이 운위되며 최종적 사회로 간주되던 자유민주주의가 생태의 위기와 관련하여 내재적인 한계를 드러냄에 따라 대안적 사회질서의 논의가 다시 한번 재개되고 있다. 그러나 생태주의의 세계관 역시 논리의 수준이 강화됨에 따라 본질적인 도전과 직면하게 되었다. 과연 자연의 질서는 인간의 가치에 우선하는가? 만일 우리가 극단적인 태도를 지양하고 민주의 이념과 생태의 이념을 동시에 추구한다면 녹색민주주의의 이상은 지속가능한 발전의 이념에 접근하게 될 것이며 기존의 자유민주주의를 수용하고 이를 보완하는 방식으로 전개될 것이다. 이 경우 녹색 민주주의는 시민의 무절제한 행동과 공권력에 의한 환경파괴를 동시에 저지해야 하는 이중의 과제를 부여받는다. 이에 대한 기존의 논의는 후자와 관련하여 참여민주주의의 강화를 주장해왔지만 전자의 문제에 대해서는 시민의식의 제고가 요청된다는 당위론만을 언급하고 이를 생태권위주의의 논리로서 다소 소홀히 다루어왔다. 그러나 녹색민주주의는 효과적인 시민참여의 기제를 모색하는 것 못지않게 개인의 이기심과 소비주의를 제어하기 위한 제도적 장치의 구축에도 노력을 기울여야 할 것이다. 둘째, 민주주의의 작동양식을 세 개의 이념형으로 파악할 때 각 체제와 환경문제의 해결과의 상호관계는 다음과 같다. 공공선의 추구체제로서 민주주의를 운영하는 것은 가장 이상적인 녹색민주주의의 형식이 될 수 있으나 일반의사의 확인이 쉽지 않다는 어려움이 있다. 다원적 이해의 조정체제로서 민주주의는 현실적으로 가장 많이 목격되는 운영방식이지만 특수이익의 개입으로 효과적인 환경목표의 수행을 어렵게 한다는 문제가 있다. 엘리트 상호간의 경쟁체제로서 민주주의를 운영하는 것은 장기적인 안목의 환경정책 수립을 가능케 하나 권력의 남용을 초래할 수 있는 위험이 있다. 그러므로 바람직한 녹색민주주의의 현실태는 각 모델의 장점을 극대화하는 방향으로 세 이념형의 구성요소를 적절히 결합하는 일이 될 것이 다. 셋째, 중앙집권과 지방분권의 생태론적 함의를 검토하면 집권론은 지역 상호간의 불필요한 경쟁이나 무임승차를 규제하고 총체적인 조정과 계획의 수립을 용이하게 한다는 점에서 유용성이 인정되며, 분권론은 대규모적 환경파괴를 최소화하고 해당 지역 주민들의 책임의식을 제고시키며 그들의 경험과 전문성을 최대한 활용할 수 있다는 점에서 이점이 있다. 따라서 지역공동체로부터 중앙정부에 이르는 일련의 사회조직 간의 역할 관계는 하위 사회조직에 대해 일차적인 임무를 부여하면서도 심급간 적절한 힘의 균형이 이루어지는 역할분담체제를 구상하는 것이 바람직하다 할 것이다. 마지막으로 생태적 위기의 해결은 편협한 국가이익의 한계를 초월하는 범지구적 노력을 필요로 한다. 유럽연합이 시사하듯이 주권국가를 구속하는 민주적이며 권위적인 의사결정을 가능케하기 위해서는 확대된 지리적 공간에 근거한 새로운 대의기제가 요청된다 할 것이다.

제6장

기후변화와 민주주의의 모델

❶ 머리말

기후변화는 우리 사회가 직면하고 있는 최대의 도전이다. 향후 인류의 생존이 위태로울 수 있다는 판단과 마땅한 해결책을 찾기 어렵다는 사실 때문에 그것은 우리의 일상 속에 잠복해 있는 하나의 유령이 되고 있다. 대부분 사람들이 문제의 심각성을 인식하고 있음에도 불구하고 적절한 해법이 제시되지 못하고 있는 현실에 대해 많은 진단과 처방이 있어 왔다. 그 중에서도 눈길을 끄는 한 이론은 기후 변화에 대한 접근방식을 새롭게 하자는 주장이다. 즉 기후 변화는 다의적이고 복합적인 개념이며 그 의미와 영향이 지역과 문화에 따라 상이하게 나타나기 때문에 단일의 해법을 모색하는 종래의 방식은 문제의 해결에 도움이 되지 않는다는 것이다. 이른바 합의의 신화를 거부하는 이러한 주장은 오히려 차이에 주목하여 과학적이고 정치적인 이견의 존재가 기후 변화에 대응할 수 있는 집합적 행동의 기회를 제고시킨다고 말하며 종말론적 거대 담론 일색의 기존 이론에 반격을 가한다. 과학의 초월적 지위를 부정하는 마이크 흄(Mike Hulme)은 기후 역시 사회적으로 구성된 관념이며 그것은 평균 기온 등으로 측정될 수 있는 물질적 현상 이상의 내용을 내포한다고 말한다.[1] 흄에 따르면 기후 변화의 담론은 시간적으로나 공간적으로 의미를 달리해 왔으며 그것은 위협 요인인 만큼이나 잠재적인 지적 자원이기도 하다. 흄을 원용하는 아만다 머친(Amanda Machin)은 무페(Chantal Mouffe)의 급진적 민주주의론에 입각하여 기후변화의 문제에 대처하는 접근 방식을 전면적으로 재구성할 것을 주장한다.[2] 즉 단일의 해법을 모색하는 합의지향적 태도에서 벗어나 시각의 차이를 존중하고 이를 권장하는 열린 방식을 취할 때에만 소기의 성과를 기대할 수 있다는 것이다. 그는 기후 변화의 문제가 거대한 괴물과 맞서 싸우는 고독한 영웅의 이미지와는 거리가 멀다고 말한다. 말의 성찬으로 끝나는 각종 유엔환경회의의 근본 문제는 거대한 해법에 대한 강박관념에서 비롯된다고 보는 그는 기후 문제에 대한 초당적 대처를 요구하는 안소니 기든스(Anthony Giddens)의 철학[3]에 대해서도 비판적이다. 하나의 목소리를 요구한다는 것 자체가 기후 문제의 본질을 이해하는데 장애가 된다고 보기 때문이다.

본 논문은 머친의 이론을 중심으로 기후 문제의 접근 방식을 둘러싼 합의 모델과 차이 모델 간의 논쟁을 분석하여 과연 후자의 방식이 더 이상적인 것인지 여부를 검토하려 한다. 본 논문의 구성은 다음과 같다. 우선 기후 변화 문제의 해결을 위한 개인주의적 접근

---

1) Mike Hulme, *Why We Disagree about Climate Change* (Cambridge: Cambridge University Press, 2009).

2) Amanda Machin, *Negotiating Climate Change: Radical Democracy and the Illusion of Consensus* (London & New York: Zed Books, 2013).

3) Anthony Giddens, *The Politics of Climate Change: National Responses to the Challenge of Global Warming* (London: Policy Network, 2008); 앤서니 기든스, 홍욱희 옮김, 『기후변화의 정치학』 (서울: 에코리브르, 2009.) 이 책의 서평에 대해서는 김종환, "제3의 길의 모호한 기후변화 해결책," 『마르크스21』, 통권 5호 (2010년 봄), pp. 341-357; 진상현, "기든스 역설에 빠진 세계에 대한 가이드북," 『환경사회학연구』, 제14권 1호 (2010년 6월), pp. 197-207 참조.

법과 공동체주의적 접근법에 대해서 살펴본다. 그 후 보다 유력한 해법으로서 공동체주의적 접근법이 가정하는 공공선의 본질과 관련하여 권위주의적 도출 방식과 숙의민주주의적 도출 방식을 검토한다. 마지막으로 기후 변화에 대한 합의 모델의 전형으로서 녹색 숙의민주주의를 설정하고 이를 비판하는 녹색 급진민주주의의 도전을 분석한다.

❷ 개인주의적 접근과 공동체주의적 접근

기후변화란 이산화탄소, 메탄 등 이른바 온실가스가 지구 표면으로부터 방출된 적외선을 흡수함으로써 대기 온도가 올라가고 기후가 점차 변화하는 현상을 말한다. 여기에는 자연적 요인도 작용하지만 화석연료 사용 등 인간적 요인에 의한 온실가스 배출이 크게 영향을 미친다. 「정부간기후변화패널」(IPCC)에 따르면 지구의 온난화 현상은 부인할 수 없는 명백한 사실이며 이는 인간적 요인에 의한 온실가스 방출의 결과일 가능성이 많다. 이미 온실가스 총량이 엄청나게 누적되어 있기 때문에 지구온난화 사태를 저지하기가 매우 힘든 상태라고 전문가들은 말한다. 이로 인해 강력한 태풍과 홍수, 눈사태, 쓰나미, 토양침식, 수자원 고갈, 생물다양성 파괴 등 자연적 재해뿐만 아니라 식량부족과 대량이주에 따른 지구촌 차원의 사회적 갈등이 예상된다. 그러나 기후 변화에 따른 미래 사태의 정확한 예측은 사실상 불가능하고 다만 개연성만이 강조될 뿐이다. 「국제식량정책연구소」(IFPRI)는 기후변화의 시뮬레이션이 본질적으로 불확실하다고 보고하고 있다.[4] 정확한 예측을 방해하는 일차적 원인은 가변적 요인이 무수히 많기 때문이다. 그러나 다른 한편 초월적 지식을 어렵게 하는 과학의 내재적 한계를 지적할 수도 있다. 즉 과학적 지식은 언제나 사회적 과정에 의해서 영향을 받는 다는 점이다. 뿐만 아니라 기후과학이 정확한 예측에 성공한다 할지라도 그것이 곧 기후정책으로 전환되는 것은 아니다. 왜냐하면 정책의 수립은 일련의 정치적이며 윤리적 선택을 요구하기 때문이다. 따라서 과학의 논리를 앞세운 정치적 의사결정은 하나의 보호막을 동원하는 조치일 수 있다.

기후문제에 대한 대처 방식을 대별하면 개인주의적 접근법과 공동체주의적 접근법으로 이분해 볼 수 있다. 전자는 개인 차원의 자발적 행태 변화를 통해 문제를 해결하려는 노력이고, 후자는 집단적인 강제를 통해 문제를 해결하려는 방식이다. 개인주의적 접근법은 다시 시장주의적 방식과 윤리주의적 방식으로 이분된다. 기후변화의 문제에 대처하기 위한 지배적인 접근방식은 수요와 공급의 원리를 활용하는 시장주의적 접근방식이다. 정부가 온실가스 배출행위에 대해 벌칙을 부과하고 녹색기술 개발을 권장하여 재정 지원을 제공하면 즉각 '보이지 않는 손'의 논리가 작동한다. 가령 탄소세의 부과는 소비자와 생산자로 하여금 이산화탄소의 배출을 줄이고 저탄소 기술을 개발하도록 자극한다. 따라서 재생가능한 에너지 개발과 저탄소 경제 구축에 주안점을 두는 기술적 접근방식은 시장주의적 접근방식의 연장으로 파악된다. 그리고 '생태적 근대화'(ecological modernization)[5]의 논리에 따르면 신기술의 개발은 새로운 투자 기

4) IFPRI, "Climate Change: Impact on Agriculture and Costs of Adaptation" (2009), available at www.ifpri.org/publication/climate-change-impact-agriculture-and-costs-adaptation.

5) David Schlosberg and Sara Rinfret, "Ecological Modernization, American Style," *Environmental Politics*, Vol. 17, No. 2 (2008), pp. 254-275.

회를 창출함으로써 경제와 환경이라는 두 개의 목표를 동시에 충족하는 윈-윈(win-win) 정책을 가능케 한다. 그러나 가렛 하딘(Garrett Hardin)이 일찍이 인구문제의 해결과 관련하여 지적한 것처럼 기술적 해결책의 모색은 기존의 삶의 방식과 편리함을 포기하지 않는다는 매력에도 불구하고 가치관의 근본적 변화를 수반하지 않기 때문에 기후변화의 문제 해결에 오히려 걸림돌이 될 수 있다.[6] 마이클 샌들(Michael Sandel)은 헌혈행위에 대한 보상이 공동체 의식을 침식한다는 리차드 티트머스(Richard Titmuss)의 연구를 인용하며 개인을 시민이 아닌 소비자로 파악하는 시장적 접근방식이 기후변화에 대처할 수 있는 사회적 변화를 이끌어낼 수 있을 것인지 우려를 표명한다.[7] 진정한 문제해결은 개인의 태도변화로부터 비롯된다고 생각할 때 가령 탄소세의 지불은 기존의 행동방식을 정당화하는 역효과를 초래할 수도 있는 것이다.

한편, 2009년 코펜하겐 유엔기후변화 정상회담 종료 후 「가디언」(Guardian)지는 '정치인들이 실패했기 때문에 이제 우리 모두가 나서야 할 때'라고 말하며 개인들의 탄소 배출량을 10% 줄이는 지구촌 운동을 전개하였다. 윤리적 접근법은 자원재활용이나 에너지 절약과 같이 착한 개인들의 자발적 실천을 강조한다. 나무 심기로부터 덜 운전하기에 이르기까지 지구온난화를 저지하기 위해 실천해야 할 10가지 리스트를 강조하는 앨 고어(Al Gore)의 운동 역시 유사한 사례이다. 개인의 책임을 강조하는 윤리적 접근방식이 활기를 보이는 데는 신자유주의의 득세도 일조하였다.

---

6) Garrett Hardin, "The Tragedy of the Commons," *Science* 162 (1968), p. 1243.

7) Michael Sandel, "The Reith Lectures," available at www.bbc.co.uk/programmes/b00kt7rg; Richard Titmuss, *The Gift Relationship* (London: George Allen and Unwin, 1970).

윤리적 접근방식은 기후변화의 문제가 기본적으로 윤리적 이슈라고 말한다. 다수의 무의식적 소비행위가 자연의 재앙을 초래하고 원인행위와 무관한 여타 지역의 주민들이 피해를 입게 된다. 따라서 누구를 비난할 것인지 책임소재가 모호하다. 당신의 운전행위가 이산화탄소 배출을 가속화하여 방글라데시 홍수의 원인이 될 수도 있다. 따라서 기후변화는 우리들의 생활 방식과 윤리적 관점을 근본적으로 변경할 것을 요구한다. 기존의 가치체계와 관련하여 특히 보완되어야 부분은 책임의 개념이다. 새로운 지구촌 윤리는 지역 경계를 초월하고 탈영토화된 범인류적 책임의식을 요구한다. 또한 미래세대와의 희생분담 문제도 고려해야 한다. 특히 개인의 행위와 자연적 재해간 인과관계가 분명하게 입증될 때 책임의 수준도 강화될 것이다. 비닐 백 사용을 금지하는 입법조치 이전에 그것의 사용을 거부할 것을 호소하는 윤리적 접근방식은 결국 시장주의적 접근법과 마찬가지로 개인의 본질을 시민이 아닌 소비자로 파악하되 다만 이기심이 아닌 도덕성에 입각하여 행동하는 소비자로 파악하는데 차이가 있다. 윤리적 접근방식은 개인의 양심을 강조함으로써 정치적 노력을 소홀히 하게 될 우려가 있으며, 또한 그것을 강제할 수단이 없다는 점, 그리고 개인적 소비에 따른 온실가스 배출량의 비중이 전체의 20%에 불과하다는 한계가 있다.[8)]

앞에서 소개한 두 가지 접근방식은 기후 문제의 해결을 위해 개인의 역할을 주목하는 반면 공동체 차원의 집합적 노력을 간과하는 경향이 있다. 이에 대해 개인의 존재를 공동체 지향적인 시민 집단으로 파악하는 녹색 공화주의(green republicanism)의 모델을 상정

---

8) '책임의 개인화'가 초래하는 문제를 상술한 예로서 Michael F. Maniates, "Individualization: Plant a Tree, Buy a bike, Save the World?" *Global Environmental Politics*, Vol. 1, No. 3 (2001), pp. 31-52 참조.

할 수 있다. 즉 정부의 입법을 통한 집합적 노력만이 기후변화에 대처할 수 있는 의미 있는 변화를 기대할 수 있다는 시각이다.

본래 공화주의는 공공선을 추구하는 시민의 덕성을 토대로 개인의 욕망보다 공동체의 안위를 우선시하는 민주주의를 강조한다. 여기서 이기적 개인의 선택과 공동체의 이익은 서로 충돌할 수 있으며 양자의 결합은 부수적 효과에 불과한 것으로 가정된다.[9] 따라서 공화주의는 자유주의적 시민의 이상과 달리 자유보다 책임을, 권리보다 의무를 강조한다. 합리적 사유를 행하는 고도의 인격체로서 공화주의적 시민은 공공선의 도출에 합의한 후 그것의 요청에 복종한다. 근대 사회의 물질적 발전으로 인해 공화주의적 전통은 퇴조를 보여 왔으나 환경문제의 부각과 더불어 부활의 계기를 맞게 되었다. 지속가능한 환경과 생태친화적 삶의 방식은 공공선으로 수용되었고 다수의 생태론자들은 공화주의의 세계관을 취하는 경향이 있다. 녹색당의 선언은 이러한 상황을 잘 보여준다. "우리는 자신과 현재의 이익이 아니라 공동체와 미래의 이익을 생각한다. 지속가능한 사회를 건설하는 것은 정부의 임무일 뿐 아니라 또한 시민의 의무이다.... 사적 이익을 추구하는 수많은 개별적 행위들을 통해서는 우리가 원하는 사회를 성취할 수 없으며 오직 녹색정부의 도움을 받는 시민들만이 그것을 할 수 있다."[10]

녹색 공화주의를 주장하는 존 배리(John Barry)에 따르면 공화주의와 녹색정치는 호흡을 같이하며 공화주의의 어휘들은 무분별한

9) William E. Connelly, "The Virtue of Environmental Citizenship," in Dobson and D. Bell (eds.), *Environmental Citizenship* (Cambridge, MA: MIT Press, 2006), p. 51.

10) The Green Party Manifesto, available eat www.greenparty.org.uk/policies/policies_2010/2010manifesto_government.html.

개발을 저지하고 녹색 원칙을 표출하기 위한 언어로서 사용될 수 있다. "우리는 지난 30년 동안 생태문제의 자각과 환경운동의 발전에도 불구하고 별다른 진전을 보이지 못해왔다. 이제 우리에게 필요한 것은 시민의 미덕과 환경적 책임이다." 그는 계속해서 다음과 같이 말한다. "녹색공화주의는 공공선의 실체를 과학적 혹은 형이상학적 진리에서 모색하거나 고정된 실체로서 파악하지 않으며 민주적 정치에 입각한 정치적 토론과 합의에 의거하여 정당성을 모색한다."11)

그러나 후술하는 것처럼 녹색공화주의는 합의된 가치를 사회적으로 강요하기 때문에 다원주의 이념과 충돌하는 문제가 있다.

❸ 합의 모델과 녹색 숙의민주주의

녹색 공화주의는 지속가능하고 환경친화적인 삶의 방식을 공공선으로 규정한다. 그러나 공공선의 도출과정은 다음에 보는 것처럼 상이한 두 가지 방식에 의존할 수 있다. 하나는 생태권위주의(eco-authoritarian)의 방식이고 다른 하나는 녹색 숙의민주주의(green deliberative democracy)의 방식이다. 일견 상충되어 보이는 두 접근법은 공공선의 도출을 위한 방법론이라는 측면에서 차이를 보이지만 최종적인 해결책을 상정한다는 점에서 공통점을 갖는다.

생태권위주의는 민주적 의사결정 방식이 환경문제의 해결에 도움을 주지 못한다고 판단하며 지구의 구원보다 민주주의의 이념을 중시하는 것은 일종의 사치라고 생각한다. 기든스가 지적한 것처럼 민주주의는 그 속성상 단기적 이해에 민감한 유권자의 압력에 굴복

11) John Barry, *Rethinking Green Politics: Nature, Virtue and Progress* (London: Sage, 1999), p. 204.

하는 경향이 있다. 따라서 시민들의 행동 방식을 규제하고 절제를 강요하기 위해서는 권위주의적 통치방식이 더 유효할 수가 있다. 1970년대에 가렛 하딘에 의해 인구증가를 억지하기 위한 대안으로 주창되었던 생태권위주의는 근래에 들어 기후변화의 문제가 불거지면서 다시 논의가 재개되고 있다. 제임스 러브록(James Lovelock)은 근대민주주의가 지구 온난화의 문제에 적절히 대처하지 못하고 있다고 진단한 후 지구의 생존을 위해서는 전시와 마찬가지로 민주주의를 잠시 유보하고 소수가 책임을 떠맡아야한다고 주장한다.[12] 마크 비슨(Mark Beeson) 역시 기후변화에 취약한 지역에서 이미 생태권위주의가 채택되고 있으며 인류 문명의 지속가능한 발전을 위해서 좋은 권위주의는 정당할 뿐 아니라 필수적이라고 말한다.[13] 그러나 민주주의와 환경파괴와의 상관관계에 대한 경험적 연구에 따르면 양자의 관계는 일률적이지가 않다. 민주주의와 환경간의 긍정적 상호관계를 보여주는 좋은 사례들이 있는가 하면 반대의 경우도 다수 발견된다. 여기서 일부 논자는 '어떤 민주주의인가'의 문제를 제기한다. 만일 그동안 민주주의가 환경문제에 제대로 대처해 오지 못했다면 그것은 개인의 자유와 시장의 역할을 지나치게 강조하는 현재의 지배적 민주주의의 형태가 문제일 수 있다. 발 플럼우드(Val Plumwood)는 실패한 것은 민주주의 그 자체가 아니라 현행의 정치체제인 자유민주주의이며 문제는 기득권 집단에 의한 의사결정이 현상유지를 추구한다는 사실에 있다고 말한다.[14] 이러한 맥락에서 밥 페퍼만 테일러

12) James Lovelock, *The Vanishing Face of Gaia: A Final Warning* (London: Allen Lane, 2009).

13) Mark Beeson, "The Coming of Environmental Authoritarianism," *Environmental Politics*, Vol. 19, No. 2 (2010), p. 289.

14) Val Plumwood, "Has Democracy Failed Ecology: An Economist Perspective," *Environmental Politics*, Vol. 4, No. 4 (1995), p. 147.

(Bob Pepperman Taylor)는 전문가와 엘리트가 주도하는 의사결정 방식은 공동체의 부분적 이익만을 대변할 수밖에 없으며 우리에게 필요한 것은 더 많은 민주주의이고 의사결정 과정을 모두에게 개방하는 것이라고 주장한다.[15] 숙의민주주의는 더 많은 민주주의를 대변하는 자유민주주의의 새로운 모델이다.

숙의민주주의의 발전에 절대적 영향을 미친 이론가는 하버마스(Habermas)이다. 하버마스에 따르면 근대사회는 다양한 윤리적 가치가 공존하는 다원적 사회이다. 그러나 일정한 민주적 절차를 통해서 우리는 하나의 공유 가치를 중심으로 통합될 수 있다. 통합은 사전적 판단에 의해서가 아니라 대화와 토론의 결과로서 성취된다. 만일 의사소통의 합리성이 확보된다면 우리는 숙의의 과정을 통해 합의된 결론을 도출할 수 있다. 하버마스의 이론을 지지하는 벤하비브(Benhabib)는 토론에 임하는 개인의 선호가 고정불변의 것이 아니며 수정가능한 성격의 것임을 강조한다.[16] 민주주의는 하나의 학습과정이며 숙의의 과정을 통해 대중적 검증을 이겨낸 견해가 최종적 지위를 확보하게 된다는 것이다.

데이비드 헬드(David Held)와 허베이(A.F.Hervey)는 기후변화에 대처하기 위해서 정부가 유권자에게 근본적 태도 변화를 요구한다는 것은 기대하기 힘든 일이지만 그렇다고 해서 생태권위주의가 대안은 아니라도 본다. 그들에게 대안은 숙의민주주의이다. 기존의 민주주의가 개인적 이익을 집약시켜 선거과정에서 타협을 기대하는

---

15) Bob Peperman Taylor, "Democracy and Environmental Ethics," in William Lafferty and James Meadowcroft (eds.), *Democracy and Environment* (Cheltenham and Lyme CT: Edward Elgar, 1996), p. 101.

16) Seyla Benhabib, "Toward a Deliberative Model of Democratic Legitimacy," in S. Benhabib (ed.), *Democracy and Difference* (Princeton NJ: Princeton University Press, 1996), p. 71.

이익집약적 민주주의(aggregative democracy)라고 한다면, 숙의민주주의는 다양한 주장과 소수의 견해를 경청하고 보다 포용적인 의사결정을 시도한다는 점에서 정당성을 갖는다. 환경문제 특히 기후문제에 효과적이고도 정당한 방식으로 대처하기 위해서는 숙의민주주의를 수용해야 한다.[17] 그들은 기후문제가 본질적으로 범지구적 사안이며 따라서 국제적 협력이 필수적으로 요청되나 국가간 이해관계의 상충으로 조율이 어렵고 합의의 이행 역시 기대수준 이하이기 때문에 공정한 의사결정과 집행을 책임질 공식적 국제기구의 확보가 시급한 과제라고 말한다. 그들은 「지구환경금융」(GEF)이나 「유엔환경계획」(UNEP)의 기능강화를 제안하는 한편, 개별국가의 차원에서도 당파적 정치를 초월하여 기후변화의 문제해결을 책임지는 기든스의 '책임국가'(ensuring state)론을 옹호한다.

그러나 숙의민주주의의 논리에 대해 다음과 같은 문제들을 제기할 수 있다. 대화에 참여하는 당사자들은 자신의 관점을 고집함 없이 시종 일관 중립적인 입장을 견지할 수 있는가? 눈에 보이지 않는 문화적 권력관계가 작용하는 것은 아닌가? 일상적 언어를 통해 상대에게 자신을 완전히 이해시킨다는 것이 가능한 일인가? 방콕 기후회담에 참석했던 어느 노련한 외교관은 참석자들 모두가 난해한 말의 향연에 사로잡혀 회의는 초현실주의적 방향으로 나아갈 수밖에 없었다고 고백한 바 있다.[18]

머친은 녹색 숙의민주주의가 생태권위주의와 마찬가지로 하나의 결론을 강조한다는 점에서 다양한 시각을 포용하겠다는 최초의 포부를 스스로 져버리고 있다고 말한다. 숙의민주주의는 최종적 합

17) David Held and Angus Fane Hervey, "Democracy, Climate Change and Global Governance," *Policy Network Paper*, pp. 8-9.

18) Amanda Machin, *op. cit.*, p. 82.

의의 성취를 중요한 목표로 한다. 그러나 숙의의 과정이 완전한 합의를 보장하는지에 대해서 의문을 제기할 수 있다. 그라함 스미스(Graham Smith)는 민주적 숙의가 대화 당사자 간 상호이해의 수준을 제고시킬 수는 있지만 반드시 합의를 이끌어내는 것은 아니며 환경친화적 결론이 보장되는 것도 아니라고 말한다.[19] 후술하는 것처럼 급진적 민주주의 이론가인 샹탈 무페에 따르면 숙의민주주의가 주장하는 최종적 합의는 일정한 수준의 배제를 수반하는 은폐된 헤게모니 관계의 산물일 수 있다.

❹ 차이 모델과 녹색 급진민주주의

비트겐슈타인의 언어게임(language game)의 논리를 원용하는 무페의 하버마스 비판은 이상적 대화의 상황이 존재론적으로 불가능하며, 그 결과 민주사회는 완전한 조화의 이상을 구현할 수가 없고, 순수한 합리성에 근거한 설득은 환상에 불과하다는 점을 강조한다.[20] 그는 논쟁에서 상대방의 입장을 수용한다는 것은 일종의 자기

---

19) Graham Smith, *Deliberative Democracy and the Environment* (New York: Routledge, 2003), p. 59.

20) Chantal Mouffe, "Deliberative Democracy or Agonistic Pluralism," *Social Research*, Vol. 66, No. 3 (1999), pp. 745-758. 하버마스와 무페의 논쟁은 무페에 의해서 시도되었으며 하버마스는 직접적인 응답을 피하고 후기구조주의에 대한 비판을 통해서 간접적으로 자신의 입장을 피력하였다. 무페가 주로 분석하는 자료는 Jurgen Habermas, "Three Normative Model of Democracy," in Seyla Benhabib (ed.), *Democracy and Difference* (Princeton NJ: Princeton University Press, 1996); idem, *Between Facts and Norms: Contribution to a Discourse Theory of Law and Democracy* (Cambridge: MIT Press, 1996); idem, *The Inclusion of the Other* (Cambridge: MIT Press, 1998)이다. 카푸어는 이익집약적 자유민주주의 체제의 한계를 비판하고 민주주의의 심화를 주장한다는 점에서 양자 모두 입장을 같

정체성의 포기를 의미하며 쿤(Kuhn)이 말하는 패러다임의 전환과도 같다고 말한다.

무페에 따르면 갈등과 분열은 정치의 본질이다. 이것을 부정하는 것은 정치를 부정하는 것과 같다. 견해의 차이는 부분적으로 완화될 수 있지만 결코 제거될 수가 없다. 바람직한 민주주의는 정치에 내재하는 적대관계를 승화시켜 폭력과 전쟁을 방지하는 것이다. 그것은 상대방을 박멸해야 할 적이 아니라 정당한 경쟁자로 간주하는 데서부터 출발한다.[21] 만일 합의의 논리에 집착하여 한편의 견해를 일방적으로 강요한다면 여기에 불복하는 다른 한편은 정치의 무대에서 퇴장한 후 극단적 저항을 시도할 것이며 양자간의 대립은 선과 악의 대결로서 포장될 것이다. 정치에 있어서 합의 - 타협이 아니라 견해의 일치라는 의미에서 - 는 사실상 불가능하다고 보는 무페는 권력과 배제를 수반하는 합의는 진정한 합의가 아니라고 말한다. 바람직한 민주주의는 차이를 존중하고 권장하는 민주주의이다.

이하나, 하버마스가 모더니즘적 시각에서 이 문제에 접근하는 반면 무페는 포스트모더니즘적 관점을 취한다는데 차이가 있다고 말한다. Ilan Kapoor, "Deliberative Democracy or Agonistic Pluralism? The Relevance of the Habermas-Mouffe Debate for Third World Politics," *Alternatives* 27 (2002), p. 466.

21) Chantal Mouffe, *The Democratic Paradox* (London and New York: Verso, 2000), p. 13; *On the Political* (London and New York: Routledge, 2005), p. 21. 무페의 애고니즘(agonism) 개념은 마르크스주의가 기대했던 갈등이 해소된 조화로운 사회의 실현이 사실상 불가능함을 강조하는 맥락에서 사용된 용어이다. 그리스적 어원에 따르면 그것은 경기에서 상대방을 존중하고 예찬하는 태도를 지칭하였으나 용어의 현대적 의미는 경쟁관계 혹은 갈등의 영속성을 지적하고 그것의 긍정적 측면을 확인하는데 있다. 무페에 의해서 전통적 다원주의와 달리 타협을 지향하지 않고 차이를 존중하는 급진적 민주주의의 특징으로 강조되었다. 한편 드라이젝은 최근의 애고니즘의 역사는 한나 아렌트(Hannah Arendt), 윌리암 코놀리(William Connolly), 본니 호니그(Bonnie Honig)의 이론에 힘입은 바 크다고 말한다. John Dryzek, "Deliberative Democracy in Divided Societies: Alternatives to Agonism and Analgesia," *Political Theory*, Vol. 33, No. 2 (2005), p. 220.

비록 합법적인 의사결정 과정을 통해 소수의 견해가 기각된다고 해도 그것은 여전히 생명력을 유지하며 기존의 질서에 도전할 수 있는 기회가 보장되어야 한다. 합의 대신 차이를 부각시켜 이를 포용하는 민주주의는 소수세력이 반체제세력으로 변질되는 것을 막아줄 뿐 아니라, 쟁점 사안에 대한 대중의 관심을 증대시켜 참여의 폭을 확대하고, 합리적 의사결정의 가능성을 제고시킨다. 무페는 이러한 맥락에서 기든스의 제3의 정치를 비판한다. 차이의 제거는 현상유지에 대한 도전의 잠재력을 없애 버릴 것이라는 이유에서이다. 그는 유럽지역에서 극우세력이 발호하고 있는 것 역시 합의의 정치가 초래한 산물이라고 본다. 권력관계의 재편 가능성이 봉쇄된 일차원적 세계 속에서 그들만이 합의에 도전하는 유일한 세력이기 때문이다.[22] 무페의 급진적 민주주의는 숙의민주주의와 달리 토론과 대화의 과정이 참여자 상호간 오해와 불신을 상당부분 해소할 수 있겠지만 최종적인 합의는 불가능하다고 본다.

무페의 급진적 민주주의론을 원용하는 머친은 기후 변화에 대한 논쟁이 지젝(Zizek)이 말하는 시차 현상(parallax)과 유사하다고 말한다.[23] 즉 모든 주체는 지역과 문화 혹은 집단적 정체성 등에 따라 상이한 관점에서 이 문제에 접근할 수 있기 때문에 의견의 일치가 힘들고 상호간 통약 불가능할 수 있다는 것이다. 그러나 그는 현재의 기후변화 담론이 지나치게 합의 지향적인 경향을 보임으로써 정책적 측면에서 소기의 성과를 거두지 못하고 침체의 늪에 빠지고 있다고 진단한다. 합의에 대한 강박관념은 기후변화의 문제를 과학의 논리로만 파악하려는 단선적 사고에서 비롯된다. 즉 과학적 지식

22) Chantal Mouffe, *The Democratic Paradox* (London and New York: Verso, 2000), p. 7.

23) Amanda Machin, *op. cit.*, p. 88.

의 축적이 기후정책으로 직결된다고 가정한다면 도출된 결론을 수용할 것인가 혹은 거부할 것인가 양자택일만이 요구된다. 그러나 머친은 기후변화의 문제가 수많은 변수의 개입으로 정확한 예측이 힘들 뿐 아니라 기후정책의 수립은 경제와 문화 심지어 미학의 문제를 수반하는 가치 개입적 사안이기 때문에 하나의 해법을 강조하는 합의론적 발상은 왜곡된 결론을 강요할 수 있다고 말한다. 강박관념의 또 다른 계기는 환경운동의 목적의식이다. 환경운동가들은 사안의 중대성에 비추어 민주적 절차는 녹색 목적에 종속되어야 한다는 믿음을 견지하는 경향이 있다. 따라서 결론이 사전적으로 확정되고 민주적 차이의 가능성이 부정된다. 즉 운동의 관념 그 자체가 민주주의를 사회변화의 수단적 절차로 간주하는 것이다. 가령 윌 휴톤(Will Hutton)은 기후변화 회의론과 반환경 기업들의 로비 공세에 맞서기 위해서라도 기후변화 문제에 대한 지적인 합의의 도출이 불가피하다고 주장한다.[24] 그 결과 합의 지향적 기후변화의 담론은 코펜하겐 정상회의에서 보듯이 현실적 정책의 채택에 실패하거나 혹은 기후변화를 부정하는 일탈적 집단의 출현을 자극하게 된다. 무페식 차이의 민주주의를 강조하는 머친은 기후변화의 문제에 효과적으로 대처하기 위해서는 논쟁을 탈정치시킬 것이 아니라 오히려 그것을 정치화시켜야 한다고 주장한다.[25] 일방적인 동의 여부를 강요하는 과학의 논리나 운동의 논리는 전문가와 엘리트 집단의 독주 속에 일반 시민의 무관심만을 초래할 가능성이 많은 반면, 기후변화 회의론자도 정당한 정치적 반대자로 간주하여 포용하는 급진적 민주주의의 전략은 비록 합의의 도출에 실패한다 할지라도 보다 효과적인 기후정책 수

---

24) Will Hutton, "Global Warming off the Agenda? Now That Would be a Catastrophe," *The Observer* (24 June, 2012).

25) Amanda Machin, *op. cit.*, p. 107.

립에 기여하게 될 것이다.

머친은 기후변화 합의설의 극단적 사례로서 파멸의 묵시록에 대해 논평한다. 비극적 구조를 갖추고 있는 이들 거대설화는 우리에게 충격으로 다가온다.[26] 가령 「어리석은 자의 시대」라는 영화는 미래의 어느 시점에서 폐허가 된 지구를 바라보며 생존자들이 왜 이러한 사태를 막지 못했는지 개탄하는 장면을 담고 있다. 그러나 머친은 우리 사회의 각성을 촉구하는 절박한 제작 동기에도 불구하고 그 효과는 부정적이라고 말한다. 기후변화를 대재앙이라는 관점에서 묘사하여 인류적 결단을 호소하는 방식은 절망과 공포의 감정을 자극한 후 우리를 망각의 늪으로 몰아간다.[27] 파괴효과가 극적일수록 우리는 무기력감을 느끼게 되며 해결책을 모색하는 것은 전적으로 전문가들의 소관이라고 생각하게 된다. 더구나 과장된 묘사가 일상의 현실과 일치하지 않을 때 경계심은 극적으로 약화된다. 전부 아니면 전무라는 식의 접근방법은 사태를 개선하기 위한 대중적 노력을 무산시키고 자기 예언적 방향으로 상황을 악화시킬 소지가 있다.

기후변화는 단순한 기온변화의 의미 이상의 내용을 내포하며 자연적 실체가 존재하지만 그 이상의 문화적 의미가 추가되어 있다. 그 결과 주체간 인식의 편차가 존재하게 되며 따라서 일률적 해법을 강요하거나 국제적 합의를 모색하는 것보다 지역적 다양성을 인정하고 대중적 참여를 유도하는 것이 훨씬 더 효과적일 수 있다. 녹색의 급진민주주의론은 환경적 정의를 추구하나 집단적 정체성을 존중하며 자신의 주장에 모두가 동조할 것을 요구하지 않는다.[28] 그것은

26) 머친은 다음의 3개의 영화 혹은 다큐멘터리를 대표적인 예로 든다. The day after Tomorrow (2004); An Inconvenient Truth (2006); The Age of Stupid (2009).

27) Amanda Machin, *op. cit.*, p. 118.

세계관의 불일치가 적절히 관리되는 민주주의를 통해 보다 효율적인 녹색정책의 성과를 기대한다. 민주적 갈등의 생산적 효과를 강조하는 이들 녹색 급진주의자들은 기후문제의 해결에 범지구적 차원의 진단과 처방을 고집할 것이 아니라 지역차원의 다양한 시각을 존중해야 한다고 보며 심지어 녹색좌파의 출현을 경계하는 보수우익의 시각도 포용해야 한다고 생각한다.

❺ 맺는 말

이상을 요약하면 다음과 같다. 기후변화의 문제에 효과적으로 대처하기 위해서는 개인의 이기심을 적절히 활용하거나 윤리의식에 호소하는 방식을 우선적으로 생각해 볼 수 있다. 이른바 시장주의적 접근 방식은 즉각적인 효과를 기대할 수 있는 장점이 있으나 장기적인 관점에서 볼 때 가치관의 근본적 변화를 성취하기가 어렵고 오히려 윤리적 규범을 파괴할 가능성이 있다. 반면 개인의 윤리의식에 호소하는 방법은 강제성을 결여하고 있고 배기가스 총량 대비 제한된 구성 비율로 인해 큰 효과를 기대하기가 어렵다. 따라서 공동체 차원의 정치적 접근이 강력하게 요청되며 녹색공화주의는 시민의 덕성을 토대로 환경친화적 삶과 지속가능한 환경이라는 공공선의 강제를 제시한다. 공공선의 도출과 관련하여 권위주의적 방식과 숙의민주주의적 방식 두 가지를 생각해 볼 수 있는데, 전자는 유권자의 이해관계를 극복하기 위한 대안으로 제안되고 있으나 민주사회의 이상에 비추어 볼 때 다수의 지지를 받기가 어렵다고 판단된다. 근래에

---

28) Amanda Machin, *op. cit.*, p. 126.

가장 각광을 받는 것은 후자의 방식으로서 그것은 이상적인 대화상황을 구현하여 토론에 의한 합의를 성취한다는 목표를 설정하고 있다. 그러나 합리적인 의사소통이 사회적 통합을 보장한다고 장담할 수 있는가? 해소 불가능한 갈등의 존재를 정치의 본질로 간주하는 무페의 급진적 민주주의론은 숙의민주주의의 현실적 가능성에 대해서 회의적일 뿐 아니라 무리하게 합의를 강요할 경우 힘에 의한 지배관계가 형성되거나 혹은 체제의 분열이 불가피하게 된다고 본다. 따라서 대안은 합의 대신 차이를 강조하는 다원적 민주주의이며 이 경우 공공선의 개념 자체가 문제가 된다. 무페의 급진적 민주주의론을 원용하는 머친은 묵시록적 양상을 보이는 기존의 기후 담론들을 비판하고 일률적 해법을 모색하는 전통적 접근방식에서 벗어나 지역 차원의 다양한 시각들을 수용해야 하다고 주장한다.

기후변화 문제에 대한 합의모델 비판을 유럽 정치의 새로운 양상과 관련시켜 시도하는 에릭 스윈지두(Erik Swyngedouw)에 따르면 기후변화의 문제는 기본적으로 민주주의의 문제이며 민주주의가 갈등과 경쟁을 어느 정도 허용할 것인가 하는 원칙의 문제이다.[29] 그는 지젝, 랑시에르, 무페 등에 의해서 후기정치적(post-political) 혹은 후기 민주주의적(post-democratic) 형태로 표현되는 최근의 새로운 정치적 경향이 안전과 복지의 논리를 앞세워 견해의 차이를 부정하고 일치된 결론을 강조함으로써 정치의 실종 사태를 초래하고 있다고 본다.[30] 후기정치는 공적영역에서 갈등과 차이를 추방하고

---

29) Erik Swyngedouw, "Apocalypse Forever?: Post-political Populism and the Spectre of Climate Change," *Theory, Culture and Society*, vol. 27, no. 2-3 (2010), p. 229.

30) 슬라보예 지젝은 정당간 이념적 갈등이 무시되고 보편적 합의를 앞세우는 계몽된 기술관료가 관리적 기능을 강화하는데 후기정치의 본질이 있다고 말한다. Slavoj Zizek, *The Ticklish Subject: The Absent Centre of Political Ontology*

정치의 역할을 기술적 관리의 체계로 전환시키며 이 과정에서 전통적인 국가가 전문가 집단과 비정부기구의 협조를 받아 대중적 욕구 충족에 앞장선다. 환경문제 특히 기후변화의 논의는 후기정치현상을 보여주는 대표적 사례이다. 지난 수십 년 동안 항의와 도전의 정치를 시도해 왔던 녹색운동과 녹색정당 역시 이러한 흐름에서 예외가 아니다. 스윈지두는 임박한 환경재앙과 문명의 종말을 예고하는 공포의 묵시록 속에서 저명한 과학자와 정치인, 환경운동가들이 과학의 논리를 앞세워 정치적 논의를 배격하는 대중영합주의(populism)적 상황이 전개되고 있다고 말한다. 그는 교토의정서 채택 이후 탄소배출량의 기술적 관리만이 문제해결의 관건이 되었고 사회적 갈등과 적대관계 혹은 기존 체제에 대한 근본적 비판을 외면한다는 점에서 현재 진행되고 있는 기후변화의 담론은 반동적이며 신자유주의적이고 자본주의의 새로운 문화정치라고 비판한다.[31] 기후변화의 합의 모델은 후기정치의 상황을 배경으로 탄생하지만 특수한 거버넌스의 형태를 통해 탈정치화의 과정을 더욱 심화시킨다.

한편 비슷한 논지를 펼치는 거트 괴민느(Gert Goeminne)는 과학에 있어서 사실의 문제는 본질적으로 관심의 문제라고 말한다. 자료의 동원이 관심에 부합되는 내용들 위주로 이루어진다는 의미에서 과학은 가치 개입적이며 또한 정치적이다. 그는 사회적 삶에 있어서 집단적 정체성의 요구는 인간의 존재 양식을 구성하기 때문에 우리와 그들 간 대립이 불가피하다는 무페의 이론을 자연의 영역으로 확

(London: Verso, 1999), p. 198. 마찬가지로 자크 랑시에르는 갈등의 존재를 부정하는 강요된 합의가 정치의 종말을 초래하며 후기민주주의는 국가 메커니즘과 사회적 에너지의 독주체제로 귀결된다고 주장한다. Jacque Ranciere, *Disagreement* (Minneapolis: University of Minneapolis Press, 1998), p. 102.

31) Erik Swyngedouw, *op. cit.*, p. 223.

장하여 과학의 객관성 역시 필연적으로 배제와 차이를 수반한다고 주장한다. 그러나 그는 과학의 조망적(perspectival) 성격을 긍정적으로 수용해야 한다고 말한다. 고려된 대상과 배제된 대상 모두 과학적 지식의 본질을 구성하기 때문이다. 괴민느는 이러한 시각을 기후변화 논쟁에 적용할 때 적어도 두 가지 결론을 도출할 수 있다고 말한다. 첫째, 과도하게 과학의 논리에 의존하는 기후정책은 현상유지적 결과를 초래한다는 일각의 비판에 대해 정당성을 부여한다. 과학의 권위에 전적으로 의존하는 접근방식은 기후정책을 기후과학의 해석에 불과하게 만들고[32] 자본주의와 시장경제에 대한 기술적 관리만을 문제 삼게 된다. 둘째, 기후변화 부정론의 성격을 규명할 수가 있다. 과학에 대한 탈정치적 접근은 사태의 본질에 대한 관심의 차이를 부정하기 때문에 배제의 역학을 수반한다. 무페가 유럽 정치의 우익대중주의를 진단하면서 합의의 정치는 적대적 형태로서 정치의 귀환을 초래하는 법이라고 주장했듯이, 가령 기후변화의 논의에 있어서 탄소배출권거래제(cap and trade emission scheme)만이 유일한 해법이라고 고집한다면 다른 대안의 가능성을 모색하는 사람들은 심지어 건전한 과학적 추론을 부정하는 논리에도 귀를 기울일 수 있게 된다. 과학은 분리되고 분열될 수 있는 법이며 따라서 기후변화 부정론의 본질은 합의적 과학주의의의 징후라고 결론 내릴 수 있다.[33]

---

32) 윈느는 이것을 과학으로부터 정치로의 '번역의 문제'(problem of translation)라고라고 표현하였다. Brian Wynne, "Strange Weather, Again: Climate Science as Political Art," *Theory, Culture & Society*, Vol. 27, No, 2-3 (2010), p. 290.

33) Gert Goeminne, "Lost in Translation: Climate Denial and the Return of the Political," *Global Environmental Politics*, Vol. 12, No. 2 (2012), p. 8. 그는 2009년의 기후게이트(climategate) 사건을 기후변화부정론의 절정으로 소개하고 있다. 기후게이트 사건이란 기후변화 연구에 핵심적 역할을 수행해 온 영국 이스트앵글리아 대학 기후연구소 연구원들의 사적 메일을 해킹해 세상에 공표

동일한 맥락에서 배리와 엘리스는 영국의 신노동당 정부에 의해 추진된 풍력발전 계획이 지방의 저항으로 지연되고 있는 상황을 다음과 같이 분석한다.[34] 신노동당정부는 생태적 근대화의 관점에서 재생에너지 정책을 강력하게 추진하였는데 비록 지방의 반대가 생각만큼 효과적이지는 못하지만 장기적 관점에서 볼 때 정부의 정책은 성공적이라고 평가하기 어렵다. 두 사람에 따르면 정부가 반대에 대처하는 방법은 두 가지이다. 하나는 숙의와 합의의 방식인데 그것은 주민들을 참여시켜 설득하는 것이다. 이는 학계의 지배적 견해이며 정책입안가들에게 상당한 영향력이 있는 방식으로서 힐리는 그것을 협력적 계획(collaborative planning)의 개념으로 이론화한 바 있다.[35] 그러나 그들은 현실 정치의 시각에서 볼 때 이러한 방식이 순진한 발상에 불과하다고 비판한다. 민주적 참여의 명분에도 불구하고 하버마스가 말하는 이상적 대화의 상황은 존재하지 않으며 특히 복잡하고 시간을 다투는 사안일수록 전문가들이 영향력을 행사할 가능성이 많기 때문이다. 또 다른 방법은 계획의 추진 과정을 간소화하는 것이다. 그것은 저항을 회피하기 위해서 문제제기가 예상되는 단계와 무대를 가능한 한 축소하려 한다. 이 경우 반대는 님비현상(NIMBY)으로 치부되는 경향이 있다. 두 사람은 정부의 두 가지 대처방식이 저탄소사회의 건설에 적합하지 않을 뿐만 아니라 장

한 사건으로 기후변화 회의론자들은 이를 근거로 기후변화 연구자들의 잘못된 관행을 비판하였다. 김명심·박희제, "기후게이트와 기후과학논쟁," 『환경사회학 연구』, 제15권 1호 (2011년 6월), pp. 155-199 참고할 것.

34) John Barry and Geraint Ellis, "Beyond Consensus? Agonism, Republicanism and a Low Carbon Future," in Devine Wright (ed.), *Renewable Energy and the Public* (London: Earthscan, 2010), pp. 29-42.

35) P. Healey, "Collaborative Planning in Perspective," *Planning Theory*, Vol. 2, No. 2 (2003), pp. 101-123.

기적으로 재생에너지 자원의 확보에도 피해를 준다고 말한다. 배리와 엘리스는 대안으로서 무페의 애고니즘적 다원주의를 원용하는데 그것은 계획의 추진과정에 주민의 참여를 허용하고 공개적인 토론을 통해 정직하게 반대할 수 있는 권리를 인정하는 것이다.36) 그리하여 입안된 계획이 다수결에 의해서 성사가 된다면 바람직한 것이고 그렇지 못할 경우에는 여타의 해법을 모색한다. 풍력사업을 예로 든다면, 에너지 효율성을 제고하거나 에너지 사용 자체를 축소하는 또 다른 방안을 대안으로 제시할 수 있다. 지방 차원에서 석유 없는 세상을 준비하는 '전환운동'(transition movement)도 그러한 사례 중의 하나가 된다. 배리가 주장하는 녹색 공화주의는 숙의의 방식을 존중하지만 합의를 강요하지 않는다는 점에서 애고니즘과 친화적이다. 그러나 배리의 애고니즘은 모든 가능성에 대해 문호를 개방하는 머친의 그것과 달리 저탄소사회의 이상이란 대원칙을 양보할 수 없는 마지노선으로 삼는다. 다만 방법론상의 차이가 용인될 뿐이다.37)

포스트 노말 사이언스(post-normal science)의 문제를 제기하는 에이트켄 역시 과학주의에 입각한 합의 모델의 현상 유지적 속성을 다음과 같이 비판한다.38) 본래 정책당국은 전문가 집단에게 명료

36) 힐리어는 민주적 계획의 이론을 통해 애고니즘의 이상을 구체화하고 있다. J. Hillier, "Direct Action and Agonism in Democratic Planning Practice," in P. Allemendinger and M. Tewdwr-Jones (eds.), *Planning Futures: New Directions for Planning Theory* (London: Routledge, 2002), pp. 110-135.

37) 녹색공화주의의 이상을 설파하는 존 배리는 공공선으로서 지속가능성의 개념을 급진적 의미로 해석한다. 그것은 시장제도를 자연적 현상이 아닌 정치적 창조물로 간주하며 경제 질서에 대한 국가개입을 정당화한다. 배리의 녹색공화주의는 성장 지향적 경제를 거부할 뿐만 아니라 사유재산권 특히 토지소유권을 공익적 관점에서 재정의하며 녹색국가의 정치경제가 헌법적 차원에서 제도화 되어야 함을 주장한다. John Barry, "Towards a Green Republicanism: Constitutionalism, Political Economy and the Green State," *The Good Society*, Vol. 17, No. 2 (2008), pp. 1-11.

하고 일치된 조언을 요청하고 전문가 집단은 객관적 지식의 논리를 과시하는 경향이 있다. 그런데 기후과학은 고도의 불확실성에도 불구하고 급박한 의사결정이 요구되는 이른바 포스트 노말 사이언스의 범주에 속한다. 그것은 예측과 통제가 힘들고 단정적 해법을 제시하기 어려우며 복수의 과학과 방법이 정책과 영향력을 놓고 경합하는 영역이다. 또한 정치적, 사회적, 윤리적 요인이 개입한다. 따라서 기후과학은 객관적 지식의 논리를 고집해서 안 되며 자신의 정당화 방식을 투명하게 공개할 의무가 있다. 기후게이트를 언급하는 에이트켄은 포스트 노말 사이언스의 정당성은 '확대된 동료공동체'(extended peer community)의 평가를 수용하는데 있다고 본다. 즉 다양한 관점을 추가함으로써 기존의 논리를 보완해야 한다는 의미이다. 에이트켄은 IPCC의 보고서 역시 순수한 과학이 아니라 특정의 지식을 선호하는 전문가 집단의 결론이라고 말한다. 따라서 그것은 문호의 개방을 통해 복수의 목소리를 수용할 필요가 있다. 그는 영국이 기후변화의 대의를 앞세워 재생에너지 개발에 박차를 가하고 있는데 대해 모더니즘적 패러다임과 생태적 근대화의 근본적 한계를 비판한다.

이상의 논의들을 종합해 보건데 기후변화 합의 모델에 대한 비판의 논리는 머친처럼 거대담론 일반을 문제 삼는 경우에는 환경운동의 방식까지 비판의 대상이 되지만, 특히 과학의 권위에 의존하는 합의를 겨냥하는 경우에는 주로 정부가 주도하는 재생에너지 정책이 비판의 대상이 되며 자본주의 사회구조의 변화를 요구하는 방향으로 논리가 전개되고 있음을 알 수 있다. 즉 양자 간에는 애고니즘의 적

38) Mhairi Aitken, "Changing Climate, Changing Democracy: A Cautionary Tale," *Environmental Politics*, Vol. 21, No. 2 (March 2012), pp. 211-229. 포스트 노말 사이언스에 대해서는 S. O. Funtowcz and J. R. Ravetz, *Science for the Post-Normal Age, Futures*, Vol. 25, No. 7 (1993), pp. 739-755 참조.

용 범위에 있어 차이가 있다.

기후담론의 합의모델 비판은 녹색정치의 관점에서 볼 때도 일리가 있는 주장이며 따라서 합의모델의 전형으로서 숙의민주주의적 접근방식은 대중적 참여와 합리적 추론의 장점에도 불구하고 차이의 해소에 대한 지나친 강박관념을 자제할 필요가 있다고 본다. 현실적으로 목격하게 되는 여러 갈등 사태들을 염두에 둘 때, 숙의의 과정만으로 문제를 해결할 수 없는 사안들을 얼마든지 상정해 볼 수 있다. 당사자간 시각의 차이가 너무 크기 때문에 양측의 주장이 평행선을 그리는 경우이다. 사실이 이러하다면 숙의민주주의는 매우 이상주의적인 접근방식이라고 말할 것이다. 또한 그것은 현실적 합의에 실패할 경우에도 자신의 논리를 고수하는 즉각적인 변명의 전략을 구사할 수 있다는 문제가 있다. 즉 충분한 대화 혹은 진정한 대화가 이루어지지 않았다고 주장만 한다면 숙의의 한계를 단정할 수 없게 된다. 이는 포퍼(K. Popper)가 반증가능성의 원칙을 강조하는 과정에서 가장 경계했던 애드호크(ad hoc)의 전략이기도 하다.[39]

숙의민주주의와 급진민주주의의 논쟁과 관련하여 각각의 장단점을 성찰할 때 필자는 양자의 논리를 조금씩 완화하여 절충적 입장을 취하는 것이 좋지 않을까 생각한다. 즉 숙의의 방식을 추진하되 합의를 강요하지 않는다면 그것은 학습과정에서 상호간 불신의 벽을 허물어 적대관계를 해소하는 동시에 당사자로 하여금 자신의 오류를 발견하고 이를 시정할 수 있게 하는 기회를 제공한다. 물론 이 점은 당파적 견해를 고집하는 집단에 대해서 별무효과일 것이다. 다른 한편 급진적 민주주의 방식을 수용하는 경우에도 합의가능성을 원천적

---

39) Karl Popper, *The Logic of Scientific Discovery* (New York: Harper Torch Books, 1968), p. 42. 애드 호크의 전략이란 보조가설을 추가함으로서 반증가능성을 회피하는 책략이다.

으로 배제할 필요는 없다고 본다. 즉 숙의의 과정을 통해서 합의가 성사되면 이를 긍정적으로 수용해야지 헤게모니의 작동으로 폄하할 필요가 없다는 것이다. 이런 관점에서 볼 때 숙의민주주의와 급진민주주의는 상호배타적 관계가 아니라 하나의 보완적 관계로 연결될 수 있다. 즉 숙의를 행하고 합의를 이루면 최선의 결과가 될 것이고, 여기에 실패하는 경우에는 차이를 존중하는 급진적 민주주의의 방식을 적용하는 것이다. 다만 급진적 민주주의 역시 숙의민주주의와 마찬가지로 이상주의적 측면이 있는데 그것은 다수가 포용적 태도를 보일지라도 승산이 없다고 판단하는 소수가 체제 밖으로 뛰쳐나갈 수 있다는 사실이다. 따라서 급진적 민주주의가 성공을 거둘 것인가 하는 문제는 다수의 관용성 이상으로 소수의 완고함 여부에 달려 있다고 말할 것이다.

제 4 부

현대 서구정치이론과 새로운 패러다임의 모색

제7장

알렉상드르 꼬제브의 정치이론과 현대정치철학

❶ 머리말

A. 꼬제브(1902-1968)[1]는 20세기의 프랑스 지성사에 신비적 인물로 기록된다. 그는 1930년대에 잠시 대학 강단에서 인상적인 헤겔철학 강의를 행한 후 학계를 떠나 훗날 고급관리로서 현실정치에 관여하였다. 과작으로 남긴 저서가 거의 없으나 전설처럼 그의 명성

---

1) 부유한 러시아 가문 태생인 꼬제브는 1920년에 생활고로 조국을 탈출하여 독일로 건너갔다. 그는 하이델베르그에서 야스퍼스의 지도하에 블라디미르 솔로비에프(Vladimir Soloviev)에 관한 박사학위논문을 썼으며 1929년 프랑스로 이주하였다. 솔로비에프는 헤겔철학의 영향을 받은 러시아의 신비주의자이다. 독일 체류기간에 레오 스트라우스(1899-1973)와 종교사상연구로 교분을 맺었다. 1932년 록펠러재단의 후원으로 파리에 온 스트라우스와 함께 고등교육원(Ecole Pratique des Hautes etudes)에서 꼬이레(koyrè)의 헤겔 강의를 청강하였으며, 자신의 친구인 꼬이레가 이집트로 떠나자 그의 헤겔 강의를 1933년에 인계 받아 1939년 2차 세계대전이 발발할 때까지 출강하였다. 이 시기에 그는 장 이뽈리뜨(Jean Hyppolite)와 더불어 무신론적이며 인간학적인 프랑스의 헤겔 연구를 주도하였다. 파리가 함락되자 꼬제브는 레지스땅스 조직에 가입하여 주로 선무공작을 담당하였다. 2차 대전이 끝난 후 부터 1968년 사망할 때까지 프랑스 외무성의 고급관리로서 주요 외교정책의 입안에 관여하여 「유럽경제공동체」(EEC)와 「관세 및 무역에 대한 일반협정」(GATT)의 체결을 주도한 초기 주역의 한 사람이 되었다. 그는 망명 후 상당기간 동안 공산주의자임을 자처하였으며, 그의 전기를 쓴 오프레(D.Auffret)에 의하면 그는 프랑스 정부에 침투한 공산주의 첩자로 의심을 받기도 하였다.

은 구전되었고 역사에 각인되었다. 한때 혁명의 복음을 전파했던 그는 자본주의와 포드(Ford)를 예찬하는 변신을 행하면서 숨겨진 니체주의적 권력의지를 비난받기도 하였다.

그의 헤겔 강의는 사회적 변혁을 갈구하는 당대의 젊은 철학도들에게 큰 영감을 불러일으켜 꼬제브의 사도(使徒)라고 불리 우는 기라성 같은 인물군[2])을 배출하였으며 헤겔과 마르크스를 연결시키는 실존적 마르크스주의 논쟁의 단초를 제공하였다.

꼬제브의 철학은 레오 스트라우스(Leo Strauss)와의 논쟁을 통해서 영미권에 소개되었는데, 주인과 노예의 변증법에 초점을 맞추는 그의 독창적인 헤겔 해석은 여기서 다시 한번 강조되었고 그는 몇 가지 주제에 대해 독특한 주장을 감행한 바 있다. 특히 지식과 권력의 관계, 역사의 종언의 문제는 현대정치철학의 중요한 쟁점이 되었다.

본 논문은 우선 스트라우스와의 논쟁을 중심으로, 현대정치철학에 중요한 영향을 미친 꼬제브 철학의 두 주제를 검토한다. 그 다음 꼬제브 철학을 어떻게 자리매김할 것인가의 문제를 몇 개의 분석 패러다임을 통해서 살펴본다. 이 문제는 특히 그의 지적 편력과 관련하여 검토될 것이다. 마지막으로 꼬제브의 주장에 대해 비판적 성찰을 행한다.

---

2) 레이몽 끄노(Raymond Queneau), 조르즈 바따유(Georges Bataille), 모리스 메를로-퐁티(Maurice Merleau-Ponty), 자크 라캉(Jacque Lacan), 레이몽 아롱(Raymond Aron), 에릭 베일(Eric Weil), 조르즈 페사르(Georges Fessard), 장 드상띠(Jean Desanti) 등이 대표적 인물들이다. 이들 명단에 대해서는 Michael S. Roth, *Knowing and History: Appropriations of Hegel in Twentieth-Century France* (Ithaca: Cornell University Press, 1998), pp. 225-227 참조. 사르트르(J.P.Sartre)의 경우에는 논란이 있다. Mark Poster, *Existential Marxism in Postwar* (Princeton: Princeton University Press, 1975), p. 8.

❷ 지식과 권력

학문과 지식은 현실의 문제에 어떻게 대처해야 하는가? 전통적인 가치중립 논쟁과 관련하여 서로 다른 세 유형의 답을 상정할 수 있다. 첫째로 중립적인 태도이다. 이는 베버의 논리이며 쥘리앙 방다(Julien Benda)는 '지식인의 배반'을 경고한 바 있다(Julien Benda 1958). 둘째로 권력과의 투쟁을 전제하는 비판적 참여로서 지식인 모델의 원형을 제공한다. 셋째로 권력의 생산적 기능과 긍정적 효과를 강조하는 권력에의 참여를 들 수 있다. 세 번째의 범주 속에는 '아름다운 영혼'을 강조하는 심정윤리론자에서부터 파시스트, 정의의 독재를 주장하는 레닌주의자에 이르기까지 다양한 입장이 혼재한다. 학문, 지식, 혹은 철학의 개념을 동일선상에서 파악하여 세 번째 범주의 문제에 대해 논의를 시작해보자.

『히에로』(Hiero)는 독재자 히에로와 시인 시모니데스(Simonides)의 대화를 수록한 크세노폰(Xenophon)의 저서이다. 책의 전반부는 히에로가 자신을 방문한 시모니데스에게 자신이 처한 어려움을 다소 과장되게 호소하는 내용이며, 후반은 선정(善政)을 통해서 신민의 자발적 복종을 기대할 수 있을 것이라는 시모니데스의 충고를 담고 있다. 레오 스트라우스는 『히에로』를 분석한 그의 저서 『참주론』(*On Tyranny*)에서 본 주제와 관련하여 다음의 주장을 하였다.

첫째로, 스트라우스는 철학의 세계가 통치, 즉 정치의 세계와 본질을 달리하고 있으며 전자가 후자보다 우위에 있다고 본다. 스트라우스에 의하면 철학의 세계는 영원의 질서를 추구하는 진리의 세계인 반면, 정치의 세계는 다수의 판단과 합의를 추구하는 억견(臆見)의 세계이다. 지혜를 추구하는 자는 통치하기를 원하지 않는다.

따라서 스트라우스의 해석에 의하면『히에로』의 중요한 메시지는 시모니데스로 상징되는 지자의 삶이 히에로로 상징되는 통치자의 삶보다 더 가치 있는 것으로 암시하는데 있다(Leo Strauss 1963, 88-89). 지자는 덕성과 탁월함을 추구하여 진정한 인간으로부터의 존경을 기쁨으로 삼으나 통치자는 일반대중의 맹목적인 사랑을 열망할 뿐이다. 여기서 양자 간에 행복의 질적 차이가 발견된다.

둘째로, 스트라우스는 철학적 정치가 가능한가의 문제에 대해서 부정적인 입장을 취했다. 스트라우스는 정치의 세계에서 철학의 실현은 불가능하다고 본다. 세속적인 문제해결의 과정이 지식의 획득을 방해하기 때문이다. 따라서 스트라우스는 차라리 정치의 세계를 등졌던 소크라테스의 자족적인 삶을 예찬한다. 소크라테스는 시정에 무관심했으며 심지어 이웃이 누구인지도 모르며 살았다. 철학은 정치에의 참여 없이도 관념 그 자체의 힘만으로 정치적 효력을 발휘할 수 있는 법이다. 철인왕의 이상을 사실상 포기하는 스트라우스는 그러나 철학이 정치를 완전히 외면할 수 없음을 인정한다. 경우에 따라서는 정치적 조언도 할 수도 있다. 그러나 스트라우스가 생각하는 철학의 정치개입은 철학의 자기방어를 위한 것이다. 철학적 사유와 행위가 핍박을 받지 않기 위해서라는 제한적 목표 속에서만 철학의 정치참여가 인정된다(Leo Strauss 1963, 220-221). 최종적으로, 스트라우스는 히에로의 독재가 정당화될 수 없다고 결론 내린다. 그 이유는 최선의 독재가 현실적으로 실현불가능하다고 보기 때문이다. 스트라우스에 의하면 오늘날까지 이상적 독재가 실현된 적은 없었다. 따라서 고전적 정치철학은 법의 지배를 이상적 독재보다 우선시한다. 시민생활의 계도를 강조하고 학문의 가치중립을 비판하는 고전적 정치철학이 역설적이게도 정치참여의 문제에 대해서는 대단히 소극적이다.

스트라우스는 1948년에 『참주론』을 발표한 다음 꼬제브에게 서한을 통해 자신의 책에 대한 논평을 부탁했다. 꼬제브는 1950년에 스트라우스의 『참주론』을 논한 자신의 글 「참주와 지혜」(Tyranny and Wisdom)를 『크리틱』(Critique)지에 게재하였다.[3)]

꼬제브는 자신의 글에서 다음과 같이 주장하였다. 첫째, 철학과 정치의 두 세계는 스트라우스가 제기하는 문제에 관한 한 본질적으로 동일하다. 철학적 진리 역시 역사적이며 현실적인 검증을 필요로 한다는 점에서 정치의 논리와 크게 다르지 않다. 꼬제브는 정치나 학문이나 모두 현실에 부합되어야 하며 따라서 다수 대중의 심판을 필연적으로 요구한다고 보았다. 꼬제브는 초월적 지식을 추구하는 스트라우스의 철학하는 태도를 지적 엘리트주의로 간주하였고 '주관적 확실성'(subjective certainties)의 위험을 경고하였다. 꼬제브에 의하면 그것은 수도원의 논리이며 문단과 학파 등 폐쇄적 집단 내부에서만 통용되는 논리이다. "철학은 정의에 의할 때 지혜 이상의 것이며 필연적으로 진리가 아닌 주관적 확실성, 혹은 편견을 내포한다. 철학자의 의무는 이러한 편견을 가능한 한 빨리 제거하는 것이다. 폐쇄적이며 교의를 지향하는 사회, 교리의 입각하여 선출된 엘리트는 이 교의 속에 포함된 편견을 강화시키는 경향이 있다. 편견을 극복하려는 철학자는 그것이 공화주의적이든 귀족주의적이든 종파와 수도원을 벗어나 외부의 세계(소크라테스가 말하는 '시장'이나 '거

3) 스트라우스는 1954년에 『히에로』의 원문, 꼬제브의 논평, 에릭 뵈글린(Eric Voegelin)과 꼬제브의 논평에 대한 자신의 반론을 추가하여 동일한 제목의 책을 불어로 재출판하였다. 이 책은 1964년에 영문으로 번역되었으며, 1991년에는 빅토르 구르비츠(VIctor Gourevitch)와 마이켈 로스(Michael S. Roth)의 편집에 의해서 30여년간 두 사람이 주고받은 서한들이 부록으로 추가되었다. 알란 브롬(Allan Bloom)은 스트라우스와 꼬제브의 논쟁을 가리켜 공개적으로 행해진 금세기 최고의 철학 논쟁이라고 표현한 바 있다. Allan Bloom, "Response to Fukuyama," *National Interest*, No.16 (Summer 1989), p. 21.

리')로 나아가 살려고 노력해야 한다"(Leo Strauss 1963, 164). 꼬제브는 지자의 삶이나 통치자의 삶이나 양자 모두 사회로부터 인정을 희구한다고 본다. 『히에로』에서 언급되는 철학자에 대한 존경이나 통치자에 대한 사랑은 본질적으로 동일한 개념들이다. 꼬제브는 소크라테스가 자신의 논리에 자족하지 않았다는 사실을 강조하면서 소크라테스를 외부세계에 초연했던 철학자로서 묘사하는 크세노폰과 레오 스트라우스의 해석에 강력하게 반대였다. 꼬제브에게 시모니데스와 히에로는 같은 종류의 인간일 뿐 아니라 동일한 인물이기도 하다. 자족적 삶의 한계를 지적하고 초월적 진리의 가능성을 부정하는 꼬제브의 지식론은 상호적 주관의 논리에 접근한다.

둘째, 철학의 정치 개입은 가능하며 바람직한 것인가? 꼬제브에게 지식과 권력은 상호보완적이다. 지식은 권력을 통하여 자신의 이념을 실현시키며 권력은 지식으로부터 올바른 방향을 제시받는다. "간단히 말해서, 철학자가 국가에 대해 정치적 조언을 행할 수 없다면 역사의 진보는 존재하지 않을 것이며, 용어의 본래적 의미에 있어서 역사 역시 존재하지 않을 것이다. 그러나 정치인이 일상의 정치적 행동을 통해서 철학적 조언을 현실화시키지 않는다면, 철학적 진보는 존재하지 않을 것이며, 용어의 정확한 의미에 있어서 철학 역시 존재하지 않을 것이다"(Leo Strauss 1963, 186). 꼬제브는 철학자가 국가기관의 교육을 담당하는 순간 그는 이미 정치의 세계에 진입하고 있다고 본다. 꼬제브에 의하면 철학교육과 정치교육 사이에 본질적인 차이가 없다. 그러면 적극적인 정치참여라고 말할 수 있는 정치권력의 행사는 어떠한가? 꼬제브에 의하면 철학자는 지적 훈련을 통해서 통치능력을 갖추고 있다. 꼬제브에게 정치는 기술이전에 지식의 영역이다. 또한 철학자는 정치권력을 휘두를 수 있는 강인함도 보유하고 있다. 그리고 철학자는 정치참여를 욕구한다. 다만 그는 시간상의 제약에 애로를 느낄 뿐이다. 따라서 철학자는 타협책으로 직접적인 권력행사 대신에 정치적 조언의 역할에 만족하게 된다(Leo Strauss 1963, 1972-1974). 꼬제브는 정치의 세계와 철학의 세계가 동질적이라고 보았고 두 세계의 결합이 건설적 결과를 초래한다고 믿었기 때문에 최종적으로 이상적 참주의 가능성을 기대하였다. 즉 시모니데스의 조언은 히에로와 같은 참주에 의해서 실현가능하다. 소크라테스(Socrates)와 알키비아데스(Alcibiades), 플라톤(Plato)과 디오니시우스(Dionysius), 아리스토텔레스(Aristoteles)와 알렉산더(Alexander), 스피노자(Spinoza)와 드 비트(de Witt)가 그 예들이다. 따라서 꼬제브는 한 때 살라자르(Salazar)정권이나 스탈린의 독재 속에서 현대적 참주의 출현 가능성을 기대하였다.

꼬제브 이후 권력과 지식의 관계를 본격적 주제로 다룬 현대의 사상가는 푸코(M. Foucault)이다.[4] 푸코는 권력과 지식의 관계를 상호배타적인 것으로 파악해온 서구의 전통에 반기를 들고 이 문제에 대한 근본적인 재검토를 주장하였다. 푸코는 권력과 지식의 필연적인 상호결합관계를 'power/knowledge' 개념으로 파악하여 지식과 연계되지 않는 권력이나 권력을 전제하지 않는 지식은 존재하지 않는다고 주장하였다.[5] 푸코에 의하면 지식은 권력과 결합되어도 그 효력을 강화시킬 뿐 여전히 진실을 유지할 수 있다. 지식은 권력의 도움을 통하여 더 많은 사실을 효과적으로 규명할 수 있다. 권력과

4) 푸코와 꼬제브 사이에 직접적인 교류는 없었다. 그러나 푸코가 꼬제브의 평생 동료였던 바따이유(G.Bataille)를 통해서 꼬제브 철학의 영향을 받게되었다고 추론하는 자료로서 Shadia B. Drury, *Alexander Kojève: The Roots of Postmodern Politics* (New York: St.Martin's Press, 1994), pp. 139-140 참조.

5) Michel Foucault. 1980. *Power/Knowledge: Selected Interviews and Other Writings, 1972-1977*, ed. Colin Gordon (New York: Pantheon Books, 1980); A.Sheridan, trans. *Discipline and Punishment* (New York: Random House, 1977).

결합된 지식의 이데올로기화를 주장하는 것은 일면적 논리이다. 마찬가지로, 지식과 결합된 권력은 단순한 탄압 이상의 것이며 합리성을 지닌다는 점에서 긍정적인 측면을 갖는다. 근대권력은 단순히 억압과 강제에만 의존하지 않으며 합리성에 대한 호소를 끊임없이 시도해왔다. 이 과정에서 근대 권력은 대상에 대해서 안전과 복지, 행복을 책임짐으로써 이른바 목자적 권력 - 기독교적인 목자와 양떼의 관계 - 을 가능케 해왔다(Michel Foucault 1982, 213-215). 권력과 지식의 결합은 서로를 상호건설적인 방향으로 보완시켜줄 수 있다. 푸코는 한편으로 권력과 지식의 억압적 기제를 규명하고 익명화되는 현대권력의 추세를 우려하였지만, 다른 한편으로 권력과 지식의 생산적 효과를 강조함으로써 현대 권력론의 새로운 지평을 개척하였다.

❸ 역사의 종언

꼬제브는 이상적 참주의 등장가능성을 옹호하면서 역사는 결국 이들에 의해 보편적(universal)이며 동질적(homogeneous)인 국가로 진입할 것이라고 주장하였다. 여기서 보편적이라 함은 하나의 국가 체계가 국경을 초월하여 확대 적용됨을 의미하며, 동질적이라 함은 체제내부에 있어서 구성원 상호간의 계급이 부정되고 평등의 이념이 실현됨을 의미한다. 물론 꼬제브에 있어서 평등의 이념은 법적 평등이며 기회의 평등이다. 꼬제브는 보편적이며 동질적인 국가의 등장으로 역사는 완성된다고 주장하였다. 역사가 완성된다는 것은 역사를 추진하는 정신적인 원동력이 자신을 완전히 소진시킨다는 의미에서이다.

역사가 완성되었다는 꼬제브의 대담한 발상은 그의 독특한 헤겔철학론에 입각해 있다. 다음은 『정신현상학』에 대한 꼬제브의 해석이다.[6] 헤겔은 정신현상학의 자의식에 대한 논의에서 인간의 본질적 욕구를 인정(recognition)의 욕구로 파악하였고 여기서 생사를 건 투쟁의 역사가 시작되었다고 보았다. 욕구는 결핍에 대한 인식이며 필연적으로 주어진 상황에 대한 부정을 의미한다(A.Kojève 1969, 5). 인간은 동물과 달리 명예와 존경, 찬사를 획득하기 위해서 죽음의 공포를 무릅쓸 수 있는 존재이다. 최초의 투쟁에서 승리한 주체는 주인의 지위를 획득하며 주인의 도덕은 고도의 정신적 가치를 추구하여 물질적, 생산적 욕구를 초월하는데 있다. 반대로, 패배한 주체는 노예의 지위로 전락하며 이들의 도덕은 생명의 욕구와 물질적 이해에 사로잡혀 주인의 미덕을 발휘하지 못하는데서 비롯된다. 그

6) 꼬제브의 『헤겔강의입문』(*Introduction à la Lecture de Hegel*)은 1947년 그의 제자중의 한 사람인 레이몽 끄노에 의해서 출간되었다. 레이몽 끄노는 꼬제브의 논문, 강의 노트 및 원고들을 편집하여 이 책을 완성시켰다. 이 책은 1969년에 알란 브룸에 의해서 같은 제목(*Introduction to the Reading of Hegel*)의 영문 책자로 재편집되었다. 여기서 우리는 꼬제브의 헤겔 해석이 과연 헤겔 철학에 대한 올바른 이해에 입각해 있는가의 문제를 제기해 볼 수 있다. 비판가들의 지적에 따르면, 헤겔은 주인과 노예의 변증법에 있어서 주인과 노예의 도덕을 역사발전의 한 계기로 파악하였으며 상호적인 것으로 파악하였지 어느 일방의 승리에 의한 종결을 결코 주장하지 않았다. 꼬제브가 헤겔의 원전을 잘못 해석하고 있다고 문제를 제기한 학자들은 매우 많다. 대표적인 예를 들면, Patrick Riley, "Introduction to the Reading of Alexandre Kojève," *Political Theory*, Vol. 9, No. 1(February 1981), pp. 5-48; George Armstrong Kelly, "Notes on Hegel's Lordship and Bondage," *The Review of Metaphysics*, Vol. 19, No. 4 (June 1966), pp. 780-801 참조. 그러나 꼬제브는 1948년 Tran Duc Thao와의 편지에서 그것이 얼마나 원전에 충실하였는가를 따지는 것은 유치한 일이라고 응수하였다. Michael S. Roth, *Knowing and History: Appropriations of Hegel in Twentieth-Century France* (Ithaca: Cornell University Press, 1988), p. 126. 꼬제브에게 헤겔 해석은 학문적 연구 이전에 미래 사회의 건설을 위한 정치적 선전(propaganda)의 문제였다. A. Kojève, "Hegel, Marx et Le Christianisme," *Critique* (1945), p. 366.

러나 지배와 예속의 상황은 영속적이지 못하다. 승리한 주인계급은 상대를 굴복시킴으로써 자신의 존재이유를 상실하는 상황을 맞는다. 노예계급은 더 이상 경쟁의 상대가 아니며 그들 계급에 의해서 모든 필요가 해결되기 때문에 주인계급의 삶은 권태와 무기력으로 채색된다. 반면, 노예계급은 노동을 통해서 자연을 정복하고 지배계급의 물적 토대를 제공하는 실질적인 역사의 주체로서 등장한다. 시간의 흐름 속에서 노예계급은 자신의 존재에 대한 의식의 각성을 경험한다. 노예의 윤리 속에 내재해 있는 인정의 욕구가 고개를 내미는 순간 노예계급은 봉기하여 주인계급과 투쟁한다. 승부는 자명하다. 그러나 노예의 인정욕구는 지배의 욕구가 아니라 동등한 승인을 요구하는 평등주의적 욕구이며 따라서 노예계급의 승리와 더불어 계급 없는 사회가 성취된다.

계급관계의 대역전에 앞서 노예의 윤리를 정당화하고 지배의 영속화를 꾀하는 이데올로기가 출현하는데 에피큐로스 철학이나 스토이시즘, 기독교가 그 대표적인 예이다. 이들은 대체로 행동의 철학을 부정하고 내면적인 평화를 강조함으로써 노예의 윤리에 일조하였다. 그러나 기독교의 경우 노예의 윤리를 강화시키는 부정적인 효과에도 불구하고 평등의 이념을 고취하여 노예계급의 권리의식을 각성시켰다. 근대국가는 기독교 이상을 세속적으로 구현한다. 노예계급의 해방을 위한 투쟁의 전제는 신의 개념에 의존함 없이 죽음의 공포를 극복하는 일이다. 무신론자로서 전사가 될 수 있을 때 노예계급은 진정한 역사의 주체가 된다. 헤겔은 말을 탄 나폴레옹에게서 신의 죽음을 선언하는 세계정신을 목격하였다. 나폴레옹에 의해서 보편적이며 동질적 국가의 대 역사(役事)가 시작된 것이다.

꼬제브는 초기에 스탈린의 역할을 나폴레옹의 연장으로 파악하였다. 즉 나폴레옹에 의해서 시작된 보편국가의 건설이 프러시아 국가의 단계를 지나, 20세기 사회주의 국가건설에 의해서 계승되고 있다고 보았다. 꼬제브는 스탈린에 대한 자신의 역할을 나폴레옹에 대한 헤겔의 그것에 비유하였다(A. Kojève 1968, 18). 꼬제브는 헤겔과 달리 자코뱅의 테러를 긍정하였으며 보편적 국가의 건설과정에서 테러의 사용은 불가피하다고 보았다(A. Kojève 1969, 69). 꼬제브의 이러한 논리는 프롤레타리아혁명과 소비에트체제의 정당성을 옹호하는 의미를 갖는다. 최종국가에 대한 꼬제브의 묘사 역시 공산주의 사회에 대한 마르크스의 설명과 유사하다. 역사의 최종 단계 에서 모든 인간은 동등한 존엄성을 갖고 자유와 행복, 번영을 구가할 것이다. 근본적인 욕구가 모두 충족됨으로써 인간은 예술과 놀이와 사랑을 즐길 것이다.[7] 그러나 이러한 상태는 자체에 어두운 그림자를 갖고 있다. 변증법의 완성으로 더 이상의 성취동기가 존재하지 않는 사회는 과거에 주인의 세계가 그랬던 것처럼 자신의 생명력을 상실하기 때문이다.

제2차 세계대전이 종료된 후 꼬제브는 획기적인 이론전환을 모색하였다. 혹자는 이 문제를 그의 역사주의적 철학태도 - 모든 지식은 현실적 검증을 필요로 한다 - 에 결부시켜 해석하였고, 혹자는 그의 은폐되었던 진면목을 문제 삼았다.[8] 변화는 크게 두 가지이다.

첫 번째의 변화는 1948년을 전후하여 꼬제브가 보편적 국가의 실체를 사회주의 체제가 아닌 미국식 자본주의 체제로 결론 내렸다는 사실이다. 모두가 동등한 인격을 갖는 평등사회라는 관점에 서

7) A. Kojève, *Introduction to the Reading of Hegel*, p. 159 각주. 이 귀절은 공산주의 사회를 묘사하는 마르크스의 『독일이데올로기』를 연상시킨다.

8) 전자의 예로서, Robert P. Pippin, "Being, Time, and Politics: The Strauss-Kojève Debate." *History and Theory*, Vol. 32, No. 2 (1993), pp. 160-161. 후자의 예로서, Shadia B. Drury, *Alexander Kojève: The Root of Postmodern Politics*, pp. 63-64.

볼 때 미국은 꼬제브에게 계급 없는 사회였다.[9] 꼬제브는 20세기 자본주의가 마르크스의 예상과 달리 자신의 문제를 대부분 해결하였으며, 새로운 세계는 군사력이 아닌 경제력에 의해서 승부가 날 것이라고 보았다. 냉전이 아직 끝나지 않은 시점에서 이미 꼬제브는 미국이 최종적으로 소련에 대해 승리할 것이라고 예견하였다. 따라서 꼬제브는 이 문제에 관련된 자신의 논리를 다음과 같이 재구성하였다. 역사는 1806년 예나에서 나폴레옹에 의해 이미 완성되었다. 나폴레옹 이후 모든 국가와 민족은 인간의 존엄과 행복을 위한 동일한 원칙과 이상을 추구해왔다. 꼬제브에 의하면 워싱턴과 모스크바의 대결은 보편적이며 동질적 국가의 실현과정에서 나타난 방법론상의 이견(異見)에 불과하다. 꼬제브에게 두 체제의 갈등은 비본질적인 성격의 것이었다. 꼬제브는 이 지점에 이르러 마르크스주의자로서 자신의 이미지를 과감하게 청산하였다.

두 번째 변화는 보편적 국가에 대한 부정적 평가를 강화하기 시작했다는 사실이다. 꼬제브는 보편적 국가가 직면하게 될 문제들을 처음부터 어느 정도 감지한 바 있다. 그러나 1950년대에 들어서 그는 최종국가의 문제를 더욱 심각하게 인식하였다. 꼬제브는 미국 사회가 현실의 물질적 성취에 만족하여 부정의 능력을 상실하고 고귀한 인간성을 포기하는 동물적 사회로 복귀하고 있다고 보았다. 꼬제브에게 미국은 베버가 일찍이 갈파한 것처럼 영혼 없는 전문가, 애정 없는 향락인의 사회였다. 『헤겔강의입문』 제2판의 유명한 각주(脚註)에서 꼬제브는 다음과 같이 주장하였다. "역사가 종료되면 호

9) "포드(Ford)는 혁명 없이 평화적으로 마르크스의 꿈을 실현시킨 위대한 마르크스주의자였다....오늘날 고전적 자본주의는 소련에서만 존재한다." A. Kojève, "Capitalisme et Socialisme: Marx est Dieu, Ford est Son Prophète." *Commentaire*, Vol. 9 (Spring 1957), p. 137.

모사피엔스로서 인간은 풍요와 안전에 만족하여 조건반사적인 행동을 하는 존재가 될 것이다. 그들은 새와 벌과 거미처럼 집을 짓고 노래를 부르고 유희를 행하며 야생동물처럼 사랑을 할 것이다. 인간의 대화는 벌의 언어가 될 것이며 인간은 다시 한번 동물로 복귀할 것이다…"(A. Kojève 1969, 160 각주).

최종국가에 대한 꼬제브의 실망은 또 다른 곳에서도 단서가 발견된다. 꼬제브는 프랑소아 사강(Françoise Sagan)의 소설에 대한 논의를 통해서 '새로운 세계'의 실체를 재확인한다(A. Kojève 1956, 703-708). 사강 소설의 등장인물들은 동물적인 사랑에 탐닉하며 여주인공은 남성을 노리개감 이상으로 생각하지 않는다. 역사를 창조하기 위해서 생명을 내걸었던 진정한 남성들은 어디로 사라졌는가. 꼬제브는 사강의 작품세계가 남성다움이 사라지고 남녀의 역할이 전도된 새로운 사회의 출현을 잘 반영하고 있다고 보았다.

꼬제브는 최종적으로 일본 속에서 보편적 국가의 인간화가능성을 발견하였다. 꼬제브의 일본 사회에 대한 분석은 지나치게 단순하고 자의적이지만 그의 메시지는 분명하다.[10] 보다 일찍 후기 역사 속으로 진입한 또 하나의 국가인 일본에서는 아직도 무사의 윤리와 생활양식이 살아남아 최종사회의 전락을 극복하고 있다. 가령 미시마 유키오(Mishima Yukio)의 죽음이 그렇다. 꼬제브에게 미시마의 자결은 일본의 재무장을 주장하는 한 지식인의 죽음 이상의 의미를 갖는다. 그것은 미국식의 물질주의와 쾌락주의를 거부하고 고귀한 영혼의 세계를 부활시키는 인간적인 투쟁을 함축한다. 꼬제브는 죽음의 공포를 극복하는 일본인의 삶의 방식 속에서 주인윤리의 회생

10) 꼬제브의 일본론은 A. Kojève, *Introduction to the Reading of Hegel*, pp. 161-162 각주; "Entretien avec Gilles Lapouge: 'Les Philosophes ne m'intéressent pas, je cherche des sages'," *op. cit.*, pp. 18-20 참조.

가능성을 예견하였다. "후기역사의 일본문명은 미국과는 정반대 방식의 길을 밟았다. 일본에는 유럽적 혹은 역사적 의미의 종교, 도덕, 정치는 존재하지 않는다. 그러나 순수한 형태로서 속물근성(snobbery)은 '자연적인 것' 혹은 '동물적인 것'을 부정하는 기율을 창조하였으며, 그것은 전쟁이나 혁명 혹은 강요된 노동에서 기인하는 '역사적' 행동을 크게 능가하는 효력을 발휘 하였다..... 그러므로, 극단적인 경우, 모든 일본인은 완벽하게 '대가 없는'(gratuitous) 자살 - 사회적, 정치적 내용을 갖는 '역사적' 가치를 위한 전투에서 목숨을 거는 것과는 무관한 - 을 행할 수 있다(고전적인 사무라이의 검(劍)은 항공기나 어뢰정으로 대체될 수 있다). 이것은 최근에 전개되고 있는 일본과 서구사회의 교류가 최종적으로 일본의 야만화가 아닌 서구의 일본화로 귀결 될 것이라는 믿음을 갖게 해줄 것 같다" (A. Kojève 1969, 161-162 각주).

스트라우스는 꼬제브에 대한 반론을 통해서 꼬제브식의 역사의 완성이 가능하지도 바람직하지도 않다고 주장하였다. 스트라우스 역시 꼬제브적 의미에서 보편적 국가의 출현을 감지하였지만 그것은 순간적 현상일 뿐 영구적 질서가 될 수 없다고 보았다. 최종국가는 부패하지 않는가? 완성의 개념을 거부하고 영원 회귀적 역사관을 취하는 스트라우스는 보편적 국가가 출현한다 하더라도 새로운 허무주의적 혁명에 의해서 역사는 최초의 상태로 복귀하게 될 것이라고 주장하였다. 스트라우스는 당위적 측면에서 보편적 국가의 존재의의를 더욱 강력하게 비판하였다. 그것은 덕성과 고귀함을 추구하는 인간의 본질에 정면으로 충돌하는 사회질서이며 그곳에서 인간은 금수와 같은 존재로 타락하게 될 것이다. 스트라우스는 보편적 국가를 관통하고 있는 노예의 윤리가 철학의 종말을 초래할 것이라고 경고하였다(Leo Strauss 1963, 226).

'역사의 종언'이라는 주제를 다시 한번 본격적으로 거론 한 것은 프란시스 후쿠야마이다.[11] 후쿠야마는 시종 일관 꼬제브를 인용하고 있으며, 베를린 장벽이 무너지고 공산주의체제가 붕괴되는 시점에서 이론을 전개했기 때문에 마르크스주의에 대한 기대가 전무하다는 점을 제외하다면 양자의 주장은 거의 동일하다. 약간의 품위를 위해서 후쿠야마는 헤겔의 인정욕구에 대한 선례를 고대 그리스의 철학에서 모색한다. 플라톤은 『국가』서 소크라테스의 입을 빌어 인간 영혼의 주요 영역으로서 자존심(thymos)의 중요성을 강조하였다. 후쿠야마는 이를 다시 우월욕망 (megalothymia)과 대등욕망(isothymia)으로 2분한다. 우월욕망은 자신의 우월성을 과시하고 싶어 하는 욕망이며 대등욕망은 타인과 대등하게 인정받고 싶어 하는 욕망이다. 후쿠야마에 의하면 인간의 역사는 정신적 가치를 둘러싼 투쟁이며 우월욕망에 대한 대등욕망의 승리로 귀결된다. 후쿠야마는 보다 강렬하게 정신적 가치를 추구한다는 점에서 우월욕망이 더 인간적 속성을 갖는 다고 보았다. 노예의 윤리로서 대등욕망은 해방을 위한 투쟁의 원동력을 제공하지만 승리와 더불어 이들 계급을 재차 물질적 만족에 몰입하도록 만든다. 대등욕망의 역사적 구현체로서 부르주아 계급은 프랑스대혁명과 미국혁명을 성공시키고 최종적으로 미국식 자유민주주의에 도달하였다. 홉스에서 로크, 제퍼슨에 이르는 앵글로색슨적 이론의 전통은 자기보존과 물질적 행복의 추구를 정신적 가치의 추구보다 우선하는 잘못된 처방을 제시함으로써 꼬제브의 보

11) Francis Fukuyama, *The End of History and the Last Man* (New York: The Free Press, 1992). 프란시스 후쿠야마는 그의 스승 알란 브룸(Allan Bloom)의 영향을 받아 꼬제브의 철학세계에 접근하였다. 알란 브룸은 레오 스트라우스의 소개로 꼬제브를 만난 후 1953년부터 1968년 꼬제브가 죽을 때까지 그와 철학적인 교류를 가졌다. 알란 브룸은 꼬제브를 자신의 스승으로 모셨으며 『미국정신의 종말』 역시 꼬제브의 영향을 상당히 받은 것으로 알려져 있다.

편적이며 동질적인 국가를 정당화하였다. 후쿠야마는 한편으로 자유민주주의가 인간의 우월욕망을 간접적인 방식으로나마 최소한도 수용하고 있음을 인정한다. 그러나 후쿠야마에게 자유민주주의는 본질적으로 우월욕망을 억압하는 체제이다(Francis Fukuyama 1992, 313-321). 후쿠야마는 성공한 기업가가 되기를 꿈꾸는 미국의 세속적 젊은이들에게서 니체의 최후의 인간을 목격한다.

❹ 꼬제브 이론과 현대정치철학의 패러다임

현대정치철학의 패러다임과 관련하여 꼬제브이론의 위상을 검토하는 작업은 크게 세 가지 맥락에서 전개되었다. 첫 번째는 실존주의적 마르크스주의의 원형으로서 꼬제브의 이론을 평가하는 관점이다.[12] 제2차 세계대전이 끝난 후 10여년 동안 프랑스 지식인사회는 파시즘과의 투쟁, 레지스땅스의 신화라는 시대적 분위기의 영향을 받아 마르크스주의에 상당히 경도되었고 꼬제브의 이론은 혁명적으로 해석되었다. 꼬제브에 의해서 점화된 프랑스의 헤겔 르네상스는 전후 실존주의적 마르크스주의 논쟁의 두 주역인 사르트르와 메를로-퐁티의 사상적 원천이 되었으며 이 전 통은 신좌파(new left)의 이론가들에 의해 계승되었다. 사르트르는 꼬제브를 따라서 인간의 본질을 자유와 부정으로 규정하였으며 이를 '존재와 무'의 논리로 정식화하였다. 메를로-퐁티는 휴머니즘의 실현에 테러는 불가피하다고 주장하면

12) 예를 든다면 Michael S. Roth, *Knowing and History: Appropriations of Hegel in Twentieth-Century France* (Ithaca: Cornell University Press, 1988); Mark Poster, *Existential Marxism in Postwar France* (Princeton: Princeton University Press, 1975).

서 한때 스탈린의 모스크바 재판을 옹호하였다. 꼬제브에 의해서 시도된 철학적 인간학으로서 헤겔의 정신현상학은 마르크스주의와 결합하여 전후 서구사회의 변혁을 위한 정신적인 원동력을 제공하였다.

두 번째는 고전철학의 관점에서 파악된 꼬제브의 이론세계이다. 스트라우스와의 논쟁에 즈음하여 꼬제브는 근대정신의 대변자로서 규정되었다.[13] 스트라우스에 있어서 근대의 의미는 크게 두 개의 차원을 갖는다. 하나는 정치이념으로서 자유주의와 평등주의이며, 다른 하나는 인식론으로서 실증주의이다. 스트라우스는 전자와 관련하여 근대사회가 덕의 지배를 포기하고 평균적 인간의 사회를 지향하게 되었음을 개탄하였으며, 후자와 관련하여 근대사회가 가치중립의 논리 속에서 지적인 허무주의로 전락하게 됨을 비판하였다.[14] 스트라우스의 관점에서 보면 꼬제브의 최종국가는 근대 자유주의와 평등주의의 산물이며 꼬제브의 역사주의는 근대실증주의의 귀결이었다. 따라서 스트라우스에게 꼬제브의 궁극적 회의는 모더니스트가 겪게 되는 필연적인 좌절을 의미하였다.

마지막으로 1980년대에 들어서 포스트모더니즘 논쟁이 일기 시

---

13) 스트라우스-꼬제브 논쟁의 기본적 구도는 고대세계와 근대세계의 대결이다. Victor Gourevitch, "Philosophy and Politics, I." *Review of Metaphysics*, Vol. 22, No. 1 (September 1968), p. 62. 스트라우스는 꼬제브가 근대를 신격화시켰다고 보았다. Robert P. Pippin, "Being, Time, and Politics: The Strauss-Kojève Debate." *History and Theory*, Vol. 32, No. 2 (1993), p. 151. 동일한 시각을 취하는 또 다른 자료로서 Barry Cooper, *The End of History: An Essay on Modern Hegelianism* (Toronto: University of Toronto Press, 1984); Stanley Rosen, *Hermeneutics as Politics*. Oxford: Oxford University Press, 1987); G. P. Grant, "Tyranny and Wisdom : A Comment on the Controversy Between Leo Strauss and Alexandre Kojève." *Social Research*, Vol. 31 (1964), pp. 45-72 참조.

14) Leo Strauss, *Liberalism Ancient and Modern* (New York: Cornell University Press, 1968); *What is Political Philosophy?* (Glencoe, Illinois: The Free Press, 1959).

작하자 꼬제브의 이론은 모더니즘, 혹은 포스트모더니즘의 선구로서 평가되었다(Michael S. Roth 1988, 144). 포스트모더니즘은 근대이성의 오만을 비판하며 거대설화가 전체주의의 모태가 되었다고 주장한다. 포스트모더니즘은 헤겔 철학의 총체성을 문제 삼으며 마르크스주의 속에서 근대합리주의의 절정을 발견한다. 포스트모더니즘이 추구하는 가치는 해체와 차별화, 이질성의 증대이다. 동질적 사회를 추구 하는 꼬제브의 최종국가는 이와 반대로 근대적 기획의 전형이라 말할 수 있고, 그는 적어도 외형적으로는 계몽의 아들이었다. 이러한 관점에서 볼 때 꼬제브는 실패한 계몽주의자가 된다.[15] 그러나 엄밀한 의미에서 꼬제브는 포스트모더니스트들이 말하는 모더니스트의 전형은 아니다. 왜냐하면 꼬제브의 환멸은 전체주의 국가의 테러가 아니라 자유주의 국가의 동물성에서 비롯되었으며, 근대 기획의 실패가 아니라 그것의 완성에서 기인하기 때문이다.

이와 반대로, 혹자는 후기의 꼬제브 철학에서 나타나고 있는 니체주의적 요소를 중시하여 꼬제브를 오히려 포스트모더니즘의 선구로 간주한다.[16] 이러한 견해에 따르면 꼬제브 사상의 핵심은 노예의 인정욕구에 있는 것이 아니라 주인의 인정욕구에 있으며 그것이 은폐되었을 뿐이다. 최종국가에 대한 우울한 평가는 무엇을 말하는가.

---

15) 꼬제브의 주관적 입장과 관계없이 그의 초기 철학은 객관적으로 '수용소 군도'나 스탈린의 대숙청과 결합되어 해석될 수 있다. 솔제니친의 작품이나 모리스-메를로-퐁티의 『휴머니즘과 테러』는 꼬제브적 모티브로 가득 차 있다. Barry Cooper, *The End of History: An Essay on Modern Hegelianism* (Toronto: University of Toronto Press, 1984), pp. 303-318.

16) 포스트모더니즘에 대한 비판적 시각에서 이러한 해석을 시도하는 글로서 Shadia B. Drury, *Alexander Kojève : The Root of Postmodern Politics* (New York: St. Martin's Press, 1994). 그러나 포스트모더니즘적 시각에서 동일한 해석을 행할 수 있다. Allan Stoekl, "Round Dusk : Kojève at The end." *Postmodern Culture*, Vol. 5, No. 1 (September 1994).

꼬제브는 결국 근대를 부정하였다. 꼬제브에게 삶의 본질은 투쟁이며 승리 그 자체이고 이념의 실현은 부차적인 의미만을 갖는다. 이들은 꼬제브의 사상적 전환을 사전에 예정되어 있는 것으로 본다. 여권사회에 대한 환멸이나 일본사회의 예찬 등은 잠재적인 파시스트로서 그의 진면목을 증명하고 있다.[17] 최종국가에 대한 꼬제브의 회의를 염두에 둘 때, 스트라우스와 꼬제브의 논쟁은 외형과는 달리 양자 사이의 차이점보다 공통점을 더 많이 보여주고 있으며 이것은 전근대와 탈근대의 제휴로서 해석될 수 있다.

이상의 논의들을 종합하여 결론을 내리면 다음과 같다. 꼬제브는 근대의 이념을 옹호한 모더니스트였다. 그는 보편적이며 동질적인 근대국가의 이념을 앞세워 스트라우스의 고전철학과 대결 하였으며, 탈근대론자들에 의해서 가상의 적이 되었다. 그러나 최후의 인간에 대한 회의가 보여주듯이 그는 근대의 이념과 상충하는 니체주의적 성향을 동시에 갖고 있었다. 상반된 이들 두 성향 의 관계를 어떻게 설정할 것인가? 최종국가에 대한 회의의 강도를 어떻게 파악하느냐에 따라 꼬제브에 대한 평가는 양극단을 오갈 수 있다. 꼬제브의 지적 세계를 총체적으로 재구성해 볼 때, 그것은 노예윤리나 주인윤리 어느 일방의 우위를 추구했다기 보다는 노예윤리와 더불어 일정 수준 주인윤리에 향수를 느끼는 이중적 경향을 보였다고 말하는 것이 더 정확한 평가가 될 것이다. 따라서 결론은 꼬제브의 이론을 변형된 모더니즘으로 파악하는 것이다. 그것은 니체주의와 결합 된 모더니즘으로서 한편으로는 동질적인 사회를 갈망하면서 다른 한편으로는 그 현실태에 실망 한다. 그것은 엘리트주의를 배격하는 엘리트

17) 드루어리는 꼬제브의 철학을 칼 슈미트(Carl Schmitt)의 그것과 동일시한다. Shadia B. Drury, *op. cit.*, p.64.

주의이다. 민중의 해방을 추구하지만 권력의 의지를 동시에 간직한다는 점에서 꼬제브의 모더니즘은 복합적이고 심지어 자기모순적인 요소들을 갖고 있다.

❺ 맺는 말

결국 스트라우스와 꼬제브의 논쟁은 토크빌에 의해서 19세기에 이미 예견되었으며 20세기에 들어 사회과학의 중심과제가 되었던 대중사회론에 대한 철학자들의 성찰이었다. 인식론과 정치 이념의 논리를 동원하여 스트라우스는 대중사회의 출현을 비판하였고, 꼬제브는 이에 대해 이중적인 태도를 취했다. 지식과 권력의 관계, 역사의 종언에 대한 꼬제브의 주장을 비판적으로 검토 하면 다음과 같다.

지식과 권력의 문제에 대해서 꼬제브는 비현실적이고 폐쇄적 지식의 한계를 통박하고 정치적이며 역사적인 검증의 필요성을 역설하였다. 꼬제브는 주관적 확실성의 위험을 근거로 스트라우스를 비판하였다. 그러나 꼬제브 자신의 논리에 대해서도 또 다른 종류의 위험의 문제를 제기할 수 있다. 그것은 한편으로 다수의 오류와 횡포의 문제이며, 다른 한편으로 왜곡된 일반의사의 문제이다. 특히 후자의 관점에서 볼 때, 정치권력의 동원과정은 순종적인 다수의 추인을 강요할 수 있고 이러한 상태가 지속적일 가능성이 상존한다. 즉 현대적 참주는 역사의 이름으로 강압정치를 정당화할 수 있으며 비민중적인 체제의 존재이유는 역설적이게도 민중적 정의의 구현을 명분으로 삼는다. 금세기에 인류가 목격했던 전체주의 체제는 다수에 의한 정치를 표방했음에도 불구하고 본질적으로 소수엘리트의 의사를 관철시켰던 자기기만적 체제의 대표적 사례이다. 꼬제브는 객관적이며 현실적인 지식의 이상에 입각하여 지식과 권력의 결합을 정당화했지만 불완전 한 지식의 속성을 감안할 때 지식과 권력의 결합에 대해서는 유보적인 태도 역시 요구된다 할것이며 따라서 참주체제의 한계를 인정하지 않으면 안 될 것이다.

역사의 종언과 관련하여 꼬제브는 보편적이고 동질적인 국가의 도래를 역사의 완성으로 파악하였다. 그러나 자유와 번영, 상호존중의 이념이 실현되었다는 의미에서 보편적 국가의 존재는 분석적 개념으로서 너무 추상적이다. 인정의 개념 역시 모호하기는 마찬가지여서 상황에 따라 다양한 논리와 결합될 수 있으며 이에 대해서 반증(falsification)이 불가능하다. 역사에 대한 이러한 방식의 논의는 지나치게 포괄적인 논리구조로 인하여 객관적인 검토가 사실상 어렵다. 꼬제브는 서구사회가 1806년에 나폴레옹에 의해서 법적 평등을 쟁취하였고 20세기 자본주의는 물질적 풍요를 통해서 이를 실질화하기에 이르렀다고 주장하였다. 그리고 꼬제브에 의하면 역사의 완성의 요체는 법적 평등의 실현에 있다. 그 결과, 꼬제브는 미국과 소련의 두 체제를 보편적 국가의 실현을 위한 방법론의 차이로 간주하였고 이데올로기의 문제에 대해서 별다른 의미를 부여 하지 않았다. 그러나 20세기의 역사현실을 직시한다면 두 체제의 대결은 방법론적 갈등 이상의 것이었으며 상이한 세계관과 인간론에서 비롯되었다는 사실을 우리는 부정하기 어렵다. 따라서 1806년을 강조하는 꼬제브의 이론은 추상적 가치에 매몰되어 구체적 역사를 외면하는 왜곡된 역사철학으로서 비판을 받을 소지가 있지 않은가?

최종적으로 꼬제브의 인간론을 문제 삼을 수 있다. 명예와 존경의 가치는 분명히 살아있는 인간의 중요한 욕망이며 따라서 꼬제브의 주장은 현실감이 있다. 그러나 다른 방식으로 인간의 본질을 규정할 수는 없는가? 인정의 욕구는 누구에게서나 최상의 정신적 욕구인가? 가령 스트라우스가 주장하는 자족적인 삶과 덕성의 추구는? 꼬제브의 철학은 지나치게 경직된 인간론을 전제함으로써 자신의 이론세계에 스스로 한계를 부여하고 있다.

스트라우스와 꼬제브의 논쟁과 관련하여 한 가지 생각해 볼 문제가 있다. 그것은 자유민주주의에 대한 평가의 문제이다. 자유민주주의에 대한 평가의 스펙트럼은 다음과 같이 요약될 수 있다. 마르크스주의와 고전철학은 서로 다른 맥락에서 근대의 이념을 비판하였다. 마르크스주의는 근대의 계급적 한계를 거론했으며, 고전철학은 세속화된 근대의 도덕률을 비판하였다. 여기에 니체가 가세한다. 니체 역시 자신의 노예도덕론에 근거하여 근대사회의 정신적 유약성을 비판하였다. 고전철학과 니체주의의 근대민주주의 비판은 양자 모두 평균적 사회의 범용성을 문제 삼기 때문 에 외형적으로 볼 때 상당한 유사성을 갖는다. 그러나 고전철학은 권력의지를 부정하고 덕성의 연마를 추구한다는 점에서 니체주의와 차이가 있다. 따라서 고전철학의 자유민주주의 비판을 니체주의의 자유민주주의 비판과 동일시하는 것은 보수주의와 파시즘을 구별하지 않는 오류를 범하는 것이 된다. 스트라우스나 꼬제브를 비판하는 유력한 논리 중의 하나는 양자 모두 미국의 자유민주주의에 대해서 회의적인 태도를 취하는 반동적인 경향을 보인다는 주장이다. 여기서 우리는 미국민주주의를 정당화하는 새로운 논리를 발견하게 된다. 그것은 미국민주주의에 대한 윤리적 비판을 파시즘으로 몰고 가는 것이다. 평균주의와 도덕적 범용성은 자유민주주의의 내재적 한계이며 가능하다면 개선되어야할 부분이다. 이에 대한 문제제기를 곧 니체주의로 혹은 파시즘으로 단죄한다면 이것이야 말로 흑백논리이며 지적 폭력이 아니겠는가? 자유민주주의의 이념체계는 보완을 요구하는 차선의 질서이지 결코 신화가 아니다.

제8장

앙드레 고르와 생태적 사회주의론

❶ 서론

후기산업사회의 등장과 더불어 사회주의 이념이 퇴조하고 이를 대신하여 생태주의이념이 부상하고 있다. 문제틀의 진화에 즈음하여 사회주의자들의 반응은 다양하다. 전통적인 마르크스주의 진영은 문제가 여전히 자본과 노동의 관계에 있으며 부등호의 전환은 제일의적 모순을 은폐할 소지가 있다고 본다. 뿐만 아니라 마르크스주의의 철학자체가 생태의 이념과 상충되는 요소들을 내포하고 있다. 따라서 이들은 새로운 문제제기에 대해서 대체적으로 소극적이다. 보다 일반적인 의미에서 사회주의 운동 역시 생태의 이념은 하나의 딜레마가 된다. 중산층에 의해서 주도되는 조용한 혁명은 사회주의 운동의 정체성을 파괴하고 이념적 혼란을 초래하기 때문이다. 따라서 그들은 상황에 유연하게 대처함으로써 두 개의 뿔을 잡으려는 노력을 시도한다.[1]

[1] 혹자는 자본주의 정치경제 비판의 논리와 초기 마르크스의 소외론을 근거로 생태주의 이념으로서 마르크스주의의 가능성을 주장하기도 하나 마르크스의 노동관, 인간의 복지에 대한 마르크스의 관심, 사회주의 정체경제의 성장 및 개발지향적 경향 등을 고려할 때 양자의 관계를 양립적으로 보기 어렵다. Luke Martell, *Ecology and Society* (Cambridge: Polity Press, 1994), pp. 148-154.

한편 포스트모더니즘, 혹은 후기산업사회론에 합류하는 일군의 전(前)사회주의자들은 사회주의의 논의를 일단 종료시키려한다. 사회주의는 역사적으로 시의성을 상실하고 있으며 앞으로의 과제는 해방의 정치가 아닌 생명의 정치이다.

마지막으로 생태주의와 사회주의 결합가능성을 모색할 수 있다. 이른바 생태사회주의 혹은 녹색사회주의의 시도이다. 세 번째 범주의 이론가들은 생태의 이념을 적극적으로 수용하지만 사회주의의 고유한 문제의식을 견지하고 생태주의의 논리가 보수화되는 것을 경계한다. 이들의 생태적 사회주의는 정도의 차이에도 불구하고 대체적으로 전통적인 마르크스주의의 근본명제에 대해서 재해석, 혹은 상당한 수준의 비판을 감행한다. 앙드레 고르(1924~)의 생태사회주의

마르크스주의에 입각한 생태주의를 주장하고 있는 이론가의 시각에서 볼 때 오늘의 서구 생태주의는 반공주의의 연장이며, 신비주의적 경향이 있고, 사회문제에 무관심하며, 잠재적인 반동의 가능성을 보이고 있다. Joel Kovel, "Ecological Marxism and Dialectic," *Capitalism Nature Socialism*, Vol. 6, No. 4 (1995), p. 31. 전통적인 사회주의자의 녹색운동에 대한 견해에 대해서는, Hans Magnus Enzensberger, "A Critique of Political Ecology," *New Left Review*, 84 (1974), pp. 3-31; Joe Weston(ed.), *Red and Green: A New Politics of the Environment* (London: Pluto, 1986)를 참조할 것. Peter Dickens, *Society and Nature: Towards A Green Social Theory* (Hemel Hempstead: Harvester Wheatsheaf, 1992); Ted Benton, *Natural Relations: Ecology, Animal Rights and Social Justice* (London: Verso, 1993)는 각각 자신의 저서 제 3장과 제2장에서 초기 마르크스가 취했던 생태주의적 관점을 논하고 있다. 마르크스주의에 대한 생태주의적 해석을 시도하는 사람들은 『경제철학수고』의 '자연은 인간의 비유기체적 신체(nature is man's inorganic body)'라는 구절을 주목한다. Garrett Hardin, "The Tragedy of Commons," in G.Hardin and J.Baden(eds.), *Managing the Commons* (San Francisco: W. H. Freeman and Co, 1977)는 생태학적 질문에 대한 자유주의 와 사회주의 정치철학의 관계를 다룬 고전적인 논문이며, Martin Ryle, *Ecology and Socialism* (London: Century Hutchinson, 1988)은 사회주의와 생태주의 두 전통의 관계에 대한 논의의 좋은 입문서로 알려져 있다. Robyn Eckersley, *Environmentalism and Political Theory* (London: SUNY Press, 1992)는 생태주의적 관점에서 마르크스주의에 대한 본격적인 비판을 행하고 있다.

역시 세 번째 범주에 해당된다. 그는 생태주의의 이념을 수용함으로써 오히려 새로운 사회주의의 부활을 시도한다.

강제수용소의 존재와 대숙청, 한국전쟁 등에 의해서 야기된 소비에트 마르크스주의에 대한 회의는 1956년 이후의 일련의 정치적 사태 - 헝가리 사태, 폴란드 봉기, 20차 공산당대회의 스탈린주의 비판 - 와 더불어 프랑스의 좌파지식인들로 하여금 심각한 좌절을 경험하도록 하였다. 소비에트 마르크스주의의 관료주의와 통속적 유물론을 비판하면서 출발한 프랑스 신좌파는 기술사회의 소외, 여가의 중요성, 노동계급의 변화, 자주관리의 이념 등을 문제 삼고 진정한 마르크스주의의 회복을 표방하였다.[2] 그러나 전통적인 혁명이론을 거부하는 완고한 현실 앞에서 이들 신좌파이론가들은 점차 마르크스주의의 내재적 한계를 시인하기에 이르렀으며 68년 5월 혁명 이후에는 심지어 반(反)마르크스주의를 선언하는 인물들까지 출현하였다. 프랑스 신좌파의 자유주의화 경향은 후기산업사회로 돌입한 서구체제의 일반적 흐름을 반영하고 있지만 프랑스 철학 특유의 정치현실에 대한 강렬한 관심과 개인의 가치를 존중하는 서구사회주의의 자유주의적 전통을 동시에 증명한다고도 말할 수 있다.

앙드레 고르는 아직도 사회주의의 이상을 포기하지 않으면서 생태의 이념에 지대한 관심을 보이는 대표적인 신좌파이론가의 한사람이다. 한때 강경한 이념투쟁을 주도하였으며 오늘날 새로운 사회주의론을 제안하고 있는 앙드레 고르의 사상적 편력을 통해서 현대 프랑스 좌파지성의 한 흐름을 읽을 수 있을 뿐만 아니라 '노동의 종

2) 고르와 투렌(Alain Touraine), 말레(Serge Mallet)등에 의해서 '새로운 노동계급론'을 주장하는 계보가 형성되었다. 이들에 의하면 선진자본주의 사회에 있어서 노동계급의 투쟁은 물질적 욕구보다 정신적인 소외의 극복을 지향한다. Mark Poster, *Existential Marxism in Postwar France* (Princeton: Princeton University Press, 1975), pp. 362-369.

말' 명제와[3] 결합하는 생태사회주의의 유력한 논리와 접하게 된다.

❷ 실존적 마르크스주의와 앙드레 고르

고르의 철학적 배경은 훗설의 현상학이며 고르의 마르크스주의는 사르트르의 마르크스주의 해석을 상당부분 수용하고 있다.[4] 훗설은 과학의 논리와 객관주의적 사고에 의해서 함몰된 삶의 세계를 회복하려고 하였으며 참된 지식의 근거로서 본래적 경험의 세계를 강조하였다. 이러한 훗설의 노력은 변증법적 이성을 정초시키려 했던 사르트르의 시도와 밀접한 관련을 갖는다. 사르트르는 과학의 논리를 표방하는 사적 유물론을 비판하고 실천적 이성의 우위를 주장하였다. 사르트르에 의하면 변증법의 최종적 단계는 인간의 본질이며 역사의 원동력인 개인적 프락시스가 집단적 형태로 전환되는 과정이다. 사르트르에 있어서 물질세계의 희소성은 불변의 전제가 된다. 희소성에 의해서 매개된 인간관계는 물화된 반인간적 집단을 만들어낸다. 각자는 자신의 이익만을 의식하고 공동선을 추구하지 않는다.

이것이 집열체, 타성태, 반(反)변증법의 의미이며 소외된 실천의 본질이다. 그러나 사르트르의 자유의 철학은 타성태의 필연성과 투쟁하는 융합집단의 출현을 상정한다. 융합집단은 비록 희소성에의

3) 제레미 리프킨의 가설을 말한다. 리프킨에 의하면 기술진보는 미래의 사회를 소수의 기술엘리트집단과 다수의 실업자 집단으로 양분시킬 것이다. 리프킨은 대체된 노동력을 제3부문으로 흡수할 것을 제안한다. 제레미 리프킨, 이영호 역, 『노동의 종말』(민음사, 1996).

4) 사르트르는 고르의 자전적 소설인 『Le Traître』(1958년)의 서문을 썼으며 고르는 1960년대에 사르트르의 사도(使徒)로서 『현대』지의 편집책임을 맡아 활약하였다.

공포라는 공리적 동기에서 출발하였지만 자발적인 우의(友誼)에 의해서 뭉쳐진 순수한 결사체이다. 그것은 마르크스가 공산주의의 이상향으로 파악했던 자유로운 개인의 연합체와 동일한 개념의 범주속에서 파악될 수 있다. 그러나 융합집단은 혁명의 시기에 순간적으로만 존재한다. 왜냐하면 물적인 타성태와 투쟁하기 위한 융합집단의 노력은 합의와 규율을 필요로 하게 되며 배신자에 대한 응징이 요구되기 때문이다. 또한 전문화된 분업체제가 형성된다. 따라서 집단의 종속적 존재로서 개인은 점차 자율성을 상실한다. 이것이 서약집단, 조직집단, 제도집단의 의미이다. 물적 타성태와 투쟁하는 과정에서 형성된 제도적 집단은 개인의 자유를 화석화하고 동지적인 인간관계를 파괴시키며 또 하나의 타성태로 전락하게 된다. 스탈린체제는 변질된 제도집단의 절정이다. 고르는 일부 마르크스주의자들 이 과학적 유물론의 논리를 앞세워 사르트르의 철학을 허무주의적이라고 비난하고 있지만 그것은 엄연한 역사의 원리를 외면하는 처사라고 주장한다. 사르트르는 이미 프롤레타리아 독재의 개념 속에 내재된 위험을 경고하였으며 혁명적 국가 역시 관료주의화의 경향을 피할 수 없다고 보았다. 사르트르가 의도하고 있는 것은 종교적 사회가 취하고 있는 낙관적 유토피아주의를 거부하고 역사의 본질에 대한 이해를 촉구하는 것이다(Gorz 1975, 269). 사르트르의 변증법적 이성비판은 전도된 실천을 극복하고 최초의 이상을 회복하기 위해서 마르크스주의가 언제나 새롭게 출발해야 함을 시사해 준다.

고르는 소련의 소비에트체제 건설과정이 공산주의의 이념과 정면으로 충돌하고 있음을 비판한다. 소비에트체제의 경제는 사회주의 자본축적의 논리에 의해서 생산성과 효율성이 강조되었으며 산업화 과정에서 선진자본주의의 생산기법이 도입되었다. 생산정책은 생산자가 아닌 전문관료에 의해서 기획되었고 국가계획은 노동자에게 청교도적인 삶을 강요하였다. 계급적 착취는 사라졌지만 강요된 노동이 계속됨으로써 소외는 근절되지 않았다. 관료 집단은 개인적으로 초과이윤을 추구하지 않았으나 생산수단을 통제하여 사실상 노동력을 착취하는 일종의 국가부르주아지에 불과하게 되었다. 그러나 고르는 볼셰비키정부의 관료주의화가 소련의 특수한 역사적 경험만을 반영하는 것은 아니라고 말한다. 중국의 경우 소련과 다른 방식의 근대화를 추진하였지만 문화혁명이 보여주듯이 비슷한 결과를 초래하였다. 고르에 의하면 이행단계에 있는 저개발국가의 사회주의는 물적토대의 고유한 행로로 인하여 권위주의적 관료체제를 피하기가 어렵다. 따라서 필요한 것은 자기기만적인 논리에서 벗어나 사실을 인정하고 문제를 해결할 수 있는 제도적 안전장치를 마련하며 혁명을 재무장하는 일이다(Gorz 1975, 126). 고르는 생산수단의 집단적 전유가 생산과정에 대한 노동자의 실질적 통제와 결합될 때 비로소 노동자의 해방은 가능하다고 말한다. 따라서 노동자는 자신의 의사를 자유롭게 개진할 수 있고 생산조건을 결정할 수 있는 실질적인 힘을 발휘할 수 있어야 한다. 그것은 권력을 당이 아닌 소비에트에게로 이양하는 것이며 또한 소비에트민주주의의 전통을 재건하는 것을 의미한다. 관료주의와의 투쟁을 위한 지속적인 혁명이 시도되지 않는다면 혁명은 최후를 맞이할 수밖에 없다.

결국 고르는 레닌주의를 극복하는 혁명의 이론을 시도한다.[5)]그것의 첫 번째 의미는 국가기구의 전복에 의한 일회적인 혁명의 전략을 거부하는 것이다. 짜르 치하의 러시아와 달리 근대적 자본주의 국가는 단순한 억압의 체제가 아니며 정치적, 이념적 헤게모니에 의

5) 딕 호워드는 고르의 이론이 로자 룩셈부르크적 성격을 갖는다고 말한다. Dick Howard and Karl E. Klare (eds.), *Unknown Dimension: European Marxism Since Lenin* (New York: Basic Books, 1972), p. 403.

해서 정당성의 외관을 확보하였다. 고르는 총파업이나 무장폭동과 같은 위대한 저녁(Le Grand Soir)의 개념을 포기하고 연속적인 개혁에 의한 혁명의 논리를 주장한다. 그러나 그가 제안하는 개혁은 사회민주주의의 그것과 본질적인 차이가 있다. 체제의 결함을 점진적으로 치유하려는 사회민주주의의 개혁과 달리 고르는 개혁은 대중의 혁명적 공간을 확보하고 체제의 위기를 창출하는 데 그 목적이 있다. 고르는 지속적인 위기의 창출에 의해서 대중으로 하여금 체제를 거부하게 하는 것, 그리고 위기에 대한 적절한 해결책을 제시하는 것이 가장 효과적인 혁명전략이라고 말한다(Gorz 1975, 165-167). 고르에 의하면 사회민주주의는 사회복지의 확대와 독점자본주의의 팽창이라는 상호 모순적 목표를 추구하기 때문에 본질적으로 한계를 갖는다. 두 번째의 의미는 전위정당의 역할을 최소화시키는 것이다. 고르는 혁명의 원동력이 대중의 자발적 투쟁에 있다고 본다. 자본주의의 착취에 대한 저항의 모티브는 노동계급 내부에 언제나 존재한다. 외부로부터 강요된 이념이나 지도력에 우선하여 투쟁은 계급 내부로부터 전개되어야 한다. 고르는 노동조합을 자본주의의 예속적 존재로 간주하는 일부 좌파운동가들의 이론을 비판하면서 노조의 역할이야 말로 혁명운동의 토대가 됨을 강조한다. 생산현장에 있는 노동자의 요구를 대변하는 것이 노조의 임무이며 당은 이것을 정책화한다. 동일한 맥락에서 고르는 대중의 정치참여를 부정적으로 평가하는 립셋(S. M. Lipset)의 이론을 반박하고 소비에트식 직접민주주의의 우위를 주장하였다. 그러나 미성숙한 대중의 자발성을 보완하여 대중을 지도하고 교육하는 혁명정당의 역할 또한 중요하다.[6] 당과 지식

6) 고르는 5월혁명 이후에 혁명정당의 역할을 새롭게 인식하였다. Dick Howard and Karl E. Klare(eds.) *Unknown Dimension: European Marxism Since Lenin*, p. 404.

인은 자본주의의 문화적 헤게모니를 파괴하고 대안적 시각을 제시하는 중요한 임무를 부여받는다. 문제는 당이 대중위에 군림하는 권위주의적 존재가 되어서 안 된다는 것이다. 고르에 의하면 혁명정당의 존재는 필요악이다. 세 번째로 고르는 마르크스주의의 자유주의적 요소를 강조한다. 마르크스가 최종적으로 강조하고 있는 것은 개인의 자유로운 발전이며 마르크스의 공산주의는 자유로운 생산자연합의 형태를 지향한다. 따라서 과도기적 존재로서 국가기구를 강조하거나 프롤레타리아 독재를 운위하는 레닌의 이론과 달리 고르는 모든 형태의 중앙집권적 지배를 반대하였다.

고르는 프랑스 5월혁명을 서구 최초로 사회주의 혁명의 전망을 보여준 사건으로 평가하였다.[7] 고르에 의하면 5월혁명의 시위자들은 자본주의적 질서와 다른 어떤 것을 요구하였다. 그것은 모든 형태의 불평등과 위계적 분업구조에 대한 도전이었으며 자본주의 체제에 대한 문화혁명의 맹아를 보여주었다. 5월혁명을 촉발했던 대학의 위기는 자본주의 체제의 위기의 연장에 불과하였다. 위계적인 자본주의 사회의 재생산을 주된 임무로 하는 대학은 자기모순에 의해서 내부로부터 균열되었다. 고급인력의 창출을 위한 재정적 지원이 한계에 도달하였으며 유순한 존재를 기대했던 전문 교육은 반대로 체제의 모순에 저항하는 자율적 존재를 탄생시켰다. 학생들은 자본주의 사회의 차별적인 직업구조를 유지하기 위한 대학의 역할에 거부감을 표명하였고 교육제도의 규율화에 대한 투쟁은 규율적 노동과정

---

7) 그러나 오늘날 일반화된 해석에 의한다면 5월혁명은 서유럽사회가 전통적인 사회주의 혁명이론을 더 이상 적용시킬 수 없는 발전단계에 진입하였음을 증명한 사건이었다. 5월혁명을 계기로 서구 지식인사회에서 좌파의 몰락이 가속화 되었다. 5월혁명에 대한 본격적인 해석에 대해서는, Luc Ferry and Alain Renaut, *French Philosophy of The Sixties*, trans. Mary H. S. Cattani (The University of Massachusetts Press, 1990) 참조.

에 대한 투쟁으로 전환되었다.

고르에 의하면 5월혁명의 실패는 운동의 자발성이 정치적 구심점이 없이 주관의 분출로 끝나버린 데 있었다. 그들은 각자의 위치에서 반항 그 자체만을 시도하였지 공동의 목표를 위한 어떠한 수단도 확보하지 못했다. 프랑스 공산당과 노조는 파국을 두려워하여 5월혁명을 정치적 범죄라고 비난하였다. 고르는 공산당이 정치적 감각을 결여함으로써 체제와 타협을 모색하고 노동계급의 대표를 자임해온 정당으로서 정치적 파산을 경험하게 된다고 말한다. 공산당은 기존의 국가관료기구를 이용한 사회주의 이행전략에 집착하였으며 그 결과 노동계급으로 부터 외면당했다. 자발적인 대중운동이 혁명으로 성공하기 위해서는 혁명적 정당의 촉매가 필요하다. 고르는 5월혁명의 실패와 관련하여 혁명정당의 임무로서 다음의 4가지를 주장하였다(Gorz 1975, 53-64). 첫째로 자본주의체제의 모순과 현실적인 문제해결을 위한 이론적인 연구를 계속적으로 수행한다. 둘째로 각 부분의 요구를 수렴하여 부르주아의 이념적 헤게모니와 투쟁을 위한 통합적 이데올로기를 개발한다. 셋째로 혁명의 장기적 전망을 분명히 제시하고 운동에 대한 신뢰를 잃지 않도록 정치적 지도력을 발휘한다. 마지막으로 당은 국가주의적인 환상에서 벗어나 진정한 노동자의 권력을 지향해야 하며 끊임없는 논쟁을 통해서 그 자신이 직접민주주의의 중심이 되어야 한다.

❸ 생태정치학의 문제

1970년대에 들어서 고르는 새로운 성격의 자본주의 위기를 거론하기 시작하였다. 그것은 성장의 한계와 생태적 위기의 문제이다.

고르의 생태주의는 다분히 인간중심적인 성격을 갖는다. 자연의 질서 그 자체가 목적이 아니라 삶의 질과 인간의 복지가 최종적인 가치로 강조되기 때문이다. 따라서 자연의 의미는 생활세계의 의미와 직결된다. 그러나 인간중심적인 접근을 취하는 여타의 환경론자들과 달리 기술적이며 공학적인 문제해결을 철저히 거부하는 급진적 입장을 취한다.[8)]

고르는 인류가 그 어느 때보다 더 많은 소비를 행하고 있지만 삶 자체는 더욱 열악해지고 있다고 본다. 성장의 비용이 성장의 과실을 능가하기 때문이다. 성장은 이미 파우스트적 거래의 단계에 진입하였다. 생산활동은 생산하는 것 이상을 파괴하고 있으며 삶의 질이 쇠락의 신호를 보이기 시작하였다. 고르는 성장의 철학에 대한 근본적인 재검토를 주장한다. 경제적 성장이 인간의 복지를 지속적으로 증가시킬 것이라는 생각은 리얼리즘의 결여이다(Gorz 1980, 14). 고르는 분배의 구조 역시 경제성장에 의해서 더욱 악화될 것이라고 판단한다.

자본주의는 상품의 수명을 단축시킴으로써 자본의 순환을 가속화하여 전통적인 과잉생산의 위기에 대처해왔다. 그러나 생태적 균형의 파괴와 환경오염, 자원고갈로부터 야기되는 산업화의 물리적 한계는 조만간 성장 그 자체를 불가능하게 만들 것이다. 고르에게 자원의 재생산을 위한 비용의 증대는 자본주의의 제2의 위기가 된다. 로마클럽에 대한 MIT보고서는 선진국의 경우 1975년을 기준으로 산업생산의 증가를 멈추어야 하며 저개발국의 경우에만 향후 15

8) 고르는 환경주의(environmentalism)와 생태주의(ecology)를 구별한다. 전자는 국가적 규제를 통한 기술적인 체제관리를 의미하나 후자는 자본주의의 논리를 근본적으로 변경시키는 패러다임의 변화를 의미한다. André Gorz, *Capitalism, Socialism and Ecology*, trans. Chris Tumer (London: Verso, 1994), pp. 94-95.

년간 성장이 허용될 수 있다고 주장하여 사태의 심각성을 인정하였다.[9)]

기본적으로 고르는 서구사회의 경우 부와 재화의 생산의 총량이 사회적 필요수준을 능가하고 있다고 본다. 풍요속의 빈곤은 이러한 상황을 의미한다. 따라서 앞으로 인류사회의 과제는 산업생산의 증가를 최소화하는 대신 분배의 정의를 실현하며 삶의 질을 제고하는 문제이다. 인류사회는 진정한 부 대신에 왜 풍부의 문명을 창조하였는가? 위기의 근원에 대한 고르의 진단은 다음의 몇 가지 관점으로 정리된다.

그것은 첫째로 자본주의의 속성에서 기인한다. 자본주의의 유일한 가치척도는 이윤의 증대이고 자본주의는 '건전한 경쟁'을 통해서 생산과 소비를 끊임없이 확대시킨다. 자본주의의 본질은 욕망의 확대재생산에 있다. 오늘날 개인의 상품구매는 사용가치가 아닌 지위와 신분의 과시를 추구하며 소비행위는 사치와 낭비에 불과하게 되었다. 고르는 다국적기업의 발호와 세계경제에 있어서 미국의 헤게모니가 사태를 더욱 악화시킬 것이라고 본다. 고르는 이와 관련하여 자동차의 사회학을 다음과 같이 설파한다(Gorz 1980, 69-77). 자동차는 부르주아 계급의 신분적 상징으로 출발하였다. 그러나 사용이

9) 고르는 생태의 위기를 증명함에 있어 빈번히 통계적 자료를 동원하는 양적인 접근을 취한다. 따라서 기술적 문제해결도 논리적으로는 하나의 대안이 된다. 혹자는 이 점과 관련하여 경제적 합리성비판에 경제적 척도를 동원하는 고르의 모순을 지적한다. 고르의 철학은 그의 주장과 달리 과학적 생태주의 즉 환경주의의 논리와 유사성을 갖고 있다. Finn Bowring, "André Gorz: Ecology, System and Lifeworld." *Capitalism Nature Socialism*, Vol. 6, No. 4 (December, 1995), pp. 71-75. 머레이 북친은 고르의 생태정치학이 궁극적으로 마르크스주의 경제학의 논리에 입각해 있다고 보며 이것을 불가능한 시도로 간주한다. 북친에 의하면 마르크스주의는 본질적으로 반(反)생태주의적이다. 북친은 고르에게서 혼란에 빠진 좌파지식인의 천박한 지적 유희를 발견한다. Murray Bookchin, "André Gorz, Ecology as Politics." *TELOS*, No. 46 (Winter, 1980-81), pp. 177-190.

보편화됨으로써 이제 최초의 의미를 상실하였다. 특권계급은 새로운 교통수단을 모색 중이다. 고르에 의하면 자동차의 보급은 자연과 도시를 파괴하고 인간을 기계문명에 예속적인 존재로 전락시켰다.

두 번째는 기술사회의 역기능이다. 과학기술의 진보는 인간의 해방에 기여하였으나 동시에 파괴적인 효과를 수반하였다. 통제되지 않은 과학기술은 자본의 논리와 결합되어 맹목적인 성장을 촉발시킨다. 고르는 하버마스나 투렌의 이론자원을 원용하여 특히 정책결정과정에서 드러나는 기술전문가 집단의 독주를 강하게 비판한다. 기술적인 판단만이 최종적인 척도가 아닐뿐더러 공평무사한 과학의 논리 배후에 정치경제적 이해관계가 개입가능하기 때문이다. 가령 핵에너지의 개발은 군수산업의 촉진과 밀접한 관계가 있다. 고르에 의하면 녹색혁명의 논리 역시 잘못된 문제해결 방식의 전형을 보여준다. 그것은 과학의 문제를 과학의 논리로 해결하려 하고 있다. 고르는 생태주의가 생물공학의 응용과 무관한 일종의 문명비판이 되어야 할 것을 주장한다(Gorz 1980, 17).

셋째로 고르는 사회적 제도와 기구의 존재의의를 문제 삼는다. 고르에 의하면 그것들은 전문화된 분업구조와 시장관계, 위계적 사회질서를 고착시킨다. 사회제도는 구성원으로부터 자율성과 창의력을 박탈하고 기존의 질서를 재생산하는 기능을 수행한다. 그것은 다수 대중을 피동적 존재로 만들고 소수엘리트의 전횡을 합법적으로 보장한다. 제도에 의해서 개인의 욕망을 자극하는 소비주의 이데올로기가 창출되며 전문화된 분업구조는 기술파시즘과 결합된다. 국가의 관료기구는 제도의 극단적인 예이지만 고르는 심지어 학교와 병원까지를 문제 삼는다. 고르에 의하면 양자는 사회적 정상화(social normalization)의 기능을 수행하는 대표적인 기구들이다(Gorz 1980, 187). 학교는 사회가 요구하는 이데올로기를 일방적으로 주입할 뿐 아니라 육체노동을 경시하는 전문화된 교육과정을 통해서 무기력한 인간집단을 양산해낸다. 의학의 제도화는 병의 사회적 원인을 은폐하고 불필요한 가료행위를 유도한다. 자연적인 육체의 변화가 비정상으로 간주되고 전문가의 진단과 처방이 강요된다. 고르에 의하면 지난 10년동안 의학이 더 많은 사람들을 병들게 해왔다.

고르의 대안은 무엇인가? 고르는 전근대적 사회로의 복귀를 갈망하는 퇴행적 해결방식에는 동의할 수 없다고 말한다. 근본주의적 생태주의자들의 농촌사회의 이상이나 한나 아렌트(H. Arendt)식의 그리스적 도시공동체는 현실적으로 더 이상 실현 불가능하다. 후기 산업사회의 도래를 수용하면서 잘 살 수 있는 유일한 방법은 더 적게 생산하고 더 적게 소비하며 과거와는 다른 방식으로 살아가는 것이다. 그것은 한편으로 공동체의 수준에서 기술 및 생산방식에 대한 적절한 통제를 의미한다. 그러나 고르는 생태적 위기의 관리주체가 결코 국가일 수는 없다고 주장한다. 국가권력이야말로 위기의 근원이며 국가에 의한 처방은 또 다른 형태의 억압구조를 만들어낼 가능성이 있기 때문이다. 고르는 분권화된 지역공동체가 자율적 통제의 단위가 되어야 하며 또한 시민사회가 책임의 주체가 되어야 한다고 주장한다. 고르에게 있어서 시민사회의 개념은 제도적 권위의 매개없이 상호부조를 행하는 자발적 공동체를 의미한다(Gorz 1980, 36). 그것은 확대된 가족공동체로서 공동선을 추구한다. 생태주의운동은 제도의 반인간적 구조와 소수 기술관료의 엘리트주의에 대한 시민사회의 반항을 본질로 한다. 고르는 과학기술에 대한 대중적 이해와 민주적 통제를 위해서 과학은 보다 쉽게 정식화되어야 한다고 주장한다. 지식과 기술의 공동소유를 위해서 도구 또한 보다 단순화되어야 한다. 과학이 전문직업인의 독점적 지식으로 간주되는 한, 그것은 필연적으로 관료주의 이데올로기와 결합할 수밖에 없다.

다른 한편으로 생태주의의 이념은 우리들의 의식과 가치의 근본적인 전환을 요구한다. 그것은 거대주의와 생산주의, 소비주의를 거부하는 것이다. 따라서 고르는 제품수명을 연장시키는 내구제 지향적인 생산방식, 제품의 수선과 수리의 중요성, 태양열이나 지열과 같은 대체에너지의 사용, 보다 절제된 소비생활 등을 특히 중시한다. 고르는 내핍과 검약의 생활태도를 강조하며 진정한 삶의 행복은 편의주의적 사고를 극복하고 불편을 감내할 때 가능하다고 말한다. 고르는 중국의 문화혁명을 영혼을 타락시키는 물질주의와 기술관료주의에 대한 투쟁이라는 맥락에서 긍정적으로 파악하였다(Gorz 1980, 67; Gorz 1975, 191). 현대의학의 병폐를 언급하면서 고르는 병들고 회복하고 늙고 죽는 것을 자연스러운 일로 생각해야 한다고 주장한다. 의료인과 환자 모두가 왜곡된 진료의 공범자이다. 이제 필요한 것은 전반적인 생활환경과 삶의 양식을 개선하고 의학을 위생의 개념으로 대치하는 일이다. 고르는 학교교육과 관련하여 자라나는 학생들이 소비사회에 매몰되지 않도록 스스로 문제를 해결하고 자급자족 할 수 있는 장인(匠人)의 능력을 습득시켜야 한다고 역설한다.

자본주의의 경제적 합리성을 배격한다는 점에서 생태주의 이념은 필연적으로 반자본주의적 세계를 지향한다. 고르는 심지어 제로성장의 모델로서도 그것이 자본주의의 원리를 유지하는 한 생태적 위기의 극복은 불가능하다고 말한다. 과거와 다른 생산방식을 취하는 것 이외에는 대안이 없다. 따라서 생태주의는 사회주의에 수렴된다. 선택은 사회주의냐 야만이냐의 대결이다(Gorz 1980, 15). 더구나 제3세계에 대한 한시적 성장허용론은 결과적으로 서구를 살리기 위해서 제3세계를 희생시키는 신제국주의적 발상이다(Gorz 1980, 85). 공해산업의 수출이 그 극단적 예이다. 그러나 고르는 전통적인 사회주의가 생태주의의 이념을 결여하고 있다고 본다. 마르크스주의는 발전된 생산력에 기대를 걸었으며 그것의 노동관은 본질적으로 반자연적이다. 소비에트사회주의는 국가관료가 주도하는 산업주의와 기술주의의 범주에서 크게 벗어나지 못하였다. 대안이 없다면 핵(核)사회주의보다 차라리 비핵(非核)자본주의가 낫다고 고르는 말한다(Gorz 1980, 20). 국가통제적 사회주의체제와 자유주의 시장경제체제에 대한 양자택일의 논리는 잘못된 문제제기의 방식이다. 새로운 사회주의는 분배적 정의와 생태의 이념을 동시에 추구한다. 고르는 이와 관련하여 노동시간의 단축과 일의 재분배, 자율성의 공간창조 등을 거론하기 시작하였다. 이 문제는 다음 장에서 검토될 것 이다.

고르는 결론적으로 7개의 테제를 주장한다(Gorz 1980, 40-42). 첫째, 자본주의의 현(現) 위기는 생산능력의 과도한 발전과 그것이 기초한 기술의 파괴성에 기인하다. 위기의 극복은 자원과 에너지, 원료를 적게 사용하고 관리하는 방법 밖에 없다. 둘째, 기술파시즘은 시민사회의 팽창에 의해서만 저지될 수 있으며 후자는 개인과 공동체의 주권을 가능하게 해주는 기술과 도구의 발전에 의존한다. 셋째, '더 많은'과 '더 좋은' 사이의 연계는 깨어졌으며 '더 좋은'은 '더 적은'을 의미한다. 내구적인 사물의 생산에 의해서만 이것은 가능하다. 넷째, 빈곤은 불충분한 생산에서가 아니라 생산물의 종류와 생산의 방법, 분배의 불평등에서 기인한다. 다섯째, 선진국에 있어서 실업은 사회적으로 필요한 노동시간의 감소를 의미하며 모두가 일한다면 모두는 덜 일할 수 있음을 증명한다. 여섯째, 노동시간의 단축에 의한 자유시간의 확대는 상품관계의 퇴조와 시민사회의 강화를 보장한다. 일곱째, 자유시간에 따른 자율적 행위의 결과만이 부와 차이의 유일한 원천이 된다.

❹ 노동운동의 재검토

1980년 이후 고르는 일련의 저서를 통해서 노동의 의미변화, 노동계급의 남북화현상, 노동운동의 새로운 방향들의 문제를 본격적으로 논의하기 시작하였다.

19세기에 있어서 수공업적 기술노동자는 자율적 존재로서 일을 통해 자아를 실현 시킬 수 있었다. 그는 모든 생산과정을 숙지하고 통제할 수 있었으며 외부로부터의 강제나 기계적인 역할 수행과 무관하게 작업에 임할 수 있었다. 자율적이며 창조적인 일의 관념은 헤겔과 마르크스가 상정했던 노동의 이념형이었다. 마르크스 이후 좌파운동의 유토피아는 왜곡된 노동을 자율적 행위로 역전시키는 것이었다.

그러나 기술사회의 도래와 더불어 대부분의 직업노동은 본래적 의미를 상실하였다. 일은 거대한 생산과정의 일부에 불과하게 되었고 노동자는 부품화되었다. 기능적 요구를 충족시키는 전문화된 작업수행은 더 이상 인간의 자유와 존엄을 보장하지 않는다. 생산수단의 사적 소유가 철폐되고 임금의 착취가 근절된다 하더라고 이미 노동은 보람있는 자기성취의 수단이 될 수 없게 되었다. 산업자본주의의 전개와 더불어 노동은 자유와 실존의 영역을 상실하였다. 이미 베버가 영혼없는 전문가의 사회를 예견했듯이 산업사회에 있어서 노동의 소외는 필연적이다. 오늘날 직업노동의 의미는 자기실현과 무관하며 다만 구호에 의해서만 관념적으로 존재한다.

고르는 청교도의 노동윤리와 공산주의의 노동윤리가 일과 삶의 일치를 지향한다는 점에서 동형적이라고 말한다. 따라서 노동의 해방을 주장하는 좌파의 구호는 보수주의의 이데올로기에 의해서 그대로 이용되었고 대처주의(Thatcherism)는 일하지 않는자는 먹지말라고 주장한다. 자본주의가 오히려 노동의 윤리를 더욱 강조하고 있다. 고르에 의하면 오늘의 노동윤리는 경쟁적 이기주의와 출세주의에 불과하다(Gorz 1989, 69).

고르는 새로운 노동윤리의 정립을 주장한다. 마르크스는 한편으로 주권자적인 기술 노동자에 의한 매력있는 노동의 관념을 제시하였다. 그러나 다른 한편으로 개인의 자유로운 발전을 위해서 필요노동이 극소화되는 이상사회를 설파하였다. 즉, 마르크스는 일속에서의 해방과 일로부터의 해방을 동시에 강조하였다. 오늘날 우리에게 필요한 것은 일에의 몰두가 아니라 일로부터의 해방이다.[10] 노동은 그 자체 목적이 아니며 자유로운 개인의 발전이 최종적인 목적이다. 고르는 일의 성격 변화를 불가역적인 과정으로 이해한다. 가령 노동자의 자주관리가 실현된다 하더라도 자율적 행위로서 직업노동의 의미를 회복시키기에는 역부족인 시대가 되었다(Gorz 1975, 60). 따라서 필요노동을 최소화하고 일 밖에서 자기발전을 모색하는 것, 자율과 창조의 신대륙을 개척하는 것이야 말로 새로운 노동윤리의 핵심이다.[11] 후기산업사회에 있어서 인간의 해방은 각자가 노동자의 지

10) 이러한 주장에 대해서 특히 영국의 마르크스주의자들은 그것을 자유주의적인 환상에 불과하다고 비판한다. 사회주의의 기본관점은 노동의 욕구를 본질적인 것으로 간주하며 객관적 여건의 변화로 노동의 소외는 극복가능하다고 보는데 있다. Sean Sayers, "Gorz on Work and Liberation." *Radical Philosophy*, No. 58 (Summer 1991), pp. 16-19; Sean Sayers, "The Need to Work." *Radical Philosophy*, No. 87 (Summer 1987), pp. 17-25.

11) 고르는 직업노동에서 해방된 행위의 범주를 크게 둘로 나눈다. 하나는 경제적 가치와 무관하게 그 자체가 목적이 되는 자율적 행위의 경우로서 - 연구, 봉사, 예술 등 - 진선미의 욕망과 결합된다. 다른 하나는 자신을 유지하기 행위로서 - 가사, 여가, 건강 등 - 사적 세계와 관련된 허드렛일들(chores)이다. 고르에 의하면 개인은 이들 두 범주의 행위를 통해서 자신의 존재이유와 공동체의 유대를 동시에 발견하게 된다. André Gorz, *Critique of Economic Reason*, pp.

위에서 벗어날 수 있을 때 가능하고, 일에서 해방될 때 오히려 일속에서 자율적일 수 있다고 고르는 주장한다. 마르크스가 간파했듯이 과학 기술의 발전은 인간을 예속적 존재로 전락시켰지만 동시에 인간을 자연의 지배로부터 해방시켰다. 고르에 의하면 생산력의 발전과 높은 생산성은 새로운 노동윤리를 가능케 하는 물적 여건을 제공하고 있다.

기술사회의 진전은, 특히 전자문명의 도래는, 일의 생산성을 제고시킴으로써 사회적 필요노동을 감소시켰다. 사무자동화와 신기술의 도입으로 많은 노동자가 일자리를 잃게 되었다. 그러나 전문적 지식과 기술을 습득한 숙련노동자집단은 보다 훌륭한 보수와 지위를 보장받고 풍요로운 삶을 구가할 수 있게 되었다. 이들 중 상당수는 일에 만족하고 있으며 일 속에서 삶의 의미를 찾고 있다. 이들에게는 전통적인 노동윤리가 적용될 수 있다. 과거에 비교하여 비록 제한적이지만 이들은 어느 정도의 자율성과 창조성을 향수하고 있으며 따라서 노동은 자기성취의 중요한 수단이 된다.[12] 반면 전문성을 결여한 대다수 노동자의 경우 열악한 근무조건과 낮은 보수를 감수해야 하는 주변부 직업군에 귀속되거나, 혹은 임시직 취업과 실업의 상태로 진입하고 있다. 파트타임직과 임시직의 숫자가 꾸준히 늘고 있지만 고르는 이것을 부정적으로 평가한다. 왜냐하면 본질적으로 이들 직업은 첫 번째 범주의 노동과 달리 자기실현과 무관한 비생산적 노동을 수행하고 있기 때문이다. 특히 이들 직업의 대부분은 서비스산업의 범주에 속함으로써 사회적으로 유해한 결과를 초래한다. 이들에 의해서 시장기제와 무관하게 존재했던 개인적, 사회적 삶의

153-169.

12) 고르는 기존의 연구에 의거하여 숙련된 전업노동자집단의 비율을 1990년 현재 10% 내외, 조만간 25%의 수준에 이를 것으로 본다.

영역이 상품화되고 비인간적인 소비사회가 가속화된다. 육아와 청소에서부터 미용과 건강에 이르기까지 과거에 자발적 행위영역에 속하거나 혹은 상호부조를 기대할 수 있었던 생활세계가 시장의 논리에 의해서 철저하게 파괴되고 있다. 고르는 이들 불안정한 신분의 미숙련노동자집단 - 청소부, 경비원, 웨이터, 간호보조원, 배달부, 가판원 등 - 이 사실상 첫 번째 범주의 노동자집단을 위해서 봉사하고 있다고 본다. 의욕적으로 일에 몰두하는 25%의 삶을 위해서 나머지 75%가 개인적 서비스를 제공하는 2원화된 사회구조를 우리는 목격하고 있다. 고르는 노동계급의 새로운 분화 - 소수의 지식노동자와 다수의 서비스노동자의 관계 - 를 현대화된 주인과 노예의 관계로 간주한다. 미국과 일본이 과시하는 높은 고용율의 실상은 현대판 프롤레타리아 계급의 양산에 불과하다. 서구의 보수정당들은 실업문제를 해결하고 노동자의 최저생계를 보장하기 위한 처방으로 이중사회의 정책을 수용해 왔으며 심지어 좌파정당들까지도 이와 같은 정책에 공조를 취해왔다. 고르에 의하면 전통적인 노동계급은 이제 특권계급이 되었고 노동자의 대다수는 안정된 직장도 없고 계급적 정체성도 상실해버린 신프롤레타리아 계급이 되었다. 그러나 역설적으로 생산주의 노동윤리의 초월은 일로부터 해방을 갈망 하는 이들 비계급적이며 비생산적인 노동자들에 의해서 가능하게 될 것이다.[13)]

고르가 주장하는 노동운동의 새로운 방향은 기술엘리트의 특권계급화를 경계하면서 실질임금의 감소 없이 노동시간의 단축을 실현하는 것이다. 남북화된 사회구조를 해결하기 위해서는 우선 일을 재

---

13) André Gorz, *Farewell to the Working Class: An Essay on Post-Industrial Socialism*. trans. Michael Sonenscher (London and Sydney: Pluto Press, 1982), p. 74. 그러나 이들에게 기회가 주어졌을 때 동일한 행동양식을 보일 것인지 여부에 대해서는 반론이 있을 수 있다. Luke Martell, *Ecology and Society* (Cambridge: Polity Press, 1994), p. 193.

분배해야 한다. 의미 있는 노동을 수행하고 있는 첫 번째 범주의 전문노동자 집단은 노동시간을 단축하여 자신의 일을 소외된 다수노동자에게 이양해야 한다. 고르는 궁극적으로 하루 노동시간이 4시간을 넘지 않는 사회모델을 제안한다.[14] 그러나 임금은 노동시간이 아닌 사회적 부의 총량에 의해서 결정되며 상황에 따라서 공공기금에 의한 임금보전도 가능하다. 노동시간의 단축은 실업의 해소뿐만 아니라 전체노동자로 하여금 인간적인 노동의 수행을 가능하게 하고 자기발전을 위한 새로운 기회를 제공해줄 것이다. 따라서 사실상의 실업상태에 있는 모든 노동자들은 필요한 재교육과 훈련을 통해서 정규직인 직업집단에 편입하기 위한 준비를 해야 한다. 작업에의 접근이 기술적으로 보다 용이해질 필요가 있으며 직종간의 이동성이 증대되어야 한다. 다른 한편으로 서비스산업의 직종창출과 취업을 가능한 한 억제시킨다. 3차 산업의 발전은 문화생활과 관련된 생산적인 분야에 국한되어야 하며 소비지향적인 기존의 직업구조는 변경되어야 한다.

이와 관련하여 노동시간의 단축과 임금의 결정, 고용의 수준들을 누가 어떠한 방식으로 결정할 것인가의 문제가 제기된다. 그것은 기술발전의 정도와 성장률, 생산성의 예측을 전제로 한다. 고르는 노조가 이 모든 과정에 개입하여 기업과 작업장 수준에서부터 토론과 협상을 시도해야 한다고 주장한다. 물론 시민과 소비자, 경영자, 정부 모두가 협상의 테이블에 동참한다. 하부로부터 성사된 합의와 계약에 의거하여 최종적인 계획이 수립되며 노동자의 직접적 판단과

14) 고르는 연간 평균 1,000시간의 직업노동을 제안한다. 그러나 현재로서 서구 좌파정당의 목표는 주30시간의 노동을 실현하는 것이다. 이를 연단위로 환산하면 년 1,380시간이 되지만 안식년을 감안할 때 연평균 1,150시간에 해당된다. André Gorz, *Capitalism, Socialism and Ecology*, pp. 75-76.

요구에 입각한 새로운 사회계약이 성립된다. 새로운 사회계약은 경제의 운영을 소수의 기술관료에게 위임하지 않는 경제민주주의의 이념을 실현시킬 것이다.[15] 고르는 독일의 금속노조나 이탈리아의 CGIL, 프랑스의 CFDT, 스웨덴의 경우 이미 이러한 방향을 향해서 나아가고 있다고 주장한다. 고르에 의하면 노조의 역할이 정치적 성격을 지니게 되는 것은 불가피한 일이다. 고르는 한 걸음 더 나아가 시간의 자유선택, 생애노동의 개념을 도입할 것을 제안한다(Gorz 1988, 234). 이 논리에 따르면 궁극적으로 우리는 일생동안, 혹은 단위기간동안 요구되는 노동시간을 원하는 시기와 시간에 언제든지 자유롭게 할 수 있는 사회를 모색해야 한다. 고르는 노조의 조직력 여하에 따라 부문별 집단적 이기주의가 가능함을 지적한다. 특히 기술성을 갖춘 전업노동자집단은 주변부 노동자, 임직노동자, 파트타임노동자, 실업자 집단에 비해서 강력한 노조를 확보하고 있으며 경우에 따라서는 보수적인 기득권세력으로 등장할 가능성이 있다. 고르는 노조의 행위가 국민경제를 고려하는 거시적 선택을 지향하고 특히 조직화되지 않은 노동자집단의 이해를 염두에 두어야 할 것을 강조하였다.

노동운동이 모색해야 할 또 하나의 과제는 문화 활동에 대한 관심의 증대이다. 자유시간의 증대가 창조적인 자기활동으로 연결되지 않는다면 그것은 오히려 소비와 나태의 반사회적 결과를 초래할 것이다. 따라서 문화와 예술, 연구와 교육, 사회봉사, 건전한 여가활동 등 다양한 행위영역을 개척해야 한다. 자본주의는 체제의 부드러운

---

15) 따라서 일할 권리는 사회참여를 위한 정치적 권리가 된다. 고르는 최근 구미의 신자유주의자들이 복지국가제도를 대신하여 최저소득보장제를 추진하는 경향이 있다고 말한다. 그러나 고르에 의하면 일할 권리를 실현시키지 않고 단순히 모든 시민에게 최저소득만을 보장하려는 것은 우파적 발상이다. André Gorz, *ibid.*, p.203.

작동을 갈망하여 노동자의 복지와 문화에 상당한 관심을 보이고 있다. 노동운동이 후기산업사회의 문화적 헤게모니를 포기하는 경우 사회운동은 보수화되고 사회주의는 고립될 것이다. 노조의 문화적 활동은 그것이 새로운 사회를 지향하는 한 정치적 의미를 갖는다. 노조는 현실적 삶과 유리된 공허한 이념에서 벗어나 문화혁명의 기수로서 역할을 수행해야 한다. 고르는 노동운동이 최근에 전개되고 있는 신사회운동을 적극적으로 수용할 필요가 있다고 본다. 고르에 의하면 신사회운동은 상층부 노동자의 정서에 보다 근접하고 있으나 생활세계의 식민화에 대한 문화적 반항이라는 측면에서 급진적 잠재력을 갖고 있으며 다수 대중의 의식에 영향을 미치고 있다(Gorz 1988, 232). 과거의 노동운동이 다원주의적 관점을 포섭하고 자신을 풍요롭게 하는데 실패함으로써 소수파의 위치로 전락하였음을 교훈으로 삼을 필요가 있다.

❺ 새로운 사회주의의 모색

마르크스주의는 생산력의 발전이 사회주의 건설을 위한 사회적 전제를 창출한다고 보았다. 그러나 생산력의 발전은 자본의 논리와 필요에 기여하였다. 마르크스주의는 생산과정을 통제할 수 있는 숙련노동자의 출현을 기대하였으며 1920년대의 노동자평의회 운동은 이러한 전통을 계승하였다. 그러나 기술적 분업과 전문화의 심화로 비숙련노동자들이 양산되었고 생산 활동은 원자화된 노동대중에 의해서 수행되었다. 고르에 의하면 오늘날 프롤레타리아 혁명은 하나의 신화로서만 의미를 갖는다. 노동은 고역에 불과하게 되었고 사람들은 일 밖에서 기쁨을 찾고 있다. 사회주의는 삶과 유리된 과학의 논리가 아닌 생활세계의 요구에 충실해야 할 때다. 고르는 뉴레프트의 임무가 일리치(Ivan Illich)가 주장하는 자율성의 영역을 최대한으로 확대시키는 데 있다고 본다.[16] 전문화된 노동의 분화를 완전히 폐기하는 것은 불가능하지만 과학기술과 사회적 제도를 선용할 경우 우리는 필요노동을 최소화 하고 자율적 영역을 극대화할 수 있다. 마르크스는 이미 자본론 제3권에서 필연의 영역을 넘어서는 자유의 영역을 언급하였는데 이는 일리치의 주장과 동일한 의미를 갖는다. 사회주의는 부르주아 혁명에 의해서 시작된 개인의 해방을 완성시키는 것이며 자본이나 권력을 모두 거부하고 진정한 자유인의 연합으로 돌아가는 것이다.

고르는 사회주의의 개념정의를 전면적으로 새롭게 할 것을 주장한다. 고르에 의하면 새롭게 정의된 사회주의는 자본주의가 요구하는 경제적 합리성을 보다 상위의 사회적 가치에 종속시키는 것을 말한다.[17] 경제적 합리성이란 생산요소의 적절한 배합으로 효율을 극대화하는 것이며 그것은 이윤의 개념으로 측정된다. 사회주의는 경제적 합리성 그 자체를 전면적으로 부정하지 않는다. 다만 그것에 한계를 부여하려 한다. 즉 사회주의 사회는 경제적 합리성에 의해서 규율되는 사회적 관계가 오직 부분만을 차지하는 사회이다. 그러나 이 경우 상위의 사회적 가치는 단순히 분배의 정의만을 의미하는 것이 아니다. 개인의 자유와 창의, 삶의 질과 복지를 동시에 의미한다.

16) 고르에게 자율적 인간은 기존의 사회질서에 대항하여 자신의 법을 만들 수 있는 사람을 의미한다. 그들의 정신적 욕구는 모든 행위영역에서 창조적 세계를 지향한다. 따라서 그들의 행동은 반사회적이며 비도덕적인 것으로 보여 질 수도 있다. André Gorz, *Path to Paradise: On the Liberation From Work*. trans. Malcolm Imrie (Boston : South End Press, 1985), p. 64.

17) 이것은 칼 폴라니(Karl Polanyi)의 사회주의 개념을 원용한 것이다. André Gorz, *Critique of Economic Reason*, pp. 130-133.

따라서 새로운 사회주의가 추구하는 합리성은 생태적 합리성이며 그것은 인간을 파괴하는 모든 제도적, 물리적 환경을 거부한다. 생태적 합리성은 가능한 한 적은 양의 상품으로 최고의 사용가치를 발휘하여 인간의 물질적 욕구를 만족시킬 것을 요구하고 자본의 순환과 생산의 확대를 자원의 파괴와 사치로 규정한다. 또한 비인간적 제도와 권위의 존재를 부정하고 자기실현을 위한 창조적인 행위영역을 중시한다. 따라서 생태적 사회주의의 요체는 덜 일하고, 덜 생산하고, 덜 소비하지만 최소한의 경제적 필요가 해결되며 삶의 의미가 비(非)경제적 행위공간으로 전환될 수 있는 방식을 모색하는데 있다. 고르에게 사회주의의 의미는 체제가 아니다. 오히려 체제의 개념이 함축하고 있는 자기완결적인 속성을 극복하는데 있다. 그것은 중단 없는 운동이다(Gorz 1994, 12).

이와 관련하여 고르는 여성적 가치가 생태사회주의의 본질적 구성부분임을 강조한다. 이미 마르쿠제가 보여주고 있는 것처럼 후기산업사회의 사회주의는 여성적인 것이 되지 않으면 안 된다. 그것은 업적주의, 경쟁원리, 등가의 관념을 버리고 상호성과 부드러움, 회생, 자발성, 삶에 대한 사랑의 비경제적 가치를 수용함을 의미한다. 이런 맥락에서 볼 때 고르에 의하면 여성운동의 일부 논리는 문제를 노정시킨다. 가령 여성운동은 가사노동을 노예적이고 종속적인 성격의 것으로 규정하여 여성을 가정으로부터 해방시키려 한다. 혹은 가사노동에 대한 정당한 대가를 주장한다. 그러나 열쇠는 여성을 가사노동으로부터 해방시키거나 상응하는 대가를 지불하는데 있는 것이 아니라 가사노동의 비경제적 합리성을 사회 속으로 확산시키는데 있다고 고르는 말한다. 왜냐하면 가사노동에 대한 부정적 평가는 이미 경제적 합리성의 세계를 수용하거나 결과적으로 자본의 논리에 포섭됨을 의미하기 때문이다. 고르는 탈여성화를 주장하는 여성해방

의 논리가 사실상 가부장적 관리사회에 기여하고 있다고 본다.[18)]

고르는 자신이 제안하고 있는 생태사회주의의 이념에 근거해서 유럽의 대표적인 좌파정당인 독일사민당의 강령을 검토한다. 1989년 6월 독일 사민당은 새로운 강령을 발표하였다. 그것은 당의 정체성을 최대한으로 견지하면서 새로운 사회현실을 적극적으로 수용하려는 의지에서 비롯되었다. 오늘날 사민당의 시대적 소명은 19세기뿐만 아니라 21세기의 문제에 동시적으로 대응하는 것이다. 고르는 독일사민당의 결정이 유럽사회주의 준거가 될 것이라고 본다. 고르는 1959년의 고데스베르크 강령 이후에 진행된 변화의 의미와 방향을 새로운 강령이 보다 구체적으로 명시하지 못하고 있음을 아쉽게 생각한다. 그러나 고르에 의하면 1989년의 사민당 강령은 다음의 세 가지 영역에서 선구적 시도를 행하고 있다(Gorz 1994, 28). 첫째는 산업사회를 생태적으로 재조정하려는 노력이며, 둘째는 노동시간을 주 5일, 30시간 근무로 단축하고 안식년 제도를 도입하려는 계획이며, 셋째는 능률과 생산성의 남성적 가치에 대해서 여성적 가치(feminine values)를 회복하고 후기산업사회의 휴머니즘을 실현 하려는 의지이다.

고르는 우선 생태주의적 구조조정에 관련된 부분에 대해서 언급한다. 강령은 내구적이며 보수가능한 형태의 상품생산을 강조하고 있다. 또한 환경파괴적인 중화학공업의 규모축소와 자연의 균형을 존중하는 비(非)화학적 농업으로의 방향전환을 주장한다. 그리고 대중교통수단의 확충과 철도의 우위를 강조함으로써 사실상 자동차 생산의 감축이 예상된다. 이것들은 강령이 가장 긴급하다고 판단한 구

---

18) 세이어는 고르의 이러한 주장이 여성의 현실적 상황을 무시하는 반동적 발상이라고 비난한다. Sean Sayers, *Gorz on Work and Liberation, Radical Philosophy*, No. 87 (1991), p. 18.

조조정의 내용들이다. 그러나 강령은 한 가지 오류를 범하고 있다. 그것은 생태주의적 노력이 미래에 시장을 개척하고 경제의 활력을 불어넣을 수 있는 기회를 제공할 것이라는 주장이다. 즉 환경산업으로 인하여 기존의 경제가 보상을 받게 될 것이라는 판단이다. 고르는 이것을 커다란 오류로 지적한다. 생태적 합리성의 요청은 미래의 경제적 합리성을 보장하지 않으며 그것을 목적으로 하지도 않는다. 그것은 경제적 돌파구가 아니다. 다만 파국을 피하기 위한 유일한 대안에 불과하다(Gorz 1994, 33).

고르는 사민당의 신강령 중 경제민주주의를 선언하고 있는 부분을 주목한다. 이에 의하면 사회적 목표가 사적 요구에 우선하며 국가는 바람직한 발전을 촉진하기 위해서 목표와 방향을 결정할 수 있다. 일반이익을 추구하는 국가의 계획은 기업에 의해서 존중되어야 한다. 결국 신강령은 경제적 합리성에 대한 강력한 규제를 주장하고 있다. 고르는 국가의 정책결정과정이 기업과 노조의 참여와 조정을 필요로 하며 노동시간의 단축에 따른 임금보전비용은 기업이 아닌 공적 재정에 의해서 해결되어야 한다고 주장한다. 민주적 의사결정의 절차만이 사회적 목표를 정당화한다.

마지막으로 고르는 사민당이 정당의 역사상 최초로 감수성이나 상상력, 사랑과 꿈, 쾌적함 등의 여성적 가치를 강조하고 있는 것을 높이 평가한다. 사회가 보다 인간적이 되기 위해서는 합리성이나 효율성과 같은 남성적 가치가 종식되어야 한다. 마르쿠제는 1969년에 이미 청소년 교육이 과거에 여성적인 것으로 간주되어온 가치들에 대해서 보다 많은 관심을 보일 것을 주장하였다. 그것은 새로운 정치문화의 요구이다. 그러나 사민당의 강령이 사회가 요구하는 모든 일에 대해서 동일한 가치를 부여해야 한다고 주장을 할 때 여기에는 동의 할 수 없다고 고르는 말한다. 경제적 척도로서 평가될 수 없는 수많은 영역이 존재하기 때문이다.

고르의 생태사회주의 논의는 최종적으로 노동시간의 단축에 초점이 모아 진다. 왜냐하면 노동시간의 단축만이 사회적 균열을 극복하고 불필요한 생산과 소비를 제거하며 새로운 문화혁명을 가능하게 하기 때문이다. 더구나 고르는 초과노동과 초과소비가 상호적 관계를 갖는다고 본다. 고르에 의하면 좌파이론가들은, 가령 알랭 리피에츠(Alain Lipietz)는 노동 시간의 감소에 의한 임금수준의 저하를 우려한다. 고르는 이러한 추론에 맞서 노동시간의 단축과 고용증대, 임금수준의 유지가 동시에 가능함을 시적 총량에 논의를 통서 증명 하려 한다(Gorz 1994, 104-108).

가령 기본모델로서 8%의 경제성장과 12%의 생산성증대를 가정하자. 이 경우 필요한 노동력은 본래수준의 96%가 될 것이다(100+8-12). 네 가지 정책선택이 가능하다. 첫째로 노동시간을 동일한 수준으로 유지하며 12%의 임금인상을 수용하고 노동력을 4% 줄이는 방법이다. 과거 산업사회의 전형적 대응방식이다. 둘째로 현 수준의 고용상태를 유지하고 임금을 8% 인상하는 대신 노동시간을 4% 줄이는 방안을 생각할 수 있다. 최근에 일부 선진 기업이나 공공영역에서 도입하고 있는 방식이다. 셋째로 현 수준의 임금을 유지하며 고용을 8% 증가시키고 노동시간을 12% 단축하는 방법이 있다. 하나의 대안이지만 임금동결의 문제가 있다. 마지막으로 약간의 임금인상과 고용증대를 시도하며 노동시간을 단축시키는 방법이 있다. 가령 임금을 3% 인상하고 고용을 5% 증대시키며 노동시간을 9% 단축할 수 있다. 고르가 가장 이상적으로 생각하는 방식이다.

이제 생태주의적 관점의 산업구조 조정을 고려하여 제로성장의 모델을 상정해보자. 예를 들어 제로성장율과 9%의 생산성증가 모델을 전제한다. 이 경우 기존의 노동시간을 유지한 다면 9%의 취업률 감소와 기존노동자의 9% 임금인상을 기대할 수 있다. 두번째로 기존의 노동력을 유지하는 경우 동일한 임금수준에서 9%의 노동시간 단축이 가능하다. 셋째로 4%정도의 고용증대와 13%의 노동시간 단축과 함께 임금을 4% 감소시킬 수 있다. 이 경우 알랭 리피에츠의 주장처럼 약간의 임금보전이 요망된다. 물론 단축된 노동시간만큼 임금 수준이 저하하지는 않는다. 87% 의 노동시간으로 96%의 소득 유지가 가능하다. 그러나 이상의 가설은 제로성장을 모델로 하는 경우이다. 만일 약간의 경제성장을 수용한다면 고용증대와 임금인상, 노동시간의 단축이 동시에 가능하다. 고르는 제로성장이 구매력저하에 따른 상층 숙련노동자의 반발을 야기하고 하층노동자의 생계를 사실상 위협할 수 있기 때문에 초기단계에서는 마지막 방식의 전략을 취하는 것이 바람직하다고 본다.[19]

그러나 고르는 노동시간의 단축과 실질임금의 유지가 거시경제의 수준에서 총량적으로 가능하지만 미시적 수준에서는 사업별, 기업별로 사정이 다를 수 있음을 인정한다. 가령 낮은 생산성으로 고전하는 노동집약적인 산업의 경우 사무자동화가 완료된 첨단산업과 달리 생산비 압박으로 동일한 비율의 방식을 적용하기가 어렵다 (Gorz 1988, 201). 따라서 임금보전을 위한 제도적 장치가 요구된다. 고르는 노동시간의 단축에 따른 임금의 인하를 보전하기 위한 비용은 사회적 부조의 성격을 갖는 공공기금을 사용해야 한다고 말한다. 이 경우 재원은 기업이나 노동자에게 중립적 효과를 갖도록

19) 이러한 현실주의적 접근은 고르 자신의 반(反)생산주의적 생태주의의 논리를 크게 훼손하고 있으며 좌파 녹색운동가들 - 가령 프랑스 녹색당의 리피에츠 - 과의 충돌을 불가피하게 한다. 이에 대한 자세한 분석은 Gerard Strange, "Which Path to Paradise? : André Gorz, Political Ecology and the Green Movement." *Capital and Class*, Vol. 17, Issue. 59 (Summer, 1996), pp. 89-97 참조.

소비에 대한 부가가치세(VAT)와 특별소비세를 이용하는 것이 좋다. 보조금은 시민으로서 자격에 주어지는 보편적 수당의 성격을 갖게 될 것이다(Gorz 1988, 111).

❻ 맺는 말

고르에 의하면 사회주의운동의 위기는 존재하지 않는다. 이론의 위기가 있을 뿐이다. 고르는 자본주의의 문제를 산업사회라는 상위 범주를 통해서 분석하였다. 산업사회는 근본적으로 자본주의적이며 과거의 사회주의 역시 산업사회의 세계에서 벗어나지 못하였다. 오늘의 시대적 위기는 산업사회의 귀결이다. 거대조직의 기술논리가 생활세계의 본질적인 영역들을 파괴하고 있으며 사회적 계급구조는 소수의 기술엘리트와 다수의 소외된 노동자 집단 으로 이분되고 있다. 풍요의 시대가 도래 했음에도 불구하고 삶의 질은 더욱 저하되었다. 생태적 균형의 파괴가 성장의 비용을 요구하고 있기 때문이다.

그러나 첨단과학과 기술진보에 의해서 촉발된 후기산업사회는 우리에게 두 가지 가능성을 제시하고 있다. 하나는 완벽하게 통제된 기술사회로의 진입이며 다른 하나는 마르크스가 공산주의의 이상으로 삼았던 해방된 사회이다. 사물의 양면은 희망의 혁명을 가능케 한다. 기술진보에 의한 생산성의 향상은 일의 재분배와 노동시간의 단축에 필요한 물적 토대를 제공해준다. 사무의 자동화와 일의 표준화는 그 역기능에도 불구하고 비전문직 노동자가 전문가집단과 더불어 일을 공유하고 생산과정을 민주적으로 통제할 수 있는 새로운 사회의 가능성을 보여준다. 후기산업사회가 제시하는 해방의 잠재적 가능성에 근거하여 자발적인 노동과 일로부터의 해방, 창조적 자아의 실현을 동시에 달성시키는 삶의 새로운 준칙을 도입하는 것이 생태사회주의의 목표이다. 그것은 생산주의와 이윤동기를 극복하는 것이며 나아가 전통적 사회주의가 주장하는 등가의 관념을 포기함을 의미한다. 고르는 경제적 합리성으로부터 생태적 합리성으로의 전환을 왜곡된 모더니즘에 대한 진정한 모더니즘의 승리라고 표현한다(Gorz 1988, 1-2).

고르가 추구하는 최종적인 사회는 자유로운 개인의 연합체이다. 고르가 중시하는 가치는 자율성과 창조성이다. 그것은 시장과 자본은 물론 국가와 권력의 전횡을 거부한다. 고르는 특히 기술과 결합한 국가권력을 견제할 수 있는 힘의 원천으로서 시민사회를 상정하였다. 하나의 체제가 시장의 위력에서 벗어나 자율성의 영역을 유지하기 위해서는 국가의 존재가 불가피하다고 말할 수 있다. 그러나 고르는 타율성의 영역으로서 국가는 최소화되어야 한다고 보았다. 고르는 자율적 개인의 존재를 부정하는 모든 정치논리는 우파적이라고 주장한다(Gorz 1994, 24). 고르가 추구하는 새로운 사회주의는 결국 자유주의적 사회주의이며, 무정부주의적 생태주의의 경향을 보이고 있다고 말할 수 있을 것이다.

제9장

미셸 푸코와 파놉티콘의 정치이론

❶ 머리말

파놉티콘(panopticon)의 논의는 푸코 철학의 전개과정에서 가장 인상적인 부분을 보여준다. 푸코는 벤담의 파놉티콘 구상을 해부하여 19세기 자유주의가 사실상 은폐된 통제의 이념이며 현대사회 역시 그 연장선상에서 파악될 수 있다고 설파하였다. 파놉티콘의 원리를 감시와 통제의 기제로 파악하고 그것을 사회 일반에 적용시키는 푸코의 파놉티시즘(panopticism) 이론은 이후 여러 논자들에 의해서 현대사회를 분석하는 유력한 패러다임이 되어왔다.

그러나 이러한 푸코의 주장에 대해서 의문이 제기될 수 있다. 과연 19세기 자유주의는 세련된 통제 이데올로기에 불과했던가? 개혁사상가이며 급진주의자였던 벤담의 정체는 고작 사회통제를 위한 권력기술의 설계자에 불과했던가? 많은 벤담주의자들은 푸코의 파놉티시즘 이론을 비판하며 벤담의 공리주의 철학과 파놉티콘의 구상을 변호하려 하였다. 또한 논쟁은 푸코의 파놉티시즘 논리를 현대사회에 그대로 적용할 수 있는지에 대해서도 문제를 삼았다. 푸코의 이론을 지지하는 사람들은 정보통신기술과 결합된 거대한 감시기제의 억압적 측면을 강조한 반면, 벤담의 구상을 긍정적으로 평가하는 사람들은 기술진보의 민주화 효과에 주목하였다.

본 논문은 벤담의 파놉티콘에 대한 푸코와 벤담주의자들의 상반된 해석에 즈음하여 각각은 사물의 양면을 포착한 것으로 이해하고 어느 한 편이 옳다는 식의 이분법적 평가를 지양한다. 그리고 시대적 상황을 고려할 때 19세기를 논함에 있어서는 벤담주의자들의 시각이, 20세기를 논함에 있어서는 푸코의 시각이 상대적으로 더 타당성이 있다고 본다.

논문의 구성은 먼저 푸코의 파놉티시즘 이론을 정리한 후 이에 대한 벤담주의자들의 반론을 검토한다. 그 다음 푸코와 벤담을 상호 접근시키는 제3의 논리에 대해서 알아본다. 계속해서 푸코의 파놉티시즘이 현대사회를 분석함에 있어서 유효한 패러다임인가 여부에 대한 논쟁을 살펴보고 마지막으로 필자의 결론을 제시한다.

❷ 푸코의 파놉티시즘

1975년 푸코는 자신의 저서『감시와 처벌』을 통해서 벤담의 파놉티콘 구상을 상세히 소개하고 근대 자유주의 사회가 휴머니즘의 대의명분에도 불구하고 사실은 고도의 통제사회이며 현대사회 역시 동일한 기제가 여전히 작동되고 있다고 주장하였다. 사법제도 개혁의 일환으로 제시된 벤담의 파놉티콘 구상은 특수한 건축 모형과 관리감독 기술을 골자로 하고 있는데, 그것의 구체적 내용을 살펴보면 고립된 수감자에 대한 전면적인 중앙감시를 가능케 하는 원형감옥을 토대로 삼아 규제, 훈련, 기록, 처벌 등 일련의 기술을 동원하는 것이다.[1] 이러한 공간속에서는 감시자가 비가시적이므로 복종만이 유일한 합리적 선택이 된다. 푸코는 벤담이 제시한 파놉티콘의 구상이 감옥의 울타리를 뛰어넘어 사회 제도 일반에 적용가능하며[2] 공리주의적 자유주의의 본질은 이전의 물리적 형벌체제를 보다 세련된 규율적 권력(disciplinary power)의 체제로 변경시킨데 있다고 보았다. 푸코에 따르면 파놉티콘 체제의 도입은 실제적 권력을 행사함 없이, 권력의 주체와 무관하게, 지속적인 감시 효과를 통해서, 수감자를 권력관계 속에 예속시키는 결과를 초래하였다(Foucault 1979, 201). 주권적 권력이 유일한 권력이 아니며 권력은 사회 도처에 편재해 있다는 관점에 따를 때 권력에 대한 저항은 영웅적 주체의 투쟁이 아니라 일상적 삶 속에서 이루어지는 모두의 투쟁이라는 결론에 이르게 된다(Nealon 2008, 110-111).

푸코는 다른 한편 특유의 지식/권력(power/knowledge)론을 개진하여 보편적 진리란 존재하지 않으며 지식과 권력은 상호결합과정을 통해서 각각 현실성과 효율성을 확보하게 된다고 주장하였다. 이런 시각에서 볼 때 인간과학(human science)의 발전은 파놉티콘 체제의 발전에 결정적인 기여를 하였다. 푸코는 알뛰세르식의 과학과

---

1) 본래 벤담의 파놉티콘 구상은 러시아에서 농장을 경영하던 동생의 관리방식으로부터 영감을 얻었다고 한다. 벤담은 국가와 계약을 체결하여 영리를 추구하는 일종의 사설감옥으로서 파놉티콘의 모델을 영국 정부에 제안하며 재정적 지원을 요청하였으나 몇 가지 이유 때문에 거부되었다. 벤담은 파놉티콘의 장점을 '도덕적 개조, 건강의 보전, 근면성 제고, 교육의 확산, 재정부담 경감' 등으로 열거하며 자신감을 표명하였다. 정작 영국에서 도입에 실패한 파놉티콘의 구상은 19세기 미국의 감옥제도 개선에 영향을 미친 것으로 평가된다.

2) "공장, 학교, 병영, 병원 모두가 감옥을 닮았다고 해서 무엇이 놀라운가?" Michel Foucault, *Discipline and Punish, translated by Alan Sheridan* (New York: Vintag Books, 1977), p. 228. 푸코는 파놉티콘의 원리를 사회 전체에 대해서 적용하는 파놉티시즘 이론이 현대 사회의 경우에도 유효하다고 본다. "감시와 통제 및 교정이라는 파놉티시즘의 세 가지 특징은 현대사회 권력관계의 근본적 차원을 구성한다....우리가 살고 있는 오늘의 사회는 벤담에 의해서 프로그램화된 파놉티시즘이 지배하는 사회이다." Michel Foucault, *Power*, ed. by James D. Faubion and trans. by Robert Hurley and others (New York: The New Press, 2000), p. 70.

이데올로기 혹은 하버마스식의 진리와 이데올로기 구분을 부정한다. 모든 정의와 진리는 계급적 이해의 산물이며 보편적 진리는 은폐된 권력이다.[3)]

또한 푸코는 정상화(normalization)의 개념을 통해서 파놉티콘의 기제가 조직의 주어진 목표를 극대화하기 위해 순종적인 영혼과 육체를 강요하고 있다고 비판하였다. 라 메트리(La Mettrie)의 인간 기계론 중심에 자리잡고 있는 순종의 개념은 18세기에 들어 통제의 기술이 진화하면서 다시 한번 강력하게 부각되었고 규율은 지배의 일반적 양식이 되었다. 조직의 규범에 적응하지 못하는 개인에 대해서는 정상화의 명분하에 정신의학이 개입한다. 푸코에게 파놉티콘은 '잔인하고 정교한 우리'와 같다(Foucault 1979, 205).

정상화의 논리가 자의적인 기준 설정을 통해서 인간의 자유를 파괴한다고 생각하는 푸코는 계몽의 전통이 사실상 인간의 해방이 아닌 억압을 초래했다고 말하며 최종적으로 근대계몽주의를 공격의 대상으로 삼았다. 19세기 자유주의뿐만 아니라 현대사회 역시 감옥사회로 간주하는 푸코의 파놉티시즘(panopticism) 이론은 이후 감시사회 연구의 아이콘이 되었다(Brunon-Ernst 2012, 198). 일찍이 안소니 기든스는 푸코가 새로운 유형의 권력이 출현했음을 거론한 것은 적절한 문제제기이지만 감옥의 기제를 근대국가의 본질로 일반화하는 것은 과장된 논리라고 비판한 바 있다. 대다수의 근대 조직은 감옥과 달리 자유계약관계에 입각해 있으며 따라서 주체의 저항이 가능하다는 것이다(Giddens 1985, 185-186). 이제 1990년대에 들

---

3) 푸코 철학의 급진이론에의 기여는 폭로(debunking)의 방식을 통해 진리에의 주장을 반박하고 권력관계의 본질을 드러내 보이는 데 있다. 계보학적 비판은 대안을 제시하지 아니하며 해방적 이성을 상정하지 아니한다. Barry Smart, *Foucault, Marxism and Critique* (London: Routledge and Kegan Paul, 1983), pp. 135-137.

어서 본격화된 벤담주의자들의 반론을 검토한다.

❸ 벤담주의자들의 반론

벤담 연구의 전통은 정치적 자유와 권리의 옹호자로서 벤담과 권위주의적 사회통제의 지도자로서 벤담 두 개가 공존해 왔다(Crimmins 1996, 751-777). 다수의 사상사 연구 학자들이 파놉티콘의 중요성을 인식하였으나 그것에 대한 관심이 크게 확대된 것은 푸코의 소개 이후이다. 푸코의 저서는 벤담의 파놉티콘 이론을 학문적으로 부각시키는데 결정적인 기여를 했으나 그것은 또한 벤담을 빅 브라더(Big Brother)의 선구자로 간주하는 전통을 수립하였다(Lyon 1993, 62). 푸코 이후 프랑스와 미국에서는 유사한 해석이 뒤를 이었다.[4)]

4) 일단의 학자들은 푸코와 마찬가지로 파놉티콘의 구상이 벤담식 공리주의의 진수를 보여주며 본질적으로 억압적 성격을 갖는다고 주장하였다. 또한 그것은 감옥의 차원을 넘어 '작은 글자로 쓰인 사회'로서 의미를 갖는다고 보았다. 가령 바뮤엘러(Bamueller)는 벤담이 인간의 존엄성을 외면한 채 합리화된 억압을 통해서 일종의 프로테스탄트적 금욕주의를 강요하였다고 주장했으며, 바로(Barou)는 파놉티콘의 관리방식이 상승일로에 있던 산업 부르주아의 이윤동기에 기여하였다고 평가하였다. 포스너(Posner)는 심지어 헌법적 파놉티콘 속에서조차도 벤담이 견지했던 사회통제의 강박관념을 발견하였고 따라서 그것의 전체주의적 일면을 비판하였다. Anne Brunon-Ernst(ed.), *Beyond Foucault: New Perspectives on Bentham's Panopticon* (Burlington: Ashgate, 2012), pp. 131-132. 한편 푸코가 포문을 열기 이전의 시기인 1968년 힘멜파르브(Himmelfarb)는 파놉티콘이 약자에 대한 강자의 착취기제이며 하루 14시간 노동을 규정한 것은 강제노역을 통한 사적 이윤추구라는 불순한 동기가 개입되었기 때문이라고 벤담을 비판한 바 있다. G. Himmelfarb, "The Haunted House of Jeremy Bentham," in *Victorian Minds: Essay on Nineteenth-Century Intellectuals* (London: Weidenfeld and Nicolson, 1968), pp. 32-81. 홍성욱 역시 파놉티콘의 원리가 대규모 기계제 생산의 발전에 따른 노동 통제의 필요성에 입각해 있음을 지적하고 있다. 홍성욱, "벤담의 파놉티콘에서 시놉티콘까지: 감시와 역감시, 그 열림과 닫힘의 변증법," 『한국과학사학회지』, 제21권 제1호 (한국과학사학회, 2001), pp. 9-14. 그러나

그러나 1990년대에 들어 영국의 벤담주의자들에 의해서 본격적인 반론이 제기되었는데 그들은 오늘날 벤담의 파놉티콘 이론이 대부분 푸코의 설명을 통해서 소개되고 있으며 푸코가 벤담의 철학을 왜곡하고 있다고 주장하였다. 런던대학에서 시작된 벤담 프로젝트는 벤담 총서의 발간을 완료하고 벤담의 공리주의에 대한 심층적인 연구를 수행하였으며, 그 책임자였던 스코필드(Schofield)는 푸코의 해석이 파놉티콘을 통해서 사법체제의 개혁을 시도했던 벤담의 인간적 노력과 상충된다고 결론을 내렸다(Schofield 2009, 70). 한편 2002년 낭테르의 파리10 대학에도 벤담 센터가 조직되어 프랑스 학자들에 의한 본격적인 벤담 연구가 시작되었다. 이들은 런던대학의 벤담 연구 프로젝트와 교류를 하며 연구를 진행하였는데 푸코가 벤담의 철학을 왜곡시켰다는데 대체적으로 동의하였다. 다만 후술하는 것처럼 푸코가 후기에 들어서 벤담에 대한 시각을 변경했다고 재해석을 시도하는 경우도 있다. 영국의 벤담 연구자들이 푸코에 대해 별다른 관심을 보이지 않은 반면, 프랑스의 벤담 연구자들은 벤담과 푸코의 관계를 늘 연구 주제로 삼았다(Brunon-Ernst 2012, 3-4).[5)]

푸코에 대한 벤담주의자들의 비판을 대체적으로 정리하면 다음과 같다. 첫째, 파놉티콘의 논의는 벤담의 국가론이나 민주주의론과 무관한 단순한 사법제도 개혁의 제안일 따름이며 따라서 확대해석할 필요가 없다는 주장이다. 벤담의 사법제도 개혁안은 또한 파놉티콘

푸코는 규율적 권력을 논함에 있어서 생산을 위한 노동을 분석의 대상으로 삼은 것은 아니라고 말하고 있다. Michel Foucault, "The Eye of Power," in *Power/Knowledge: Selected Interviews and Other Writings*, edited by Colin Gordon (New York: Pantheon Books, 1980), p. 161.

5) Anne Brunon-Ernst가 편집한 이 책(*Beyond Foucault*)은 벤담과 푸코에 대한 프랑스 학계의 최근 연구를 영어권에 소개하는 최초의 보고서이다. Anne Brunon-Ernst, *op. cit.*, p. 4.

의 건설을 필수적으로 전제하지도 않았다. 벤담의 파놉티콘 구상은 인구가 급증했으나 감옥 시설이 대단히 열악했던 시대적 상황 하에서, 특히 미국의 독립으로 범죄자 추방정책이 제약을 받게 되던 시절, 시급한 사회적 문제를 해결하기 위해 제시했던 하나의 대안에 불과하였다.

그러나 벤담주의자들 다수는 정면 돌파를 시도한다. 즉 푸코가 벤담의 의도를 잘못 해석하였다는 것이다. 이러한 주장은 다음과 같이 3단계의 논리로 구성되는데, 우선 푸코에 의해서 왜곡된 공리주의의 본질을 재조명하는 작업에서부터 출발한다. 푸코는 공리주의가 반(反)자유주의적 지배의 기술이며 휴머니즘에 위배된다고 설파하였다. 그러나 벤담주의자들은 자유의 향유과정에서 약간의 통제가 수반되는 것은 불가피한 일이며 공리주의에 있어서 통제는 자유를 위한 수단적 성격을 갖는다고 반박한다. 또한 공리주의가 인간의 이기심이라는 현실주의적 가정에 입각하여 위기의 상황에 대처하고 공익을 도모하는 것은 오히려 인간적일 수 있다고 주장한다. 그 다음 단계에서 반박의 논리는 푸코가 고의적으로 누락한 또 다른 파놉티콘의 모델을 강조하는 것이다. 벤담은 적어도 4가지 모델(감옥, 구빈원, 학교, 헌법)의 파놉티콘을 순차적으로 거론하였는데 푸코는 자신의 논리를 정당화하기 위해서 첫 번째 파놉티콘 즉 감옥 모델만을 분석의 대상으로 삼았다.[6] 그러나 벤담은 4가지 파놉티콘 모델을 제시하는 과정에서 계속적으로 이론적 수정[7]을 시도했으며 특히 마지

6) 에른스트는 푸코가 『생명정치의 탄생』 p. 67에서 벤담의 헌법적 파놉티콘 개념을 언급하고 있음을 지적한다. 그러나 이러한 간단한 언급으로 인하여 파놉티시즘의 개념 자체가 달라지는 것은 아니라고 말한다. Anne Brunon-Ernst, *op. cit.*, p. 21.

7) 벤담은 4개의 파놉티콘 모델을 순차적으로 제안하는 과정에서 그것의 구성요소가 비효율적이라고 판단되거나 새로운 사회적 요청에 부응할 필요가 있는 경우

막 모델인 헌법적 파놉티콘은 공권력의 집행자가 오히려 대중적 감시의 대상이 됨으로써 파놉티시즘의 논리가 역전되는 양상을 보여준다.[8] 마지막 단계에 이르러 벤담주의자들은 벤담의 감옥 모델 자체를 긍정적인 측면에서 평가한다. 한편으로 그들은 파놉티콘을 통한 감시가 재소자의 도덕적 교화를 위한 수단이지 통제 그 자체를 목적으로 하지 않았다는 점을 강조한다. 그것은 최종적으로 감시없는 사회를 실현하기 위한 과도기적 장치이다. 스코필드에 의하면 벤담의 파놉티콘은 감시의 내면화를 통해서 감시가 필요 없는 사회를 기대한다는 점에서 오히려 반(反)파놉티시즘적이다(Schofield 2009, 92). 다른 한편으로 그들은 파놉티콘의 설명과정에서 간과되기 쉬운 제도적 보완장치들을 강조한다. 벤담의 파놉티콘은 재소자들의 인권과 복지를 최대한 배려하는 방향으로 기획되어 있으며 외부세계는 시민위원회의 형식을 통해서 정기적으로 감옥을 방문하고 감옥의 운영현황을 확인하게 되어 있다.

푸코를 비판하고 벤담을 옹호하는 영국과 프랑스 학자들의 주장을 구체적으로 살펴보자. 런던대학의 셈플은 영국의 학계가 푸코의 『감시와 처벌』에 대해 실망과 분노를 금하지 못하고 있다고 말한다(Semple 1992, 109). 인간의 존엄성을 파괴하는 비정한 조작 장치로서 파놉티콘을 끔찍하게 묘사하는 것이 과연 설득력이 있는가? 셈플은 푸코가 자신의 논리를 정당화하기 위해서 벤담의 헌법적 파놉티콘 논의를 외면했을 뿐만 아니라 19세기 사법개혁의 최고 이론가

에 기존의 내용을 수정하였는데 예를 들면 수감자의 독방체제를 집단적 분리체제로 변경한다든가 평가나 기록의 방식을 생략하는 조치를 취한 것 등이다.

8) 셈플과 르로이는 권력자가 감시의 대상이 된다는 점에서 벤담의 헌법적 파놉티콘 모델을 각각 '전도된' 혹은 '역전된' 파놉티콘이라 표현하였다. Janet Semple, Q"Bentham's Haunted House," *The Bentham Newsletter*, 11 (1987), p. 41; Anne Brunon-Ernst, *op. cit.*, p. 25.

였던 호워드(Howard)의 연구를 고의적으로 누락시켰다고 말한다. 벤담의 이론에 큰 영향을 미쳤던 호워드의 이타주의가 자신의 가설에 들어맞지 않았기 때문이다. 셈플은 또한 벤담의 파놉티콘이 하나의 구상에 불과하지 현실적으로 채택된 제도가 아니라는 점을 강조한다. 감옥에서 정상화의 과정이 현실화 된 것은 20세기에 들어서이며 따라서 19세기를 규율사회로 규정하는 것은 자의적인 역사 서술이다.[9] 셈플은 우선 벤담의 인도주의적 모티브를 강조한다. 비록 파놉티콘이 감시의 기제이며 벤담이 질서와 권위를 강조한 것이 사실이지만 파놉티콘의 목적은 수감자의 고통을 최소화하는 인간주의적인 감옥의 건설에 있었고 수감자의 인권과 안전이 최대한 강조되었다. 벤담은 사생활 보호의 문제에 대해서도 적극적으로 대처하였다. 다만 여타의 계몽 사상가들이 그랬던 것처럼 절제와 노동을 통해 범죄자들을 도덕적 개조할 수 있다고 생각하였다. 벤담은 푸코와 마찬가지로 익명의 권력을 혐오하였으며 파놉티콘의 요체는 오히려 투명성의 원리를 구현하는데 있다고 보았다. 벤담은 비밀스런 권력에 맞서 정보의 공개와 자유 토론을 주장하였으며 헌법적 파놉티콘의 논의뿐만 아니라 감옥 모델의 경우에도 외부 위원회의 방식을 통해 감시주체에 대한 민주적 통제를 강화하려 하였다. 권력의 기제는 윤리적으로 중립적이라고 말하는 셈플은 파리의 정신병동과 소련의 강제수용소의 차이는 자유주의 국가와 전체주의 국가의 차이에서 기인한

9) 머콰이어는 동일한 맥락에서 푸코가 18세기 형법학의 태두이며 사법제도 개혁가였던 베카리아(Beccaria)를 비정한 규율주의자로 묘사했음을 문제 삼는다. 머콰이어에 의하면 벤담의 선구자로 소개된 베카리아는 본질적으로 박애주의자이며 인도주의자였다. 머콰이어는 푸코의 이론이 비록 창의적이기는 하나 역사적 사실과 부합되지 않는 경우가 많다고 말한다. 가령 19세기 전반의 프랑스는 아직도 농업사회로서 구식의 형벌제도가 지속되고 있었으며 정상화의 방식은 채택되지 않고 있었다. J. G. Merquior, *Foucault* (London: Fontana Press, 1985), pp. 102-105.

다고 주장하는 왈쩌(Walzer)의 푸코 비판[10]을 인용한다(Semple 1992, 119). 셈플은 결론적으로 벤담의 파놉티콘 구상 속에 푸코의 우려와 비판이 이미 다 반영되어 있기 때문에 파놉티시즘의 논리는 잘못된 문제 제기라고 주장한다. 다만 근대적 권력의 일탈가능성을 끊임없이 경계한다는 점에서 푸코의 기여가 인정된다.

한편 파리정치대학 투소(Tusseau)의 경우, 벤담의 공리주의는 인간의 행동을 지배하는 요소들을 정확히 파악한 후 당근과 채찍을 활용하는 입법의 기술을 통해 최대다수의 최대행복을 실현하려는데 요체가 있다고 보았다. 그것은 단순히 박애만을 강조하는 도덕적 절대주의나 인권운동과는 달리 현실적 여건과 인간의 본성을 감안하여 보다 효과적으로 문제를 해결하려 한다. 따라서 벤담은 위정자가 다양한 지식과 정보에 정통해야 하며 일종의 사회과학자가 되어야 한다고 생각하였다. 헌법적 파놉티콘에 대한 벤담의 논의는 공리주의적 민주주의의 원리를 보여준다. 1822년 포르투갈 코르테스의 요청으로 착수한 헌법적 파놉티콘의 모델은 당초 기획했던 3부작 중 제1부에 해당되는데 관료의 권력남용을 방지하기 위해서 몽테스키외식의 내부통제 방식이 아닌 여론을 통한 외부통제의 원리를 도입하는데 그 특징이 있었다. 투소는 파놉티콘의 감옥 모델과 헌법 모델 양자 모두 동일한 원리에 입각해 있다고 말한다. 그것은 투명성의 이상을 도입하는 것이며 모든 것이 공개될수록 인간은 공리적으로 행동할 가능성이 많게 될 것이라는 신념이다. 투소에 따르면 감옥과 공화국 모델 모두에 대해 공리의 원칙을 일관되게 적용했다는 점에서 벤담의 기획은 파놉티콘의 보편화로 요약될 수 있으며 시민에 의

10) Michael Walzer, "The Politics of Michel Foucault," in *Foucault: A Critical Reader*, ed. David Couzen Hoy (Oxford: Basil Blackwell, 1986), p. 51.

한 공권력 비판을 시도했다는 점에서 당대의 가장 과감한 민주주의 조직원리라고 말할 수 있다.[11] 투소는 감옥형 파놉티콘에 대해서도 다음과 같이 평가한다. 그것은 빈곤과 실업, 기아와 질병, 비위생과 무지가 만연하던 시절에 한정된 예산으로 수감자의 고통과 처벌을 최소화하고 성실성과 근면성의 회복을 도와 이들을 사회로 복귀시키려 하는데 목적이 있었다. 벤담의 계몽주의는 본인과 사회 모두에게 안전과 생존을 제공하려 했다는 점에서 고정관념과 달리 인간적인 측면이 있으며 오히려 칭찬할 만하다.[12]

파리2대학의 에른스트(Ernst)에 따르면 벤담의 구상에 대한 푸코의 편협된 이해는 국가권력의 본질에 대한 성찰에 실패하게 만들었고 파놉티콘을 통치성의 관점에서 바라보는 것을 방해하였다.

❹ 푸코의 재해석

푸코의 벤담 해석 논쟁에서 또 하나의 시각은 벤담과 푸코 양자 모두의 복권을 꾀하는 방식이다. 1970년대는 모든 형태의 정신적, 육체적 구속에 도전하던 문화적 좌파 이데올로기의 시대였고 푸코는 벤담의 파놉티콘 비판을 통해서 감옥의 개혁 운동에 앞장섰다. 푸코의 목표는 사법적 평등주의의 형식적 외관 속에 작동되고 있는 규율의 기제를 폭로하는 것이었다. 그러나 그는 「꼴레쥬 드 프랑스」(Collège de France)에서 행한 일련의 강의[13]를 통해 벤담 철학의 또 다른 측

---

11) Guillaume Tusseau, “From the Penitentiary to the Political Panoptic Paradigm,” in Anne Brunon-Ernst(ed.), *Beyond Foucault*, p. 137.

12) *Ibid.*, pp. 135-136.

13) 푸코는 1970년부터 1984년까지 13회에 걸쳐 강의를 하였는데, 그 중에서 1977-

면을 강조하였으며 벤담의 공리주의를 서구정치사의 주요 이론으로 자리매김하는데 크게 기여하였다.

1976년 『성의 역사』 마지막 장에서 생명권력을 언급하기 시작한 푸코는 1978년 『안전, 영토, 인구』 제4장에서 이와 관련하여 통치성(governmentality)의 개념을 선보였는데 그것의 핵심은 '행동의 유도'(conduct of conduct)로서 정식화되었다.[14] 이 책에서 푸코는 근대 유럽의 자유주의가 국가권력을 견제함에 있어서 천부인권을 강조하는 초기의 방식에서 벗어나 유용성의 원리를 활용하는 공리주의의 방식으로 발전하였으며 이 과정에서 인구를 국부의 원천으로 간주하고 생물학적 의미의 복지와 안전을 강조하는 목자적 권력(pastoral power)이 출현하였다고 주장하였다. 이 책의 해제에 따르면 푸코는 통치성의 논리를 통해서 근대국가의 본질이 생사여탈권을 행사하는 홉스적 괴물이 아님을 강조하는 한편, 이전의 감시와 처벌의 가설을

79년의 강의노트인 〈안전, 영토 및 인구〉와 〈생명정치의 탄생〉은 푸코의 관심이 규율의 정치로부터 생명권력으로 변화하고 있음을 보여주는 것으로 평가된다. 두 권의 강의록은 2004년에 단행본으로 출판되었으며 2007년과 2008년에 각각 영역되었다. 두 저서는 2011년과 2012년 한국어로도 번역되었다. 미셸 푸코, 『안전, 영토, 인구』, 오트르망 옮김 (서울: 난장, 2011); 미셸 푸코, 『생명관리정치의 탄생』, 오트르망 옮김 (서울: 난장, 2012).

14) 고대 그리스와 성의 역사 논의에서부터 시작되는 'conduct of conduct'의 개념은 통치성 이론의 전개에 결정적 계기를 제공한다. 이 개념에 대한 상세한 설명은 푸코가 1983년에 집필한 다음의 자료를 참고할 것. Michel Foucault, "The Subject and Power," in *Michel Foucault: Beyond Structuralism and Hermeneutics* (ed.), Hubert L. Dreyfus and Paul Rabinow (Chicago: University of Chicago Press, 1984), p. 314. 오트르망의 번역서 『안전, 영토, 인구』는 이 용어를 '품행의 인도'라고 번역하고 있다. 미셸 푸코, 『생명관리정치의 탄생』, 오트르망 옮김 (서울: 난장, 2012), pp. 527-528. 푸코는 17, 18세기의 반(反)마키아벨리 문헌들에 대한 고찰을 통해 유럽 사회가 영토를 강조하는 법률적 주권 대신 인간의 관리를 강조하는 통치술에 대한 논의로 방향을 전환하고 있음을 확인한다(『안전, 영토, 인구』 제4강). 그리고 그리스 정치가 항해술의 비유 속에서 도시국가를 통치의 대상으로 삼았던 반면 기독교는 목자의 비유를 통해 통치성이라는 새로운 정치모델을 제시하였다고 주장한다(『안전, 영토, 인구』 제5강).

수정하였다(미셸 푸코, 오트르망 2012, 558).[15)]

통치성의 논의는 1979년 푸코가 스탠포드 대학에서 행한 수차례의 강연 후 본격적인 연구 주제로 부상하기 시작하였고, 몇몇 대학에서는 통치성 연구가 정치학이나 사회학과 같은 학문영역으로 지위를 확보하였다. 1991년 그래햄 버첼, 콜린고든, 피터 밀러가 공동편집한 『푸코효과』의 간행[16)]은 이러한 움직임의 결정적인 계기가 되었다. 2003년 일리노이 대학의 엥겔만 역시 벤담의 자유주의를 이해하기 위해서는 미국 학계에 만연되어 있는 파놉티콘식 독해가 아니라 푸코의 후기 저술에 나타난 벤담 해석의 방식을 주목해야 한다고 주장하였다(Engelman 2003, 370).

벤담과 푸코의 복권을 동시에 꾀하는 첫 번째 논리는 푸코가 벤담의 공리주의 속에서 규율적 권력과는 다른 새로운 지배의 형식을 발견했음을 지적하는 것이다. 푸코는 그것을 통치의 기술(art of government) 혹은 통치성(governmentality), 통치합리성(governmental rationality)의 원리라고 표현하였다. 18세기에 들어 급증하는 인구의 관리문제가 국가적 현안과제로 부상하자 특정 제도의 혁신에 의존하는 규율적 권력은 퇴조를 보이고 거시적 인구 통제 기술이 개발

---

15) 그러나 아감벤은 푸코의 『안전, 영토, 인구』를 인용하며 근대 생명권력의 출현은 벌거벗은 생명에 대한 규율적 통제의 강화를 목적으로 하고 있다고 주장하였다. 조르조 아감벤, 박진우 옮김 『호모 사케르』 (서울: 새물결, 2008), p. 37. 아감벤에 따르면 생명정치가 진전되어 우리 시대 모든 시민들이 잠재적으로 호모 사케르가 된다면 그것은 주권권력의 고유한 구조이기 때문이다. *Ibid.*, pp. 225-226. 생명정치적 신체이자 벌거벗은 생명은 주권적 권력에 저항할 수 있는 견고한 기반을 제공하지 못한다. *Ibid.*, p. 351. 호모 사케르를 주권적 권력의 패러다임으로 상정하는 아감벤은 『리바이어던』의 위대한 은유는 개인적 신체가 살해될 수 있는 절대적 가능성이 서구의 새로운 정치적 신체를 형성하게 되었음을 보여준데 있다고 말한다. *Ibid.*, p. 246.

16) Graham Burchell, Colin Godon, and Peter Miller (ed.), *The Foucault Effect: Studies in Governmentality* (Chicago: The University of Chicago Press, 1991).

되기 시작하였다. 그것은 개인의 이기심과 안전 욕구를 자극하고 유도하는 방식을 통해 건강과 복지라는 공공선을 실현하려 하였다. 정치경제학의 지식체계가 동원 되었고 선택의 결과에 수반되는 보상과 처벌은 이해타산의 과정을 최대다수의 최대행복으로 전환시켰다. 통치성에 대한 푸코의 논의는 단순한 서술의 차원을 넘어서는 평가의 차원을 보여준다. 즉 푸코는 벤담의 공리주의가 규율적 권력과는 다른 통치성의 기술을 통해서 인류사회의 발전에 기여한 것으로 판단하였다[17]. 푸코가 목자적 권력, 생명정치, 생명권력 등의 개념을 소개하는 것은 이러한 맥락에서이며 그는 성의 역사와 관련하여 억압가설(repressive hypothesis)을 비판하였다.[18] 푸코에 따르면 권력의

---

17) 2011년 파리2대학의 벤담센터는 '푸코는 공리주의자인가?'를 주제로 워크숍을 개최하였는데 이 역시 동일한 맥락 하에서였다. Anne Brunon-Ernst, Beyond Foucault, p. 4. 콜린 고든에 의하면 푸코의 통치성 이론은 19세기 자유주의가 복지문제를 공리주의적 방식으로 해결하여 국가권력의 강화를 저지하려 한 점을 높이 평가하였다. 그것은 피치자의 관여를 유도하고 개인의 주체적 판단을 존중하는 미덕을 보여주었다. 후기 푸코의 사상은 낙관론적 경향을 보여주며 베버의 정치사회학과 연결될 수 있는 소지가 있다. Graham Burchell, Colin Godon, and Peter Miller (ed.), *op. cit.*, pp. 47-48.

18) 드레피스와 라비노우가 저술한 푸코연구서의 「후기」에 실린 푸코의 영문원고 '주체와 권력'은 다음과 같이 말하고 있다. 1천년 이상 내세에서의 구원을 지향해온 기독교의 목자적 권력의 전통은 18세기에 들어 근대국가에 의해서 건강과 복지, 안전 등 현세적 구원을 적극적으로 모색하는 세속적인 목자적 권력으로 대체되기 시작했으며 경찰과 같은 국가장치가 여기에 앞장을 섰다. 드레피스·라비노우 지음, 서우석 옮김, 『미셸 푸코: 구조주의와 해석학을 넘어서』 (서울: 나남, 1989), pp. 305-306. 한편 억압가설은 19세기 자본주의 사회가 노동력을 착취하기 위해 성의 담론을 억압하였다는 주장이다. 푸코는 이에 대해 빅토리아 시대에 성의 담론은 오히려 활성화 되었으며 그것은 개인의 삶만 아니라 보건과 출산 등 국가적인 인구관리의 문제와 직결되어 있었기 때문에 인간과학과 결합된 생명권력은 생산적이고 긍정적인 의미를 갖는다고 보았다. "권력은 이제 죽음을 부여할 수 있는 법률적 주체가 아닌 살아 있는 생명체를 다루게 되었다. 지배력의 행사는 삶의 수준 그 자체에서 이루어졌다. 권력의 신체에 대한 접근은 살육의 위협이 아니라 삶을 책임지는데서 비롯되었다." Michel Foucault, *The History of Sexuality, Vol. I: An Introduction*, trans. by Robert Hurley (New York: Vintage Books, 1990), pp. 142-143.

기술은 주권에서 규율의 단계를 거쳐 통치의 방식으로 발전하는데, 이들 삼자간의 관계는 대체관계가 아닌 보완관계이지만 시간적 추이로 볼 때 늘 후자가 전자를 압도하는 양상을 보여준다.[19]

벤담과 푸코의 복권을 꾀하는 두 번째 논리는 파놉티콘의 이해 자체를 겨냥하는 대담한 시도이다. 그것은 벤담주의자들의 주장과 마찬가지로 파놉티콘의 본질이 감시권력의 익명성에 있으며 감옥의 영역을 뛰어넘어 모든 형태의 제도에 적용가능하고 따라서 정부권력 비판이라는 민주성을 확보한다고 주장한다. 그리고 푸코가 「꼴레쥬 드 프랑스」 강의를 통해 다음과 같이 언급했음을 상기시킨다. "모두가 감시자로서 기능하고 타인을 통제할 수 있다는 점에서 권력행사의 민주화는 파놉티콘에 구현된 권력의 본질이 변화하고 있음을 보여준다"(Brunon-Ernst 2012, 56). 협의의 파놉티콘 개념을 벤담주의자들의 해석처럼 공리주의의 원리를 구현하는 제도적 장치로 파악한 후 푸코의 해석을 이와 연결시키는 것도 또 하나의 방법일 수 있다. 라발(Laval)에 따르면 『생명정치의 탄생』에서 푸코는 파놉티콘을 자유주의 정치의 일반원리로 파악하였으나 그것을 은폐된 권력으로 보기보다는 손익계산에 입각한 자기통제의 기제로 이해하였다.

『감시와 처벌』을 뛰어넘는 푸코 독해를 주장하는 파리10대학 벤담센터 라발의 논리를 조금 더 살펴보자. 라발은 푸코가 벤담에 대한 피상적 이해만을 보여주었다는 벤담주의자들의 주장에 반대하여 푸코는 벤담을 깊이 이해했다고 말한다. 라발에 따르면 푸코의 벤담에 대한 재평가는 「콜레쥬 드 프랑스」 강의, 특히 『생명정치의 탄생』 강의(1977-1978)에서 본격화 된다. 푸코는 여기서 19세기 자유주의의 정치를 통치성의 개념으로 파악하였는데 벤담의 공리주의

19) Smart(1983), p. 118; 푸코, 오트르망 옮김(2011), pp. 162-163.

가 바로 여기에 해당된다. 다만 푸코의 벤담에 대한 재평가는 아직까지 충분히 조명되지 않은 주제이고 또한 선명한 논리로 개진되지 못한 것도 사실이다.[20] 라발이 주장하는 도발적 가설은 다음과 같다. 19세기에 들어 서구사회는 효용의 문제가 전통적인 입법과정을 포괄하는 새로운 시대에 진입하였다고 말하며 푸코는 영국의 급진주의를 거론하였다. 자유주의의 두 번째 조류인 공리주의는 고통과 보상의 계산을 유도하는 방식으로 복지와 안전이라는 공공선의 실현을 꾀하려 하였다. 이에 따라 정부는 국민의 내심을 읽을 수 있는 능력이 요구되었고 가능한 선택의 방향을 예측하고 적절한 대안을 제시하는 방식으로 입법상의 성과를 기대하였다. 그러므로 통치성의 실현에 있어서 권력의 개념은 '행동의 유도'로서 정의된다. 푸코는 통치성에 있어서 권력의 본질은 억압이 아닌 자유로운 선택과 자기통제이며 그것이 비록 이기심에 기초한 것이기는 하나 최종적으로 개인과 사회 모두에게 최대의 행복을 제공하는 생산적 결과를 초래한다고 보았다. 라발에 따르면 통치성의 기술을 구현하는 과정에서 가장 효과적인 기제는 시선의 논리인데 공유된 시선으로서 여론의 압력은 '보이지 않는 손'의 기능을 수행함으로써 행동을 교정한다.[21] 라발은 푸코의 통치성 이론이 안전사회를 지향하는 벤담의 정치이론과 사실상 일치한다고 말한다. 푸코에게 있어서 벤담의 공리주의는 철학이 아니라 통치의 기술로서 간주되었다. 계속해서 라발은 통치성의 관점에서 푸코의 파놉티콘 이론을 재해석한다. 벤담의 파놉티

---

20) 『생명정치의 탄생』을 편집한 미셸 세넬라르트(Michel Senellart)는 이 강의가 푸코의 벤담에 대한 재평가를 주제로 삼고 있다고 주장하였다. 그러나 라발은 세넬라르트가 푸코의 통치성 이론과 벤담철학의 관계를 분명히 보여주지 못하고 있다고 말한다. Christian Laval, "From Discipline and Punish to The Birth of Biopolitics," in Anne Brunon-Ernst(ed.), *Beyond Foucault*, p. 55.

21) *Ibid.*, p. 55.

콘은 시선의 논리를 구현하고 있는 공리주의의 제도적 장치이다. 그것은 선택의 위험부담을 계산함으로써 비용-효과의 극대화를 유도하며 사회의 안전과 행복을 꾀한다. 푸코 역시 『생명정치의 탄생』에서 파놉티콘이 은폐된 전체주의의 기제가 아니라 자기통제에 입각한 자유주의의 통치양식임을 지적하였다. 푸코는 이미 1973년의 강의 「정신의학적 권력」(psychiatric power)에서 파놉티콘은 모두가 감시자의 기능을 수행할 수 있다는 점에서 권력행사의 민주화에 기여했으며 파놉티콘에 구현된 익명의 권력은 권력의 본질이 크게 변화했음을 보여준다고 평가한 바 있다.[22]

한편 동 연구소의 르로이(Leroy)는 벤담의 파놉티콘 이론을 다음과 같이 해석한다. 벤담은 기본적으로 인간의 심성에 대한 불신의 정치에서 출발하여 제도적 안전장치를 모색한 인물이다. 벤담의 파놉티콘 구상은 감옥과 정부 모두에 대해 의혹의 시선을 보냈는데 그가 특히 문제 삼았던 것은 공권력의 남용과 부패였고 따라서 그의 헌법론을 더욱 주목해야 한다. 벤담은 권력의 분립이라는 몽테스키외의 내부통제 방식에서 벗어나 외부통제의 방식을 채택하였는데 벤담이 제안하는 여론의 재판(Public Opinion Tribunal의 설치)은 국민주권의 원리를 재확인하고 간접민주주의의 취약점을 직접민주주의의 기제로 보완하는 의미가 있다.[23] 르로이 역시 푸코가 『생명정

---

22) *Ibid.*, p. 56. 푸코는 중앙감시탑의 주체가 가변적일뿐 아니라 원하는 사람은 누구든지 지하통로를 통해서 감시탑에 진입하여 감독자가 자신의 임무를 적법하게 수행하고 있는지 재감시할 수 있다고 말한다. "최종적으로 권력은 피감시자 만큼이나 감시자의 경우에도 가시적이다. 따라서 권력이 모두에 의해 감독된다는 점에서 권력의 행사는 민주화된다." Michel Foucault, *Psychiatric Power: Lectures at the College de France 1973-1974*, ed. by A. I. Davidson and trans. by G. Burchell (New York: PICADOR, 2006), pp. 76-77.

23) Marie-Laure Leroy, "Transparency and Politics: The Reversed Panopticon as a Response to Abuse of Power," in Anne Brunon-Ernst(ed.), *Beyond Foucault*,

치의 탄생』에서 자유의 향유는 역설적으로 어느 정도의 통제를 수반하며 파놉티콘은 자유를 보호하기 위한 기제로서 이해될 수 있다고 언급한 사실을 지적한다. 따라서 그는 파놉티콘의 논리를 단순히 억압의 수단으로만 파악하는 편협한 독해에서 벗어날 것을 주장한다.

그러나 필자는 푸코의 파놉티콘 이론을 통치성의 관점에서 재해석 할 경우, 권력 기술의 진화과정을 주권과 규율, 통치성의 3자관계로 파악했던 푸코의 주장과 상호 충돌하는 것이 아닌가 하는 의문을 갖게 된다. 만일 파놉티시즘이 규율의 원리가 아니라 통치성의 원리를 구현하고 있다고 본다면 중간단계인 규율의 단계가 사실상 사상되고 있는 것이다. 따라서 푸코의 통치성 이론을 재조명 할 경우 그것을 공리주의의 또 다른 얼굴로서 수용할 수는 있으나 파놉티콘과 규율적 권력이라는 최초의 가설에까지 이러한 논리를 적용하는 것은 무리라고 생각한다. 즉 푸코는 19세기 공리주의를 평가함에 있어서 통치성의 측면과 파놉티시즘의 측면을 동시에 조망하였다고 본다.

❺ 현대사회와 벤담, 그리고 푸코

푸코는 파놉티시즘의 논리가 현대사회에도 그대로 적용될 수 있음을 주장하였고 후일 소련의 강제수용소(gulag)를 이러한 맥락에서 파악하였다. 푸코는 다음과 같이 말한다. "나는 솔제니친 저작의 제목을 인용하여 수용소군도(archipelago)라는 표현을 쓴 적이 있는데 그것은 형벌제도가 다양하게 확산되어 전체사회를 포섭하고 있음을 보여주기 위해서였다."(Foucault 1980, 68). 1976년 소련의 형벌

p. 148.

제도를 주제로 한 대담에서 푸코는 소련의 강제수용소가 19세기 서구 규율기술의 확대이며 여기에 당의 기제가 추가된 것일 뿐이라고 주장하였다. 규율의 기술은 중립적이기 때문에 비부르주아 사회에도 이식이 가능하다. 소련 당국은 부르주아의 행형기술을 변경하는 대신 그것을 더욱 잔혹하게 논리적 극단까지 밀고나갔다.[24)]

비록 푸코는 디지털 사회의 등장을 거론하지 못하였으나 인터넷과 cctv 등 현대 과학기술의 발전은 본격적인 감시체제를 가능케 했다는 점에서 많은 학자들이 현대사회를 분석함에 있어서 푸코 패러다임의 잠재력을 주목해 왔다. 특히 신생학문인 감시연구의 분야는 파놉티시즘의 가설을 중요한 이론적 기여로 평가하였다.[25)] 사실 푸코의 이론이 각광을 받는다는 사실 자체가 파놉티시즘의 실현을 위한 사회적 여건이 충족되었음을 반증한다고 말할 수 있다. 푸코의 이론이 발표된 것은 음모설이 난무하던 시기였으며 감시사회의 주제는 영화와 저널리즘의 주요 테마가 되었다.

수갑 대신 컴퓨터 칩을 사용하여 특정인뿐만 아니라 모든 범주의 사람을 추적할 수 있는 시대가 도래함으로써 사회전체가 거대한

---

24) Michel Foucault, "The Politics of Crime," *Partisan Review*, Vol. 43, No. 3 (1976), pp. 453-459. 프랑스의 고급시사주간지 La Nouvelle Observateur (1976년 1월 26일)에 게재된 기사를 축약하여 영문으로 번역한 글이다.

25) 예를 들면, 로빈스와 웹스터는 정보화 사회의 권력양식은 파놉티콘으로 귀결될 수밖에 없다고 주장하였으며, 주보프는 투명한 감시체제를 도입하는 성과측정 방식이 현대적 경영의 핵심이며 구성원들은 저항보다 순응을 택하기 때문에 푸코식의 정상화 과정이 불가피하다고 보았다. 다이아나 고든을 비롯한 많은 학자들이 정부와 기업 모두에서 전자감시가 보편화되고 있으며 두 영역은 상호 연결되어 있음을 지적하였다. K. Robins and F. Webster, "Plan and Control: Towards a Cultural History of tge Information Society," *Theory and Society*, 18(1989); S. Zubboff, *In the Age of the Smart Machine* (New York: Basic Books, 1988); D. Gordon, "The Electronic Panopticon: A Case Study of the Development the National Criminal Records System," *Politics and Society*, 15 (1988) 참조.

감시 시설이 되었다. 포스터(Poster)에 따르면 현대사회는 소비행위나 일상적 행동도 감시와 분석의 대상이 되는 수퍼파놉티콘(super-panopticon) 사회이다. 감시탑이나 간수가 없는 대신 소비자가 직접 모든 종류의 카드와 자격증, 거래의 서식을 기재하여 데이터베이스를 제공한다. 따라서 우리 스스로가 정보원이요 기록자이다.[26)]

그러나 현대사회의 감시기제가 규율적 성격을 갖는가에 대해서는 반론이 제기되었는데[27)] 그 내용을 살펴보면 다음과 같다. 첫째, 파놉티시즘의 논리가 비록 유용하기는 하나 시대적 변화를 고려하여 수정 또는 보완되어야 한다는 주장이다. 이들이 문제삼고 있는 내용은 현대사회의 감시기제가 도덕적 규율의 목표보다는 주로 상업적 용도에 초점이 맞추어져 있다는 점(세닝과 세링, 바우만), 대중의 행위동기가 억압에의 순응이 아니라 자발적인 편익추구에 입각해 있다는 점(리아노스, 바우만), 감시와 통제에 대한 사회적 저항이나 조직혁신의 필요로 인해 파놉티시즘의 역학이 약화될 수 있다는 점(기든스, 노리스와 암스트롱, 맥킨리와 테일러: 혁신과 효율성을 추구하는 현대조직의 원리는 유순한 신체라는 포드주의(Fordism) 대신 적극

---

26) Marx Poster, *The Mode of Information: Poststructuralism and Social Context* (Chicago, IL.: Chicago University Press, 1990), p. 93. 직접적인 감시의 방식 대신 자료의 수집과 분류를 통한 행태 분석의 기법을 사용하는 수퍼파놉티콘 체재는 파놉티콘 논리의 연장으로 해석될 수도 있다. Majid Yar, "Panoptic Power and the Pathologisation of Vision: Critical Reflections on the Foucauldian Thesis," *Surveillance & Society* 1(3), pp. 257-258.

27) 가령 리온은 현대사회 속에서 파놉티콘의 잔재를 발견할 수 있지만 묵시론적 해석이 경험적으로 타당한가라는 사회학적 의문은 계속된다고 말한다. David Lyon, "An Electronic Panopticon? A Sociological Critique of Surveillance Theory," *The Sociological Review*, 41 (1993), p. 668. 리아노스 역시 푸코의 이론이 신성한 거대설화가 되버린 것은 아닌가라고 질문한다. Michalis Lianos, "Social Control after Foucault," *Surveillance & Society*, 1/3 (2003), pp. 425-426.

적 사고를 원한다.[28] 혹은 하급자의 반대전략이나 강화된 권리의식도 역학관계에 영향을 미친다), 시놉티콘(synopticon)[29] 사회의 출현에 따라 파놉티시즘의 효과가 완화된다는 점(매티슨) 등이다. 따라서 비판은 파놉티시즘의 제한적 효용을 강조하며 그것의 보완을 요구하는 포스트 파놉티시즘(post-panopticism)의 논리로 귀결된다.[30]

둘째, 시놉티콘의 논리를 조금 더 강하게 밀고나가는 경우, 기술진보의 민주화 효과를 강조하며 현대사회가 오히려 반파놉티시즘의 방향으로 진화하고 있다고 주장할 수도 있다. 전자정부의 발전으로 입법과 행정 과정이 투명하게 되었고 이에 따라 시민참여와 권력

---

28) 한병철에 의하면 오늘의 사회는 푸코식의 규율사회가 아니라 탈규제의 성과사회이다. 금지의 메카니즘이 생산성의 향상에 한계를 드러냄에 따라 탈규제의 긍정적 모티베이션 방식이 이를 대체한다. 우울증은 주권자적 개인이 자기와의 전쟁에서 패배할 때 생기는 병리현상이다. 한병철, 『피로사회』 (서울: 문학과 지성사, 2012), pp. 23-29.

29) 매티슨의 용어로서 쌍방향 감시사회의 의미를 갖는다. 매티슨은 19세기 이후 매스미디어의 발달로 인해 시청자 사회(viewer society)가 출현하였고 일반대중 또한 소수의 명사들을 감시하는 새로운 양상을 보이게 되었다고 말한다. 그러나 언론과 방송이 자본과 권력에 종속되어 있기 때문에 조작과 왜곡의 가능성이 상존하며 따라서 파놉티콘 사회와 마찬가지로 시놉티콘 사회에 대해서도 비판적 태도가 요청된다. 우리의 과제는 저항의 미래를 모색하는데 있다. Thomas Mathiesen, "The Viewer Society: Michael Foucault's Panopticon Revisited," *Theoretical Criminology*, Vol. 1, No. 2 (1997), pp. 215-234.

30) Boyne, "Post-Panopticism," *Economy and Society*, Vol. 29, No.2 (May 2000), pp. 285-307. 보인느에 따르면 1980년대와 90년대에는 파놉티시즘의 패러다임을 사용하는 사회분석이 대단히 활발했으나 그 후 일단의 사회학자들이 경험적 연구에 입각하여 여기에 제동을 걸었다. 이들은 규율적 감시의 논리가 역사적으로 효력을 상실했다고 주장하였다. 대표적인 학자로 M. Poster, C. Norris, G. Armstrong, Z. Bauman, D. Lyon 등을 들 수 있다. 그러나 보인느는 사회적 여건의 변화를 감안해서 이론적 수정을 계속해 나가야 하겠지만 하나의 이념형으로서 파놉티시즘의 일반원리는 여전히 유효하다고 주장한다. 한편 야르(Yar) 역시 비슷한 맥락에서 조건부 수용(qualified acceptance)이라는 표현을 사용하고 있다. Majid Yar, *op. cit.*, p. 254.

통제가 가능하게 되었으며 여론의 법정이라는 벤담의 정치적 이상이 실현되었다(Brunon-Ernst 2012, 188). 이러한 시각에 따르면 시놉티콘 사회는 푸코의 진단과 달리 다수가 소수의 일거수일투족을 바라보며 희열을 느끼는 고대 콜로세움 경기장의 부활과도 같으며 전자민주주의 시대의 도래는 아테네 민주주의를 다시 한번 가능케 해준다. 셋째, 파놉티시즘과 복지사회의 상관관계에 대한 논의이다. 19세기 이후 서구 사회가 보여준 감시기제의 강화에는 안전과 복지의 시대적 요청이 크게 작용하였다. 이탈리아의 사회철학자 파스콸레 파스키노(Pasquale Pasquino)에 따르면 범죄자를 교정불가능한 특수한 인간형으로 바라 보기 시작하면서 시민을 잠재적 위험으로부터 보호해야할 필요성이 강조되었으며 현대의 CCTV 보급 역시 이러한 안전의식의 연장으로 볼 수 있다. 한편 자크 돈젤로(Jacques Donzelot)는 복지국가와 사회적 권리의 전통이 수립되면서 미성년자나 사회적 취약계층의 보호를 위해 이들에 대한 감시가 강화되었다고 말한다. 즉 감시기제의 강화는 개인주의에 대한 공동체적 연대의 우위라는 시대적 분위기와 무관치 않다.[31)]

결국 감시기제의 지속적 발전은 공권력의 강화뿐만 아니라 민주주의와 복지사회의 발전에 기여하는 긍정적 측면도 있으며 그것의 순기능과 역기능을 경험적으로 검증하고 비교하는 일은 결코 쉽지 않은 작업이다. 여기서 두 가지 문제를 추가적으로 강조할 필요가 있다. 첫째, 역감시의 효능, 즉 투명한 감시를 통한 공권력의 견제는

31) Oyne, *op. cit.*, p. 291. '푸코의 역설'(paradox of Foucault)이라고도 한다. 즉 근대사회의 복지실현은 실천의 주체로서 국가관료제의 성장을 수반한다는 것이다. David Lyon, "An Electronic Panopticon? A Sociological Critique of Surveillance Theory," *The Sociological Review*, 41 (1993), p. 672. 보인느 역시 동일한 맥락에서 감시는 사회민주주의의 불가피한 일면이라고 말한다. Boyne, *op. cit.*, p. 292.

자연발생적 현상이 아니며 부단한 노력의 산물이라는 점이다. 누가 감시자를 감시할 것인가의 문제는 결코 쉽지 않은 과제로서 낙관론을 불허한다(홍성욱 2001, 22). 둘째, 역감시의 민주화 효과마저도 양날의 칼이 될 수 있다는 사실이다. 절제되지 않는 사회 권력은 국가기구와 소수의 지배집단만을 겨냥하는 것이 아니라 부메랑이 되어 우리 모두를 파괴할 수 있기 때문이다. 기실 투명사회의 이상은 전체주의의 청사진과 다를 바 없으며 과도하게 동질성을 강조하는 민주주의는 전체주의의 묘판이 될 수 있는 법이다(Lefort 1986, 288-289; Mouffe 1993, 38).

생각건대 시간적 추이는 전자통신기술의 발전으로 인해 민주화의 순기능보다는 감시사회의 역기능이 우세해지는 국면을 보여주고 있다고 본다. 쌍방향적 감시사회인 시놉티콘 체제는 적정 지점을 통과하면서 민주화의 한계효용이 점차 축소되는 반면, 인권침해의 부작용은 더욱 심각해질 가능성이 크다. 일찍이 토크빌은 미국민주주의를 논하며 여론의 지배가 초래할 순응주의의 폐해를 지적하였는데 이 역시 동일한 문제의식의 발로라고 보여진다[32]. 이것은 결국 모두가 모두를 감시하는 사회가 과연 이상사회인가 혹은 악몽이 될 것인가의 문제이다. 계몽시대의 감시는 치안과 복지라는 공익의 실현에 일조하고 역전된 시선을 통해서 권력의 남용을 견제하는 나름대로의 성과를 인정할 여지가 있었다. 그러나 후기산업사회 혹은 지식사회의 도래와 더불어 계몽의 논리는 추동력을 상실하게 되었으며 적정

32) 벤담이 사망하기 3년 전인 1835년 토크빌은 『미국민주주의』를 발표하였는데 이 책의 마지막 장들은 민주주의의 잠재적 위험을 논하고 있다. 토크빌은 특히 여론에 의한 순응주의의 위험을 지적하였는데 이것은 벤담이 제안하는 체제에 대한 반박으로 이해될 수 있다. Marie Laure Leroy, "Transparency and Politics as a Response to Abuse of Power," in Anne Brunon-Ernst(ed.), *Beyond Foucault*, p. 158.

수준을 넘어선 투명성의 강화는 벤담이 기대했던 민주화의 효과보다는 감시사회에 대한 푸코의 우려를 정당화한다 할 것이다.[33]

❻ 맺는 말

이상을 요약하면 다음과 같다. 벤담이 시도한 파놉티콘의 구상은 공리주의 철학의 연장선상에서 파악되어야 하며 그것은 도덕적 교화 및 공익의 실현이라는 긍정적인 측면과 감시와 통제라는 부정적인 측면을 모두 갖고 있다. 그런데 벤담은 주로 전자를 강조하였고 푸코는 주로 후자를 강조한 차이가 있다. 물론 푸코는 후기에 들어 통치성의 개념을 논하며 벤담의 공리주의에 대해 긍정적인 평가를 하기도 했지만 파놉티콘의 논리 자체에 대해서는 대체적으로 비판적인 입장을 견지했다고 보여진다. 그것은 푸코가 계몽의 본질을 정상(正常)의 추구라는 관점에서 파악했으며 따라서 규율적 권력의 개념을 매우 중요한 이론자원으로 상정했기 때문이다. 그러나 19세기의 시대적 상황을 종합적으로 고려할 때 푸코의 감옥사회론은 벤담의 의도를 무시한 채 무리한 단순화를 시도하고 있는 것이 아닌가 하는 판단을 하게 되며 오히려 벤담주의자들의 해석이 더 타당성이 있어 보인다. 그것은 사회발전의 단계로 볼 때 19세기 서구사회는

---

33) 푸코는 벤담의 이론이 투명사회를 동경하는 루소의 사상에 영향을 받았다고 말한다. 시선의 정치학은 유토피아적이다. 그러나 벤담의 파놉티콘은 감시자와 피감시자 모두를 포획하는 비인격적 권력의 메카니즘이며 거기에는 절대적 지점(absolute point)이 존재하지 않는다. 파놉티콘은 누구에게도 관용을 베풀지 않는 불신의 기제이다. 푸코에 따르면 감시체제는 악의(malveillance) 속에서 완성된 모습을 보이게 된다. Michel Foucault, "The Eye of Power," in *Power/Knowledge: Selected Interviews and Other Writings*, p. 158.

계몽의 이상이 어느 정도 성과를 기대할 수 있는 시점에 서 있었기 때문이다.

반면 파놉티콘의 이론을 현대사회에 적용시킬 경우, 전자민주주의의 발전으로 인해 일견 벤담의 이상이 만개되는 느낌을 갖기도 하지만 이면을 들여다보면 오히려 푸코의 경고가 더욱 설득력있어 보인다. 그것은 투명사회의 실현으로 역방향의 파놉티시즘이 가능해졌음에도 불구하고 과도한 감시기제의 작동으로 인해서 모두가 희생자가 될 수 있는 가능성이 높아졌기 때문이다. 메티슨은 파놉티콘과 시놉티콘이라는 이중의 적을 강조하며 현대사회가 푸코의 상상 이상으로 나쁜 상황을 맞고 있다고 주장하였다(Mathiesen 1997, 231). 그러나 그는 매스 미디어를 지배하는 자본과 권력의 횡포만을 거론하였지 대중의 시선과 여론 그 자체를 문제 삼지 않았다. 오늘의 사회는 명사(celebrity)와 정부에 대한 역감시의 수준을 넘어서 국민 모두가 잠재적인 감시 주체이자 대상이 되는 상호감시 사회의 문턱에 진입하였다. 비록 현대사회에 들어서 본격적인 규율과정이 크게 약화되었다 할지라도 감시와 통제라는 푸코의 가설은 여전히 유효하며 감시 대상의 확대라는 관점에서 볼 때 오히려 사태는 더욱 악화되고 있다고 할 것이다.

필자는 푸코의 파놉티시즘 이론을 관료제의 역기능을 설파했던 베버의 쇠창살사회(iron cage)론과 같은 맥락에서 파악한다. 양자 모두는 근대 합리주의의 수단합리성 추구가 인간을 불행하게 만들 수 있다고 우려하였다.[34] 다만 베버가 과도한 수단합리성이 초래할 위

34) 베버 역시 합리성의 발전에 규율이 일정 부분 역할을 수행하며 사회주의의 발전은 심화된 관료 통제와 강도 높은 노동 규율로 귀결된다고 주장하여 푸코와 유사한 논리를 보여주었다. 베버는 규율의 요람으로서 군대를 주목한 바 있다. 베버는 궁극적으로 과학이 행복을 가져다 줄 것이라는 믿음을 포기하였으며 관료화의 진전을 역사의 필연으로 간주하였다. 반면 푸코는 권력관계가 상호적이며

험을 경고한데 반해 푸코는 수단합리성의 본질 자체에 대해 회의의 눈길을 보냈다는데 차이가 있다 할 것이다[35]. 68년 5월 혁명의 무정부주의적 분위기에 공감했던 푸코는 1972년 『현대』지와 대담에서 모택동주의자들의 혁명재판소 제안에 반대하며 모든 제도는 그 자체가 부르주아적이라고 주장한 바 있다.[36]

따라서 그것의 기저에는 자유의 저항이 존재한다고 말함으로서 상대적으로 비결정론적 경향이 있다. Barry Smart, *Foucault, Marxism and Critique* (London: Routledge and Kegan Paul, 1983), p. 131. 쿠프만은 베버식 쇠창살 사회의 틀로서 근대성에 대한 푸코의 시각을 해석하는 것이 일반화 되어 있지만 후기 푸코의 사상에 주목할 때 푸코는 주체의 자유와 저항의 문제를 거론하고 규율과 해방적 자유의 양립가능성을 모색함으로써 오히려 하버마스의 입장에 접근하고 있다고 말한다. Colin Koopman, *Genealogy as Critique: Foucault and the Problem of Modernity* (Bloomington: Indiana University Press, 2013), pp. 154-181. 그러나 푸코는 자신이 거론한 파놉티콘에 대한 도덕적 분노의 문제를 본격적으로 검토하지 못하고 있다. Lyon, *op. cit.*, p. 673.

35) 규범적 기준을 부정하는 푸코의 철학에 대해서 다양한 비판이 있어 왔는데 머콰이어는 유토피아를 거부하고 비합리주의적 경향을 보인다는 점에서 그것을 과거의 전통과 구별되는 새로운 무정부주의(neo-anarchism)로 평가하였다. 머콰이어에 따르면 푸코는 강단허무주의자(Kathedernihilismus)의 원조이다. J. G. Merquior, *Foucault* (London: Fontana Press, 1985), p. 160. 강단허무주의의 번역은 제임스 밀러, 김부용 역 『미셸 푸코의 수난 I』 (서울: 인간사랑, 1995), p. 31에서 인용하였다. 한편 에모리 대학의 플린은 푸코가 유토피아주의 정치에 대한 회의론, 무의미에 대한 까뮈적 염세주의를 개진한 것으로 평가하였다. Thomas Flynn, "Foucault as Parrhesiast: His Last Course at the College de France," in James Bernauer and David Rasmussen (ed.), *The Final Foucault* (Cambridge: The MIT Press, 1988), p. 116. 종합적으로 평가한다면 푸코는 유토피아 정치를 부정하는 자유주의자이지만 허무주의, 염세주의, 무정부주의적 경향을 보이고 있다고 말할 수 있을 것이다.

36) 1972년 푸코는 '새로운 파시즘, 새로운 민주주의' 제하의 『현대』지 특별호(310)에서 '인민적 정의에 대해서: 모택동주의자와의 토론'이란 제목으로 피에르 빅토르(Pierre Victor)와 대담을 가졌다. 이 기사는 콜린 고든이 편집한 『권력과 지식: 미셸 푸코와의 대담』(1980) 제1장에 수록되었다. 여기서 푸코는 인민적 정의를 실현하기 위해서 반드시 사법적 국가기구가 필요한가라고 묻고 그것은 기존의 권력을 대신하는 새로운 권력에 불과하다고 주장하였다. 푸코는 사르트르가 주재했던 한 탄광마을의 인민법정을 사례로 들어 그것은 부르주아 재판의 재현이었다고 비판하였다. 푸코에 따르면 사법제도 그 자체가 투쟁의 목표가 되어야 하며 법정이라는 제도적 틀 안에서 인민적 정의는 실현불가능하다. Michel Foucault, *Power/Knowledge: Selected Interviews and Other Writings*, edited

by Colin Gordon (New York: Pantheon Books, 1980), pp. 32-36. 1971년 2월 푸코는 급진적인 리세 학생들과 운동의 방향에 대해서 좌담을 나누며 투쟁의 궁극적 목적은 "죄수들의 면회시간을 30분 늘이거나 감방에 수세식 화장실을 갖추게 하는 것이 아니라 유죄와 무죄에 대한 사회적 도덕적 구분에 대해서 의문을 제기하는 것이며...선과 악의 이데올로기를 파괴하는 것"이라고 말하였다. 제임스 밀러, 김부용 역『미셰 푸코의 수난 I』(서울: 인간사랑, 1995), p. 305.

제10장

한나 아렌트의 정치이론과 악의 평범성

❶ 머리말

20세기의 걸출한 정치사상가 중 한 사람으로 평가되는 한나 아렌트의 문제의식은 아우슈비츠로 상징되는 전체주의 절대악에 대한 성찰이었다. 그는 악의 평범성이라는 명제를 통해 나치의 반인륜적 범죄가 광기나 악마적 동기가 아닌 정상적 인간의 무사유에서 비롯되었다고 설파한 후 인류의 이름으로 단죄할 것을 주장하였다.

아렌트가 이러한 가설을 발표했을 당시 혹자는 아렌트가 아이히만의 악마적 본성을 외면하고 단순히 무사유에 따른 반사적 행위만을 강조함으로써 사실상 면죄부를 제공하는 오류를 범했다고 비판하였다. 근래에 들어 아렌트의 가설에 대해 두 가지 관점에서 문제제기가 이루어 졌다. 하나는 아렌트의 절대악 이론에 리더의 역할이 사상되고 있다는 주장이고, 다른 하나는 아렌트가 처방전으로 제시한 사유의 효과에 대한 의문이다.

전체주의 체제는 우리 시대가 목격한 전혀 새로운 통치방식이며 비인격적 기제를 본질로 한다는 강렬한 믿음과 대중의 사적 생활로의 도피가 공동체의 붕괴를 초래했다는 특유의 근대비판론을 개진한 아렌트는 절대악의 성찰에 있어서 지도자의 행위동기를 크게 의식하지 않았다. 그러나 리더 없는 전체주의를 상정할 수 있는가? 전체주의 기제의 작동이 설령 일정단계에 이르러 자기완결적 동학을 보인다 하더라도 초기 단계에서는 주동자에 의한 점화단계를 필요로 하는 것이 아닌가? 제노사이드의 사회 이론에 따르면 대량학살 과정에서 기획자의 역할과 집행자의 역할은 별개로 고찰될 수 있으며 각각의 경우에 행위 동기는 광기냐 무사유냐의 단순한 2분법이 아니라 다양한 계기를 상정할 수 있다.

필자는 특히 리더의 이데올로기적 동기가 절대악의 발생에 큰 역할을 한다는 관점에서 이 문제에 접근하고자 한다. 가해자의 구조를 염두에 둘 때 무사유로 인한 죄악은 전체의 일부분에 불과하며 신념의 오류가 사태의 핵심일 수 있다. 책임윤리 논쟁의 본령 역시 주로 후자를 문제 삼아왔다. 포스트모더니즘이 극단적 합리주의를 20세기 파국의 근원으로 비판한 것도 이러한 맥락에서이다. 그러나 아렌트의 불만족스러운 가설에도 불구하고 그의 저술 도처에는 상기의 문제제기에 해답을 줄 수 있는 여러 이론자원들이 산재해 있다. 필자는 특히 아렌트의 저술에 대한 문헌 고찰을 중심으로 혁명론과 판단의 개념에 초점을 맞추어 이데올로기적 학살에 대한 진단과 처방의 논리를 재구성할 것이다. 그리고 이를 토대로 아렌트의 정치이론이 절대악의 성찰에 있어서 행위자와 체제, 기획자와 집행자, 지도자와 대중 모두를 포섭하는 모두스 비벤디(modus vivendi)가 가능한지 여부를 검토하였다.

❷ 절대악 혹은 근본악과 악의 평범성

아렌트는 나치의 반인륜적 범죄를 거론함에 있어서 칸트의 개념을 원용하여 절대악 혹은 근본악의 용어를 사용하였다.[1) 『전체주의의 기원』 개정판에서 그는 근본악의 용어가 칸트의 개념이며 비뚤어진 악의를 함축하고 있음을 지적한 후 자신이 확실히 말할 수 있는 것은 그것이 모든 인간을 잉여적 존재로 만드는 체제와 결합되어 출현하였다는 사실이라고 언급하였다. 여기서 잉여적이라 함은 인간적 삶을 영위함에 있어서 필수적으로 요청되는 일련의 조건 - 다원성, 자발성, 탄생성, 개체성 등 - 을 부정함을 의미한다. 20세기의 전체주의 정권은 테러를 통해 완전한 지배를 시도하는데 그것은 인간을 잉여적 존재로 만들고 심지어 인간성의 파괴를 자행하였다. 그 후 아렌트는 『예루살렘의 아이히만』에서 아이히만은 이아고나 맥베드가 아니었으며 그를 시대의 범죄자로 만든 것은 완전한 무사유 그 자체였다고 주장하였다.

숄렘(Gershom Scholem)이 악의 평범성의 논리가 아이히만의 범죄뿐만 아니라 홀로코스트의 공포를 하찮은 문제로 왜곡하고 있으며 『전체주의의 기원』에서 소개된 근본악의 개념과 모순된다고 비난한 것에 대해, 번쉬타인(Bernstein)은 절대악 혹은 근본악의 개념이 전체주의 범죄의 양상을 묘사하고 있는 반면, 악의 평범성은 정상적인 인간에 의해 자행된 야만적 행동을 설명하려는데 목적이 있기 때문에 양자는 상이한 차원의 개념으로서 서로 모순되지 아니하며 아렌트는 절대악 혹은 근본악의 개념을 처음 사용할 때부터 사실상 악의 평범성을 상정하고 있었다고 말한다.[2) 즉 아렌트는 1948년

---

1) 아렌트는 1948년의 에세이 "The Concentration Camp"와 『전체주의의 기원』 초판(1951년)에서 절대악(absolute evil)의 용어를 사용하였지만 재판(1958년)에서는 근본악(radical evil)의 용어를 사용하였다. 아렌트는 두 단어를 사실상 동의어로 사용하였다. Richard J. Bernstein, *Hannah Arendt and the Jewish Question* (Cambridge, Massachusetts: The MIT Press, 1996), p. 207.

2) Richard J. Bernstein, *Hannah Arendt and the Jewish Question*, p. 152.

의 에세이 "Concentration Camps"에서 나치 돌격대(SA)의 야수성은 사회적, 지적, 육체적으로 우월한자들에 대한 깊은 증오와 원한에서 기인했으며 이런 점에서 인간적으로 이해가 가능하였으나, 강제수용소를 접수했던 나치 친위대(SS)의 행동은 완전히 정상적인 인간들에 의해 자행된 비정하고 체계적인 살육으로서 병적인 행위 동기가 존재하지 않았다는 점에서 진정한 공포를 보여주었다고 강조하였다.[3] 또한 『전체주의의 기원』 초판 발행 당시 야스퍼스와 주고받은 서신에서 근본악이 사악한 동기와 무관함을 지적하였으며 이미 1946년의 서신에서 두 사람은 나치 범죄를 악마적 행위로 설명하는 것을 전적으로 반대하는데 동의하였다. 필자는 번쉬타인의 해석처럼 근본악, 절대악, 악의 평범성의 개념이 동일한 맥락에서 사용되었다고 보는 관점에서 논의를 시작한다.

아렌트는 전통적 도덕률에 따르면 아이히만은 도덕적으로 정당한 행동을 한 것이라고 말한다. 나치 치하에서 법정은 총통의 명령이 곧 법적 효력을 갖고 있음을 선언하였으며 고지식한 아이히만은 유대인 학살과 관련하여 불법적인 명령을 수행한다고 생각하지 않았다. 또한 아이히만의 행동에 대해서 누구도 거부감이나 분노의 감정을 표출하지 않았으며 모든 절차는 공적 공간에서 적법하게 진행되었다. 세계가 일련의 단계로 분절화 되어 모두는 주어진 지위와 역할만을 수행하고 누구도 사태가 잘못되었음을 인식하지 못할 때 악은 평범해진다. 전체주의 운동을 이끈 것은 범죄자나 새디스트가 아니라 지도자의 명령을 따른 수백만 명의 독일시민들이었다. 아렌트는 재판과정에서 보여준 아이히만의 어눌함과 상투적 자기변호가 사

---

3) Hannah Arendt, "Concentration Camp," *Partisan Review*, Vol. 15, No. 7 (July 1948), p. 758.

고 능력의 결여를 증명하며, 사물을 독립적 관점에서 바라볼 수 있는 주체적 사유의 부재에서 비롯되었다고 진단하였다. 아이히만은 자신이 무엇을 하고 있는지 결코 깨닫지 못했다. 무사유는 모든 악을 합한 것보다 더 많은 파멸을 가져올 수 있다는 교훈을 가르쳐준 것이 예루살렘의 재판이었다고 아렌트는 말한다.[4)]

최종적으로 아렌트는 가상적인 판결을 통해 아이히만이 처했던 불행한 상황이 면책사유가 될 수 없음을 지적한 후 내면적인 동기를 문제 삼음 없이 드러난 행동에 의거하여 책임을 추궁하고 사형을 선고하였다.[5)]

아렌트의 악의 평범성 명제는 적어도 두 가지 특별한 함의를 갖는다. 첫째, 근본악의 주체는 전체주의의 지도자가 아니라 명령을 수행하는 집행자라는 발상이다. 전체주의 체제는 그 자체 거대한 괴물이기 때문에 행위자 모두가 꼭두각시에 불과하며 심지어 히틀러조차도 아이히만과 다를 바 없다고 아렌트는 생각한다. 따라서 관료집단을 포함한 일반 대중이 악의 담지자가 된다. 둘째, 그것은 근본악의 근원이 새디즘이나 공리적 동기가 아닌 무사유에 있음을 강조한다. 즉 사태의 본질을 간파하지 못한다는 소극적 계기가 악의 동력을 제공한다는 것이다. 이는 리더가 아닌 대중을 문제 삼는 첫 번째 함의

4) Hannah Arendt, *Eichmann in Jerusalem: A Report on the Banality of Evil* (New York: Penguin Books, 1977), pp. 287-288.

5) 책임윤리는 동기와 무관하게 결과에 대한 책임을 추궁한다. 이 경우 동기와 관련하여 부지나 무지 혹은 무사유도 문제가 되지만 주관적이며 적극적인 사유의 오류 역시 귀책사유가 된다. 아렌트는 아이히만을 단죄하는 과정에서 오직 전자만을 문제 삼았다. 그러나 후술하는 것처럼 아이히만이 타인의 관점에서 사유할 수 없었음을 지적한다면 그것은 후자 역시 문제 삼는 논리가 된다. 정화열은 아렌트의 아이히만 해석을 무사유 보다 타자의 관점에서 생각할 수 있는 능력의 결여로 해석했다고 보는 듯하다. 정화열, “악의 평범성과 타자중심적 윤리,” 한나 아렌트, 김선욱 옮김, 『예루살렘의 아이히만』 (서울: 한길사, 2006), p. 41.

의 논리적 귀결이다.

아렌트는 왜 절대악의 문제를 대중사회적 병리로만 간주하였는가? 이는 아렌트의 독특한 근대론에서 기인한다. 아렌트에 따르면 근대사회는 과학기술의 발전과 노동의 분업, 경제성장으로 인하여 고도로 발달된 조직사회를 창출하였으며 이에 따라 정치가 쇠퇴하고 공공문제에 대한 무관심과 개인주의가 극단화된 사회로 진입하였다. 그리하여 그리스적 시민의 전통이 사라지고 부르주아적 인간형이 이를 대신하게 되었다. "사적 삶으로의 은퇴, 가족과 출세의 문제에 대한 전념이야 말로 사적 이익을 우선적으로 추구하는 부르주아 철학의 최종적 산물이었다. 속물주의자들은 부르주아 계급의 해체의 산물로서 원자화된 개인이며 자신의 계급으로부터 고립된 인간들이다. 히믈러(Himmler)가 역사적 범죄를 위해 조직했던 집단은 폭도라기보다도 이들 속물주의 계급이며 자신의 세계가 파괴되었을 때조차도 오직 개인적인 안전만을 추구하며 조그마한 도발에도 모든 것을 희생할 각오가 되어있는 부르주아였다."[6] 아렌트의 근대 비판은 최종적으로 근대민주주의 비판으로 귀착된다. 근대민주주의는 부르주아의 사적 이익 추구를 보장하기 위한 정치적 외관에 불과하며 묵시적으로 볼 때 근대민주주의는 전체주의의 사회의 묘판이 된다.

여기서 악의 평범성 가설에 대해 상호 연관된 두 가지 문제를 제기할 수 있다. 첫째, 그것은 전체주의 절대악의 기획자를 외면하고 있으며 특히 이데올로기적 신념의 역할을 과소평가하는 중대한 결함이 있다. 아렌트는 전체주의 체제에 있어서 지도자는 개인으로서가 아니라 기능으로서만 존재하며 교체 가능한 부품과 같다고 보았다.[7]

---

6) Hannah Arendt, *The Origin of Totalitarianism* (San Diego: Harcourt Brace, 1966), p. 338.

7) Hannah Arendt, *The Origin of Totalitarianism*, p. 325. 다른 곳에서 아렌트는

또한 지도자는 폭도의 구성원과 다를 바 없으며 조직 내부의 투쟁을 관리할 수 있는 비상한 능력에 있어서만 차이가 있을 뿐이라고 말한다. 아렌트는 전체주의 이데올로기 역시 물화된 실체로서 행위자의 의지와 무관하다고 본다. 전체주의 체제의 지도자는 이데올로기의 명령을 수행하는 기계적 주체에 불과하다. 그러나 이 문제에 대해 아렌트를 비판하는 존 스탠리(John Stanley)는 아렌트가 전체주의 체제의 특이성을 과도하게 강조한 나머지 그것이 1인의 지배로서 전통적인 참주정치나 독재와의 연속성을 간과하였다고 말한다. 즉 전체주의 체제에 있어서도 통치자의 의지와 정열은 여전히 중요한 변수이다. 스탠리는 전체주의 이데올로기 역시 지도자에 의해서 탄력을 부여 받으며 지도자의 역할이 전체주의 체제에 동력을 제공한다고 주장한다. 아렌트도 인정한 것처럼 스탈린의 죽음으로 소련의 전체주의는 거의 종결단계에 이르게 되지 않았는가?[8] 스탠리는 전체주의 지도자와 추종자를 구분하는 것은 기술적 능력이 아니라 고도의 정열과 광기라고 말한다. 스탠리의 결론은 전체주의 역시 1인의 지배 체제이고 참주정치의 극단적인 형태라고 말할 수 있다는 것이다.

한편 제노사이드의 경험적 연구에 의하면 대량학살은 선행하는 갈등의 존재, 자연적이며 사회적 격변사태의 발발, 지도부의 정치적 결정이라는 3단계를 거치며 점화되는데 여기서 가장 중요한 변수는 지도부의 정치적 결정이다.[9] 즉 아무리 여건이 무르익어도 정치적

지도자란 동료들 중 맨 앞에 있는 사람(primus inter pares)에 불과하다고 말한다. Hannah Arendt, *Responsibility and Judgement* (New York: Schocken Books, 2003), p. 47.

8) John Stanley, “Is Totalitarianism a New Phenomenon? Reflection on Hannah Arendt's Origin of Totalitarianism,” in Lewis P. *Hinchman, Hannah Arendt: Critical Essays* (State University of New York Press, 1994), p. 14.

9) Benjamin A. Valentino, *Final Solution: Mass Killing and Genocide in the Twentieth*

결정이 따르지 않으면 대량학살은 자연발생적으로 폭발하지 않는다. 또한 이 경우 지도부의 명령은 군과 관료, 민병대 등 집행자 세력에 의해서 실행되는데 기획자의 의식세계는 집행자의 의식세계와 차이가 있다. 전자는 대체적으로 이데올로기적 신념, 공리주의적 음모, 합리적 전략 등의 동기를 통해 설명될 수 있지만, 후자는 일부 신념에 따른 추종자를 예외로 한다면 대부분 권위에의 복종과 상황적 압력이 문제가 된다. 이러한 분석틀에 비추어 볼 때, 아렌트의 악의 평범성 가설은 주로 집행자를 대상으로 하는 이른바 '상황적 압력(situational pressures)'이론[10]의 한정적 범주에 속한다고 말할 수 있다.

둘째, 아렌트의 가설은 근본악을 극복하기 위한 처방으로 주체적 사유의 논리를 제시하고 있으나 보완장치가 수반되지 않을 경우에 그것은 신념의 오류로 연결될 위험의 소지가 있다. 뿐만 아니라 지행합일설을 전제하지 않는 한 주체적 사유가 자동적으로 의로운 행동으로 이어지는 것은 아니다. 즉 사유의 힘 외에도 행동할 수 있는 용기가 추가적인 덕목으로 요청된다.

아렌트는 주체적 사유의 이상형으로서 소크라테스를 상정하였다. 그리고 사유의 힘은 자신과 내면과의 대화를 통해 맹목적인 가치와 믿음 혹은 왜곡된 세태의 모순을 자각하고 파괴하는 효력을 갖는다고 보았다. 그러나 조지 케이텁(George Kateb)이 지적하듯이 무사유의 아이히만과 사유하는 하이데거의 기묘한 연대를 어떻게 설명

Century (Ithaca and London: Cornell University Press, 2004), pp. 60-65.

10) Benjamin A. Valentino, *Final Solution*, pp. 43-46. 상황적 압력이론은 가해자의 대부분이 특정의 주변상황과 밀접하게 관련된 다양한 요인 - 물질적 욕망, 출세의 야심, 처벌에 대한 두려움 등 - 때문에 열광함 없이 폭력적 행위에 동참하게 된다고 본다. 혹자는 아렌트의 악의 평범성 명제를 상황적 압력 이론의 범주에 포함시키기도 한다. 그러나 아렌트의 경우에 무사유적 동기를 강조하고 있고 상황적 압력이론은 주로 일신상의 안위를 포함한 사적 이해를 거론하고 있다는 점에서 양자를 분리시킬 수도 있다고 본다.

할 것인가의 문제가 제기된다.[11] 1933년 당시 국가사회주의에 동참했던 하이데거는 전후에도 홀로코스트에 대해 아무런 자기반성을 하지 않았다. 아렌트는 하이데거의 문제를 예외적인 경우로 취급하였으며 현실에서 벗어난 극단적인 순수사유가 초래한 오류라고 진단하였다. 아렌트는 소크라테스의 사유가 시장을 중시함으로써 균형을 유지할 수 있었던데 반해 하이데거는 그리스 철학자 탈레스의 고사처럼 자신의 발밑을 보지 못하고 심연에 빠진 경우라고 비유하였다.[12] 그러나 주체적 사유와 도덕적 판단이 반드시 일치하는 것은 아니라고 말하는 조셉 비티(Joseph Beatty)는 아이히만이 주체적 사유를 했을 지라도 여전히 범죄에 가담했을 가능성이 많다고 주장한다.[13] 이 경우 아이히만이 유대인 학살의 대의에 공감했다면 그것은 '진실한 신자(true believer)'[14]의 개념으로 설명될 수 있을 것이고 만일 죄악임을 자각하면서도 현실적 한계에 굴복했다면 그것은 상황적 압력의 논리로서 설명 될 수 있을 것이다. 그렇다면 국가사회주의를 선택했던 하이데거의 행적은 어떻게 설명해야 하는가? 다나 빌라(Dana R. Vila)에 의하면 하이데거의 행동양상은 후술하는 판단의 부재에 해당되며 이곳에서 사유와 판단은 완전히 분리된다. 빌라는 심지어 소크라테스 역시 순수사유의 전형일 수 있다고 보았고 엄

---

11) George Kateb, *Hannah Arendt: Politics, Conscience, Evil* (Totowa, NJ: Rowman and Allanheld, 1984), p. 195.

12) Hannah Arendt, "Martin Heidegger at Eighty," in Michael Murray (ed.), *Heidegger and Modern Philosophy* (New Haven: Yale University Press, 1978), p. 301.

13) Joseph Beatty, "Thinking and Moral Considerations: Socrates and Arendt's Eichmann," in Lewis P. Hinchman and Sandra K. Hinchman, *Hannah Arendt: Critical Essays*, p. 66.

14) Benjamin A. Valentino, *Final Solution*, p. 41. 진실한 신자는 지도자의 신념에 적극적으로 공감하는 추종자를 말한다.

밀히 말하면 사유가 행위의 결과를 보장하는 것은 아니라고 주장한다.[15)]

일찍이 베버는 '직업으로서 정치'를 논하며 새로운 시대가 요구하는 정치지도자의 자질로서 순수한 양심과 정열을 함축하는 심정윤리 외에 사태의 본질에 대한 통찰력과 결과에 대한 책임을 강조하는 책임윤리의 중요성을 언급하였다. 책임윤리는 사회현상에 있어서 의도와 결과의 불일치를 인식하고 정치지도자의 사려 깊은 행동을 주문하는 베버 특유의 용어로서 후일 1938년 모스크바 재판과 전후 프랑스의 부역자 재판 당시 주관적 애국을 단죄하는 근거로서 재론된 바 있다.[16)] 아렌트가 말하는 사유의 논리는 경우에 따라서 베버의 심정윤리와 연결될 가능성이 있으며 따라서 책임윤리의 실현을 위해서는 사유의 주관성을 극복할 수 있는 추가적 개념을 도입할 필요가 있다.[17)] 다음 장에서 이들 문제를 보완할 수 있는 아렌트의 또 다른 이론자원을 차례로 검토해 본다.

---

15) Dana R. Villa, "The Banality of Philosophy: Arendt on Heidegger and Eichmann," in Larry May and Jerome Kohn (ed.), *Hannah Arendt: Twenty Years Later* (Cambridge: Thee MIT University Press, 1997), pp. 179-193.

16) 모리스 메를로-퐁티는 『휴머니즘과 테러』에서 베버의 책임윤리론에 입각하여 모스크바 재판-부하린(Bukharin) 재판-과 전후 프랑스의 부역자 재판-페땡(Pétain)과 라발(Laval) 재판-의 정당성을 주장하였다. 메를로-퐁티는 그들이 개인적 동기에 있어서 결백할 수 있었으나 역사의 객관적 의미를 파악하는데 실패하였다고 말한다. Maurice Merleau-Ponty, *Humanism and Terror, Trans. John O'Neill* (Boston: Beacon Press, 1969) 참조.

17) 제프리 이삭은 비록 아렌트가 베버를 명시적으로 언급하고 있지 않지만 그녀의 정치적 비전이 『직업으로서 정치』의 그것과 유사성이 있으며 이 점에 있어서 아렌트의 스승인 야스퍼스와 베버의 친교를 주목할 필요가 있다고 말한다. Jeffrey C. Issac, *Arendt, Camus and Modern Rebellion* (New Haven and London: Yale University Press, 1992), pp. 142- 293.

❸ 혁명론과 한계의 정치

프랑스 대혁명과 미국 독립혁명의 비교를 통해서 진정한 혁명의 의미를 역설한 아렌트의 혁명론은 그의 정치이론의 지향점이 무엇인지를 선명하게 보여준다. 프랑스 혁명의 위세에 눌려 심지어 미국의 학자들에 의해서도 제대로 진가를 인정받지 못하고 있는 미국 독립혁명의 세계사적 의의를 당당히 밝혀내겠다는 저자의 포부는 자신의 독특한 세계관을 반영하며 정치적 혁명의 사회경제사적 혁명에 대한 우위를 특유의 논리로 전개해 나간다. 이 과정에서 그는 두 나라 혁명지도자들의 행태에 주목함으로써 정치지도자의 신념체계가 혁명의 성패에 결정적인 역할을 할 수 있음을 강조한다. 아렌트는 혁명의 발발 그 자체에 혁명가가 수행하는 역할은 미미하지만 혁명의 전개과정에 미치는 그의 영향은 매우 크다고 말한다.[18]

아렌트에 따르면 프랑스 대혁명은 실패한 혁명이다. 프랑스 대혁명은 사회적 문제의 해결을 최종적 목표로 삼아 대중의 물질적 고통을 해소하려 하였으나 현실적 한계에 부딪치게 되었고, 이에 좌절한 지도부는 필연적으로 장애물을 제거하기 위한 살인을 정당화 할 수밖에 없었기 때문이다. 아렌트는 혁명의 역사가 보여주듯이 사회적 문제를 해결하기 위한 모든 시도는 테러로 귀결되며 그것은 혁명을 파국으로 이끈다고 말한다.[19] 그는 또한 테러와 공포정치가 절대선을 표방하고 있음에도 불구하고 사실상 근본악에 이르게 된다고 본다. 프랑스 혁명의 공포정치는 마르크스와 레닌을 거쳐 스탈린 전

---

18) Hannah Arendt, *On Revolution* (New York: Penguin Books, 1977), p. 260.
19) *Ibid.*, p. 112.

체주의의 원형을 제공하였다. 여기서 아렌트의 혁명론은 악의 평범성 가설과는 달리 무사유가 아닌 절대선의 추구에 따른 병리의 문제를 제기한다.

아렌트는 프랑스 혁명 지도부의 정신세계와 신념체계를 다음과 같이 설명한다. 로베스피에르로 대표되는 혁명의 주체들은 빈민의 고통과 불행에 분노하며 이들에 대한 동정과 연민의 감정 속에서 미덕의 정치를 실현하려 하였다. 프랑스 대혁명이 사회적 문제를 공공영역에 도입한 것은 빈민들 스스로에 의해서라기보다 연민에 의해 행동했던 여유있는 지도자들에 의해서였다. 그 결과 절대선의 가정은 무제한적인 폭력을 초래하게 되었고 이타적 권력의 행사는 혁명가들로 하여금 타인의 희생에 둔감하게 만들었다. 그들은 인류에 대한 사랑을 실천하기 위해 비인간적이 되어야 한다고 외쳤으며 유능한 외과의사가 되어 부패한 사지를 절단할 것을 주장하였다.[20] 그들은 로마 공화정을 빈번히 인용했음에도 불구하고 인민의 개념을 공화정보다 더 신뢰했으며 단일의 인격을 강조하기 위해 루소의 일반의지론을 채택함으로써 정치적 자유를 파괴하였다. 미덕의 한계를 인정하지 않는 테러와 폭력의 신념체계는 아렌트에 의해서 '무엇이든 허용된다'의 주장으로 요약된다.[21] 그것은 무한한 연민의 감정에서 유래하여 무제한적 폭력의 분출에 기여하였다.

반면 미국의 독립혁명은 건국 주역들의 사려 깊은 행동으로 프랑스 대혁명과 상반된 방향으로 전개되었다. 빈곤의 상대적 부재라는 역사적 행운도 미국 혁명 주역들이 동정의 정치사상에 매몰되지 않을 수 있었던 여건을 제공하였지만 보다 중요한 것은 이들이 보여

---

20) *Ibid.*, p. 89.

21) *Ibid.*, p. 92.

준 건전한 현실주의 세계관이라고 아렌트는 말한다.[22] 미국 혁명의 지도자들은 과도한 성선설에 경도되지 않았으며 차이의 세계를 현실로 수용하였고 정치적 자유를 확보하기 위한 제도적 장치의 마련에 전력을 기울였다. 프랑스 대혁명의 인권선언이 생존의 필요를 충족시킬 권리를 선언함으로써 정치를 자연으로 환원시킨 반면, 미국의 권리장전은 정치권력에 대한 통제를 제도화함으로써 상반된 문제의식을 보여주었다. 미국 건국의 아버지들은 그리스에 대한 빈번한 예찬에도 불구하고 마키아벨리처럼 로마 공화정에 더 매료되었으며 몽테뉴, 파스칼, 몽테스키외로 이어지는 공적 자유의 사상에 충실하였고 인민의 개념 대신 의견의 다양성을 강조하였다. 아렌트가 특히 주목하는 인물은 존 애담스이다. 애담스는 혁명의 목적을 정치적 자유로 파악하고 이를 헌법에 제도화 하려고 했던 공화국 최대의 옹호자로서 시종일관 로마의 정신을 추구하였으며 의회주의 체제에 반대하여 권력균형의 새로운 정치질서를 수립하는데 주도적 역할을 하였다. 애담스는 정치과정에의 참여를 통해 자신의 의견을 인정받고 타인을 능가할 수 있는 공적 자유의 전통을 새로운 공화국의 요체로 파악하였다.[23] 아렌트는 제퍼슨 역시 독립선언서에 프랑스와 달리 재산의 개념 대신 행복의 추구를 삽입함으로써 공적 참여의 가치를 강조하였으며 소크라테스가 위대한 영혼들과의 재회를 행복의 진수라 생각했듯이 동료 의원들과의 의정생활을 최고의 행복으로 간주하였음을 지적한다.

제프리 이삭(Jeffrey C. Isaac)은 혁명론에서 나타난 아렌트의 정치사상이 까뮈의 반항인의 논리와 호흡을 같이한다고 본다.[24] 까

---

22) Hannah Arendt, *On Revolution*, p. 95.

23) *Ibid.*, p. 119.

24) 엘리자베스 영 브륄(Elisabeth Young-Bruehl)은 두 사람이 파리에서 두 번 조

뮈는 자신의 저서 『반항인』을 통해서 프랑스 대혁명 이후에 전개된 역사적 혁명의 윤리적 토대를 추적하였고, 혁명가와 지식인들의 오만한 혁명사상이 신의 자리를 목적의 왕국으로 대체한 결과 절대화된 역사를 위해서 살인도 정당화하는 타락한 혁명을 초래했음을 고발한 후, 진정한 반항은 절도를 수용하는 '정오의 사상'을 지향해야 한다고 주장하였다. 이삭은 아렌트와 까뮈 양자 모두 20세기 전체주의의 기원으로서 근대사회가 취했던 극단적 휴머니즘을 비판했으며 혁명은 자유의 회복을 본연의 임무로 삼아야 하고 혁명에 수반되는 폭력은 절제되어야 함을 강조했다는 점에서 동일한 입장을 취했다고 본다. 이삭은 양자 모두 인간의 전능을 부정하는 한계의 윤리를 주장하였다는 점에서 포스트모더니즘적 양상을 보여준다고 말한다.[25]

아렌트와 까뮈 양자 모두 실패한 혁명에 수반되는 근본악의 발호를 고발하기 위해 도스토예프스키의 작품에 등장하는 '대심문관(grand inquisitor)'의 일화를 인용하였는데 이것은 두 사람의 세계관을 연결하는 중요한 단서를 제공한다. 도스토예프스키는 『카라마조프 형제들』에서 이반의 자작시를 통해 대심문관의 일화를 소개한다. 16세기 스페인 세빌리아에서 종교재판을 주도하던 추기경은 인간의 모습을 하고 강림한 예수를 발견하자 그를 감옥에 가두고 일장 훈시를 한다. "당신이 그리스도인지 여부에 나는 관심이 없다. 다만 이제는 이곳에 나타나 우리들이 하는 일을 방해하지 말았으면 한다. 당신은 우리들에게 모든 과업을 맡겼고 우리는 열심히 그 임무를 잘

우했으며 아렌트는 까뮈에 대해 최고의 찬사를 아끼지 않았다고 한다. 또한 아렌트의 가장 가까운 친구였던 매리 매카시(Mary McCarthy)는 드와이트 맥도날드(Dwight MacDonald)가 중심이었던 1940년대 급진적 지식인 네트워크를 통해 까뮈와 교분을 나누었는데 이러한 관계는 아렌트와 까뮈를 이어주는 연결고리가 되었다. Jeffrey C. Issac, *Arendt, Camus and Modern Rebellion*, p. 17.

25) Jeffrey C. Issac, *Arendt, Camus and Modern Rebellion*, p. 56, p. 104, pp. 227-235.

수행하고 있다. 우리는 강력한 힘과 지혜를 행사하여 무기력하고 불쌍한 인간들에게 지상의 빵을 나누어주며 그들을 행복하게 만들고 있다."[26] 도스토예프스키는 모든 운동의 선두에는 대심문관과 같은 인간 - 인류애로 무장하여 절대권력을 행사하는 전사들 - 이 언제나 존재한다고 말한다. 아렌트는 프랑스 혁명 주역들의 숨겨진 행위 동기를 보여주는 고전적 스토리로서 대심문관의 일화를 인용하였다. 대심문관의 원죄는 로베스피에르와 마찬가지로 약자에 대한 연민의 정이며 그것도 그들을 개별자로서가 아니라 고통 받는 대중들이라는 집합적 개념으로 취급한데 있다. 대심문관은 사심 없는 인물이었으나 절대선을 주장한다고 해서 절대악보다 덜 위험하다고 말할 수는 없다.[27] 아렌트는 루소나 로베스삐에르가 탐욕과 무관하게 근본악이 존재할 수 있으며 사악함 없이 불의를 자행할 수 있음을 상상할 수 없었다고 말한다. 한편 까뮈는 대심문관의 전설이 지상에 천국을 건설하기 위해 강제적인 방식으로 모든 수단을 동원하는 새로운 종교의 출현을 예언한다고 말한다. 형이상학적 반항이 도덕으로부터 정치로 전이될 때 살인의 법칙이 수용되고 범죄의 세계가 예비된다.[28] 정의를 위하여 신과 절연한 고독한 모랄리스트인 이반은 '모든 것이 허용된다'는 신조 속에서 부친 살해를 교사하기에 이르는데 여기서 근대적 니힐리즘의 역사는 시작된다.

---

26) 인용문은 도스토예프스키, 박호자역, 『카라마조프의 형제(상)』 (서울: 혜원출판사, 2003), pp. 374-390의 내용을 요약한 것이다.

27) Hannah Arendt, *On Revolution*, p. 82.

28) 알베르 까뮈, 신일철역 『반항적 인간』 (서울: 일신사, 1983), pp. 80, 83.

❹ 판단의 논리

하이데거의 예가 보여주듯이 현실과 접목되지 않은 순수사유는 주관적 오류를 범할 수 있고 따라서 주체적 사유는 동시에 객관성을 담보할 필요가 있다. 아렌트는 절대악의 극복 수단으로서 사유의 논리에 대한 보완작업을 시도한 바 후기의 저서에서 판단의 개념을 강조하였다.[29] 판단은 타인의 관점을 고려한 사유이며 따라서 일종의 확대된 사유라고 말할 수 있다. 아렌트에 의하면 정치의 세계는 더불어 사는 삶의 세계이고 우리는 타인과 더불어 세계를 창조하기 때문에 정치적 사유가 필연적으로 요청된다. 판단은 인간 정신 능력의 정치적 형태이며 따라서 정치적 사유를 의미한다.[30]

전체주의의 근본악을 견제하는 첫 번째 안전장치는 사유의 과정으로 그것은 스스로 질문하고 대답하는 소크라테스적 태도를 통해서 개개인으로 하여금 외부세계의 압력에 저항하고 왜곡된 현실의 내부를 투시하게 만든다. 이 과정에서 사유는 상식과 긴장관계에 놓일 수 있다. 그러나 사유는 타인과 세계로부터 자신의 내면으로 시선을 돌리기 때문에 충분히 정치적이지 못하며 따라서 소크라테스의

29) 1978년 『정신의 삶』을 사후 출판한 매리 매카시에 따르면 1975년 아렌트가 사망했을 때 '사유'와 '의지' 두 부분의 원고는 완성된 상태였으나 '판단'에 대해서는 제목만 쓰여져 있었고 어디까지 논리를 전개하려 했는지 알 수 가 없었다. 1982년 로날드 베이너(Ronald Beiner)는 아렌트의 뉴스쿨 강의노트를 모아 『칸트정치철학강의』를 출판하였는데 이곳에서 아렌트는 비록 충분치는 않지만 판단의 개념을 어느 정도 정리하고 있다. 베이너는 아렌트의 칸트 강의가 판단이론의 기초를 제공하고 있다고 말한다. 그러나 아렌트는 1961년의 『과거와 미래 사이』에 수록된 논문인 「문화의 위기」에서 이미 판단의 개념을 소개하였으며 더 거슬러 올라간다면 1954년 『파르티잔 리뷰』 제20권 제4호에 게재된 「이해와 정치」에서 이해와 판단의 관계를 논한 바 있다.

30) Hannah Arendt, *The Life of the Mind* (New York: Harcourt, Inc, 1978), p. 192.

사유는 정치적 사유가 아니다. 두 번째 안전장치는 판단의 과정으로서 그것은 타인의 관점을 사유의 과정에 추가함으로써 사유의 타당성을 강화시킨다.[31] 사유의 과정을 통해 왜곡된 세계로부터 탈출을 시도했던 우리의 자아는 판단의 과정을 통해 역으로 세계내 존재로서 복귀를 시도한다. 판단의 요체는 개인적 편향성을 교정하는데 있으나 아렌트는 사회과학이 지향하는 객관성의 개념을 거부하고 상호주관성의 수준에서 이 문제를 해결하려 한다. 즉 판단의 본질은 지식이나 진리의 발견에 있는 것이 아니라 이해의 문제이며 따라서 단정적일 수 없다는 것이다. 이해는 의미를 모색하는 것이고 따라서 지식이나 진리와 달리 종결을 거부하며 다만 타인의 시각을 내면화하는 과정을 통해 편향성(partiality)을 완화시킬 뿐이다.[32] 아렌트에 의하면 그리스인들은 동료시민들과 의견을 교환함으로써 동일한 세계를 상이한 시각, 종종 상반된 시각으로 바라보는 법을 알고 있었으며 투키디데스가 객관성의 논리를 대변했다면 호머는 불편부당성

31) 그러나 아렌트는 양자의 관계에 대해서 모호한 태도를 취하기도 한다. 가령 『예루살렘의 아이히만』에서 아이히만의 문제는 사물을 타인의 관점에서 바라볼 수 있는 능력을 결여한 것이라고 말함으로써 사유와 판단의 개념이 중복되고 있다. Hannah Arendt, *Eichmann in Jerusalem: A Report on the Banality of Evil* (New York: Penguin Books, 1977), p. 48.

32) 아렌트에 있어서 이해와 판단의 직접적 관계에 대해서는 다음을 참조할 것. Hannah Arendt, "Understanding and Politics," in Jerome Kohn (ed.), *Essays in Understanding, 1930-1954* (New York: Schocken Books, 1994), pp. 307-327; Ronald Beiner, "Hannah Arendt on Judging," in Hannah Arendt, *Lectures on Kant's Political Philosophy*, ed. Ronald Beiner (Chicago: University of Chicago Press, 1982), pp. 94-97. 아렌트의 객관성과 상호주관성, 불편부당성의 개념에 대해서는 다음을 참조할 것. Hannah Arendt, *Between Past and Future: Eight Exercises in Political Thought* (New York: Penguin Books, 1977), pp. 41-90; Hannah Arendt, *Lectures on Kant's Political Philosophy, ed.* Ronald Beiner (Chicago: University of Chicago Press, 1982), pp. 42-43, p. 67. 아렌트는 불편부당성과 관련하여 칸트가 말하는 '세계시민'의 이상을 설파하고 있다.

(impartiality)의 논리를 대변했다고 말한다.[33)]

아렌트의 판단 이론은 칸트 철학을 모체로 한다. 칸트는 판단력 비판에서 미적 체험은 실천이성의 경우와 달리 단정적(determinate) 판단이 불가능하며 체험자의 즉각적 반응이 타인의 관점을 참조하며 일련의 의사소통 과정을 통해 반성적(reflective) 판단에 이른다고 보았다. 아렌트는 칸트의 미적 판단 이론이 정치적, 도덕적인 함의를 갖고 있으며 우리 시대는 신념의 공유가 불가능하므로 윤리적 판단 역시 부단한 논쟁에 호소할 수밖에 없다고 말한다. 여기서 우리는 칸트가 미적 체험의 문제에 한정해 개진한 판단의 논리를 도덕적 차원으로 확장하는 아렌트의 설명방식에 대해 칸트의 분석틀을 과도하게 재구성하고 있는 것이 아닌가 하는 지적을 해 볼 수 있다.[34)]

판단의 과정은 최종적으로 개개인으로 하여금 견해(opinion)를 형성하게 만든다. 견해 속에는 이미 타인의 관점이 용해되어 있다. 그리고 각자는 타인과의 경쟁 과정을 통해 자신의 견해를 호소하고 설득하려 한다. 그 과정에서 각자는 자신의 견해에 대해 다시 한번 최소한의 궤도수정을 행하게 될 것이다. 이런 의미에서 판단은 조정

33) Hannah Arendt, *Between Past and Future*, pp. 51-52.

34) John McGowan, *Hannah Arendt: an Introduction* (Minneapolis: University of Minnesota Press, 1998), p. 99. 베이너 역시 아렌트가 지나칠 정도로 칸트의 텍스트를 자유롭게 다루고 있지 않은가라는 질문을 던졌으며 아렌트가 이 점을 알고 있었을 것이라고 말한다. Ronald Beiner, *op. cit.*, p.142. 이러한 상황은 리요따르가 『포스트모던의 조건』에서 칸트의 미적 체험론을 원용한 것과 비슷한 경우이다. 칸트는 미적 판단에 있어서 대상에 대한 관념을 소유할 수는 있으나 그것을 표현할 수는 없다고 보았다. 리요따르는 칸트의 숭고(sublime)의 미학을 사회 혹은 역사 인식의 문제로 확대시켜 대상에 대한 총체적 지식이 불가능함을 주장하였다. Jean-François Lyotard, "Answering the Question," in *Postmodern Condition: A Report on Knowledge*, trans. Geoff Bennington and Brian Massouli (Minneapolis: Minnesota University Press, 1984), pp. 78-81.

(reconciliation)을 지향하며 따라서 가장 정치적인 정신능력이 된다. 따라서 판단의 개념은 필연적으로 소통가능성(communicability)을 전제로 하며 판단의 타당성은 최종적으로 공적 영역에서의 상호적 합의에 의해서 완성된다. 아렌트에 의하면 미국의 독립선언에 있어서 모든 인간은 평등하게 창조되었다는 명제는 그 자체 명증한 진리가 아니라 설득과 토론에 따른 자유로운 동의에 근거해 정당성을 부여받는다.[35] 아렌트는 『인간의 조건』에서 고대 그리스 아테네를 모델로 하여 개개인이 공적 의제를 가지고 말과 행동을 통해 타인과 경쟁하며 주위로부터 자신의 능력을 인정받는 일련의 과정을 정치의 본질로 파악하였는데, 사실 이러한 정치의 개념 속에는 이미 판단의 과정이 내재되어 있다고 말할 수 있다. 따라서 이상적인 정치의 실현은 아렌트에게 전체주의 근본악을 원천적으로 봉쇄하는 완전한 대안이 된다.

그런데 여기서 다음과 같은 문제가 발생한다. 각자의 개인적 견해가 공적 영역에서 자발적 합의에 이르지 못할 경우에 사회성은 어떻게 존속되는가? 토론과정에서의 의견 충돌은 어떻게 할 것인가? 상호간 존중할 수는 있지만 합의할 수는 없는 갈등상황은 어떻게 해결할 것인가? 아렌트의 지론인 정체성과 다원성의 논리에 따르면 판단은 타인의 견해를 존중하지만 그것이 반드시 합의에 도달해야 하는 것은 아니며 따라서 합의의 산물인 내용보다 소통과 설득이라는 형식이 더 중요하다. 즉 정치공동체는 동의하는 사람들의 공간이 아니라 대화하는 사람들의 공간이다. 그러면 단순한 소통 형식의 존재만으로 공동체의 존립이 가능한가? 『과거와 미래 사이』에서 아렌트는 판단의 타당성은 타인과의 잠재적 합의 여부에 달려 있다고 보았

35) Hannah Arendt, *Between Past and Future*, pp. 246-247.

다.[36] 그러나 『칸트철학 강의』에서 아렌트는 공동체를 수호하는 것은 의견의 내용이 아니라 형식이라고 생각하였고 소통가능성을 합의에 대신하였다. 즉 우리는 동의를 호소할 수 있지만 그것을 강요할 수 없고 따라서 소통 가능한 형식으로 의견을 개진하는 선에서 만족할 수밖에 없다는 것이다.[37]

맥고완(John McGowan)은 이러한 아렌트의 논리가 실체적 합의를 결여한 형식주의에 머물 수 있으며 경쟁하는 의견들을 조율하기 위한 최종적인 기제를 거론하지 않고 있기 때문에 - 가령 민주주의는 충분한 토론이 종결된 후 다수의 의사를 확인하기 위한 투표를 행하지만 아렌트의 이론 속에는 투표의 논리가 존재하지 않는다 - 현실적으로 집합적 의사결정이 어려워질 수 있음을 지적한다.[38] 그리고 아렌트가 사회적 합의의 문제에 대하여 최소주의(minimalist)적 입장을 취하고 있는 것으로 파악한다.[39] 칸트의 이론을 수용하는 아렌트는 사회적 관계를 가능케 하는 원초적 계약(original compact)의 정언명령 - 그것은 곧 인간성의 본질을 구성한다 - 이 작동함으로써 최소한의 합의가 실현될 것을 기대하기 때문이다.[40]

아렌트 정치철학은 정체성과 다원성을 인간의 조건으로 파악하는데서부터 출발한다. 전체주의의 범죄가 아렌트에게 반인도적인 이유는 이러한 인간의 조건을 파괴하기 때문이다. 개인의 고유한 원칙과 정당성을 견지하는 다양한 의견의 존재는 전체주의 근본악을 저지하는 최후의 보루이다. 따라서 아렌트의 판단 개념은 사유의 주관

36) *Ibid.*, p. 220.

37) Hannah Arendt, *Lectures on Kant's Political Philosophy*, pp. 72-73.

38) John McGowan, *Hannah Arendt: an Introduction*, pp. 135-136.

39) *Ibid.*, p. 128.

40) Hannah Arendt, *op. cit.*, p. 76.

성을 극복하는데 어느 정도 유효하지만 여전히 사유의 연장 가능성을 내포하고 있다고 보여진다. 이런 맥락에서 볼 때, 아렌트가 지향하는 느슨한 상호주관의 세계는 일종의 자유주의적 공동체주의에 해당된다고 말할 수 있을 것이다.

마지막으로, 필자는 서두에서 지행합일설을 전제하지 않는다면 사유나 판단의 결과가 도덕적 행동으로 직결되는 것은 아니며 따라서 그것은 근본악을 저지할 수 있는 충분조건이 되지 못하는 것이 아닌가 하는 문제를 제기하였다. 개인적 불이익이나 신변의 위협을 극복할 수 있는 추가적 미덕인 용기와 정의감에 대해서 아렌트는 어떻게 생각하고 있는가? 그는 이 점에 대해 '세계에 대한 사랑'을 강조한다. 그는 우리가 세계에 대한 사랑을 자신의 보존과 자기애의 욕망에 우선해야 한다고 말한다. 마키아벨리는 자신의 영혼보다 자신의 도시를 더 사랑한다고 말했는데 결국 그 말은 세계의 미래를 개인적 삶보다 더 중시한다는 의미이다.[41] 어려운 시대에 세계에 대한 사랑은 악의 지배로부터 인류를 구원할 수 있는 유일한 정신자원이다. 아렌트는 아이히만 재판과정에서 가장 감동적이었던 마지막 2분을 언급하면서 안톤 슈미트의 일화를 거론한다. 아렌트에 의하면 폴란드의 유대인 유격대원들을 5개월 동안 비밀리에 보호하다 처형된 독일군 하사 슈미트의 이야기는 유대인을 도왔던 독일인에 관한 한 처음이자 마지막 이야기로서 테러의 공포를 이겨내고 순종을 거부했던 영웅적 행동의 사례를 보여준다.[42] 그러나 아렌트는 억압적 체제를 전복시키기 위해서 모두가 적극적 투쟁에 나설 것을 요구하지 않는다. 전체주의에 대한 투쟁은 체제의 속성상 각자가 자신의 책임

41) *Ibid.*, p. 50.

42) Hannah Arendt, *Eichmann in Jerusalem: A Report on the Banality of Evil*, pp. 230-233.

을 방기하는 소극적 저항 - 이른바 시민적 불복종(civil obedience) - 으로서도 소기의 성과를 거둘 수 있다고 믿기 때문이다.[43]

❺ 맺는 말

이상의 논의를 요약하면 다음과 같다. 첫째, 전체주의 근본악에 대한 아렌트의 진단과 처방이 일면적이며 보편성을 결여하고 있다는 것이다. 이 점은 특히 제노사이드의 경험적 연구에 비추어 볼 때 분명해진다. 기존의 여러 연구에 따르면 대량학살의 주체와 관련하여 기획자의 경우에는 왜곡된 신념이, 집행자의 경우에는 상황적 압력이 행위의 주된 동기를 제공한다. 그런데 아렌트는 근본악의 주체가 일반 시민이며 사유의 부재가 야만적 행위의 동력을 제공한다고 주장하였다. 만일 경험적 연구가 보여주는 것처럼 대량학살 기획자의 왜곡된 신념, 즉 정치지도자들의 사유의 세계가 근본악의 제일의적 원인이라면 아렌트는 기획자가 아닌 집행자, 사유의 논리가 아닌 무사유의 논리를 과도하게 주장함으로써 본말이 전도된 주장을 하고 있는 셈이다. 물론 지도자의 명령을 수행하는 집행자들의 역할 역시 무시하지 못할 요인임에는 틀림이 없다. 그러나 후자는 필요조건이 아닌 충분조건에 불과하다고 본다.

다음에 아이히만의 행동을 어떻게 볼 것인가 하는 문제이다. 아렌트는 그의 행동을 이해함에 있어서 무사유의 문제를 제기했지만 이 점에 대해서는 아이히만의 가학증을 포함하여 다양한 해석이 가능하며 아렌트의 가설은 여러 해석 중 하나라고 말할 수 있다.[44] 여

43) Hannah Arendt, *Responsibility and Judgement*, p. 48.

기서 필자가 지적하려고 하는 것은 설령 아이히만이 무사유적 행동을 했다 하더라도 그것은 전체주의 근본악의 전형이라고 보기 어렵다는 것이다. 또한 학살의 집행자에 초점을 맞춘다 하더라도 상황적 압력이론에 따르면 그것은 맹목적인 복종이 아니라 명령의 거부에 따른 불이익이 두려워 취한 행동이었을 가능성이 많다. 즉 아이히만은 사유의 단계를 거쳤고 사태의 본질을 이해하고 있음에도 불구하고 프로이드적 자아의 작동에 의해 권위에 복종했을 것이라는 추론을 해볼 수 있으며, 학살 집행자의 경우에는 이런 유형의 인간이 다수를 구성한다는 것이다. 제노사이드 이론의 유력한 가설 중 하나인 상황적 압력이론은 악마적이지는 않지만 이기적인 아이히만을 상정한다.

필자가 주장하려는 두 번째 내용은 아렌트의 정치이론 속에는 전체주의 근본악에 대해 악의 평범성 명제와 시각을 달리하는 또 다른 이론자원들이 존재한다는 것이다. 아렌트의 정치이론에 대해서 비체계적이며 산만하다는 지적이 있어왔지만 근본악의 논의와 관련해서도 필자 방식의 문제제기를 수용하는 또 다른 논리의 세계를 발견할 수 있다. 아렌트는 혁명론을 통해서 프랑스 혁명 지도부의 책임을 본격적으로 거론하였으며 스탈린 체제의 테러가 로베스피에르 공포정치의 연장임을 지적하였고, 커뮤니즘과 파시즘의 차이에도 불구하고 사실상 양자는 공통된 특징을 보이고 있음을 도처에서 강조하였다. 아렌트는 절대선의 실현을 위해서라면 '무엇이든 허용될 수

---

44) 홀로코스트에 있어서 가해자의 개인적 의지와 이데올로기의 역할을 문제 삼는 국내의 연구로서 주정립, "국가적으로 조직된 행정적 집단학살: 아렌트와 안더스의 해석에 대한 비판적 검토," 『대한정치학회보』, 제15집 제1호 (2007년 6월), pp. 145-169; 송충기, "홀로코스트에서 반유대주의 지우기: 한나 아렌트의 『예루살렘의 아이히만』을 둘러싼 논쟁 50년," 『역사비평』 통권 105호 (2013년 11월), pp. 280-300 참조.

있다'는 혁명 지도부의 오만이 절대악을 초래할 수 있음을 경고하며 인간의 조건을 직시하는 한계의 정치를 옹호하였다. 또한 아렌트는 근본악의 본질을 사유의 부재로 규정한 종래의 입장을 수정하여 판단의 부재를 거론함으로써 하이데거의 오류로 상징되는 사유의 한계를 보완하려 하였다. 확대된 사유로서 판단은 세계내 존재를 자각하고 타인의 시각을 의식함으로써 신념의 오류를 시정하는데 기여하며 정치공동체의 정신적 토대를 제공한다. 물론 정체성과 다원성을 강조하는 아렌트 사상의 큰 틀에서 바라볼 때 판단의 개념이 충분히 상호주관적이지 못함을 지적하지 않을 수 없다. 아렌트는 합의의 성과보다 의사소통가능성이라는 형식의 문제를 더 강조하였는데 그 결과 집합적 의사결정에 어려움을 겪을 수 있기 때문이다.

필자가 주장하려는 세 번째 내용은 책임윤리의 문제와 관련된 것이다. 아렌트는 아이히만에 대한 가상판결을 통해 책임윤리의 논리로서 그를 단죄하였다. 아이히만에 대해서는 무사유의 책임만을 문제 삼았지만 판단이론에 이르러서는 순수사유에 대한 책임 역시 의제로 부각되었다. 판단능력은 책임윤리를 완성시키는 원숙한 정신적 능력을 의미한다. 필자는 아렌트가 판단의 개념을 정립하면서 칸트의 철학을 원용했지만 미적 체험의 논리를 도덕적 차원까지 확대시킴으로써 사실상 칸트를 넘어선 측면이 있다고 본다. 그리하여 아렌트는 칸트의 정언명법을 비판하고 객관정신과 인륜을 논했던 헤겔의 문제의식과 동일한 입장을 취하기에 이르렀다고 생각한다. 베버의 책임윤리론이 등장하기 이전에 헤겔은 『법철학』에서 의도와 결과의 불일치 문제를 주요한 철학적 쟁점으로 제기하였고 '아름다운 영혼'을 문제삼음으로써 동기가 순수하더라도 잘못된 결과를 초래할 수 있음을 지적한 바 있다.[45] 아렌트는 역사적 필연을 강조하는 헤겔의 세계관에 대해 거부감을 가졌기 때문에 시종 일관 헤겔과 거리를 두려 하지만 판단의 논리를 살펴볼 때 적어도 책임윤리론에 관한 한 헤겔과 동일한 입장을 취하고 있음을 발견하게 된다. 사족이지만 만일 로베스피에르가 칸트의 정언명법을 체화하고 있는 정치인이라고 가정한다면, 아렌트의 로베스피에르 비판은 칸트의 정언명법 비판으로 연결될 수 있으며 판단이론에서 드러나는 니체주의적 경향 – 역사의 이해에 단정적 결론은 존재하지 않는다는 관점 – 까지 고려할 때 아렌트의 칸트철학에 대한 애정은 통상적인 칸트 철학의 이해를 벗어난다고 할 것이다.

마지막으로, 혁명론에서 보듯이 아렌트가 근본악의 근원을 혁명 지도자의 거대담론과 직결된 것으로 파악한다면 그것은 포스트모더니즘적 태도라고 말할 수 있다. 또한 판단의 개념 속에서 지식이나 진리의 가능성을 부정하고 있는 것 역시 포스트모더니즘적 태도이다. 그러나 아렌트는 보통사람들의 사유능력을 불신하였고 일정 수준의 지적 능력과 의지를 갖춘 그리스적 시민의 이상을 참된 정치의 주체로 설정했기 때문에 엘리트주의적이며 반(反)포스트모더니즘적

---

45) 베버는 책임윤리의 용어를 심정윤리와 대립되는 경우로도 사용하였지만 최종적으로는 양자를 종합하고 지양하는 의미로 파악하였다. 심정윤리와 결과윤리의 일면성을 비판한 헤겔의 인륜 개념은 뛰어난 의미의 책임윤리론이라고 말할 수 있다. 上妻精 외. 윤길순역,『헤겔법철학입문』(서울: 중원문화, 1989). p. 134. 헤겔은『법철학』에서 도덕을 논하며 칸트 윤리학의 문제점을 다음과 같이 지적한다. 즉, 양심은 주관적 자기의식에 대해서 절대적 권능을 부여하기 때문에 선의 규정이 자의적인 한 그것은 악으로 전환될 수밖에 없으며 궁극적으로 목적이 수단을 신성하게 한다는 주장을 하기에 이른다. 도덕성과 악은 자기 자신에의 확신이라는 공통의 뿌리를 갖고 있다. 헤겔, 임석진역『법철학 I』(서울: 지식산업사, 1989), pp. 198-261. 주관성이 자체적 고귀함에도 불구하고 비현실적 사고로 전락되는 상황을 지칭한 '아름다운 영혼'의 주제는 헤겔의『정신현상학』에서 본격적으로 논의된다. 헤겔은 투명한 순수성의 정화인 아름다운 영혼이 마침내 광채를 상실하며 아지랑이처럼 공중으로 사라질 것이라고 말한다. G. W. F. Hegel, *The Phenomenology of Mind* (New York: Harper Torchbooks, 1967), pp. 642-679 참조.

이기도 하다.[46] 따라서 근본악의 논의에 관한 아렌트는 포스트모더니즘과 반포스트모더니즘의 양면적 모습을 모두 보여주고 있다고 생각한다. 아마 아렌트가 더 오래 살아서 본격적인 정보화 사회의 발전과 탈대중사회의 출현을 목격하였더라면 대중사회의 병리현상을 크게 강조했던 그의 정치이론은 심각한 숙고의 과정을 밟았을지 모른다.

46) 아렌트는 포스트모더니즘과 마찬가지로 전체주의 비판을 최고의 의제로 설정하였지만 보통사람들의 역할과 일상성의 정치를 정당화하는 후자와 달리 근대인의 이기심과 범용성을 전체주의의 주요 배경으로 인식하였다. 케이텝은 아렌트가 정치를 개인의 일보다 이웃과 국가를 먼저 생각하는 훌륭한 사람들의 일과로 간주하고 있는데 이것은 민주적인 발상이 아니라고 비판한다. George Kateb, "The Questionable Influence of Arendt (and Strauss)," in Kielmansegg, Peter Graff, Horst Mewes, and Elisabeth Glaser-Schumidt (eds.), *Hannah Arendt and Leo Strauss* (New York: Cambridge University Press, 1995), p. 31. 그러나 김비환은 이러한 해석에 대해서 의문을 제기하고 있다. 김비환은 아렌트가 노동·작업·행위 각각의 고유한 가치를 인정함으로써 정치적 삶과 개인적 삶 모두를 상호적 두 계기로 파악하였다고 주장한다. 김비환, 『축복과 저주의 정치사상: 20세기와 한나 아렌트』 (서울: 한길사, 2003), pp. 76-80 참조.

제11장

질 들뢰즈와 유목주의의 정치학

❶ 머리말

푸코는 20세기가 들뢰즈의 시대로 기억될 것이라고 말한 바 있다. 이미 들뢰즈의 철학은 철학의 본령을 넘어서 문학비평과 영화, 건축에 이르기까지 다양한 분야에서 큰 영향을 미치고 있다. 그러나 들뢰즈의 철학은 난해하기로 정평이 나있으며 혹자는 의도적인 모호성이라고 비판하기도 한다.[1] 이 글의 목적은 들뢰즈 철학의 특정 주제를 논하려는 것이 아니라 정치현상을 바라보는 들뢰즈의 시각[2]을

1) 앨런 소칼·장 브리크몽, 『지적 사기』 (서울: 민음사, 2000), p. 243. 물론 이것은 들뢰즈뿐만 아니라 소칼이 이 책에서 다루고 있는 현대 프랑스철학의 대가들 모두에게 적용되는 비판이다. 한편 이진경은 들뢰즈 철학이 난해한 것은 짧은 구절 속에 수많은 의미들이 응축되어 있기 때문이라고 말한다. 따라서 들뢰즈 철학을 이해하기 위해서는 사전적인 노력과 지식이 필요하다. 이진경, 『노마디즘 I』 (서울: 휴머니스트, 2002), p. 25.

2) 들뢰즈와 가타리는 『안티-오이디푸스』, 『천개의 고원』, 『철학이란 무엇인가?』 등 몇 권의 저서를 공동으로 저술했는데 이들의 정치철학은 특히 앞의 두 권의 책에 집약되어 있는 것으로 평가된다. 들뢰즈는 이들 저서 속에 두 사람의 생각이 사실상 하나로 용해되어 있음을 항상 강조하였다. 따라서 들뢰즈의 정치이론을 논함에 있어서 가타리의 이름을 생략하는 것은 온당치 못하며 실제로 이러한 문제제기가 종종 있어왔다. 다만 들뢰즈의 차이의 철학과 니체의 해석을 출발점으로 삼는다는 점에서 이 논문은 들뢰즈의 정치이론이란 주제로 편의상 정리를 하였고 가타리에 대해서 별다른 언급을 하지 않았다.

개략적으로 살펴보고 현대정치사상에의 함의를 생각해보려는 데 있다. 이를 위해 본고는 주로 국가론의 관점에서 들뢰즈의 유목주의(nomadism) 개념에 초점을 맞추어 논리를 전개하려 한다.

논문의 구성은 다음과 같다. 우선 들뢰즈의 기본적인 세계관에 대해서 알아본다. 그는 기본적으로 니체의 철학을 계승하고 있으며 차이의 철학과 소수자의 정치를 주장한다. 다음에 들뢰즈의 자본주의 사회 분석에 대해서 살펴본다. 『안티-오이디푸스』에서 그는 자본주의 사회의 분열증적 경향을 강조하고 기대감을 드러낸다. 자본주의 사회는 내재적인 제어장치에도 불구하고 본질적으로 변혁의 가능성을 제공하는 체제이다. 그 다음 미시정치적 관점에서 포착된 파시즘의 원리를 검토한다. 들뢰즈는 자본주의의 분열증이 왜곡된 방식으로 전개될 경우 파시즘으로 귀결되기 때문에 자유주의 사회는 자신의 잠재적 위험을 경계해야 한다고 말한다. 들뢰즈는 『천의 고원』 속에서 자신이 지향하는 세계를 본격적으로 표출하는데 유목주의의 이상이 바로 그것이다. 국가의 속성을 억압적인 것으로 바라보는 그는 유목민적 탈주와 저항의 방식 속에서 해방된 삶의 이념형을 모색한다. 본고는 최종적으로 들뢰즈의 유목주의 사상이 갖고 있는 정치이념적 위상을 검토한다. 그리고 들뢰즈 정치철학의 문제점과 현대정치사상에의 기여를 성찰한다.

❷ 차이의 철학

들뢰즈는 철학의 임무를 새로운 개념의 창조에 있다고 본다. 그것도 반시대적 개념의 창조이다[3]. 들뢰즈에 따르면 철학은 새로운 대지와 새로운 사람을 소환하는 반시대적인 사유양식이다. 따라서 철학은 본질적으로 정치적일 수밖에 없다. 들뢰즈가 제시하는 개념들은 하나의 가치를 지향하는데 그것은 차이이다. 들뢰즈가 차이를 강조하는 이유는 통합의 논리가 필연적으로 억압을 내포함으로써 자유를 침해할 뿐 아니라 나아가 창조적 혁신의 기회를 차단하기 때문이다. 당연히 들뢰즈는 헤겔적인 변증법의 논리를 부정한다. 차이는 극복의 대상이 아니라 그 자체로 존중되어야 한다. 심지어 들뢰즈는 철학의 본질은 민주적 대화나 소통과 무관하다고 주장하는 데 그것은 절대적 진리의 존재를 가정하기 때문이 아니라 합의를 배격하기 때문이다(들뢰즈/가타리 1995, 46). 차이의 철학은 다양성의 논리와 결합된다. 들뢰즈가 말하는 아상블라주(assemblage)의 개념은 다양성을 의미한다. 여기에는 종합과 분할이 가능한 수적 다양성(수목적 다양성)과 그것이 불가능한 질적인 다양성(근경적 다양성) 두 종류가 있다. 들뢰즈는 후자야말로 미시정치의 전제가 된다고 본다.

차이의 철학은 최종적으로 소수의 정치를 옹호하는 것으로 귀결된다. 이 경우 소수의 의미 역시 양적인 차원이 아니라 질적인 차원의 문제이며 일반적인 권력체계나 규범체계에서 이탈되어 있는 집단을 말한다. 다수는 표준에 가장 근접해 있는 집단이고 권력과 지배의 주도 세력이다. 들뢰즈가 주장하는 소수의 정치는 단순히 소수가 다수의 지위의 획득을 목적으로 하는 것이 아니라 규범화한 권력에 저항하여 모두가 소수되기를 지향하는데 그 의의가 있다(패튼, 128-130).

들뢰즈는 삶의 약동(élan vital)을 주장하는 베르그송적인 생기

3) "새로운 개념을 창조하는 것, 그것이 바로 철학의 목표이다." 질 들뢰즈, 펠릭스 가타리 지음, 이정임· 윤정임 옮김, 『철학이란 무엇인가』 (서울: 현대미학사, 1995), p. 13; "철학은 반시대적이며, 언제나 그리고 오로지 반시대적일 뿐이다. 다시 말해서 내가 바라는 것은 이 시대에 반하는, 도래할 시대를 위한 철학이다." 질 들뢰즈, 김상환 옮김, 『차이와 반복』 (서울: 민음사, 2004), p. 21.

론의 전통에 따라 인간의 욕망을 역사발전의 원동력으로 간주한다. 지배적 사회질서나 국가권력에 대한 도전과 혁신은 인간의 이성이 아니라 인간 욕망의 발동에 기인한다. 들뢰즈에 따르면 인간은 욕망하는 기계이다. 들뢰즈는 욕망의 능동적인 양태와 반동적(reactionary)인 양태를 구별한다. 그것은 『도덕의 계보학』에서 니체가 말하는 주인도덕과 노예도덕의 구분과 같다. 전자는 능동적으로 작동되지만 후자는 외부적 자극에 따른 반작용에 불과하다. 전자는 창조적인 미래를 지향하나 후자는 단순히 원한이나 불만의 해소를 동기로 한다. 결여의 보상을 추구하는 반동적 욕망은 노예정신의 징후이다. 니체가 다윈을 비판한 것은 진화를 반동의 형식으로 이해했기 때문이며 반면에 라마르크를 찬양한 것은 그것을 능동적인 힘으로 이해했기 때문이다(들뢰즈 2016, 91). 들뢰즈는 니체의 『도덕의 계보학』에 대한 독해를 통해 인간은 본질적으로 반동적이나 주권자적 인간으로서 초인의 노력을 통해서 긍정적 힘을 취득하게 된다고 본다. 니체에게 있어서 고귀함은 능동적 힘의 반동적 힘에 대한 우위를 의미한다. 들뢰즈는 욕망의 철학을 전개함에 있어서 니체의 권력의지론을 원용한다. 들뢰즈가 생각하는 니체의 권력의지는 단순한 권력애와는 다르며 일종의 잠재적 역량 강화를 지향하는 보다 포괄적인 개념이다(보그, 15).[4] 니체는 인간의 욕망을 홉스의 자기보존적 충동뿐만 아니나 자기파괴적, 자기초월적 충동을 포괄한다고 보았다. 여기서 특히 자기초월적 충동은 권력의지의 참의미로서 새로운 가치 창조를 가능케 한다. 니체의 권력의지는 들뢰즈에 있어서 능동적 욕망이며 그것은 변화와 생성의 원동력이 된다. 들뢰즈의 사상은 헤겔주의에

4) “우리는 니체의 독자들로서 다음의 네 가지 있을 수 있는 오해를 피해야 한다. 첫째 힘에의 의지를 지배욕 혹은 힘을 의욕하는 것을 의미한다고 믿는 것...” 질 들뢰즈 지음, 박찬국 옮김, 『들뢰즈의 니체』(서울: 철학과 현실사, 2007), p. 65.

경도되었던 현대프랑스 철학의 흐름을 니체연구로 전환시키는데 결정적인 역할을 하였다.

한편 들뢰즈의 차이의 철학은 종합을 강조하는 헤겔철학뿐만 아니라 플라톤을 시발점으로 하는 서구 합리주의 철학의 전통과도 충돌한다. 차이의 철학은 필연적으로 보편적 진리의 추구를 거부하기 때문이다. 현대적 사유는 재현의 전복 속에서 탄생했고 이데아의 세계 대신 시뮬라크르(simulacre)[5]의 세계를 추구한다는 것이 『차이와 반복』의 논리이며 그것은 또한 반칸트적 사유의 모델이기도 하다. 플라톤의 철학은 이데아, 복사물, 시뮬라크르의 가치론적 위계를 설정한다. 복사물의 경우 이데아에 대한 유사성을 보여주지만, 시뮬라크르는 그것과의 차이만을 보유하고 있을 뿐이다. 궁극적인 기초나 원래적인 동일성은 존재하지 않는다고 보는 들뢰즈는 복사물에 대한 원본의 우위, 이미지에 대한 모델의 우위를 거부한다. 즉자적 차이의 원형으로서 시뮬라크르를 파괴하려는 플라톤의 시도는 소피스트의 존재로 승리를 쟁취하는데 실패하였다(들뢰즈/가타리 2004, 285). 또한 들뢰즈의 철학은 이성의 승리를 강조하는 계몽사상의 전통을 정면으로 부정한다는 점에서 후기구조주의적 성격을 보여준다.

차이의 철학은 지배에 도전하는 저항의 논리로서 무장하고 있지만 지배를 정당화하는 차별의 논리로 오용될 수도 있기에 양날의 칼이라는 문제제기가 있어왔다. 그러므로 소수의 의미를 특정화시켜야 한다는 지적도 있지만(패튼, 125), 그것이 사회적 약자를 의미하는 질적인 개념이라고 가정한다면 이러한 문제는 해소될 수 있다. 한편 들뢰즈가 주장하는 소수의 정치는 소수만이 창조의 주역이고 다수는 변화의 장애물로 간주된다는 점에서 반민주적인 발상이라는

5) 김상환은 역서 『차이와 반복』에서 시뮬라크르를 허상(虛像)이라고 번역하고 있다.

비판이 있어 왔다(Dosse, 510). 사실 들뢰즈가 각별히 관심을 보이는 인물들은 정신적으로 비범하지만 반사회적이거나 주변적인 사람들이다. 이것은 일리가 있는 지적이다. 그러나 이 글의 결론에서 언급하듯이 소수의 옹호가 다수의 정치와 조화를 이룬다면 오히려 민주주의 발전에 기여하는 측면이 있다고 본다. 다만 소수의 의미를 사회적 약자라는 측면에서 파악하여 프롤레타리아도 소수자의 개념으로 포섭하려는 들뢰즈의 이론(들뢰즈/가타리 2003, 901)이 과연 니체의 철학과 일치하고 있는지 의문이 든다. 일체의 목적론을 배격하는 들뢰즈의 역사철학은 소수의 탈주 노력이 반드시 긍정적인 성과를 거둔다고 장담할 수 없으며 일탈의 가능성도 상존한다고 말한다. 후술하는 것처럼 파시즘의 경우가 여기에 해당된다.

❸ 자본주의와 스키조프레니아[6]

1968년의 5월 혁명은 들뢰즈로 하여금 자신의 철학을 재확인하고 미래에 대한 기대를 품게 만든 역사적 사건이었다. 시민들의 다양한 욕구가 분출되었고 일체의 억압적인 질서와 권위주의가 도전을 받았으나 계급투쟁이나 국가전복이란 전통적 혁명의 도식이 거부되었다. 5월 혁명의 대표적인 이론가인 뤽 페리와 알랭 르노는 사태의 본질을 개인주의의 광란, 소비사회의 발호로 보았으며 일부 정신분석학자들은 고삐풀린 나르시즘의 야만성을 비판하였다.[7] 그러나 들

6) 스키조프레니아(schizophrenia)는 본래 정신분열증으로 번역되며 특수한 증상을 수반하는 정신적 질환을 지칭하는 정신의학적 용어이지만 들뢰즈의 저서에서는 탈중심적, 해체적, 파열적이라는 일반적 의미로 사용되고 있다. 들뢰즈가 말하는 탈코드화(decoding)와 비슷한 의미이다.

뢰즈에게 5월 혁명은 기존의 질서가 인내의 한계에 도달했음을 보여준 사건이었으며 그는 차이의 철학이 시대가 요구하는 새로운 형이상학이라 판단하였다.

"프랑스 68년 5월은 분자적이었다. 그것을 야기한 조건은 거시정치의 관점으로는 결코 지각될 수 없는 것이었다....정치인과 노동운동가 및 수많은 좌파들은 크게 당황하였다. 그들은 조건이 성숙되지 않았다는 말만을 계속해서 반복할 수 밖에 없었다."(들뢰즈/가타리 2003, 412).

3일만에 매진된 『안티-오이디푸스』는 수많은 논쟁을 불러일으켰다. 인간의 욕망을 예찬하는 들뢰즈의 논리에 대해 어두운 병리현상을 긍정하고 소수의 예술가와 혁명가들을 예찬하는 엘리트주의적 경향에 대한 비판도 있었다. 금욕적 혁명주의자들은 우익서적이라 단죄하였다. 그러나 푸코는 이 책이 권력을 경계하고 해방을 예찬하는 비파시즘적 삶을 설파했다고 주장하였다.

들뢰즈의 자본주의 분석은 라캉의 정신분석학을 비판하는데서 출발한다. 정신분석학은 욕망의 본질을 결여(缺如)에 기인하는 것으로 간주하여 그것의 반동적이고 부정적인 성격를 강조한다. 프로이드의 패러다임을 원용하는 라캉의 정신분석학은 인간 욕망의 핵심을 오이디푸스 콤플렉스로 파악하였다. 그 결과 라캉의 정신분석학은 인간의 욕망을 부정하고 억제하려 하였다. 일찍이 프로이드 역시 문명의 발전과 인간의 욕망은 공존하기 어렵다고 주장한 바 있다. 그러나 들뢰즈는 라캉의 정신분석학이 인간의 욕망을 가족관계에서 기인하는 것으로 편협하게 파악함으로써 그것의 사회경제적 기원을 외

---

7) 뤽 페리· 알랭 르노 지음, 구교찬 외 옮김, 『68사상과 현대 프랑스 철학』 (서울: 인간사랑, 1995). 후일 교육부장관을 지낸 뤽 페리는 68년 5월 혁명이 프랑스의 정신적 가치를 파괴했으며 교육의 황폐화를 초래했다고 주장하였다.

면하였고, 그 결과 변혁과 창조라는 인간 욕망의 생산적 효과를 간과했다고 비판한다.

들뢰즈는 인간사회의 발전 단계를 원시사회(원시적 영토기계)와 군주사회(야만적 전제기계), 그리고 자본주의 사회(문명화된 자본주의기계)로 3분한다. 사회체(socius)의 본질은 구성원의 욕망의 흐름을 코드화하여 규제되지 않은 어떠한 흐름도 존재하지 않게 하는데 있다. 원시사회로부터 군주사회로의 이행은 국가의 출현을 의미하며 국가는 인간의 욕망을 다양한 방식으로 억압하고 통제한다. 군주사회는 과코드화(overcoding)를 본질로 하는데 기능적 피라미드로서 국가라는 거대기계의 정점에 전제군주가 있고, 측면에 관료장치가 있으며, 그 하부에 신민이 존재한다. 자본주의 사회는 군주제의 일부 유산을 계승하는데 그것은 사물의 통합과 위계를 강조하는 편집증(파라노이아)적이며 파시즘적인 경향이다. 이 과정에서 관료주의와 기술주의에 입각한 각종의 규제장치가 작동된다. 그러나 자본주의 사회는 그 내부에 탈영토화와 탈코드화를 지향하는 분열증(스키조프레니아)적이며 혁명적인 경향을 동시에 갖고 있다. 자본주의는 욕망의 흐름이 일반적으로 탈코드화된 유일한 사회기계이다(들뢰즈/가타리 1994, 213). 자본주의 사회는 이들 두 개의 힘이 상호 공존하며 경합하는 양상을 보이는데 후자의 힘이 우세해지면 전자의 기제가 다시 작동하여 재영토화의 과정을 밟게 된다. 즉 자본주의 사회는 한편으로 사회적 관계와 생산을 통제하는 전통적 규칙들을 파괴하여 욕망을 해방시키나 다른 한편으로 상품관계라는 등가성의 원칙을 통해 그것을 본래의 위치로 환원시키려 한다. 규제되지 않은 욕망의 출현을 경계하는 자본주의의 공리체계는 항상 미완성 상태를 유지하다가 새로운 공리를 도입함으로써 탈코드화의 도전에 즉각적으로 대응한다. 그것은 노동계급과 노동조합을 위한 공리들을 추가하여 러시아혁명을 소화할 수 있었다(들뢰즈/가타리 1994, 375). 여기서 들뢰즈의 희망은 탈주의 노선을 임계점까지 밀고 나감으로써 새로운 세계를 모색하는데 있다. 국가통제의 강화는 군주제를 항구화하려는 노력이며 편집증적 충동을 극복할 수 있는 유일한 수단은 자본주의의 분열증적 경향을 체제가 폭발해 버릴 때까지 강화하는 것이다(보그 2013, 169). 이를 위해, 들뢰즈의 표현을 빌리면, '충만한' 기관없는 신체를 구축해야 한다. 다만 이 과정에서 들뢰즈의 전략은 과거의 혁명이론과 달리 국가의 전복이 아닌 일상적 삶의 투쟁을 지향하는 미시정치학의 방식을 채택한다는 점에서 푸코의 권력이론과 유사한 양상을 보인다. 들뢰즈는 혁명적 사회변화의 시도, 즉 절대적 탈영토화가 반드시 폭력적일 필요는 없다고 본다.

네글리와 하트는 들뢰즈의 자본주의 분석 이론에 착안하여 유목적 다중(multiple)을 주체로 하는 새로운 마르크스주의를 개진하였고,[8] 니콜래스 쏘번은 여기서 한걸음 더 나아가 들뢰즈가 마르크스적인 문제의식을 견지했으며 마르크스주의자로서 손색이 없다고 주장하였다.[9] 그러나 전반적으로 볼 때 들뢰즈의 자본주의론은 투쟁방식이나 자본주의 이후의 체제를 상정함에 있어서 전통적인 마르크스주의와는 거리가 있다. 또한 들뢰즈의 자본주의 분석은 기술(記述)적 단계에 그치고 있으며 실천적 함의가 약하다는 비판이 있다. 들뢰즈의 철학은 기계의 문제를 논하고 있지 주체의 철학이 아니라는 지적이다.

---

8) 네글리와 하트는 세계자본주의적 제국에 맞설 수 있는 두 가지 길은 민족국가 및 보호주의로의 복귀나 혹은 다중이 주체가 되는 대안적 제국을 조직하는 것이다. 후자의 정치강령은 세계시민권, 사회적 임금권, 생산수단의 사회적 전유 세 가지를 핵심으로 한다. 안토니오 네그리· 마이클 하트 지음, 윤수종 옮김, 『제국』(서울: 이학사, 2001).

9) 니콜래스 쏘번 지음, 조정환 옮김, 『들뢰즈 맑스주의』(서울: 갈무리, 2005).

『안티-오이디푸스』 출간 8년 후 들뢰즈는 모든 기대가 수포로 돌아갔다고 회고하였다. 세상은 전혀 달라지지 않았고 순응주의와 보수주의가 여전히 득세하였다. 이런 시각에서 볼 때 『안티-오이디푸스』는 완전한 실패작이었다(Dosse 2010, 218). 68년 5월 혁명이 일회적 사건으로 종료되고 자본주의 체제가 별다른 혁신의 징후를 보이지 않았을 때 들뢰즈는 종전의 낙관론을 더 이상 강조하지 않았으며 『천개의 고원』에 와서는 오히려 통제사회의 문제를 거론하기 시작하였다고 홀랜드는 지적한다(Holland 1998, 65). 들뢰즈에 따르면 우리는 규율의 강도가 약해지는 대신 마이크로칩을 활용한 데이터 분석으로 통제성이 강화되는 새로운 시대로 진입하였다.[10]

❹ 파시즘의 미시정치학

『안티-오이디푸스』에서 들뢰즈는 편집증적 욕망을 파시즘의 근원으로 파악하였고 그것이 생활세계 도처에서 작동되고 있음을 지적하였다. 『안티-오이디푸스』에서 제기된 파시즘의 문제는 『천개의 고원』에서 히틀러의 국가사회주의를 예로 들어 더욱 구체화된다. 이 책의 아홉 번째 고원은 '1933년: 미시정치와 절편성'으로서 히틀러의 국가사회주의에 대한 분석이다. 이곳에서 그는 기관없는 신체[11]에 내재해 있는 파시스트적 가능성의 문제를 거론한다

10) Gille Deleuze, "Postcript on Cotrol Societies," in *Negotiations 1972-1990* (New York: Columbia University Press, 1995).

11) 계층화나 분절화를 거부한다는 조직론적 의미를 내포하고 있는 개념으로서 들뢰즈 유목주의의 출발점이 된다. 그러나 암적인(cancerous) 기관없는 신체의 경우에는 유목주의가 아닌 파시즘 사회를 유발한다고 말한다. 질 들뢰즈·펠릭스 가타리, 김재인 옮김, 『천개의 고원』 (서울: 새물결, 2003), p. 316.

들뢰즈 철학의 강렬한 자유주의적 경향을 생각할 때 획일적 사유를 강요하는 전체주의에 대한 비판이 주요한 논의 주제가 될 것이라고 예상할 수 있는데 실제로는 파시즘 비판이 그것을 대체하고 있다. 들뢰즈 역시 파시즘과 전체주의를 구분하지만 스탈린 체제에 대해서는 간단히 언급하고 있을 뿐 주로 파시즘의 문제를 분석한다.[12] 푸코는 『안티-오이디푸스』의 영어판 서문에서 이 책이 반파시즘의 선언이라고 평가한 바 있다. 들뢰즈의 논리에 따르면 오이디푸스 신화의 정신분석을 비판하는 것은 파시즘을 거부하는 삶을 추구함을 의미한다. 욕망의 정치는 후술하는 것처럼 이상적인 유목주의의 세계를 모색하는데 그러나 일탈의 가능성이 상존한다. 들뢰즈에 의하면 파시즘은 왜곡된 욕망 - 암적인 기관 없는 신체 - 의 산물이다. 긍정적이며 생산적인 욕망이 아닌 부정적이며 파괴적인 욕망은 국가기구를 포획한 전쟁기계(예를 들면 나치 집단)와 결합하여 파시즘 체제의 원동력을 제공한다. 전체주의가 주로 국가의 차원에서 강압적으로 작동되는 방식이라면 파시즘의 본질은 일반 대중의 자발적 참여에 있다고 보는 들뢰즈는 빌헬름 라이히의 '파시즘의 대중심리' 해석에 공감한다. 라이히는 성적 억압과 가부장적 권위주의에서 비롯된 왜곡된 욕망의 구조가 파시즘에 대한 대중적 지지의 원천이 된다고 주장한 바 있다. 물론 들뢰즈는 라이히의 이론에 생산적 욕망

12) 들뢰즈는 스탈린의 전체주의를 파시즘보다 더 온건한 체제로 본다. 파시즘이 더 위험한 이유는 군중의 분자적 욕망과 관련이 있기 때문이다. 질 들뢰즈·펠릭스 가타리, 김재인 옮김, 『천개의 고원』, p. 409. 들뢰즈는 파시즘을 전체주의 국가가 아닌 자살적 국가(the suicidal state)라고 규정한 폴 비릴리오의 분석에 동의한다. 같은 책, p. 893. 한편 로고진스키는 들뢰즈의 철학이 20세기 전체주의와 테러, 굴락(gulag), 크메르루즈의 문제들을 소홀히 하고 있는데 근본적인 원인은 들뢰즈가 스피노자적 세계관에 매몰되어 악의 욕망을 문제 삼지 않은데 있다고 말한다. Dosse, François, *Gilles Deleuze and Félix Guattari: Intersecting Lives* (New York: Columbia University Press, 2010), p. 511.

의 범주가 결여되어 있음을 지적한다(들뢰즈/가타리 1994, 53). 일찍이 스피노자[13]가 제기했고 라이히에 의해서 재발견된 질문 - 사람들은 왜 예속을 위해 싸우는가? 욕망은 왜 스스로 억압되기를 원하는가? - 에 대한 해답은 무엇인가? 그것은 파시즘이 앞세우는 이데올로기에 기만당해서가 아니다. 대중이 그것을 욕망하기 때문이다. 들뢰즈는 파시즘이 국가 이전의 단계에서 시작된다고 본다. 들뢰즈에 따르면 파시즘을 초래하는 왜곡된 욕망의 흐름은 가정과 직장, 사회의 다양한 층위에서 실핏줄처럼 얽혀져서 서로 상승작용을 일으키며 최종적인 분출구를 향해 나간다. 파시즘 체제는 일상적 삶 속에 잠복해 있는 미시적 파시즘에 기인하기 때문에 거시현상으로서 파시즘을 극복하기 위해서는 내면적 욕망의 정제가 선결되어야 한다는 것이 들뢰즈 파시즘 이론의 요체이다. 우리는 탐욕이나 분노가 아닌 생산과 창조를 지향하는 방향으로 욕망을 분출해야 한다는 것이다. 만일 반동적 욕망의 표출을 다수자의 현상으로 간주하고 자기강화 노력에 따른 생산적 욕망의 표출을 소수자의 현상으로 파악한다면, 욕망의 해방이나 욕망의 정치라는 표현은 조심스럽게 구사될 필요가 있다. 또한 욕망의 본질은 결여가 아닌 생산이라는 들뢰즈의 주장도 존재의 차원이 아니라 당위의 차원에서 이해되어야 할 것이다.

들뢰즈는 『천개의 고원』에서 특유의 선분론(그램분자, 분자, 탈주선)에 입각하여 파시즘 체제를 전체주의 체제와 구별한다. 파시즘 체제는 억압적이며 획일적인 국가의 존재를 기초로 한다. 이 점에서

---

13) 1670년 스피노자는 『신학정치론』에서 인간은 왜 자신의 예속을 위해 투쟁하는가라고 질문하였다. 이러한 질문의 정당성을 증명이라도 하듯, 1672년 자유주의의 발진을 추진했던 네덜란드의 재상 요한 드 비트가 반란을 도모한다는 이유로 대중들에 의해 살해되었을 때 대중의 무지에 격분한 스피노자는 대자보를 써서 범죄현장으로 달려가다가 주변의 만류로 저지되었다. 이진경, 『노마디즘 I』 (서울: 휴머니스트, 2002), p. 52.

파시즘도 전체주의 체제의 일환이다. 그러나 파시즘은 국가 하위 수준에서 발생한 대중운동에서 출발한 체제라는 점에서 전체주의 사회와 차이가 있다. 거시파시즘은 미시파시즘의 최종적 산물이다. 들뢰즈는 여기에 덧붙여 탈주선(line of flight)의 문제를 강조한다. 파시즘과 전체주의를 구별해주는 또 다른 특징은 탈주선의 개입이다. 본래 전쟁기계는 변화를 추구하는 국가외부적 존재이며 창조의 주체이다. 그러나 국가에 포획된 후 본래의 속성을 상실하고 국가기구로서 파괴의 기능을 담당하게 된다. 포획된 전쟁기계가 국가의 통제를 벗어나 자살국가를 지향하는 것, 이것이 파시즘의 세 번째 특징이다. 그러나 홀랜드는 파시즘체제를 논함에 있어서 들뢰즈가 말하는 제3의 지표는 불필요하다는 주장을 한다. 홀랜드에 따르면 히틀러의 국가사회주의는 우연적 요인으로 자살국가에 이르게 되었지만 이것을 파시즘의 속성으로 일반화 할 수 없다. 진보이론가인 홀랜드는 부시행정부 하의 미국정치를 새로운 형태의 파시즘이 아닌 구식 파시즘의 재현이라고 주장한다. 즉 9/11 이후 미국사회는 기독교 근본주의라는 종교적 파라노이아와 권위주의적 부시 정부가 결합하여 안보를 강조하고 인권을 탄압하는 파시즘 체제로 돌입하고 있다는 것이다(Holland 2008, 94).

들뢰즈는 포스트-파시즘(post-fascism) 사회를 거론함에 있어 단일국가의 차원이 아닌 지구적 차원의 문제를 지적하였다. 2차세계대전 후 우리는 핵억지력에 입각한 양극체제 하에서 전쟁기계가 순수평화를 표방하는 지구적 자살정권의 단계를 경험하였고 새로운 안보 개념을 강조하는 또 한 번의 지구적 전쟁기계의 존재를 목격하고 있다(들뢰즈/가타리 2003, 808-809, 893-894).[14] 즉 들뢰즈는 오

14) 들뢰즈는 전쟁 대신 평화를 직접적 목표로 삼는 공포의 평화 시대에 있어서 변

늘의 파시즘을 지구적 차원의 자살정치로 파악하고 있다. 다른 한편 들뢰즈는 푸코가 우리들 머릿속의 파시즘이라고 표현했던 일상적 파시즘에 대해서도 경고한다. 우리는 내면의 파시즘을 외면한 채 반(反)파시즘을 너무 쉽게 주장하고 있다.[15] 들뢰즈의 지론에 따르면 우리는 파시즘으로부터 자유로울 수 없으며 자유주의 사회의 내면적 파시즘은 창조적 탈주를 가로막는 잠재적 위협이 된다. 권력과 지배의 욕구는 정치세계의 필연적 내용물이며 또한 자유주의의 산물이기도 하다는 점에서 들뢰즈가 경계하는 우리시대의 파시즘을 자유주의의 파시즘(liberal fascism)이라고 부를 수 있다(Brad Evans & Julian Reid 2013, 3).[16] 평화를 주장하며 파시즘을 비판하는 민주사회 내부의 파시즘적 경향은 현대정치가 직면하고 있는 과제이기도 하다.

들뢰즈는 『안티-오이디푸스』에서 자본주의 국가는 내부에 편집증과 분열증, 파시즘과 혁명성 두 개의 경향을 동시에 보유하고 있다고 말하며 한편으로 파시즘을 편집증과 동일시하였다. 그러나 그

질된 전쟁기계의 출현에 대해 폴 빌리오를 인용하며 다음과 같이 말한다. "유럽의 일부 경찰 조직이 '저격'할 수 있는 권리를 요구하는 사례를 들 수 있다. 경찰은 국가폭력의 톱니바퀴이기를 멈추고 전쟁기계의 부품이 된다." 질 들뢰즈·펠릭스 가타리, 김재인 옮김, 『천개의 고원』, p. 894.

15) 들뢰즈는 이 부분에서 특히 좌파 조직의 미시파시즘을 언급하고 있다. 질 들뢰즈·펠릭스 가타리, 김재인 옮김, 『천개의 고원』, p 410; "좌파조직은 미시파시즘을 은폐하는 마지막 조직이 되지 않을 것이다. 우리는 자신의 내면속에 있는 파시스트를 보지 못한 채 너무 쉽게 반파시스트가 된다. 그것은 분자적 차원에서 우리 자신이 배양하고 유지한 산물이다." Gilles Deleuze and Felix Guattari, *A Thousand Plateaus: Capitalism and Schizophrenia*, translated by Brian Massumi (Minneapolis: University of Minnesota Press, 1987), p. 215.

16) 들뢰즈는 자유주의 세계에서 진행되고 있는 새로운 파시즘에 대해서 다음과 같이 말한다. "안보와 평화에 대한 지구적 합의는 우리의 두려움을 자극하며 우리를 미시적 파시스트로 만든다. 그것은 길거리와 주위에서 조우하게 되는 낯선 얼굴과 다른 목소리를 배척할 것을 요구한다." G. Deleuze, *Two Regimes of Madness: Texts and Interviews, 1975-1995* (New York: Semiotext(e), 2006), p. 138.

는 『천개의 고원』에서 파시즘이 분열증의 소산이라고 주장하였다. 파괴와 창조의 상반된 결과는 모두 동일한 탈주선 위에서 발생한다는 것이다. 일견 모순적으로 보이는 이러한 논리에 대해 해석상의 논쟁이 있다. 프로테비(Protevi)는 『안티-오이디푸스』에서 반파시즘의 정신으로 예찬되었던 스키조프레니아가 『천개의 고원』에서 파시즘의 주요 원인으로 분석된데 대해 두 저서간의 괴리를 지적하고 세심한 독해를 촉구하였다(Protevi 2000, 168). 이 문제와 관련하여 랜드(Land)는 나치를 스키조프레니아적 집단으로 설명하는 것이 타당한가라고 문제를 제기한다. 스키조프레니아는 정체성의 해체, 소속감의 거부를 본질로 하는데 나치가 이처럼 자유로운 집단인가? 나치를 스키조프레니아적으로 설명하는 것은 나치의 파라노이아적 속성과 상호배치된다(Land 1993, 76). 이에 대해 미켈슨은 탈주선의 역기능을 거론한 것은 들뢰즈 이론의 진화과정을 보여줄 뿐이라고 말한다(Michelsen 2013, 158). 미켈슨에 따르면 들뢰즈는 제3의 선분인 탈주선의 역학을 추가함으로써 파라노이아와 스키조프레니아의 이분법을 시정했을 뿐이다. 이 문제에 대해 필자의 생각은 다음과 같다. 전쟁기계로서 나치는 특정의 이념체계에 집착한다는 점에서 파라노이드적이다. 그러나 나치는 지배적 질서에 대해 저항하는 전쟁기계로서 반국가적 모습을 보였다는 점에서 스키조프레니아적이다. 즉 나치는 왜곡된 욕망을 혁명적으로 분출했다는 점에서 파라노이드와 스키조프레니아의 이중적 양상을 보이고 있다. 들뢰즈가 나치의 스키조프레니아적 측면을 지적했다고 해서 그것이 그들의 파라노이드적 성격을 부정함을 의미하는 것은 아니다. 결국 왜곡된 욕망의 분출이 최종적으로 억압적 체제의 등장을 초래한 것이며 들뢰즈의 표현을 빌리자면 파시즘은 분자적(molecular) 흐름에서 출발하지만 그램분자적(molar)인 국가장치로 귀결된다.

들뢰즈는 니체의 철학과 파시즘의 친화성을 강조하는 종전의 전통에서 벗어나 니체의 철학을 유목주의로 규정하고 니체철학과 파시즘의 대립관계를 강조하였다. 욕망의 정치학은 유목주의와 파시즘의 상반된 두 방향으로 나아갈 수 있는데 니체의 철학은 전자를 지향하고 있다고 결론을 내린 것이다. 이성의 파괴를 우려하며 니체철학을 비판했던 루카치 방식의 전통적 사회주의론은 들뢰즈의 파시즘이론에 대해서 이성의 정치가 아닌 욕망의 정치는 파시즘으로 귀결될 수밖에 없다는 근본적인 문제제기를 한다.[17] 그런가하면 들뢰즈의 파시즘론이 문제 삼는 왜곡된 욕망표출의 의미가 지나치게 외연을 확장함으로써 분석적 의의를 상실하고 있다는 비판도 있다.[18] 또한 원한과 증오를 수반하는 반동적 욕망의 표출을 파시즘적으로 간주하는 논리에 대해서 근현대사의 혁명의 역사를 되돌아 볼 때 과연 이것이 타당한 주장인가 의문을 제기할 수 있다.

---

17) 2002년 『문학과 사회』 지면을 통해 들뢰즈의 철학이야 말로 파시즘이라고 주장하는 이종영과 이에 맞서 이종영의 들뢰즈 왜곡을 비판하는 김재인 사이에 논쟁이 있었다. 이종용은 지성의 인도를 받지 않는 욕망하는 기계의 도주선은 파시즘으로 흐르지 혁명적일 수 가 없다고 본다. 이종영, "파시스트 들뢰즈와 가타리가 반파시즘을 말하다," 『문학과 사회』, 제15권 2호 (2002), pp. 773. 즉 이종영은 욕망의 정치는 오직 파시즘으로 귀결될 뿐이라는 주장을 하고 있다.

18) 가령 김진석은 미시적 폭력을 미시적 파시즘으로, 미시적 파시즘을 파시즘 일반으로 치환시키는 들뢰즈 방식의 파시즘론에 대해 지나치게 추상적이고 공허한 주장이라고 비판한다. 김진석에 따르면 월드컵 경기와중에 한국인들이 경기가 유발하는 폭발적 기운에 감응되었음을 지적하고 이를 파시즘적 태도라고 불렀던 박노자나 일상적 파시즘론을 주장하는 임지현이나 들뢰즈의 이론을 되풀이하는 이진경이나 모두 파시즘을 확대 해석하고 있다. 김진석, "미시파시즘론의 함정: 니체의 능동적 힘을 너무 꺾어버린 들뢰즈," 『니체연구』, 제8권 (2005), pp. 147-174. 지젝도 비슷한 지적을 하고 있다. 들뢰즈적인 시각에서 바라볼 때 반파시즘을 표방하는 영화 〈사운드 오브 뮤직〉은 나치에 저항하는 오스트리아인들이 가부장적 생활세계에 뿌리박고 있는 '선량한 파시스트'임을 드러내 보인다고 말할 수 있다. 슬라보예 지젝, 김지훈·박제철·이성민 옮김, 『신체없는 기관』 (서울: 도서출판b, 2013), p. 355.

❺ 국가론과 노마디즘의 이상

들뢰즈가 지향하는 세계의 실체는 무엇인가. 우리는 『천개의 고원』을 통해서 유목민사회 이상을 소개받게 된다. 들뢰즈는 기본적으로 국가의 본질을 억압적인 성격의 것으로 간주한다. 인간은 사회적 동물이라는 아리스토텔레스의 국가론이나 객관정신의 최고구현체로서 국가를 바라보는 헤겔의 이상과는 거리가 멀다. 뿐만 아니라 사회계약의 개념에 입각해 있는 자유주의 국가론에 대해서도 공감하지 않는다. 들뢰즈의 부정적인 국가인식은 마르크스적인 착취의 관념을 토대로 하는 것이 아니라 관료제의 폐해라는 조직론적 관점에 입각해 있다. 들뢰즈에게 있어서 국가란 인구, 상품, 화폐의 흐름을 포획하여 잉여를 추출하고 그것을 통해서 자신의 권력을 유지하며 향상시키는 존재이다. 국가라는 제도의 중요한 작동양식은 제약이나 규제이며 능동적인 힘들을 저지하는 반동적 성격을 갖는다. 들뢰즈는 국가기구의 관료주의적 속성이 개인의 자유와 창의 나아가 사회변혁의 가능성을 봉쇄한다고 생각한다. 따라서 들뢰즈의 국가관은 조직사회와 익명적 권위에 대한 카프카의 반감과 호흡을 같이하고 있으며 나치 독일과 스탈린주의의 악령뿐만 아니라 미국식 기술관료 사회에 대해서도 동일한 비판을 행한다.[19] 합스부르크 제국에서 추출한 이들 기계의 원형은 『심판』(혹은 『소송』) 속에서 그 기능을 부여받고 분석된다(보그 2013, 186). 들뢰즈가 말하는 기관 없는 신체의

19) "판사와 관리 등은 아버지의 대체물이 아니며 아들에게 복종을 권유하는 아버지야 말로 이들 세력의 응집체이다. 카프카 안의 악마적 세력은 아버지도 아니고 어떤 기표도 아니다. 그것은 미국적인 기술지배적 기계이고 러시아적인 관료기계이며 혹은 파시즘적 기계이다." 질 들뢰즈·펠릭스 가타리, 이진경 옮김, 『카프카: 소수적인 문학을 위하여』 (서울: 동문선, 2004), p. 35.

개념은 기관의 위치와 기능을 고착시키는 유기체의 관념을 거부한다는 의미로서 관료주의의 역기능을 비판하는 후기베버주의적 함의를 갖고 있다.

들뢰즈가 이상시하는 사회는 유목민적 사회이며 이는 일부 인류학과 신화학의 연구에 힘입은 바 크다.[20] 들뢰즈에 따르면 유목민 사회는 탈영토화, 탈코드화를 지향하는 탈주의 사회이며 열린 공간 체계인 리좀(rhizome)적[21] 사회이다. 유목주의란 어떠한 제도적 규범에도 구속되지 않으며 자유롭게 삶을 영위한다는 철학적 의미를 갖는다. 초원과 사막은 매끄러운 공간의 수사학적 표현에 불과하다. 유목민은 보편적인 준거를 갖고 있지 않으며 노마디즘이 추구하는 생성의 노선은 '시작도 끝도 없고 출발도 도착도 없다'(들뢰즈/가타리 2003, 555). 여기서 우리는 유목주의를 역사적 실체로서만 파악하는 경우에 '좋은 유목민과 나쁜 유목민' 논쟁과 직면하게 된다.[22]

20) 밀러는 들뢰즈의 유목민론이 부정확한 인류학적 자료에 과도히 의존하고 있음을 지적한다. C. L. Miller, "Postidentitarian Predicament in the Footnotes of a Thousand Plateaus: Nomadology, Anthropology, and Authority", *Diacritics*, Vol. 23, No. 3 (1993), pp. 6-35.

21) 장시기는 들뢰즈가 말하는 리좀적 삶을 노자가 말하는 "최고의 선은 물과 같다'의 철학과 일맥상통하는 것으로 해석한다. 장시기, 『노자와 들뢰즈의 노마돌로지』 (서울: 당대, 2005), pp. 141-142. 『천의 고원』에서 도가나 불가의 개념들이 스쳐가듯 나타난다. 가령 '앉은 그대로 리좀이 된 부처의 나무'를 말하거나 유가와 구별되는 도가의 도를 언급하기도 한다. 이진경·정형철, "들뢰즈와 가타리의 동양적 사유," p. 22. 혹자는 들뢰즈가 리좀의 개념을 통해 인터넷 시대의 도래를 알리는 위대한 예언자 역할을 수행하였다고 말한다. François Dosse, *op. cit.*, p. 478.

22) 2006년 『교수신문』은 천규석의 『유목주의는 침략주의다』 (서울: 실천문학사, 2006)에 대한 이정우의 비판과 이에 대한 김진석과 홍윤기의 반론을 게재한 바 있다. 이정우, "무지의 용기 혹은 몰이해," 『교수신문』 (2006년 4월 7일); 김진석, "철학자들, 노마디즘의 소비화에 일조," 『교수신문』 (2006년 5월 1일); 홍윤기, "노마디즘 문제의식, 농사꾼 철학자가 원전파쇼보다 정확," 『교수신문』 (2006년 6월 5일). 이정우는 다음과 같이 주장한다. "노마디즘은 역사적 유목민들에 대한 논의를 넘어서 유목적 삶의 방식에 대한 논의를 가리키기도 한다. 전

국가는 어떻게 탄생하였는가. 들뢰즈는 니체의 이론을 원용하여 국가란 사회경제적 진화의 결과가 아니라 우연의 산물이며 일거에 출현하였다고 말한다. 우발적 경로를 거쳐서 탄생한 국가는 억압적이고 위계적인 질서를 계속해서 구축하게 되었고 최종적으로 보다 부드러운 형식을 취하는 자본주의적 형태에 이르게 되었다, 들뢰즈는 인류학자 클라스트르(Clastre)의 이론을 원용하여 원시인들은 의식적으로 국가체제의 도입을 거부하였다고 주장한다. 그들은 능력이 부족해서 국가건설에 실패한 것이 아니라 본능적으로 국가기구의 억압성을 감지하고 있었기에 일정 수준 이상의 조직사회가 등장하는 것을 회피했다는 것이다.[23] 그러나 들뢰즈는 원시사회가 그 자체 내에 잠재적인 원형국가(원국가)[24]의 인자를 또한 보유하고 있기 때문에 다소 불완전한 모델이라고 생각한다. 원시사회와 국가사회 양자의 한계를 뛰어 넘어 들뢰즈가 제시하는 제3의 사회체는 유목사회이다. 들뢰즈는 사회적 공간을 조직하는 다양한 방식과 관련하여 문명사회가 관료적이고 위계적인데 반해 원시사회는 유동적이고 분자적이라고 말한다. 그러나 들뢰즈가 선호하는 제3의 방식은 연속적인 변이를 모색하는 탈주 노선으로서 유목민적 삶의 방식이다. 다만 탈주의 노선은 파괴의 노선으로 변질될 수 있는 잠재적 위험이 존재하

자는 역사적 노마돌로지라고 부를 수 있고 후자는 철학적 노마돌로지라고 부를 수 있다. 이들은 철학적 노마돌로지를 위해 역사적 노마돌로지를 참조한다고 할 수 있다....역사적으로 이미 지나간 체제들을 문자 그대로 추구하는 것으로 혼동하면 희화화된 유목주의로 전락하게 된다." 이정우, 『천 하나의 고원: 소수자 윤리학을 위하여』 (서울: 돌베개, 2008), p. 139, p. 142.

23) 클라스트르에 따르면 원시사회에 있어서 수장(chef)은 위신이 제도적 무기이고, 설득이 정치적 수단이며, 집단의 욕망을 미리 파악하는 능력을 통해서 집단을 이끌 뿐이다. 질 들뢰즈·펠릭스 가타리, 김재인 옮김, 『천개의 고원』, p. 684.

24) "권력집중이 극한을 향해 진행되지만 문턱을 넘기 전에 격퇴되고 방지되는 그런 국가로 정의되는 듯하다." 이진경, 『노마디즘Ⅱ』 (서울: 휴머니즘, 2002), p. 338.

기 때문에 신중함이 요구된다.

유목사회는 철저히 국가 외부적 사회로서 그것은 자체의 전쟁기계를 보유하고 있다. 그러나 그들의 전쟁기계는 외부의 침입으로부터 자신을 보호하기 위한 수단에 불과하며 전쟁 그 자체를 목적으로 하지 않았다. 다만 홈을 파는 세력인 도시나 국가와 충돌할 때 유목민의 전쟁기계는 적의 섬멸을 목표로 삼게 된다. 아틸라나 징기스칸의 모험은 이러한 사례들이다(들뢰즈/가타리 2003, 800).[25] 또한 유목민의 전쟁은 국가기구나 중앙집중적 권력의 탄생을 저지하는 또 다른 목적을 갖고 있었다. 그러나 기존의 국가가 유목민의 전쟁기계를 포획하게 됨에 따라 전쟁기계는 군대라는 국가기구로서 새롭게 태어났으며 그것은 국가의 주권을 유지하는 중요한 토대가 되었다. 국가장치가 된 전쟁기계는 정치적 목적에 종속되어 전쟁을 직접적 목표로 기능하고 그 결과 전쟁은 정치의 연장이 된다. 그러나 들뢰즈는 전쟁기계가 설령 국가에 의해서 포획되더라도 완전한 통제는 불가능하며 기회가 되면 다시 전면전을 획책할 가능성이 있음을 지적하여 전쟁은 정치의 연장이라는 클라우제비츠의 낙관론에 제동을 건다.[26] 극단적인 상황 속에서 국가에 포획된 전쟁기계가 국가를 압

25) 들뢰즈는 징기스칸의 정복전과 섬멸전을 유목주의가 초래한 결과로서 정당화한다. 뿐만 아니라 몽골제국은 자신이 정복한 국가에 부분적으로 통합되었지만 매끈한 초원의 공간을 유지하면서 그것을 제국의 중심으로 삼았기 때문에 오랜 세월 체제를 유지할 수 있었다는 팍스 몽골리카(Pax Mongolica)론을 주장한다. 질 들뢰즈·펠릭스 가타리, 김재인 옮김, 『천의 고원』, pp. 802-803. 이는 우리가 알고 있는 대량학살의 역사나 폐쇄적 제국의 단명한 역사와는 거리가 있는 해석이다. 들뢰즈는 유목민이 자신이 정복한 제국에 역으로 통합되는 것은 피할 수 없는 위험이라고 말하며 그들은 결국 이 과정에서 희생된 것이라고 평가한다. 티무르 제국은 국가 외부적 존재인 전쟁 기계가 포획된 전쟁기계로서 완전히 변신한 사례이다.

26) 그러나 들뢰즈는 클라우제비츠가 '절대전'(absolute war)의 개념을 통해서 군대가 국가의 통제를 벗어나 극단적 폭력을 행사하는 예외적 상황을 상정함으로써

도하고 전쟁을 주도할 때 일종의 주객전도 현상이 나타나는데 파시즘이 그렇고 냉전체제하 공포의 평화가 그렇다(들뢰즈/가타리 2003, 808). 총력전의 경우 국가장치가 된 전쟁기계는 정치적 목적을 수행함에도 불구하고 무조건적 전쟁을 추진하여 사실상 국가와 대립하고 병존하는 이중적 양상을 보인다.

한편 들뢰즈가 인용하는 신화학자 뒤메질(Dumézil)에 따르면 고대신화 속에 나오는 전쟁설화들을 분석해 볼 때 지배집단인 사제 및 판관과 무장집단인 전사의 관계는 상호 적대적이며 후자는 세속 권력의 강화에 부정적인 태도를 취한다.[27] 반면 사제와 판관의 국가 철학은 유목민의 탈주선을 가로막고 이들을 홈 패인(striated) 공간으로 인도한다. 따라서 들뢰즈는 국가의 탄생을 저지하고 국가없는 사회를 유지함에 있어서 유목민의 전쟁기계가 결정적인 역할을 수행하였다고 주장한다. 결국 탈주의 노선, 매끈한 공간, 탈영토화 및 탈코드화의 원형으로서 노마디즘은 모든 예속과 억압을 거부하는 자유세계의 모델이며 자유인의 초상과도 같다.

들뢰즈는 혁명이 국가의 변형과 관련되는 한 그것은 서양적 관념이지만 국가의 파괴를 의미할 때 그것은 동양적 관념이며 유목주의의 전통이라고 말한다. "양자의 흐름은 19세기에 사회주의와 무정부주의로 발전하였는데 상호간 화해가 불가능하였다. 서양의 프롤레타리아 자체도 이러한 두 가지 관점에서 고찰할 수 있다. 하나는 국

유목민적 전쟁기계의 속성을 잘 인식한 것으로 평가하였다. 절대전의 경우 전쟁은 정치의 연장이라는 실제전(real war)의 합리적 전략이 더 이상 통용되지 않는다. Julian Reid, "Deleuze's War Machine: Nomadism Against the State," *Millenium-Journal of International Studies*, Vol. 32, No. 1 (2003), p. 70.

27) 패튼은 『지옥의 묵시록』의 커츠 대령을 들뢰즈가 말하는 '국가장치의 외부에 있는 유목민적 전사'의 한 예로서 들고 있다. 폴 패튼, 백민정 옮김, 『들뢰즈와 정치』 (서울: 태학사, 2005), p. 279.

가를 변형시키려는 프롤레타리아트이고 다른 하나는 국가를 파괴하려는 프롤레타리아트이다. 후자의 프롤레타리아트는 서구세계에서 유목민의 후계자처럼 보인다. 그리고 많은 무정부주의자들이 동양에서 유래하는 유목민적 주제를 차용하였다. 19세기 부르주아는 프롤레타리아와 유목민을 동일시하면서 파리를 유목민에게 홀린 도시로 보았다."(들뢰즈/가타리 2003, 740 각주74).

들뢰즈는 유목민의 전쟁행위는 자기방어를 위한 정당한 성격의 것이라는 자신의 논리에 따라 중동사태에 즈음하여 이스라엘을 비판하고 팔레스타인을 지원하였으며 이 과정에서 이스라엘을 지지하는 푸코와 갈라섰다.[28] 팔레스타인의 대의를 인정하고 아라파트를 예찬하는 들뢰즈의 행동으로 인해 『천의 고원』은 팔레스타인 지식인들의 환영을 받았다(Dosse 2010, 259). 사이드(E. Said) 역시 들뢰즈의 유목주의로부터 팔레스타인 문제를 바라보는 유용한 분석틀을 발견했으며 탈식민지 연구자들은 역사는 항상 정주민의 관점에서 쓰여졌다고 선언한 들뢰즈의 이론을 주목하였다.

들뢰즈의 유목주의 철학은 세계화 및 정보화 시대에 즈음하여 가능성과 한계를 동시에 노정한다. 국가간 경계가 허물어지고 주권국가의 역할이 약화되는 현실은 한편으로 탈영토화 및 탈코드화를 촉진시키지만 초국가적 자본의 지배는 탈주의 의미를 퇴색시킨다.

---

28) 들뢰즈는 푸코와의 미묘한 철학적 차이에도 불구하고 욕망의 해방을 강조하고, 파시즘을 증오하며, 사회적 관계의 모든 지점에 편재하는 미시권력의 존재를 지적하고, 5월 혁명을 긍정적으로 평가하는 등 공통점이 많았다. 그러나 그는 시국문제와 관련해서 보수적인 푸코와 입장을 달리하였다. 푸코는 신철학을 지지했고, 팔레스타인 문제에 대해 이스라엘을 지지했으며, 사회주의자인 미테랑 정부에 대해 비판적 입장을 취했고, 1981년 폴란드 야루젤스키의 쿠테타에 대해 비판성명을 발표했으며, 테러집단을 변호한 인권변호사 크롸상에 대한 지지성명을 거부하는 등 들뢰즈와 시각의 차이를 보였다. François Dosse, *op. cit.*, pp. 313-317.

마찬가지로 정보화 혁명은 디지털 노마드의 출현을 예고하나 동시에 감시 및 통제의 기제를 강화시킨다. 들뢰즈의 유목주의 철학을 시대 발전의 추이와 관련하여 어떻게 평가할 것인지의 문제는 논쟁의 주제가 된다. 가령 네글리와 하트는 들뢰즈의 철학이 세계화에 대한 비판적 사고의 이론자원을 제공한다고 주장하였지만 캘리니코스는 그것이 사실상 신자유주의를 정당화하는 역할을 하고 있다고 비판하였다.[29] 반면 안토니올리는 천의 고원이 보여주는 공간적 다양성은 세계화의 과정을 효과적으로 설명하는 유용한 분석도구들을 제공하고 있다고 평가하였다.[30] 세계화를 글로컬리제이션(glocalization)의 과정으로 파악한다면 유목주의의 논리는 긍정적인 함의를 강화하게 될 것이다.

❻ 맺는 말

들뢰즈의 정치철학을 어떻게 자리매김하고 어떻게 평가할 것인가. 들뢰즈의 문제의식은 지배적인 질서와 규범체계로부터 해방을 추구하는 것이며 그에게 최고선은 자유와 창의, 변혁이다. 차이의 철학, 소수의 정치, 스키조프레니아, 노마디즘, 니체 이 모두가 이러한 문제의식을 반영한다. 비록 들뢰즈가 미시정치의 논리에 따라 직장

---

29) 알렉스 캘리니코스 지음, 정성진 옮김, 『반자본주의 선언』 (책갈피, 2003), pp. 22-23. 캘리니코스는 탈중심화된 네트워크로서 제국의 등장을 분석하고 다중의 투쟁을 처방하는 네글리의 이론에 반대하여 제국주의적 질서가 계속되고 있으며 노동계급의 역할이 여전히 강조되어야 한다는 전통적 관점을 견지한다. Alex Calilinicos, "The Actuality of Imperialism," *Millenium-Journal of International Studies*, Vol. 31, No. 2 (2002), pp. 319-326.

30) Manola Antonioli, *La Geophilosophie de Deleuze et Guattari* (Paris: L'Harmattan, 2004).

과 가정, 학교 등 모든 장소에서의 투쟁을 강조하고 있기는 하나 궁극적으로 저항의 대상은 국가이며 정치권력이 된다. 그것들은 최종적인 질서와 권위의 원천이기 때문이다. 따라서 들뢰즈는 유목주의의 역사를 논함에 있어서 인류학이 보여준 국가없는 사회의 이상을 높게 평가하였다. 들뢰즈의 철학은 자본주의 체제의 변혁을 주장한다는 점에서 혁명이론으로서 면모를 일부 보유하고 있다. 패튼은 들뢰즈가 마르크스주의자는 아니지만 반자본주의적인 주제들을 즐겨 다루고 있으며 자유주의적 좌파와 많은 지향점들을 공유하고 있다고 본다(패튼 2005, 28). 들뢰즈의 단언에 따르면 정치적이라고 볼 수 있는 어떠한 철학도 자본주의의 본성과 진화를 설명해야 한다. 그러나 들뢰즈의 최종적인 지향점은 사회주의의 그것과 차이가 있으며 일종의 유토피아적[31] 무정부주의[32]의 경향을 보인다고 말할 수 있

31) 데이비드 벨은 들뢰즈와 가타리의 철학을 유목민적 유토피아주의(normadic utopianism)로 해석한다. 그들은 합리적으로 기획된 완성된 국가의 가능성을 부정하다는 점에서 반유토피아주의적이다. 그러나 자유민주주의 체제를 정당화하는 칼 포퍼의 피스밀(piecemeal)적 반유토피아주의와 달리 영속적인 탈주를 모색한다는 점에서 여전히 유토피아적이다. 벨은 들뢰즈가 『철학이란 무엇인가』에서 권위주의적 유토피아와 자유주의적(libertarian) 유토피아를 대비시켰음을 지적하며 유목민적 유토피아주의를 자유주의적 유토피아주의라고 평가한다. David Bell, "Fail Again, Fail Better: Nomadic Utopianism in Deleuze & Guattari and Yevgeny Zamyatin," *Political Perspectives*, Vol. 4 (1) (2010), pp. 18-19. 유진 홀랜드 역시 들뢰즈가 자신의 정치적 프로그램을 제시하지 않는다는 점에서 반유토피아적이나 그럼에도 불구하고 그의 철학은 유토피아적 성격을 갖고 있다고 말한다. 들뢰즈에 있어서 철학은 생성의 잠재력을 자극하고 역사로부터 끊임없는 탈주를 시도하기 때문이다. 유토피아를 결과가 아닌 과정으로 이해한다면 들뢰즈의 철학은 유토피아적이다. Eugene W. Holland, "The Utopian Dimension of Thought in Deleuze and Guattari," *Arena Journal*, No. 25/26 (2006), pp. 217-218.

32) 토드 메이는 들뢰즈가 푸코처럼 새로운 종류의 무정부주의자라고 평가한다. 고전적 무정부주의와의 차이는 국지적 방식의 투쟁을 지향하는데 있다. Todd May, *The Political Philosophy of the Poststructuralist Anarchism* (University Park, PA: Pensylvenia State University Press, 1944), p. 85. 로널드 보그 역시

다. 끊임없는 이동하는 유목민은 시민이 될 수 없으며 어디에도 소속됨 없이 매일 새로운 삶을 창조하기 때문이다(Perez 1990, 755). 들뢰즈의 이른바 생성의 철학은 끊임없이 현실과 대결하여 새로움을 추구한다는 점에서 또한 영구혁명론의 정신을 간직하고 있다. 들뢰즈의 청사진을 굳이 마르크스주의와 연결시켜 본다면 국가소멸의 의미를 자유로운 개인의 연합체 형성으로 파악했던 마르크스주의의 한 해석과 일맥상통한다.[33)]

급진적 자유주의(libertarian)[34)] 혹은 무정부주의적 경향을 보이는 들뢰즈의 유목주의 정치철학은 좌우 모두로부터 비판을 받는가

많은 비판가들이『안티-오이디푸스』가 모든 분자적 무질서를 긍정시하는 무정부주의적 경향을 보인다고 지적하는 것은 어느 정도 옳은 일이라고 말한다. 로널드 보그 지음, 이정우 역,『들뢰즈와 가타리』(서울: 중원문화, 2013), p. 169. 지젝 또한 들뢰즈의 철학을 무정부주의적이라고 말한다. 슬라보예 지젝 지음, 김지훈·박제철· 이성민 옮김,『신체없는 기관』, p. 72. 랜드는 들뢰즈의 분열증분석이 소속감에 대한 모든 향수를 제거하고 국가에 대한 집착을 포기할 것을 주문하고 있다고 해석한다. Nick Land, "Making it with Death: Remaks on Thanatos and Desiring-Production," *Journal of the British Society of Phenomenology*, Vol. 24, No.1 (1993), p. 67.

33) 이진경 역시 들뢰즈의 유목주의가 마르크스주의적인 "자유로운 개인들의 자발적 연합"을 추구하고 있음을 암시하고 있다. 이진경, "들뢰즈와 가타리의 동양적 사유," p. 53. 이진경은 들뢰즈/가타리의 정치철학을 맑스주의로 규정한다. 이진경은 들뢰즈가 '소수자의 능력은 프롤레타리아트에게서 자신의 보편적 형상 내지 의식을 발견한다' 고 선언하였음을 강조한다. 소수자에게 중요한 것은 자본주의의 분쇄이고 사회주의의 재정의이다. 이진경은 들뢰즈/가타리가 '나는 어떠한 의미에서도 맑스주의자'라고 주장했음을 상기시키고 이것은 단순한 정치적 수사가 아니며 액면 그대로 받아들여야 한다고 주장한다. 그들은 포스트모던적인 비(非)맑스주의자도 아니고 무정부주의자도 아니다. 이진경,『노마디즘 Ⅰ』, pp. 702-703. 들뢰즈의 주장을 따라 프롤레타리아트는 다수자의 지위를 거부해야 한다고 말하는 이진경은 한국통신 비정규직 노동자들의 투쟁에 정규직 노동자들이 한번도 지원하지 않은 사실을 비판한다.

34) 패튼은 들뢰즈가 정치권력의 종속을 넘어서는 사회적 존재 영역을 믿었던 낭만적 무정부주의자라기보다는 혁명적이고 자유주의적인 유토피아를 추구한 사람들이라고 본다. 폴 패튼 지음, 백민정 옮김,『들뢰즈와 정치』, p. 21, p. 59.

하면 또한 지지를 받는다. 좌파의 일부는 네글리와 하트처럼 들뢰즈의 철학을 사회주의 혁명의 이론자원으로서 활용하려 한다. 혹은 쏘번의 경우처럼 들뢰즈를 마르크스주의자로 규정하기도 한다.[35] 그러나 캘리니코스의 예에서 보듯이 좌파의 또 다른 이론가들은 혁명이론으로서 들뢰즈의 철학의 한계를 비판하며 심지어 그것의 신자유주의적 성격을 지적하기도 한다.[36] 동료교수이며 모택동주의자였던 바디우는 들뢰즈의 욕망의 정치를 원형적 파시즘이라고 주장하며 그의 강의를 감찰하기도 하였다(Dosse 2010, 366).

반면 앙리 레비나 앙드레 글뤼크스만 같은 신철학자(new philosopher)들의 경우처럼 우파의 일부는 5월 혁명을 예찬하는 들뢰즈의 철학이

---

35) 쏘번은 들뢰즈의 탈맑스주의를 강조해 온 이전의 해석을 부정하고 들뢰즈에 대한 마르크스주의적 해석을 시도한다. 쏘번에 따르면 들뢰즈는 생산과 노동이라는 자본주의 체제의 동학을 분석함에 있어서 코뮤니즘적 가능성을 탐구하였다. 특히 쏘번은 들뢰즈가 프롤레타리아를 소수정치의 관점에서 파악했음을 강조한다. 그는 동즐로(Donzelot)가 들뢰즈의 작업을 초맑스주의로 불렀음을 상기시킨다. 이것은 들뢰즈의 작업이 맑스로부터 이탈이기는 커녕 맑스의 강화를 의미한다. 니콜래스 쏘번, 조정환 옮김, 『들뢰즈 맑스주의』, p. 64; J. Donzelot, "An Antisociology," trans. M. Seen, *Semiotext(e): Anti-Oedipus*, Vol. 2, No. 3, pp. 27-44 참조.

36) 지젝은 들뢰즈의 철학이 세계화에 반대하는 좌파의 이론적 근거로 활용되기도 하지만 그것은 친자본주의적인 측면이 있으며 디지털 자본주의의의 이데올로기로서도 이용되고 있다고 말한다. 슬라보예 지젝, 김지훈·박제철·이성민 옮김, 『신체없는 기관』, pp. 11-12. 『들뢰즈와 정치』의 역자 백민정의 평가 역시 비슷한 입장을 취하고 있다. "들뢰즈는 자본주의체제에 내재해 있는 잠재적 탈주의 역량에 대해 낙관적 믿음을 드러내 보인다. 그러나 자본주의적 공리계의 운동역량에 부여된 이러한 과도한 의미부여는 고도로 집중화되고 제도화되어있는 자본주의적 권력집합체에 대한 효과적인 대항전략이 될 수 없다. 캘리니코스가 들뢰즈는 투쟁하는 행위주체로서 인간의 지위를 없애 버렸으며 네글리의 제국이론 역시 다중을 앞세워 노동계급의 저항운동을 폄하한 결과 오히려 친자본주의적 담론으로 전락하였다고 비판하는 것이나 바디우가 차이의 유목민을 거부하고 보다 확고한 이념을 지향하는 이성적 주체의 개념을 다시 도입해야 한다는 주장하는 것은 이러한 맥락에서이다." 폴 패튼 지음, 백민정 옮김, 『들뢰즈와 정치』, pp. 345-366.

야 말로 일상적 파시즘이며 새로운 야만주의라고 폄하하는가 하면, 리요따르 같은 또 다른 우파 이론가들은 들뢰즈 이론의 자유주의적이며 반마르크스주의적 경향을 긍정적으로 평가하였다. 이러한 다양한 반응은 들뢰즈의 유목주의 정치철학이 기존체제에 대한 저항적 성격을 보유하는 동시에 일체의 목적론을 거부하는 이중적 측면이 있기 때문이다. 들뢰즈는 전지구적 규모의 혁명적 변화를 꿈꾸기 보다는 제도와 욕망 사이의 능동적 실천을 생각하였다.

필자는 들뢰즈의 정치철학이 다음과 같은 측면에서 자유민주주의의 발전에 기여할 수 있다고 본다. 민주주의는 다수의 지배를 본질로 하고 있으며 따라서 다수의 횡포는 민주주의에 내재하는 위험요인이다. 자유민주주의는 자유의 가치를 앞세워 민주주의의 위험을 보완하는 정치이념으로서 발전하였다. 들뢰즈는 차이의 철학과 소수자의 정치를 강조하여 니체의 경우처럼 반민주적인 경향을 보이고 있는 것이 사실이다. 그러나 관점을 달리하면 개인의 자유와 창의를 지속적으로 강조한다는 것은 민주주의의 위험을 경계하고 자유민주주의의 발전을 촉진하는 순기능을 기대하게 한다.[37] 또한 들뢰즈의 유목주의는 비록 현실세계에서 실현불가능한 이상에 불과할 수 있지만 국가권력과 관료주의의 폐해, 더 나아가 사회적 편집증을 끊임없이 경계한다는 점에서 파시즘뿐만 아니라 전체주의를 비판하는 시민교육으로서도 의미를 갖는다 하겠다. 정치학 이론의 시각에서 볼 때 들뢰즈의 파시즘 비판은 본인의 주장과 무관하게 전체주의 비판의 성격을 동시에 갖는다고 볼 수 있다.

---

37) 패튼 역시 들뢰즈의 정치는 다수로부터 소수를 보호함으로써 오히려 진정한 민주주의를 추구하는데 있다고 그 진의가 있다고 말한다. Paul Patton, "Becoming Democratic," in Ian Buchanan and Nicholas Thoburn, *Deleuze and Politics* (Edinburgh: Edinburgh University Press, 2008), pp, 185-189.

그러나 들뢰즈 정치철학은 다양한 해석의 가능성에도 불구하고 정의나 공공선의 문제를 본격적으로 거론하지 않고 있으며 공동체주의라는 관점에서 볼 때 취약점을 노출한다. 즉 그것은 사회변혁의 이론으로서 잠재력을 보유하고 있지만 자유주의의 영역을 크게 이탈하지 못하고 있다. 마지막으로 들뢰즈 자신도 인정했듯이 욕망의 정치는 생산적 목표를 추구하지만 일탈의 가능성 역시 상존하기 때문에 실천이론으로서 보다 신중해질 필요가 있다고 생각한다.[38] 들뢰즈가 『천의 고원』에서 스키조프레니아의 위험을 거론한 것은 반파시즘을 주장하는 사람들의 내면에 숨겨져 있는 파시즘적 경향을 우려했기 때문이었다. 들뢰즈의 유목주의 철학을 음미하다보면 까뮈의 반항적 인간과 칼 만하임의 부동(浮動)의 지식인이 불현듯 떠오른다.

---

38) 류희식도 필자와 비슷한 결론을 제시하고 있다. "들뢰즈와 가타리는 탈유기체화를 위해서 그리고 현재의 지층화를 벗어나 배치를 바꾸기 위해서는 어제나 신중함이 요청된다고 말한다. 우리는 무작정 지배적 현실을 부정하고 타자에 대한 파괴로 나아가거나 반대로 자기 허무주의에 빠져서는 안된다." 류희식, "파시즘에서 벗어나기: 들뢰즈와 가타리의 논의를 통해서 살펴본 파시즘," 『인문연구』, 제58권 (2010), pp. 605-606.

제12장

샹탈 무페의 애고니즘적 민주주의

❶ 머리말

역사의 종언 혹은 제3의 물결 등 서구식 자유민주주의의 정당성을 재확인하는 여러 가설에도 불구하고 그것이 과연 민주주의의 최종적 형태인지에 대해서는 여전히 의문이 존재한다. 가장 호소력이 있는 주장은 자유민주주의가 자신의 기본틀을 유지하면서도 좀 더 진보적인 방향으로 발전해야 한다는 맥퍼슨식의 주장일 것이다. 이 글은 비슷한 논리를 전개하고 있는 샹탈 무페의 애고니즘적 민주주의(agonistic democracy) 이론을 검토하려 한다.

신자유주의에 맞서기 위한 좌파의 전략을 제안하는 과정에서 개진된 애고니즘적 민주주의론은 자유민주주의 심화라는 무페 특유의 사회주의론에 입각하여 한편으로 기존체제를 부정하는 전통적인 방식의 사회주의나 기든스식의 '제3의 길' 노선을 비판하는 동시에 다른 한편으로 이익집약적 민주주의 이론이나 숙의민주주의 이론 등 자유민주주의 이론의 대표적 모델들을 비판한다.

무페의 애고니즘적 민주주의 이론은 비록 문제의식에 있어서 자신이 추구하는 좌파 정치의 실현을 목표로 하고 있지만 자유민주주의의 내부적 개혁을 주장한다는 점에서 정당한 문제 제기이며 그것이 강조하고 있는 현실주의적이고 개량주의적인 세계관은 보수적인 관점에서도 수용가능한 수준의 이념체계라고 보여진다.

필자는 한국정치의 새로운 패러다임을 시도하는 진보 신당 창당 논의에 즈음하여 대한민국이 지향해야 할 자유민주주의의 발전 모형으로서 무페의 애고니즘적 민주주의론을 경청할 필요가 있다고 생각한다. 그것은 합리적 좌파가 나아갈 길을 제시하고 있다고 보기 때문이다. 다만 무페의 이론이 지극히 현실주의적인 시각을 취하고 있음에도 불구하고 여전히 이상주의적 측면을 내포하고 있어서 그것이 성공을 거두려면 몇 가지 문제가 해결되어야 함을 결론에서 지적하려 한다.

우선 정치현상의 본질에 대한 무페의 이해를 집단적 정체성과 헤게모니 이론을 중심으로 정리한다. 다음에 자유민주주의와 좌파의 선택에 대한 무페의 입장을 살펴본다. 계속해서 무페가 대안으로 제시하고 있는 애고니즘적 민주주의의 구체적인 내용이 무엇인지를 분석한다. 그리고 애고니즘적 민주주의론의 관점에서 최근의 유럽정치를 바라보는 무페의 논평을 검토한다. 마지막으로 애고니즘적 민주주의론의 보수적 함의 여부를 점검해 본 후, 그것을 바람직한 민주주의의 모델로서 수용할 경우에 성공적인 운용을 위해서 선결되어야 할 과제가 무엇인지에 대해 성찰한다.

❷ 정치현상의 본질

1985년 벨기에 출신의 여류정치이론가 샹탈 무페는 에르네스트 라클라우와 공저로 『헤게모니와 사회주의 전략』을 발표하였다. 신사회운동의 출현과 마르크스주의의 위기에 즈음하여 사회주의의 일대

방향전환을 역설한 이 책은 자유민주주의의 심화를 통해 사회주의의 이상을 실현한다는 이른바 포스트마르크스주의의 파격적 주장을 행함으로써 좌파 진영에 큰 논란을 불러 일으켰다. 무페는 프롤레타리아 계급의 특권적 지위를 부정하고 민주투쟁의 등가적 연대를 강조하였으며 좌파의 기획을 자유민주주의이 급진화로 재정의하여 문제는 자유와 평등의 가치를 현실적으로 실천하고 확장하는데 있다고 주장하였다. 그 후 동구공산주의 체제의 몰락과 서구민주주의 체제의 혼란을 지켜본 그녀는 일련의 저서[1]를 통해서 자신의 정치이론을 '애고니즘적 민주주의론'으로 재정리하였다. 혹자는 포스트마르크스주의와 애고니즘적 민주주의론 사이에 문제의식의 변화가 발견된다고 주장[2]하기도 하지만 최근의 인터뷰[3]를 살펴보면 양자는 동일한 세계관에 입각해 있으며 다만 급진적 민주주의의 주제를 더욱 보완하고 정교화했을 뿐이다. 무페의 애고니즘적 민주주의론은 1985년의 저서에서 이미 개진된 두 개의 정치적 가정을 출발점으로 하고 있다.

무페는 우선 '정치적인 것'과 '정치'의 개념을 구분한다. '정치적인 것'의 의미는 인간사회에 본래적으로 존재하는 정치현상 그 자체

---

1) Chantal Mouffe, *The Return of the Political* (London & New York: VERSO, 1993); Chantal Mouffe, *The Democratic Paradox* (London & New York: VERSO, 2000); Chantal Mouffe, *On the Political* (New York: Routledge, 2005); Chantal Mouffe, *Agonistics: Thinking the World Politically* (London & New York: VERSO, 2013).

2) 벤만은 무페가 포스트마르크스주의의 단계를 거쳐 애고니즘적 민주주의에 이르는 과정에서 해방의 관심이 약화되고 적대감의 승화라는 질서와 통합의 욕구가 주된 의제로 자리 잡게 된다고 말한다. 특히 친구와 적의 개념은 억압자와 피억압자의 관계를 외면하고 있다. Mark Wenman, *Agonistic Democracy: Constituent Power in the Era of Globalisation* (Cambridge: Cambridge University Press, 2013), pp. 190-192.

3) Chantal Mouffe(2013), pp. 129-146.

를 지칭하고 '정치'는 정치현상의 적대성을 순치하고 진정시켜 인간의 공존을 조직하는 2차적 노력을 말한다. 무페에 따르면 우리가 직시해야할 정치현상의 중요한 본질은 당파적 속성과 패권적 속성 두 가지이다. 첫째, 무페는 정치현상이 본질적으로 당파적이라고 주장한다. 모든 정치적 행위자는 공공선의 해석 - 이를 윤리적, 정치적 원칙(ethico-political principle)이라 표현한다 - 과 관련하여 집단적 정체성을 형성하게 되는데 이 과정에서 견해를 달리하는 '우리'와 '그들'의 존재가 필연적이다. 즉 정체성의 형성은 차이를 전제로 하며 '그들'의 존재는 구성적 타자(constitutive outside)가 된다. 무페는 월가 점령운동이 1% 특권층 타도를 외치는 99% 시민의 투쟁을 구호로 삼았을 때 그것은 복잡한 정치현실을 외면하는 부정확한 논리라고 말한다.[4] 또한 집단적 정체성의 형성과정은 단순히 이성적 판단에만 의존하지 않으며 정념(passion)이라는 비합리적 요인이 개입한다는 특징이 있다. 그 결과 양자 사이의 갈등관계는 원천적으로 해소불가능하며 그것이 적대적인 관계로 돌입할 가능성이 상존한다. 최초에 슈미트의 이론을 원용하여 출발했던 무페의 정념의 정치론은 점차 프로이트의 정신분석학을 새로운 이론자원으로 수용하며 집단적 정체성의 형성에 리비도의 역할이 결정적으로 작용하고 있음을 지적한다. 그러나 서구 자유주의의 개인주의적이며 합리주의적인 전통은 집단적 정체성의 문제를 과소평가하였고 사회적 갈등의 존재론적 본질을 외면해왔다. 마르크스주의 역시 동질적 사회의 이상을 설파함으로써 또 다른 방식으로 자유주의의 세계관을 답습하였다. 무페는 일찍이 자유주의의 반(反)정치적 경향 - 정치현상의 본질을 부정한다는 의미에서 - 을 비판했던 칼 슈미트의 통찰력을 높이 평가

---

4) Chantal Mouffe(2013), pp. 116-117.

한다. 슈미트는 비정치적 태도를 자랑스럽게 강조하며 도덕적 우위를 시도해 온 서구 자유주의의 소망적 사고를 비판하였다. 슈미트에 따르면 정치의 세계에는 정의나 평화, 인도의 이름으로 전개되는 집단적 투쟁이 항상 존재해 왔으며 최종적 화해란 불가능하다.[5] 바이마르 공화국의 미래를 논하며 자유주의의 낙관론에 도전했던 슈미트는 정치현상의 적대적 본질을 고려할 때 인민의 의지를 구현하는 전제정치의 출현이 불가피하다고 결론을 내린 바 있다.[6] 그러나 무페는 슈미트와 달리 우리와 그들간의 정치적 갈등이 항상 적대관계로만 귀착되는 것이 아니며 선의의 경쟁으로 승화될 수 있음을 역설하는데 이것이 애고니즘적 민주주의의 요체이다.[7]

둘째, 무페는 정치현상이 본질적으로 헤게모니적이라고 주장한다. 이 말의 의미는 집단적 갈등의 정치적 구도가 최종적으로 권력관계에 의해서 승패를 판가름하게 된다는 것이다. 이것은 내재적 적대관계라는 첫 번째 가정의 논리적 연속이다. 여기서 무페가 전달하려는 메시지를 더 구체적으로 살펴보면, 우선 정치적 승리는 전략적

---

5) Carl Schmitt, *Parliamentary Democracy* (Cambridge, MA.: MIT Press, 1985), p. 67.

6) 슈미트는 1923년 바이마르 공화국의 위기를 목격한 후, 1926년에 『의회민주주의의 위기』, 1932년에 『정치적인 것의 개념』을 저술하고 자유주의와 민주주의의 충돌이 대의민주주의의 위기로 귀결되며 공적 토론을 통한 진리의 발견이라는 자유주의의 이상에도 불구하고 현실은 적대적 이익의 각축장으로 변질된다고 주장하였다. 따라서 슈미트는 정치적 동질성과 통일성을 구현하는 절대적 헌법과 국민투표적 민주주의를 선호하였다. 무페는 자유주의에 대한 혐오가 1933년 슈미트의 나치입당을 설명해 준다고 해석하고 있다. Chantal Mouffe(1993), p. 121.

7) 그러나 마틴 벡스타인은 슈미트를 보다 우호적으로 독해할 경우 그는 이미 애고니즘의 논리를 수용했다고 볼 수 있으며 1963년에는 기사도적 대결이라는 의미에서 애고니즘의 용어를 구체적으로 사용하였다고 말한다. Martin Beckstein, "The Dissociative and Polemical Political: Chantal Mouffe and the Intellectual Heritage of Carl Schmitt," *Journal of Political Ideologies*, Vol. 16, No. 1 (February 2011), p. 40.

성과이지 사적 유물론과 같은 객관적 추진력의 산물이 아니라는 것이다. 이것은 그람시의 헤게모니론이 가르쳐주고 있는 가장 중요한 교훈이기도 하다. 그리고 어떠한 정치적 질서도 일시적이고 우연적 현상에 불과하며 역사적 필연이나 최종적 질서란 존재하지 않는다. 또한 정치적 승자는 사실상 사회의 한 부분을 대변할 뿐이므로 전체를 참칭해서 안된다. 이 역시 사회적 합의의 가능성을 근원적으로 부정하는 첫 번째 가정의 논리적 귀결이다. 헤게모니론의 관점에서 볼 때 역사란 헤게모니와 반헤게모니의 연속적 과정이며 기존체제에 대한 도전과 변형가능성은 항상 열려져 있다.[8] 무페는 자신의 헤게모니론을 신자유주의와의 투쟁의 논리로서 주로 활용하였다. 그러나 헤게모니론의 논리를 일반화할 경우 그것은 사회주의의 도덕적 우위라는 강력한 무기를 사실상 포기하고 있는 양날의 칼이기도 하다.

무페는 정치현상의 본질을 환상 없이 지극히 현실주의적으로 바라볼 때 올바른 처방도 가능하다고 생각하며 따라서 홉스적인 가정을 수용하였다. 이것이 그녀가 주장하는 '정치적인 것의 귀환(return of the political)'의 의미이다. 서구의 자유주의와 마르크스주의는 각각 갈등의 합리적 해소나 혁명을 통한 갈등 없는 사회의 건설을 주장함으로써 존재론적 오류를 범하였고 그 결과 파국을 맞이하거나 위기에 직면하였다. 현 시점에서 무페가 집중적으로 분석하고 있는 주제는 위기에 처한 서구민주주의의 진단과 처방이다. 후술하는 것처럼 무페는 합의의 정치에 대한 자유주의의 강박관념이 배제와 소외의 정치를 초래하였고, 이로 인해 의회제를 부정하고 폭력에 호소하는 반체제 세력이 지구촌 도처에서 등장하고 있으며, 특히 극우민족주의 집단이 이러한 사태를 악용하고 있다고 본다.[9]

---

8) Chantal Mouffe(2013), p. 2.

❸ 자유민주주의와 좌파의 선택

무페는 사회주의가 자유민주주의의 제도와 실천을 통해 그 목표를 실현할 수 있다고 주장하는 소수의 좌파이론가들 중 한 사람이다.[10] 무페는 마르크스주의의 실험과 관련하여 현실적 사회주의의 실패라는 논리를 인정하지 않는다. 그것은 마르크스주의가 갈등없는 사회의 건설이라는 불가능한 목표를 지향하기 때문이다. 반면 자유민주주의는 자유와 민주의 두 가지 보편적 가치를 추구하는 과정에서 사전적으로 결정된 결합의 공식에 따르지 않고 현실화 가능성을 부단히 모색한다는 점에서 개혁의 잠재력과 정당성이 인정된다.

자유민주주의는 19세기 유럽에서 자유주의와 민주주의의 두 이념체계가 결합하여 탄생하였다. 그런데 전자는 개인적 자유와 인권을 추구하고 후자는 평등의 가치와 국민주권의 이상을 추구한다는 점에서 상호간 긴장관계가 인정된다. 무페는 이것을 민주주의의 역

9) 무페는 합의제 정치의 폐해와 관련해서 미국 특유의 정치문화 또한 비판한다. 이념적 긴장이 사라진 미국의 보수적 정치문화는 클린턴 사건이 보여주는 것처럼 사람들을 추문과 폭로의 정치에 몰두하게 만든다. Chantal Mouffe(2000), pp. 114-115. 이것은 후쿠야마가 『역사의 종언』에서 20세기 후반 미국사회의 예를 들어 자유민주주의의 승리에 따른 역사적 동력의 상실은 육체적 안전과 물질적 풍요에 만족하며 동물적 본능으로 회귀하는 최후의 인간을 등장시킨다고 주장한 것과 일맥상통한다 하겠다. 프랜시스 후쿠야마, 『역사의 종말』(서울: 한마음사, 1997), 제5장 최후의 인간 참조.

10) 무페는 자유민주주의적 사회주의 전통의 수립에 맥퍼슨과 보비오 두 사람이 크게 기여했다고 말한다. 무페는 맥퍼슨의 영향이 결정적이었다고 평가하나, 대의민주주의의 중요성을 강조하고 신사회운동의 논리를 수용한다는 점에서 보비오에 대해서 더 우호적이다. Chantal Mouffe(1993), pp. 102-105, p. 115 ; C, B Macpherson, *The Life and Times of Liberal Democracy* (Oxford: Oxford University Press, 1979); Noberto Bobio, *The Future of Democracy* (Oxford: Oxford University Press, 1987) 참조.

설 혹은 자유민주주의의 역설이라고 말한다. 일찍이 칼 슈미트는 이 점에 주목하여 자유민주주의 생존가능성을 부정한 바 있다. 그는 다원적 민주질서가 자기모순으로 실패할 수밖에 없으며 시민 상호간의 적대적 갈등이 내전으로 치닫는 것을 막기 위해서 강력한 주권의지를 구현하는 국가의 존재가 필요하다고 강조하였다. 그러나 무페는 슈미트와 달리 자유민주주의의 역설이야 말로 생명력의 원천이라고 판단한다.[11] 그것은 자유민주주의가 갈등적인 두 논리 사이에서 균형을 유지하며 두 개의 가치를 극대화할 수 있는 가능성을 끊임없이 모색하기 때문이다. 자유민주주의가 보여주는 좌우의 스펙트럼은 신자유주의로부터 사회민주주의에 이르기까지 다양한 현실태를 보유하며 이들은 각각 자유민주주의의 하위범주를 구성한다. 무페가 지향하는 급진적 자유민주주의의 실체는 유럽의 전통적 사회민주주의를 시대적 상황에 맞게 보완한 - 가령 정보화혁명의 시대를 고려하는 - 발전된 형태의 사회민주주의라 말할 수 있다.[12] 무페는 이와 관련하여 자유무역의 저지로부터 최저소득의 보장, 고용문제를 해결하기 위한 노동시간 재분배에 이르기까지 일련의 정책들을 구체적으

11) 무페는 근대민주주의의 핵심이 사회적 관계의 상징적 질서와 관련하여 확실성의 해체에 있다고 주장하는 르포르의 의견에 전적으로 공감한다. 민주주의의 역설을 논하는 무페의 이론은 사실상 르포르의 근대민주주의 해석에 크게 의존하고 있다. Chantal Mouffe(1993), p. 11; Chantal Mouffe(2000), p. 18. 르포르는 근대민주주의의 사회형식은 실천을 통해서만 존재하며 결코 완성되지 않는데 특징이 있다고 보았다. 이와 반대로 불확실성의 위협을 제거하기 위한 시도가 전체주의적 사회형식이다. Claude Lefort, "The Logic of Totalitarianism," in John B. Thompson(ed.), *The Political Forms of Modern Society: Bureaucracy, Democracy, Totalitarianism* (Cambridge, Mass.: MIT Press, 1986), pp. 273-291.

12) 곽준혁과의 대담에서 무페는 다음과 같이 말한다. "좌파는 현재 두 가지 방향의 기로에 있다고 생각한다. 하나는 시스템을 고쳐 시장을 조금 더 규제하는 신자유주의 이전의 형태로 되돌아가는 것이고 다른 하나는 좀 더 평등주의적인 조절양식으로 실질적 진전을 이루는 것이다." 곽준혁, "민주주의와 한국사회: 샹탈 무페 교수와의 대담,"『아세아연구』, 제52권 제3호 (2009), p. 154.

로 언급하고 있다.[13)]

무페가 비판하고 있는 21세기 사회주의의 새로운 동향은 이른바 탈주(exodus) 모델이라고 지칭되는 하트와 네글리식의 제국(Empire) 패러다임이다. 이들은 노동자의 자율성이 어느 정도 확보된 반면 통제의 메카니즘이 고도로 내면화된 포스트포디즘(post-Fordism) 시대에 있어서 효과적인 투쟁 방식은 자본에 포획된 모든 국가기제로부터 철저히 이탈하는 것이라고 주장한다.[14)] 이들은 과거 제2인터내셔널이 그랬던 것처럼 자본주의 체제의 와해를 기정사실로 받아들이며 새로운 방식의 민주주의를 추구하는데 그것은 의회주의를 거부하고 비위계적이며 자율적인 시민공동체의 건설을 목표로 삼는다. 하트와 네글리의 이론을 추종하는 로리(Lorey)는 점거운동(occupy movement) 속에서 새로운 민주주의의 시도를 확인한다. 그것은 대의의 방식을 거부하는 수평적이고 현재적인 민주주의(presentist democracy)의 출현이다.[15)]

---

13) Chantal Mouffe(2000), pp. 125–127.

14) Michael Hardt and Antonio Negri, *Empire* (Cambridge, MA: Havard University Press, 2000); Michael Hardt and Antonio Negri, *Multitude: War and Democracy in the Age of Empire* (New York: Penguin Press, 2004) 참조할 것. 한편 스타브라카키스는 최신의 사회운동(the Newest Social movement)의 특징을 비(非)헤게모니적 투쟁으로 규정하고, 매개를 거부하며 무정부주의적 운동방식을 정당화하는 일련의 이론가들(Richard Day, Scott Lash, Jon Beasley Murray)을 포스트-헤게모니론자로 호칭한다. 이들 포스트-헤게모니론자들은 1990년대 말 카를로스 메넴 대통령의 신자유주의 정책에 맞서 선거참여를 거부하고 도로봉쇄를 주도했던 아르헨티나의 피켓운동을 성공적인 사례로서 거론한다. 그러나 무페가 이미 지적했듯이 페론주의자인 네스토르 키르너가 선거에서 승리하여 진보적 조치를 취하지 않았더라면 저항운동의 성과는 완전히 양상을 달리했을 것이라고 스타브라카키스는 비판한다. Y. Stavrakakis, “Discourse Theory, Post-Hegemonic Critique and Chantal Mouffe's Politics of the Passions,” *Parallax*, Vol. 20, No. 2 (2014), p. 125.

15) 로레이는 현재적 민주주의를 ‘자유민주주의의 대의제적 전통에서 벗어나 영구적으로 지연되는 미래의 약속이 아닌 현재 속에서 실천되는 민주주의’라고 설명

무페는 국가의 기제와 현실 정치를 외면하는 탈주의 전략은 신자유주의의 저지에 별다른 도움이 되지 못할 뿐 아니라 본래의 의도와 달리 신자유주의의 헤게모니를 공고히 하는 역설적 결과를 초래하고 있다고 비판한다. 월가 점령 운동은 금융 제도의 개혁에 별다른 기여를 하지 못했다.[16] 무페가 대안으로 제시하고 있는 개입(engagement)의 전략은 결국 자유민주주의의 틀 속에서 급진적인 체제개혁을 도모하여 자유민주주의의 잠재력 - 무페가 생각하고 있는 사회민주주의의 실현 - 을 극대화하는 것이다.

무페는 자유민주주의의 현실태와 관련하여 상이한 해석을 시도할 수 있으나 그것이 추구하는 자유와 민주의 원칙, 그리고 핵심적 제도로서 대의제의 원칙에 대해서는 강력한 충성심이 요구된다고 말한다. 이러한 주장은 일부 좌파 이론가들이 혁명의 대의를 부정하는 무페의 민주주의론을 보수적이라고 비난하는 소이이기도 하다.[17] 그러나 다른 측면에서 이 문제를 검토할 소지도 있는데 만일 자유와 민주의 가치를 동시에 추구하는 이념체계로서 자유민주주의가 자유

을 하고 있다. 로레이는 그리스와 스페인 등 남유럽에서 시작된 새로운 민주주의의 실험이 유럽 전역으로 퍼져나가기를 희망한다. Isabell Lorey, trans by Aileem Derieg, "Presentist Democracy: Exdus and Tiger's Leap," http://transversal.at/blog/Presentist-Democracy (2015년 5월 7일 검색). 한편 제프리 힐머는 오큐파이 운동이 의회제가 아닌 다른 방식의 정치적 표현을 모색한다고 하여 그것을 애고니즘적 경쟁에서 배제시키는 것이 정당한가의 문제를 제기한다. Jeffrey D. Hilmer, "Chantal Mouffe, Agonistics: Thinking the World Politically," *Theoria*, Issue 138, Vol. 61, No. 1 (March 2014), pp. 81-83.

16) Chantal Mouffe(2013), p. 115.

17) 가령 죠프 부처는 무페식의 포스트마르크스주의가 급진적 민주주의를 추구함에도 불구하고 도덕적 상대주의나 역사주의적 경향을 보임으로써 최악의 경우 반동적일 수 있으며, 자유민주주의의 가치와 절차를 강조하는 것은 사회적 변혁보다 안전판의 확보에 더 관심을 보이는 처사라고 비판한다. Geoff Boucher, *The Charmed Circle of Ideology: A Critique of Laclau and Mouffe, Butler and Zizek* (Melbourne: Re-press, 2008), p. 118, p. 231.

의 민주에 대한 우위라는 기존의 전통을 뛰어 넘어 민주의 자유에 대한 우위의 상태로 돌입한다면 혹시 자유민주주의의 본질적 부분이 훼손되는 것이 아닌가하는 의문을 제기할 수도 있다.[18] 무페는 이 문제를 정밀하게 논하고 있지 않다.

❹ 급진적 민주주의와 애고니즘

무페가 강조하는 급진적 민주주의는 내용적 측면에서 발전된 형태의 사회민주주의를 추구한다. 애고니즘적 민주주의는 급진적 민주주의의 실현을 위한 형식과 방법에 대한 논의이다. 본래 애고니즘의 용어는 전쟁이나 경기에서 적을 존중하는 그리스적 전통을 의미한다.[19] 무페는 이러한 전통을 민주주의 이론에 적용하여 적대적인

---

18) 이에 대해서는 G. 사르토리, 이행 역, 『민주주의이론의 재조명Ⅱ』 (서울: 인간사랑, 1990), 제13장 참조. 무페는 자유주의와 다원주의가 민주주의의 전체주의화를 저지하는 결정적 역할을 한다고 말하면서도 자유민주주의에 있어서 자유와 민주의 결합은 우연적이고 역사적이며 양자간의 우선순위를 둘러싼 내부적 투쟁 과정에서 합의를 강요하는 것은 폭력적이라고 주장한다. 따라서 무페는 자유와 민주의 긴장관계만을 강조하고 있지 자유의 우위를 분명히 하고 있지 않고 있다. 무페는 찰스 라모어(Charles Lamore)가 "자유주의와 민주주의는 별개의 가치체계이며 양자의 관계를 대체적으로 말한다면 자유주의적 정치질서의 원칙을 보호하는 최선의 수단이 민주정부의 원리이다"고 주장한 것과 관련하여 전형적인 자유주의자의 논리이며 도전의 여지가 있다고 말한다. Chantal Mouffe (1993), p. 150. 찰스 라모어의 논문은 Charles Larmore, "The Political Liberalism," *Political Theory*, Vol. 18, No. 3 (1990 August), pp. 339-360 참조할 것.

19) 그리스적 애고니즘은 모든 갈등이 극복할 수 없는 시각의 차이를 수반한다는 인간의 조건에 대한 통찰에서 비롯되었다. 즉 갈등과 투쟁은 불가피한 인간사라는 비극적 세계관을 함축한다. 그러나 현대의 애고니즘은 이 주제를 본격적으로 논했던 니체의 주장을 따라 비극적이지만 긍정적인 애고니즘의 효과를 강조한다. Mark Wenman (2013), pp. 45-57. 한편 칼리바스는 고대의 애고니즘은 근대의 그것과 달리 위대성, 영광, 탁월함 같은 귀족주의적 정신을 보여주었다고 말한다. A. Kalyvas, "The Democratic Narcissus: The Agonism of the

두 진영이 치열하게 투쟁하되 상대방을 파괴의 대상이 아니라 정당한 경쟁자로서 인정하는 수준 높은 민주주의를 지향해야 한다고 주장한다. 그리고 주어진 규칙에 따라 승패의 상황이 결정되더라도 승자는 패자의 정체성을 있는 그대로 존중해야 하며 합의를 강요해서는 안 된다고 말한다. 무페가 주장하는 애고니즘적 민주주의의 기본 원리는 크게 세 가지 측면에서 고찰될 수 있다.

첫째, 차이의 정치를 강조한다. 이미 정치현상의 본질과 관련하여 당파성의 원칙을 강조했듯이 애고니즘적 민주주의는 합의나 타협의 과정이 필연적으로 배제와 억압을 수반한다고 보기 때문에 이념과 정책의 차이를 마지막 순간까지 존중하고 혹은 강조한다. 이런 관점에서 볼 때 전통적인 자유민주주의의 이론들은 애고니즘적 민주주의와 정면으로 충돌한다. 무페에 따르면 자유민주주의의 대표적인 이론모델은 슘페터와 다운스 등이 주장하는 이익집약적 민주주의(aggregative democracy)와 롤스 및 하버마스 등이 주장하는 숙의민주주의(deliberative democracy)인데, 전자는 경제적 이해관계의 타협을 강조하고 후자는 도덕과 이성에 입각한 합의의 도출을 강조한다. 무페는 특히 하버마스의 숙의민주주의를 문제 삼는데 그것은 숙의민주주의의 논리가 서구 자유주의 전통의 진수를 보여주기 때문이다. 하버마스의 입장을 대변하는 벤하비브에 따르면 우리는 자유롭고 평등한 개인들 사이에서 이루어지는 합리적이고 공정한 숙의의 과정을 통해 공동선에 도달할 수 있다.[20] 무페는 하버마스가 주장하

Ancients Compared to that of the Post Moderns,』 in Andrew Saap (ed.) *Law and Agonistic Politics* (Aldershot: Ashgate, 2009), pp. 24, 32.

20) S. Benhabib, "Toward a Deliberative Model of Democratic Legitimacy," in Seyla Benhabib(ed.), *Democracy and Difference: Contesting the Boundaries of the Political* (Princeton: Princeton University Press, 1996), p. 30.

는 이상적 대화의 상황이 실현될 수 없는 것은 경험론의 문제이기 이전에 존재론의 문제라고 역설한다.[21] 한편 토니 블레어나 기든스에 의해 상징되는 중도 좌파 진영의 주요한 흐름 역시 좌우를 초월하는 '제3의 길'을 표방하여 합의의 정치에 편승함으로써 애고니즘적 민주주의의 발전을 저해하고 있다. 전통적 마르크스주의의 인식론을 추종하여 진리의 정치를 주장하는 바디우(Badiou)류의 급진좌파 이론 역시 애고니즘적 민주주의의 첫 번째 원칙을 위반하고 있다.[22] 무페에 따르면 이들 합의의 정치는 정치현상의 본질을 왜곡함으로써 소외된 소수의 침묵을 강요하게 되며 그 결과 진정한 선택의 기회를 제공받지 못한 소수는 정치에 대해 환멸을 느끼고 폭력적 성향을 보이게 된다.

둘째, 갈등의 순기능을 강조한다. 자유주의적 다원주의와 애고니즘적 민주주의의 차이점은 전자 역시 가치의 다양성을 주장하지만 그것들 상호간의 조화를 강조하는 반면, 후자는 단순히 차이의 존재

---

21) 하버마스의 의사소통이론을 가장 격렬하게 비판하는 사람은 무페라고 말하는 굴샨 칸은 그러나 양자 사이에는 겉으로 드러난 것과는 달리 상당한 공통점이 존재한다고 주장한다. 오크숏과 스키너의 공화주의를 수용하는 무페와 마찬가지로 하버마스 역시 민주시민의 자격은 공동선에 헌신하고 적극적으로 참여하는데 있다고 보는 비판적 공화주의의 전통을 계승하고 있다. 칸의 해석에 따르면 하버마스는 소키에타스의 개념을 수용하여 최소한의 시민적 행동준칙을 상정하였고 비폭력적 갈등의 가치를 인정하였다. 또한 하버마스는 근대사회가 가치정향에 있어서 다원주의적이기 때문에 이상적인 대화를 통한 합의의 가능성은 현실적으로 실현되기 어렵다는 사실을 인정하였다. 따라서 칸은 하버마스 역시 무페처럼 애고니즘적 경향을 보인다고 말한다. Gulshan Khan, "Critical Republicanism: Jurgen Habermas and Chantal Mouffe," *Contemporary Political Theory*, Vol. 12, No. 4 (2013), p. 329. 하버마스는 세계시민의 이상을 포용했지만 그것이 현실성이 없다고 보았으며 그 결과 공통의 정치문화에 입각한 헌법적 애국주의를 주장하였다.

22) Alain Badiou, *Ethics* (London and New York: Versdo, 2001). 바디유는 다원주의를 지향하는 의회정치에 맞서 정치란 진리의 질서이며 이에 따른 윤리적 선택의 문제라고 주장한다.

를 용인하는 수준을 뛰어넘어 타협 없는 투쟁을 모색한다. 물론 상대방을 정당한 경쟁자로 인정한다는 기본전제 하에서이다. 무페는 데리다의 용어를 차용하여 정치가 지향해야 할 세계를 호의와 적대의 공존상태(hospitality)로서 규정한다.[23] 이러한 맥락에서 무페는 자유민주주의의 급진화를 위해 좌우 대결의 정치가 부활되어야 한다고 주장한다. 물론 좌파와 우파의 개념은 시대에 따라 새롭게 정의되지만 우리는 반드시 어느 한편을 선택해야만 한다. 따라서 무페는 애고니즘의 논리를 옹호하는 또 다른 정치이론가인 한나 아렌트가 충분히 갈등적이지 못함을 비판하였는데 그것은 아렌트가 최종적으로 상호주관성의 논리를 수용함으로써 결국 하버마스식의 합의 모델로 귀결된다고 보았기 때문이다(Mouffe 2013, 10).[24]

셋째, 게임의 룰을 존중하는 것이다. 모든 정치적 투쟁은 공동체의 가치와 질서에 대한 최소한의 합의를 전제로 한다. 무페는 이를 '갈등적 합의(conflictual consensus)'라고 표현한다. 비록 실천의 문제에 있어서 서로 다른 방식을 주장할 수 있지만 정치체제가 지향하는 대원칙에 대해서는 모두가 합의를 한다는 의미이다. 따라서 서구 사회의 경우 자유민주주의의 이념과 질서는 느슨한 해석의 가능성에도 불구하고 정치적 투쟁의 마지노선이 된다. 이러한 맥락에서 무페는 애고니즘을 주장하는 또 다른 정치이론가인 코널리가 지나치게 존중의 미덕을 강조하고 있음을 비판한다.[25] 그것은 자유민주주의 체제에 대한 근본적인 도전을 용납할 수 있는 위험이 있다.[26] 이

---

23) Chantal Mouffe (2013), p. 41.

24) 무페는 자신의 애고니즘 이론이 순치는 가능하나 적대감의 근본적인 제거는 불가능하다고 보는 점에서 여타 애고니즘 이론가들(W.E. Connolly, J. Tully, B. Honig, H. Arendt 등을 말함)과 차이가 있다고 말한다. Chantal Mouffe, *The Democratic Paradox* (2000), p. 107.

25) Chantal Mouffe (2013), p. 13.

처럼 관용의 한계를 분명히 하는 무페의 정치이론은 앞에서 언급한 것처럼 일부 논자에 의해서 보수적 성격과 논리적 일관성의 결여[27]를 비판받기도 한다. 그러나 무페는 이 문제에 대해서 스키너와 오크숏의 공화주의론을 앞세워 자신의 입장을 정당화한다.

근래에 들어 미국사회가 겪는 위기는 사회적 유대의 파괴에 있으며 공동선에 대한 시민적 의무의 회복으로 문제를 극복해야 한다는 공동체주의 이론이 크게 관심을 끌고 있다. 이들은 칸트적 자유주의를 계승하고 있는 롤스(J. Rawls)의 정치철학에 대해 일제히 포문을 열고 있다. 대표적인 이론가는 마이클 샌델과 매킨타이어이며, 마이클 왈쩌와 찰스 테일러의 경우는 공동체주의를 표방하지만 자유

---

26) 2011년 켄트대학 강의에서 무페는 이들 도전 세력을 민주적 정치과정에서 배제해야 한다고 주장하였다. 그러나 매튜 존스는 무페의 이론이 '게임의 규칙에 동의하지 않는 자를 어떻게 할 것인가'하는 문제에 대해서 충분한 설명을 못하고 있다고 지적한다. Mattew Jones, "Chantal Mouffe's Agonistic Project: Passion and Participation," *Parallax* (April 2014), p. 27. 스테판 럼멘스 역시 무페가 정치적 관용의 한계를 분명히 하고 있음에도 불구하고 민주체제에 대한 도전세력 - 인종주의적 극우정당이나 근본주의 테러세력 - 에 대해서 미온적인 태도를 취하고 있음을 비판하고 보다 단호한 응징을 촉구한다. Stefan Rummens, "Democracy as Non-Hegemonic Struggle? Disambiguating Chantal Mouffe's Agonistic Model of Politics," *Constellation*, Vol. 16, No. 3 (2009), p. 388.

27) 무페는 슈미트의 적과 친구의 패러다임을 2가지 경우로 분리시켜 하나는 체제에 대한 도전세력에 대해서 다른 하나는 체제내의 경쟁상대에 대해서 적용하였다. 그리고 두 종류의 구성적 타자 중 후자에 대해서만 정당성을 인정함으로써 논리적 일관성의 문제가 초래되었다. Martin Beckstein (2011), pp. 38-39. 스테판 럼멘스는 무페의 애고니즘 이론에서 문제가 되는 갈등적 합의의 개념과 관련하여 다음과 같은 해결책을 제시한다. 구성적 타자의 논리를 구사하며 반체제 세력에 대한 관용의 한계를 말하는 것은 애고니즘 이론을 개진함에 있어서 일관성의 결여를 초래한다. 따라서 헤게모니의 개념을 애고니즘과 무관한 배제의 논리로 재정식화하여 체제에 대한 도전세력에 대해서는 헤게모니의 논리를 적용하고 체제 내부적인 투쟁에 대해서는 애고니즘의 논리를 적용해야 한다. Stefan Rummens (2009), pp. 382-387. 필자는 무페가 정치적인 것 - 정치현상 그 자체 - 과 정치의 개념을 구분하였기 때문에 후자의 논리에 입각하여 관용의 한계를 설정하는 것은 전혀 문제가 되지 않는다고 생각한다.

주의의 전통을 수용하는 보다 온건한 입장을 취한다.[28] 무페는 공동체주의의 문제제기에는 공감하지만 그것이 강조하는 공동선의 논리가 다의적 해석의 가능성을 부정하고 합의론적 입장을 취한다는 점에서 결함이 있다고 비판한다.

무페는 또한 역사학계의 유사한 경향에 대해서도 언급한다. 그것은 오랫동안 통용되어온 루이스 하츠의 합의설에 맞서 로크식의 자유주의가 아닌 신해링턴주의적 공화주의가 미국의 독립혁명과 정치문화의 형성에 지대한 영향을 미쳤다는 주장이다. 버나드 베일린이나 고든 우드같은 역사학자들이 이러한 입장을 대표한다. 포콕(J.C.A. Pocock) 역시 15세기 플로렌스의 공화주의가 제임스 해링턴과 신해링턴주의자들을 거쳐 초기 북미 정치사상에 영향을 주었다고 주장하고 있다. 이들 공동체주의 이론가와 공화주의자들은 근대적 자유의 논리가 아리스토텔레스적인 공동선의 논리와 충돌한다고 생각하며 이러한 판단은 이사야 벌린과 같은 자유주의자 역시 마찬가지이다. 그러나 무페는 르네상스 기간의 유럽 공화주의를 재평가하는 퀜틴 스키너의 경우를 주목한다. 스키너는 『로마사논고』에 나타난 마키아벨리의 공화주의론 해석을 통해서 자유주의와 공동체주의의 이분법을 극복하는 새로운 모델을 제시하였다. 스키너에 따르면 근대공화주의에 있어서 공동선에 대한 의무는 개인적 자유를 가능케 하는 전제가 되며 양자의 관계는 상호보완적이다.[29] 무페는 스키너의 근대

---

28) 이들의 대표적 저서를 소개하면 다음과 같다. Michael Sandel, *Liberalism and the Limit of Justice* (Cambridge: Cambridge University Press, 1982); Alasdair Macintyre, *After Virtue* (Notre Dame, Indiana: University of Notre Dame Press, 1984); Michael Walzer, *Spheres of Justice: A Defence of Pluralism and Equality* (New York: Basic Books, 1984); Charles Taylor, *Philosophical Papers: Vol 2, Philosophy and the Human Science* (Cambridge: Cambridge University Press, 1985). 무페는 특히 정의의 영역을 다차원적으로 파악하는 왈쩌의 논리에 공감한다.

공화주의 해석이 애고니즘적 민주주의를 향한 발판을 마련했다고 평가한다. 동일한 논리를 보다 구체적으로 개념화하고 있는 사람이 마이클 오크숏이다. 오크숏은 중세 말 존재했던 두 가지 양식의 결사체를 거론하였는데 하나는 동일한 이해나 목적의 공동체인 우니베리시타스(universitas)[30]이고 다른 하나는 시민적 교양을 강조하는 소키에타스(societas)이다. 후자는 공적인 관심사를 명시하여 조건의 권위만을 강조하는 공동체이다. 오크숏 역시 마키아벨리의 연구를 통해서 근대적 형식의 정치공동체는 전통적 공화주의와 달리 실체적 이익이나 교리가 아닌 규칙에 대한 동의를 본질로 한다고 주장하였다.[31]

다원주의와 개인적 자유의 가치를 강조하는 무페는 시민적인 것을 위해 개인적인 것을 희생할 수는 없다고 말하며 전근대적 도덕 공동체인 우니베르시타스로의 복귀를 단호히 거부한다.[32] 현대의 민주주의는 공동선의 부재를 본질로 한다는 무페의 정치철학은 보수주의자인 오크숏의 소키에타스론을 급진적으로 재해석하여 자유와 민주의 원칙 및 이를 구현하는 절차 – 가령 의회주의와 복수정당제 – 의 권위만을 최소한의 토대로 인정하고 정치적 원칙의 구체적 해석은 개인적 자유에 맡길 것을 주장한다. 이는 근대사회의 정치공동체가 공동선의 관념 대신 규칙의 연대 위에 자유를 허용하는 새로운 방식으로 발전하였음을 의미한다. 이 경우 시민의 자격은 규칙에 대한 복

---

29) Quentin Skinner, "The Idea of Negative Liberty: Philosophical and Historical Perspectives," in R. Rorty, J. B. Schineewind and Q. Skiner(eds.), *Philosophy in History* (Cambridge: Cambridge University Press, 1984), pp. 217-219; Chantal Mouffe (1993), p. 38에서 재인용.

30) 대학의 라틴어 어원으로서 구성원의 권리보다 조직의 목적이 우선시 되는 결사체를 의미한다.

31) Michael Oakeshott, *On Human Conduct* (Oxford: Clarendon, 1975), p. 172; Chantal Mouffe (1993), p. 68에서 재인용.

32) Chantal Mouffe(1993), p. 56.

종을 통해서 정체성을 공유하고 상호적 유대를 형성하는데 있으나 동시에 개인적 자유가 존중된다. 따라서 원칙에 대한 해석만큼이나 다양한 시민권의 형식이 존재하게 된다. 무페가 칼 슈미트와 한스 켈젠의 민주주의 논쟁을 언급하며 민주주의에 대한 실체적 해석과 절차적 해석의 이분법을 뛰어넘음을 것을 주장한 것도 이러한 맥락에서이다.[33] 즉, 일반의지를 구현하기 위한 절차의 확립이 민주주의의 정수라고 주장하며 의회와 정당을 강조하는 켈젠의 주장에 부분적으로 동의하지만 그것만으로는 충분조건이 될 수 없으며 동질성의 실현을 요구하는 슈미트의 주장 역시 고려되어야 한다는 입장을 취한다. 그러나 민주적 동질성의 요구는 원칙에 대한 동의에 국한되며 그것의 독점적 해석은 용납되지 아니한다. 무페는 민주적 제도에 대한 합의가 필요하지만 사회적 정의의 실체는 다원적일 수밖에 없다고 말한다.

무페의 애고니즘적 민주주의론은 수세에 몰린 좌파 진영의 입장에서 볼 때 다수의 우파에 맞서 정체성을 상실함 없이 시종일관 강경한 투쟁을 전개한다는 논리에서 명분을 확보하고 있으나 헤게모니를 장악할 경우에 정반대의 상황을 정당화해주는 부메랑 효과가 있다는 점에서, 한편으로는 공정한 게임의 방식이 될 수 있지만 다른 한편으로는 자기 구속적 일면을 갖는다 할 것이다.

❺ 현대 유럽정치의 분석

21세기에 들어 유럽 도처에서 대규모적 폭력 사태가 발생하였다. 일견 이민자 문제가 야기한 인종적 갈등의 양상을 보이기도 했

33) Chantal Mouffe (1993), pp. 128-130.

지만 문제의 핵심은 청년실업자들의 기존 체제에 대한 불만의 표출이었다. 긴축정책은 사태를 악화시키는 도화선이 되었지만 보다 근원적인 요인은 유럽의 정당정치가 유권자들의 불만을 감당하지 못한 데서 기인하였다.[34] 무페는 현재의 유럽정치를 민주주의의 위기 특히 정당정치의 위기로 규정한다. 그 의미는 사회적 소외계층이 자신들의 목소리를 대변할 제도적 장치를 발견할 수 없기 때문에 절망한 이들 집단이 반체제적이며 폭력적인 수단을 모색하기 시작했다는 것이다. 여기에는 신자유주의를 시대적 추세로 인정하여 제3의 길을 표방했던 좌파 정당들의 책임도 크다. 사회주의 정당이 사실상 중산층의 이해를 대변하게 되자 오히려 우익 포퓰리스트 정당이 노동자의 문제를 거론하는 역설적 상황이 전개되었다. 아이러니컬하게도 소외된 노동자의 불만을 종교적, 인종적 차원으로 왜곡하고 선동하는 극우정당들이 위기의 수혜자가 되고 있다.

이러한 사태에 즈음한 유럽 좌파의 대응방식은 두 가지로 요약된다. 하나는 앞에서 언급했던 탈주의 방식을 취하는 경우이다. 2011년 스페인의 인디그나도스(indignados: 분노한 사람들) 운동이 그 대표적인 예인데, 시위자들은 진정한 민주주의를 앞세우며 일체의 국가제도를 부정하고 자율적이며 수평적인 정치공동체의 건설을 주장하였고, 하트와 네그리 정치철학의 영향을 받은 이론가들은 자신들의 방식으로 사태를 해석하였다. 무페는 서유럽 도처에서 전개된 점거운동(occupy movement) 역시 대체적으로 유사한 논리를 보여준다고 분석한다. 그러나 이러한 탈주의 운동 방식은 별다른 성과를 거두지 못한 채 퇴조하고 있으며 다행스럽게도 자신이 개입모델이라고 명명한 체제내 개혁운동이 좌파 진영 내부로부터 부상하고

---

34) Chantal Mouffe (2013), p. 119.

있다고 본다. 제3의 길을 앞세우는 중도좌파 정당의 행보와 달리 자신의 노선을 분명히 하는 진정한 좌파정당의 출현은 자유민주주의를 부정함 없이 그것의 급진화를 시도한다는 점에서 고무적인 현상이며 애고니즘적 민주주주의 이상과도 부합된다. 무페는 대표적인 사례로서 멜랑숑(Jean Luc Mélenchon)이 이끄는 프랑스의 좌파전선과 치프라스(Tsipras)가 이끄는 그리스의 시리자(SYRIZA) 급진좌파연합을 주목하는데 양자 모두 선전(善戰)을 하고 있으며 유럽정치의 미래와 관련하여 기대되는 바가 크다고 말한다.[35] 무페는 이들 유럽의 좌파정당이 시민운동과 연대하여 꾸준히 진지전을 전개함으로써 헤게모니를 탈환할 것을 요청한다.

무페는 유럽연합의 신자유주의와 긴축정책이 청년 및 노동자계급의 저항을 초래하여 2005년 및 2008년 프랑스와 그리스에서 대규모의 폭동을 촉발시켰고, 그 후 스페인과 그리스가 중심이 되어 '분노한 시민들' 운동이 시작되었으며, 최종적으로 급진좌파정당이 프랑스와 그리스, 스페인 등지에서 성과를 거두고 있다고 분석하였다. 그리고 이러한 흐름은 극우정당이 인종주의를 앞세워 대중적 불만을 흡수하던 왜곡된 관행을 시정하고 신자유주의를 정면으로 문제 삼는 새로운 포퓰리즘의 시대를 열었다고 긍정적으로 평가하였다. 이 과정에서 자신의 역할을 제대로 수행하지 못한 중도좌파 정당의 몰락은 필연적일 수밖에 없다.

2015년 1월 그리스 총선에서 급진좌파연합인 시리자는 36.4%를 득표함으로써 집권정당으로 부상하였다. 기존 사민주의와의 차별성을 강조하는 시리자의 승리는 유럽 좌파정치의 새로운 실험으로 인식되어 세계의 주목을 받고 있으며 신자유주의 종언의 전조로서

35) Chantal Mouffe (2013), pp. 120-123.

속단되기도 한다. 프랑스에서는 2002년 대통령 선거 1차 투표에서 극우정당인 국민전선 당수 르팽이 17. 2% 득표로 사회당의 죠스팽을 물리치고 2위로 진출하는 이변을 겪은 후, 사회당에서 탈당한 멜랑숑이 2009년 급진좌파 정당인 좌파전선을 조직하고 2012년 대통령 선거에서 11% 득표하여 4위를 차지하였다. 무페는 프랑스에서 유독 점거운동이 일어나지 않았던 것은 좌파전선이 체제에 대한 불만을 표출할 수 있는 출구를 제공한 덕분이었다고 설명한다. 한편 2014년 스페인에서도 파블로 이글레시어스가 이끄는 급진좌파정당인 포데모스(Podemos: '우리는 할 수 있다'라는 뜻의 스페인어)당이 결성되어 현재 여론조사에서 기존 정당들보다 앞선 25%의 지지율을 확보하며 제2의 시리자 정권을 꿈꾸고 있다. 신자유주의에 반대하는 급진좌파 네트워크의 출현은 논평가들에 의해서 새로운 사회주의 인터내이셔날 시대의 도래로 보도되고 있으며 시리자의 승리가 스페인과 프랑스에서 재연될 경우 유럽의 기존 정치질서는 와해될 수 있다고 경고되기도 한다. 그러나 이들 급진좌파정당의 부상은 극우정당의 세력 강화를 동시에 자극할 가능성도 있다고 분석되고 있다.[36)]

생각건대 무페는 현대유럽정치의 중요한 흐름을 잘 포착하였고 이를 좌파정치의 부활과 자유민주주의의 심화라는 관점에서 종합하려 하였다. 다만 문제는 애고니즘적 민주주의 이론이 자유민주주의의 개념 설정을 지나치게 포괄적으로 시도할 경우 정체성의 한계가 모호해 질 위험이 있으며 가령 시리자 정권이 자유민주주의의 이념에 충실한 세력인가 여부에 대해서는 논쟁의 여지가 있다. 물론 무페는 시리자의 출현을 자유민주주의의 심화과정으로 파악한다.[37)]

---

36) 정의길, "시리자 집권, 다른 질서는 가능할 것인가," 『한겨레21』, 제1048호 (2015. 2. 7).

37) Chantal Mouffe(2013), p. 120.

이러한 의문은 어느 정도 시간이 흘러 시리자 정권에 대한 객관적인 평가가 이루어진 후 해소가 가능하다 할 것이다.

무페는 계속해서 유럽통합의 문제에 대한 자신의 견해를 피력한다. 결국 유럽연합이 직면하고 있는 가장 큰 문제는 민족적 정체성과 주권의 존속인데 애고니즘의 논리를 여기에 적용한다면 무리한 통합보다는 일정수준의 통합과 상호간 적절한 경쟁이 보다 바람직하며 최초에 모네(Monnet)와 슈망(Schumann)이 유럽석탄철강공동체(ECSC)를 제안했을 당시에 의도했던 것도 선의의 경쟁을 통해 과거의 적대관계를 청산하는 것이었다고 본다.[38] 또한 유럽연합은 영미가 주도하는 신자유주의적 질서에서 벗어나 유럽 고유의 사회민주주의 노선을 회복해야 한다고 역설한다.

한편 무페는 여타의 문명권에 대해서 서구식 민주주의를 강요하는 것은 바람직하지 않다고 말한다. 자유민주주의는 서구적 역사와 문화를 바탕으로 발전한 정치이념이며 비서구적 경로에 입각한 근대화의 가능성을 부정할 수 없다고 주장하는 그는 아시아적 가치나 이슬람 민주주의에 대해서도 발전가능성을 인정한다.[39] 서구의 민주주의를 여타 지역에 강요할 경우 문명의 충돌이 야기될 수 있으며 따라서 지역적 헤게모니를 인정하는 다극적 체제를 수립하는 것이야 말로 국제관계에 있어서 적대관계를 최소화하는 첩경이 된다. 따라서 그는 칸트식 영구평화론에 대해서도 부정적이다. 칸트식의 이론은 모든 국가가 공화정부라는 가정에서 출발하는데 현실적으로 그것이 실현 불가능할 뿐 아니라 범세계적 민주주의의 건설은 현재 우리가 목격하고 있듯이 폭력적인 저항을 초래한다고 보기 때문이다.[40]

38) Chantal Mouffe (2013), p. 48.

39) Chantal Mouffe (2013), p. 38.

40) 무페는 미국식 신자유주의가 아닌 사회민주주의적 방식의 진보적 대안을 세계

무페는 국제관계 역시 정치와 도덕이 분리되어야 하며 악의 축과 같은 선악의 논리로서 정치적 이해관계를 은폐해서는 안 된다고 말한다. 또한 국제무대에서 테러리즘의 발호는 서구식 민주주의를 강요한 결과이며 세계시민의 논리는 제국주의적 발상일 수 있다고 비판한다. 마티아스 탈러(Mathias Thaler)는 무페의 애고니즘 이론을 국제관계에 적용하는 과정에서 발생하는 두 가지 문제를 지적한다. 하나는 국제관계에 있어서 갈등적 합의의 구체적 내용은 무엇인가 하는 것이고, 다른 하나는 국제관계의 애고니즘을 부정하는 세력에 대해서 사후적으로 어떻게 대처할 것인가 하는 문제이다. 탈러는 무페가 이들 문제에 대해서 모호하거나 바람직하지 않은 기준을 제시하고 있다고 본다.[41] 가령 첫 번째 문제와 관련하여 무페는 보편적 인권의 요청을 거부하고 인권 개념의 다원화를 주장하며 문명권에 따른 개념의 차이를 존중하고 있다. 무페는 테러리스트를 어떻게 처리할 것인가라는 두 번째 문제에 있어서도 순치의 가능성을 배제하지 않는 불분명한 입장을 취하고 있다. 탈러는 국제관계에 있어서도 최소한의 도덕률이 요청되며 그것의 구체적인 내용을 정립할 필요가 있고 공유의 가치를 위반하는 세력에 대해서는 적대적 존재로서 강력하게 응징되어야 한다고 주장한다.

정부와 세계시민의 이상으로 제시하고 있는 데이비드 헬드(David Held)에 대해서도 마찬가지로 비판적이다. 서구의 자유민주주의를 여타 문명권에 강요하는 것은 폭력적 대결만을 초래할 뿐이다. Chantal Mouffe (2005), pp. 102-103. 무페는 국내정치와 달리 국제관계에서는 윤리적-정치적 원칙의 공유라는 갈등적 합의가 성사되지 않는다고 말한다. 오히려 상이한 정치경제 모델을 허용하는 다극적 질서의 수립이 애고니즘의 정치를 가능케 한다. 따라서 무페는 아랍의 봄에 즈음하여 서구식 민주주의를 강요하지 말 것을 주문한다. Chantal Mouffe (2013), p. 23, p. 27.

41) Mathias Thaler, "The Illusion of Purity: Chantal Mouffe's Realist Critique of Cosmopolitanism," *Political Science Criticism*, Vol. 36, No. 7 (2010), p. 795.

❻ 맺는 말

무페의 애고니즘 이론은 정치학에서부터 건축과 예술이론에 이르기까지 광범위한 영역에 걸쳐 주류담론에 대한 비판과 도전을 선도하는 혁명적 호소력을 과시해왔다.[42] 특히 무페의 민주주의론은 기존의 합의 모델과 달리 정념의 차이를 존중하고 갈등을 최대한 수용함으로써 참여민주주의의 새로운 지평을 열었다고 평가받을 수 있다.[43]

무페의 민주주의론은 신자유주의 타도를 외치고 좌파의 분발을 촉구한다는 점에서 급진적이다. 그러나 그것은 치열한 투쟁을 정당화함에도 불구하고 체제 내 개혁을 주장하기 때문에 보수적 성격을 동시에 보여준다. 공공선의 해석과 관련된 당파적 갈등은 합리적 해결이 불가능하며 헤게모니의 본질은 선악의 문제가 아니라 권력의 문제라는 주장은 정의를 독점하려는 모든 주체들에게 파문과도 같다. 자유민주주의 체제는 좌우 모두가 옹호해야할 최후의 보루가 된다. 무페에 따르면 자유민주주의의 진정한 힘은 다양한 정체성 사이에 간극을 허용하고 영구적으로 경쟁의 영역을 개방하는 역설의 공간이라는 사실에서 비롯된다. 그러나 자유민주주의를 해석함에 있어서 재량의 여지를 과도하게 부여할 경우에 자유와 민주의 관계설정과 관련하여 자유민주주의의 본질적 부분이 훼손될 수 있지 않은가 하는 의문을 제기할 여지도 있다.

---

42) Paulina Tambakaki, "The Task of Agonism and Agonism to the Task: Introducing Chantal Mouffe: Agonism and the Politics of Passion," *Parallax*, Vol. 20, No.2 (April 2014), p. 1.

43) Mattew Jones (2014), p. 28.

치열하게 투쟁하되 상대방을 그 자체로 존중하고 자신의 세계관을 강요하지 않는다는 무페의 애고니즘적 민주주의는 불필요한 환상을 제거하고 현실세계에 보다 충실하려 한다는 점에서 논리적으로 설득력이 있다. 무페는 일종의 좌우 동거 모델을 제시하고 있다고 볼 수 있다. 그러나 무페의 이론 속에는 정치적 다수와 소수 모두에게 성숙한 정치의식을 요구하는 이상주의적 측면이 있다는 사실을 지적하지 않을 수 없다. 자유민주주의의 힘의 원천은 확실성이 해소된 내적 긴장관계에 있으며 따라서 좌우의 투쟁은 활성화되어야 한다는 무페의 논리는 정치적 행위자들이 얼마나 절도 있게 행동하느냐 여부에 따라 결과가 달라질 수 있기 때문이다.[44] 즉 다수가 세계관의 차이를 강조하면서 최소한의 합의를 위한 충분한 노력을 경주하지 않는다면 다수의 횡포를 초래할 가능성이 있다. 반대로 패배한 소수가 진정으로 다수에게 승복하지 않는 경우에는 불필요한 혼란이 지속될 수 있다.[45] 따라서 다수와 소수 모두가 신사답게 행동하지 않는다면 애고니즘적 민주주의는 합의를 지향하고 배제를 수반하는

---

44) 무페의 애고니즘론이 현실화 되려면 모든 정치 주체들에게 절제의 미덕이 요구된다. 그것은 한편으로 자유민주주의 기본질서를 존중하는 동시에 다른 한편으로 정치적 반대세력을 정당한 경쟁자로 존중해야 한다. 이러한 점에서 파스칼 데베트는 무페의 다원주의적 민주주의가 까뮈의 반항인(the rebel)의 논리와 호흡을 같이하고 있다고 말한다. 무페가 최종적이며 절대적인 정치질서를 거부하고 잠재적인 긴장관계 속에서 발전의 계기를 모색했듯이, 까뮈는 반항인의 논리를 통해서 부조리한 현실 속에서 중단 없는 투쟁을 행하나 신이 되기를 거부하고 삶을 긍정하는 정오의 사상을 개진하였다. 까뮈에 따르면 반항은 한계를 인정하며 긴장 속에서 균형을 취하는데 있다. 까뮈는 『반항인』에서 "팽팽히 잡아당겨진 헤라클레스의 활은 최고의 긴장 속에서 자유의 화살을 창공으로 쏘아올린다."는 르네 샤르(René Char)의 시를 인용한다. Pascale Devette, "Plural Democracy and Plural Humanism: A Dialogue Between Chantal Mouffe and Albert Camus," *Parallax*. Vol. 20, No.2 (2014), p. 115.

45) 곽준혁의 논문도 시민들이 충분히 익숙하지 않을 경우 애고니즘적 민주주의는 반목과 끝없는 투쟁으로 귀착될 수 있다는 점을 언급하고 있다. 곽준혁 (2009), p. 148.

종래의 민주주의 모델보다 우월성을 주장하기가 어렵게 된다. 또한 중도성향의 유권자를 염두에 두는 선거 전략상의 요청(catch-all party)을 감안한다면 선명성을 강조하고 있는 애고니즘적 민주주의는 좌우의 정당 모두에게 이상주의적 발상으로 평가될 수 있다.

대한민국의 정당체계는 남북의 대치라는 특수한 상황으로 인하여 미국과 유사하게 보수적인 양당구조를 유지해 왔다. 그러나 87년 민주화 이후 진보세력이 대거 정계에 진출함으로써 제1야당은 정체성에 일대 혼란을 겪게 되었다. 그 결과 정당간 대결에 있어서 보수와 진보의 논리가 역전되는가 하면 무페가 문제 삼고 있듯이 종종 추문 폭로의 정치에 몰두하는 모습도 목격된다. 현시점에서 볼 때 우리나라도 이제 유럽처럼 보수와 진보의 본격적인 경쟁 구도로 정당체계를 재편할 시점이 되었다고 본다. 진보의 기치를 앞세워 선명성을 강조하는 새로운 야당의 출범을 목전에 둔 상태에서 무페의 애고니즘적 민주주의가 대한민국에서도 뿌리를 내릴 수 있기를 희망한다.[46] 무페의 민주주의론이 한국정치에 유의미하다고 생각하는 이유는 첫째, 흑백논리에 집착하는 저급한 정치투쟁에서 벗어나 수준 높은 경쟁의 정치를 원하기 때문이며, 둘째, 기존의 자유민주주의 체제가 충분히 구현하지 못했던 민주와 평등의 가치를 더욱 강화시킬 수 있을 것을 기대하기 때문이다. 뿐만 아니라 자유민주주의를 모체로 하는 좌파 정치의 부활은 체제에 대한 비판을 최대한 수용함으로써 종북주의와 같은 기형적 세력의 출현을 저지하고 이에 따른 소모적 논쟁을 불식시키는 계기가 될 것이라고 생각한다.

---

46) 이동수 역시 한국 민주주의가 무페의 애고니즘 이론을 수용할 것을 제안하고 있다. 그러나 선명한 좌파정당의 필요성에 초점을 맞추는 필자와 달리 그는 정파간 상호존중의 정신을 주로 강조하고 있다. 이동수, "민주화 이후 공화민주주의의 재발견," 『동양정치사상사』, 제6권 제2호 (2007), pp. 5-25.

제13장

전자민주주의의 이론과 실제

❶ 서론

기술진보, 특히 정보통신기술의 발전은 현대민주주의에 어떠한 영향을 미칠 것인가? 이른바 전자민주주의[1]의 미래는 어떠한가?

이 문제에 대한 논의를 대체적으로 정리한다면 첫째, 현대민주주의의 패러다임 이동을 예측하는 혁명적 변화론과 둘째, 기존의 미디어를 보완하는 수준의 미미한 효과만을 갖게 될 것이라는 혁명적 변화 부정론으로 대별될 수 있으며, 전자의 경우는 다시 낙관론과 비관론, 그리고 기술중립론으로 3분되어진다.[2]

---

1) 전자매체를 이용하여 시민의 정치참여를 제도화하는 민주주의로서 정보의 제공과 검색, 전자주민회의 및 토론, 여론조사와 투표의 모든 과정을 포함한다.

2) 베커에 의하면 정보통신기술의 발전은 민주정치의 질적 도약을 촉진시킬 수 있는 잠재력을 내포하며 민주주의에 대한 패러다임의 이동을 예견케 한다. T. Backer. "Governance and Electronic Innovation: A Clash of Paradigms," *Information, Communication and Society*, Vol.1, No.3 (1998), pp. 339-343. 그러나 케빈 힐과 존 휴즈는 인터넷의 정치적 효과에 대해서 과거 전화기나 팩스의 등장과 마찬가지로 정치참여 방식의 획기적인 변화는 기대하기 어렵다고 말한다. Kevin A. Hill & John E. Hughes, *Cyberpolitics: Citizen Activism in the Age of the Internet* (New York: Rowman & Littlefield Publishers, 1998), p. 186. 한편 헤이그와 로더는 낙관론과 비관론 모두가 기술결정론적 사고에 입각해 있으며 정치, 문화, 법률적 차원의 변증법적 관계에 따라 결과는 달라질 수 있다고 본다.

전자민주주의의 미래를 낙관하는 논자들의 주장에 따라 정보통신기술의 발전이 참여민주주의의 극적인 부활을 초래할 것이라는 가설을 중심으로 이 문제를 검토하기로 한다.

논쟁은 어떤 종류의 민주주의를 추구하는가에 대한 상이한 시각에서 출발하여 상이한 예측이 결합됨으로써 보수와 진보, 공동체주의와 자유주의가 전자민주주의를 동시적으로 예찬하거나 혹은 비판하는 흥미 있는 양상을 보여준다.

이 글은 전자민주주의의 논의와 관련된 이론적 쟁점들을 검토한 후 일부 경험적 연구결과들을 살펴봄으로써 전자민주주의의 미래에 대한 하나의 잠정적인 결론을 시도하려 한다.

❷ 민주주의와 공공영역이론

민주주의는 권리의식, 합리적 판단과 책임, 대화와 타협을 본질로 한다. 공공영역(public sphere)의 개념은 이들 요소를 하나로 결합시키는 종합적인 분석틀로서 전자민주주의의 논의에 있어서 핵심적인 개념으로 등장한다.

하버마스(Habermas)에 의하면 정치적 토론과 합의를 모색하는 자발적인 공공영역의 등장은 근대의 성과이다. 공공영역은 국가로부터 독립된 자율적 공간으로 대화를 통해서 공적인 문제를 해결해 나가는 특수한 상호작용을 특징으로 한다. 공공영역의 개념은 기회의 평등, 억압으로부터의 자유, 그리고 합리적 추론의 과정을 함축한다. 즉 공적인 토론과정에 참여의 제한이 없으며, 모든 참여자의 특권적

Barry N. Hague and Brian D. Loader(ed), *Digital Democracy: Discourse and Decision Making in the Information Age* (London: Routledge, 1999), pp. 3-4.

지위가 거부되고, 자유로운 대화에 입각한 합의를 통해 정당성이 확보되는 과정을 가정한다. 하버마스는 17세기 말과 18세기 초 유럽의 부르주아 집단이 주도하는 공공영역의 구축과정을 검토한 후, 계급투쟁과 이익갈등에 의해 그것이 붕괴하는 과정을 고찰하였다. 하버마스에 의하면 20세기 복지국가의 등장과 대중사회의 도래는 거대한 관료기구와 대기업, 소비주의 문화를 통해서 공공영역의 파괴를 재촉하였고 생활세계의 식민화가 초래되었다.[3] 그러나 하버마스는 규범적인 맥락에서 이상적인 대화상황의 가능성을 포기하지 않았다. 하버마스의 공공영역 이론은 합리성의 이념을 강조하고 있으나 절차적 민주주의의 성격이 강하고, 따라서 그것은 시민의 덕성을 강조하는 고전적 공화주의의 공공영역이론과 성격을 달리한다. 사실상 하버마스의 정치이론은 프랑크푸르트(Frankfurt)학파의 비관주의적인 비판이론을 재구성하여 형식적 민주주의의 저력을 회복시키려는데 계기가 있다.[4] 낸시 프레이저(Nancy Fraser)는 후기자본주의사회를 분석하기 위해서 하버마스의 공공영역개념이 함축하고 있는 전제들 – 사회적 평등이 정치적 민주주의의 필수요건이 아니라는 가정, 포괄적인 공공영역의 존재가 복수의 공공영역의 존재보다 더 바람직하다는 가정, 공공영역의 기능은 국가와 시민사회의 완전한 분리를 요청한다는 가정 등 – 에 대한 비판을 시도하였다.[5] 그녀에 의하면 하

---

3) J. Habermas, *The Structural Transformation of the Public Sphere: An Inquiry into a Category of Bourgeois Society* (Cambridge: Cambridge: Polity Press, 1989).

4) Craig Calhoun, “Introduction: Habermas and the Public Sphere,” in Craig Calhoun (ed.), *Habermas and the Public Space* (Cambridge: The MIT Press, 1997), p. 5.

5) Nancy Fraser, “Rethinking the Public Sphere: A Contribution to the Critique of Actually Existing Democracy,” in Craig Calhoun (ed.), *Habermas and the Public Space* (Cambridge: The MIT Press, 1997), pp. 109–142.

버마스의 공공영역이론은 부르주아 계급과 남성의 지배라는 한계를 갖고 있으며 사회적 정의를 구현하기 위해서는 이를 극복해야만 한다.

공공영역의 이론의 요체는 참여의 양과 대화의 질로 간결히 요약될 수 있다. 공공영역의 문제를 참여와 숙고의 두 가지 관점에서 접근했던 대표적인 이론가는 한나 아렌트(Hannah Arendt)이다. 아렌트의 참여민주주의는 절차적 측면보다 실체적 측면을 더 강조한다.[6] 즉 아렌트가 상정하는 공공영역의 세계에서는 참여자의 정치적 평등뿐만아니라 일정 수준의 도덕적 자질이 요구된다. 다수의 시민이 모여서 공동체의 관심사를 토론했던 그리스의 폴리스(polis)가 그 원형적 모델이다. 그러나 아렌트에 의하면 근대사회의 등장과 더불어 사적 영역의 범주에 속하는 경제의 문제가 공적 영역에 침투함으로써 공공영역의 쇠퇴가 초래되었다. 아렌트는 부르주아(bourgeois)와 시티즌(citizen)을 구별하는 맥퍼슨(C.B Macpherson)의 논리에 공감한다. 전자가 사적 이익을 추구하는 개인들을 지칭한다면 후자는 도덕적 합리주의와 공공정신으로 충만한 사람들이다. 부르주아는 홉스와 로크의 자유주의에 의해 세례를 받았지만, 시티즌은 그리스와 로마, 그리고 몽테스키외의 공화국의 이념을 계승하는 인간형이다. 아렌트에 의하면 미국의 건국과정은 잃어버린 유산의 소생가능성을 보여주었다.[7] 미국독립혁명의 과정에서 활약했던 각종 위원회, 헌법제정과 비준과정에서 운영되었던 수많은 지역회의는 근대적 참여민주주의의 선례를 남겼다. 건국초기 뉴잉글랜드 지역의 주민회의를 폴리스적 전통의 부활로 파악하는 아렌트의 이론은 자발적 결사

---

6) Seyla Benhabib, "Model of Public Space: Hannah Arendt, the Liberal Tradition, and Jurgen Habermas," in Craig Calhoun (ed.) *Habermas and the Public Space* (Cambridge: The MIT Press, 1997), pp. 73-98.

7) Hannah Arendt, *On Revolution* (New York: Penguin Books, 1977), p. 215.

체의 존재를 미국의 저력으로 평가했던 토크빌의 주장과 동일한 연장선상에 있다. 아렌트의 참여민주주의론은 공적 사안의 범위를 정치의 영역에 한정하고, 참여자의 수준과 자질을 염격히 요구한다는 점에서 엘리트주의적이라는 비판을 받기도 하였다.[8] 참여자의 수보다 토론의 질을 더 문제 삼는 아렌트의 공공영역 개념은 가상공간과 참여민주주의의 상호결합이 매우 어려운 과제임을 암시한다.

❸ 규범적 논의의 구조

1) 근대와 탈근대의 전자민주주의론

일부의 근대자론들은 가상공간을 하버마스적 공공영역의 새로운 영역으로 파악하여 현대민주주의의 신기원을 기대한다. 그러나 다른 일부의 근대론자들은 가상공간이 하버마스의적 공공영역의 속성을 결여하고 있다고 파악하여 전자민주주의의 미래에 기대를 걸지 않을 뿐아니라 그것의 부작용을 우려한다. 한편 일부의 포스트모던론자들은 가상공간이 하버마스의 그것과 성격이 다르다는 사실 그 자체를 이유로 전자민주주의의 미래를 낙관한다.[9]

8) Helmut Dubiel, "Hannah Arendt and the Theory of Democracy: A Critical Reconstruction," in Peter Graf Kielmansegg, Horst Mewes, Elisabeth Glaser Schmidt(ed.), *Hannah Arendt and Leo Strauss: German Emigres and American Political Thought after World War II* (New York: Cambridge University Press, 1995), p. 27.

9) 가상공간의 분석에 동원되는 두 개의 이론자원은 하버마스의 의사소통이론과 포스트모더니즘이다. 전자는 전자민주주의의가 아테네정치의 부활을 초래할 것이라고 믿는 반면, 후자는 탈중심화된 권위가 민주화를 진척시킬 것이라고 본다. Chris Toulouse, "Introduction to the Politics of Cyberspace," in Chris Toulouse and Timothy W. Luke (ed.), *The Politics of Cyberspace* (New York: Routledge, 1998), pp. 7-9.

근대론자들의 낙관적 전자민주주의론은 참여민주주의 혹은 공동체적 민주주의 가능성에 대한 기대를 근거로 한다. 20세기 정보기술의 발전은 직접민주주의의 기술적 문제를 해결하였고 참여의 과정을 보다 용이케함으로써 새로운 정보로 무장된 시민집단의 대중참여가 가능하게 되었다. 이들의 판단에 의하면 전자민주주의는 대의제의 한계와 현대인의 정치적 무관심을 동시에 극복하여 그리스적 직접민주주의의 이상을 부활시킬 것이다. 그로스만(Lawrence K. Grossman)은 전자민주주의의 본질을 제퍼슨적 민주주의와 또끄빌적 전통의 부활로서 파악한다. 전자민주주의는 지도자보다 시민을 더 중시하는 아래로부터의(bottom up) 정치를 활성화시킨다.[10] 그로스만에 의하면 전자민주주의의 등장은 직접민주주의를 지양하는 미국의 헌법정신에 위배되지만 엄연한 현실의 추세이며 따라서 우리에게 요구되는 과제는 그것의 폐해를 극복할 수 있는 방안을 모색하는 것이다. 한편, 제프리 애브람슨(Jeffrey B. Abramson)에 의하면 토크빌적 공동체주의와 로버트 달(Robert Dahl)이 주장하는 다원주의는 미국 민주주의의 두 전통이며 바람직한 민주주의의 이상은 공동체의 얼굴을 한 다원주의이다. 애브람슨은 새로운 정보통신기술의 선용이 건전한 개인주의에 입각한 공동체의 건설을 가능케 할 것이라고 말한다.[11] 비교적 신중한 태도를 견지하면서 전자민주주의의 가능성을 거론하는 정치학자로서 벤자민 바버(Banjamin R. Barber)를 들 수 있다. 아렌트의 참여민주주의이론을 지지하는 바버는 '강한 민주주의'(strong democracy)론을 주장한다. 바버에 의하면 미국민주주의 개인의 자

10) Lawrence K Grossman, *The Electronic Republic* (Penguin Books, 1995), p. 7.

11) Jeffrey Abramson, F. Christopher Arterton and Gary R. Orren, *The Electronic Commonwealth: The Impact of New Media Technologies on Democratic Politics* (New York: Basic Books, 1988), p. x iv.

유와 권리를 충분히 천착시켰으며 이제는 참여, 평등, 공동체의 가치를 구현해야 할 시점이다. 바버가 주장하는 강한 민주주의는 지도자나 대표의 역할에 의존하기보다 시민의 책임과 자치를 강조하는 민주주의를 말한다.12) 직접민주주의가 모든 국민이 모든 공적 업무에 항상적으로 참여하는 정부를 상정한다면, 강한 민주주의는 모든 국민이 적어도 일부 공적 업무에 일정 기간 동안 참여하는 정부를 가정한다. 바버는 새로운 정보통신매체의 등장이 현대민주주의에 대해서 미치는 효과를 중립적이라고 본다. 문제는 사용자의 의지이다. 기술진보는 시민의 능력 제고를 통해서 강한 민주주의의 실현에 일조할 수 있는 잠재력을 갖고 있다. 그러나 시장기제에 방치된 가상공간은 현재 급속히 상업화되고 부드러운 전체주의의 가능성마저 보이고 있으며 공공영역으로서 역할을 충분히 수행하지 못하고 있다. 바버는 가상공간을 공공영역으로 전환시키기 위한 최소한의 제도적 장치로서 전자권리장전과 전자헌법을 제정할 필요성이 있다고 주장한다.13) 그리고 기술진보의 성과를 합리적 의사결정과정과 결합시키려는 베커(Theodore Becker)와 피쉬킨(James Fisjkin)의 노력에 귀를 귀울일 필요가 있다고 말한다.

한편 포스트모던적 관점에서 볼 때 가상공간의 존재는 기존의 공공영역 이론과는 다른 근거에서 정당화된다. 마크 포스터(Mark Poster)는 공회당이나 마을광장과 같은 전통적인 공간이 정치행위를 조직하는 무대의 기능을 수행했던 시대는 지났다고 본다. 그는 비판이론의 부정적인평가에도 불구하고 미디어가 새로운 공공영역의 무대라고 말한다.14) 현대는 전자매체에 의한 담론의 형식을 고려해야

12) Benjamin R. Barber, *A Passion for Democracy* (Princeton: Princeton University, 1998), p. 274.

13) *Ibid.*, p. 244.

하는 시대이다. 포스터에 의하면 인터넷은 탈중심적적인 전달효과를 기대할 수 있으며 메시지는 쉽게 복사될 수 있다. 새로운 상호작용의 양식이 초래하는 사회적 효과는 무엇인가? 그것은 전통적인 권위의 파괴이며 사회적 권력관계의 재구성이다. 텍스트(text)의 전자적 성격은 독자를 저자로 만들고 전문가의 권위를 기저로부터 파괴한다. 학술적 권위가 도전을 받고 재형성된다면 정치적 권위도 예외일 수 없다. 인터넷은 통제 불가능한 대화의 방식을 통해서 국가권력에 도전하고 정보의 무한생성을 통해서 소유권의 개념을 위협한다. 포스터에 의하면 전통적인 공공영역을 고집하는 모더니스트들은 인터넷의 가상공간에 공동체라는 이름을 부여하는데 완강히 반대한다. 전자정치의 무대 속에서는 하버마스가 주장하는 이상적인 담화의 조건들이 적용되지 않기 때문이다. 그러나 리요따르(Lyotard)는 합의모델의 적실성 그 자체에 대해서 의문을 표시하였다. 만약 민주주의의 용어가 구체적인 개인의 주권을 의미하고 그들에 의한 공직자 결정체제를 의미한다면, 가상공간에 의해서 매개되고 유동적인 정체성을 본질로 하는 새로운 민주주의는 사이버크라시(cyberocracy)라고 말해도 무방할 것이다.

2) 전자민주주의 비판의 범주

전자민주주의에 대한 첫 번째 비판은 그것이 대중의 정치 참여효과를 촉발시키지 못할 것이라는 부정적 판단에서 기인한다. 인터넷 민주주의가 새로운 정보로 무장하여 적극적 정치개입을 모색하는 대중의 출현을 예고할 것인가? 데이비스(Richard Davis)에 의하면

---

14) Mark Poster, "Cyberdemocracy: The Internet and the Public Sphere," in David Holmes (ed.), *Virtual Politics: Identity and Community in Cyberspace* (London: Sage, 1997), pp. 217-221.

인터넷 민주주의의 대중참여효과는 환상에 불과하다. 오히려 그것은 대중의 정치참여를 방해할 가능성이 많다. "새로운 기술의 효과는 이 놀라운 도구를 활용하여 정치적 담론과 시민생활에 활용하려는 대중의 의지에 달려있다. 그러나 그것은 일부의 집단에게만 적용되는 시나리오이다."[15] 인터넷 사용자의 상당수는 정치적 정보의 획득 대신 스포츠와 오락에 더 많은 관심을 보인다. 정치적 무관심층인 청년층이 갑자기 정치적으로 적극적인 집단이 되어야 할 필연적인 이유가 있는가? 그리고 인터넷의 사용은 진입상의 장애요인으로 인하여 대중의 정치참여에 부정적 효과를 야기할 수 있다. 장비구입과 사용요금의 재정적 문제, 컴퓨터를 운용하기 위한 최소한의 기술능력, 연속적인 선택행위가 요구하는 시간상의 문제 등이 존재하기 때문이다. 인터넷의 구조 역시 신문이나 텔레비전과는 달리 주제의 취사선택에 의한 순차적인 접근방식을 취하기 때문에 정치적 사이트를 우회할 수 있도록 해준다.

전자민주주의에 대한 두 번째 비판은 가상공간이 합리적 대화와 토론의 가능성을 담보할 것인가에 대한 회의에서 비롯한다. 가상공간의 익명적 성격은 절제되지 않은 무책임한 발언을 유혹하며 대중의 즉흥적 의사결정은 전문성과 신중을 요하는 정책결정과정을 위협한다.

전자민주주의가 제도화되는 경우 극렬한 네티즌에 의한 소수의

15) Richard Davis, The Web of Politics: The Internet's Impact on the American Political System (New York: Oxford University Press, 1999), p. 23: 카라브레세와 보르세는 가상공간의 주체로서 시민모델과 소비자모델을 제시한다. 전자는 공적 정책결정에 영향을 미치는 소수의 집단을 대상으로 하고, 후자는 오락과 상품의 구입에 탐닉하는 일반 대중을 대상으로 한다. 참여의 활성화는 전자가 후자를 압도할 때만이 가능하다. A. Calabresse & M. Borchert, "Prospects for Electronic Democracy in the United States: Rethinking Communication and Social Policy," *Media, Culture & Society* 18 (1996), pp. 249-268.

횡포나 여론을 앞세운 신속한 민주주의와 다수의 횡포가 예상된다. 이러한 견해에 의하면 합리적 의사결정이 심사숙고(deliberation)를 본질로 한다는 점에서 전자민주주의의 대의제 비판은 심각한 문제를 내포하고 있으며 정치의 실종을 초래할 가능성이 있다. 1992년 미국 대통령선거에서 로스 페로(Ross Perot)는 전자주민회의의 건설을 제안하였다. 그는 자신이 당선될 경우 새로운 미디어 기술을 이용하여 매주 하나의 주요 이슈를 채택한 후 국민들에게 그것을 설명하고 국민의 의견을 수렴하는 방식으로 국정운영을 수행할 것을 약속하였다. 이를 두고 혹자는 뉴잉글랜드 주민회의 전통의 부활이라 환호했지만 많은 전문가들은 전자장치에 의한 합리적 대화기제의 파괴를 우려하였다. 그들은 페로의 시도를 일종의 보나파르티즘 혹은 선동정치의 등장으로 비판하였다. 그들은 페로가 하려는 것이 정치가 아닌 여론조사이며 문제는 정치인이 너무 멀리 있는 것이 아니라 지나치게 선거구의 여론을 의식하는 것이라고 주장하였다.[16] 따라서 그로스만은 텍사스 대학의 제임스 피쉬킨이 시도하는 심사숙고적 여론조사(deliberative poll)의 실험에 관심을 보인다. 모집단을 대표하도록 무작위적으로 선발된 일군의 집단이 해당사안에 대해서 전문가의 견해를 경청한 후 상호간에 질문과 토론을 벌이고 최종적으로 표결을 행하는 며칠간의 회의는 즉흥적이며 비합리적인 의사결정의 위험을 최소화시킬 수 있다.[17]

세 번째 범주의 비판은 전자민주주의가 다수의 참여와 합의를 바탕으로 일반 의사를 추출하여 공동체를 강화시키는 대신 공동체의 해체와 파편화를 가속화시키게 될 것이라는 주장이다. 데이비드 생

16) Elizabeth Drew, "Letter from Washington," *The New Yorker* (May 18, 1992), pp. 83-90.

17) Lawrence K. Grossaman, *The Electronic Republic*, p. 241.

크(David Shenk)는 가상공간이 고도로 특정화된 정보를 제공하고 그것이 관심있는 상대에 의해서 공유됨으로써 정보화 사회는 문화적 발칸화(cultural Balkanization)현상을 초래한다고 말한다. 가상공간은 상이한 견해간의 대화보다는 그것의 차이를 강화시키는 경향이 있다. 셍크는 이것을 가상공간상에서 발생하는 '유유상종의 법칙'이라고 말한다.[18] 그리고 셍크가 추가하는 깅그리치(Gingrich)의 법칙에 의하면 새로운 사회에 적합한 이데올로기는 국가개입의 최소화를 주장하는 리버테리아니즘(libertarianism)이다.[19] 시장의 논리를 옹호하여 탈중앙집권화와 개인적 선택의 자유를 강조했던 미국의 전(前)하원의장 깅그리치는 의회의 모든 기록을 인터넷에 공개하여 시민의 힘을 강화시켜야 한다고 주장한 바 있다. 그러나 셍크에 의하면 공익의 수호자로서 국가의 책임이 강조될 때 사회적 정의의 실현이 가능하며 깅그리치의 주장은 자신의 이데올로기를 정당화하기 위한 전략에 불과하다.

인터넷의 발전은 보통사람 혹은 일반대중의 힘을 강화시켜 민주주의의 이상을 실현하는데 기여할 수 있다. 그러나 동시에 인터넷은 사회적 이질성의 증대와 파편화 현상을 야기시켜 도덕적 무정부주의를 초래하고 민주주의에 부정적인 영향을 미칠 수 있다. 중요한 것은 몸이 아닌 정신이라는 데카르트주의적 관점에서 볼 때 가상공간은 보다 자유로운 의사교환을 가능케 하는 정신공동체의 무대이다. 그러나 고든 그라함(Gordon Graham)에 의하면 인터넷상에서 이루어지는 의사소통은 심각한 결함을 내포하고 있으며 몸이 부재하는 상태의 가상공동체는 2급의 공동체에 불과하다. 기술진보의 사회적

---

18) David Shenk, *Data Smog: Surviving the Information Glut* (New York: Haprper Collins, 1997), p. 123.

19) Ibid., p. 174.

효과에 대한 그라함의 손익분석은 파우스트적 거래(Faustian bargain)라는 표현으로 요약된다.[20]

넷째, 정보격차의 문제를 거론하는 비판이다. 공공영역 이론의 가정과는 달리 가상공간으로의 진입은 평등치가 못하여 계급, 인종, 연령, 성별에 따른 편차가 존재한다. 현실적으로 볼 때 새로운 정보통신기술을 활용하여 가상공간상에서 정보를 입수하고 의견을 개진하는 사람들은 주로 중산층 이상의 고소득, 고학력자 집단이며 국가간에도 마찬가지의 논리가 적용된다. 더구나 유료공간의 존재는 고급정보를 경제적으로 능력 있는 사람들에게 귀속시키고 저소득층은 가상공간상의 게토(ghetto)를 방황하게 만든다. 일부 집단의 잉여정보는 기존의 사회경제적 불평등을 심화시키거나 새로운 사회적 불평등의 구조를 초래할 가능성이 많다. 이러한 견해에 의하면 전자민주주의의 최대 수혜집단은 이미 정치적 의사와 능력을 확보하고 있는 기존의 지배세력이며 또한 기존의 미디어, 기존의 정치조직이다. 이들 지배엘리트야 말로 새로운 의사소통 기술에 적극적으로 대처하여 새로운 기회상황을 만들어간다. 따라서 인터넷 자유주의는 지배엘리트 계급의 이익을 옹호하는 온라인(online) 이데올로기일 수 있다.[21]

다섯째, 정보통신기술의 발전이 개인의 자유를 증대시키는 만큼이나 개인의 자유를 침해하게 된다는 주장이다. 디지털 공간상의 모든 행위는 지속적으로 기록되고 모니터된다. 정보의 통제와 감시는 국가권력의 강화를 초래하고 부드러운 전체주의를 가능케한다. 수퍼파놉티콘(superpanopticon) 사회에 있어서 개인은 모두가 덫 속에

---

20) Gordon Graham, *The Internet: A Philosophical Inquiry* (New York: Routledge, 1999), p. 169.

21) Tim Jordan, *Cyberpower: the Culture and Politics of Cyberspace & the Internet* (New York: Routledge, 1999), p. 216.

갇혀 있다고 볼 수 있다. 미국 정부는 국민 개개인의 신상에 대해서 어떤 전체주의 국가보다도 더 많은 자료를 보유하고 있다. 천안문사태는 신기술이 체제를 위협할 수 있음을 보여주었지만 반대로 이러한 체제가 새로운 기술을 활용할 수 있음을 보여준 사례이기도 하였다. 싱가포르 역시 의욕적으로 정보화를 추진하는 사회이다. 그러나 이 경우 그것과 비례해서 시민에 대한 비민주적 통제의 망령 역시 강화된다.[22)]

❹ 전자민주주의의 경험적 연구

1) 경험적 연구의 유형

인터넷의 정치적 영향에 관한 연구가 직면하게 되는 방법론상의 어려움은 첫째, 현실이 너무 빠르게 변화하고 있다는 점, 둘째, 기초자료들이 미국의 사례에만 집중되고 있다는 점, 셋째, 통합된 리서치 디자인이 존재하지 않는다는 점이다. 따라서 현재까지 인터넷과 정치현상과의 관계를 규명하는 체계적인 비교연구는 거의 없다고 보여 진다.[23)]

앤소니 윌헬름(Anthony Wilhelm)은 지난 수년동안 행해진 경험적 연구의 유형들의 사례연구(case study), 내용 분석(content analysis), 서베이 리서치(survey research), 실험 설계(experimental design)의 4가지로 분류하였다.[24)] 각각의 내용을 살펴보면 다음과 같다.

---

22) David Ronfelt, “Cyberocracy is Coming,” gopher://gopher.well.sf.ca.us/00/whole-system/cyberocracy (1992), pp. 32-34.

23) Pippa Norris, *Digital Divide* (Cambridge: Cambridge University Press, 2001), p. 26, 35.

근래에 발표된 탁월한 전자민주주의 사례연구서의 하나는 『사이버민주주의: 기술, 도시와 시민 네트웍크』 (1998)이다.[25] 이 책은 유럽과 미국 여러 도시의 시민 네트워크 사례를 소개하고 있다. 사례연구는 단일 사례의 연구결과를 강조함으로써 시간적, 혹은 공간적인 일반화의 오류에 빠질 위험이 있다. 오하이오 콜럼버스의 큐브(Qube) 실험을 근거로 전자민주주의의 실패를 주장하는 논리가 있는가 하면, 캘리포니아 산타 모니카의 PEN(Public Electronic Network) 실험을 근거로 성공을 점치기도 한다. 후자의 경우, 과거에는 대표적인 성공사례로 인용되었으나 최근에 들어 부정적인 결과가 보고되고 있다. 사례연구를 발전시켜 참여의 맥락을 분석하는 접근방식으로 에스노그라피(ethnography)적인 연구가 있다. 피스넷(PeaceNet)을 매일 이용하는 15인의 네티즌에 대한 인터뷰를 분석한 삭스(Sach)의 연구[26]가 그 예이다.

내용 분석은 텍스트의 특수한 속성을 체계적으로 분석하여 추론을 시도하는 연구기법이다. 전자민주주의에 대한 내용분석은 정치적 성격의 전자 포럼, 채팅 그룹, 유스넷, E-메일 리스트, 웹사이트 등을 대상으로 메시지와 대화의 내용 및 양태를 분석한다. 특히 대화의 심사숙고여부가 분석의 초점이다. 가령 리차드 데이비스(Richard Davis)의 *The Web of Politics* (1999)는 인터넷이 미국 정치체제에 미치는 영향을 분석하는 과정에서 정치적 좌파집단(alt.politics.radical-left), 정치적 우파 집단(alt.politics.usa.constitution),

---

24) Anthony G. Wilhelm, *Democracy in the Digital Age* (New York: Routledge, 2000), pp. 23-31.

25) Rosa Tsagarousianou, Damin Tambini and Cathy Bryan (ed.), *Cyberdemocracy: Technology, Cities and Civic Network* (London: Routledge, 1998).

26) Hiram Sachs, "Computer Networks and Formation of Public Opinion: An Ethnographic Study." *Media Culture and Society* 17 (1995), pp. 81-99.

클린턴 탄핵을 주장하는 특수한 집단(alt.impeach.Clinton)의 세 개 유스넷 그룹에 대한 내용분석을 행하였다. 그는 소수의 적극적인 유스넷 참여자가 가상공간을 황폐화시키고 있음을 지적하고 무절제한 대화를 극복하기 위해서 조정자(moderator)의 역할이 요청된다고 주장하였다.

서베이 리서치는 표본조사를 통해서 주어진 시점의 상황을 확률적으로 검토하는 방법이다. 그러나 이 방법은 전자민주주의의 연구에 적극적으로 활용되지 않고 있다. 온라인상의 설문조사지는 스팸(spam)메일로 폐기될 가능성이 많으며, 시간대에 따라 온라인 사용자의 통계적 특성이 달라지는 등 자료 처리에 몇 가지 어려움이 있기 때문이다. 브루스 빔버(Bruce Bimber)는 2034명 인터넷 사용자에 대한 무작위 전화조사를 통해서 인터넷이 시민과 정부의 의사소통 패턴 변화에 별다른 기여를 못하고 있으며 시민참여의 증대 효과 역시 기대 이하라는 결론을 내리기도 하였다.[27]

실험 설계의 방법은 가상공간에 진입한 집단과 대면적인 집단을 선정한 후 일정한 상황을 부여하고 양자의 행태를 비교함으로써 컴퓨터를 통한 공적 활동의 효과를 측정하는 방법이다. 이 방법은 매우 유익한 결과를 기대할 수 있으나 현실적으로 조사절차상에 애로가 있으며(가령 동일한 인구통계적인 배경을 갖는 동수의 대의기구 구성원을 확보하는 것) 따라서 자료가 부족한 실정이다.

2) 구체적 연구사례

(1) 인터넷 운동가(Internet activists) 집단의 가상공간 참여양태

27) Bruce Bimber, "The Internet and Citizen Communication with Government: Does the Medium Matter?" Paper presented at the 1998 annual meeting of the American Political Science Association (Boston).

케빈 힐(Kevin A. Hill)과 존 휴즈(John E. Hughes)는 자신들의 연구가 최초의 본격적인 경험적 연구임을 강조하며 인터넷 운동가(Internet activists) 집단의 가상공간 참여양태를 집중적으로 분석하였다.[28] 인터넷 운동가는 '온라인 공간상에 정치적 메시지를 띄우거나 정치적 대화에 참여하는 사람'이라고 정의된다. 조사에 의하면 이들 인터넷 운동가는 인터넷 사용자의 약 10-25%로 추정된다. 힐과 휴즈는 1995년과 1996년의 자료에 의거하여 이들이 유스넷 뉴스그룹, 채팅 룸, 웹 페이지 3개 영역에서 어떻게 행동하는 지를 분석하고, 컴퓨터를 매개로 한 정치적 의사소통이 현대사회에 미치는 효과를 검토하였다.

우선 이들 운동가의 인구통계학적 특징을 일반적인 인터넷 사용자 및 인터넷 비사용자와 비교하여 살펴보면 다음과 같다. 이들은 3개 집단 중에서 가장 평균연령이 낮으며, 남성 및 유색인종의 구성비율이 상대적으로 더 높다. 이들의 학력수준 또한 가장 높지만, 소득 수준에서는 일반적 인터넷 사용자와 비교할 때 현저한 차이가 없다. 이들의 정당일체감과 이데올로기를 분석한 결과 인터넷 운동가들은 보다 민주당 지향적이며 자유주의적인 성향을 보였다. 이들은 일반적으로 더 많은 정보를 추구하는 경향이 있으며 정치참여에 적극적이다. 흥미 있는 사실은 이들이 정보원으로서 인터넷을 찾는 것은 기성 미디어를 불신해서가 아니라 보다 심화된 정보를 욕구하기 때문이다.[29]

우선 유스넷 뉴스그룹을 분석하기 위해서 정치적 성격의 집단을 먼저 추출한 후 "Re: "로 표시되는 응답과 재응답의 연속적 메시

---

28) Kevin A. Hill and John E. Hughes, *Cyberpolitics: Citizen Activism in the Age of the Internet* (New York: Rowman and Littlefield, 1998).

29) *Ibid.*, p. 44.

지(thread)를 분석의 단위로 삼았다. 분석결과를 살펴보면 다음과 같다. 첫째, 다수의 메시지는 정치적 혹은 이데올로기적으로 중립적이었지만 그렇지 못할 경우 보수적 혹은 우파적 메시지가 우세하였다. 인터넷 운동가들의 일반적 성향과 배치되는 이러한 현상에 대해서 필자들은 소수의 보수주의 운동가들이 보다 적극적으로 가상공간에 돌입함으로써 초래된 결과로 보았고, 이들이 가상공간에 집착하는 이유는 기존언론에서 자신들이 소외되고 있다고 생각하기 때문이라고 해석하였다. 둘째, 토론이 전개될 때에 예상과는 달리 대화가 극렬해지는 경우 (40%)보다 상대적으로 예의를 갖추는 경우(60%)가 더 많았다. 이 사실은 생산적 대화의 가능성을 밝게 한다. 셋째, 유스넷의 메시지는 생각을 같이 하는 사람들과의 의사교환을 지향하지 생각을 달리하는 사람들을 설득하려 하지 않는 경향이 있다. 즉 주어지는 정보는 기존의 신념만을 강화시킨다. 이것은 보수주의자는 자유주의자를, 자유주의자는 보수주의자를 회피하게 됨을 의미한다. 이러한 경향은 설득과 타협의 원리를 본질로 하는 민주주의의 발전에 장애요인이 된다.[30]

AOL(America Online)의 채팅 룸에 대한 분석은 유스넷 그룹에 대한 분석과 거의 유사한 결론을 보여주었다. 첫째, 대화의 공간을 지배하는 것은 보수주의 혹은 우파 집단이다. 그리고 우파의 주장보다 좌파의 주장이 더 많은 논쟁을 유발하는데 필자의 해석에 의하면 이것은 우파집단이 그 만큼 더 요란함을 의미한다. 둘째, 극렬한 대화의 사태가 예상보다 낮게(20%) 발생하였다. 셋째, 이데올로기적인 토론은 이질적인 상대보다는 동질적인 상대와의 사이에서 이루어지는 경향이 있다. 따라서 이데올로기적인 발언이 논쟁으로 비

30) *Ibid.*, p. 72.

화되지 않는다. 필자는 굳이 양자를 비교할 때 유스넷이 채팅룸보다 상대적으로 민주적 대화에 더 적합한 형식이라고 본다.[31] 전자가 후자보다 더 많은 정보를 제공할 수 있으며, 시간적인 여유를 취할 수 있고, 이데올로기적으로도 덜 대립적인 경향을 보이기 때문이다.

마지막으로 100여개의 정치관련 웹 사이트에 대한 분석은 다음과 같다. 첫째, 웹 사이트는 좌와 우가 수적으로 균형을 이루고 있었다. 그러나 대체적으로 보수주의 사이트가 더 화려하고 세련된 반면, 자유주의 사이트는 여타 사이트와의 링크(link)를 활용하는 경향이 있었다. 둘째, 유스넷이나 채팅의 영역에서 보다 상대적으로 주변조직 - 극우와 극좌 - 의 진출이 눈에 두드러졌다(22%). 이들의 웹 페이지는 크기나 외관에 있어서 주류집단의 그것을 따라가지 못했지만, 극우조직인 JBS(John Birch Society)처럼 대단한 것도 있었다. 웹사이트는 소수의 목소리를 대변할 수 있는 훌륭한 공간이라는 긍정적 평가와 일탈자들에게 출구를 제공한다는 부정적 측면이 교차한다.

새로운 전자매체의 사회적 효과에 대한 필자들의 평가는 다소 애매하고 양면적이다. 그러나 이들은 대체적으로 두 가지 결론을 내리고 있다. 첫째, 단기적으로 볼 때 가상공간은 보수주의자와 리버태리안(libertarian)의 활동무대가 될 것이며, 소수 참여자 집단의 응집에 의한 파편화 효과가 나타날 것이다. 그러나 장기적으로는 가상공간 진입자의 숫자가 증대됨에 따라 현실사회와 동일한 구조가 구축될 것이다. 둘째, 인터넷 사회의 출현이 기존의 정치를 본질적으로 변형시킬 것이라는 환상이나 우려는 객관적인 근거가 없다. 그것은 과거에 다른 기술진보가 그랬던 것처럼 기존의 행동방식과 여타의 미디어를 보완하는 역할을 수행할 것이다.[32]

---

31) *Ibid.*, p. 130.

(2) 산타 모니카의 실험[33)]

산타 모니카는 풍광이 뛰어난 인구 9만의 남부 캘리포니아 해변도시이다. 그러나 이 곳은 지방정부 차원에서 최초로 전자민주주의를 시도했던 도시로 더욱 이름이 알려져 있다. 1989년 시정부는 여론조사와 컨설팅과정을 거친 후 휴렛 페커드사의 하드웨어 지원과 메타시스템사의 소프트웨어 지원을 받아 PEN(Public Electronic Network)이라는 커뮤니티 네트워크를 출범시켰다. 산타 모니카의 독특한 정치문화는 이러한 실험을 가능케 하는 중요한 배경요인이 되었다. 산타모니카는 60년대의 사회운동가 탐 헤이든(Tom Hayden)을 지도자로 하여 참여민주주의와 일계급사회를 표방했던 급진적 중산층의 사회이며 좌파 정치의 무대로서 또한 유명하다. 최초에 PEN은 행정정보제공, 전자우편, 전자주민회의 3가지 영역으로 나누어 서비스를 시작했으나 나중에 인터넷과 결합되면서 도서대출증 발급에서부터 여행정보 제공에 이르기까지 광범위한 부가적인 기능이 추가되었다. 한 가지 특기할 만한 사항은 주민들의 즉흥적인 의사결정이 시의회의 활동에 장애를 초래할 것을 우려하여 투표와 여론조사를 프로젝트 내용에서 배제하였다는 사실이다.

산타 모니카의 실험을 들여다보면 특히 두 가지 사실이 눈에 띈

---

32) *Ibid.*, pp. 185-186.

33) 이하 Sharon Doctor and William H. Dutton, "The First Amendment on line: Santa Monica's Public Electronic Network," in Roza Tsagarousianou, Damin Tambini and Cathy Bryan (ed.), *Cyberdemocracy: Technology, Cities and Civic Networks* (London: Routledge, 1998), pp. 125-147; Pamela Varley, "Electronic Democracy: What's Really Happenning in Santa Monica," in Richard Joleton, *Composing Cyberspace: Identity, Community, and Knowledge in the Electronic Age* (Boston: McGraw Hill, 1998), pp. 240-252 ; Christopher Weare, Juliet A. Musso, Matthew L. Hale, "Electronic Democracy and the Diffusion of Municipal Web Pages in California," *Administration and Society*, Vol. 31, No. 1, pp. 3-27 참조.

다. 하나는 전자민주주의가 소외집단의 권익신장을 위해 어떻게 활용될 수 있는가하는 문제이고, 다른 하나는 전자민주주의의 병폐이며 치명적인 흠결로 지적되는 거친 대화(flaming)의 처리과정에 대한 교훈이다.

첫째, 프로젝트가 출범된 후 맨 처음 이룬 성과는 홈리스(homeless)에 대한 당국의 조치이다. 홈리스의 어려움을 호소하는 글들이 소개된 후, 이들에 대한 사회적 지원을 촉구하는 토론 그룹이 등장하였고 홈리스들 일부도 이 운동에 참여하였다. 그 후 시당국은 홈리스를 위한 샤워시설, 세탁시설, 물건보관소를 건설하였다. 둘째, 거친 대화의 문제를 해결하기 위한 산타 모니카시의 노력과 시행착오과정을 들여다보면 우리는 전자민주주의의 내재적인 딜레마를 다시 한번 자각하게 된다.

시간이 얼마 흐르지 않아 일부 소수 참여자의 횡포가 문제되었다. 한달에 평균 12회 컨퍼런스에 진입하고 있는 일반 참여자들과는 달리, 이들 50여명은 하루에만도 8-10회 진입하면서 키보드에다 자신의 감정을 무절제하게 쏟아 부었고 인신공격과 심지어 성적 희롱까지 자행하였다. 대화의 질이 저하되었고 주제와 무관한 토론이 이루어졌다. 그 결과 많은 주민들이 이곳을 떠나기 시작하였다. 최초에는 선출직 및 임명직 공무원 다수가 적극적으로 참여했으나 점차 이를 외면하기 시작하였다. 시당국은 대화공간의 규제문제를 심각하게 고려하기에 이르렀다. 그러나 시정의 법률자문가들은 언론의 자유를 규정한 수정헌법 제1조를 이유로 사용자 규제는 최소화되어야 한다고 입을 모았다. 초기에는 사용자 상호간의 권고의 방식에 의존했는데 그러나 권고 그 자체가 월권이 되고 언쟁의 빌미가 되었다. 그 후 프로젝트 매니저의 비공식적인 충고편지 발송방식을 채택했는데 이것은 어느 정도 효과가 있었으나 점차 대화량이 증가하면서 물량을 감당하지 못하게 되었다. 시정부는 고육지책으로 자유토론방을 모두 폐쇄하고 자체 조정자를 두는 방안을 검토하기 시작하였다. 즉각적으로 사용자들의 격렬한 항의가 쇄도하였다. 그리고 사용자 자신들에 의한 자체적 조정자 운영방안이 제시되었다. 그러나 시정부는 기술상의 문제를 들어 공무원 조정자를 운영하는 방안을 실천에 옮겼다. 공무원인 조정자는 모든 메지시를 검토하고 적절한 부서에 이첩하는 책임을 지게 되었고 해당공무원은 반드시 응답하도록 하였다. 일반 사용자들은 하루에 2회 이상 투고가 불가능하며 내용은 30줄 이하로 제한되었다. 그러나 사용자들의 불만을 감안하여 규제를 가하지 않는 자유토론방을 이중적으로 운영하였다. 조정(moderation)과 검열(censorship)의 차이 논쟁이 일었으나 미국의 판례에 의하면 규제가 중립적이고 중요한 정부이익의 보호차원에서 필요성이 인정되며 여타의 의사소통 및 정보제공의 통로가 확보될 경우에 규제가 가능하기 때문에 산타모니카 시정부의 2중적 대화방 운영은 정당화되었다. 그러나 시간이 흐르면서 사용자들은 편법을 사용하는 사례들이 속출하였다. 1996년 여름에 이르러서 불만의 정도는 급격히 감소하였으나 이것은 대화의 성숙을 의미한다기보다 과격자나 혹은 실망한 자들이 이탈하고 다수의 사용자들이 기존의 상황에 점차 적응하게 된 결과로 판단되었다.

❺ 맺는 말

가상공간이 합리적인 대화의 장소로서 한계를 갖고 있다는 사실, 그리고 흥미와 관심, 이념과 철학이 유사한 사람들끼리 결집하게 되는 공동체의 파편화 현상은 전자민주주의의 부정적인 측면들이다.

그러나 정보격차현상에 대한 우려에도 불구하고 거시적인 안목에서 볼 때, 정보의 공유는 기성의 권위를 파괴하고 대중과 엘리트 집단의 경계를 허물어뜨림으로서 사회적 평준화에 일조할 것이라는 점, 국가감시기제의 강화와 공권력에 의한 정보통제 가능성에도 불구하고 일반시민들이 보다 손쉽게 필요한 정보에 접근할 수 있고 자유로운 행동공간을 확보할 수 있기 때문에 궁극적으로 국가권력의 약화와 시민의 힘의 강화가 예상된다는 점은 긍정적인 측면들이다. 정보통신기술의 발전은 민주주의에 대해서 긍정적 효과와 부정적 효과를 동시에 초래할 것이나 종합적으로 볼 때 전자가 후자보다 더 클 것으로 판단된다. 그리고 여러 학자들이 지적하듯이 기술결정론은 적절치 못한 주장이며 사려 깊은 선택을 통해서 전자민주주의가 초래할 부작용은 최소화될 수 있다고 본다. 가령 전자주민투표와 같이 행정력을 무기력화시키고 여론정치의 횡포를 야기시킬 수 있는 제도적 장치는 신중하게 적용되어야 할 것이다.

정보화사회가 초래할 예상가능한 민주주의의 형태는 참여민주주의나 공동체주의적 민주주의라기보다는 자유주의적이며 다원주의적인 민주주의가 될 것이다. 그 논거 역시 하버마스적인 공공영역이론보다는 포스트모던적인 민주주의 – 차이의 철학 – 에 입각해 있다고 볼 수 있다. 즉 다수의 합의를 근간으로 하는 강력한 민주주의보다는 일정수준의 사회적 해체를 배경으로 하는 느슨한 민주주의가 더 유력해 보인다.

또한 국민들 상호간, 혹은 국민과 정부간의 직접적인 대화가능성이 그 어느 때 보다 높아지고 경우에 따라서는 다수의 의사가 즉각적으로 확인될 수 있는 상황이 전개됨으로서 전통적인 대의조직인 정당과 의회의 힘이 약화될 것이며, 장기적으로는 시민단체 혹은 언론 역시 영향을 받을 개연성이 있다. 모두가 자신의 의사를 직접적으로 표출할 수 있는 시대상황하에서 중간자의 존재는 무력해질 수밖에 없으며 가상공간이 대안언론의 역할을 수행할 수 있기 때문이다.

결론적으로 말해서, 전자민주주의의 도래는 미래의 정치의 양상을 어느 정도 변형시킬 것이다. 한편으로 대의제가 위축됨으로써 전통적인 정치의 영역이 축소될 것이지만, 정치가 정치인의 독점물이 아니라 국민의 일상사가 된다는 점에서 새로운 정치의 시대가 도래할 수도 있을 것이다.

제 5 부

미국 민주주의론

제14장

레오 스트라우스의 미국 건국사상 해석

❶ 머리말

레오 스트라우스(1899-1973)[1] 는 미국 정치학계에서 가장 영향력 있는 학자 중의 한 사람으로 평가된다. 저명한 역사학자인 고든 우드(Gordon S. Wood)에 의하면 스트라우스는 20 세기북미에서 가장 강력한 학문적 세력을 구축하였다(Wood 1988, 34). 그는 시카고 대학을 중심으로 100명 이상의 박사를 배출시켰으며 많은 제자들이 후일 미국 정치의 현장에서 활약하였다.

그의 정치이론이 현실정치에 상당한 영향을 미쳤음에도 불구하고 그 자신은 상아탑에 갇혀서 일생 동안 고전연구에만 전념하였다는 것은 흥미로운 사실이다. 그러나 그의 학문세계는 스트라우시안(Straussian)으로 불리는 많은 수의 동료 및 제자들에 의해서 계승되

1) 레오 스트라우스는 1899년 독일에서 출생하였다. 부모는 정통 유태교 신자였으며 그는 함부르그, 말부르그, 프라이부르그 대학에서 수학하였다. 1932년 독일을 떠나 캠브리지와 파리에서 학업을 계속하였다. 유럽의 반유태주의와 독일의 나치즘에 환멸을 느낀 그는 1938년 미국으로의 이민을 결정하였다. 그는 1949년까지 뉴욕의 뉴스쿨에서, 그 후 1968년까지 시카고 대학에서 봉직하였다. 그는 캘리포니아의 클레르몽 대학과 메릴랜드의 세인트 존 대학에서도 잠시 교편을 잡았다. 그는 1973년 사망할 때까지 일생동안 상아탑 속에서 연구에만 몰두하였는데, 제자인 앨란 블룸은 사색만이 그의 유일한 일과였다고 말한다.

었으며 나아가 현실정치에도 각인되었다. 언론은 스트라우시안의 워싱턴 상륙을 보도하였고 스트라우스의 정치이론과 특정정당과의 관계가 분석되었다. 『뉴욕타임즈』는 스트라우스를 1994년에 공화당이 추진했던 '미국과의 계약'(Contract with America)의 대부라고 평가하였다.[2] 스트라우스는 미국정치에 어떠한 메시지를 전달하였는가?

일반적으로 미국헌법은 독립선언과 달리 이해관계 당사자들간 타협의 산물로 간주되며 자유주의자나 보수주의자들에게 비판의 단초 혹은 정당성의 근거를 제공하는 경향이 있다. 스트라우스학파는 고전적 도덕률을 강조하는 새로운 보수주의를 역설하고 미국체제의 내재적 한계를 지적함으로써 헌법을 신성시하는 미국의 전통에 도전하였다. 미국 민주주의의 본질은 무엇인가? 건국의 아버지들을 어떠한 체제를 의도했는가? 스트라우스에 의해 시작된 미국체제에 대한 정치철학적 성찰은 스트라우시안과 그 비판자들에 의해서 미국체제 논쟁으로 비화되었으며, 스트라우시안들 역시 중요사안을 놓고 내부적으로 분열되었다.

일부의 스트라우시안은 스트라우스의 정치이론에 입각하여 미국의 건국이념을 예찬하였지만, 다른 사람들은 스트라우스의 논리로 이를 비판하였다. 그러나 미국 민주주의를 옹호하는 자유주의자들은

---

2) Richard Bernstein, "A Very Unlikely Villain(or Hero)." *New York Times* (January 29, 1995), E4. 워싱턴의 스트라우지안에 대해서는 Brent Staples, "Undemocratic Vistas: The Sinister Vogue of Leo Strauss." *New York Times* (November 28, 1994), p.14 ; Jacob Weisberg, "The Cult of Leo Strauss: An Obscure Philosopher's Washington Disciples." *Newsweek* (August 3, 1987), p. 61; James Atlas, "Look Who's the Opinion Elite Now." *New York Times Magazine* (February 12, 1995) 등을 참조 할 것. 정계와 관계에서 활약하고 있는 스트라우스학파의 면면에 대해서는 Kenneth L. Deutsch & John Murley (ed.), *Leo Strauss, the Straussians, and the American Regime* (Lanham: Rowman & Littlefield Publisher, INC., 1999), p. xiv 를 참조할 것.

자유주의적인 관점에서 양자 모두를 비판하였다. 스트라우스와 스트라우스 학파의 이론은 이제 미국체제의 연구에 필수적인(incontournable) 논의 주제가 되었다(Deutsch & Mulrey 1999, 65). 미국 헌법에 대한 스트라우스의 고전철학적 해석은 한편으로 미국헌법의 신화를 파괴하였지만 다른 한편 비어드(Beard)의 전통을 계승한 1950년대와 60년대 진보주의적 역사학이 제기한 미국헌법 비판에 대한 강력한 반론의 무기를 제공하였다.[3]

이 글은 스트라우스와 스트라우시안의 미국 민주주의론을 검토함으로써 미국 보수주의의 중요한 지류가 자신의 체제와 역사를 어떻게 인식하고 있는지를 살펴보려는데 목적이 있다.[4] 더 나아가 우리는 정치철학의 현실정치 관여방식에 대해서 중요한 시사점을 얻게 될 것이다.

---

3) Michael P. Zuckert, "Redefining the Founding: Martin Diamond, Leo Strauss, and the American Regime." in Kenneth L. Deutsch & John A. Murley(ed.), *Leo Strauss, the Straussians, and the American Regime* (Lanham: Rowman & Littlefield Publisher, INC., 1999), p. 242.

4) 스트라우스 철학의 이론체계에 대한 국내학자의 연구로는 정달현, "레오스트라우스의 고전적 정치철학론."『論文集』20집 (1991), pp. 287-302; 홍원표, "고전적 합리주의의 현대적 해석: Leo Strauss의 관점을 중심으로."『한국정치학회보』26권 1호 (1992), pp. 195-219; 오문환, "레오스트라우스의 모더니티론과 정치철학,"『연세사회과학연구』3집 (1992), pp.127-145; 김영국 외,『레오스트라우스의 정치철학』(서울대학교 출판부, 1995); 안병진, "신보수주의의 이념적 뿌리와 정치적 함의: 레오 스트라우스를 중심으로."『한국정치학회보』38권 1호 (2004), pp. 127-142 등이 있다. 역서로서는 레오스트라우스 저·김영수 외 역,『서양정치철학 I』(서울: 인간사랑, 2000); 레오스트라우스 저·홍원표 역,『자연권과 역사』(서울: 인간사랑, 2001); 레오스트라우스 저·양승태 역,『정치철학이란 무엇인가?』(서울: 아카넷, 2002) 등이 있다.

❷ 스트라우스의 고전정치철학과 근대민주주의

스트라우스는 우리시대의 위기를 규범(nomos)의 부재로 파악한다(Strauss 1989, 8). 20세기 사회는 가치판단능력과 방향감각을 상실하였다. 위기의 근원은 실증주의, 역사주의와 결합하고 있는 근대철학의 등장이다. 스트라우스는 오늘의 서구사회가 전례 없는 성공에도 불구하고 자신감을 상실했으며 허무주의적 경향을 보이고 있다고 진단하였다. 서구사회의 위기는 자신의 기획에 대한 불안감이다. 서구는 자신의 미래를 인간성의 실현으로 생각하였으나 오늘날 미래에 대한 희망을 상실하였다. 스트라우스에 의하면 위기의 근원은 근대성 자체에서 발견된다. 스트라우스는 신구논쟁(the quarrel between the ancients and the moderns)을 철학적으로 재검토할 것을 주장한다(Strauss 1989b, ix).

근대과학은 인간의 조건을 변경시키기 위해 자연을 지배하는 전능한 인간의 지식을 과시하였다. 그러나 무한한 진보의 약속에도 불구하고 근대과학은 인간사회가 직면하는 최종적인 물음에 답변을 제시하지 못하였다. 근대과학의 모험은 근대철학에 그대로 투영되었다. 근대와 더불어 철학은 과학과 결합하였으며 근대는 번영을 향한 진보, 자기보존의 권리증대, 자유와 평등, 정의의 실현을 기획하였다. 그러나 마키아벨리를 시조로 하는 근대철학은 새롭게 규정된 덕성의 개념에 의거하여 사회적 행위기준을 격하시킴으로써 도덕적 행위규범을 상실하였다. 자연법은 자연권의 개념으로 세속화되었으며 쾌락주의와 경제주의가 일반화되었다. 홉스는 인간의 자기보존 욕망을 자연권의 본질로 간주함으로써 인간의 자기실현가능성을 봉쇄하였고 홉스의 이론을 계승한 로크는 동의에 입각한 사회를 주장하는 과정에서 인간의 이기심을 기초로 쾌락을 추구하는 사회의 원형을 제시하였다. 근대성의 물결은 루소를 거쳐 니체의 비합리주의 철학에 이르게 된다.

고전적 정치철학은 실천적 목적을 추구하였고 선과 정의를 지향하였으며 시민생활의 도덕적 기준을 근거로 인간의 존엄성에 적합한 정치질서를 모색하였다. 그러나 근대철학의 등장과 더불어 고전적 정치철학은 쇠퇴하기 시작하였다. 근대의 위기는 고전적 정치철학의 퇴조에 따른 규범의 부재이며 현대의 위기는 근대의 위기에서 비롯되었다. 스트라우스에 의하면 근대철학을 배경으로 해서 실증주의의 전통이 수립되었으며 실증주의는 역사주의로 귀착되었다. 실증주의는 가치와 사실을 구분 한 후 사실판단만을 행하고 가치의 위계에 대한 모든 척도를 거부함으로써 상대주의적 세계관에 매몰되었다. 실증주의는 분석적인 개념도식의 한계를 극복하기 위해서 연구대상에 대한 역사적 이해를 시도하였으나 역사주의는 모든 가치에 대해 관용함으로써 지적 허무주의와 회의주의를 유발하며 파국을 초래하였다. 나치즘의 등장은 역사주의의 맥락에서 이해될 수 있다(Strauss 1959, 26-27).

스트라우스의 근대철학 비판은 궁극적으로 근대민주주의를 겨냥하였다. 스트라우스는 근대민주주의를 자유주의적 평등주의로 규정하였고 자유와 평등의 이념을 덕의 지배와 대립시켰다(Strauss 1964, 48). 스트라우스는 근대자유주의가 근대민주주의를 표상한다고 보았다. 스트라우스에 의하면 고대의 자유주의는 시민적 교육을 전제로 구성원에게 덕과 지혜를 요구하였으며 진리가 아닌 여론의 지배를 받는 민주주의 체제의 병폐를 직시하였다. 그러나 근대의 자유주의는 도덕심과 책임감이 결여된 자유를 앞세워 욕구의 기술적 충족만을 성취하려 하였다. 또한 그것은 자연권의 이름으로 평등의 이념을 정당화하였다. 대중교육에 의해서 토론의 자유가 활성화되었고 누구나 듣고 말할 수 있다는 환상 속에서 소수 현자와 다수 대중의 능력 차이가 무시되었다. 신문의 스포츠란과 연재만화만을 즐겨 읽는 현대인들이야 말로 근대민주주의의 주인공들이다(Strauss 1989b. 5). 그러나 스트라우스는 철학이 본질적으로 반대중적이며 진리는 쉽게 다수에 의해서 공유되지 않는다고 본다. 정부에 의한 탄압이 존재하지 않는다 하더라도 다수의 위력은 진정한 선택의 자유와 토론의 자유를 허용하지 않을 수 있다. 박해는 종교재판과 같은 가혹한 방식에서부터 사회적 오스트라시즘(social ostracism)에 이르기까지 다양한 형태를 띤다. 이러한 상태 속에서 개인은 독립적인 정신을 유지하기 어렵다. 근대자유주의는 도덕적 규범을 상실하였으며 누구도 그것을 주장할 수 있는 권위를 상실 하였다. 정부는 오직 무책임한 대중에 대해 책임을 지는 것만으로 정통성을 유지할 수 있게 되었고 보통선거의 실시와 더불어 평등주의의 해악과의 투쟁이 불가능하게 되었다. 스트라우스는 보편적이며 동질적인 사회를 지향하는 꼬제브(Alexandre Kojeve)의 공산주의가 자유주의의 이상과 크게 다르지 않다고 본다. 다만 방법의 차이가 존재할 뿐이다(Strauss 1989b, vii). 스트라우스에 의하면 대중이 지배하는 사회는 결국 소수의 관리자에 의해 조종을 받는 사회이며 이들 소수는 결코 공공선을 추구하는 현자가 아니다. 스트라우스는 니체를 언급함 없이 근대민주주의의 주인공이 사실상 니체가 말하는 최후의 인간(dernier homme)임을 암시하였고 베버를 언급함 없이 미국의 대중문화와 대중민주주의를 비판한 베버의 주장을 재확인하였다(Lefort 1992, 298). 스트라우스는 근대 민주주의의 최종적인 형태로서 자유민주주의가 현실적으로 존재하는 최선의 체제임을 인정하였다. 그러나 그는 자유민주주의가 자유를 목표로 추구하는 한 덕을 외면할 수밖에 없으며 그것은 근대의 위기를 모면할 수 없다고 보았다. 그는 자유민주주의에 대한 좌파의 비판 역시 자유민주주의가 덕성의 추구를 포기함으로써 초래된 결과로 보았다.

그러나 스트라우스는 패배주의를 거부한다. 진정한 자유주의자는 안전하고 행복하며 무제약적인 삶을 최고의 인생의 목표로 삼는 변질된 자유주의와 맞서야하는 사명감을 느낀다(Strauss 1989b, 64). 스트라우스의 희망은 철학의 역할에 대한 기대이다. 스트라우스에 의하면 도시와 철학은 본질적으로 긴장관계에 있다. 정치공동체로서 도시는 억견의 지배를 받으나 철학은 억견을 극복하고 진리를 회복하는 사명을 갖는다. 따라서 철학은 본래적으로 반(反)도시적이며 위험을 수반한다. 철학자는 정치의 세계에 무관심할 수도 있다. 그러나 진실을 추구하는 한 철학은 도시를 위해서 현실을 외면할 수 없다. 진리에 대한 철학자의 헌신과 체제에 대한 시민의 충성심이 충돌할 수 있는 현실적 딜레마를 감안할 때 철학자의 말과 글은 부드러운 접근을 시도할 필요가 있다. 새로운 암흑시대의 가능성을 완전히 배제하지 않는 스트라우스는 여기서 두 가지 글쓰기 양식 - 대중을 향한 개방적인 글과 소수를 위한 비의적인 글 - 을 제안하기에 이른다(Strauss 1959, 222).[5] 그리고 고전을 이해하기 위해서 행간을 심층적으로 분석할 것을 강조한다.

❸ 미국의 건국이념에 대한 스트라우스의 양면적 평가

스트라우스는 사실상 미국체제에 대해서 많은 글을 남기지 않

5) 이 문제에 대한 본격적인 논의는 Leo Strauss, *Persecution and the Art of Writing.* Chicago: University of Chicago Press, 1980) 참조.

았다. 그러나 그는 자신의 정치이론을 통해서 미국체제의 연구에 대한 형이상학적 관심을 자극하였으며, 헌법과 헌법제정 관련 문서를 고전으로 간주하는 새로운 전통을 수립하는데 일조하였다.[6] 그는 자신을 보호해준 미국 사회에 대해서 호의적인 감정을 갖고 있었으며 미국체제의 장점을 인정한 유럽의 망명지식인 중 한 사람으로서 미국 민주주의에 대해 우정 어린 충고를 간헐적으로 표출하였다. "우리는 자유민주주의의 친구이며 동맹이기 때문에 아첨하지 않겠다."(Strauss 1989b, 24).

스트라우스에 의하면 미국 민주주의의 이념은 근본적으로 홉스와 로크의 철학에 의해서 영향을 받았으며 이런 의미에서 그것은 근대를 대변한다. 미국 헌법은 개인의 자기이익 추구를 체제의 원동력으로 간주하고 상충하는 이해관계를 조정하는 기제를 구축한데 본질이 있다. 따라서 미국 민주주의는 한편으로 도덕률과 공공선을 결여한 체제로서 출범하였다. 스트라우스는 로크의 철학이 매디슨에 의해 『페더랄리스트』10에서 완벽하게 표현되었다고 말한다. "재산을 취득하는 상이한 능력을 보호 하는 것이 정부의 제1의 목표이다." (Strauss 1953, 245). 스트라우스의 자유민주주의론은 미국 체제에 대한 평가와 직결된다. 근대민주주의의 전형인 자유민주주의체제는 개인의 세속적 욕망과 정열의 지배를 정당화하고 상대주의적 세계관의 확산과 정제되지 않은 과학의 발호를 초래하였다. 그것은 선을 쾌락과 동일시하며 의무를 방기함으로써 개인주의와 물질주의에 함몰되었다. 특히 산업사회에 있어서 대중민주주의는 민주주의를 내부

6) 고든 우드에 의하면 1987년 미국헌법탄생 200주년을 기념하는 각종 학술행사를 주도한 것은 주로 정치학자들이었는데 그들 대다수가 스트라우시안이었다. Gordon S. Wood, "The Fundamentalists and the Constitution." *New York Review of Books* (February 1988), p. 33.

로부터 위협한다.

그러나 다른 한편 스트라우스는 미국의 건국 과정 속에서 고전적 공화주의의 요소를 발견하였다. 자유민주주의는 결코 근대적이라고 볼 수 없는 사고의 토대위에서 강력한 힘을 부여받았다(Strauss 1959, 98). 스트라우스의 미국에 대한 애정은 마키아벨리론에서부터 시작된다. "미국은 마키아벨리적인 원칙으로부터 독립하여 건설된 유일한국가이다."(Strauss 1958, 13). 마키아벨리에 의하면 좋은 목적은 모든 수단을 정당화하며 대부분의 공화국은 형제살해의 토대위에 건설되었다. 구세계에 있어서 국가의 기원은 정복과 독재이다. 그러나 스트라우스는 미국이 자유와 정의, 도덕성의 바탕 위에서 건설된 국가라고 말한다. 스트라우스는『페더랄리스트』에 나타난 해밀턴의 언술 속에서 공화제적 요소를 발견한다. "해밀턴은 우리가 기대할 수 있는 최상의 체제가 지혜와 덕성을 소유하고 공공선을 지각할 수 있는 뛰어난 능력을 지닌 대표를 선출하는 선거인단에 있음을 정확하게 지적하였다."(Strauss 1989b, 16). 또한 그는 다음과 같이 제퍼슨을 인용한다. "귀족주의는 최선의 정치 질서가 무엇인가라는 물음에 대해 모든 신사들이 취하는 자연스러운 답안이다. 토마스 제퍼슨이 말했듯이 이들 선천적인 귀족들을 효과적으로 선별하여 공직에 선출하는 정부가 가장 좋은 정부가 아닌가?"(Strauss 1959, 86). 스트라우스는 고전철학이 가정하는 이상적인 정치체제란 현실적으로 존재하지 않으며 아리스토텔레스적인 혼합체제가 차선의 체제임을 인정하였다. 그것은 귀족주의와 민주주의가 적절한 균형을 이루는 체제로서 위정자의 덕성과 피치자의 합의가 조화를 이루는 세계이다. 스트라우스는 미국체제와 미국 민주주의가 그 기원에 있어서 혼합체제의 가능성을 보였다는 입장을 암시한다. 즉 미국의 국가탄생은 근대민주주의의 논리에 입각해 있지만 동시에 고전적인 공화주의의 이상을 포기하지 않았다고 보는 것이다.

그러나 스트라우스는 미국 민주주의가 시간의 경과에 따라 점차 공화주의의 이상을 포기하고 근대적 자연권의 논리에 경도되고 있다고 생각하였다. 도덕교육이 쇠퇴하고 정치가의 존재가 실종되었다. 그 결과 미국은 대중의 정열, 기술주의와 경제적 사고, 윤리적 상대주의가 지배적인 사회로 변질 되었다. 스트라우스는 "미국이 최초의 이상을 아직도 견지하고 있는가?" 라고 물음을 던지며 건국의 이념이 회생되기를 기대한다(Strauss 1953, 1). 그러나 스트라우스에게 있어서 미국의 자유민주주의는 현실적으로 가능한 최선의 체제이다. 자유민주주의의 미덕은 자신의 한계를 자인함으로써 체제에 대한 비판을 허용하고 철학의 역할을 수용하는데 있다.

스트라우스가 공화주의의 전통을 회복하기 위해서 제시하는 처방은 진정한 의미의 자유주의 교육을 실시하는 것이다. 그것은 고전을 통해 위대한 영혼의 대화에 귀를 기울이는 것이며 자유의 이념을 덕성의 이념으로 보완하는 것이다. 자유주의 교육은 대중문화의 해독에 대한 처방전을 제시하고, 천박한 대중의 여론과 허영의 시장으로부터 해방될 수 있는 훈련을 제공한다. 스트라우스가 주장하는 진정한 자유주의 교육은 민주주의의 중심부에 귀족주의를 이식하는 것이다. 신사는 최소한 덕의 관념을 갖고 있으며 무엇이 고상한지 식별할 줄 안다. 스트라우스에 의하면 인간은 본질적으로 자기완성에 있어서 평등하지 아니하며 모든 사람이 선을 추구하는 것도 아니다(Strauss 1953, 134). 그는 민주주의가 보편적 귀족주의로 확대된 체제를 지향해야 한다고 주장한다(Strauss 1989b, 4). 스트라우스는 다른 한 편 종교의 역할에 주목한다. 근대적 현상으로서 무신론은 정의로운 질서와 양립불가능하다. 스트라우스에 의하면 신의 섭리를 의식할 때 윤리적 의무의 실현가능성이 제고되고, 영혼의 불멸을 신봉할 때 도덕률은 강화되는 법이다. 종교는 법률의 존엄성을 고양하며 정치적 생활의 안정에 기여한다(Strauss 1959, 229).[7)]

스트라우스는 미국체제를 거론함에 있어서 양면적인 평가를 하였으며 단정적인 표현을 삼가함으로써 어떤 의미에서는 애매한 태도를 견지하였다. 그러나 그는 제자들에게 미국민주주의를 비판적으로 인식할 수 있는 철학적 시각을 제시하였다. 스트라우스의 제자들은 어느 한편의 해석을 강조함으로써 미국체제에 대한 비판과 정당화를 각각 시도하였다. 그러나 스트라우스의 철학을 거부하는 사람들에게 스트라우스의 의도는 분명해진다. 스트라우스는 자유민주주의도 미국체제도 사랑하지 않는다.

❹ 스트라우시안과 미국헌법제정의 공화주의적 해석

스트라우시안 상호간, 스트라우시안과 반(反)스트라우시안 사이에서 전개되는 미국체제 논쟁은 미국의 지식인 사회가 자신의 체제의 본질을 어떻게 이해하고 있는가를 보여주는 중요한 단서를 제공한다(D'souza 1987, 40). 스트라우스의 철학을 미국에 적용시키는 첫 번째 방식은 미국의 건국을 고전철학의 이론으로 정당화하는 것이다. 이러한 입장을 대표하는 사람은 해리 자파(Harry V. Jaffa)이다.

스트라우스학파의 무서운 아이(enfant terrible)인 자파에 의하면 미국은 고전적 미덕에 입각해 건설된 국가로서 그리스와 기독교의

7) 스트라우스의 종교론은 시민과 도시의 연대성을 담보할 수 있는 시민종교적 측면뿐만 아니라 이성과 대조되는 계시종교에 대한 논의도 핵심적인 사상을 이룬다. 후자에 대해서는 Leo Strauss, *The Rebirth of Classical Political Rationalism.* (Chicago: University of Chicago Press, 1989), Part 3 'The Dialogue between Reason and Revelation' 참조.

전통을 계승하였으며 제퍼슨이나 매디슨은 플라톤이나 아리스토텔레스적인 인물로 이해된다(Jaffa 1982). 자파는 미국의 건국이 로크의 이론에 근거했음을 인정한다. 그러나 그가 생각하고 있는 로크는 헤도니스트가 아니다. 로크는 전통적 도덕과 신앙을 바탕으로 하여 자신의 이론을 정립하였다. 건국의 아버지들은 로마공화정을 상징하는 퍼블리우스(Publius)의 필명으로 활약하며 솔론(Solon)과 리쿠르고스(Lycurgus)를 인용하였고, 제퍼슨은 종종 아리스토텔레스와 키케로(Cicero)를 언급하였다. 자파는 이와 관련하여 건국이념으로서 종교의 문제를 재검토한다. 자파에 따르면 매디슨, 제퍼슨, 워싱턴은 무신론적이며 물질주의적인 정치질서를 위해 계시종교를 부정한 인물들이 아니었다. 워싱턴은 취임연설에서 성스러운 종교의 축복 없이 미국은 행복한 국가가 될 수 없다고 선언하였다. 이 문제는 정치와 종교를 분리시킨 수정헌법 제1조의 해석에 대한 논쟁을 야기 시키는데, 가령 아나스타플로(Anastaplo)는 그것이 특정종교에 대한 지지를 거부한 것이지 종교를 정치로부터 축출시키려는 의도가 아니었다고 주장한다(Deutsch & Murley 1999, 60). 자파는 고전철학의 전통을 계승하고 있는 건국초기 위대한 정치인으로서 링컨을 주목한다. 그는 링컨과 더글라스의 논쟁(Lincoln-Douglas debate)에 대한 재해석을 통해서 링컨이 다수의 논리를 극복하고 독립된 정신을 고집하였음을 강조한다. 더글라스는 인민주권과 주의 권리를 강조하며 노예제 폐지 문제는 해당 지역의 결정에 일임할 것을 주장하였으나 링컨은 독립선 언문을 상기시키며 시민의 도덕적, 법률적 평등을 주장하였다. 자파에 따르면 링컨은 정의란 무엇인가의 문제를 놓고 트라시마코스와 논쟁을 벌인 소크라테스와 같은 인물로 간주된다. 더글라스가 다수와 강자의 이익을 고집하였다면 링컨은 소수의 정의를 대변하였다. 자파는 계속해서 링컨의 철학이 독립선언과 헌법의 일관된 정신을 계승하고 있다고 말하며 건국이념으로서 평등의 가치를 고찰한다. 독립선언은 모든 인간은 평등하게 태어났다고 규정함으로써 정의의 이념을 분명이 하였다. 건국의 아버지들에게 있어서 노예제도는 국가적 분열을 방지하기 위한 고육지책에 불과하였다. 링컨은 노예해방을 통해서 건국정신을 다시 회복시켰다. 이후 흑인과 여성을 포함한 보통선거권의 확대과정은 건국정신으로부터의 이탈이 아니라 그것의 실현을 의미한다. 자파는 독립선언이 강조하고 있는 평등의 이념이 보수주의의 가치와 배치되지 않는다고 말한다. 그것은 평등의 이념이 신이 창조한 질서에 인간의 자유가 의존하고 있음을 강조하기 때문이다. 자파는 또한 기회의 평등이야말로 결과의 불평등을 정당화한다고 본다. 자파에 따르면 자유와 평등은 동전의 양면이며 평등은 자치와 자유의 기반이 된다(D'souza 1987. 42). 따라서 자파는 현재의 문제가 건국의 전통을 포기하는데서 비롯된 것이라고 주장하였다.

자파의 동료인 찰스 케슬러(Charles Kesler)는 미국헌법의 탄생을 공화주의의 논리로 비판하는 일군의 스트라우시안들을 향하여 다음과 같이 반격하였다. 다수의 신보수주의자들은 미국을 이기심에 입각해서 건설된 국가라고 말한다. 이들의 논리에 따르면 미국의 자유주의는 홉스의 철학에서부터 유래하였고 따라서 미국 민주주의의 본질은 완화된 맥락의 홉스주의가 된다. 그들은 미국이 인간의 욕망을 조정함으로써 횡사의 공포를 무혈의 상업행위로 전환하는데 성공하였다고 말하며 미국 체제의 천박한 기원을 지적하는 것이 미국 민주주의에 대한 애정에서 비롯되었다고 주장한다. 그러나 케슬러는 『페더랄리스트』가 비록 초반부에서 마키아벨리적인 양상을 보이고 있지만 후반부에 가서는 보다 공화주의적인 논리를 취하고 있다고 본다. 또한 신보수주의자들이 미국사회의 병리와 맞서기 위해 종교의 도움을 요청하지만 그것을 미국의 전통으로 이해하지 않는다고 비판한다. 그들은 토크빌이 미국인의 삶의 방식 속에서 종교가 중요한 역할을 수행하고 있음을 발견했던 사실을 망각하고 있다. 미국은 근대성의 결정체이며 소비에트 체제와 비교하여 차악에 불과하다는 신보수주의자들의 주장은 자기모멸적이며 뉴레프트의 그것과 마찬가지로 왜곡된 현실인식을 보여준다. 이러한 역사관을 고집하는 그들이 어떻게 국민들에게 미국에 대한 희생과 봉사를 요구할 수 있는가? 신보수주의의 주장은 결국 유럽의 보수주의를 도입하자는 논리이며 그것은 대단히 비(非)미국적인 발상이다(Kesler 1985, 36). 케슬러는 미국의 보수주의가 수호신을 원한다면 미국의 역사 속에서 그것을 찾아야 할 것이라고 주장한다.

미국의 헌법제정을 공화주의적으로 해석하는 사람들 중에는 건국의 아버지들이 로크의 철학을 계승하였지만 로크의 헤도니즘은 수용하지 않았다는 식으로 약간 변형된 논리를 시도하는 경우도 있다. 예를 들면, 로크는 정부가 시민교육에 관여하는 것을 원칙적으로 반대하였지만 건국의 아버지들은 그것을 승인하였으며. 몇몇 주헌법은 시민에 대한 도덕교육 조항을 삽입하였고, 제퍼슨은 버지니아주의 공공교육 증대를 위해서 대단한 노력을 기울였다는 지적이다(West 1991, 166-167). 이러한 논리에 따르면 미국은 로크 사상의 영향을 크게 받았지만 가장 품위 있는 국가 중의 하나가 된다. 이것은 미국 민주주의의 기원과 관련하여 로크 철학을 어떻게 재평가할 것인가의 문제를 제기한다(West 1991, 169).

❺ 스트라우시안과 미국헌법제정의 공화주의적 비판

자유주의자들 중 일부는 미국헌법이 독립선언에서 한 발 후퇴하여 보수적 세계관을 반영하고 있음을 비판한다. 그러나 다른 일부는 독립선언이나 헌법 모두가 자유의 이념을 구현하고 있음을 예찬한다. 마찬가지로 보수주의자의 일부는 헌법을 보수주의적 시각에서 정당화하지만 다른 일부는 헌법을 보수주의적 관점에서 비판한다. 신보수주의자로 불리는 다수의 스트라우시안들은 주로 후자의 시각을 취한다. 이들의 주장에 따르면 미국체제는 세속주의의 원리에 기초하여 구축되었으며 따라서 대대적인 자기혁신의 노력이 필요하다. 주로 문제가 되는 내용은 『페더랄리스트』 10의 논지이다. 매디슨은 이곳에서 누구도 다른 경쟁자들보다 지적이며 도덕적으로 우월하다고 말할 수 없으며 갈등을 제도화하고 균형을 취하는 것이 평화의 요체임을 주장하였다.

최초로 포문을 연 마틴 다이아몬드(Martin Diamond)는 1959년 『미국정치학회보』에 기고한 논문을 통해서 매디슨이 인간의 정열과 이기심을 활용하여 계급주의의 도전과 다수의 횡포를 저지하는 체제를 건설하려 하였으며 따라서 미국민주주의는 홉스식 철학에 근거해 있다고 볼 수 있고 그것은 인간의 영혼이 아닌 육체적 욕망을 추구하는 인간론에 입각한 체제라고 결론을 내렸다.[8] 건국의 아버지들이 채택한 '새로운 정치학(new science politics)'은 인간의 도덕적 가능성을 제고시킴 없이 제도와 구조의 원리 – 대의의 방식, 권력의

---

8) Martin Diamond, "Democracy and The Federalist: A Reconsideration of the Framers's Intent." *American Political Science Review*, vol. LⅢ (1959), pp. 52–68. 이하 Michael P. Zuckert, "Redefining the Foundation: Martin Diamond, Leo Strauss, and the American Regime." in Kenneth L. Deutsch (1999), pp. 235–249에서 재인용. 그러나 다이아몬드는 후기에 미국체제에 대해서 보다 온건한 평가를 시도하였다. 그는 건국의 아버지들이 고전적 도덕의 원리로부터 이탈하였지만 완전히 그것을 포기한 것은 아니라고 말한다. 미국은 상업행위를 통해서 나름대로의 방식으로 부르주아 도덕률을 수립하였고 질서 있고 규율 있는 시민들을 창조하였다. 미국은 고결하지는 않지만 점잖은 체제를 수립하였다.

분립, 확대된 공화주의 - 를 이용하여 체제의 문제를 해결하는 현실주의적 세계관을 제시하였다. 다이아몬드가 주목하는 『페더랄리스트』 43은 새로운 정치학의 진수를 보여주는데 그것은 미국의 모든 정치제도가 자기보존의 원리에 입각해 있으며 미국헌법은 특정의 제도가 아니라 제도 그 자체를 강조한데 의의가 있다. 다이아몬드는 매디슨이 사실상 도덕적이며 종교적인 문제해결방식을 거부하였다고 말한다. 같은 맥락에서 조지 윌(George Will)은 미국이 공공선의 개념을 결여한 체제로서 출범되었으며 현대 미국사회가 직면하고 있는 문제들은 잘못된 출발의 논리적 귀결이라 말할 수 있다고 주장하였다. 월터 번스(Walter Berns) 역시 매디슨과 제퍼슨이 홉스와 로크를 신봉한 결과 미국은 도덕과 종교의 문제를 개인의 문제로 방치하였다고 비판한다. 미국체제의 작동원리는 개개인 경제적 이해의 추구를 정신적 가치에 우선하는데 있으며 미국은 근대성을 고도로 제도화한 체제이다. 번스에 의하면 미국을 사랑하는 것은 그것이 최선의 체제이기 때문이 아니라 최악의 체제가 아니라는데 있다.

자파와 미국체제에 관한 논쟁을 벌인 토마스 팽글(Thomas Pangle)은 미국의 건국을 고전적 철학의 이념으로 정당화하는 것은 맹목적인 애국주의의 소산이며 그것은 결국 허무주의로 종결될 수밖에 없다고 말한다. '미국주의', '미국화', '비미국적인' 등의 단어는 다른 나라에서 유사한 사례를 발견하기 어려운 용어들이다(Pangle 1985, 30). 그것은 미국의 건국이 특별한 과정을 경험하였으며 일련의 정치적 원리에 입각해 있음을 의미한다. 지난 2백년동안 미국은 자신의 가치와 관련하여 끊임없는 도전과 의문을 경험해왔다. 제퍼슨/로크적 전통과 기독교의 세계관, 몽테스키외/매디슨의 전통과 아리스토텔레스적 고전주의의 갈등은 이런 의미에서 미국의 정신적 전통을 대변하는데 그것은 긴장 그 자체이다. 팽글은 미국의 건국을 로크의 철학으로 분석하는 것이 비미국적인 발상이라고 주장하는 케슬러를 비판한다. 팽글은 미국의 건국이 로크적 세계관에 의해서 압도적으로 영향을 받았다고 본다. 로크가 건국이념의 중요한 원천을 제공했다면 그것은 아리스토텔레스 사상으로부터의 이탈을 뜻하며 미국 민주주의가 기원에 있어서 철학적으로나 종교적으로 고상한 기준을 제시하지 못했음을 의미한다. 팽글은 지나치게 순결한 기준을 설정함으로써 미국체제를 비판하는 신좌파의 논리를 거부하지만 잃어버린 황금시대를 설정하는 또 다른 유혹을 경계한다. 억지로 만들어진 신화와 빈약한 시문은 우수한 미국의 젊은이들에게 국가에 대한 충성심보다 미국에 대한 불신을 가져다준다(Pangle 1985, 34). 팽글은 토크빌이 미국민주주의를 예찬하였지만 개인주의의 폐해를 우려하였으며 미국민주주의와 귀족주의적 체제를 대비시킴으로써 문제를 해결할 수 있기를 원했음을 상기시킨다. 토크빌은 미국 민주주의가 덕이 아닌 자유 그 자체를 추구하였으며 전자는 후자에 종속되었다고 보았다. 팽글은 미국을 위협하는 것은 전통적인 애국심의 쇠퇴가 아니라 자기만족적인 속물근성이라고 말한다. 팽글에 의하면 맹목적인 비판이나 미화를 거부하고 그것이 최선의 질서가 아닐 수 있다고 자각하는 것이야말로 미국체제에 대한 자부심의 근원이다.

허버트 스토링(Herbert Storing)은 반(反)페더랄리스트(Anti-Federalist)에 대한 연구를 통해 이들 집단이 오히려 더 공화주의적 철학을 견지했을 가능성이 높다고 보았다. 이들은 비록 명망가와 상업자본가의 조직화된 힘에 밀려 자신들의 뜻을 관철시키지 못했지만 일련의 소논문과 편지, 연설의 형식을 통해서 헌법비준에 저항하였다. 반페더랄리스트들은 공화국의 건설이 단일한 이해와 도덕적 합의를 이룩한 작은 영토 속에서 보다 용이하다는 믿음을 갖고 있었으며 따라서 매디슨이나 해밀톤이 『페더랄리스트』속에서 가장 강조한

부분도 새로운 헌법이 확실히 공화주의적임을 설득하는 내용이었다(Wood 1988, 37). 과거에 주로 진보주의 학자들에 의해서 평가를 받아왔던 반페더랄리스트의 철학은 1970년대 이후 보수주의 진영에 의해서 수용되기 시작하였는데 레이건 대통령의 정치철학이 여기에 일조한 바 크다.

미국헌법의 이념에 대한 공화주의적 비판이 극단적으로 시도될 경우 어빙 크리스톨(Irving Kristol)의 주장처럼 미국의 건국과정을 총체적으로 격하하는 결론에 도달하게 된다. 건국의 아버지들이 범한 최대의 오류는 종교를 포기한 것이라고 주장하는 크리스톨에 따르면 보다 엄격한 기준을 적용할 때, 미국독립혁명과 남북전쟁은 이상주의의 구호와는 달리 구성원 상호간의 이해관계 갈등으로 치환될 수 있다(D'souza 1987, 43). 앨란 블룸(Allan Bloom)의 경우도 마찬가지이다. 근대의 상속자로서 미국은 홉스와 로크의 철학에 입각하여 물질적 이해만을 추구하고 서구문명의 위대한 유산과 단절된 사회를 건설하였다. 블룸은 비관적으로 미국의 미래를 전망한다(Bloom 1987).

그러나 일부의 인사를 예외로 한다면 미국헌법의 유산을 비판적으로 인식하는 이들 신보수주의자들이 미국 민주주의의 미래를 부정적으로 전망하는 것은 아니다. 다만 그들은 고전철학의 이념을 좌표로 하여 근본적인 방향전환을 촉구하고 있을 뿐이다. "미국은 덕을 근본으로 삼지 아니했으나 덕에 의지한 국가를 건설하였다."라는 하비 맨스필드(Harvey Mansfield)의 주장을 통해서(D'souza 1987, 43) 이들 비판적 신보수주의자들의 의중을 읽을 수 있는데, 그것은 일종의 혼합체제의 가능성을 유보함으로써 여운을 남기고 있다. 크롭시(Joseph Cropsey)는 이러한 미국체제의 이중적 속성을 내재적인 긴장관계로 간주한다.[9] 미국은 사적 이익을 추구하는 체제를 건설하였으나 토크빌이 지적했던 것처럼 교회와 공공도덕의 도움을 통해서 근대의 위기를 극복하고 생존할 수 있었다. 그러나 종교의 쇠퇴와 가족의 해체로 인하여 오늘의 미국은 더 이상 과거의 모습을 유지할 수 없게 되었다. 종교의 부활을 희망하는 신보수주의자들이 일정한 거리를 유지하면서도 기독교 우익(Christian Right)에 대해서 존경심을 보이는 것은 우연이 아니다(D'souza 1987, 43).

❻ 맺는말

스트라우스와 그의 제자들은 미국의 헌법정신에 대한 재해석을 통해서 도덕적 가치와 고전적 규범을 절대화하는 독자적인 공화주의론을 역설함으로써 미국의 보수주의 정치철학의 강화에 기여하였다. 이들의 논리에 따르면 미국 민주주의가 해결해야할 시급한 과제는 미국 헌법의 기원이 고전철학의 전통에 입각해 있는지 여부와 관계없이 고전적 공화주의의 이념을 재건하는 일이다. 스트라우스의 정치이론은 근대적 정치원리를 총체적으로 비판한다는 의미에서 초보수주의(ultra conservatism)라 말할 수 있으며(Kielmansegg 1995, 133), 이를 계승하고 있는 스트라우스주의자들 역시 이러한 평가로부터 자유로울 수 없다.

현대 미국정치사상의 동향과 관련하여 스트라우스학파의 이념

---

9) 크롭시는 헌법이나 독립선언문에 공식적으로 규정된 양피지 체제(parchment regime)와 통제가 불가능한(ungovernable) 비공식적 삶의 현실을 구별하며 양자는 상호충돌 할 수 있다고 말한다. Joseph Cropsey, "The United as Regime and the Sources of the American Way of Life." in Robert H. Horwitz (ed.), *The Moral Foundation of the American Republic* (Charlottesville: University Press of Virginia, 1986), pp. 167-168.

적 좌표를 확인하면 다음과 같다. 미국의 가치를 설명하는 유력한 가설이라 할 수 있는 합의설은 미국이 건국 이래 로크식 자유주의에 대해서 국민적 합의를 형성해 왔으며 이에 대한 내부적인 갈등과 혼란은 자유주의 이념을 구현하기 위한 방법론상의 차이에 불과하였다고 본다. 1960년대에 들어서 시작된 시민권 운동과 베트남전 논쟁은 기성의 질서에 도전하는 새로운 지적 운동을 촉발시킴으로써 합의설은 중대한 도전을 받았다. 합의설에 대한 비판은 합의의 붕괴를 존재론적 차원에서 확인하거나 합의의 존재를 역사적으로 부정하는 방식을 주로 취했지만, 마르쿠제(Marcuse)나 밀스(C. W. Mills)의 경우처럼 대중의 허위의식을 비판하는 방식으로 개진되기도 하였다. 합의설에 대한 논쟁은 급기야 미국적 정체성의 근원인 건국이념의 재해석 문제를 정면으로 제기하였는데 공화주의적 헌법해석에 의하면 무제한적 자유와 개인의 이익추구가 부패와 혼란을 초래한다고 믿었기 때문에 건국의 아버지들은 공공선을 강조하며 공동체의 가치를 개인의 그것보다 우선시하였다. 자유주의에 대한 비판은 보수주의, 공화주의, 공동체주의 등 다양한 관점에서 시도되었는데 일부좌파, 기독교우익, 심층생태론자 등 극단론을 제외한다면 대다수는 자유주의를 정면으로 부정하지 않는다. 제임스 영(James P. Young)은 미국 사회의 지적 다양성이 자유주의의 소산이며 자유주의는 다양한 개념요소를 내포하고 있다고 본다(Fowler 1999, 250). 데이비드 그린스톤(David Greenstone) 역시 자유주의는 많은 내용물을 담고 있는 실체로서 하나의 속(屬)을 구성한다고 말한다(Fowler 1999, 74). 따라서 미국의 정치이념은 자유주의를 지배적인 가치로 하여 합의속의 갈등을 보이고 있다는 점에서 전통적 자유주의가 자신의 외연을 확장시킨 확대된 자유주의의 발전과정으로 파악될 수 있을 것이다.

스트라우스학파의 공화주의는 공동체주의라기 보다는 대중민주주의에 대한 비판의 논리로서 일종의 정신적 귀족주의를 의미한다. 스트라우스는 진정한 자유주의의 회복을 주장하였지만 사실상 미국의 자유주의를 정면으로 비판하였다. 따라서 스트라우스학파의 자유주의 비판은 미국의 자유주의에 대한 여타의 도전보다 강도가 훨씬 높다고 평가할 수 있으며 자유주의 진영으로부터의 반응 역시 매우 신랄하다.

첫 번째 비판의 논리는 스트라우스 정치철학 자체의 비민주성을 지적하는 것이다. 이들은 스트라우스가 근대민주주의의 논리를 본질로 하는 대중민주주의를 비판하고 덕의 지배를 주장함으로써 자유민주주의를 사실상 부정하고 있다고 본다. 스트라우스는 독일적 문화의 영향으로 인해서 근대의 의미를 제대로 이해하지 못하고 있다고 있으며 스트라우스를 비롯한 유럽의 망명자들이 주도하는 일련의 정치이론은 바이말 공화국의 해체를 유럽문명의 위기로 과장하며 전통을 신비화하는 경향이 있다(Gunnel 1986, 111-113). 이들은 문명의 위기를 운운하며 최선의 정치질서를 거론하는 이론이란 현실적으로 적실성이 없으며 그것은 실용적 지식을 거부하고 정신적 고상함을 추구하는 독일적 학문의 전통에 불과하다고 말한다. 이들은 스트라우스를 비민주주의자이며 비자유주의자로 간주한다. 스테픈 홈즈(Stephen Holmes)는 스트라우스가 민주주의의 근본원리인 평등의 이념을 부정하고 지적 소수와 다수 대중의 능력 차이를 과장하고 있다고 비판한다. 스트라우스는 소수의 현자도 다수 대중으로부터 배울 것이 있다는 사실을 인정하지 않고 있다(Holmes 1989, 1323). 혹자는 스트라우스의 철학 속에서 파시즘의 가능성을 발견하기도 한다(Drury 1988; 1997).[10]

10) 이러한 비판이 스트라우스의 철학에 대한 피상적인 해석임을 지적하는 글로써

두 번째 비판의 논리는 스트라우스의 미국 민주주의 해석에 초점을 맞춘다. 자유주의자들에 의하면 미국의 헌법은 보이지 않는 손의 논리, 견제와 균형의 과정을 통해서 좋은 결과를 기대하였지 고전적 미덕을 강조하지 않았다(Drury 1997, 110).[11] 카테브(George Kateb)는 미국의 건국을 그리스나 로마의 후예로 간주하며 공화주의의 전통을 강조하는 것은 미국 민주주의의 본질을 정확히 포착하였다기보다 하나의 허상을 창조하는 것이며 미국 민주주의를 위해서 결코 바람직하지 않다고 말한다(Kielmansegg, 1995, 181). 그것은 스트라우스 철학의 자의적 적용에 불과하다. 이들 비판자들은 더 나아가 스트라우스를 포함한 일군의 유럽 망명자들이 유럽적 가치에 대해서 우월감을 갖고 있으며 미국에 대한 부분적인 호의에도 불구하고 미국을 사실상 폄하하는 비미국적 행태를 보이고 있다고 생각한다.

한편, 스트라우스의 반역사주의적 방법론에 대해서 문제를 제기

Robert Pippin, *Idealism as Modernism* (New York: Cambridge University Press, 1997), p. 212; Gregory Bruce Smith, "Athens and Washington: Leo Strauss and the American Regime." in Kenneth L. Deutsch (1999), p. 124. 스트라우스의 자유주의 비판에 반발하는 드루리는 네오콘과 스트라우스의 사상적 고리를 설명하면서 스트라우스를 파시스트적 인물로 규정하고 있다. 드루리의 주장은 이후 스트라우스에 대한 비판의 원형을 제공하였다. 그러나 필자는 드루리의 저서가 지나치게 단순화된 논리를 전개하고 있을 뿐만 아니라 인종적인 편견 등 악의를 내포하고 있다고 생각한다. 그녀의 스트라우스 비판은 학문적 논쟁의 수준을 넘어서 개인적인 혐오감을 보여주는 극단적인 양상을 보인다. 그녀는 스트라우스를 파시스트로 규정한 후 나치율사로부터 시작하여 올리버 노스에 이르기까지 모든 반민주적 인사들을 거론하며 그들을 스트라우스와 동일시하는데, 필자가 보기에 이러한 주장은 비논리적이며 별로 설득력이 없다. 단순화시켜 말한다면 드루리는 모든 가상의 적을 스트라우스의 철학과 억지로 연결시키는 인상을 준다. 필자는 드루리의 저서(1997) 속에서 유대인과 독일철학에 대한 거부감이 일관되게 표출되고 있음을 느낄 수 있다.

11) 그것은 사적인 이익추구가 공익을 초래한다는 만데빌(Mandeville)의 '벌의 우화' 논리와 같다.

하는 고든 우드는 스트라우스 학파가 미국체제의 본질에 관한 성찰을 제일의적인 관심사로 취하고 있다고 말한다. 그는 스트라우시안들이 미국헌법의 제정과정에 관한 정교한 연구를 통해서 건국의 시기에 대한 역사적 이해를 제고하는데 크게 기여하였음을 인정한다. 그러나 그는 해석학의 문제를 제기한다. 미국헌법의 의의는 제정자의 의도보다 이후의 발전과정이 더 중요하다. 미국헌법은 제정자의 의도와 관계없이 수많은 시행착오를 경험하며 민주적인 성과를 이룩하였다. 우드는 건국의 아버지들이 걸출한 인물인 것은 분명하지만 시대적 상황과 인간적인 한계를 벗어나지 못하였으며 헌법은 타협의 산물이었다고 말한다. 그들은 미국 민주주의의 미래를 예측하지 못했을 뿐만 아니라 미국 헌법의 중요원리를 기획했다고 말할 수도 없다(Wood 1988, 39). 우드는 미국 민주주의의 성공이 헌법 조문 때문이 아니라 미국의 총체적 역사의 소산이라고 주장한다. 그는 헌법을 우상시하는 미국 사회의 전반적인 분위기를 비판하며 스트라우스 학파는 이러한 경향의 강화에 일조하였고 이런 의미에서 그들은 전형적인 미국의 보수주의자라고 말한다. 우드는 근본주의적인 헌법연구의 시도가 현실의 역사를 경시하고 과거에 대한 향수만을 자극하는 부작용이 있음을 지적하고 "건국의 아버지만을 경외의 대상으로 삼을 것이 아니라 이후의 모든 정치적 유산을 존중하는 진정한 보수주의가 필요하다."고 주장한다(Wood 1988, 40).

필자는 근래에 들어 네오콘에 대한 우리 사회의 관심이 고조됨에 따라 스트라우스의 철학이 지나치게 단순화되어 소개되거나 심지어 스트라우스 철학과 무관한 논리까지 그의 사상으로 소개되고 있다는 인상을 가져왔다. 따라서 일천한 지식에도 불구하고 금번의 주제에 대한 논의가 스트라우스 철학의 학문적 본령을 회복하는 한 계기가 되기를 바라는 소박한 의도에서 본 논문을 시도하였다. 필자는 스트라우스의 모호한 태도에도 불구하고 그의 사상 전반을 감안할 때 스트라우스의 미국건국사상 해석은 독자적인 방식의 정당화가 아니라 공화주의적인 비판 쪽에 무게를 두고 있다고 본다. 그러나 스트라우스의 근대민주주의론을 어떻게 평가할 것인가 하는 가치판단의 문제에 대해서는 한편으로 스트라우스의 주장에 공감하면서도 다른 한편으로 그것에 비판적인 입장을 보이는 이중적 의식을 갖고 있다. 즉 대중민주주의의 한계를 인정하며 고전적 공화주의의 미덕 또한 인정하지만, 근대민주주의의 가능성을 일방적으로 부정하는 태도에 대해서는 회의적이다. 근대민주주의 비판은 전근대의 논리뿐만 아니라 탈근대의 논리를 통해서도 가능하다. 이 경우 탈근대의 논리는 근대민주주의에 대한 탈근대적 비판뿐만 아니라 탈근대적 해석 역시 포함된다 하겠다. 클로드 르포르(Claude Lefort)의 근대민주주의론은 후자의 예이다. 근대민주주의의 저력을 역설하는 그는 근대민주주의가 보편적이며 동질적인 국가를 지향하고 있다는 스트라우스의 주장과는 달리 그것은 동질성의 증대만큼이나 이질성의 증대를 초래하였다고 말한다. 그는 스트라우스가 양자의 긴장관계를 간과하고 전자만을 강조하는 오류를 범하였다고 생각한다. 르포르는 덕의 지배에 대한 스트라우스의 이상이 비현실적이라고 보며 스트라우스의 실증주의 비판은 고전철학으로의 복귀가 아닌 불확실성을 승인하는 질문의 철학을 지향해야 한다고 말한다. 스트라우스는 마르크스주의와는 달리 보수주의적 관점에서 근대자유주의에 대한 비판을 시도하였다. 정치적 자유는 무엇을 의미하는가? 스트라우스는 도덕심과 책임감이 결여된 공리주의적 자유의 개념을 비판하였다. 르포르는 스트라우스가 근대민주주의의 정치적 자유에서 비롯되는 공적 영역의 등장효과를 과소평가하였다고 말한다. 공적인 무대와 정치적 자유가 합리적 개인들로 구성된 매력적인 토론의 장소나 현자의 공동체를 창조한 것은 아니다. 그러나 그것은 견해의 대립과 이해의 갈등을 표출시키고 이를 조정함으로써 야만적인 욕망의 지배를 좌절시키는 새로운 시대를 출범시켰다. 르포르는 몽테스키외가 자유주의 국가에 있어서 중요한 것은 올바른 추론인가 여부 이전에 추론한다는 사실 자체에 있다고 강조하였음을 상기시킨다(Lefort 1992, 296).

제15장

미국의 정치이념과 자유주의의 발전

❶ 머리말

1960년대에 들어서 미국사회가 기성질서를 거부하는 강력한 지적 저항에 직면했을 때, 다니엘 벨(Daniel Bell)은 『자본주의 문화적 모순』(1979)에서 자본주의의 번영은 서구체제에 대한 충성을 결여한 지식인 집단 - 새로운 계급 - 을 탄생시켰으며 이들은 자신들에게 특권을 부여한 바로 그 질서에 도전하고 있다고 비판하였다. 벨에 의하면 이들 새로운 계급이 공유하고 있는 이념은 오직 미국 사회에 대한 적개심뿐이었다.

20여 년이 지나 헌팅턴(Samuel P. Huntington)은 자신의 저서 『문명의 충돌』(1996)에서 개인주의를 근간으로 하는 미국의 건국정신이 다원적 문화의 도전에 의해 정체성의 위기를 맞을 수 있음을 경고하였다. 그리고 그는 이러한 현실을 방치하고 있는 90년대 미국의 정치지도자들을 비난하였다.

미국은 자신의 고유한 가치의 세계를 보유하고 있는가? 이른바 합의설(consensus theory)과 미국적 예외주의론(American exceptionalism)은 사회주의의 부재를 근거로 여타 서구 사회와의 차이를 강조해 왔으며 '아시아적 가치논쟁'(Asian values debate)[1)]을 통해서 자신의 정신세계를 다시 한 번 확인한 바 있다.

이 글은 자유주의가 미국의 건국이념이며 또한 현대 미국사회의 지배적 가치체계라고 주장하는 합의설과 이에 대한 존재론적, 당위론적 비판 및 대안적 이념의 체계들을 살펴봄으로써 미국적 가치의 실체를 간략히나마 조망하려 한다. 분석의 대상은 일반 대중의 의식세계에 초점을 맞추는 정치문화의 실증적 연구가 아닌 공적 지식인의 이론세계이다.

우리는 이러한 작업을 통해서 미국 사회의 저변을 관통하는 지적 흐름과 현대 미국 정치사상의 좌표를 동시에 살펴볼 수 있을 것이다.[2)]

❷ 합의설과 그 비판

일찍이 토크빌은 『미국민주주의』(1835) 속에서 미국사회를 다음과 같이 관찰하였다. 미국은 근대민주주의의 발전원리를 보여주는

---

1) 싱가포르 정부가 서구민주주의의 도덕적 병폐를 비판하고 개인의 자유와 권리에 우선하는 공동체의 논리를 표방했을 때 일군의 구미지식인들은 아시아적 가치를 구시대의 권위주의 논리로 비판하였다. 가령 David Hitchcock의 동아시아 8개국과 미국을 대상으로 한 실증적 조사연구에 의하면 배타적 상황을 가정했을 때 개인의 자유와 사회적 안정에 대한 선택의 문제는 특히 미국과 싱가포르의 국민 사이에서 큰 차이가 확인되었다. 싱가포르인의 경우 조사대상자의 다수가 질서 있는 사회를 선호한 반면 미국인들은 개인의 자유와 권리를 우선시하였다. David Hitchcock, *Asian values and The United States: How Much Conflict?* (Washington, D.C.: Center for Strategic international Studies, 1994).

2) 이 논문은 주로 Robert Booth Fowler, *Enduring Liberalism: American Political Thought Since the 1960* (Kansas: University Press of Kansas. 1999); *The Dance with Community: The Contemporary Debate in American Political Thought* (Lawrence: University Press of Kansas, 1991)을 참조하였다.

시범적 국가이다. 미국민주주의는 자유와 평등 - 조건의 평등 - 의 확대라는 역사의 섭리와 평등에 의한 자유의 파괴라는 근대 민주주의의 내재적인 패러독스를 보여준다. 토크빌은 지나친 개인주의가 조건의 평등과 결합하여 개인과 개인의 관계를 단절시키고 대중 속에 함몰된 획일적인 인간을 창조함으로써 민주적 독재를 초래할 수 있다고 보았다. 그러나 토크빌은 미국민주주의가 근대민주주의의 잠재적 위험인 다수의 횡포의 문제를 어떻게 해결할 것인가에 대해 해답을 제시한다고 보았다. 미국은 한편으로 정치적 결사와 언론의 자유, 보통선거의 중요성을 강조하는 자유제도의 도입을 통해서 평등주의의 위험을 최소화하는 한편 종교가 인간의 이기심을 제어하는 도덕적 원동력을 제공함으로써 자신의 한계를 극복하고 자유사회를 건설하는데 성공하였다. 이러한 토크빌의 미국민주주의 해석은 다음에 소개할 자유주의적 합의설의 고전적 모델을 부분적으로 제시하고 있다고 볼 수 있다.

제2차 세계대전 종료 후 최강의 국가로 부상한 미국은 1950년대와 60년대에 들어 자유주의에 대한 확고한 신념을 표명하게 되는데 루이스 하츠(Louis Hartz)와 다니엘 부어스틴(Daniel Boostin) 등에 의해서 주장된 합의설이 그 대표적인 예이며 그것은 당시 주류의 사상으로 수용되었다.

하바드 대학의 교수였던 하츠(1919-86)는 자신의 저서 『미국의 자유주의 전통』[3]에서 미국의 지식인과 대중 모두가 자유주의적 가치 - 개인적 자유, 피치자의 동의, 사유재산의 존중 - 에 대해서 합의를 형성해 왔으며 이러한 현상은 미국의 역사 전반에 걸쳐 일관되

3) Lousi Harz, *The Liberal Tradition in America* (New York: Harcourt, Brace and World, 1955).

게 적용된다고 주장하였다. 하츠에 의하면 미국은 유럽과 비교 할 때 상대적으로 계급없는 사회이며 오늘까지 첨예한 계급적 대립을 경험하지 않았다. 평등한 사회는 자유주의를 부정하는 새로운 이념의 등장을 필요로 하지 않는다. 유럽의 귀족주의가 이식되지 않았기 때문에 유럽식의 보수주의는 존재하지 않게 되었고 미국의 보수주의는 자유주의적 가치의 일부로 편입되었다. 마찬가지로, 마르크스주의나 사회주의의 이념 역시 강력한 운동의 계기를 확보하지 못함으로써 노동자들은 자유주의 사회 속에 동화되었다. 하츠는 합의설의 원리에 입각하여 미국의 독립, 남북전쟁, 뉴딜 정책을 해석하였다. 하츠에 의하면 내부적인 갈등과 혼란에도 불구하고 이 모든 사태는 로크(Locke)식의 자유주의 이념을 구현하는 과정에서 나타난 방법론상의 차이에 불과하였다. 가령 뉴딜 정책은 정부권력의 확대라는 외양을 취하고 있지만 본질적으로 자유주의 체제를 구하기 위한 노력이었다. 그러나 하츠는 여타의 가치를 배격하는 잘못된 로크주의의 해석이 미국을 경직된 사회로 만들고 있으며 합의 그 자체가 자유주의의 원리에 반한다고 생각하였다. 그리고 그는 멀지 않은 장래에 다원적 사회가 도래할 것이라고 낙관하였다.

1960년대에 들어서 시작된 시민권 운동과 베트남전 논쟁은 기성의 질서에 도전하는 새로운 지적 운동을 자극함으로써 합의설은 중대한 도전을 받게 되었다. 신좌파는 미국사회에 잠재해 있는 갈등의 근원을 추적하고 이를 표면화하였으며 이는 필연적으로 합의론의 파기를 의미하였다. 합의론에 대한 비판은 다음의 세 가지 방식으로 전개되었다.[4)]

---

4) Robert Booth Fowler. *Enduring Liberalism: American Political Thought Since the 1960* (Kansas: University Press of Kansas, 1999), pp. 36-41

합의론 비판의 첫 번째 방식은 합의의 붕괴를 존재론적 차원에서 확인하는 것이었다. 게리 윌스(Garry Wills)는 미국 사회가 오랫동안 자유주의적 시장이데올로기의 포로가 되어 개인의 자립을 강조하고 시장적 경쟁을 예찬하는 체제를 완고하게 고수해 왔다고 비판하였다. 그는 새로운 지적 도전에 의해서 합의설이 파괴되고 있는 현실에 환호하였다. 윌리스는 닉슨(Nixon) 대통령을 병든 자유주의의 상징으로 파악하였으며 자유주의적 합의의 시대가 종식되고 있다고 주장하였다.[5)]

두 번째 방식은 합의의 존재를 부정하는 것이다. 번스타인(Barton Bernstein)이나 린드(Staughton Lynd)와 같은 신좌파의 역사학자들은 미국의 역사에 합의는 결코 존재한 적이 없으며 다양한 가치가 경합을 벌여왔다고 주장하였다.[6)] 이들은 윌스와 마찬가지로 규범적인 차원에서 합의설에 거부감을 보이며 합의설이 간과 했던 수많은 분열의 역사를 강조하고 대안적 역사의 주체들을 예찬하였다. 사실상 이들은 미국의 이상을 다문화적으로 재정립하려 하였다.

세 번째 방식은 대중의 허위의식을 비판하는 논리로서 밀스(C. Wright Mills)와 마르쿠제(Herbert Marcuse)가 대표적인 예이다.[7)] 밀스에 의하면 미국은 군산복합체의 억압사회이나 대중은 엘리트 체제를 무비판적으로 수용하고 있다. 그는 미국 사회에 만연된 고도의 순응주의를 극복하기 위해서 참여민주주의를 활성화 할 것을 주장하였다. 마르쿠제 역시 자유주의 이데올로기의 일차원적 억압구조를

5) Garry Wills, *Nixon Agonistes: The Crisis of the Self-Made Man* (New York: Signet, 1979).

6) Barton J. Bernstein (ed.). *Towards a New Past* (New York: Vintage, 1969)

7) Staughton Lynd, *The Intellectual Origins of American Radicalism* (London: faber, 1969) ; C. Wright Mills, *The Power Elite* (New York: Oxford University Press, 1956); Herbert Marcuse, *One-Dimensional Man* (Boston: Beacon, 1964).

지적하고 이것이 국민대중 일반뿐만 아니라 지식인 사회에서도 매우 강한 합의를 형성하고 있다고 비판하였다. 따라서 그는 60년대의 학생운동 속에서 해방의 가능성을 발견하였다.

❸ 건국이념의 재검토

합의설에 대한 논쟁은 급기야 미국적 정체성의 근원인 건국이념의 재해석 문제를 정면으로 제기하였다. 건국의 시기는 독립혁명에서 헌법제정에 이르는 일련의 국가탄생의 과정을 의미하는데 그것은 미국의 정신을 이해하기 위한 준거점으로서 끊임없이 연구의 대상이 되어왔다.

하츠는 자유주의의 정신이 미국 혁명과 헌법을 일관해서 관통하고 있다고 주장하였으며 부어스틴 역시 건국의 시기에 이념적인 갈등은 존재하지 않았다고 믿었다.

이에 대한 가장 영향력 있는 비판은 건국이념의 공화주의적 해석이다. 1970년대에 들어서 고든 우드(Gordon Wood), 베르나르 베일린(Bernard Bailyn) 등에 의해서 주장된 공화주의론의 요지는 다음과 같다.[8] 18세기 말 미국의 백인사회는 개인의 정치적 자유와 사유재산을 존중했음에도 불구하고 공동체의 가치를 보다 소중히 여겼다. 그들은 무제한적 자유와 개인의 이익추구가 부패와 혼란을 초래한다고 믿었기 때문에 공공선을 강조하며 공동체의 가치를 개인의 그것보다 우선시 하였다. 공화주의론자들 중 일부는 독립혁명 당시

---

8) Gordon Wood, *The Creation of the American Republic, 1776-1787* (New York: Norton, 1972); *Bernard Bailyn, Ideological Origins of the American Revolution* (Cambridge, Mass.: Harvard University Press, 1967).

강조되었던 공화주의의 정신이 헌법제정의 시점에 와서 크게 약화되었다고 생각했지만, 다른 일부는 헌법의 제정 역시 공화주의의 정신으로 충만해 있다고 말하며 건국이념의 공화주의적 합의설을 주장하였다. 공화주의의 이념은 보수주의와 진보주의 진영 모두에 영향을 미쳐, 혹자는 공화주의적 전통과 19세기의 노동운동과의 관계를 강조하는가 하면, 혹자는 그것과 남부연합(Confederacy)의 관계를 강조하기도 하였다. 그러나 이들은 이후 공화주의의 전통이 크게 약화되었다는 사실에 크게 이견을 보이지 않는다. 한편 자유주의적 해석의 전통을 고집하는 학자들은 미국 헌법은 물론 혁명의 정신 역시 공화주의적 공동체의 이상이 아닌 개인적 자유와 권리를 추구하는 자유주의 정신에 의해서 지배를 받았다고 여전히 주장한다. 이들 두 해석에 대한 절충론으로서 건국의 이념 속에는 자유주의와 공화주의가 공존하고 있으며 어느 한편의 우위를 주장하기가 어렵다는 견해가 있다. 그리고 혹자는 가령 헌법제정의 주역인 제임스 메디슨(James Madison)의 사상을 어렴풋이 포착한다 하더라도 건국의 이념이나 헌법의 본래적 의미는 여전히 불분명하다고 주장한다.[9)]

두 번째 중요한 비판은 건국이념에 대한 계급적 해석이다. 이들은 헌법의 제정뿐만 아니라 심지어 독립혁명의 발발 자체를 이러한 관점에서 해석하려 하였다. 가령 조이스 애플비(Joyce Appleby)는 이 시기의 분석에 있어서 자유주의나 공화주의 이념보다 더 중요한 것은 경제적 이해의 갈등이라고 주장하며 찰스 비어드(Charles Beard)의 고전적 이론을 재확인하였다.[10)] 진보시대의 역사학자였던 비어드는

---

9) Jack N. Rakove. *Original Meaning: Political and Ideas in the Making of the Constitution* (New York: Knopf, 1996).

10) Joyce Appleby, *Capitalism and a New Social Order: The Republican Vision of the 1790s* (New York: New York University Press, 1984).

1913년 『미국헌법의 경제적 해석』[11]에서 미국 역사의 추진력은 경제적 갈등이었고 건국과정 역시 예외가 아니었다고 주장하여 미국헌법을 진보적으로 정당화하던 당시의 분위기에 충격을 가한 바 있다. 그는 미국헌법이 본질적으로 경제적 문서이며 헌법의 조항은 경제적 엘리트 상호간의 이해관계를 반영한다고 주장하였다. 비어드는 루즈벨트의 뉴딜정책에 대해서도 동일한 논리를 적용하여 그것이 세계자본주의의 이익에 기여하고 있다고 비판하였다. 비어드의 해석은 건국 지도자들의 정치적 이념의 차이나 혹은 경제적 이해의 분석에 있어서 정확성을 결여하고 있었으나 헌법해석의 새로운 지평을 개척한 것으로 평가받았다.

세 번째 비판은 건국이념의 종교적 해석이다. 이들은 공화주의나 자유주의적 해석을 세속적 역사학자들의 견해일 따름이라 일소하며 건국의 의미를 기독교, 특히 캘빈주의(Calvinism)의 이념을 지상에 실현하는 것으로서 해석한다.[12] 이들은 종교의 가치가 정치적 이념보다 우선한다고 보았으며 폭군에 대한 저항은 신에 대한 봉사로서 정당화된다고 말한다.

이외에도 건국이념에 영향을 미친 요인들로서 영국의 불문법, 그리스 고전, 계몽사상, 스코틀랜드의 정치사상 등이 열거되었는데 혹자는 이들 각 요소를 분리해내는 작업은 사실상 불가능하며 건국이념은 이 모든 사상의 거대한 복합체라고 주장하였다.

마지막으로 건국의 아버지들은 여성의 역할에 대해서 어떠한 태도를 취하였는지를 살펴보자. 일부의 반론도 존재하지만 대체적으

---

11) Charles A. Beard, *An Economic Interpretation of the Constitution of the United States* (New York: Free Press, 1941).

12) John P. Diggins, *The Lost Soul of American Politics: Virtue, Self-Interest, and the Foundation of Liberalism* (Chicago: University of Chicago Press, 1984).

로 볼 때 그들은 여성에 대해서 공적인 역할을 부여하지 않았으며 주부의 존재는 공화주의적 덕목을 자녀들에게 교육시키는 '공화국의 어머니'(republican motherhood)로 규정되었다.[13] 마크 칸(Mark Kann)은 건국의 시기가 남성주의적 문법에 의해서 지배되었다고 주장하였으며,[14] 토크빌 역시 자신의 저서에서 미국의 개인주의가 가정의 영역 속에서는 작동하지 않고 있음을 지적한 바 있다.

건국이념을 둘러싼 논쟁은 결국 오늘의 미국이 공유가치에 대한 완전한 합의를 이루지 못하고 있음을 보여주는 결정적인 단서일지도 모른다.

❹ 대안적 가치체계의 모색

60년 대 이후 미국의 자유주의를 비판하고 대안적 가치를 모색해 온 주요한 사상체계를 살펴보면 다음과 같다.

1) 좌파

60년대의 강력한 유산 중의 하나는 마르크스주의와 여타 사회주의 이론에 대한 새로운 관심이다. 이들 이론가들은 소련의 붕괴 후에도 진정한 사회주의의 가능성을 포기하지 않으며 학문적인 논의를 계속하고 있다. 그러나 그 열기는 크게 약화되었으며 인종, 여성, 생태 등의 새로운 사회적 의제의 등장으로 다양한 분파가 형성되었

13) Linda Kerber, *Women of the Republic: Intellect and Ideology in Revolutionary America* (Chapel Hill: University of North Carolina Press, 1980).

14) Mark Kann, *On the Man Question: Gender and Civic Virtue in America* (Philadelphia: Temple University Press, 1991).

다. 토드 지트린(Tod Gitlin)은 정체성의 위기를 맞고 있는 오늘의 좌파 세계를 평하여 '가시면류관'을 차지하기 위한 투쟁이라 말하고 있다.[15] 로버트 울프(Roert Paul Wolff)가 『자유주의의 빈곤』(1968)을 집필하고 미국식 자유주의의 실패를 정면으로 비판한 후 좌파 인사들이 즐겨 찾는 주제는 민주주의론이다. 그들은 한 때 유고슬라비아의 모델을 통해서 보다 평등주의적이며 참여주의적인 민주주의를 확인한바 있으며 최근에는 참여적인 지방민주주의의 실현에 관심을 보이고 있다. 한편 지난 30년 동안 외로운 투쟁을 벌이고 있는 노암 촘스키(Noam Chomsky)는 국민들이 자본주의 엘리트 집단에 의해서 '조작된 합의'를 강요당하고 있음을 주장하고 미국의 제국주의적이며 테러주의적인 대외정책을 비난해 왔다.

2) 보수주의

1970년대 이후 다양한 형태로 표출되고 있는 보수주의 역시 현대 미국정치에 중요한 영향을 미치는 강력한 지적 흐름이다. 이들은 국가권력에 대한 거부감과 시장경제에 대한 신뢰라는 공통적인 정서를 배경으로 자유주의를 비판한다. 이들은 크게 다섯 가지 종류로 분류될 수 있다.[16]

첫째는 시장보수주의인 리버테리아니즘(libertarianism)이다. 밀튼 프리드만(Milton Friedman), 찰스 머레이(Charles Murray) 등 리버테리안들은 자유시장경제와 작은 정부를 지지하며 정부의 실패를 비난한다. 그러나 이들은 19세기 유럽의 보수주의에 대한 거부감

15) Todd Gitlin, *The Twilight of Common Dreams: Why America is Wrecked by Culture Wars* (New York: Holt, 1995).

16) Robert Booth Fowler, *Enduring Liberalism: American Political Thought Since the 1960*, pp. 114-123.

으로 고전적 자유주의의 전통을 계승하고 있음을 강조하기도 한다.

둘째는 사회적 보수주의 혹은 도덕적 보수주의이다. 러셀 커크(Russell Kirk)를 대표적인 인물로 하는 이들 보수주의는 에드먼드 버크(Edmond Burke)의 사상을 추종하며 종교와 가정, 공동체의 전통적 가치를 존중하고 과도한 개인주의를 배격한다. 이들은 자본주의에 대해서도 일정한 거리를 둔다. 근래에 레오스트라우스(Leo Strauss)와 에릭 뵈글린(Eric Voegelin)의 철학에 영향을 받은 일군의 학자들이 그리스의 고전과 기독교 상상을 배경으로 미국 사회의 헤도니즘(hedonism)적 경향을 비판하며 이러한 대열에 합류하고 있다. 그러나 이들은 미국의 자유주의를 정면으로 부정하지 않고 있다.

셋째로 이들 양자를 결합하는 혼성적(hybrid) 보수주의이다. 혼성적 보수주의는 리버테리안적 규범과 사회적 보수주의의 가치를 결합하여 약한 국가와 시장적 자유를 한편으로 지지하며 다른 한편으로 도덕적 가치의 중요성을 강조한다. 논리적 일관성을 결여하고 있다는 비판을 받기도 하지만 다수의 지식인과 정치인들이 취하는 전형적인 보수주의의 형태라 말할 수 있다.

네 번째는 기독교 우익(Christian Right)으로서 이들은 사회적 보수주의의 전투적인 분파에 해당한다. 팻 로버트슨(Pat Robertson)을 대표로 하는 이들 집단은 기독교적 가치에 입각한 국민통합과 도덕적 사회의 건설을 염원한다. 도덕적 흠결이 없는 동질적 사회를 추구한다는 점에서 가장 반자유적이라 말할 수 있다.

마지막으로 신보수주의(neoconservatism)가 있다. 신좌파의 발호에 맞서 미국의 가치와 자유주의를 수호하려 했던 이들 집단은 반공주의, 친(親)이스라엘적 외교정책, 심지어는 베트남전의 정당성을 지지하며 새로운 보수주의 세력으로 등장하였다. 진 커크패트릭(Jeane Kirkpatrick), 어빙 크리스톨(Irving Kristol) 등을 대표로 하는 이들

보수주의는 미국의 민주주의가 최종적인 승리를 거두고 공산주의가 몰락함에 따라 역설적으로 힘이 약화되고 있다.

기독교 우익을 제외한 대부분 보수주의자들은 자유주의의 주요 가치를 상당 부분 공유함으로써 보수주의적 자유주의라는 표현이 가능할 수 있지만 보수주의를 자유주의와 확연히 구별되는 실체로 인정하자는 자유주의자의 주장도 있다.[17]

3) 공동체주의

오늘날 가장 인기 있는 자유주의 비판의 논리는 공동체주의이다. 이들에 의하면 모든 미국사회의 병리는 자유주의의 해악으로 간주되며 새로운 공동체의 건설을 통해서만 문제를 해결할 수 있다. 그러나 공동체의 개념은 자유주의만큼이나 모호한 개념이며 따라서 논의는 다양한 방식으로 전개된다. 한 가지 분명한 사실은 이들 공동체주의자들이 오늘의 미국을 개인주의가 절정에 이른 사회로 규정한다는 점이다. 이들은 오늘의 미국 사회를 TV만이 친구가 되는 초개인주의 사회라고 비판한다. 따라서 공동체 윤리의 회복이 어느 때보다도 더 시급히 요청된다.

공동체의 개념에 대한 분석의 수준에 따라 상위공동체와 하위공동체의 관계가 다시 문제가 되는데 이로부터 이른바 '정체성의 정치'(politics of identity)의 딜레마가 야기된다. 하위집단의 정체성을 강조하는 공동체이론은 상위공동체의 존립을 위협하며 상위공동체의 정체성을 강조하는 공동체이론은 하위공동체의 정체성을 파괴하기 때문이다.[18]

---

17) Teodore Lowi, *The End of the Republican Era* (Norman: University of Oklahoma Press, 1995), chap.4 참조.

18) Robert Booth Fowler, *Enduring Liberalism: American Political Thought Since*

다음에 몇 가지 공동체론을 살펴본다.[19] 첫째 공화주의적 공동체론이다. 마이클 샌들(Michael Sandel), 앨라스데어 매킨 타이어(Alasdair MacIntyre), 로버트 벨라(Robert Bellah) 등은 미국의 역사 속에 계승되어 온 공화주의적 전통의 부활을 주장한다. 이들은 개인적 이익보다 공공선을 중시하는 시민의 미덕을 강조한다. 샌들에 의하면 현재 미국사회는 무제한적 개인주의의 질주로 국가적인 불행이 초래되고 있다. 샌들은 뉴딜(New Deal)정책이 소비주의와 물질주의적 방식으로 사회적 문제를 해결하는 잘못된 전례를 수립함으로써 진정한 공동체주의의 파괴에 일조하였다고 주장한다.[20] 사회학자인 벨라 역시 미국의 자립심과 자존심을 지나치게 강조하는 개인주의 철학이 공동체의 와해를 초래하고 있다고 말한다. 그러나 그는 미국 중산층 백인사회의 언어 속에는 공동체라는 제2의 언어가 살아있으며 따라서 구원이 가능하다고 믿는다.[21]

둘째는 참여민주주의론에 입각한 공동체주의이다. 참여민주적 공동체론은 60년대 저항정신의 소산이다. 이들은 자본주의의 통제없이 진정한 공동체의 건설은 불가능하다 보며 경제적 평등과 지방정치의 민주화 실현에 노력한다. 이들은 대체적으로 시민의 도덕적 가

---

the 1960, pp. 171-172.

19) 이하 Robert Booth Fowler, *The Dance with Community: The Contemporary Debate in American Political Thought* (1991)의 분석틀을 참조하였다.

20) Michael Sandel, *Democracy's Discontent: America in Search of a Public Philosophy* (Cambridge, Mass: Harvard University Press, 1996). 맥 윌리암스도 동일한 주장을 한다. 뉴딜정책은 문제해결을 위해 인간의 우애에 호소하는 대신 경제적 통제의 방법을 동원하는 전례를 남겼다. Wilson Carey McWilliams, *The Idea of Fraternity in America* (Berkeley: University of California Press, 1973).

21) Robert Bellah, Richard Madsen, William Sullivan, Ann Swidler, and Steven M. Tipton, *Habits of the Heart: Individualism and Commitment in American Life* (Berkeley: University of California Press, 1985).

치를 동등한 것으로 간주하는 경향이 있다. 참여민주주의적 공동체론은 자본주의에 대한 정면 비판이 약화되면서 좌파의 유력한 대안으로 부상하고 있다. 1960년대 버클리 반란(Berkeley rebellion)을 옹호했던 셸던 워린(Sheldon Wolin)은 자유주의의 도덕적 실패를 비판하면서 참여적 공동체의 도덕적 우월성을 주장하는 대표적 이론가이다.

셋째, 종교적 공동체주의이다. 이들은 과거 토크빌이 관찰하였듯이 종교가 공동체의 생존에 필수적 기능을 수행한다고 보며 한 발 더 나아가 종교와 민주주의의 상호적 관계를 주장한다. 종교적 공동체주의는 초월적 도덕률의 존재만이 도덕적 상대주의에 의해서 야기된 혼란을 극복할 수 있다고 본다.

기타 전통적인 촌락형태의 공동체주의를 표방하는 경우가 있는가 하면 소집단의 활성화를 통해서 소기의 성과를 거두려는 노력도 있다. 그러나 후자의 경우 결코 그것의 의의를 과소평가를 할 수는 없지만 가입과 탈퇴가 자유로운 느슨한 공동체이기 때문에 본격적인 공동체론으로서는 한계가 있다. 한편 공동체의 논리가 역사적으로 볼 때 여성들에게 잠재적이 위협이 되어왔다고 주장하는 페미니스트도 있다.[22] 그리고 공동체론자들 중에는 건전한 자유주의가 공동체의 실현과 직결된다고 판단하여 자유주의에 입각한 공동체의 건설을 주장하는 사람도 있다.[23]

이러한 공동체주의의 이념에 대해서 혹자는 그것이 구체적 대

---

22) Marilyn Friedman, "Feminism and Modern Friendship: Dislocating the Community," in *Social and Political Philosophy: Classical Texts in Feminist and Multi-cultural Perspective*, edited by James P. Sterba (Belmont, Calif: Wadsworth, 1995), pp. 501-12.

23) Stephen Macedo, *Liberal Virtue: Citizenship, Virtue, and Community in Liberal Constitutionalism* (New York: Holt, 1987).

안을 결여한 단순한 소망의 일람표이며 사라진 이상사회에의 향수에 불과하다는 유토피아적 한계를 지적한다. 이러한 비판에 의하면 그리스의 도시국가나 미국의 건국과정 속에서 발견되는 공동체의 원형은 환영에 불과하며 사실과 거리가 멀다.[24] 혹자는 더 나아가 경직된 공동체주의가 개인의 자유를 위협할 수 있음을 지적하고 20세기가 경험했던 가공스러운 희생의 역사를 상기시킨다.[25]

4) 페미니즘

전통적으로 미국의 자유주의는 여서의 문제에 대해서 소극적인 태도를 취해왔다. 토크빌은 미국의 자유주의가 가정 내부에까지 미치지 못하고 있음을 관찰하였고 하츠 역시 이점을 인정하였다. 그러나 1960년 대 이후 페미니즘은 미국사회의 기존 질서에 도전하는 가장 강력한 지적 흐름을 형성해 왔다. 페미니즘의 계보는 매우 복잡하고 다기적인 양상을 보여준다. 그러나 대체적으로 볼 때 페미니즘은 대단히 급진적인 외관에도 불구하고 보편적 자유주의의 실현이라는 내용이 주류를 이룬다.

이들 주류의 페미니즘은 결혼과 가족의 의미를 로크식의 계약의 관점에서 이해하여 가족의 구성원들 모두를 자유롭고 평등한 존재로 간주하고 각자는 자신의 행복을 위해서 자유로운 선택을 행할 권리가 있음을 강조한다. 이들은 공적 영역과 사적 영역을 분리해온 기존의 관행을 거부하며 사적인 관계 역시 정치적 관계의 연장임을 주장한다.

그러나 자유주의적 페미니즘을 비판하는 또 다른 입장은 그것

---

24) Derek Phillips, *Looking Backward: A Critical Appraisal of Communitarian Thought* (Princeton, N.J.: Princeton University Press, 1993).

25) Peter Berger. *Pyramids of Sacrifice* (Garden City. N.Y.: Doubledat. 1976).

이 사적 개인의 권리만을 강조하고 시민의 공적 권리에 대해서 관심을 보이지 않음을 문제삼는다. 이들은 페미니즘이 개인의 이기적인 권리 주장이 아니라 공동체를 지향하는 사회적이며 참여적인 방향으로 나아가야 한다고 주장한다.[26] 혹자는 보통 여성들의 정서를 고려하여 페미니즘이 가정과 여성의 권리가 공존하는 노선을 취할 것을 촉구하기도 한다. 이외에도 남성과 여성의 집합적 성벽의 차이를 강조하는 젠더(gender) 페미니즘도 존재한다. 이 이론에 의하면 여성은 남성보다 공동체 지향적이며 이타적 존재이다.

페미니즘 운동에 있어서 가족관계의 본질에 관한 논쟁은 각 세력이 추구하는 가치와 직접적으로 연결된다. 논쟁의 초점은 가부장적인 가정이 아니라 사회적 관계로서 가족의 가치 그 자체에 관해서이다. 가장 강경한 입장을 취하는 주장에 따르면 가정은 본질적으로 여성을 억압하는 중심 무대이며 따라서 최선의 전략은 여성이 가정으로부터 이탈하는 것이다.[27] 보다 완화된 입장을 취할 경우 가정은 '매우 위험스러운' 장소가 되며 경우에 따라서는 국가의 개입이 요청된다.[28] 조금 더 완화된 주장은 가정이 바람직한 공동체의 모델은 결코 아니라는 주장을 한다.[29] 이들 모두는 고통스럽게도 미국의 역사가 이러한 주장이 사실임을 입증한다고 말한다. 그러나 근래에 와서 가정의 가치를 수용하는 보수적인 페미니스트들이 등장하고 있으며 그들은 보통사람들의 논리를 들어 가족관계를 권력관계로 치환하

26) Katha Pillitt, "Are Women Morally superior to Me?" *Nation* (Dec 28, 1992), pp. 799-802.

27) Dana, R. Shugar, *Separatism and Women's Community* (Lincoln: University of Nebraska Press, 1995).

28) Barbara Ehrenreich, *The Heart of Men: American Dreams and the Flight from Responsibility* (Garden City, N.Y.: Anchor, 1983).

29) Okin, *Justice, Gender, and the Family* (New York: Basic Books, 1989).

는 것에 반대하고 가정과 여성의 양립가능성을 모색한다.[30)]

5) 생태주의

근래에 들어 이루어지고 있는 자유주의의 이념에 대한 가장 강력한 도전은 생태주의의 철학에서 비롯된다고 말할 수 있다. 레이첼 카슨(Rachel Carson)의 『침묵의 봄』(1962) 이래 수많은 지식인들이 자연의 파괴가 초래하는 재앙들을 경고해 왔으며, 1968년 가렛 하딘(Garrett Hardin)은 지구를 포화상태에 놓인 목초지에 비유하여 인류가 용량을 초과하는 방목을 시도하고 있다고 주장하며 최초의 본격적인 사회적 분석을 시도하였다.[31)] 하딘에 의하면 위기의 근원은 사악한 국가권력이나 기업이 아닌 과도한 자유를 향유하는 합리적 개인의 자기이익 추구에서 비롯된다. 윌리암 오펄스(William Ophuls) 역시 계몽주의와 그 산물인 자유주의가 과학기술에 의한 인간의 욕구충족을 정당화함으로써 자연을 능욕해왔다고 주장하였다.[32)] 그리하여 일부 녹색론자들은 인간의 특권과 인간 중심적 세계관을 부정하고 인간을 자연의 일부로 바라보는 생태중심주의(ecocentrism) – 이른바 심층적 생태학(deep ecology) – 를 주장하기에 이른다. 이들의 주장에 의하면 자연은 그 자체로 균형과 조화, 미와 안정의 내재적 가치를 갖고 있으며 자연에 대해서도 인간과 동일한 원리가 인정되어야 한다. 이들이 모색하는 대안적 정치질서는 서구민주주의의

---

30) Sylvia Hewlett, *A Lesser Life: The Myth of Women's Liberation in America* (New York: Morrow, 1986); Jean Bethke Elshtain, *The Family in Political Thought* (Amherst: University of Massachusetts Press, 1982).

31) Garrett Hardin, "The Tragedy of the Commons," *Science 162* (December 1968), pp. 243–48

32) William Ophuls, *Requiem for Modern Politics: The Tragedy of the Enlightenment and the Challenge of the New Millenium* (Boulder, Colo,: Westview, 1997).

그것과 내용을 달리하는데 생태적 권위주의(eco-authoritarianism)나 생태적 무정부주의(eco-anarchism)가 그 예이다. 전자를 대표하는 이론가중의 한 사람인 하일 브로너(Robert Heilbroner)는 자유민주주의가 개인의 재산권을 신성시하는 한 환경문제의 해결은 불가능하며 종국적으로는 권위주의적 체제의 등장이 불가피하게 될 것이라고 말한다.[33] 생태마르크스주의(eco-Marxism) 혹은 생태사회주의자(eco-socialism)들은 여기서 한 걸음 더 나아가 자본주의의 문제를 해결하기 위해서는 진정한 권위 즉, 정당한 국가의 통제와 계획이 적극적으로 요청된다고 주장한다.

한편 생태무정부주의자들은 자본주의적 질서의 극복이 최선의 사회를 구현하고 자연을 해방한다는 데에 후자와 의견을 같이하나 국가기구의 역할을 부정하고 공동체의 구성원들 스스로가 자신을 규율하는 이상적 참여사회를 기대한다. 이 경우 국가기구는 마르크스가 말했던 '사물의 관리'(administration of things) 수준으로 역할이 축소된다.[34] 그러나 보다 많은 숫자의 녹색론자들은 서구민주주의와 생태주의의 양립가능성을 모색하는 '참여적 녹색정치론'을 주장한다.[35] 이들의 주장에 따르면 지역주민의 실질적 참여를 보장하는 진정한 민주주의의 실현만이 환경문제의 해결을 도모할 수 있다. '범지구적으로 생각하고 지역적으로 행동하라'는 구호를 앞세우는 이들의 철학은 생태무정부주의자들과는 달리 정부의 긍정적 역할을 인정

---

33) Robert Heilbroner, *An Inquiry into the Human Prospect* (New York: Norton, 1974).

34) Murray Bookchin. *The Ecology of Freedom: The Emergence and Dissolution of Hierarchy* (Palo Alto, Calif.: Cheshire Books, 1982).

35) 예를 든다면 William M. Lafferty, James Meadowcroft (ed.), *Democracy and the Environment: Problem and Prospects* (Cheltenham, Brookfield: Edgar Elgar, 1996).

한다. 그러나 이들 생태무정부주의나 참여적 녹색정치론은 인간의 본질에 대한 지나친 낙관론으로 참여에 의한 환경파괴라는 딜레마를 의식하지 못하고 있다는 비판이 있다. 생태주의의 이념은 가장 공동체주의적 요소가 강하다고 볼 수 있으며 경우에 따라서는 자유주의가 추구하는 가치와 정면으로 충돌한다.

❺ 맺는 말: 자유주의의 새로운 패러다임

60년대 이후 급진전된 자유주의 비판의 논리에도 불구하고 일부 자유주의자들은 여전히 고유의 입장을 재확인한다. 존 롤즈(John Rawls)는 자신의 저서 『정의론』(1971)을 통해서 지난 반세기 동안 이루어진 가장 중요한 자유주의 정치철학의 이론을 수립하였으며 1993년 『정치적 자유주의』에서 다시 한번 자유주의의 이념을 명시적으로 옹호하였다. 스테판 홈즈(Stephen Holmes)는 『반자유주의의 해부』(1993)에서 보다 전투적으로 자유주의를 지지하며 일군의 공동체주의자들의 '피상적이고 혼란스러운 논리'를 비판하였다. 최근 알란 울프는(Alan Wolfe)는 중산층을 상대로 한 자신의 경험적 조사를 근거로 미국은 자유주의에 대한 신념 – 개인의 자유와 관용, 자본주의, 온건한 애국주의 – 에 입각해 움직이고 있는 '하나의 국민'임을 주장하였다.[36] 한편 헌팅턴은 일종의 '진정한 자유주의론'을 주장하며 하츠의 합의설에 동의하였다. 헌팅턴에 의하면 미국사회는 자유주의적 가치에 대한 합의에도 불구하고 이를 구현하는데 실패해 왔다. 헌팅턴은 자유주의의 숭고한 이념과 현실의 괴리가 개혁의 의

36) Alan Wolfe, *One Nation, After All* (New York: Viking, 1998)

지를 불태우는 신조적 정열(creedal passion)의 시대를 주기적으로 초래했으며 남북전쟁, 진보의 시대, 1960년대는 이러한 경우에 해당된다고 주장하였다.[37] 립셋(seymeour Martin lipset) 역시 최근의 저서를 통해 미국의 예외주의를 다시 한번 확인하고 있다.[38] 립셋에 의하면 미국은 여타의 서구국가나 일본과 비교할 때 자유주의적 가치 - 개인의 자유, 기회의 평등 - 에 대한 합의가 강력한 사회이다. 논쟁이 존재하나 그것은 원칙의 문제가 아니라 이를 구체화하기 위한 정책의 문제에 관해서이다. 립셋은 미국 국민 다수가 자신의 체제에 대해서 긍지를 갖고 있으며 흑인 사회 역시 능력제를 바탕으로 하는 미국의 자유주의 체제에 기본적으로 만족해하고 있다고 주장한다.

그러나 일부 자유주의자들은 자유주의의 자기반성을 촉구하며 그것이 보다 유연한 입장을 취할 것을 주장한다. 가령 보편적 진리의 가능성을 부정하는 포스트모더니스트인 리차드 로티(Richard Rorty)나 윌리암 코놀리(William Connolly) 등은 좌파적 자유주의를 표방하며 자유주의가 보다 겸손한 정치와 개방적인 사회를 지향할 것을 요청하였다.[39] 자유주의의 구원을 위해 자유주의를 비판하는 또 한 사람의 중요한 자유주의 이론가는 프린스턴 대학의 마이클 왈처(Michael Walzer)이다. 그는 시민사회와 다원주의의 지나친 비대화를 불편해하며 자유주의가 공동체와 평등의 이념을 포용하는 균형적 가치체계로 발전할 것을 주장하였다.[40] 그 역시 좌파적 자유주의자

37) Samuel P. Huntington, *American Politics: The Promise of Disharmony* (Cambridge, Mass: Harvard University Press, 1981).

38) Seymour Martin Lipset, *American Exceptionalism: A Double-Edged Sword* (New York: Norton, 1996).

39) Richard Rorty, *Contingency, Irony, and Solidarity* (New York: Cambridge University Press, 1989); William E. Connolly, *The Ethos of Pluralization* (Minneapolis: University of Minnesota Press, 1995).

임을 자칭한다.

이제 최종적으로 미국의 정치이념과 가치를 어떻게 규정할 것인가의 문제를 생각해보자. 앞에서 행해진 논의를 간단히 요약하면 다음과 같다. 미국의 건국의 이념은 자유주의와 공화주의를 두 개의 축으로 하여 형성되었다. 이후 양자는 시대에 따라 비중을 달리하며 변증법적 발전을 거듭해 왔다. 그러나 20세기에 들어 공화주의의 전통은 자유주의의 위력 앞에서 힘을 잃게 되었다. 샌들에 의하면 양자간의 경쟁은 자유주의의 승리로 종결되었다. 그러나 다른 한편 60년대 이후 체제의 쇄신을 요구하는 다양한 지식인 집단의 등장과 더불어 자유주의는 새로운 도전과 직면하게 되었다. 사회주의 이념의 붕괴는 자유주의의 정당성에 무게를 더해주고 있지만 자유주의에 대한 비판은 여전히 의미를 갖는다. 결국 문제는 자유주의와 이를 비판하는 대안적 가치체계와의 관계를 어떻게 설정할 것인가 하는 것으로 귀착된다.

자유주의를 협의로 정의하면 그것은 개인의 합리적 판단과 선택을 강력하게 옹호하는 정치적 이념체계이다. 그러나 그것을 광의로 해석하면 자유주의는 개인적 자유, 기회의 평등, 시장경제, 미국의 정치제도를 존중하는 일반적 태도를 지칭한다. 오늘날 미국의 자유주의를 비판하는 주요 이념체계의 논리를 살펴볼 때 일부 극단론을 제외한다면 그것들은 광의의 자유주의를 정면으로 부정하고 있다고 말하기 어렵다. 일부 좌파, 기독교 우익, 심층생태론자 등 미국의 자유주의에 대한 반대의 의사를 분명히 하는 경우도 있지만 다수는 지나친 개인주의의 병리를 비판할 뿐이며 자유주의의 여타 개념 요

40) Michael Walzer, *Spheres of Justice: A Defence of Pluralism and Equality* (New York: Basic Books, 1983).

소들을 거부하지 않고 있다. 따라서 자유주의를 비판하는 다양한 이념의 존재는 자유주의가 자신의 한계를 극복하고 보다 풍요로운 이념으로 발전할 수 있는 계기를 제공하고 있을 뿐만 아니라 그 자체 넓은 의미의 자유주의 속으로 용해될 수 있는 여지를 보이고 있다. 제임스 영(James Young)은 이러한 맥락에서 미국 사회의 지적 다양성은 자유주의의 소산이며 자유주의 역시 다양한 개념요소를 내포하고 있다고 말한다.[41] 그는 미국의 자유주의가 지난 역사를 통해서 수많은 내부적 긴장과 갈등을 보여주었으며 오늘의 상황이 결코 새로운 것이 아님을 주장한다. 영에 의하면 자유주의는 개념의 경계가 선명하지 않은 복합적인 세계관이며 따라서 미국의 자유주의는 하츠의 합의설보다 다차원적 의미를 갖는다. 하츠의 실패는 자유주의의 내부를 미세한 부분까지 관찰하지 못하고 그것을 단선적으로 파악한 데 있다. 데이비드 그린스톤(David Greenstone) 역시 비슷한 주장을 한다.[42] 그린스톤에 의하면 자유주의는 많은 내용물들을 담고 있는 실체로서 하나의 속(屬)을 구성한다. 자유주의 속에는 상호 경쟁하는 두 개의 지류가 있다. 하나는 개인의 선호를 중시하는 휴머니스트 자유주의이고 다른 하나는 개인의 도덕적 발전을 강조하는 개혁주의적 자유주의이다. 미국은 건국 이후 자유주의에 대한 대체적인 합의 속에서 내부적인 갈등을 경험해 왔다.

결론적으로 말한다면 오늘날 미국의 가치에 대한 완전한 합의는 존재하지 않는다. 그리고 지식인 사회가 일반 대중 보다 더 분열적이다. 그러나 다원적 가치 상호간의 갈등과 경쟁은 전통적 자유주

---

41) James P. Young, *Reconsidering American Liberalism: The Troubled Odyssey of the Liberal Idea* (Boulder, Colo.: Westview, 1996).

42) David Greenstone, *The Lincoln Persuasion: Remaking American Liberalism* (Princeton, N. J.: Princeton University Press, 1993).

의가 자신의 외연을 확장시킨 확대된 자유주의의 발전과정으로 파악될 수 있을 것이다. 자유주의를 지배적인 가치체계로 상정하는 '합의 속의 갈등론'은 현대 미국 정치사상의 좌표를 보여주는 적절한 표현이 될 것이다.

제16장

로버트 달의 미국 헌법 비판 검토

❶ 머리말

2000년 미국의 대통령 선거는 우여곡절 끝에 일반투표에서 최다득표를 한 후보가 선거인단 투표를 통해서 패배하는 결과를 보여주었다. 동일한 현상은 과거에도 이미 3번이나 되풀이 된 바 있다. 우리는 문제의 초점을 확대하여 다음과 같은 의문을 제기할 수 있다. 미국의 헌법은 문제가 없는가? 미국 민주주의는 과연 모범적이라고 말 할수 있는가?

예일대학의 석좌교수인 로버트 달 (Robert A. Dahl)은 이 점에 대해서 매우 비판적인 견해를 취한다. 그는 “미국 국민이 미국 헌법에 대해서 진지하게 자신의 의사를 표출할 수 기회를 가져본 적이 있는가?”라고 반문한다. 달에 의하면 미국 헌법에 대한 종교적 숭배의 분위기는 극복되어야하며 미국민주주의는 2류급에 불과할지도 모른다.

달이 생각하는 미국 헌법의 가장 큰 결함은 지리적 소수가 정치적 평등의 이념을 위반하며 다수 국민의 의사를 좌절시키는 정치제도에 있다. 더 구체적으로 말한다면 상원의 비합리적 구조와 대통령 선거인단제의 문제이다.

달은 아렌트 레이파트(Arendt Lijphart)의 분석틀을 원용하여 미국 민주주의는 왜곡된 방식으로 합의제 모델(consensus model)을 수용하는데 심각한 문제가 있다고 결론을 내린다.

이 글은 다소 진부한 내용임에도 불구하고 직설적으로 미국 민주주의의 근본적인 개혁을 촉구한다는 점에서 선선한 느낌을 주는 한 미국 원로 정치학자의 견해를 검토한다.[1)]

❷ 1787년 미국헌법의 비민주성

미국 헌법의 이념에 대한 해석의 논리는 크게 다음의 두 가지이다. 하나는 그곳에서 미국 민주주의의 정당성의 근거를 찾으려 하고 다른 하나는 그곳에서 미국 민주주의의 한계를 발견하려 한다. 전자는 다시 공화주의자와 자유주의자의 시각으로 나누어지는데, 자유주의자는 그것을 자유주의적으로 해석하고 공화주의자는 그것을 공화주의적으로 해석한다. 자유주의적 해석의 전통은 미국의 헌법이 개인의 자유와 권리를 추구하는 자유주의 정신에 의해서 지배를 받았다고 주장한다. 그러나 공화주의적 해석의 전통은 미국 헌법이 정치적 자유와 사유재산을 존중했음에도 불구하고 공공선을 보다 강조하고 공동체의 가치를 개인의 그것보다 우선하였다고 주장한다. 미국 헌법의 이념에 대한 해석을 통해서 미국 민주주의의 한계를 지적하는 경우 공화주의자는 그것의 자유주의적 한계를 비판하고 자유주의자는 그것의 공화주의적 한계를 비판한다. 그러나 기실 미국식 자유주의와 공화주의는 상호배타적인 세계관이라고 말할 수 없으며 양자

1) 이하 Robert A. Dahl, *How Democratic Is the American Constitution?* (New Haven: Yale University, 2001)의 내용을 검토한다.

는 미국 민주주의를 비판할 경우에도 일정한 수위를 넘지 않는다.[2)] 이와는 달리 로버트 달이 상정하는 미국 헌법의 공화주의적 전통은 공동체주의라기보다 귀족주의적 의미가 더 강하다. 그는 미국 헌법이 미국 독립선언의 근본정신에서 이탈하여 정치적 평등을 모체로 하는 민주주의의 이념과 근본적으로 충돌하고 있다고 주장한다.

달에 의하면 미국 헌법의 제정권자들은(그는 건국의 아버지라는 표현을 거부한다. 독립선언에 참여한 중요 인물들이 누락되었기 때문이다(Dahl 2001, 5)) 두 가지 문제를 갖고 있었다. 하나는 시대적 한계이고 다른 하나는 상황적 한계이다. 제임스 매디슨을 필두로 한 미국 헌법의 제정권자들은 뛰어난 재능과 덕성을 갖춘 헌신적 인물들이었다. 그들은 헌법제정 과정에서 가능한 모든 자료들을 빈틈없이 검토하였으며 1787년 당시로서 그들의 구상은 최상의 것이었다(Dahl 2001, 8-9). 그러나 그들은 앞으로 전개될 민주정부의 미래를 충분히 예견하지 못했으며 새로운 공화국의 헌법에 관한 그들의 지식은 매우 불충분한 것이었다. 그들은 군주제를 반대하며 공화국을 지지한다는 주장에 대부분 동의했으나 민주적인 공화국의 이상을 정립하지 못하였다. 한편 13개 주의 존재는 단방제 국가가 보여주는 역사적 경험을 수용하는 헌법의 제정을 불가능하게 만들었다. 미국 헌법의 제정은 전체의 동의를 모색하는 과정에서 타협과 연합을 불사하였으며 비민주적인 요소의 존재를 용인하였다. 헌법제정권자들은 이상적인 사회건설을 갈망했던 철학자들이 아니라 안정된 정부체제의 수립을 우선적인 목표로 삼았던 실용주의자들이었다(Dahl 2001, 38). 그 결과 제정헌법은 다수 대중의 위험을 과대평가하고

---

2) 미국 헌법의 건국이념 해석 논쟁에 대한 상세한 설명은 Robert Booth Fowler, *Enduring Liberalism: American Political Thought Since the 1960* (Kansas: University Press of Kansas, 1999), 제3장(pp. 88-99) 참조.

민주적 책임의 문제를 소홀히 하였으며 노예제도의 인정, 여성참정권 배제, 대통령 선거인단제 도입, 상원의 주의회 선출 등 비민주적 성격을 선보이게 되었다.

미국은 이후 2세기에 걸친 민주화과정을 통해서 1787년 헌법의 비민주적 요소들을 척결하며 민주공화국을 건설하였다. 그것은 권리장전과 일련의 헌법수정 및 정치적 관행과 제도의 개선을 통해서 이루어졌다. 1865년부터 3차례에 걸친 헌법수정으로 노예제도가 폐지되고 흑인의 투표권이 보장되었다. 1913년에는 주의회에 의한 상원의원의 선출방식이 직접선거로 바뀌었다. 1919년에는 여성들에게 참정권이 부여되었다. 1964년에는 일부 남부 주에 자행되었던 흑인에 대한 인두세 부과 방식의 선거권 제약을 금지시켰다. 한편 정당제도가 도입되었으며 선거인단제도가 직접투표 방식으로 개선되었다.

달에 의하면 헌법제정을 주도했던 매디슨의 변신은 제정헌법의 한계를 극명하게 보여준다. 버지니아주를 대표하여 36세의 나이에 헌법제정회의의 제안서를 작성했던 매디슨은 훗날 제퍼슨과 함께 연방주의자들의 정책과 사상을 반대하는 지도자로서 야당인 민주공화당을 이끌었고 제퍼슨의 뒤를 이어 대통령이 되었다. 『페더랄리스트』 제10장에서 매디슨은 파벌의 위험성을 경고하며 정당의 존재를 필요악의 의미로서 파악하였다. 그러나 매디슨은 점차 정당에 대한 자신의 견해를 수정했을 뿐 아니라 노년에는 다수의 통치에 대해서 보다 우호적인 태도를 취했다. 그는 자신의 비망록 속에서 정당은 자유의 산물이며 정당을 갖지 않는 자유국가는 존재할 수 없다고 주장하였다. 그는 또한 다수의 통치와 관련하여 권력의 남용을 완전히 막을 수 있는 정부형태는 없으며 다수의 의지는 가장 덜 불완전한(the least imperfect) 통치의 원리라고 주장하였다 (Dahl 2001, 37).

그러나 일련의 헌법수정과 정치제도 및 관행의 민주적 변화에도 불구하고 상원의 불평등 대표, 대통령 선거인단제도 등 미국 헌법의 중요부분은 난공불락의 성채로 여전히 남아있으며 따라서 미국 헌법의 비민주적 성격은 완전히 불식되지 않고 있다. 그 결과 미국인들은 자신들의 헌법에 대한 신념과 민주주의에 대한 신념 사이에서 끊임없는 긴장관계에 놓이게 되었다(Dahl 2001, 39).

❸ 미국 민주주의의 평가

1) 미국 정치체제의 특수성

많은 사람들은 미국의 정치체제를 민주세계의 모델이라고 믿는다. 그러나 적어도 미국을 포함한 22개의 선진민주국가 중 미국의 헌법 모델을 따르는 나라는 한 나라도 없다. 코스타리카를 제외한다면 모든 다른 국가들은 입법기관에 의해 선출된 총리가 통치하는 의회제 정부형태를 취하고 있으며 프랑스와 핀란드의 대통령제 역시 의회제도의 변종이다. 미국은 국민적으로 선출된 단일 행정수반을 갖는 거의 유일한 국가이다. 달에 의하면 미국의 대통령중심제는 매우 독특한(unique) 체제이다(Dahl 2001, 72). 그렇다면 왜 미국의 헌법제정권자들은 유럽과 달리 대통령중심제를 채택하였는가?

달의 분석에 의하면 이유는 두 가지이다. 하나는 권력의 분립의 독트린을 신성시함으로써 의회로부터 독립된 행정부를 구상했다는 점이다(Dahl 2001, 65). 즉 새로운 공화국은 독립적인 사법부, 하원을 견제하기 위해 존재하는 상원을 포함하는 양원제 의회, 독립적인 행정부를 필요로 했다. 다른 하나는 영국식 의회제도에 대한 거부감이다. 그들은 영국의 의회제도가 많은 장점을 갖고 있음을 인정하였지만 군주제를 강력히 반대했기 때문에 의회제의 수용가능성을 원천적으로 봉쇄하였다(Dahl 2001, 70). 당시 영국헌법은 빠른 속도로 변화하고 있었으며 군주는 의회에서 총리에게 권한을 이양함으로써 권력을 상실하고 있었다. 오래지 않아 총리가 양원에서 신임투표를 통해 불신임되는 경우에 사임할 수밖에 없는 체제가 완성되었다. 그러나 헌법제정권자들은 유럽 의회민주주의의 미래를 충분히 예측하지 못했으며 상징적 존재라 할지라도 군주제는 결코 용납될 수 없다고 판단하였다. 헌법제정회의는 의회제를 포함하여 여러 대안을 검토했으나 최종적으로 선거인단 선거에 입각한 대통령제를 채택하였다. 일반 대중의 정치성향에 대한 불신으로 국민직선제의 제안은 기각되었다. 비민주적이었던 최초의 대통령 선출방식은 다수의 시행착오를 경험하면서 선거인단제도는 유지되는 대신 국민선출방식으로 전환되었다. 그러나 달은 후술하는 것처럼 미국의 대통령 선출방식이 여전히 비민주적 요소를 내포하고 있다고 주장한다.

달은 미국 정치체제의 특수성을 구체적으로 다음과 같이 분석한다. 우선 미국은 연방제 국가로서 연방의 단위에 불평등한 대표성을 부여하는 강력한 양원제를 채택하고 있다. 그러나 22개의 비교대상 국가 중 상원의 불평등 대표성의 정도가 미국 정도로 심한 나라는 없다(Dahl 2001, 49). 미국은 또한 사법부에 의한 강력한 위헌법률심사제를 채택하고 있는 국가이며 이러한 제도를 취하고 있는 나라는 캐나다와 독일뿐이다. 달은 연방법원이 연방제도를 유지하기 위해서 연방단위의 결정을 심사할 수 있는 권한을 부여받은 것은 수긍이 가지만 연방의회나 대통령에 의해서 적절하게 제정된 법률을 무효화시키는 권한은 논쟁의 여지가 있다고 말한다.[3] 미국의 선거제

3) 달은 여기서 버클리 대 발레오(Buckley v. Valeo) 사건을 문제 삼는다. 1976년 미국 대법원은 연방선거운동법이 연방공직 입후보자의 표현의 자유를 심각하게 침해하고 있다고 판결하였다. 대법원은 수정헌법 제1조가 보장한 표현의 자유에

도는 소선거구제이며 단순다수대표제에 입각해 있다. 그러나 비례대표제를 채택하고 있지 않은 4개의 민주국가 중에서 프랑스는 결선투표를 행하고 있고 영국 역시 비례대표제 방식으로 전환하고 있어서 미국은 조만간 캐나다와 더불어 다수대표제를 고집하는 유일한 국가가 될 것이다(Dahl 2001, 59).

달은 레이파트의 분석틀을 원용하여 미국의 정치체제를 혼합제 모델로서 분석한다. 레이파트에 의하면 경험적인 차원에서 볼 때 동질적 사회의 경우에는 다수에게 효과적으로 힘을 부여하는 다수제 모델(majoritarian model)이 이질적 사회의 경우는 소수를 최대한 보호하고 배려하는 합의제 모델(consensus model)이 보다 선호된다. 다수제 모델은 집행권의 집중, 권력의 융합과 내각의 우위, 불균형한 양원제, 양당제도, 일차원의 정당제도, 선거에 있어서 최다득표제, 단방제의 집권화된 정부, 불문헌법과 의회주권, 완전한 대의민주주의를 이념형으로 한다. 반면 합의제 모델은 집행권의 분산, 공식·비공식의 권력분립, 균형된 양원제와 소수자 대표제, 다당제도, 다차원의 정당제도, 비례대표제도, 연방주의와 분권화, 성문헌법과 소수자의 거부권을 이념형으로 한다. 레이파트는 미국 민주주의를 다수제와 합의제가 성공적으로 결합된 사례로 평가하였다.[4] 반면 달은 미

입각하여 모든 후보와 단체는 선거과정에서 자신의 돈을 무제한 지출할 수 있다고 7대 1의 투표로 결정하였다. 달에 의하면 이 판결의 결과 미국사회는 지금 가공할만한 현상을 목격하고 있다. 달은 재판관들이 정치적 평등의 원칙을 통해서 선거자금의 문제를 바라보지 못하였다고 비판한다. 모든 시민은 자신의 권리를 주장하기 위해서 최소한의 자원을 보유해야 하는데 판결은 정치적 평등의 기회를 파괴하였다. 선거를 통해 선출된 관리에게 법과 정책의 결정을 절대적으로 위임할 수는 없지만 사법부의 개입에도 한계가 있어야 한다. 달은 대법원의 위헌법률심사권이 민주국가에서 중요한 의미를 갖고 있음에도 불구하고 기본권의 보호라는 최소한의 영역을 넘어서기 시작할 때 법원의 권한은 의심스럽게 된다고 말한다. 사법부는 헌법의 해석을 가장해 사실상 선출직 입법기구로서 역할을 수행하게 되기 때문이다(Dahl 2001, 151-152).

국식 혼합제 모델이 각각의 장점보다는 단점을 증폭시키는 결과를 초래하였다고 평가한다(Dahl 2001, 146). 달에 의하면 미국은 비례대표의 방식을 취하지 않고 있지만 그렇다고 해서 다수제 민주주의 체제로 규정될 수도 없다. 첫째, 미국식 대통령중심제에 있어서는 하나의 정당이 대통령직과 양원 모두를 장악하는 경우가 드물다. 1946년부터 2000년까지 매 10년 중 6년 이상 3개의 권력은 2개 정당에 의해서 분리되었다. 그리고 하나의 정당이 대통령직과 양원 선거 모두에서 승리하는 경우에도 이들 권력 상호간에 불협화음이 예상된다. 달은 권력의 분산이 초래하는 결과를 일률적으로 평가할 수 없다고 말하면서도 입법과정이 교착상태에 빠질 가능성이 많다는 사실을 지적한다(Dahl 2001, 11 1). 또한 그것은 국가정책의 실패에 대한 책임 소재를 모호하게 만든다. 누가 책임을 질 것인가? 대통령인가, 상원인가, 하원인가, 비선출직인 대법원인가? 미국의 정치제도는 매우 복잡하고 혼란스러우며 이해하기 어려운 구조이다. 둘째, 후술하게 될 상원의 불평등한 대표이다. 미국 민주주의는 지역적으로 특권을 향유하고 있는 소수세력이 거부권을 남용함으로써 국민 다수에게 양보를 강요하는 체제이다.. 그러나 그것은 이질적 사회집단의 권리 보호라는 진정한 합의제의 이상과 거리가 멀다. 합의제 민주주의를 보다 선호하는 달은 미국의 민주주의가 최대의 합의를 모색하되 필요한 경우 다수의 의지를 관철시키는 방식으로 운용되기를 기대한다. 그러나 달에 의하면 현실은 다수의 지배를 선호하면서도 소수의 횡포를 허용하는 방향으로 나아가고 있다. 그 결과 미국식 혼합제는

4) 레이파트에 의하면 미국 민주주의는 집행권의 집중, 양당제도, 최다득표제 등에 있어서 다수제 모델에 근접하지만, 권력분립, 균형된 양원제, 연방주의, 성문헌법과 소수자 거부권 등에 있어서 합의제 모델에 근접한다. 아렌트 레이파트, 최명 옮김 『민주국가론』 (서울: 법문사, 1985), pp. 42-46.

합의제와 다수제의 장점들 - 전자는 공평한 대표, 후자는 효율성과 책임성 - 이 희석되고 단점만이 노정된다(Dahl 2001, 115).

달에 의하면 많은 개발 도상국가들이 미국체제의 안정성에 감명을 받아 부분적으로 변형된 대통령중심제를 취하고 있으나 그것은 제 3세계적 현상에 불과하며 미국은 신생독립국가들에게 자신의 헌법제도를 전파하려는 시도를 자제해야 한다.

2) 미국 민주주의의 성과지표

민주주의는 제도뿐만 아니라 문화적 관점에서도 설명될 수 있기 때문에 헌법체제와 민주주주의의 상관관계에 대해서 정밀과학의 논리를 주장하기 어렵다. 그러나 최소한의 논의는 가능하다 할 것이다. 달은 민주적 안정성, 기본권의 보호, 민주적 공정성, 합의의 촉진, 민주주의의 성과 등 5가지 항목을 통해서 미국 민주주의를 여타 선진국가와 비교한다. 앞의 4가지 항목의 경우에 의미 있는 차이가 드러나지 않거나 혹은 그것들이 각 체제의 상대적 속성을 반영하고 있다는 점에서 비교가 용이하지 않다. 그러나 우리는 마지막 항목인 민주주의의 성과 지표를 통해서 미국 민주주의의 전반적인 성적을 대체적으로 평가할 수 있다. 미국은 재소자 비율과 해외원조에 있어서 비교대상 국가 중 최악의 성과를 기록하고 있으며 투표율, 주민복지, 에너지 효율성, 여성의 의회진출, 빈부격차 등의 영역에서도 최하위의 성과를 보여주고 있다. 비교의 내용을 도표로 간단히 정리하면 다음과 같다(Dahl 2001, 169).

달은 이러한 자료를 통해서 체제에 대한 미국 국민의 긍지와 달리 미국 민주주의의 성과가 매우 빈약하다는 사실을 지적하고 헌법을 신성한 교과서로 간주하던 종래의 관념에서 벗어나 보다 나은 대안을 검토할 필요가 있다고 결론을 내린다. 물론 달은 서두에서 이러한 실망스러운 성과가 헌법구조에서 기인하는지 단언할 수 없음을 분명히 하고 있지만 양자를 연결시키는 이러한 시도는 무리가 있어 보인다. 더 나아가 여기서 제시된 성과지표가 얼마나 타당성이 있는지 여부도 문제가 될 수 있다. 그러나 그것은 또 다른 차원의 문제이며 이곳에서는 논의를 생략하겠다.

[표 1] 미국 민주주의의 성과 지표

비고	변수	순위	비교국가수
상위 3분의 1 성적	경제성장(1980-1995)	5	24
중간 3분의 1 성적	여성의 각료진출(1993-1995)	8	22
	행정부에 대한 국민의 지지(1945-1996)	10	22
	예산적자(1970-1995)	8	16
	실업 (1971-1995)	8	18
	가족정책(1976-1982)	12	18
	인플레이션(1970-1995)	12	18
하위 3분의 1 성적	여성의 의회진출(1971-1995)	18	22
	빈부격차(1981-1993)	4	18
	에너지 효율성(1990-1994)	19	22
	복지국가 지표(1980)	17	18
	사회적 지출(1971-1996)	17	18
	투표율(1971-1996)	21	22
	재소자비율(1992-1995)	1	18
	해외 원조(1992-1995)	19	19

출처: 이 자료는 로버트 탈이 아렌트 레이파트의 책 *Patterns of Democracy* (New Haven: Yale University Press, 1999)[5]을 인용한 내용이다.

5) Arendt Lijphart, *Patterns of Democracy: Government Forms and Performance in Thirty-Six Countries* (New Haven and London: Yale University Press, 1999). 이 책은 본래 Arendt Lijphart, *Democracy: Patterns of Majoritarian and*

❹ 정치적 불평등의 구조

달은 민주주의의 본질적 가치는 정치적 평등에 있다고 본다. 이러한 주장을 정당화하는 근거는 도덕적 판단에서 기인한다. 한 인간의 생명, 자유, 행복은 다른 사람의 그것보다 우월하거나 열등하다고 말할 수 없다. 달은 모든 인간은 동등하며 어느 누구도 다른 사람보다 우월한 가치를 갖지 않는다는 천부적 평등의 가설을 신봉한다. 미국의 독립선언서는 이러한 사실을 자명한 진리로 파악하였는데 대부분의 윤리체계와 종교적 교의 역시 이것을 묵시적으로 가정하고 있다. 달은 다음과 같이 말한다. “우리가 인간은 평등하게 태어났다고 믿는다면, 그들이 양도할 수 없는 천부의 권리를 부여받았으며 생명, 자유, 행복을 추구할 권리가 있다고 믿는다면, 정부는 피치자의 동의라는 정당한 권력을 근거로 인민들에 의해서 조직된다고 믿는다면, 우리는 정치적 평동의 목표를 지지하지 않을 수 없다. 뿐만 아니라 모든 사람에 대한 평등한 배려는 각자의 목표 달성과 이익에 도움이 된다는 공리주의적 지혜 역시 이러한 주장을 설득력 있게 만든다. 정치적 평등을 정당화하는 달의 마지막 논리는 국가의 통치과정에서 동등한 발언권이 박탈된다면 누가 당신의 이익을 보호할 것인가라는 현실적인 문제제기이다. 인간의 경험은 누구도 자신의 권

Consensus Governments in Twenty-One Countries (New Haven and London: Yale University Press, 1984)의 증보판으로 기획 되었으나 분석 대상이 21개국에서 36개국으로 15개국 추가되고 분석기간이 1945-1980년에서 1945-1996년으로 확장됨에 따라(이 기간도 1945-70년 시기와 1971-96년 시기로 2분되었다) 기존의 내용을 보완하며 새로운 단행본으로 출간되었다. 레이파트는 이 책에서 합의제 민주주의가 복지, 환경, 범죄율, 해외원조 등의 관점에서 불 때 민주주의의 질을 제고시키는 보다 친절하고 부드러운(kinder and gentler) 형태의 민주주의라고 주장한다. pp. 275-276.

리를 다른 사람에게 위임해서는 안 된다는 소중한 결론을 보여준다. 달에 의하면 본질적 평등의 사상이 민주주의의 보다 강력한 주춧돌이 되기 위해서 추가적인 논변을 요구한다. 그것은 어느 누구도 당신의 선이나 이익을 당신보다 더 잘 판단할 수 없고 그것을 실현하기 위해서 당신보다 더 잘 행동할 수 없다는 가정이다.[6]

그러나 혹자는 공공선의 존재를 이유로 들어 현자의 지배를 주장할 수 있다. 전문지식과 능력을 강조하는 플라톤식의 수호자 통치론(guardianship)은 시민 개개인의 일반적 능력을 불신하고 정치적 평등의 가설을 부정한다. 그러나 달에 의하면 국가를 통치하는 것은 과학적 지식 이상의 것을 요구하며 정책에 관한 모든 중요한 결정들은 윤리적 판단의 성격을 갖는다. 훌륭한 의사는 당신의 병을 진단하고 어떻게 치료하는 것이 좋은지 권고할 수 있지만 최종적인 선택은 환자 자신의 몫이다. 달은 법을 준수하는 모든 국가구성원들은 국가적인 의사결정 과정에 참여할 수 있는 충분한 자격이 있으며 남보다 자격이 더 우월하다고 단정적으로 말할 수 있는 사람은 존재하지 않는다.[7] 민주적 기준을 충족시키고 정치적 평등을 유지하면서 공적 결정에 있어 전문가의 도움을 받는 것은 별개의 문제이다.

19세기 당시 토크빌은 조건의 평등이 다수의 횡포를 초래함으로써 시민의 자유를 위협할 것이라고 우려하였다. 20세기의 일부 사회과학자들은 이러한 견해를 수용하여 대중민주주의가 권위주의와 전체주의의 온상이 될 것이라 예상하였다. 그러나 달에 의하면 이러한 예측은 완전히 빗나갔다(Dahl 2001, 134). 성숙한 민주주의를 보유하고 있는 국가에서 권위주의 정부가 출현한 예는 1973년의 우루

6) 달은 이것을 강한 평등의 원칙(strong principle of equality)이라 말한다. 로버트 달, 조기제 옮김 『민주주의와 그 비판자들』(서울: 문학과 지성, 1999). p. 200.

7) 로버트 달, 김왕식 외 옮김 『민주주의』(서울: 동명사, 1999). p. 112.

과이를 제외한다면 거의 존재하지 않는다. 달은 바이마르 공화국의 몰락은 토크빌의 시나리오와 관련이 없다고 말한다. 바이마르 공화국은 나치가 점령하기 전 15년도 채 존속되지 않았다. 정치적 평등의 확대는 결코 시민적 자유를 위협하지 않으며 오히려 민주주의를 심화시킨다. 이러한 전제에 따를 때 달에 의하면 미국 민주주의의의 근본적 결함은 정치적 불평등의 잔재에 있다. 정치적 평등의 이념을 훼손시키는 미국 민주주의의 두 제도적 장치는 상원의 불평등한 대표성과 대통령 선거인 단체의 존재이다.

1) 상원의 대표성

미국의 상원제도는 불평등한 대표성을 유지함으로써 작은 단위의 지역이해를 보호하는데 그 존재의의가 있다. 즉 국가적 차원에서 다수통치의 위험을 방지하기 위해서 1인 1표의 원칙과 모순되는 불평등한 대표성을 인정하는 것이다. 이것은 각 주에 대해 2개의 상원 의석을 보장한 코네티컷 타협안(Connecticut Compromise)의 산물이다. 모든 연방제 국가는 어느 정도 대표의 불평등성을 인정한다. 미국의 경우 문제는 그것이 너무 극단적이라는 사실이다(Dahl 2001, 49). 2000년 현재 3,400만 명의 인구를 갖는 캘리포니아주나 200만 밖에 되지 않는 네바다주나 모두 똑같이 2석의 상원의원을 갖고 있다. 즉 네바다주 주민들의 2000년 투표권 행사는 캘리포니아주 주민들의 그것과 비교할 때 17배나 가치가 있다고 말할 수 있다. 만일 캘리포니아 주민이 알래스카로 이사를 가면 그 사람은 캘리포니아에서의 투표권 행사 때 보다 무려 54배 정도의 가치를 갖는 투표권을 획득하게 될 것이다. 달은 미국 상원의 구조가 정치적 평등을 본질로 하는 민주주의의 근본원리를 심각하게 침해하고 있다고 주장한다. 달은 “적은 인구를 갖는 지역 주민들의 권리와 이익을 보호한다는 이유로 의회 다수세력에 의해서 통과된 연방법을 거부하는 특수한 기제를 마련하는 것이 정당화될 수 있는가?"라고 반문한다. 미국의 연방제도 하에서 지역 주민의 권리는 이미 권리장전 및 수정헌법 관련 조항과 헌법에 근거한 사법부의 판단을 통해서 충분히 보호받고 있으며, 모든 주는 주민의 특수이익을 보호할 수 있는 배타적 권한을 연방 헌법에 의해서 보장받고 있다. 특정의 개인이나 집단이 추가적인 보호를 받아야 할 이유가 있는가?(Dahl 2001, 52).

지난 2세기 동안의 역사를 되돌아보면 문제는 분명해진다. 상원의 불평등한 대표성은 지역 하층 계급의 이익을 대변하는 대신 최상층 특권계급의 이익을 보호해왔다. 이의 명백한 사례는 노예소유주들의 권리보호이다. 1800년부터 1860년 사이에 8차례 반노예법안이 하원을 통과하였으나 모두 상원에서 기각되었다. 남북전쟁 이후 남부는 거부권 행사를 통해서 재통합을 거부하며 흑인의 기본권 보호를 위한 연방 법률의 제정을 방해하였다. "단순히 인구수가 적다라는 이유만으로 소수를 보호할 이유가 있는가?"라고 달은 반문한다. 왜 특별한 사회적 약자가 아닌 지역적 소수를 보호해야 하는가?

2) 대통령 선거인단제

헌법제정회의는 최종적으로 "각 주는 주의회가 정하는 바에 따라 그 주가 연방의회에 보낼 상원의원과 하원의원의 총수와 동수의 대통령 선거인단을 임명한다."라고 결정하였으며 국민에 의한 대통령 직접선출 방식은 두 차례나 거부되었다. 선거인단 선거제도를 채택한 이유는 뛰어난 판단력과 도덕적 자질을 지닌 현명한 사람들에게 선택의 책임을 위임하기 위해서라는 것이 일반적인 답변이었다. 해밀턴은 『페더랄리스트』 제68장에서 선거는 '분석능력이 탁월하고 사려깊게 행동하는 사람들'에 의해서 행해져야 할 것이라고 주장하였다. 제정헌법은 선거인단 선출방식을 주의회에 위임하였으며 대부분의 주들은 주민선출방식을 반대하였다.

그러나 이후의 사태는 선거인단제도에 대한 기대를 여지없이 허물어 버렸다. 1800년의 대통령 선거는 현자들의 심판과는 거리가 먼 정파싸움으로 얼룩지는 양상을 보였다. 선거인단은 선거의 해악으로부터 자유로운 독립체로서 행동하지 못하고 소속 정당에 충성하는 당파정치 대리인의 역할을 수행하였다. 정부통령 후보의 분리 조치 이후 각 주는 다양한 방식의 선거인단 선출제도를 실험하게 되었는데 가령 매사추세츠주는 10차례의 대통령 선거에서 7차례 이상 선거인단 선출방식을 변경하였다. 그러나 대부분의 주들은 점차 주민에 의한 선출방식을 채택하게 되었으며 1832년이 되자 사우스캘롤라이나주만이 주의회에 의한 선거인단 선출방식을 고집하였고 이것도 남북전쟁 기간에 주민선출방식으로 변경되었다 (Dahl 2001, 83).

선거인단의 귀족주의적 역할이 종료되자 전임자와 달리 앤드류 잭슨(Andrew Jackson) 대통령은 자신이 국민에 의해 선출된 유일한 국가관리임을 주장하며 거부권 행사를 비롯하여 공공연히 연방의회에 권위에 도전하였다. 링컨, 크리브랜드, 시어도어 루즈벨트, 윌슨 대통령이 동일한 주장을 되풀이하였으며 프랭클린 루즈벨트에 와서 미국의 대통령은 국민의 대표로서 확고한 지위를 인정받게 되었다 (Dahl 2001, 69). 선거인단 주민선출방식의 도입으로 미국의 대통령은 최초의 위상에서 벗어나 국가원수와 행정수반의 역할을 겸하는 명실상부한 최고통치권자가 되었다.

그러나 미국의 대통령 선거는 여전히 문제점을 노정시켰다. 직접투표에서 최다 득표를 한 후보가 선거인단 투표에서 낙선하는 사태가 발생하였으며, 과반수를 얻지 못한 후보가 당선되는 상황이 세 번의 한 번 꼴로 전개되었다. 제3당의 후보가 양당 후보의 표를 잠식하였음을 감안할 때 최다득표자 2인에 대한 결선투표를 실시할 경우에 결과가 달라질 수 있는 상황이 발생되었다. 이러한 사태의 원인은 크게 두 가지이다. 첫째, 상원의 불평등한 대표의 문제이다. 하원의 존재에 의해서 그 효과가 다소 회석되기는 했지만 선거인단 구성 자체가 유권자의 인구수에 정확히 비례하지 않는다(Dahl 2001, 81). 둘째, 이른바 승자전승(Winner-Take-All)의 선거인단 투표방식이다. 직접투표에서 승리한 후보에게 지역별로 해당 선거인단의 표를 몰아주는 승자전승제의 선출방식은 선거에서 정치지도자들의 영향력을 강화시킴으로써 곧 대세를 이루게 되었다. 그러나 승자전승제는 여타의 부작용도 초래하였다. 후보자들은 접전이 예상되는 지역의 득표활동에만 전력을 기울이고 확실한 결과가 예상되는 지역을 외면할 가능성이 많게 되었다. 잠재적인 제3당 후보들은 선거인단 투표에서 승리할 가능성이 없었기 때문에 값비싼 비용을 요구하는 대통령 출마 시도를 포기하게 되었다. 유권자들 역시 상황에 따라서 투표 의욕이 감소될 수 있다(Dahl 2001, 83). 여기서 달이 지적하는 중요한 사실은 승자전승제도가 헌법에 의해서 규정된 선거인단제도와 달리 주의회의 결정만으로도 변경이 가능하다는 것이다.

달은 상원의 불평등한 대표성 비판의 경우와 마찬가지로 선거인단 구성상의 문제를 제기한다. 왜 인구가 작은 주의 유권자들에게 필요이상의 권리를 부여하는가? 예를 들면 와이오밍 주민의 투표는 선거인단 구성에 있어서 캘리포니아 주민의 투표 4배 이상의 가치를 갖는다. 선거인단 1 인에 상응하는 주민의 수를 환산하면 가장 작은 주의 경우 16만 5천명에서 30만 명 사이이며 가장 큰 주의 경우 조지아의 58만 6천명에서 캘리포니아의 62만 8천명에 이른다. 가장 작은 10개주는 인구 수 비례로 볼 때 자신의 본래 크기의 2-3배에 해당되는 선거인단을 선출하고 있다. 달은 한 걸음 더 나아가 대통령 국민직선제가 작은 주의 이익을 침해할 것이라는 가정은 근거가 없다고 말한다. 그러한 가설은 직선제를 취할 경우 후보자들이 작은 주에 대해서 무관심하게 될 것이고 국가적인 정책 입안과정에서 작은 주의 관심이 무시될 것이라고 예상한다. 그러나 달에 의하면 작은 주의 유권자들이 필요 이상의 보호를 받아야 할 이유도 없거니와 모든 시민의 표가 동등한 가치를 갖는 경우 대통령 후보들은 장소를 불문하고 더 열성적으로 선거운동에 임할 것이기 때문에 피해를 입을 이유도 없다.

여론조사 결과 미국시민 절대 다수가 선거인단 제도의 개혁을 원하고 있는 것으로 나타나고 있다. 1989년에는 선거인단제도 대신 대통령 직접선출 방식을 도입하자는 헌법수정안이 하원에서 338대 70 이라는 압도적인 지지로 통과되었다. 그러나 83%의 지지로 하원을 통과한 이 수정안은 1년 뒤 상원에서 의사진행 방해로 무산되었다. 달은 만일 제안된 수정조항이 표결에 부쳐졌다 하더라도 헌법이 요구하는 상원의석 3분의 2, 즉 67명의 지지를 확보하지 못했을 것이라고 말한다.

달이 생각하는 선거인단제도의 개선방안은 다음은 세 가지이다. 첫째, 대통령 직선제 헌법개정을 하는 것이다. 이 경우 결선투표 조항을 동시에 삽입하여 1위 득표자가 과반수를 획득하지 못할 경우 2차 투표를 행하도록 한다. 둘째, 선거인단 제도를 유지하되 각 주별로 주민투표의 결과를 선거인단 할당에 정비례하도록 헌법을 수정한다. 셋째, 헌법을 수정함 없이 주의회의 결정으로 두 번째 방식을 채택한다(Dahl 2001, 86-87).

⑤ 맺는 말: 미국 헌법의 미래

달은 헌법을 신성시하는 미국 사회의 미묘한 분위기를 비판한다. 이러한 전통은 헌법제정 당시부터 시작되어 제1, 2차 세계대전의 시기에는 헌법이 종교적 숭배의 대상과도 같게 되었고, 미국인들의 이러한 태도는 지금도 여전히 계속되고 있다. 1997년 미국의 성인 1천명을 대상으로 한 여론조사에서 응답자의 71%가 헌법을 매우 자랑스럽게, 20%가 약간 자랑스럽게 생각한다고 대답하였다. 1999년의 조사에서는 응답자의 85%가 미국 헌법을 국가적 성공의 중요 동인이라고 대답하였다(Dahl 2001, 122). 한편 변화를 거부하는 소수의 기득권 세력 역시 기존의 헌법질서를 변경시키려는 모든 시도에 대해서 저항한다. 따라서 달에 의하면 미국 체제의 본질적인 변화가능성은 존재하지 않는다(Dahl 2001, 154). 연방정부와 주정부 사이에서 권력의 공유문제가 끊임없는 분쟁의 주제가 되겠지만 연방제는 지속될 것이다. 미국의 국민들은 대통령중심제에 너무 매료되어 있기 때문에 결코 의회제의 도입을 진지하게 고려하지 않을 것이다. 인구가 작은 최소 13개 의 주가 상원에서 자선들의 영향력을 감소시킬 수 있는 모든 헌법수정안에 대해서 거부권을 행사할 것이므로 상원의 정치적 불평등 역시 시정되지 않을 것이다. 미국 헌법 제5조에 의하면 헌법의 수정은 양원의 3분의 2 혹은 주의회 3분의 2 이상의 발의를 요구하며, 수정은 4분의 3의 주의 주의회나 또는 4분의 3의 주의 주헌법회의에 의해서 비준되기 때문이다. 대법원이 당파성을 거부하고 법률과 정책에 대한 사법 심사를 엄격히 제한함으로써 자제력을 발휘할 가능성도 매우 낮다. 그러나 달에 의하면 선거인단제도의 개선가능성은 약간이나마 존재한다. 직선제의 도입이나 선거인단의 구성 비율을 변경시킬 수 있는 가능성은 거의 없지만 헌법의 수정 혹은 주의회의 결정을 통해서 직접투표의 결과를 선거인단 선출과 비례적으로 연계시키는 방식을 채택할 가능성은 상존한다(Dahl 2001, 155).

달은 이러한 상황을 염두에 두며 다음의 2가지 전략을 제안한다. 첫째, 헌법에 대한 공적인 토론을 활성화하는 일이다. 법학과 정치학, 역사학이 중심이 되어 미국 헌법에 대한 학문적인 검토를 시작하면 언론과 지식인 사회가 이러한 작업을 확산시켜 최종적으로 대중에 의한 토론을 유도한다. 그것은 미국 헌법에 대한 객관적인 이해를 바탕으로 보다 나은 대안을 모색하는데 의의가 있다. 둘째, 정치적 평등을 증진시켜 자원분배의 불공정성올 개선하는 일은 미국 헌법의 한계 내에서도 어느 정도 성과를 거둘 수 있다. 따라서 헌법 수정이 불가능한 경우에도 주의회 차원의 노력을 경주한다면 부분적으로 문제해결이 가능하다(Dahl 2001, 156-157).

달의 주장은 결국 미국 민주주의의 두 전통 - 공화주의와 연방주의 - 을 비판하는 것으로 요약될 수 있다. 따라서 달의 주장에 대한 반론은 공화주의와 연방주의의의 본래적 의의를 다시 한 번 강조하는데 있다. 첫째, 공화주의의 전통을 옹호하는 사람들은 다음과 같이 주장한다. "건국의 아버지들은 탐욕스러운 정치인과 그 추종자들에 의해 미국 정치가 황폐화되는 것을 우려하였기 때문에 민주주의보다 공화주의를 선호하였다. 그 결과 미국은 단시일 내에 세계 최고의 산업국가로 도약할 수 있었고 근대문명의 경이를 성취하는데 성공하였다 ..."[8] "진정한 민주주의는 다수의 횡포와 구별되어야 하

8) Amazon. 1996. "Editorial Reviews." http: //www.amazon.com/exec/obidos/ASIN .0300092180/방: = 1027905(검색일: 2002-07-29).

는데 달은 사실상 후자를 우아하게 정당화하고 있다."[9] 둘째, 연방주의의 정신을 강조하는 사람들은 다음과 같이 주장한다. "미국이 합중국이라는 사실을 망각하고 국민선거제의 방식을 수용할 경우 주의 존재는 의미를 상실하게 될 것이며 모든 정치과정이 연방화될 것이다." "주정부는 단순한 지리적 경계의 소산이 아니며 독립된 실체임을 명심해야 한다. 소수자 보호권이 특수이익과 결탁되는 사례를 문제 삼는 것은 일리가 있지만 그것이 연방제의 의의를 부정하는 것은 아니다."[10] 첫 번째 비판과 두 번째 비판은 자연스럽게 세 번째 비판의 논리를 제공한다. 달은 다수제 민주주의를 비판하면서도 사실상 다수제를 지향하고 있고 합의제 민주주의를 옹호하면서도 사실상 합의제를 거부하는 자기모순을 보이고 있다는 것이다.[11]

미국 헌법의 공화주의적 전통에 대한 달의 비판은 현대민주주의의 관점에서 볼 때 설득력이 있으며 이미 다수의 학자들이 동일한 문제를 제기한 바 있다. 그러나 달의 연방주의 비판은 사실상 단방제를 찬성하는 논리와 다름이 없기 때문에 미국정치사의 특수성을 고려할 때 선뜻 수긍하기 어려운 논리이다. 제3의 비판과 관련해서 논평을 한다면 합의제 민주주의의 본질을 독자적으로 해석하고 있는 달의 이론으로부터 문제가 비롯되었다고 본다. 레이파트에 있어서 합의제 민주주의는 소수세력의 권리를 보호하기 위해서 소수의 과다대표를 허용하는 체제이다. 그러나 달의 기본철학은 소수에 대해서 상응하는 몫만을 보장하고 그 이상의 추가적인 권한행사를 용납하지

9) Matthew Herrington, "Don't Just Do Something, Stand There: A Review of Robert A. Dahl's Recent Book on Democracy and the Constitution," *FindLaw's Book Reviews* (Friday May 10, 2002).

10) David Gordon, "Democracy's False Prophet." *the Mises Review* (Fall 2002).

11) *Ibid.*

않는다. 즉 달은 소수세력의 과다대표를 허용하지 않는다. 따라서 달은 자신의 정의 속에서 합의제를 지지하고 있지만 시각을 달리할 경우 그것은 다수제의 논리에 근접하게 된다.

미국 민주주의의 성과를 비판하고 체제의 개혁을 주장했음에도 불구하고 인종차별, 군산복합체의 지배, 대외적 패권주의 동 보다 중요한 이슈들을 외면하고 불평등한 대표성의 문제에만 초점을 맞춘 달의 의제설정 방식에 아쉬움을 느낀다.

제17장

미국 민주주의의 위기론

❶ 머리말

미국 민주주의는 강력한 개인주의와 자유주의를 근본이념으로 하여 대통령중심제라는 독특한 헌법 모델을 취하고 있다. 20세기 세계사의 발전에 있어서 미국의 역할은 절대적이었으며 미국은 제국으로서 위상을 정립하기에 이르렀다. 이에 따라 미국 민주주의는 현대정치의 귀감이 되었고 미국의 가치와 제도는 여타의 국가사회에 대해 큰 영향을 미치게 되었다. 립셋은 비록 국제사회가 동일한 발전행로를 밟고 있다고는 하나 미국은 여전히 예외주의적이라고 말함으로써 미국의 자부심을 표출한 바 있다.[1] 사실상 미국식 자유민주주의의 승리를 의미하는 '역사의 종언'이 운위되는 가운데 미국은 민주주의의 수호자임을 자처하여 지구촌 도처에서 정의의 전쟁을 수행하고 있다. 그러나 부의 불평등, 인종적 갈등, 높은 범죄율, 저조한 투표율과 정치참여, 낙후된 사회보장제도, 도덕률의 붕괴와 가족의 해체 등 미국 민주주의의 이면은 암울한 그림자를 보여준다.

1) Seymour Martin Lipset, *American Exceptionalism: A Double Edged Sword* (New York: W.W.Norton & Company, 1996), p. 292

프로비던스 대학의 정치학 교수인 허드슨은 미국 정치의 자기 만족적 전통에 도전하여 미국의 가치와 정치제도 및 사회구조 전반에 대한 재검토를 주장한다. 그것은 한편으로 상황변경의 논리에 입각해 있지만 다른 한편으로 건국의 신화에 대한 정면적인 도전이기도 하다. 미국식 개인주의와 자유주의는 앞으로도 계속 예찬되어야 하는가? 권력분립의 원리는 과연 민주주의의 이상을 구현하는가? 그의 의문은 최종적으로 건국의 아버지가 추구했던 정치철학을 겨냥하고 있으며 미국 헌법에 내재된 반민주적 구석을 문제 삼는다.

허드슨에 따르면 9/11 사태는 미국 민주주의가 자신의 문제를 되돌아 볼 수 있는 반성의 계기를 제공했으나 약간의 시간이 흐른 후 모든 것은 원점으로 복귀하였다. 테러범들은 미국 민주주의의 이상을 포함하여 미국의 모든 것을 증오하였다. 이들 적대세력에 대처할 수 있는 진정한 방법은 무엇인가? 미국 민주주의에 대한 중립적 서술이 아닌 비판적 성찰을 통해 미국의 안전과 세계질서의 평화를 모색하겠다고 말하는 그는 미국 국민들이 현재 미국정치가 처해있는 위기의 본질을 이해하고 진정한 해결책을 고민해야 한다고 역설한다. 그는 먼저 민주주의의 4가지 모델을 검토한 후 미국 민주주의가 직면하고 있는 8가지의 위기를 해부한다.[2)]

❷ 민주주의 모델

허드슨은 민주주의의 4가지 모델 - 보호적 민주주의, 발전적 민주주의, 다원적 민주주의, 참여민주주의 - 을 제시한 후 미국 민주

2) William E. Hudson, *American Democracy in Peril: Eight Challenges to America's Future* (Washington D.C.: CQ Press, 2004)

주의의 위기를 극복하기 위해서는 4번째 모델인 참여민주주의를 지향해야 한다고 주장한다. 모델의 분류는 대체적으로 민주주의의 시대적 발전상에 입각해 있으며 상호배타적이지 못한 한계가 있으나 관점의 차이를 나름대로 분명히 하고 있다.

보호적 민주주의는 자유주의의 세례를 가장 강하게 받은 모델로서 개인적 자유와 재산권의 보호를 최고의 목표로 설정한다. 따라서 정부권력의 견제에 전력을 기울인다. 제레미 벤담이나 제임스 밀의 정치철학이 이론적인 정당성을 제공하며, 제임스 메디슨이 생각한 미국헌법의 이념이기도 하다. 발전적 민주주의는 공공정신으로 충만한 좋은 시민을 양성하는 것이 민주주의의 최종 목표라고 생각하며 따라서 대표자의 선출과 민주적 통제에 적극적으로 관여할 것을 촉구한다. 이런 맥락 하에 민주주의의 도덕적 가치를 강조한 대표적 이론가로서 존 스튜어트 밀이 있으며 아브라함 링컨으로부터 우드로 윌슨 대통령에 이르는 시기 미국의 정치지도자들이 취했던 민주주의의 비전이기도 하다. 다원적 민주주의는 공정한 선거를 통해 사회세력 상호간에 타협과 안정을 실현하는 것을 민주주의의 정수로 간주한다. 따라서 정치적 무관심도 민주주의의 발전에 순기능을 행한다고 평가되며 적극적인 정책결정권자로서 정치엘리트의 역할에 더 많은 기대를 건다. 베렐슨 등의 1948년 선거연구와 슘페터의 고전적 정의가 이론적 토대를 제공한다.[3] 참여민주주의는 1960년대의 시민권 운동과 학생운동을 배경으로 발전하였으며 대중의 참여 제고를 통해 공공정책의 결정과정에 대한 영향력 강화를 목표로 한다. 사회경제적 불평등의 해소를 정치적 평등의 관건으로 보기 때

---

3) Bernard Berelson, Paul Lazarsfeld and William McPhee, Voting (Chicago: University of Chicago Press, 1954); Joseph Schumpeter, *Capitalism, Socialism and Democracy* (New York: Harper & Bros., 1950).

문에 공적 부분뿐만 아니라 사기업의 경우에도 민주적 통제가 실현되어야 한다고 본다. 캐롤 페이트만이 이론적 선구자이다.[4] 발전적 민주주의와 참여민주주의 양자 모두 참여를 강조하지만 전자는 사회경제적 불평등에 대한 문제의식을 결여하고 있다는 차이가 있다. 허드슨은 보호적/다원적 모형을 하나의 조합으로 발전적/ 참여적 모형을 다른 하나의 조합으로 평가한 후, 미국 정치가 전자의 논리에 너무 경도되었음을 비판하고 후자의 방향으로 나아갈 것을 주장한다.

❸ 미국 민주주의의 8가지 위기

1) 권력분립의 원칙

허드슨이 지적하는 미국 민주주의의 첫 번째 문제이자 근원적인 문제는 바로 권력분립의 원칙이다. 셰이스(Shays)의 반란에 경악했던 헌법제정권자들은 다수의 폭정이 초래할 위험에 대한 강박관념으로 인해 연방제와 더불어 권력분립의 원리를 안전장치로 도입하였다. 그러나 그들이 유럽식 의회제를 거부했던 것은 이후에 완성될 성숙한 의회민주주의의 출현을 미처 목격하지 못했기 때문이었다(Hudson, 46). 대통령중심제는 의회와 정부의 완전한 분리와 상호견제를 근본원리를 삼았는데 미국헌법은 여기에 추가하여 양원제를 도입하였고 나아가 하원의 임기를 2년으로 하며 2년 마다 상원의 3분의 1을 교체함으로써 국가권력의 응집현상을 막고 중간선거 결과에 따라 수시로 세력판도가 변경되도록 조치하였다.

미국식 권력분립체제하에서는 분리정부의 등장이 불가피하며

4) Carole Pateman, *Participation and Democratic Theory* (Cambridge: Cambridge University Press, 1970).

정당의 역할 축소로 인해 그 출현 빈도가 더욱 커지고 있다. 설령 통합정부가 성사되더라도 제퍼슨 모델[5]이 재현되기가 어렵다. 정당의 기율과 결속력이 크게 약화되었기 때문이다. 야심적으로 의료개혁을 추진했던 클린턴 정부가 결국 좌절을 맛본 것은 부분적으로 민주당 내부의 비협조에 기인하였다. 엔론(Enron) 사태의 파국 역시 정치기금의 수혜자들 다수가 정파를 초월하여 회계 산업의 탈규제에 사실상 공모를 했기 때문이었다. 결과적으로 현행의 대통령 중심제는 의회제와 비교할 때 반응성과 책임성의 측면에서 심각한 결함을 드러낸다. 정당한 다수의 의지가 잘 조직된 소수에 의해 무력화되고 유권자는 의회와 대통령, 민주당과 공화당 누구를 심판해야 할 것인지 책임소재가 모호하다. 모든 정치세력은 국가정책의 실패에 대해 서로에게 책임을 전가한다. 제3세계의 경우 대통령 중심제는 종종 교착상태를 타개하지 못한 채 일탈된 경로를 밟게 된다. 허드슨은 대통령중심제 하에서 정권의 실패는 인물의 문제가 아니라 구조의 문제라고 주장한다(Hudson, 58). 현행의 권력분립체제하에서는 정치세력간의 불협화음으로 변화와 개혁이 요원하다는 것이다.

허드슨은 현실적으로 유럽식 의회제의 도입이 불가능한 상황에서 차선책은 통합정부의 구성과 제퍼슨 모델의 가동을 용이케 하는 준의회제적 개혁을 시도하는 것이라고 말한다. 이를 위해 무엇보다도 정당의 역할을 강화시키는 것이 선결과제인데 많은 정치학자들이 이 점에 공감을 표시해 왔다. 그러나 권력분립 자체가 정당정치의 발전을 가로막는 내재적 한계가 있다. 허드슨은 분리정부의 취약점을 극

---

5) 제퍼슨 모델(Jeffersonian model)이란 대통령직과 의회 다수석을 동시에 확보한 후에 정당을 가교로 정부와 의회가 유기적으로 결합된 상황을 말한다. 제임스 맥그리거 번스의 표현이다. James MacGregor Burns, *The Deadlock of Democracy* (Englewood Cliffs, N.J.: Prentice Hall, 1963).

복하기 위한 구체적인 제도 개혁으로서 다음의 방안을 제시한다.

첫째, 대통령과 의회의 후보를 한 팀으로 하여 동시에 투표하는 팀 슬레이트(team slate) 제도를 생각해 볼 수 있다. 이 방안은 대통령 당선자와 의회 다수당을 자동적으로 연결시킬 수 있으나 의원들이 개인적 실적에 입각해 심판받기를 원하기 때문에 실현 가능성이 낮다.

둘째, 아직도 19개 주에 남아있는 연기투표제(straight-party-ticket voting) 제도를 일반화하는 것이다. 모든 연방공직선거에 대해 정당별 명부를 채택함으로써 대통령과 의회의 분리현상을 막을 수 있다. 셋째, 대통령 선거가 있는 해에 실시되는 의회선거를 대통령 선거 2주후의 시점으로 조정함으로써 대통령을 선출한 유권자들이 동일 정당의 의원을 선택할 수 있도록 기회를 만들어 주는 방안이다. 프랑스에서 미테랑과 시라크 대통령이 각각 이러 방식의 혜택을 받은 바 있다. 넷째, 당선된 대통령에게 보너스 의석을 부여함으로써 양원에서 다수 의석을 확보할 수 있게 만드는 보다 극적인 방법을 생각할 수 있다. 마지막 방법은 각료의 의원 겸직을 허용하고 대통령이 의회 출석 발언권을 인정하는 헌법개정을 시도하는 것이다. 그러나 헌법을 신성시하는 미국인의 정서와 까다로운 헌법개정 절차를 고려한다면 미국 헌법의 기본원칙을 재검토하기 위한 대중교육이 우선적으로 요청된다할 것이다.

2) 정치의 사법화 경향

미국은 사법부가 헌법과의 일치여부를 문제 삼아 법률이나 정부의 결정을 무효화할 수 있는 위헌심사 제도를 갖고 있는 전 세계에서 몇 안 되는 나라 중의 하나이다. 대법원에 의한 위헌심사권의 행사는 헌법의 규정과 무관하게 마샬의 마버리 판결(1803년) 이후 하나의 전통이 되었다. 그리하여 사법부의 역사에서 볼 때 사법적 적극주의는 대세를 이루고 있으며 진보와 보수를 막론하고 이에 대해 입장을 같이 하는 경향이 있다. 2001-2002년의 경우에 75개의 주요한 국가적 사안이 대법원에 의해서 최종적으로 처리되었다. 여기에는 공정한 판결을 기대하는 국민적 기대 외에도 정치적 이해득실을 따지는 정당과 선출직 공직자의 편의주의가 한 몫을 담당하였다. 심지어 시민운동가들까지도 이 제도의 반민주적 본질을 간과하고 오히려 매력을 느끼는 실정이다.

허드슨에 따르면 미국 정치사를 되돌아 볼 때 대법원의 위헌심사권 행사는 몇몇의 시행착오에도 불구하고 대체적으로 성공적으로 운영되어져 왔지만 여기에는 여전히 위험요인이 잠재되어 있다고 본다. 그것인 비선출직인 법관이 선출직인 의회의 결정을 부정하며 주요한 국가정책을 결정한다는 것이다. 연방판사의 경우 또한 임기가 종신직이므로 민주적 통제가 불가능 하다는 치명적인 문제가 있다. 대법원이 사실상 플라톤의 철인왕 역할을 수행하고 있다고 비판하는 그는 헌법의 해석에 있어서 제정자의 본래적 의도를 강조하는 엄격한 해석주의의 입장을 취한다 할지라도 주관적 요인의 개입을 배제하기 어려울 뿐만 아니라 시대적 상황에 따른 창조적 해석을 시도할 경우 소수의 대법관이 미국적 가치의 수호자로 등장하게 된다고 말한다(Hudson, 88). 사법적극주의의 또 다른 폐해는 시민의 민주적 능력을 손상시킨다는 것이다. 민주적 절차에 의해 공적인 정책 갈등을 해결하지 않고 법적 판단에 일임함으로써 시민의 정치적 무관심을 조장하고 정치참여의 쇠퇴를 초래하기 때문이다. 그 결과 선출된 대표의 업적에 근거하여 정기적인 심판을 행하는 대의제의 이상은 파괴된다. 따라서 허드슨에 따르면 위헌심사제도는 다수 국민의 의사를 배격할 수 있는 반민주주의의 보루가 된다(Hudson, 67).

미국 정치에 만연된 송사만능주의의 풍토를 비난하는 그는 1998년의 매스터 새틀먼트(Master Settlement) 사례를 소개한다. 1994년 미시시피 주정부의 발의가 있은 후 대부분 미국 주정부들이 단합하여 담배회사를 압박한 결과 흡연을 경계하고 기업의 이익을 사회에 환원시키는 일련의 조치를 성사시켰다. 허드슨에 따르면 사건의 결말을 훌륭했지만 그것을 얻기 위해 사용된 수단은 민주주의에 심각한 문제를 초래하였다. 국가 주요정책의 결정이 선출된 대표자에 의해 의회에서 공개적으로 진행된 것이 아니라 송사를 목전에 둔 양측의 변호사들 간 사적이고 비밀스런 협상을 통해서 이루어진 것이다. 따라서 협상은 최선의 대안을 제시하는데 실패했으며 민주적 책임성이라는 관점에서 볼 때 심각한 흠결을 보여주었다.[6)]

미국 민주주의의 사법화를 경향을 시정할 수 있는 확실한 조치는 헌법수정을 통해 대법원의 위헌심사권을 부정하거나 대법원 다수의 판사가 마버리 판결을 무효화하는 새로운 결정을 내리는 것이지만 뿌리 깊은 사법심사의 전통과 대중의 정서를 감안한다면 그러한 가능성은 요원해 보인다. 그리고 위헌심사가 민주적 권리와 과정을 보호하기 위해 제한적으로 행사된다면 나름대로 민주주의의 발전의 보루가 될 수도 있다. 따라서 헌법수정을 통해 대법원의 위헌심사권을 제한적으로 행사하게 하는 방안[7)]을 생각해 볼 수 있으며, 다른

---

6) 담배회사가 부담하게 될 대부분의 비용은 담배가격 인상을 통해서 해결되었는데 이는 사실상 판매세를 강요한 격이었으며 대기업에 의한 담합이 묵인되었다. 또한 협정은 이들 기업의 해외판매 촉진을 지원함으로써 흡연으로 인한 죽음의 수출을 지원했다는 비난을 받았다. William E. Hudson, *American Democracy in Peril*, p. 94.

7) 존 엘라이의 이론이다. John Hart Ely, *Democracy and Distrust: A Theory of Judicial Review* (Cambridge.: Havard University Press, 1980). 엘라이는 사법심사가 정치과정의 민주화와 정당한 소수의 권리보호라는 두 개의 기능에 국한되어야 한다고 주장한다. 전자의 예로서 1962년의 인구비례에 의한 주 의회 의

한편 연방의회가 헌법에 보장된 고유한 권한을 적극적으로 행사하는 것도 하나의 해결책이 될 수 있다. 그러나 이 역시 헌법개정 절차의 난이성과 사법부 및 의회의 거부감 때문에 성사가능성이 낮다. 따라서 이 문제에 대한 최선의 접근 방법은 법조계와 정치학자들 사이에서 사법부의 자제를 촉구하는 새로운 운동을 전개하는 것이다. 그리하여 대통령이 사법적 소극주의 철학을 견지하는 후보자를 지명하고 이를 연방의회가 인준함으로써 소기의 성과를 거두는 것이다. 허드슨은 사실 대의민주주의가 정상적으로 제 기능을 발휘한다면 미국 국민은 더 이상 위헌심사라는 비민주적 제도에 의존하지 않게 될 것이라고 말한다.

3) 과도한 개인주의

미국은 정치적 신념에 입각해 건설된 국가이다. 미국인의 정체성은 미국적 신조의 공유에 의해서 확인된다. 미국 혁명의 정신은 필라델피아 헌법회의에 의해서 구체화 되었고 로크의 고전적 자유주의가 미국의 신조로서 뿌리를 내렸다. 신조의 핵심적 구성요소는 개인주의로서 그것은 모든 구속에서 벗어나 자신의 추구 목적에 따라 원하는 삶을 영위할 수 있는 자유를 의미한다. 미국 특유의 개인주의는 자립심, 진취성, 창의력 등을 통해 민주주의의 발전에 기여하였다. 『미국 민주주의』에서 토크빌은 한편으로 미국의 개인주의가 고립적 생활방식으로 인하여 이기주의로 변질될 가능성을 우려하였지만, 다른 한편 지방정부나 비정부기구에의 참여를 통해 시민적 덕성을 유지하는 자체의 안전판을 확보하고 있음을 확인하였다. 미국 사회의 개인주의는

석결정 판결(Baker vs Carr)을, 후자의 예로서 1953년 학교인종차별을 금지한 워렌 법정의 판결(Brown vs Board of Education)을 들고 있다.

일련의 기제를 통해 공동체 윤리와 균형을 유지했던 것이다.

1985년 미국의 저명한 사회학자 벨라(Bellah)는 토크빌의 진단이 현시점에서도 여전히 유효한지를 확인하기 위해 실증적인 조사연구에 착수하였는데 미국의 중산층이 공공선의 실현에 무관심하며 비슷한 부류끼리 즐기는 자족적 삶을 즐기고 있다는 결론을 내렸다.[8] 1988년 간스(Gans)의 연구 역시 다수의 미국 중산층 시민이 공적 영역에의 참여를 기피하고 가족이나 친구로 구성되는 미시적 사회관계에 몰입하고 있다고 지적하였다.[9] 이들의 연구결과는 토크빌이 강조했던 건전한 '마음의 습관'(habit of the heart)이 사라지고 있음을 의미한다.

허드슨은 오늘의 미국 사회가 공동체와 민주적 과정에 대한 의무를 방기하고 개인의 권리만을 고집하는 권리만능주의에 빠졌음을 개탄한다(Hudson, 123).[10] 미국 시민들은 헌법의 의미를 권리장전으로 이해하고 민주주의를 자유와 권리로만 인식하는 경향이 있다. 그리하여 그들은 더 많은 공적 서비스를 요구하면서 조세부담을 거부하는 자기 모순적인 행태를 보인다. 허드슨은 개인적 선의 총화가 공공성이라는 가정 하에 최소정부와 최대의 자유를 처방하는 정치 이데올로기로서 극단적 자유주의(libertarianism)가 과연 어떠한 결과를 초래할 것인지 이론적인 분석을 행한다. 죄수의 딜레마나 공유지의 비극이 보여주는 것처럼 개별적 인간의 단기적 이익추구는 구

8) Robert N. Bellah, Richard Madsen, William M. Sullivan, Ann Swidler, and Steven M. Tipton, *Habits of Heart: Individualism and Commitment in American life* (Berkeley: University of California Press, 1985).

9) Herbert Gans, *Middle American Individualism: Popular Participation and Liberal Democracy* (New York: Oxford University Press, 1988).

10) '나의 권리를 주장하는 바이다'는 미국의 정치담론에서 가장 일상적인 표현이다. 미국 시민의 권리에 대한 집착을 심층 분석한 저술로서 Mary Ann Glendon, *Right Talk: The Impoverishment of Political Discourse* (New York: Free Press, 1991) 참조.

성원들에게 최적의 상태를 구현하지 못할 뿐 아니라 공멸을 초래할 가능성이 상존함을 보여준다.

인간 존재의 사회적 본질과 관계의 그물을 인식한다면 경쟁이 아닌 협력에 기반을 둔 집합적 행동이 필연적으로 요청된다. 퍼트남(Putnam)은 비슷한 맥락에서 신뢰와 협력을 기반으로 하는 사회적 자본의 존재가 효율적인 정부와 경제적 번영을 창출한다고 주장하였다. 허드슨은 자신의 논리가 민주주의에 대한 개인주의의 공헌을 무시하는 것이 아니라 극단적 자유주의의 담론에서 해방되어 권리와 책임 간 균형감각을 되찾는데 있음을 강조한다. 그것은 공동체에 대한 관심, 공적 사안에 대한 인지, 상호부조와 신뢰에 입각한 시민적 참여의 전통을 회복하는 일이다. 그가 장기적 관점에서 제시하는 대안은 진보주의 운동(Progressive movement)[11]의 전통을 계승하는 공동체주의 운동을 전개하는 것이다. 1990년대에 들어 사회학자 에찌오니(Etzioni)가 '반응하는 공동체 강령(Responsive Community Platform)'[12]을 주창하여 클린턴 정부와 부시 정부의 공공정책 결정에 큰 영향을 미쳤고 많은 대학에서 공공봉사 과목을 정식 커리큘럼으로 채택하는 등 변화의 조짐이 나타나고 있는 것은 고무적인 현상이다. 미국의 자유주의 교육은 공동체적 민주주의의 교육과 운동으로 보완되어야 할 것이다.

4) 시민참여의 문제

시민의 정치참여와 관련하여 두개의 상반된 시각이 존재한다.

---

11) 미국 사회가 정치적 부패 추방과 정부의 정화를 위해 범국민적 운동을 전개했던 1890년에서 1920년에 이르는 개혁의 시기이다.

12) 이에 대해서는 Amitai Etzioni, *The Spirit of Community: Rights, Responsibilities, and the Communitarian Agenda* (New York: Crown Publishers, 1993) 참조.

참여민주주의를 지지하는 관점에서 보면 시민의 적극적 정치참여는 소수의 이익이 아닌 다수의 이익을 위한 바람직한 정책수립에 기여할 뿐 아니라 또한 훌륭한 민주시민을 교육하는 학습효과를 갖는다. 토크빌이 뉴잉글랜드의 타운십을 좋아한 것은 주민들이 직접적인 정치참여를 통해 공화국의 정신을 습득했기 때문이었다. 그러나 보호적, 다원적 민주주의 이론을 지지하는 사람들은 지나친 정치참여가 정치적 혼란을 야기할 수 있으며 정치권에 대해 과부하를 줌으로써 부작용을 초래할 수 있다고 우려한다. 『페더랄리스트』 No. 10에서 제임스 메디슨 역시 시민들의 대표에 의해서 표현된 대중의 목소리가 대중들 스스로에 의해서 표출된 그것보다 공익에 더 부합될 것이라고 주장하였다.

1960년대 이후 미국의 투표참여율이 점점 낮아지고 있는데 저자에 따르면 이는 대중의 자신감 약화, 언론의 냉소주의, 선거과정에서 정당 개입의 퇴조 등 복합적인 원인의 결과이다. 최근의 대통령 선거는 50% 내외의 투표율을 보여주고 있으며 의회 선거는 33%까지 낮아졌다. 미국의 평균투표율은 선진국 국가들 중에서 거의 최하위 수준이다. 허드슨은 낮은 투표율이 계급편차의 역학을 통해서 공공정책의 보수화라는 치명적인 문제를 초래한다고 말한다(Hudson, 159). 투표 행태에 영향을 미치는 중요한 두 가지 변수로서 사회심리학적 요인과 법제도적 요인을 들 수 있는데, 사회경제적 지위가 높을수록 외부적 표출의 정치적 욕구가 강력해지고 투표 절차와 관련된 법적 규제가 복잡할수록 투표참여는 저조해 진다. 미국은 선거일이 휴일이 아니며 사전등록을 요구하고 있기 때문에 소득과 학력 수준이 낮은 집단일수록 비용편익의 관점에서 투표를 포기할 가능성이 높다.

그러나 다른 한편 저조한 투표율과는 대조적으로 1960년대의 저항운동 이후 시민들의 행동주의는 더욱 활발해지는 양상을 보여주고 있다. 미국의 절반의 주가 주민제안이나 주민투표와 같은 직접민주주의의 기제를 수용하고 있으며, 시민들이 의회를 우회하여 입법과정에 직접적으로 개입하는 참여민주주의가 보다 보편적인 정치현상으로 자리매김하고 있다. 또한 풀뿌리 시민단체의 수가 현저히 증가하였고 공익을 추구하는 사회운동도 점차 활성화되고 있다. 그러나 허드슨에 따르면 새로운 행동주의가 아직은 소수의 유급운동가에 의존함으로써 퍼트남이 말하는 사회적 자본의 구축에 이르지 못하고 있으며 종종 의제가 너무 협소하여 공적 사안에 대한 대중의 폭넓은 관심을 이끌어 내지 못하고 있다. 허드슨이 제기하는 보다 심각한 문제는 투표에서와 마찬가지로 새로운 행동주의에 적극적으로 관심을 보이는 집단이 일반 대중이 아니라 경제적으로 부유한 유산계급으로서 이들에 의해 운동의 방향이 결정되고 있다는 점이다. 세금인하를 주장하는 캘리포니아주의 '제안13'(Proposition 13) 운동처럼 부동산 사업가가 주도하는 보수 우익 시민운동이 성공을 거둔 사례나 민병대와 같은 극우 시민운동이 발호하는 것도 비슷한 배경에서이다. 심지어 특수이익을 위하여 재벌기업이 경비를 제공하고 주민을 동원하는 위장된 사이비 풀뿌리운동(astroturf)도 심심치 않게 발견된다(Hudson, 156).

따라서 시민참여의 활성화를 위해 우선적으로 요구되는 것은 투표상의 심각한 계층 편향현상을 시정하기 위해 등록절차를 간소화하고 선거휴일제를 도입하며 투표접근의 용이성을 제고하기 위한 노력을 경주하는 것이다. 둘째로 지역문제를 지역 주민 스스로가 결정하는 풀뿌리 시민조직을 재건하는 것이다. 여기서 허드슨은 벤자민 바버의 '강한 민주주의'(strong democracy) 이론을 원용한다.[13] 그

13) Benjamin Barber, *Strong Democracy: Participatory Politics for a New Age* (Berkeley: University of California Press, 1984).

것은 뉴잉글랜드의 타운 미팅에서 영감을 얻는데 1천명에서 5천명으로 구성되는 마을회의를 통해 자체적으로 결정한 사항을 지방정부나 의회에 전달하여 지역 문제의 해결을 관철시키자는 주장이다. 이미 유사한 기제가 버밍햄, 포틀랜드, 데이튼, 세인트 폴 등 몇몇 도시에서 성공을 거두고 있으며 가령 오레곤 주의 포틀랜드 마을회의는 자체의 예산과 인력을 확보하여 범죄예방 등의 계획을 수립하고 있다. 마지막으로 정치참여의 질적 수준을 제고하기 위한 방안을 모색해야 한다. 케터링(Kettering) 재단의 연구가 제시하고 있는 모델[14]을 원용하는 저자는 주민들에게 공공정책에 대한 배경 정보와 대안 등의 자료를 사전에 제공하여 이를 숙지케 한 후 회합을 갖고 일련의 토의과정을 통해 결론을 도출한 후에 그것을 행정기관에게 전달하는 방식을 취함으로써 민주적인 심사숙고의 과정을 공식적인 정부제도와 결합시키는 효과를 기대한다.

5) 선거의 의미퇴색

민주주의의 출발은 슘페터가 말하는 자유롭고 공개적인 선거경쟁에서부터 시작된다. 그러나 형식적 민주주의가 진정으로 성과를 거두려면 선거가 동등한 대표성의 기회를 제공해야 할 뿐 아니라 심사숙고의 과정을 거쳐야 한다. 이 두 가지 전제가 충족될 때 선거는 비로소 정부 행위에 대한 민주적 통제의 기능을 수행할 수 있다. 허드슨은 미국 민주주의가 슘페터적인 기준을 충족하고 있으나 동동한 대표성과 숙고의 과정이라는 기준에서 볼 때 심각한 장애와 직면하고 있다고 본다. 우선 대표성의 문제를 살펴보자. 미국정치에 있어서

14) 케터링 재단은 오하이오의 데이튼에서 「National Issues Forums」이라는 단체를 통해 일련의 정책보고서들을 꾸준히 발간하고 있다. 포럼에 대한 정보는 http://www.nifi.org/index.html 참조.

선거운동은 철저히 후보자 개인을 중심으로 진행되며 정당이 개입할 여지가 적다. 그것은 권력분립의 원칙이라는 헌법적 장치의 필연적 귀결이지만 보스 정치의 폐해를 극복하려 했던 진보 시대의 산물이기도 하다(Hudson, 174). 일련의 개혁조치는 선거에 영향을 미칠 수 있는 주요한 기회를 정당으로부터 박탈하였다. 더구나 예비선거제의 도입으로 정당의 영향력은 더욱 약화되었다. 정당의 강령과 조직에 대한 충성심 없이 개인적인 자신감만으로 출마한 공직 후보자들은 당의 외부적 지원을 거의 받지 않은 채 선거전문 컨설턴트와 거액의 선거자금 모금에 힘입어 선거를 치른다. 그 결과 선거는 정당의 정책과 무관한 인물 간 대결로 전락하며 다수의 정치적 의사가 반영되지 못하고 대규모의 선거 자금을 제공한 특수이익이 선거 결과에 큰 영향력을 행사하게 된다. 보험회사와 제약회사의 지원을 받은 다수 의원들의 방해로 인해 클린턴의 의료개혁이 좌절된 예에서 보듯이, 미국 선거는 동등한 대표성을 구현하지 못하기 때문에 특수이익의 지배를 받으며 부유층에 유리한 방향으로 결과를 산출하고 있다. 마찬가지로 미국의 대통령 선거는 선거인단제와 승자전승제라는 독특한 방식을 고집함으로써 접전지역에서의 승부를 위해 전국적 이슈보다는 특정 지역의 이슈가 더 중시되고 국민적 염원 대신에 지방적 이해가 보다 우선시되는 폐단을 낳는다. 계속해서 허드슨은 심사숙고적 민주주의의 실패에 대해서 진단한다. 미국의 선거과정을 무의미하게 만드는 요인은 정당정치의 퇴조로 인한 정책선거의 부재 외에도 미디어의 적절치 못한 역할을 지적할 수 있다. TV와 언론의 선거보도 비중이 점차 줄어들고 있으며 특히 TV의 경우 하원이나 지방의회 선거를 거의 무시하고 있다. 따라서 대부분의 유권자들은 필요한 정보의 입수를 온갖 이미지 조작으로 얼룩진 선거광고에 의존할 수밖에 없는 상황이다. 그나마 미디어의 선거보도도 철저히 흥미위주로 진행되기 때문에 정책공약에 대한 심도 있는 분석을 기대할 수 없으며 후보자 개인의 실수나 추문 혹은 선거 전술 등에 주로 초점이 맞추어진다. 1990년대가 되자 Prime Time Live, Dateline NBC, Fox News, MSNBC, CNBC, Today Show 등 타블로이드 뉴스 프로그램이 극성을 부렸고 점차 인쇄매체에도 이러한 유행이 파급되어 *USA Today* 발행이후 *New York Times*나 *Washington Post* 같은 정통 일간지마저도 유사한 경향을 드러내 보이고 있다. 언론과 방송이 심사숙고적인 선거과정을 좌절시키는데 일조함으로써 선거결과는 의미 있는 정책적 지시를 내포하지 않게 되고 유권자와 의회의 역할 방기는 관료나 사법부 혹은 위원회의 일방적인 독주를 가능케 만든다. 허드슨은 연방준비제도이사회(FRB)의 무소불위 권력행사를 이러한 맥락에서 파악한다. 선거의 반응성과 책임성을 높이기 위해 무엇을 고쳐야 하는가. 허드슨은 첫째, 개인 재산이나 사적 자금을 동원하지 않고 무료로 미디어를 이용하는 완전한 공영선거제의 실시를 주장한다. 메인, 버몬트, 애리조나, 매사추세츠 등 일부 지역에서 이러한 제도를 도입중이다. 둘째, 선거자금 관련법 개정이 현직의원의 반대로 사실상 단기간 내에 성사되기 어렵다는 사실을 감안한다면 또 다른 대안은 선거과정을 보다 심사숙고적인 성격의 것으로 개혁하는 것이다. 피쉬킨(James S. Fishkin)의 대통령 선거운동 모델을 모든 선거에 적용하는 것도 하나의 대안이 된다.[15] 이 방식에 따르면 일군의 유권자가 대학 캠퍼스 등 특정 장소에 후보자를 초청한 후, 수일에 걸쳐 그의 정견을 듣고 질문을 행하며, 관련된 이슈에 대해 전문가의 조언을 청취하고, 참석자 상호간 토론을 행하며, 자체적

15) James S. Fishkin, *Democracy and Deliberation: New Direction for Democratic Reform* (New Haven: Yale University Press, 1991).

으로 여론조사를 실시한다. 그리고 이 모든 과정을 국민들에게 방송한다. 셋째, 1인1표제라는 민주주의의 근본원리를 부정하는 선거인단제도를 폐지한다. 마지막으로 정당정치의 부활을 위해 노력한다. 정당이 선거과정에서 의미 있는 역할을 수행해야만 동등한 대표성과 숙의성을 담보하는 진정한 민주선거가 구현될 수 있다고 믿는 그는 정당의 전반적인 구조개혁 외에도 정당을 통한 선거자금의 배분, 예비선거제도의 축소 및 폐지 등을 제안한다(Hudson, 205).

6) 기업의 특권적 지위

미국 정치를 집단이론의 시각에서 분석하는 데이비드 투르만(David Truman)의 논리에 따르면 미국은 다원주의의 천국으로 수많은 이익집단이 정부의 중재 하에 상호 경쟁하기 때문에 최종적인 공공정책의 결정은 이들 다수가 수용할 수 있는 타협안의 형태로 귀결된다.[16] 지배적인 집단은 존재하지 않으며 비조직화된 집단도 잠재적 반격의 가능성을 보유하므로 정부정책은 민주적 대표성을 취할 수밖에 없게 된다. 그러나 허드슨은 이들 이익집단이 모든 시민의 이익을 대변하지 않을 뿐 아니라 집단 상호간에도 정치적 자원의 규모라는 측면에서 불평등이 존재함을 지적한다. 그 결과 투르만의 이론과는 달리 특정 집단, 즉 기업이 특권적 지위를 향유하게 된다.[17]

기업의 영향력 행사는 세 차원에서 진행되는데, 첫째는 미국 상공회의소, 전국 생산자협회, 200대 대기업으로 구성된 비즈니스 라

---

16) David Truman, *The Governmental Process* (New York: Knopf, 1951).

17) 이 문제를 바라보는 허드슨의 기본 시각은 Charles E. Lindblom, *Politics and Market: The World's Political Economic System* (New York: Basic Books, 1977); *Democracy and the Market System* (Oxford: Oxford University Press, 1988) 두 저서의 논리에 입각해 있다.

운드테이블 등 최상부 조직을 통해서 감세조치, 기업규제완화, 노동법 개정 등 친기업적인 정책을 추구한다. 둘째는 미국 은행협회나 주택건설협회 등 특정산업부문을 대표하는 조직을 통해서 집합적인 이익을 표출한다. 셋째는 개별기업 차원에서 워싱턴에 사무소를 설치하고 로비활동을 벌이는 것인데 종종 로펌이나 전문 컨설턴트의 도움을 받는다. 기업의 로비활동은 특히 선거기금 제공을 통해서 위력을 발휘하는데 2000년에 등록된 4499개 정치활동위원회(PAC) 중에서 41%에 달하는 1846개 위원회의 주요 기부자들은 기업 경영진들이었다. 소프트 모니의 관행에 제동이 걸렸지만 개인적 기부의 연합 방식으로 기업의 기부공세는 계속된다.

한편 대기업들은 워싱턴 정가에서 많이 읽히는 의회 신문의 애드버토리얼(advertorial)을 통해서 정부의 기업규제를 비판하거나 TV 광고를 활용하기도 한다. 클린턴의 의료보험 개혁안을 비난했던 '해리와 루이스' 광고는 대표적인 사례이다. 또한 싱크탱크에 대한 지원을 통해 공공정책의 방향을 친기업적으로 유도하는데 심지어 자유주의적인 경향의 브루킹스 연구소조차도 최근에는 보수화되고 있는 실정이다. NBC의 경우와 같이 대기업이 매스 미디어를 직접 소유하여 정보생산 자체를 통제하는 경우도 있다. 1970년 대 이후 경기침체와 세계화의 무한 경쟁에 내몰린 미국의 기업들은 재무조작과 불법적인 로비활동을 통해 생존을 꾀하려 하였는데 엔론의 몰락은 이러한 시대상을 반영한다.

기업의 특권적 지위는 적어도 네 가지 측면에서 미국의 민주주의를 훼손한다. 첫째, 사회전체의 정치적 이해가 평등하게 반영되는 것을 방해한다. 둘째, 공공정책의 결정 과정에서 정책대안에 대한 충분한 논의를 심각히 제약한다. 셋째, 민주적 시민의 형성을 저해한다. 넷째, 다수 시민의 이익과 충돌하는 정책을 초래한다. 저자는 기업의 특권적 지위를 파괴하기 위한 전략으로서 다음의 네 가지를 제시한다. 첫째, 공영선거를 실시함으로써 기업의 정치적 자원을 무력화시킨다. 둘째, 증권거래위원회나 연방통상위원회 등 대기업을 견제할 수 있는 정부기구와 노동조합을 강화한다. 셋째, WTO와 같은 국제기구의 의사결정과정에 비정부기구와 노동조합의 참여를 의무화하여 세계화의 과정을 보다 민주화시킨다. 넷째, 대기업의 의사결정에 대해서도 노동자와 시민단체에 의한 민주적 통제를 가한다.

7) 불평등

정치적 평등은 민주주의의 핵심적 가치이다. 그러나 그것은 사회경제적 평등이 전제되지 않는 한 실효성을 상실한다. 물론 여기서 말하는 사회경제적 평등은 절대적 평등이 아니라 어느 정도 용인될 수 있는 수준의 불평등을 의미한다. 1830년대에 미국을 방문했던 토크빌은 미국 사회가 보여주는 '조건의 평등'에 강한 인상을 받았다. 조건의 평등은 진정한 의미에 있어서 '기회의 평등'을 말하며 이는 상당한 수준의 사회경제적 평등을 배경으로 한다(Hudson, 256). 역사학자 고든 우드(Gordon Wood) 역시 미국 혁명의 이상은 궁극적으로 조건의 평등에 귀착됨을 주장하였다.[18] 그러나 오늘의 미국은 더 이상 사회경제적으로 평등한 사회가 아니다. 1992년 발생한 LA 사태는 상호간에 소통과 이해 혹은 동정이 거의 존재하지 않는 두 개의 세계 - 시미 밸리와 중남부 지역 - 가 존재함을 보여주었다. 저자는 미국 민주주의를 위협하는 두 개의 사회경제적 요인, 즉 부와 소득의 불평등 확대와 뿌리 깊은 인종적 불평등을 거론한다.

---

18) Gordon Wood, The Radicalism of the American Revolution (New York: Knopf, 1991).

미국의 신화인 아메리칸 드림은 개인의 노력에 따라 사회적 이동이 가능하며 물질적으로 보상을 받을 수 있다는 믿음이다. 1945년에서 1970년대 초까지 전후 30년은 이러한 환상이 현실로 나타난 시기였다. 가계수입의 분포에 있어 하위계층 비율이 크게 감소하였고 중하층 대다수가 중산층으로 이동하였다. 가계수입이 두 배로 증가하였고 노동시간은 줄어들었으며 대부분의 가정은 두 대의 차를 주차시킬 수 있는 차고지와 바비큐 파티를 열수 있는 정원을 소유하게 되었다. 하지만 1970년 대 중반 이후 이러한 현상은 종료되었고 계층의 양극화 현상이 시작되었다. 장기간의 경기호황은 임금인상과 사회복지 비용의 증대를 초래하여 성장세가 둔화되었으며 경쟁력을 상실한 제조업의 해외 이전이 가속화 되었다. 전반적인 산업구조 조정으로 생산직 노동자들은 일자리를 상실하였으며 대다수는 저임금 서비스 노동자로 전락하였다. 오직 최고의 교육을 받은 소수의 상징분석 직종(symbolic analyst) 종사자들만이 더 좋은 미래를 꿈꿀 수 있게 되었다. 심지어 경기 회복의 시기에도 하향침투효과(trickled down) 이론은 현실화되지 않았으며 대부분 노동자들의 삶의 질은 호황기에 한 발짝 나아가고 불황기에 세 발짝 퇴보하는 양상을 꾸준히 반복하였다(Hudson, 265,267). 1% 혹은 5% 최상위 집단의 소득과 재산은 더욱 증대되었으나 하층계급의 상황은 계속 악화되었고 중산층의 파괴과정이 진행되었다. 최상위 집단의 소득증가는 다양한 요인 - 감세법, 주식시장의 호황, 높은 이자율, 실질 부동산 가격 상승, CEO에 대한 특혜 등 - 에 기인하였다. 반면 노동자 계급은 글로벌 경제의 등장으로 노동조합이 약화됨에 따라 자신들의 정당한 몫을 확보하는데 실패하였다. 갈브레이드(James K. Galbraith)는 미국 사회에 있어서 불평등의 심화가 일정부분 경제체제의 구조적 변화에 기인하지만 정부 정책의 역할 역시 무시할 수가 없다고 말한다.[19] 대통령과 의회로부터 사실상 거시경제정책 결정권을 위임받은 연방제도준비이사회는 기업의 이익 특히 은행산업의 이해에 더 민감하게 반응하여 고용의 증진대신 인플레와의 투쟁에 주력하였고 이자율 인상 정책을 고집하였다. 선거 자금의 굴레에서 벗어나지 못하는 의회 역시 최저임금 인상에 거부감을 보였으며 친기업적인 행보를 계속하였다. 레이건과 부시행정부는 긴축재정을 명분으로 사회복지예산을 대폭 축소하였으며 감세법을 통과시켰다. 한편 미르달이 언급한 미국의 딜레마, 즉 흑백 인종문제는 1960년대 민권법과 선거법 등 일련의 법률개정과 소수자우대정책(affirmative action)을 통해 한 때 상황이 개선되기도 했지만, 현재 일부 흑인 집단의 주류사회 편입에도 불구하고 하층집단의 삶은 더욱 힘들어지고 있다. 제조업의 퇴조와 경제 구조개편의 주요 피해자가 이들 흑인 노동자 집단이기 때문이다. 미국 남부의 경우 하층 흑인집단의 생존권 투쟁은 하층 백인 집단의 위기의식을 자극함으로써 민주당의 정체성에 혼란을 야기하기도 한다.

사회경제적 불평등의 확대는 민주주의의 핵심가치인 정치적 평등을 잠식하고 공동체 윤리의 파괴, 저항과 억압, 권위주의적 정치의 등장이라는 악순환을 초래한다. 저자는 사회경제적 불평등을 치유하기 위한 시급한 과제로서 첫째, 과감한 교육 및 훈련 투자를 통해 숙련직 노동자를 양성하고 취업기회를 확대시킬 것, 둘째, 노조를 중심으로 생산과정에 대한 노동자의 발언권을 강화시켜 성과의 제고와 정당한 분배를 추구할 것, 셋째, 거시경제정책의 우선 목표를 완전고용 실현에 맞추고 최소임금제를 실질적인 생계비용으로 상향조정할

19) James K. Galbraith, *Created Unequal: The Crisis in American Pay* (New York: Free Press, 1998).

것, 넷째, 근로소득 세액공제(EITC) 수혜계층의 폭을 넓힐 것, 다섯째, 지방정부는 조례를 통해 지역 진출 기업이 피고용자에 대해 충분한 지원을 할 수 있도록 임금 규정을 법제화할 것, 여섯째, 모든 은퇴 노동자들에게 적용되는 사회보장연금제도 외에 보편적 건강보험 및 보편적 육아보육 및 보조 프로그램을 채택할 것, 마지막으로, 19세기에 농부들에게 소규모의 토지와 금융자원을 지원했던 홈스테드법(Homestead Act)의 정신을 되살려, 고등학교를 졸업하거나 혹은 태어나는 모든 국민들에게 사망 직전 그것을 변제할 것을 조건으로 일정액의 금융재산을 제공하는 방안들을 제시한다.

8) 안보국가의 문제

제2차 세계대전 이전의 시기에 헌법의 기본정신에 따라 소규모의 군대만을 보유하고 있었던 미국은 종전의 도래에도 불구하고 냉전에 대처하기 위해 대규모의 상비군을 계속 유지하였다. 1947년 미국 정부는 '국가안보법'을 발표하여 전쟁성과 해군성을 국방성으로 통합하고 국가안보회의를 신설했으며 중앙정보부를 조직하고 국가안보를 관장하는 새로운 기구들을 창설한 결과, 수백만 명의 관료집단이 군가안보를 위해서 종사하게 되었고 연방 예산의 절반 이상이 이 분야에 투입되었으며 아이젠하우어가 말했던 군산복합체가 형성되었다. 한편 1970년대가 되자 의회는 국방부의 요청을 수용하여 징병제를 폐지하고 모병제와 직업군인제도를 도입하였는데 이로 인해 군대는 시민사회와 절연된 독자적인 정체성과 군사문화를 형성하게 되었다(Hudson, 326). 냉전의 종식에 따른 기대감에도 불구하고 부시 대통령은 무기를 녹여 쟁기를 만드는 대신 신세계질서(New World Order)라는 새로운 논리를 앞세워 투자와 교역의 보호라는 명분 하에 기존의 입장을 고수하였고, 부시 2세는 테러와의 전쟁을 선언하여 방위 예산을 배가시킨 결과 냉전 없는 냉전 예산 시대를 맞게 되었다. 특히 2002년 이민국, 관세청, 국방순찰대 등 22개의 연방부서를 통합한 국토안보부의 창설은 과거 라스웰이 말했던 병영국가(Garrison State)가 미국에서 완성단계에 도달하였음을 의미한다(Hudson, 299).

민주주의의 지지자들은 안보국가에 내재한 관행과 태도 속에서 다음과 같은 위험을 확인한다. 첫째, 비밀주의의 문제이다. 적으로부터 비밀을 유지한다는 명분으로 선출직 공무원과 대중의 정보 접근을 금지하는 각종 조치는 관련 책임자의 권력남용을 초래하고 민주적 통제와 효과적인 정책 수립을 방해한다. 콘트라 사건(Contra scandal)에서부터 9/11 테러 용의자들에 대한 수사과정에 이르기까지 주요 문서와 공작들이 철저히 비밀에 부쳐졌으며 부시 대통령은 예정되었던 전임자들의 기록물 공개를 국가안보상의 이유로 거부하였다. 둘째, 과도한 권력집중의 폐해이다. 국가안보정책은 신속성과 과단성이 요구된다는 명분으로 대통령과 소수의 자문가 집단에게 권한이 집중된 결과 쿠바의 미사일 위기 사태부터 이라크 전에 이르기까지 전쟁의 수행여부가 의회의 관여 없이 독단적으로 결정되었다. 1973년 의회는 군대 파견의 사전협의, 군사조지 48시간 이내 서면보고, 의회의 승인이 없을 경우 60일 이내로 작전 제한 등을 골자로 하는 전쟁권한법을 통과시켰지만 사실상 무시되고 있는 실정이다. 역대 미국의 대통령들이 최고통수권자임을 근거로 헌법에 명시된 규정을 어기며 절대적인 권한을 행사해 왔음에도 불구하고 의회는 초당적 외교의 이데올로기에 사로잡혀 별다른 이의를 제기하지 않고 있다(Hudson, 307). 이에 대해 역사학자는 아더 쉴레진저는 미국 헌법의 민주적 가치와 충돌하는 '제왕적 대통령제'를 거론한 바 있다.[20] 어빙 재니스의 집단사고(group think) 이론에 따르면 소수집단의 폐쇄적 의사결정은 독립적이며 비판적 사고를 체계적으로 배제함으로써 정책적 오류를 반복하게 된다.[21] 셋째, 억압의 문제이다. 냉전의 시기, 특히 50년대와 60년대에 FBI는 공산주의자의 체제전복 음모에 맞서 정치적 사찰을 행하였고 COMINFIL이나 COINTELPRO 같은 프로그램을 운용함으로써 미국 시민의 정치적 자유가 심각하게 침해되었다. 점차 CIA도 외국과 연계된 국내정치집단을 대상으로 작전을 수행하기 시작하였으며 각종 보안기구들이 좌파 혹은 반체제 집단을 대상으로 사찰을 실시하였다. 1980년대에 들어서는 종교적 집회, 정치적 강연, 거리의 시위 모두가 사찰의 대상이 되었다. 9/11 사태 이후 일련의 반테러조치들이 발표되었는데 가령 2001년의 애국법은 법무성에 대해 테러범을 포괄적으로 해석하고 테러용의자를 범죄혐의 없이 구금하며 용의자의 변호사 접견권을 제한할 수 있는 권한을 부여하였다. 국토안보부의 등장으로 더 많은 정부기구들이 사찰에 동참하게 되었으며 2002년에는 2명의 미국인이 알 카에다 조직원이라는 혐의로 군 시설에 수감되었고 이들에 대해 사법적 절차가 부정되었다. 넷째, 정보 왜곡의 문제이다. 거대한 자원을 동원하는 과정에서 군과 산업 내부에 기득권 집단이 생겨나고 이들은 위기의 본질을 과장하며 특수이익을 관철시킨다. 정치자금과 지역경제의 압력을 의식하는 의회가 여기에 가세하여 3자 연합이 형성됨으로써 새로운 전쟁의 양상에 대처할 수 있는 적절한 무기체제의 도입 필요성에도 불구하고 냉전시대의 유산인 고가 장비 생산을 고집한다.

미국은 수많은 분쟁에 연루되는 가운데 세계인의 분노의 대상이 되었고 냉전 및 테러와의 전쟁을 거치며 안보는 국가 제일의 관심사가

20) Arthur M. Schlesinger Jr., *The Imperial Presidency* (Boston: Houghton Mifflin, 1973).

21) Irving L. Janis, *Groupthink* 2d ed. (Boston : Houghton Mifflin, 1982).

되었다. 그러나 위기에 대한 대처 방식은 장기적으로 볼 때 문제 해결에 부적절할 뿐 아니라 민주주의와 복지의 희생을 초래하였다. 국가안보정책의 개혁을 위해서 저자는 4개의 시급한 과제를 지적한다. 첫째, 과거 50년간 방치되었던 전쟁수행권을 의회가 대통령으로부터 되돌려 받는 일이다. 미국 헌법 제 1절 제8조는 의회가 전쟁선언권을 갖고 있음을 명시하고 있음에도 불구하고 그동안 의회는 이 문제에 대해서 소극적인 태도로 일관해왔다. 앞으로는 전쟁수행법이 규정하고 있는 것처럼 대통령은 군대를 파견하기 전에 의회의 승인을 받아야 하며 의회는 예산 배정을 무기로 추가적인 감독권을 행사해야 한다. 저자는 의회가 자신의 권리를 행사함에 있어서 더 단호해져야 할 것이라고 말한다. 둘째, 냉전의 부산물인 군산복합체를 해체하는 일이다. 그러나 방위산업 노동자들의 생존권이 달려있는 만큼 이 문제는 조심스럽게 처리되어야 하며 생산적인 분야로 체제전환을 시도해야 할 것이다. 셋째, 현재 미국의 군 조직체계는 4분의 3이 정규군이고 4분의 1이 주방위군 및 예비군으로 구성되어 있다. 이러한 구성비율을 역전시켜 3분의 2를 후자에게, 3분의 1을 전자에게 배정함으로써 시민병사의 전통을 회복해야 한다. 또한 직업군의 규모를 60만 명 수준으로 축소시켜 신속대응군의 역할을 수행하게 하고 유사시 시민병사를 충원하는 방향으로 나아가야 민주적 이상에 부합한 군조직이라 말할 수 있다. 저자는 이 문제와 관련하여 군사문화의 완화를 위한 기제로서 학군제도(ROTC)를 활성화시켜야 한다고 주장한다. 셋째, 미국은 선제적이며 일방적인 군사행동을 자제하고 국제법과 국제기구의 네트워크를 활용해야 한다. 마지막으로 미국의 외교는 우방의 독재자를 지원하는 냉전시대의 폐습에서 벗어나 민주주의의 가치를 증진하는 방향으로 나아가야 하며 테러와의 전쟁 역시 전 세계의 민주정부를 지원하는 방식으로 추진되어야 한다.

❹ 맺는 말

이제 허드슨의 미국 민주주의 비판을 간략히 요약한 후 이러한 주장이 미국 정치사상사에 있어서 어떠한 의미가 있는가를 생각해 보고 마지막으로 비판의 타당성에 대해서 검토해 본다.

허드슨은 미국 민주주의의 위기를 미국의 가치, 정치제도, 사회구조라는 세 개의 차원에서 진단하였다. 첫째, 그는 미국 특유의 개인주의 정치문화가 민주주의 발전에 크게 기여했음에도 불구하고 토크빌이 말했던 건전한 마음의 습관을 상실함으로써 권리와 책임 간 균형이 허물어지고 있음을 지적하였다. 그리고 진보시대의 전통을 계승하는 공동체주의 운동을 전개할 것을 역설하였다. 둘째, 그는 미국의 헌법체제가 권력분립의 원칙에 입각한 대통령중심제를 채택함으로써 책임성과 반응성이라는 민주주의의 핵심적 가치를 실현하는 데 실패하고 있다고 주장하였다. 그리고 이에 대한 대응책으로 대통령과 의회가 보다 긴밀하게 결합하는 제퍼슨 모델을 지향할 것을 강조하였다. 셋째, 부와 소득의 불평등이 확대되고 아메리칸 드림이 파괴되는 사회현실을 고발하였다. 그리하여 기업의 특권적 지위를 저지하기 위한 제도적 장치, 정당한 분배와 사회복지의 실현을 위한 제도 개혁을 제안하였다.

허드슨이 생각하는 이상적인 민주주의는 참여 민주주의의 모델이다. 이 논리에 따르면 민주정치의 주역은 시민과 의회이며 다수 시민의 의지가 적극적인 정치참여의 과정을 통해서 의회에 전달되고 의회가 이것을 정책에 충실히 반영할 때 비로소 민주주의의 이상은 실현된다. 이러한 관점에서 볼 때 의회의 통제에서 벗어난 행정부의 독자적 행보는 민주주의의 근본정신을 부정하는 것이며 심지어 사법부의 위헌심사마저도 비민주적 제도로서 간주된다. 미국 민주주의가 현재의 위기에서 벗어나기 위해서는 시민참여의 활성화가 우선적으로 요청되는데 특히 투표율의 제고와 선거에 있어서 동등한 대표성의 실현이 무엇보다도 중요하다. 이를 위해 그는 투표상의 계층편향 현상을 시정하기 위한 제도 개혁과 공영선거제의 실시, 숙의민주주의의 실현을 위한 구체적인 모델들을 제시한다. 마지막으로 허드슨은 냉전에서부터 테러와의 전쟁에 이르는 시기에 지나치게 비대해진 군부와 국가 안보기구, 대통령의 전쟁수행권을 비판하고 군산복합체의 해체, 군조직 체계의 개혁, 외교노선의 방향전환 등을 주장한다.

허드슨의 미국 민주주의 비판은 미국의 예외주의에 대한 합의설(consensus theory) 비판의 시도와 맥락을 같이 한다. 사실상 미국 민주주의에 대한 우월감과 자신감의 표명이라고 말할 수 있는 합의설의 논리에 따르면 대다수의 미국 국민들은 미국 민주주의의 이념과 제도에 대해 만족해하고 있으며 미국 민주주의는 국민적 합의의 소산이다. 합의설에 대한 비판은 한편으로 합의의 부재를 증명하려 하며 다른 한편으로 합의가 허위의식의 산물임을 주장하는 방향으로 나아간다.[22] 허드슨의 비판은 후자의 논리에 가깝다. 즉 미국 민주주의는 심각한 결함을 갖고 있으며 실제로 많은 문제를 노정하고 있음에도 불구하고 국민들이 자기만족적 이데올로기에 세뇌된 결과 진실을 외면하고 있다는 것이다. 다만 허드슨의 비판은 그 강도가 마르쿠제나 밀스, 촘스키 등과 같은 반체제론자의 수준에 이르지 않고 온건한 좌파 공동체주의 이론의 경향을 보이고 있다. 정치 이념은

22) 전자의 예로서 Barton J. Bernstein(ed.), *Towards a New Past* (New York Vintage, 1969); Staughton Lynd, *The Intellectual Origin of American Radicalism* (London: Faber, 1969). 후자의 예로서 C. Wright Mills, *The Power Elite* (New York: Oxford University Press, 1956); Herbert Marcuse, *One-Dimensional Man* (Boston: Beacon, 1964).

필연적으로 이상적 사회구조의 건설과 직결되는데 좌파적 공동체주의 이론[23]은 대체적으로 본격적인 사회주의 대안까지는 나아가 가지 않은 상태에서 자유주의와 개인주의에 대한 비판을 시도한다. 한편 일부 자유주의자들 역시 좌파적 자유주의를 표방하여 자유주의의 자기반성을 촉구하며 자유주의의 구원을 위해서도 자유주의는 공동체와 평등의 이념을 포용하는 균형적 가치체계로 발전해야 한다고 주장한다.[24] 물론 건전한 자유주의가 건전한 공동체주의의 초석이 된다고 판단하여 자유주의에 입각한 공동체주의 건설을 주장하는 사람도 있다.[25] 허드슨의 공동체주의 이론은 참여민주주의론에 입각한 공동체주의로서 자유주의에 대한 대안적 의미를 갖는다. 그러나 이에 대해 미국 사회의 지적 다양성은 자유주의의 소산이며 자유주의는 다양한 개념요소를 내포하고 있다고 주장하는 관점에 서면 미국의 자유주의는 하츠(Louis Hartz)의 합의설보다 다차원적 의미를 갖게 된다. 그리하여 다원적 가치 상호간의 갈등과 경쟁은 전통적

23) 공동체주의(communitarianism)는 자유주의 만큼이나 모호한 개념인데 혹자는 공화주의적 공동체주의 이론과 참여민주주의론에 입각한 공동체주의 이론을 구분하기도 한다. 전자는 개인적 이익보다 공공선을 중시하는 시민의 미덕을 강조함으로써 보수주의적 이데올로기의 양상을 동시에 보일 가능성도 배제할 수 없다. 반면, 후자는 경제적 평등과 지방정부의 민주화를 궁극적인 목표로 시민의 도덕적 가치를 동등한 것으로 간주하는 경향이 있는데 자본주의에 대한 정면 비판이 약화되면서 좌파의 유력한 대안으로 부상하고 있다. Robert Booth Fowler, The Dance with Community: *The Contemporary Debate in American Political Thought* (Lawrence: University Press of Keansas, 1991).

24) Richard Rorty, *Contingency, Irony, and Solidarity* (New York: Cambridge University Press, 1989); Willam E. Connolly, *The Ethos of Pluralism* (Minneapolis, University of Minnesota Press, 1995) ; Michael Walzer, *Sphere of Justice: A Defence Of Pluralism and Equality* (New York: Basic Books, 1983).

25) 예를 든다면 Daniel Bell, "Democracy in Confucian Societies: The Challenge of Justification," Daniel A. Bell, Gavid Brown, Kanishka Jayasuriya and David Martin Jones, *Towards Illiberal Democracy in Pacific Asia* (New York: St. Martin's Press, 1995).

자유주의가 자신의 외연을 확장시킨 확대된 자유주의의 발전과정으로 분석될 수 도 있다.[26)]

개인주의의 본질을 훼손하지 않는 범위 내에서 토크빌이 강조했던 마음의 습관을 부활시키고 이에 따라 대기업이나 소수 부유층의 특권을 규제하며 조건의 평등을 실현하는 방향으로 사회구조를 개혁하려는 허드슨의 공동체주의 철학은 크게 무리가 없어 보인다. 문제는 민주적 정치제도에 관한 논의이다. 허드슨은 다수 국민의 의사를 충실히 반영하는 체제가 민주적 체제이며 이런 의미에서 영국식 의회주의가 가장 바람직 한 체제라고 주장한다. 역으로 미국식 대통령중심제는 권력분립의 원리를 도입함으로써 반응과 책임이라는 민주주의의 근본가치의 실현에 실패하고 있다고 믿고 있다. 그리하여 차선책으로 정부와 집권 여당이 한 몸이 되는 제퍼슨 모델을 제시하는가 하면 각료의 의원겸직이나 대통령의 국회출석 발언권 허용 등 국내에서는 거부감의 대상이 되고 있는 한국식 대통령중심제를 이상시 하고 있다. 허드슨의 모든 가치 평가는 다수의 의지를 절대선으로 보는 민주주의의 본래적 의미에 대한 과도한 집착에서 비롯된다. 참여민주주의 모델의 우수성은 그것이 다수의 의사를 관철시킬 수 있다는 기본적 발상에 입각해 있다. 물론 그는 숙의 과정의 중요성을 의식하고 있으며 나름대로 몇 가지 방책을 제시하기도 한다. 권력분립 이론 그 자체는 허드슨의 주장처럼 민주주의의 근본원리가 아닐지 모른다. 그러나 다수가 항상 정의인가라는 진부한 질문을 염두에 둔다면 권력분립의 이론은 인류의 경험적 지혜의 소산이며 따라서 미국 헌법의 이념이 민주주의가 아니라 공화주의라는 지

26) Robert Booth Fowler, *Enduring Liberalism: American Political Thought Since the 1960* (Kansas: University Press of Kansas, 1999).

적은 나름대로 의미를 갖는다. 아렌트 레이파트(Arendt Lijphart)는 미국 민주주의가 인종적, 지역적 다원성을 배경으로 다수제와 합의제를 잘 혼합한 모델로서 가장 뛰어난 사례라고 말한다.[27] 레이파트의 민주국가론에 따르면 성공적인 민주주의는 주어진 사회여건에 적합하게 제도를 잘 디자인하는데 있는데 합의제와 다수제의 순수한 이념형에도 불구하고 현실적으로는 다양한 가능태가 존재할 수 있으며 미국의 경우는 양자의 이상을 적절히 배분하여 성공한 사례이다.

진보주의자의 관점에서 국가사회의 개혁은 국민 다수의 지지를 받는 정당과 지도자의 행보에 거침이 없어야 한다는 논리를 담고 있는 허드슨의 이 책은 우리 사회의 상당수 지식인이 거부감을 보이고 있는 한국식 대통령제를 다른 시각에서 바라볼 수 있는 기회를 제공한다는 점에서 흥미를 끈다. 마지막으로 사족을 단다면 시민의 참여를 민주주주의 핵심적 과정으로서 강조하는 저자가 미국 정당 정치의 재건을 위해 당의 영향력을 약화시키는 예비 선거제도의 축소 및 폐지를 주장하는 것은 이해하기 힘든 부분이다.

---

27) 아렌트 레이파트, 최명 역, 『민주국가론』 (법문사, 1985), p. 46.

제 6 부

아시아 민주주의론

제18장

아시아적 민주주의의 이상과 고뇌

❶ 머리말

이 논문은 싱가포르의 권위주의 체제가 심각한 위기 없이 오늘까지 지속되는 이유를 분석해 보고 싱가포르 정치의 당면과제를 살펴본 후 서구 민주주의의 가능성을 검토한다. 싱가포르 정부는 아시아적 민주주의를 표방하고 있으나 제3자적인 시각에서 평가할 때 싱가포르의 정치는 최소한의 민주적 절차를 보장하며 도덕적 국가를 강조하는 새로운 권위주의 체제이다. 싱가포르의 권위주의 체제의 성공은 다음의 두 범주 속에서 고찰될 수 있다. 싱가포르 정부는 국민의 참여 욕구에 효율적으로 대처하기 위해 이중의 전략을 구사하였다. 정부는 한편으로 국민의 요구를 일정 부분 수용함으로써 불만의 폭발을 사전에 방지하기 위해 시시각각의 노력을 경주하였으며, 다른 한편으로 참여민주주의의 한계를 분명히 하고 이를 위해 시민의식의 개조를 목표로 하는 공식적, 비공식적 정치사회화 정책에 전력을 기울였다. 그러나 1984년 선거 이후, 싱가포르의 중산계급은 인민행동당의 독주에 대해서 비판과 견제를 시작하였으며 시민사회의 부활 조짐이 곳곳에서 나타나고 있다, 중산층의 불만을 무마하기 위한 정부의 각종 정책은 반대로 서민계급의 반발을 초래하고 있다.

또한 국민 통합을 위한 노력에도 불구하고 싱가포르 정부는 중국적 가치를 강조하고 업적주의 원칙을 계속 견지함으로써 소수민족의 불만을 증폭시키고 있다. 인종 갈등의 해소는 오늘날 싱가포르 정부의 최대과제이다. 싱가포르의 권위주의 체제의 전망에 대해서 상반된 예측이 있으나 필자는 싱가포르의 부드러운 권위주의 체제가 점진적인 민주화의 경로를 보여줄 것으로 예상한다.

❷ 싱가포르 정치 모델의 특수성

싱가포르는 정치학적 관점에서 고찰할 때 매우 특이한 국가이다. 고도의 선진경제와 권위주의적 정치체제가 공존하기 때문이다. 싱가포르의 정치체제는 웨스터민스터 모델에 입각해 있으며 자유로운 경쟁선거를 보장하지만 시민적 자유와 정치적 권리가 상당 부문 제약을 받는 사실상의 권위주의 체제이다. 제3세계적 발전단계를 이미 벗어났지만 여전히 권위주의 체제가 유지되고 있다는 점에서 립셋의 가설이 적용되지 않는다.[1] 시민적 저항이 존재하지 않으며 심각한 정치적 위기도 없기 때문에 여타의 권위주의 체제와도 구별된다. 싱가포르 정치의 권위주의화는 두 개의 역사적 계기를 갖는다. 하나는 공산주의와의 투쟁이고, 다른 하나는 구가 주도하의 누적혁명(cumulative revolution)[2] 과정이다.

---

1) Samuel M. Lipset, *Political Man: The Social Bases of Politics* (Baltimore, Maryland: The Johns Hopkins University Press, 1981), p. 31.

2) 여기서 '누적혁명'의 개념은 서구의 근대화와 달리 국가건설과 국민통합에서부터 경제발전에 이르는 제반과제를 동시적으로 수행하는 상황을 의미한다. Seah Chee Meow, *Community Centers in Singapore: Their Political Involvement* (Singapore: Singapore University Press, 1973), p. 2.

싱가포르는 도시국가, 다인종 국가로서 국가건설 과정에서 심각한 대내외적 위기상황을 겪어야만 했으며 특히 리콴유가 이끄는 인민행동당(PAP) 우파와 공산주의자들로 구성된 좌파의 투쟁은 체제 존망의 시련을 강요하였다. 1954년 반식민주의 좌파연합으로 창당된 인민행동당은 리콴유의 지휘 아래 1959년의 최초의 자치정부 총선에서 51석 중 43석을 차지하고 제1당이 되었으며, 1963년에 말라야와 통합을 추진한 후 1965년 8월 말레이 연방을 탈퇴하고 독립국가를 수립하였다. 이 과정에서 인민행동당은 공산주의자에 대한 숙청을 지속적으로 행하여 1961년 말레이와의 통합을 반대하는 좌파 의원 13명의 탈퇴를 유도하였으며, 사회주의 전선의 등장에 효과적으로 대처하기 위해서 국가 보안법을 실시하고 노조를 해체하였다. 싱가포르의 독립을 사기극으로 규정하고 의회를 뛰쳐나온 사회주의 전선은 1968년의 선거에 불참하였으며, 이로 인해 인민행동당의 독점적 지위가 확보된 반면 야당 자멸의 역사가 초래되었다. 리콴유는 이 시기 일련의 위기상황을 극복하기 위해서 레닌주의적 정치조직을 구축하여 권위주의적 질서를 수립하고 대내통합을 완수하였다. 공산주의와의 투쟁에서 승리한 인민행동당은 여세를 몰아 국가 주도의 근대화를 성공적으로 수행하였으며, 특히 독자적인 주택정책을 통하여 국민의 절대적인 지지를 확보하는 데 성공하였다.

싱가포르의 산업화 전략은 여타 신흥공업국가의 그것과 비교할 때 매우 독특한 바 있다.[3)] 첫째로 주요 기간산업과 공공 서비스 부

---

3) 싱가포르의 산업화정책에 관한 자세한 분석은 김두진, 「싱가포르의 발전의 정치경제: 국가, 다국적기업 그리고 노동」, 『아세아연구』 제36권 제2호 (1993), pp. 54-78. 참조. 싱가포르 경제제체제의 성격에 대해서 두 개의 상반된 평가가 이루어진다. 밀튼 프리드만은 이를 시장경제의 성공 사례로 파악하였으나 갈브레이드는 국가개입 경제의 성과로 간주하였다. Linda Y. C. Lim, "Singapore's Success: The Myth of the Free Market Economy," *Asian Survey*, Vol. 23,

문이 국가기업에 의해 독점되고 관료집단이 국가기업을 장악함으로써 자본이 사실상 배제된 국가와 노동의 이자동맹적 조합주의가 이루어졌다는 점이다. 국가의 시장에 대한 과도한 개입은 싱가포르 경제체제의 사회주의적 성격을 거론하게 해준다, 둘째로 외국자본에 대한 적극적인 투자유인 조치를 통해 다국적기업과 공생하는 경제성장 정책을 도모해 왔다는 점이다. 제3세계의 소극적 태도와 비교되는 싱가포르의 다국적기업에 대한 적극적 지원정책은 자유무역항으로서 싱가포르의 이미지와 결합하여 싱가포르의 경제체제를 자유주의 시장경제로 규정하는 중요한 근거가 되지만 내적으로는 강력한 노동통제의 필요성으로 인하여 정치적 권위주의를 강화시키는 계기가 되었다. 성공적인 산업화 과정 속에서 싱가포르 최고인력집단은 기술관료계급으로 편입되었으며, 이들은 국가기업을 관리하고 발전계획을 전담하였다. 그 결과 선출직 정치인의 위상이 기술관료에 비해 상대적으로 떨어지고 관료집단의 권력이 더욱 강화된 행정국가(administrative state) 체제가 완성되었다.[4)]

혹자는 리콴유의 역할에 주목하여 싱가포르의 정치를 플라톤의 철인왕의 정치에 비유한다. 도시국가의 분위기도 이러한 비유를 실감나게 한다. 융합적인 조합주의(inclusionary corporatism)의 진단도 이익표출의 기제에 초점을 맞출 때 부분적으로 타당성이 있는 주장이다. 반면 야당과 반체제 인사들은 싱가포르의 정치를 독재로 규정하며 심지어 소비에트 체제와의 유사성을 거론한다.[5)]

No. 6 (1983), pp. 752-64.

4) Chan, Heng Chee. “The Emerging Administrative State,” In Saw Swee-Hoc and R. S. Bhathal (ed.), *Singapore: Towards the Year 2000* (Singapore: Singapore University Press, 1983). pp. 10-11.

5) Soon Juan Chee, *Dare to Change: An Alternative Vision for Singapore* (Singapore: The Singapore Democratic Party, 1994), p. 4.

당사자인 싱가포르 정부는 자신의 체제를 아시아적 민주주의(Asian democracy)로 평가한다. 아시아적 민주주의는 서구 민주주의에 아시아적 가치를 결합시킨 체제이며 냉전 이후의 국제사회를 통합하는 제3의 정치모델이 된다. 아시아적 민주주의는 공정한 선거와 의회정치의 이념을 표방하나 개인주의 정치철학의 폐해를 극복하기 위해서 공동체의 가치를 강조하고 국가의 교도적 역할을 정당화한다. 싱가포르 정치의 대표적인 이데올로그인 찬헹치에 의하면 민주주의는 그 자체 목적이 아니며 목적은 좋은 사회의 실현에 있다. 자유롭고 공정한 선거가 보장된다면 민주주의의 이념은 좋은 정부의 존재를 통해서도 실현가능하다. 그녀는 공동체의 가치에 대한 강조, 권위의 존중, 융합적인 지배정당의 존재, 경제발전을 담당하는 중앙집권적 관료정치의 네 가지를 아시아적 민주주의의 특징으로 열거하였다(Chan 1993, 21-24).

싱가포르가 표방하는 아시아적 민주주의를 제3자적인 시각에서 평가할 때 그것은 새로운 형태의 권위주의(new authoritarianism), 혹은 연성 권위주의(soft authoritarianism)의 등장이다.[6] 새로운 권위주의는 물리적 강제보다 합의를 존중하며 최소한의 민주적 절차를 보장한다. 새로운 권위주의는 체제의 비민주적 요소를 여타 부분에서의 성과로서 상쇄하려 한다. 새로운 권위주의 체제는 기본적으로 정통성을 확보하고 있는 체제이다. 아시아의 정치를 이해하기 위해서는 아시아의 독특한 정치적 에토스를 이해할 필요가 있다는 맥락에

6) 이와 관련해서는 Tim Huxley, "Singapore's Politics in the 1980s and 90s," *Asian Affairs* Vol. 23, (1992), p. 291; Denny Roy, "Singapore, China and the Soft Authoritarian Challenge," *Asian Survey* 34(3) (1994), pp. 232-235; Devan, Janadas, and Geralding Heng, "A Minimum Working Hypothesis of Democracy for Singapore," In Derek da Cunha (ed.) *Debating Singapore* (Singapore: Institute of Southeast Asian Studies, 1994), pp. 22-26.

서 스칼로피노(R. Scalapino)의 부드러운 권위주의 모델을 원용하는 프란시스 후쿠야마(Francis Fukuyama)는 새로운 권위주의 체제의 다음 두 가지 특징을 지적하였다.[7] 첫째로 그것은 시장지향적 경제체제와 가부장적 권위주의를 결합시키는 경제적 자유주의, 정치적 권위주의 체제이다. 둘째로 유교적 가치의 영향을 받아 개인의 권리보다 공동체의 이익을 강조하고 도덕적 국가를 통해 사회적 욕구충족을 시도하는 경향이 있다. 후쿠야마에 의하면 연성 권위주의 체제는 서구 민주주의의 잠재적 경쟁자이다.

공산주의의 위협이 사라지고 국민의 생활수준이 선진국에 접근하는 상황에서도 인민행동당에 의한 일당 지배가 여전히 지속되고 있으며 개인적 자유와 정치적 권리가 제약을 받고 있다. 언론이나 자발적 결사에 대한 국가의 통제는 사실상 시민사회의 부재를 초래하고 있다. 그렇다면 부드러운 권위주의의 생명력은 어디에서 연유하는가? 이 글은 싱가포르의 권위주의 체제가 심각한 위기 없이 오늘까지 유지되는 이유를 분석해 보고 아울러 싱가포르 정치의 당면 과제와 민주주의의 미래를 검토해 보려 한다.

❸ 인민행동당의 이중 전략

1) 정부 반응성의 제고

싱가포르가 부드러운 권위주의 체제를 성공적으로 운용할 수 있었던 것은 도시국가의 환경적 요인에 힘입은 바가 크다고 아니할 수 없다. 작은 규모의 공동체에 대해서는 여러 가지의 실험이 가능

7) Francis Fukuyama, 1992. *The End of History and the Last Man* (New York: The Free Press, 1992), pp. 60-62.

하다. 그러나 결정적인 요인은 역시 싱가포르 정부의 주체적인 노력이며, 이는 다음의 두 범주 속에서 고찰될 수 있다. 싱가포르 정부는 국민의 참여 욕구에 효율적으로 대처하기 위해서 이중의 전략을 구사하였다. 정부는 한편으로 국민의 요구를 일정 부분 수용함으로써 불만의 폭발은 사전에 방지하기 위한 시시각각의 노력을 경주하였다. 싱가포르는 여타의 권위주의 국가와 달리 피드백 기제를 매우 중시하는 체제이다. 그러나 다른 한편으로 싱가포르 정부는 참여민주주의의 한계를 분명히 하였고, 이를 위해 시민의식의 개조를 목표로 하는 공식적, 비공식적 정치사회화 정책에 전력을 기울였다. 결국 싱가포르 체제의 정치적 안정은 싱가포르 정부의 국민에 대한 책임과 회유의 산물이라 보여진다.

싱가포르 체제의 정치적 안정성은 우선적으로 물질적 성공에 기인한다. 독립 후 20여 년 동안 싱가포르는 연평균 8.9%의 경제성장을 기록하였다. 또한 싱가포르 정부는 근대화 초기 단계에서 독자적인 주택정책을 성공적으로 수행하여 국민의 기본적인 욕구를 충족시킴으로써 사회적 불만과 갈등을 최소화할 수 있었다. 오늘날 전인구의 88%가 공영주택의 혜택을 받고 있다. 리콴유가 이끄는 정치엘리트들의 뛰어난 관리능력과 책임의식도 국민의 기대를 어느 정도 충족시켰다. 싱가포르는 엘리트주의 사회이며 효율적인 엘리트 충원의 기제를 확보하고 있다. 싱가포르의 지배엘리트들은 상벌을 분명히 함으로써 공직사회의 기강을 바로잡았다. 그러나 일찍이 매스로우(A.H. Maslow)의 가설이 주장하듯이 어느 단계에 와서 물질적 욕구는 정신적 가치의 추구로 전환되며 물질적인 보상이 인간의 정치적 욕구를 완전히 제어하지 못한다. 1980년대에 들어서 국민의 정치적 욕구가 가시화되기 시작했을 때, 싱가포르 정부는 물질적 유인에만 의존하던 종래의 정책을 포기하고 정치적 민주주의의 요구를 부분적으로 수용하기 시작하였다. 이러한 변화는 민주주의의 의지와는 거리가 있으며 보다 효율적인 통치를 위한 전술적인 후퇴라고 평가할 수도 있다. 그러나 객관적인 결과는 싱가포르 정부의 의도와 무관하게 점진적인 민주화의 행로를 보여주고 있다는 사실이다.

리콴유의 인민행동당은 투표결과에 대단히 예민하게 반응한다. 그들은 지지율의 하락을 단순히 당의 업적에 대한 평가로 간주하는 것이 아니라 사회적 합의의 붕괴로 파악한다.[8] 사회주의 전선이 해체된 후 1980년까지 인민행동당은 모든 선거에서 평균 75%의 지지를 확보하였으며, 의회의 전의석을 장악해 왔다. 그러나 1981년 보궐선거에서 노동당의 제야레트남(Jeyaretnam)이 승리하여 의회에 진출함으로써 인민행동당의 무적의 신화가 파괴되었다. 1984년 선거에서 야당은 다시 81석 중 3개의 의석과 40%의 지지를 확보함으로써 사태가 단순한 해프닝이 아님을 증명하였다.

리콴유의 정부는 사태의 심각성을 인정하였으며 이에 대처하기 위해 다각적인 노력을 시작하였다.[9] 우선 야당의 존재를 국가발전의

8) Chua, Beng Huat, "For a Communication Democracy in Singapore," In Derek da Cunha (ed.). *Debating Singapore* (Singapore: Institute of Southeast Asian Studies, 1994), p. 29.

9) 1980년 이후 싱가포르의 정치발전에 대해서는 주로 다음의 문헌들을 참고하였다. Raj Vasil, *Governing Singapore* (Singapore: Mandarin, 1992); Tim Huxley, "Singapore's Politics in the 1980s and 90s." *Asian Affairs*. Vol. 23 (1992); Jon S. T. Quah, "The 1980s: A Review of Significant Political Developments." in Ernest C. T. Chew, and Edwin Lee (eds.), *A History of Singapore* (Oxford: Oxford University Press. 1991); Chua Beng Huat, "Singapore 1990: Celebrating the End of an Era." *Southeast Asian Affairs* (Singapore: Institute of Southeast Asian Studies. 1991); Gary Rodan, "Singapore's Leadership Transition: Erosion or Refinement of Authoritarian Rule?" *Bulletin of Concerned Asian Scholars*. Vol. 24, No. 1 (1992); James Cotten, "Political Innovation in Singapore." in Garry Rodan (ed.), *Singapore Changes Guard: Social, Political and Economic Directions in the 1990s* (New York: St. Martin's Press, 1993); Shee Poon Kim, "Singapore: in 1990: Continuity and Stability." *Asian Survey*. Vol. 31,

저해요소로 간주해 오던 과거의 입장을 포기하고 건설적 비판의 수행자로서 야당의 존재 의의를 인정하였다. 이에 따라 1984년 싱가포르 정부는 헌법을 수정하여 비선거구 의원(Nonconstituent Members of Parliament)제를 신설하였다. 이 제도는 야당이 최소 3석을 확보하지 못할 경우 부족의석을 야당후보 중에서 득표순으로 선출하여 최소한의 야당의석을 보장하는 데 의의가 있다.

1985년 인민행동당은 경제위원회(Economic Committee)를 신설하여 사기업과 상공인의 의사를 경제정책 결정과정에 반영하는 조치를 취하였다. 같은 해 피드백 유니트(Feedback Unit)가 설립되어 중요한 사안에 대해 국민의 의사를 확인하고 이를 최대한 수용하도록 하였다. 1987년 인민행동당은 장기 국가발전 계획인 'VISION 1999'를 추진함에 있어서, 국민적 합의를 도출하기 위해 10여 개월의 대대적인 캠페인을 전개하고 국민의 대화와 토론을 촉구하였다. 이에 따라 문화, 예술, 사회복지, 스포츠 등 6개 분야의 협의체가 구성되었고, 이들에 의해 해당 주제에 관한 보고서가 제출되었다. 1987년 정부는 국회를 활성화하기 위한 조치의 일환으로 위원회 제도(Government Parliamentary Committee)를 도입하여 원외의 전문 인력이 입법 과정에 참여할 수 있도록 하였으며, 1988년 정책연구소(Institute of Political Studies)를 설립하여 관계전문가들에게 싱가포르의 미래와 관련된 정치적, 사회적 토론을 허용하였다.

그러나 63%의 지지를 보여준 1988년의 선거결과는 인민행동당에게 여전히 불만족스러운 것이었다. 일단 민심의 이반을 저지하였지만 당에 대한 종전의 지지를 회복하지 못하였기 때문이다. 1989년 일부의 반대에도 불구하고 인민행동당은 대통령에 의해 임명되는 임

No. 2 (1991).

기 2년의 임명직 의원제(Nominated Member of Parliament)를 신설하여 야당의 부재에서 기인하는 문제들을 극복하고 당내 비판을 활성화하기 위한 제도적 장치를 마련하였다. 6명까지 가능한 임명직 위원은 비당파적 입장에서 의안을 검토하고 대안적 정책을 제시할 것이 요구되었다. 이어서 지배엘리트의 세대교체가 단행되었으며 1990년 리콴유가 퇴진하고 고촉통이 그 자리를 승계하였다.

창업세대에 의해 부여된 검증과 수련의 과정을 거치며 2세대 그룹은 80년 후반에 와서 실질적인 권한을 행사하기 시작하였고 민주적 리더십이 돋보이는 고촉통은 2세대 그룹의 집단적 선택의 인물이 되었다(Vasil 1992, 241). 고촉통이 이끄는 새로운 정부는 보다 자유주의적인 정치개혁을 약속하였으며 국가건설 단계에서 숙청되었던 전(前)공산주의자들에 대한 사면조치가 단행되었다. 고촉통은 1991년 건국 2세대의 지도이념을 구체화한 넥스트 랩(The Next Lap) 정책을 발표하였다. 싱가포르 판 페레스트로이카로 회자되는 넥스트 랩 정책은 싱가포르가 추후 경제발전 이상의 가치를 추가할 것임을 선언하였다. 삶의 질의 문제가 부각되었고 국가적 의사결정에 있어서 참여와 협의가 강조되었다(Vasil 1992, 246-250). 대중적 인기에 자신감을 갖게 된 고촉통은 1991년에 총선거를 강행하여 자신의 개혁정치에 대한 국민의 지지를 확인하려 하였으나 인민행동당은 61%의 저조한 지지율을 기록함으로써 새로운 지도자를 낙담시켰다.

싱가포르의 제1세대 지도자들은 정치적 분열의 위험을 우려하는 것 못지 않게 독점적 국가권력의 일탈 가능성을 경계하게 되었으며 특히 거대한 국가 잉여자산의 정치적 사용을 사전에 방지하려 하였다. 1984년 리콴유 수상에 의해 제안된 후 1991년 입법화되고 1993년 시행된 민선 대통령(Elected Presidency) 제도는, 상징적 존재였던 종전의 대통령에 대해서 실질적인 권한을 상당한 정도 부여함으로써 당의 독주를 견제하는 제도적 장치가 되었다. 민선 대통령은 국가 금융자산의 운용, 정부고위직의 임명과 해임에 대해서 거부권을 행사할 수 있으며 국가안보, 종교차별, 부패 등의 사안과 관련하여 공권력의 남용을 통제한다. 헌법의 수호자인 민선 대통령의 등장으로 싱가포르의 정치체제는 이원집정부적 경향을 보여주게 되었다(Quah 1991, 397). 1993년 10월 직선 대통령 선거에서 인민행동당의 당의장과 국민노조의회의 사무총장을 역임했던 옹텡청이 예상보다 저조한 52.7%의 득표로 당선되었다. 내각과 대통령직을 인민행동당이 독점하려 한다는 야당의 비판에 대해 국민다수가 공감을 한 결과로 분석되었다. 그러나 1993년의 보궐선거에서 오작동(고촉통) 내각은 73%의 승리를 거둠으로써 다소 자신감을 회복하였다.

한편 싱가포르 정부는 주민참여와 자치의 문제를 효과적으로 해결하기 위해서 다양한 정책을 구사해 왔다. 인민행동당은 국가건설 초기단계에서 효율적인 동원체제를 수립하기 위해서 여러 개의 정치조직을 운영하였다. 1960년에 설립된 주택개발청(HDB)은 정부의 공식조직으로서 두 차례에 걸친 개발 계획을 성공리에 수행함으로써 주택 문제를 해결했을 뿐만 아니라 강력한 지역조직으로서 국민통합의 기능을 십분 발휘하였다. 그러나 조직이 비대해지고 관료체제의 한계가 노정되기 시작했을 때 싱가포르 정부는 지역문제의 관리를 위해 제3의 조직의 창설에 착수하였으며 주택개발청의 역할이 상대적으로 축소되었다. 그러나 지역주민에 대한 최소한의 정부통제는 지금도 여전히 공영주택의 관리를 통해서 이루어진다,

인민행동당은 다른 한편 비정부 부문의 자발적 참여와 봉사를 유도하기 위한 정치사회화의 기제로서 대중조직을 활용하였는데 대표적인 기구로서 커뮤니티 센터(Community Center)를 들 수 있다.[10] 인민행동당은 사회복지 조직이었던 커뮤니티 센터를 정비하여

지역사회의 전반적인 문제를 관장하는 주민조직으로 위상을 강화시킨 후 직접적인 통제권을 행사하였다. 커뮤니티 센터를 관리하기 위해 1960년 인민연합(People's Association)이 조직되었으며, 45개의 사회단체 지도자들이 참여하는 운영위원회가 구성되었다. 커뮤니티 센터를 측면지원하기 위해서 후원회가 결성되었으며 참여기업인들은 기금을 연출하고 권력과 공생하였다. 인민행동당은 커뮤니티 센터의 구조화된 주민참여를 통하여 수차례 정치적 위기를 극복하는 데 성공하였으나 엽관제적 조직운영으로 점차 대중동원의 한계에 직면하게 된다. 대체적으로 중국계 서민층 젊은이들이 중심적인 역할을 수행하였으며 전문직종, 고학력자의 참여가 저조하였다.

도시화 정책이 진행됨에 따라 신도시가 건설되고 재이주에 의한 소외와 범죄, 문화 파괴 등 후유증이 심각해지자 공동체의 부활을 위한 새로운 주민자치 조직의 필요성이 제기 되었다. 싱가포르 정부는 기존의 주택개발청이나 커뮤니티 센터가 관료화되어 시대적 변화에 부응하지 못하고 있다고 판단하고 1977년에 주민 위원회(Resident Committee)를 신설하였다.[11] 위원회는 자발적 참여주민 중에서 정부의 심사를 거쳐 구성되었으며 조직은 위원상호 간 다수결 원칙에 의해서 운영되었고 정부의 재정지원이 없다. 주민위원회는 레크리에이션에서부터 범죄예방, 교육문제, 세미나와 정책토론에 이르기까지 다양한 형태로 공동체의 관심사를 해결하며, 안보와 질서의 기능을 동시에 수행한다. 1992년 현재 401개의 주민 위원회가 조직되어 있으며 주민대표와 정부 파견 공무원의 협조하에 지역주민

10) 커뮤니티 센터에 관한 설명은 Seah Chee Meow, *Community Centers in Singapore: Their Political Involvement* (1973) 참조.

11) S. Vasoo, *Neighbourhood Leaders' Participation in Community Development* (Singapore: Times Academic Press, 1984), pp. 45-56.

의 의사를 중앙정부와 여타 지역조직에 전달한다. 새롭게 등장한 전문기술자 집단과 청년세대의 참여를 활성화시킨 주민 위원회는 진일보한 주민조직의 형태라 말할 수 있다.

1988년 싱가포르 정부는 제도개혁의 일환으로 시의회(Town Council)를 조직하여 일상적인 지역 업무를 시의회에 이관하였다. 몇 개의 선거구가 결합되어 국회의원을 의장으로, 국회의원에 의해 임명된 주민의 대표로 구성되는 시의회는 공동자원을 관리하고 지역공동체의 일상적인 업무를 처리하는 사실상의 지방정부 역할을 수행한다.[12] 중앙정부는 시의회에 대해서 예산지원 및 기타 감독을 행하지만 지역 업무를 국회의원과 주민대표에게 위임한다는 점에서 지방자치와 참여민주주의의 가능성을 보여주고 있다. 시의회는 주민조직의 지도자들이 정치적으로 진출할 수 있는 무대를 제공하고 있으며, 성공적일 경우 의회 진출의 발판이 될 수도 있다. 시의회는 관료주의를 배제하는 주민참여 조직으로 출발하였지만 참여효과와 통제효과가 공존하기 때문에 소형화된 또 하나의 주택개발청이 될지 모른다는 우려도 있다.

한편 1993년 야당은 유리한 정치적 상황의 전개에도 불구하고 국민을 실망시키는 치명적인 내홍을 겪음으로써 1984년 이후 최대의 위기를 맞고 있다. 제1야당인 민주당의 경우 지순취앤(Chee Soon Juan)사건[13]으로 집행부가 분열되고 이 문제는 법정으로까지 비화

12) Ooi Giok Ling, *Town Councils in Singapore: Self-determination for Public Housing Estates* (Singapore: Time Academic Press, 1990), p. 1.

13) 31세의 싱가포르 대학교 심리학교수인 Chee Soon Juan이 민주당에 가입하여 정부에 대해 맹공을 퍼붓고 민주당 부사무총장으로 피선되자 대학당국은 1993년 그를 연구기금 부당사용 혐의로 파면하였다. 민주당의 사실상 리더인 치암 시통(Chiam See Tong)은 지순취앤의 단식투쟁을 비난하고 그를 징계할 것을 동의하였으나 새로 의회에 진입한 강경과 리더인 Ling How Doong은 중앙집행위원회를 열어 거꾸로 치암 시통을 반당행위로 축출하였다. 1993년 10월 법

되었다. 노동당 역시 강온파 간의 노선투쟁으로 당이 좌초하고 있다. 야당의 분열과 무기력은 인민행동당의 체제유지에 반사적 이익을 안겨주고 있다.

2) 이데올로기 정책

싱가포르 정부의 이중 전략은 제한적 민주화 조치에 병행하여 참여민주주의의 한계를 분명히 하는 공식적 이념정책에 호소한다. 인민행동당의 국민교화 작업은 한편으로 경제적 보상을 다른 한편으로는 물리적 권력을 배경으로 한다.

전통적으로 싱가포르는 이데올로기가 부재한 사회이다. 이는 부분적으로 싱가포르 국가건설의 역사와 무관하지 않다. 싱가포르는 다인종 사회로서 독자적 문화의 전통을 갖고 있지 않다. 단기간에 국가를 건설하였으며 독립을 쟁취하기 위해 별다른 희생을 치르지 않았다. 건국의 신화도 없으며 영웅도 없다. 무엇이 싱가포르적인 것인가? 구성원 상호간에 싱가포르의 사회적 정체성(identity)에 대한 확신이 부재한다. 경제발전과 복지국가 건설의 현실적 목표만이 싱가포르가 추구하는 지상의 가치이며 사회적 통합의 원동력이다.

그러나 이데올로기의 부재현상은 또한 지배엘리트 집단의 인위적 노력의 산물이다. 인민행동당 정부는 집권 이후 국민의 탈정치화(depoliticising) 정책을 일관되게 추진해왔다. 정치는 전체 이익을 담당하는 책임있는 주체의 과업임이 강조되었으며 일반 시민이 정치를 거론하고 정치에 개입하는 것을 금기시하였다. 정부와 국민의 관계

정에서 치암시토의 복권이 결정되었으나 재판은 계속되 고 있다. 갈등의 근본적인 이유는 야당의 이념에 대한 철학의 차이에서 비롯한다고 볼 수 있다. Bilver Singh, "Singapore: Change amidst Continuity." *Southeast Asian Affairs 1994* (Singapore: Institute of Southeast Asian Studies, 1994), pp. 269-274.

는 부모와 자식의 관계에 비유되었다. 싱가포르에서는 모든 것을 정부가 결정하며 국민들은 이를 믿고 따를 것이 요구된다. 정부가 주도하는 각종 캠페인의 물결은 청결을 강조하고 교통규칙 준수를 강조하고 만다린어의 사용을 강조한다. 푸코(M. Foucault)가 거론했던 정상화(normalizing) 과정을 통해서 싱가포르 국민은 무기력하고 정부의존적이며 정신적인 미숙아가 되었다.[14)]

지속적 훈련과 내면화의 효과에 의해서 싱가포르의 하비투스(habitus)는 정부에 협조하고 동참하는 것을 좋은 시민의 이미지로 정착시켰으며 독립적 사고에 의한 질서의 교란을 회피하게 하였다(Birch 1993, 73).[15)] 민주주의란 무엇인가? 싱가포르 정부는 국민들이 모두 잘살고 밤중에 불안 없이 산보할 수 있으면 그것이 민주주의가 아닌가라고 반문하였다. 싱가포르 정치의 실재를 규정하는 것은 인민행동당의 의지이다. 싱가포르의 정치문화 속에는 진정한 토론과 비판이 존재하지 않으며 강요된 합의만이 존재한다. 진실과 허위, 가상과 실재가 정부에 의해 독점적으로 규정된다. 정부가 모든 것을 결정하며 의문이 배제되는 사회이다. 싱가포르의 국민은 보다 많은 부와 복지만을 갈구한다. 혹자는 싱가포르가 영혼 없는 도시이며 거대한 관광호텔과 같다고 자조하였다.[16)]

싱가포르 정부의 탈정치화 정책은 싱가포르의 일천한 문화전통과 지속적인 경제발전을 배경으로 상당한 성공을 거두었다. 그러나 경제발전에 따른 사회적 변화는 필연적으로 국민의식의 변화를 초래

---

14) David Birch, "Staging Crises: Media and Citizenship," In Garry Rodan (ed.), *Singapore Changes Guard: Social, Political and Economic Directions in the 1990s* (New York: St. Martin's Press, 1993), p. 81.

15) 하비투스란 부르디외(P. Bourdieu)의 용어로서 획득된 성향의 체계를 말한다.

16) David Martin Jones and David Brown, "Singapore and the Myth of the Liberalizing Middle Class," *The Pacific Review.* Vol. 7. No. 1. (1994), p. 81.

하였으며 체제균열의 조짐이 점차 나타나기 시작하였다. 물질적 부가 행복이나 만족감을 주지 못하고 중산층의 소외와 무기력감을 야기하였으며 계급의식이 싹트고 종교적 갈등이 표면화되었다. 1987년과 1988년 싱가포르 정부는 국가보안법을 적용시켜 22명 지식인들을 체포하고 마르크스주의자들의 국가전복 음모를 발표하였다.[17] 사실상 마르크스주의가 사라져 버린 싱가포르에서 이러한 사건이 발생했다는 것은 한편으로 계급적 이슈가 여전히 잠재하고 있음을 암시할 수도 있지만 다른 한편으로 싱가포르 정부의 단호한 의지를 과시하는 상징적 사건으로 파악되었다. 즉 국가가 제정한 경기의 규칙을 준수하지 않고 관용의 한계를 뛰어넘는 행동을 하는 경우 즉각적인 조치가 취해질 것이라는 경고의 의미를 갖고 있다는 것이다.

싱가포르의 하비투스 위기가 감지되고 전통적인 실용주의 이념만으로 이를 해결하기 어렵다고 판단되었을 때 정부는 새로운 대책을 모색하기 시작하였으며 위기의 언어가 등장하였다. 사회적 변화를 선제하여 자신이 원하는 방향으로 유도하려는 당의 의지는 1980년대 후반에 들어서 탈정치화의 전략 대신 보다 적극적인 이데올로기 정책을 추진하도록 하였다. 점증하는 참여의 요구에 효과적으로 대처하기 위해서 싱가포르 정부는 정치적 무관심을 강요하는 대신 건설적이며 체제내적인 참여를 유도하기로 결정하였다. 보들리야르에 의하면 국가에 의해 주조된 침묵하는 다수는 단기적으로 권력의 기반을 강화시키나 최종적으로 체제의 파멸을 야기 시킨다(Birch 1993, 82에서 재인용). 순종하는 다수를 참여의 대열에 편입시키고 침묵 대신 언어를 유도하는 것이 체제를 활성화시키는 필연적인 경로이다.

17) 이 사건에 대한 자세한 분석은 Michael Hass, "The Politics of Singapore in the 1980s." *Journal of Contemporary Asia*. Vol. 19, No. 1 (1989), pp. 48-72 참조.

과거 싱가포르의 지도층은 국민들에게 정치이념의 논의를 허용하지 않았지만 자체적으로는 이념적 좌표를 끊임없이 수정하며 진로를 모색해 왔다.[18] 독립 이전의 시기 싱가포르는 제3세계주의를 취하여 1955년의 반둥회의에 환호하였으며 수에즈 운하 사건 때 이집트를 지지하였다. 그러나 1960년대에 들어 싱가포르는 제3세계와 결별하고 영국과 스웨덴의 사회민주주의 체제를 지향하였다. HDB 정책이 대표적인 성공 사례이다. 급격한 경제성장이 사회민주주의의 이념과 충돌하게 되었을 때, 싱가포르는 사회민주주의를 포기하였으며 1976년 사회주의 인터내셔널에서 탈퇴하였다. 이후 싱가포르는 독일과 일본, 스위스 등 서구 체제의 발전 모델에 관심을 보여왔다. 1984년에 공표된 'VISION 99'는 특히 스위스의 선진적 정치와 경제모델을 추구하고 있다. 그러나 1980년대 후반에 이르러 체제의 균열이 노정되기 시작하였을 때 싱가포르 정부는 최종적으로 아시아의 유교주의 이념을 도입하고 이를 공식적 이데올로기로 선언하기에 이른다.

1988년 리콴유는 영어 사용이 아시아적 유산을 상실한 서구사회를 출현시키는 왜곡된 결과를 초래하고 있음을 개탄하였다. 1989년 싱가포르 정부는 국민이념으로서 4개의 핵심가치(core value)를 공표하였다. 그 내용은 다음과 같다. 첫째, 사회를 개인보다 우선한다. 둘째, 가정을 사회의 초석으로 정립한다. 셋째, 경쟁 대신 합의에 의한 문제해결을 중시한다. 넷째, 인종적, 종교적 관용과 조화를 추구한다, 핵심가치론은 외형적으로 서구문화에 대한 비판의 형식을 취하고 있다. 서구의 자유주의가 마약과 섹스, 가정 파괴 등 도덕적

---

18) Jean-Louis Margolin, "Foreign Models in Singapore's Development and the Idea of a Singapore Model," In Garry Rodan (ed.) *Singapore Changes Guard: Social, Political and Economic Directions in the 1990s* (New York : St. Martin's Press, 1993), pp. 84-96.

타락을 초래했음을 강조한다. 그러나 본질은 정치적 함의에 있다. 핵심가치론은 확산되는 개인주의가 초래할지도 모르는 체제에의 도전을 사전에 방지하기 위해서 공동체주의의 이념을 표방하였다. 그것은 개인의 자유와 권리가 지상의 가치가 아님을 분명히함으로써 자유민주주의의 이상을 정면으로 부정하였다(Rodan 1992, 10). 핵심가치론은 참여정치의 한계선언을 의미한다.

1991년 의회의 백서는 경직된 의미를 피하기 위해서 핵심가치 대신 공유가치(shared values)의 표현을 채택하였으며 개인에 대한 존중과 공동체의 지지를 다섯번째 항목으로 삽입하였다. 유교적 가치를 내용으로 하는 일련의 프로그램들은 사실상 기존의 이데올로기를 강화시키기 위한 이념 재무장의 처방전으로서 의미를 갖는다. 공유가치론의 의도하는 바는 다면적이다. 점증하는 참여의 기대에 한계를 설정하는 일은 여러 사회계층을 겨냥해 있다. 우선 중산층의 개인주의와 자유주의가 부정된다. 그러나 다른 한편으로 국가에의 충성과 인종적 이슈의 부각은 하층계급의 계급의식을 희석시키려 한다. 또한 소수인종 집단에 대한 메시지로서 중국적 가치를 통한 대통합을 호소한다. 종교적 조화의 의미는 기독교와 이슬람교의 전투적인 포교활동과 사회참여를 견제하고 종교와 계급, 종교와 정치의 연계를 차단하려는 데 저의가 있다. 유교의 이념을 수용하고 서구민주주의와의 투쟁을 전개하는 과정에서 싱가포르 정부는 중국과 공동보조를 취하여 아시아적 가치의 승리를 장담하였으며 중국의 인권문제가 국제사회의 쟁점이 되었을 때 중국에 대한 제제에 소극적 태도를 취함으로써 새로운 전선을 구축하려 하였다(Roy 1994, 239).

싱가포르의 새로운 정치교육은 권위주의 체제에 친화적인 정치문화를 창출함에 있어서 소기의 성과를 거두고 있는가? 한 관측에 의하면 이 문제는 다음과 같이 분석되어진다. 싱가포르는 서구적 가치와 아시아적 가치가 혼재하는 절충적 사회이다. 그러나 새로운 이념정책은 하나의 가치를 배타적으로 강요함으로써 가치의 내적인 균형을 파괴시키고 의식의 분열을 초래하였다. 불안의 심리와 불확실성의 논리가 싱가포르의 문화 전반을 지배하게 되었고 시민은 능력감을 상실하였으며 싱가포르 특유의 사회심리인 상실에 대한 공포(kiasuism)가 심화되었다(Jones and Brown 1994, 86).[19] 오늘의 싱가포르는 과거로부터 절연되고 미래에 자신이 없는 신경증적 사회이다. 이러한 상황은 모두에게 이기적 생존전략을 강요하고 역설적으로 자율적 선택 대신 관리사회의 이념 속에서 심리적 안정을 추구하게 만들고 있다. 정부의 태도는 이중적이다. 싱가포르 정부는 시민의 이기주의를 비난하고 공동체 윤리의 회복을 강조하고 있다. 그러나 사실상 싱가포르 정부는 소외의 심리에 편승하여 지배하고 군림한다.[20] 순응주의가 공동체의 이념으로 미화되고 전문가 집단의 과학적 관리체제가 신유교주의의 이름으로 정당화된다.

그러나 싱가포르 정부의 강화된 이데올로기 정책이 지속적으로 성과를 거둘지에 대해서는 과거와 달리 의문의 여지가 있다. 공유가치론이 우선적으로 경계하는 것은 서구식 자유주의와 개인주의이며 동시에 왜곡된 개인주의로서 이기주의와 소외의 문제이다. 서구적인 정치제도를 수용하고 하부구조가 완전히 서구화된 현실 하에서 의식은 아시아적일 것을 강요하는 것이 무리가 아닌가? 싱가포르 정부가 시민사회의 탈정치화를 유도하는 한 왜곡된 개인주의는 오히려 체제

---

19) 이는 '자기우선주의의 증후'(Me-first syndrome)로 설명되기도 한다. Chee Soon Juan, *Dare to Change: An Alternative Vision for Singapore* (Singapore: The Singapore Democratic Party, 1994), p. 17.

20) John Clammer, *Deconstructing Value: The Establishment of a National Ideology and Its Implication for Singapore's Political and Economic Directions in the 1990s* (New York: St. Martin's Press, 1993), p. 44.

의 산물이며 이에 대한 투쟁이 자기모순이 아닌가? 이러한 견해에 의하면 진정한 공동체윤리의 회복은 오히려 건전한 개인주의의 함양을 통해서 가능하다. 아시아적 가치는, 특히 중국적 가치의 경우, 가족주의의 강조나 잠재적인 배금주의로 인해 의도하지 않은 결과를 초래할 수도 있다.

❹ 싱가포르 정치의 당면 과제

1) 중산층의 문제

신흥공업국가 집단이 보여주는 권위주의 체제와 경제발전과의 친화관계는, 특히 동아시아의 경우, 경제발전의 산물로서 중산층의 성장에 의하여 체제의 존재의의를 상실하는 역설을 경험해 왔다. 분배적 정의에 대한 보수적 태도에도 불구하고 중산층은 정치적 민주주의를 강하게 선호함으로써 이들 국가의 민주화 과정에서 주도적인 역할을 수행해 왔다. 압축된 근대화의 희생양으로서 노동자계급 역시 권위주의 체제에 도전하는 잠재적인 세력이 되었으며 중산층과의 연대과정에서 이념적인 편차를 노정하기도 하였다. 싱가포르에 있어서 권위주의 체제에 대한 중산층의 도전은 1980년대 이후 가시화되기 시작하였으며 앞서 언급된 일련의 정치개혁은 이에 대한 싱가포르 정부의 고육지책이라 말할 수 있다. 물론 당국의 효과적인 대처로 아직까지 심각한 체제의 위기는 없다.

싱가포르가 중산층 사회인가? 싱가포르의 중산층의 크기는 어느 정도인가? 이에 대해서는 다양한 분석이 존재한다.[21] 중산층의

21) 분석의 개요는 Gary. Rodan, "The Growth of Singapore's Middle Class and Its Political Significance." in Garry Rodan (ed.), *Singapore Changes Guard:*

개념범주의 문제에서 비롯하는 상반된 결론은 경우에 따라서 노동인구의 50%이상을 중산층으로 규정하는가 하면 성인인구의 75%를 중산층으로 간주하기도 한다. 이러한 논리는 소득이나 주택문제, 교육, 소비패턴, 자기평가 등 일반적 척도를 동원하고 있다. 1987년 리콴유 수상은 싱가포르의 80%가 중산층임을 주장한 바 있다. 그러나 싱가포르 대학교 사회학과 교수들의 최근의 연구는 인위적 지표에 의해 중산층의 비율이 과장되고 있음을 비판하고 노동인구의 52.7%가 제조업, 기타 서비스업에 종사하는 육체노동자임을 주장하였다(Quah et. al. 1991, 255-269). 한 조사에 의하면 관리자, 경영자, 전문기술자 집단의 경우 1990년 기준으로 노동인구의 24%를 차지하고 있으며, 국제노동사무소의 자료를 분석한 1989년의 연구는 중산층의 비율을 21.7%로 규정하고 있다. 그러나 중산층 사회의 개념은 단순한 계급구성 비율 이상의 것으로 지배력 가치의 성격이 문제될 수 있기 때문에 이후의 논의는 여전히 유효하다. 그리고 중산층의 크기가 급격히 증대하고 있는 것이 사실이며 이들 집단의 체제에 대한 불만이 점증하고 있는 것도 사실이다.

체제의 가장 큰 수혜집단이라고 할 수 있는 중산층의 이탈현상은 1984년의 선거에서부터 확인되었다. 1981년 조직된 싱가포르 민주당(SDP)은 고등교육을 받은 중산층이 다수 거주하고 있는 지역인 Potong Pasir에서 치암시통을 당선시키는 데 성공하였으며 각종 선거결과의 분석은 인민행동당의 독점적 지위가 해체되고 있음을 보여주었다. 같은 시기 대졸자의 출산에 대해 특혜를 부여하려는 정부의 우생정책은 수혜 당사자인 여성졸업자들이 반대의사를 표명함으로

Social, Political and Economic Directions in the 1990s (New York: St. Martin's Press, 1993), pp. 53-57.

써 좌절되었다. 정부의 엘리트주의 이데올로기와 과도한 사회공학에 대한 반감이 중산층에서부터 표면화되기 시작한 것이다. '제2차 산업혁명'(The Second Industrial Revolution)의 이름으로 추진되었던 정부의 고임금 정책 역시 산업구조조정의 국가적 목표에도 불구하고 중소기업과 상공인들에게 큰 타격을 줌으로써 상당한 반발을 초래하였고 경제정책의 탈규제를 주장하는 목소리가 높아지게 되었다. 1984년은 중산층이 자신의 능력에 대해 자신감을 갖는 계기가 되었으며 싱가포르 정치의 분수령이 되었다(Rodan 1992, 5).

신흥공업국가에 있어서 중산층의 통상적인 정치참여는 선거 외에도 소비자단체, 학생운동, 여성운동, 종교단체, 법률단체 등의 자발적 결사체를 통해서 이루어진다. 싱가포르의 시민조직은 카톨릭 교회가 주도하는 종교단체의 노동운동, 특히 외국 노동자의 인권투쟁에서 활성화되었다. 정부는 이에 대해 내정간섭을 이유로 선교사를 추방하고 「아시아기독교협의회」와 같은 단체들을 해체시켰다. 1990년의 '종교조화법'은 성직자의 정치참여를 금지하고 있으며 특히 영어교육집단, 청년집단의 신학적 정의추구와 이들에 의한 중산층과 노동자계급의 연계를 경계하고 있다. 1986년에 법률인들의 모임인 「법률결사」는 정부의 언론출판 정책에 대해 비판을 행함으로써 당의 지도부를 당황케 하였다. 정부는 법률가집단에 대해 자제를 요청하는 한편 대항조직인 「법률아카데미」를 설립하여 이를 무력화시켰다. 1985년에 조직된 「여성행동연구협회」는 정부와의 직접적인 충돌을 피하면서도 수시로 정부정책에 대한 공적 토론의 장을 마련하고 정부정책을 비판하는 정책보고서를 발표하였다. '결혼정책 논쟁'(The Great Marriage Debate) 당시 이 집단의 주장이 정책에 반영된 바 있다. 정부는 「여성의 날개」라는 조직을 1988년에 부활시켜 이에 대처하고 있다. 1990년 결성된 「모슬렘 직업연합」은 정부가 후원하는 관변단체인 「멘다끼」(Mendaki)에 대해 공식적으로 도전장을 던지고 있으며 말레이 사회의 호응이 대단하다. 인종적 변수가 있지만 이 역시 중산층 주도의 운동으로서 의미를 갖는다.

1984년 이후 싱가포르의 정부가 시도한 일련의 정치개혁은 주로 중산층의 불만을 무마하고 야당세력이 이를 이용 하는 것을 막기 위한 노력이었다. 피드백 유니트의 구성, 의회의원회 제도 도입, 정책연구소의 설립 등이 계속되었다. 1988년의 선거 결과 인민행동당에 대한 지지율 하락은 멈추었으나 개별선거구에서는 55%를 밑도는 득표가 재차 확인되었다. 더욱 심각한 문제는 1989년에 고급인력의 대규모 이민사태가 발생한 것이다. 89년 한 해 동안 4,707 세대가 싱가포르를 떠났으며 국책연구서의 조사 결과 싱가포르 국민의 3분의 2가 과다한 정부규제에 불만을 갖고 있고, 고등교육을 받은 자, 고소득자일수록 이민을 고려중이라는 사실을 확인하였다(Rodan 1993, 59). 이에 정부는 임명직 의원제를 신설하여 고학력 집단의 요구를 정책에 반영하려 하였으며, 1990년 이 자리에 심장전문의와 관광진흥위원회의 의장을 각각 임명하였다. 정부는 탈규제정책의 일환으로 영화검열을 완화하고 주크박스 불허정책을 취소하는 등 새로운 문화정책을 추진하였다. 또한 중산층에 대해 선택의 기회를 확대시켜 주기 위해서 교육과 의료 부분의 민영화를 추진하였다. 1991년 예술정보 장관인 조지 예오는 싱가포르가 충분히 성숙한 사회임을 지적한 후 강한 국가와 맞설 수 있는 시민사회의 부활을 선언하기도 하였다.

1991년 고촉통 수상은 자신의 개혁정책에 대한 신임 투표로서 총선을 실시하여 넥스트 랩 정책에 대한 국민의 평가를 받았다. 그러나 기대와는 달리 선거결과 지지율이 88년의 63.2에서 61%로 하락하였고, 야당인 민주당과 노동당은 추가로 3석을 획득하여 총 4석의 의석을 확보하는 데 성공하였다. 야당은 선거에 임하여 81개의 의석 중 41개의 의석에만 등록하여 효과적인 선거운동을 수행함으로써 큰 성과를 거두었다. 1991년의 선거를 분석한 결과 인민행동당의 저조한 득표는 서민계급의 이탈이 결정적 요인으로 작용하였음을 보여주었다(Rodan 1993, 60-61).[22] 노동자계급과 비관리 사무직 노동자들, 농어민들이 거주하는 몇몇 선거구의 경우 인민행동당은 심지어 50%를 하회하는 득표를 기록하였다. 서민계급은 정부의 과도한 엘리트주의 정책에 불만을 표출했으며 중산층의 위주의 민영화 정책이 초래한 교통, 의료, 주택, 교육비용의 증대와 생계비의 압박에 대해 크게 반발하였다. 급속히 성장한 중산층의 소비행태는 서민계급의 준거모델이 되었고 이는 사회적 불만을 가속화시켰다. 싱가포르 최대의 영자일간지인 『스트레이트 타임즈』(*Strait Times*)에 의하면 인구의 20%가 정부보조로 생계를 연명하는 빈곤계층이다. 싱가포르 경제는 고임금을 받는 전문기술자 집단과 저임금에 시달리는 단순 육체노동자 집단으로 노동시장이 이원화되어 있으며 1991년 선거 결과는 중산층 위주의 국가정책에 소외된 서민계급의 반란으로 분석되었다. 이에 따라 정부는 서민계급에 대해서 복지의 확대를 약속했지만 재분배정책을 강화하거나 평등주의 이념을 도입할 의사가 없음을 분명히 하였다. 고촉통은 결코 대중의 압력에 굴하지 않겠다고 공언하였다. 1991년의 선거는 싱가포르 사회가 아직도 빵과 버터 문제를 완전히 해결하지 못했음을 증명하였다.[23]

22) 물론 서민층 외 여타 집단의 지지율 하락도 패인이 되었다. 반대표의 주체는 말레이계를 중심으로 한 소수인종 집단, 영어 교육을 받은 중산층, 중국어 교육을 받은 소기업가, 그리고 서민계급으로 4분되었다. Tim. Huxley, "Singapore's Politics in the 1980s and 90s." *Asian Affairs*, Vol. 23 (1992), pp. 288-289.

23) Agnes Chen, "The Message from the Voters," *The Strait Times* (Weekly Overseas Edition, 14 September, 1991), p. 13. 그러나 1991년의 선거결과는 노조운동과 관련하여 노동자계급의 정치적 자유의 요구와 관계있다고 해석되기도 한다. Gary Rodan, "The Growth of Singapore's Middle Class and Its Political

1991년을 기준으로 삼을 때 결국 유권자의 40%가 인민행동당에 대해서 등을 돌렸다. 그 의미를 어떻게 파악할 것인가? 서민층의 경우, 특히 인민행동당의 지지기반인 중국계 노동자계층은, 대체적으로 체제의 민주화와 무관하게 생활상의 애로를 호소하고 있다. 따라서 정부는 경제정책의 효율적 운용과 성과를 통해서 이 문제를 해결할 수 있다고 믿고 있다. 야당에 표를 던졌던 중산층도 대다수의 경우는 인민행동당의 독주에 대한 견제심리의 발동에서 혹은 서민층과 마찬가지로 경제적이며 물질적인 계기에서 행동하였지 체제를 부정하거나 체제에 도전한 것은 아니라고 분석된다.[24] 중산층이야말로 키아수 문화의 세례를 가장 강하게 받은 집단이기 때문이다. 그러나 중산층의 일부는, 그들은 영어 교육 세대이고 기독교 신자이며 전문직종에 종사할 가능성이 많은데, 청년세대의 중요 부분과 더불어 정부의 가부장적 권위를 부정하고 체제의 변혁과 민주화를 염원하고 있으며 이곳으로부터 싱가포르 정치의 진화가 기대되고 있다.

2) 인종 갈등

싱가포르의 인종 구성은 중국계가 76.3%, 말레이계가 15%, 인도계가 6.4%, 기타 2.3%이다. 표면상 싱가포르 정부는 인종정책에 있어서 평등주의의 원칙을 표방하고 있다. 그러나 실제에 있어서 싱가포르는 소수 인종집단에 대한 차별화 정책을 실시하고 있으며 중국계 주민 중심의 정치를 행하고 있다. 우생학의 논리가 공공연히 등장하고 있으며 게토(ghetto)의 형성을 막기 위해 인종비례의 공영

Significance." In Garry Rodan (ed.). *Singapore Change Guard: Social, Political and Economic Directions in the 1990s* (New York: St. Martin's Press, 1993), p. 64.

24) Eric C. Paul, "Prospects for Liberalization in Singapore," *Journal of Contemporary Asia*. Vol. 23, No. 3. (1993), p. 299.

주택정책이 실시되고 있다. 소속인종집단에 의해 사회경제적 지위가 규정되고 소수인종집단의 열등한 이중적 지위는 사회 불만의 잠재적 요인인 동시에 계급의식을 은폐하는 역설적 결과를 초래하기도 한다.

1965년 독립을 전후한 국가건설 초기단계에서 싱가포르는 인종적 모자이크 사회의 취약성을 노출하여 심각한 정치적 불안정을 경험하였다. 인민행동당은 1970년대에 들어서 인종적인 분열과 갈등을 극복하기 위한 강력한 국민통합정책을 추진하였다. 인종문제를 거론하는 정치적 담화가 규제되고 국가에 대한 정치적 충성이 강조되었다. 싱가포르 정부는 무질서와 혼란의 위험을 경고함으로써 정치적 권위를 국가가 독점하는 대신 4개 인종집단의 문화를 하위 범주로 하는 싱가포르 문화의 창조를 선언하였다. 그러나 1980년대에 와서 싱가포르 정부는 문제의 심각성을 인식함에 따라 보다 유연한 인종정책을 채택하였다. 전반적인 정치개혁과 맥락을 같이하는 새로운 인종정책은 통제된 참여를 유도함으로써 잠재적 갈등을 최소화하는 적극적인 전략에 입각해 있다. 다시 한번 확인되고 있는 인종정책의 기본원칙은 정치와 문화의 분리, 중국적 가치에 입각한 조화와 통일의 모색이다. 첫째로 싱가포르 정부는 정치적 충성심을 독점하는 대신 소수민족의 문화적 정체성을 인정하는 이원적 문제해결 방식을 꾀하고 있다, 둘째로 국민통합은 중국적 가치를 중심으로 이루어지나 소수인종의 문화를 수용함으로써 싱가포르적 차원으로 고양되어야 한다고 강조한다. 여기에 덧붙여 괄목할 만한 변화는 소수인종 집단의 제한적인 정치참여를 허용하기 시작했다는 사실이다.[25)]

---

25) 1980년대의 싱가포르의 인종정책에 대해서 조합주의의 개념을 확장적용시킬 수 있다. 인종문제를 이익결사의 방식으로 처리하여 제한된 참여를 허용하는 것은 앞서 언급된 두 원칙과 더불어 인종적 조합주의 정책의 중요한 내용이 된다. David Brown, "The Corporatist Management of Ethnicity in Contemporary Singapore." In Garry Rodan (ed.), *Singapore Change Guard: Social, Political*

싱가포르 정부는 인종문제를 처리함에 있어서 전통적으로 업적주의(meritocracy)의 원칙을 견지해 왔다. 능력에 상응하는 혜택을 제공한다는 의미이다. 그러나 인종간 사회경제적 지위의 격차가 심화되어 이를 좌시할 수 없는 상황이 되었을 때 싱가포르 정부는 정의의 원칙을 도입하고 전통적인 업적주의의 원칙을 부분적으로 수정하여 인종상호간의 균형을 위한 배려를 시작하였다.[26] 이러한 맥락에서 소수인종집단을 위한 이익표출 기제가 수립되었으며 합법적인 정치참여의 제도화가 이루어졌다. 1981년 싱가포르 정부는 말레이 집단에 대해서 독자적인 이익 표출 조직으로서 「멘다끼」의 설립을 허용하였다. 「멘다끼」는 말레이인의 교육을 강화시켜 사회경제적 신분상승을 유도하기 위한 조직으로 출발하였으며, 싱가포르 정부는 여기에 협조하는 한편 「멘다끼」가 말레이 사회와 싱가포르 정부의 가교 역할을 수행할 것을 기대하였다. 「멘다끼」는 말레이 출신의 엘리트집단을 충원하여 말레이 인종의 특수이익을 추구한다. 「멘다끼」의 멤버는 정부가 직접 임명하거나 선발하며 인민행동당의 말레이계 의원에 의해 장악된다. 「멘다끼」는 1989년에 「싱가포르 모슬렘 사회발전협의회」로 개명되었고 「멘다끼Ⅱ」로 불리게 되었다. 싱가포르 정부는 재정비된 「멘다끼」조직에 대해서 책임과 권한을 동시에 강화시킴으로써 정부정책에 대한 말레이계 주민의 지지확보를 꾀하고 있다. 1988년 싱가포르 당국은 소수인종 집단의 권익향상을 위한 또 하나의 조치를 단행하였다. 그룹 대표 선거구(Group Representation

---

and Economic Directions in the 1990s (New York: St. Martin's Press, 1993), pp. 20-21.

26) David Brown, "The Corporatist Management of Ethnicity in Contemporary Singapore," In Garry Rodan (ed.). *Singapore Change Guard: Social, Political and Economic Directions in the 1990s* (New York: St. Martin's Press, 1993), p. 27.

Constituency)의 신설이다. 이 제도에 의하면 총의석의 반을 초과하지 않는 범위 내에서 3인의 후보가 하나의 팀을 구성하고 그 중 1인은 반드시 소수인종을 포함시켜야 하는 새로운 선거구를 운영하게 되어있다.

1989년의 국민이념 정책은 우선적으로 서구식 개인주의와의 투쟁을 선언하고 있으나 이에 못지 않게 소수인종 집단의 분리주의를 경계하는 이중적 메시지를 함축하고 있다. 국민이념 정책은 싱가포르를 다층의 유기체로 규정하고 있으며 각 인종집단의 문화적 고유성은 국민통합의 기초가 된다. 인종집단은 국민의 하위 범주이기 때문이다. 싱가포르 정부는 인종문제가 특히 종교와 결합되고 있음을 주목하고 이슬람 집단의 배타적이며 정치적 경향을 근절시키기 위한 다각도의 노력을 경주해 왔다. 1982년 교육부는 소수인종 집단의 종교교육을 활성화하는 제안까지 행한 바 있으나 분열의 위험이 재차 노정되자 1989년 교육내용을 '주요 종교와 인종의 이해'로 수정한 후 공유가치에 대한 시민교육을 강화시키는 새로운 정책을 채택하였다. 1990년의 '종교조화법' 역시 종교가 문화통합에 기여해야지 정치적 분열의 요인이 되어서 안 될 것임을 경고하고 있다. 싱가포르 정부는 유교와 만다린어를 강조함으로써 사실상 싱가포르의 중국화를 꾀하고 있다고 비중국계로부터 의혹을 받아왔다. 싱가포르 정부는 이에 대해 한편으로 조화의 이념을 강조하고 다른 한편으로 중국계 주민의 싱가포르 경제발전에 대한 기여를 변호하고 있다. 싱가포르 정부는 마찬가지로 중국계 주민에 대해서도 인종적 차원을 뛰어넘는 국가의 이념과 아시아적 가치 추구의 대승적 태도를 촉구하고 있다(Brown 1993, 27).

정부의 적극적인 인종정책에 대한 반응은 어떠한가? 다수세력인 중국계의 경우 정부의 반(反)업적주의적 정책노선에 거부감을 갖고 있다. 정부는 오랫동안 중국계 주민의 독자적인 이익표출 기구를 허용하지 않아 왔다. 그것은 중국계가 다수집단으로서 기존의 사회조직을 충분히 활용하고 있다는 판단에서였다. 그러나 상대적 불이익에 대한 중국계 주민의 반감이 고조되자 이를 무마하기 위해서 정부는 1992년에 중국계 주민에 대해서도 말레이나 인도계에 대해서와 마찬가지로 독자적인 「멘다끼」 조직의 설립을 허용하였다. 중국계 주민의 「멘다끼」 역시 중국식 교육을 강화하고 중국계 서민에 대해 교육보조를 행하는 등 집단적 특수이익의 증대를 도모한다. 한편 1991년의 선거 결과에 실망한 싱가포르 정부는 중국계의 이탈현상에 대해서 영어 사용 중산층에 대한 구세대 서민층의 불만으로 해석하고 유교와 만다린어 교육을 더욱 강화시킬 것을 결의하였으며 중국계 씨족조직에 의한 선별적 중국어 교육을 허용하기도 하였다. 그러나 이러한 조치는 영어와 만다린어 두 개의 언어집단 상호간에 이질성만을 확인하는 계기가 되었으며 영어를 사용하는 중국계 주민들은 정부가 전근대적이며 반민주적인 가치를 강요한다고 주장하고 있다. 다른 한편 영어를 사용하지 않는 중국계 주민 중에도 획일적인 만다린어 강요에 대해서 거부감을 보이고 독자적인 방언을 고집하는 불만집단이 존재한다(Brown 1993, 28-29).

사회경제적으로 특히 열악한 지위에 놓여 있는 말레이계 주민의 경우 정부의 인종정책에 대해 계속 불신과 불만을 표출해왔으며 정부당국으로부터 수차례의 경고를 받아왔다. 싱가포르 정부는 1986년 이스라엘 대통령의 방문을 반대하는 말레이인의 시위를 반국가적 행동으로 비난하였으며, 1987년 리콴유 수상은 말레이 집단이 싱가포르 사회에 완전히 편입되지 않았음을 지적하고 충성심의 결여를 개탄하였다. 그 후 싱가포르 군부는 말레이계 주민의 군 충원을 규제하는 조치를 정당화하였다. 1988년의 선거결과는 말레이계 주민의 반감을 증명하였다. 정부의 해명에도 불구하고 말레이계 주민들은 중국적 가치의 강조가 소수인종의 소외와 싱가포르의 중국화를 가속화시키고 있다고 주장하고 있다. 그들은 소수인종을 위한 그룹대표선거구제의 도입에 대해서도 말레이인을 이등민족으로 취급하는 처사라고 반발하였다. 특히 1989년 싱가포르 정부는 말레이 주민에 대해서 그동안 제공해 왔던 교육보조가 헌법적 권리가 아닌 잠정적 시책에 불과했음을 밝히고 재정문제를 자체적으로 해결할 것을 촉구함으로써 말레이계 주민의 대대적인 반발을 초래하였다. 이러한 조치는 중국계 주민에게 싱가포르 정부의 업적주의가 포기되지 않고 있음을 보여주는 동시에 말레이계 주민에게 책임 있는 정당과 협조함으로써 종전의 혜택을 유지할 수 있을 것이라는 암시를 보내는 의미가 있다(Brown 1993, 31).

1990년 말레이 사회는 정부여당이 지배하는 기존의 이익결사체인 「멘다끼」에 도전하여 「모슬렘 직업연합」을 새롭게 결성하였다. 싱가포르 대학교 정치학 교수인 후세인 무탈리브(Hussein Mutalib)가 중심이 되고 지식인과 전문직업인으로 구성된 이 단체는 「멘다끼」가 말레이 사회의 이익을 대변하는데 실패했음을 주장하면서 독자적으로 연구하고 건의하며 자체의 지도자를 양성하고 청년교육을 행할 것임을 선언하였다. 다수의 직업단체와 사회단체 구성원들의 호응에 힘입어 「모슬렘 직업연합」은 기존의 「멘다끼」에 대항하는 강력한 대체조직으로서 자리를 굳히고 있으며 이는 말레이 사회의 분열을 야기하였다. 정부는 과거와 달리 이 단체를 공식적으로 인정하고 조건 없는 재정보조를 약속하였다. 싱가포르 정부의 유례 없는 이러한 조치는 적대적 조직을 만들어내는 것보다 차라리 최소한의 관계를 유지하는 것이 더 바람직하다는 정부의 전략적 판단에서 기인하는 것으로 관측되고 있다(Rodan 1993, 66-67).

싱가포르 정부의 「정책연구소」는 1990년에 정부의 국민통합 정책이 어느 정도 성공적이었다고 자체 평가를 내린 바 있다. 그러나 일부에서는 혼란과 위기의 가능성을 동시에 지적하고 있다. 인종간 균형의 원칙과 인종적 중립의 원칙이 혼재함으로써 혼란이 예상될 뿐 아니라 중국적 가치의 강조는 인종적 조화나 국민통합의 이념과 사실상 배치된다고 볼 수 있으므로 갈등의 요소를 내포하고 있다는 것이다. 나아가서 이익표출과 참여의 욕구가 점차 증폭되어 조합주의적 기제의 한계를 벗어날 때 그것은 서구식의 합의제 민주주의(consensus democracy) 혹은 협의체 민주주의(consociational democracy)의 요구로 전화될 수 있다.[27] 이 경우 싱가포르는 스위스 정부가 취하는 문제해결 방식을 최종적으로 선택할 수 밖에 없는 상황에 직면하게 될 것이다. 공산주의와의 투쟁이 종식된 오늘날 인종적 갈등의 해소는 싱가포르 정부의 최대 과제가 되고 있다.

싱가포르 정부는 한편으로 아시아적 가치의 수호를 외치며 친(親)중국적 수사를 구사하고 있지만 다른 한편으로 동남아국가의 반(反)중국적 지역정서를 외면할 수 없는 딜레마에 놓여 있다. 경제적 헤게모니와 중국의 존재로 인하여 동아시아 각국에 있어서 중국계 주민은 불편한 집단이며 중국계가 다수인 싱가포르는 주변국가에게 이단자적 존재이고 따라서 주위로부터의 의혹을 불식시키기 위해 자신이 동아시아 국가의 일원임을 특별히 강조하고 있는 상황이기 때문이다(Suryadinata 1987, 145-146).

---

27) 합의제 민주주의와 협의제 민주주의는 이질적 사회에 있어서 소수집단의 권익 보호에 초점을 맞추는 서구 민주주의의 한 유형을 지칭하는 개념이다. 구체적인 설명은 Arend Lijphart, *Democracy in Plural Societies: A Comparative Exploration* (New Haven: Yale University Press, 1977); *Democracies: Patterns of Majoritarian and Consensus Government in Twenty-One Countries* (New Haven and London: Yale University Press, 1984) 참조.

❺ 싱가포르 민주주의의 전망

싱가포르의 권위주의 체제는 어디를 향해 나아갈 것인가? 이에 대해 상반된 두 개의 전망이 교차하고 있다. 하나는 변화의 예측이다. 이에 따르면 싱가포르 역시 자유주의 정치학의 보편적 모델에 따라 조만간 민주화의 궤도를 밟게 될 것이다. 물질적 번영의 가속화는 자유와 자율의 욕구를 더 이상 억제하지 못하게 되는 필연적인 단계를 맞게 될 것이다. 중산층의 내부로부터 의식의 각성이 진행될 것이며 참여의 욕구가 증대할 것이다. 결국 싱가포르의 권위주의적 정치체제는 '성공의 실패'에 의하여 역사 속에서 퇴장할 것이다. 반대로 경제 사정의 악화가 변화의 계기를 제공할 수도 있다. 헌팅턴(Huntington)은 다음과 같이 주장한다.

비경쟁적인 아시아적 민주주의는 경제가 악화될 경우 서구와 달리 정권교체가 아닌 체제변화의 위기를 초래할 가능성이 높다. 동아시아의 일당제적 민주주의는 역설적으로 경제성장이 둔화되면서 서구의 경쟁적 민주주의 체제로 전환될 것이다.[28)]

헌팅턴의 주장 역시 립셋의 가설과 동일한 논리를 취하고 있음은 물론이다.

이와 관련하여 싱가포르 경제의 앞날을 어둡게 예측하는 비관적 분석에 귀 기울일 필요가 있다. 이에 따르면 관료와 국영기업에 의해 주도되는 싱가포르 경제체제는 민간부분의 자유와 창의력을 박탈함으로써 발전의 내재적인 한계를 자초하였다. 일찍이 슘페터가

---

28) Samuel Huntington, "American Democracy in Relation to Asia," In Robert Bartley et al., *Democracy and Capitalism: Asian and American Perspective* (Singapore : Institute of Southeast Asian Studies, 1993), p. 42.

자본주의 경제발전의 원동력으로 파악했던 기업가정신의 부재는 점차 싱가포르 경제의 역동력을 상실하게 만들 것이다. 싱가포르 정부가 서구 민주주의에 대한 비판을 강화시키고 있다는 사실 자체가 체제의 위기의식을 반증한다고 주장되며 인민행동당의 자체 분열에 의한 집권당 내부로부터의 민주화 가능성을 예상하기도 한다.[29] 특히 리콴유의 사망은 싱가포르 체제개혁의 결정적인 계기를 제공할 수 있을 것이다.

그러나 또 다른 견해는 권위주의 정치체제의 지속성을 예측하고 있다. 이러한 견해는 특히 싱가포르 정치의 특수성을 강조한다. 싱가포르의 경제는 기본적으로 다국적 기업 의존형이므로 정치적 안정을 지상명제로 취할 수밖에 없으며 국제자본의 외적 압력은 싱가포르의 독자적 행보를 용납하지 않는다. 싱가포르가 세계도시로서 기능하는 한 관리된 사회의 모델로부터의 이탈은 불가능할 것이다(Paul 1993, 294). 다인종 사회라는 사실 역시 역설적으로 질서의 요구를 강화시키며 싱가포르의 지정학적 위치는 강한 정부의 존재를 정당화해 준다. 경제적 이해관계를 놓고 이합집산하는 동아시아 정치의 중심부에서, 특히 인접국가인 인도네시아, 말레이시아의 갈등과 경쟁 속에서 싱가포르의 생존은 국민적인 통합과 단결을 요구하고 있으며 대다수 국민들이 이러한 상황을 잘 인식하고 있다. 뿐만 아니라 도시국가로서 싱가포르의 독특한 위상은 민주화를 지향하는

---

29) 민주인민행동당(DPAP)이 분리되어 나오는 분당 가능성과 일본식 파벌정치의 가능성 두 경우가 예상되지만 후자의 가능성이 더 높아 보이며, 이 경우 민주화의 정도는 더 약화될 것이다. Eric C. Paul, "Prospects for Liberalization in Singapore." *Journal of Contemporary Asia*. Vol. 23, No. 3 (1993), p. 298. 차기 수상 임명 문제 이후 격화될 보혁 갈등에 있어서 진보세력의 지도자는 조지 예오가 될 것이다. Tim. Huxley, "Singapore's Politics in the 1980s and 90s." *Asian Affairs*. Vol. 23 (1992), p. 291.

국제사회의 압력을 최소화해 준다.

보다 보편적인 관점에서 이 문제에 대한 해답을 찾으려는 견해도 있다. 이에 따르면 문명사적으로 볼 때 역사의 주도권이 아시아 태평양 지역으로 옮겨가고 있다. 동양적 가치가 서구의 그것을 대체하거나 적어도 동등하게 인정받는 새로운 시대에 진입하고 있다. 아시아적 민주주의를 서구의 척도로 평가해선 안 된다는 것은 단순한 정권의 논리가 아니라 역사의 물결이다. 이러한 견해는 아시아적 민주주의가 탈냉전의 시대에 적합한 제3의 정치이념으로서 의미를 갖는다고 본다.[30] 동일한 맥락에서 1993년 말레이시아의 마하티르(Mahathir) 수상은 서구 민주주의의 도덕적 실패를 지적하고 서구 민주주의의 노예가 되지 말 것을 강조한 바 있다.

역사의 보편성과 관련하여 정보화 사회의 문제를 싱가포르 민주주의의 장래와 관련시키는 견해도 있다. 고도정보사회의 등장은 기술관료에 의해 지배되는 통제사회를 필연적으로 성립시키며 인간은 정교한 쇠창살 속에 갇히게 될 것이라는 비관적 가설을 적용시켜 테크노폴리스로서 싱가포르의 정치가 기술관료 권위주의로 귀결될 것이라는 주장이다(Paul 1993, 303-304). 이 경우 싱가포르의 미래는 조지 오웰이 묘사한 『1984년』의 재현으로 파악된다. 어느 쪽의 견해가 보다 타당성을 갖는가?

필자는 우선 싱가포르의 권위주의 체제를 아시아적 민주주의의 개념에 입각하여 보편화를 시도하는 해석에 반대한다. 문명사적 관점에서 볼 때 국제화, 세계화의 의미는 차이(difference)의 철학을 기반으로 하고 있으며 구성단위 상호간의 공존을 전제로 하고 있다.

30) Janadas Devan, *Southeast Asia: Challenges of the 21th Century*. Singapore: Institute of Southeast Asian Studies (1994), 9. 82.

따라서 국제화의 흐름과 더불어 서구적 이념의 헤게모니가 약화되고 동양적 가치가 존중됨은 당연한 논리이다. 그러나 개인, 혹은 국가 상호간의 관계에 있어서 다양성의 의미가 무엇이든 가능하다는 식의 극단적 상대주의를 의미하지는 않는다. 아시아적 가치가 점차 강조될 것이지만 보편적 시대정신을 부정하는 내용까지 존중될 수는 없다.

오늘의 세계는 사회구조의 다원화, 이질화 현상과 관련하여 권력의 해체, 조직원리의 이완, 자치의 욕구증대 경향을 보여주고 있으며 개인의 자유와 권리가 그 어느 때보다도 강조되고 있다. 정보화 사회의 등장 역시 역기능의 존재에도 불구하고 사회의 전반적인 민주화를 가속화시킬 것이다. 정보화 과정은 국가의 시민통제를 용이하게 하는 것 이상으로 시민의 국가권력 통제를 강화시켜 주기 때문이다. 개인의 가치를 강조하고 다양성 속의 조화를 모색하는 자유민주주의의 이념은 서구적 한계를 뛰어넘어 시대정신으로 보편화되고 있으며, 민주화는 시대의 요구이자 현실의 기록이다. 아시아의 경우 한국과 필리핀, 대만의 사례가 이를 증명한다. 따라서 싱가포르의 권위주의 체제는 예외적인 현상으로 규정되어야 할 것이다. 예외적 사례로서 싱가포르의 권위주의 체제는 민주화를 지향하는 세계사의 추세를 이겨낼 수 있을 것인가? 이러한 물음은 궁극적으로 역사의 보편성과 특수성의 문제를 생각하게 한다. 필자는 싱가포르 권위주의 체제의 해체를 예측하는 일부 서구 정치학자들의 견해나 지속적인 성공을 전망하는 또 다른 견해에 공감하지 않으며 점전적인 민주화의 가설을 지지한다. 그 이유는 한편으로 싱가포르의 정치체제가 30여년의 시간에 걸쳐 이미 안정된 국가로서 기반을 구축하였고, 다수 국민이 체제의 급격한 변화로 야기될 수 있는 국가적 부의 상실을 원하지 않고 있으며, 야당의 경우 예비정부로서 인적 자원과 역량을 크게 결여하고 있다는 사실에 주목하지만, 다른 한편으로 동아시아

경제의 고속성장이 무한정 지속될 수는 따라서 경제적 유인에 의한 중산층의 참여욕구 배제는 시한부적일 수 밖에 없다는 것과 싱가포르 정부 역시 변화에 적응하기 위한 최소한의 노력을 경주하고 있다는 점을 간과할 수 없기 때문이다. 스칼라피노(R. A. Scalapino)에 의하면 동아시아의 부드러운 권위주의는 속성상 사회진화에 따른 변화를 거부하지 않는다.[31)]

존 웨슬리는 자기완성과 더불어 매서디즘(Methodism)의 고유가치가 내부로부터 파괴될 것을 우려했으며 슘페터 역시 자본주의가 스스로 무덤을 팔 것이라고 예견하였다. 풍요사회를 구가하는 싱가포르의 경제는 노동윤리가 퇴조하는 순간 임계점으로 진입하게 될 것이며 그 정치적 파장은 체제의 민주화로 연결될 것이다. 리콴유 개인의 절대적 역할을 감안할 때 그의 사망은 체제전환의 시점을 더욱 앞당길 것이다. 싱가포르의 부드러운 권위주의 체제는 정부의 필사적인 노력에도 불구하고 정치발전의 과제를 계속적으로 강요받음으로써 자신의 의도와 무관하게 완만한 민주화의 경로를 밟으리라 예상된다.

---

31) Robert A. Scalapino, "National Political Institutions and Leadership in Asia," *The Washington Quarterly*, Vol. 15 (1992), p. 165.

제19장

아시아 가치론의 재해석 가능성 일고

❶ 문제의 제기

근래에 들어 동아시아의 범위를 ASEAN+3로 새롭게 설정하는 동아시아 공동체 건설이 여러 분야에서 추진되고 있다. 뿐만 아니라 'ASEAN+3체제'를 '동아시아체제'로 전환시키기 위한 대장정이 시작되고 있다. 2004년 11월에 서명된 비엔티안 액션 프로그램(VAP)은 2020년까지 아세안 시장을 유럽연합 방식의 단일시장으로 만들겠다는 목표를 천명하였다. 동아시아체제가 지향하는 지역협력의 방식은 APEC이나 ASEM과 달리 배타적 지역주의를 본질로 하고 있다는 점에서 특징이 있다. 물론 그 핵심은 경제협력 및 군사·안보 공동체의 건설에 있는데 만일 문화적 정체성이 뒷받침 된다면 그것의 성공가능성은 배가 된다할 것이다. 이 경우 아시아적 가치론은 동아시아의 문화적 정체성을 가정하는 유력한 가설이 된다.

그동안 이 가설에 대해서 강력한 반론이 제기되어 왔고 1997-98의 IMF 경제위기는 치명적인 일격이 되었다. 심지어 아시아적 가치의 전도사인 이광요까지도 점차 한발 뒤로 물러서는 모습을 보여주고 있다.

동아시아는 가상의 공동체에 불과한가? 아시아적 가치론은 권위주의체제를 정당화하기 위한 이데올로기에 불과한가?

이 글은 아시아적 가치론의 쟁점을 분명히 한 후 이에 대해 보다 체계적인 접근을 행함으로써 첫째, 이 가설에 대한 재해석을 시도하고, 둘째, 그것이 일정수준에서 적용 가능함을 보이려한다. 그것은 넓은 의미에서 문화의 정치(cultural politics)가 성립 가능함을 주장하는 일이 될 것이다.

❷ 동아시아 담론의 역사적 고찰

본래 아시아의 개념은 서구적 사고의 산물로서 발전해왔다. 유럽의 타자라는 의미에서 아시아의 존재는 호머(Homer)의 시대로부터 시작되어 몽테스키외나 마르크스, 베버에 이르기까지 어느 정도 과장되고 부정적인 방식으로 인식되었다. 사이드(E.W.Said)에 의하면 서구열강에 의해 식민지 건설이 가속화되면서 아시아의 이미지는 더욱 왜곡되었고 그것은 후진성, 정체성, 관능성, 비문명 등을 의미하는 용어로 고착되었다. 서구사회의 아시아 연구(Asian Studies)는 이러한 식민지적 사고의 전통을 엿볼 수 있게 하는 구시대의 잔재들을 아직도 간직하고 있다.[1]

그러나 19세기 말부터 아시아 지역의 일부 지식인들에 의해서 아시아의 개념은 새롭게 의미를 부여받는다. 근대화의 열풍 속에서 오카쿠라 텐신(Okakura Tenshin), 타고르(Tagore), 손문(Sun Yat-Sen) 등 일본, 인도, 중국의 지식인들은 평화를 지향하는 정신문명의 우위

1) Anthony Milner and Deborah Johnson, "The Idea of Asia," In John Ingelson (ed.). *Regionalism, Subregionalism and APEC* (Clayton: Monash Asia Institute, 1997).

를 주장하며 아시아의 대동단결을 주장하기 시작하였다. 그러나 이 시기의 아시아 문명론은 서구의 식민주의와 맞서기 위한 저항적 의미가 강했으며 내용적으로 볼 때도 추상적인 논리의 수준을 벗어나지 못하였다. 그 후 일본은 태평양전쟁을 수행하며 자신의 대륙진출을 정당화하기 위해서 대동아공영권의 논리를 주장한 바 있다. 제2차 세계대전이 끝나자 이러한 전통은 비동맹-제3세계의 연대라는 맥락 하에서 부활되었다. 인도의 네루(Nehru)와 인도네시아의 수카르노(Sukarno)가 이 운동을 주도하였는데, 특히 1955년의 반둥회의에서는 경제력을 앞세운 새로운 형태의 식민주의에 맞서 아시아의 도덕적, 정신적 저력을 보여주자는 결의가 표명되었다.

아시아의 공동체의식이 전혀 새로운 양상으로 전개되기 시작한 것은 1970년대 후반부터이다. 이광요(Lee Kuan Yew)와 마하티르(Mahathir) 양자에 의해서 주장된 아시아적 가치론은 정치권력적 동기를 내포하고 있지만 다른 한편으로 동아시아 국가의 고도경제성장에 따른 자신감과 서구사회의 도덕적 황폐화 현상에 대한 비판적 인식이 결합되어 아시아의 부활을 위한 대담한 가설을 시도하였다. 이들은 동아시아 국가의 유교적 전통에 주목하여 일련의 덕목을 아시아적 가치의 내용물로 지적하였는데 그것들은 권위·질서·합의를 존중하는 공동체주의적 전통, 가족의 가치, 강도 높은 노동윤리와 근검절약의 정신, 교육열 등이다.[2] 이광요의 경우 싱가포르의 국가발

2) 1977년 싱가포르의 수상이었던 이광요는 아시아적 가치와 근대화를 주제로 한 학술세미나에서 이 용어를 사용하기 시작하여 이후 가장 직설적인 아시아적 가치론의 전도사가 되었다. Michael D. Barr, *Cultural Politics and Asian Values: The Tepid War* (London and New York: Routledge, 2002), p. 3. 싱가포르 정부는 1989년 국민이념으로서 4개의 핵심가치를 공표하였다. 그 내용은 사회를 개인보다 우선시하며, 가정을 사회의 초석으로 간주하고, 경쟁 대신 합의에 의한 문제해결을 모색하며, 인종적, 종교적 관용과 조화를 추구한다는 것이다. 1991년 의회의 백서는 핵심가치 대신 공유가치의 표현을 채택하였으며 개인에 대한 존

전 그 자체를 모델로 삼은데 반해 마하티르는 아시아의 4마리 용을 주목하였다. 이광요가 부드러운 권위주의를 지향했다면 마하티르는 보다 노골적으로 비자유주의적 민주주의를 표방하였다. 특히 마하티르는 신식민주의와의 투쟁을 강조하고 음모설을 제기하는 등 보다 전투적인 면모를 보여줌으로써 저항적 아시아 담론의 전통을 부분적으로 계승하고 있다(Barr 2002, 44). 일부 서구학자들 역시 동아시아의 경제성장과 신유교윤리의 관계를 긍정적으로 평가하였으며[3], 아시아적 가치론은 냉전의 종식과 문명의 충돌이라는 시의성을 확보함으로써 일부 논자들에 의해서 한 때 서구식 자유주의를 대신할 새로운 대안으로 부각되기도 하였다.[4] 이에 따르면 문명사적으로 볼 때 역사의 주도권이 아시아 태평양지역으로 옮겨 가고 있으며 동양의 가치가 서구의 그것을 대체하거나 적어도 동등하게 인정받는 새로운 시대에 우리는 진입하고 있다. 아시아적 민주주의를 서구의 척도로 평가해서는 안 된다는 것은 단순히 정권의 논리가 아니라 역사의 물결이다. 이러한 견해는 아시아적 민주주의가 탈냉전의 시대에 적합한 제 3의 정치이념으로서 의미를 갖는다고 본다.

중국은 1990년대에 들어 뒤늦게 논쟁에 합류함으로써 이른바 '차이나 스쿨'(China School)을 선보였다. 중국은 천안문 사건과 티베트 등 소수민족에 대한 탄압 때문에 국제사회 여론의 압력을 받게

중과 공동체의 지지를 다섯 번째 항목으로 추가하였다.

3) H. Kahn and T. Pepper, *World Economic Development: 1979 and Beyond* (Boulder, Colorado: Westview Press, 1979); Ezra Vogel, *The Four Little Dragons: the Spread of Industrialization in East Asia* (Cambridge, Mass: Harvard University Press, 1991).

4) David L. Hall and Roger T. Ames, *The Democracy of the Dead: Dewey, Confucius, and the Hope for Democracy in China* (Open Court Publishing Company, 1999).

되자 1993년 방콕회의와 비엔나회의에서 인권의 문제는 각국의 특수한 상황을 고려해야 하며 서구적 기준을 일의적으로 적용할 수 없다고 주장하였다. 내정간섭이나 주권침해를 결코 용납하지 않겠다는 중국의 주장은 ASEAN 국가 대부분의 지지를 받았으며 그 결과 중국은 자신의 의지를 관철시키는데 성공하였다. 중국이 주장하는 '발전의 권리'(right to development)는 국가발전을 위해서 개인의 자유와 권리가 희생될 수 있다는 주장으로서 개발독재의 논리와 다를 바 없는데 이 경우 아시아적 가치론은 정치적 이데올로기에 불과하게 된다.[5)]

새뮤얼 헌팅턴(Samuel Huntington)은 이광요-마하티르적 명제를 대자적 시각에서 수용하였다. 그는 동아시아인들은 경제적 성공을 거두면서 자신의 가치관과 생활방식에 긍지를 갖기 시작하였고 문화적 이질성의 존재에도 불구하고 중요한 동질성을 자각하기에 이르렀다고 말한다. 이제 도덕적 우위를 앞세워 서구사회를 부정적으로 묘사하는 옥시덴탈리즘(Occidentalism) 현상까지 목격되고 있다.[6)] 헌팅턴에 의하면 이 지역 대부분의 국가들은 역사적으로 볼 때 유교적 가치체계를 공유하거나 존중해왔다. 동북아 3국이 문화적 동심원의 중심부에 위치하고 있으며 아세안으로 상징되는 여타의 국가들은 약

5) 중국정부의 태도를 염두에 두며 아시아적 가치론을 인권과 주권의 대결이라는 관점에서 접근하는 시각도 있다. 즉 아시아적 가치론은 인권에 대한 주권의 우위를 정당화하는 논리라는 것이다. 그러나 필자는 첫째, 인권의 침해는 경미한 사안의 경우 문화적 상대주의의 논리가 적용될 수 있지만 인간의 존엄과 가치를 본질적으로 훼손하는 행위는 주권의 논리로도 정당화될 수 없다고 본다. 둘째, 아시아적 가치론은 후술하는 것처럼 인간의 존엄과 가치를 본질적으로 훼손하는 행위마저 정당화하는 논리가 아니라고 본다. 따라서 아시아적 가치론을 인권과 주권의 대결이라는 관점에서 이해하는 방식은 단순화의 오류를 내포하고 있다고 생각한다. 인권의 보편성을 인정하면서도 어느 정도 문화적 속성을 제한적으로 인정하자는 입장을 '온건상대주의'라고 말할 수 있다(정영선 2000, 6). 필자는 아시아적 가치론을 온건상대주의적 관점에서 이해한다.

6) 새뮤엘 헌팅턴, 이희재 (옮김), 『문명의 충돌』(김영사, 1998), p. 142.

간의 거리를 두고 제2의 군락을 형성하고 있다. 중국은 지난 2천년 동안 이들 지역을 지배하거나 일정 수준 영향력을 행사해 왔으며, 동아시아 경제발전의 견인차 역할을 해온 화교집단은 중국 본토와 대만, 홍콩, 싱가포르뿐만 아니라 태국, 말레이시아, 인도네시아, 필리핀에서도 급속도로 성장하고 있다. 헌팅턴은 중국이 머지않아 동아시아에 대한 전통적인 헤게모니를 회복할 것이며, 일본은 처음에 미국의 존재를 의식하여 조심스러운 태도를 취하겠지만 결국 중국의 패권을 현실로 인정하고 여기에 합류할 것이라고 전망하였다(헌팅턴 1998, 319). 헌팅턴은 동아시아의 국가발전이 이슬람의 인구증가와 마찬가지로 서구가 주도해온 국제질서에 불안요인으로 작용하게 될 것이라고 말한다.

사실상 일본의 경제성장은 아시아적 가치론을 촉발시키는 중요한 배경변수이다. 마하티르의 'Look East!' 정책은 일본모델을 직접적으로 예찬하였으며 동아시아경제협의체(EAEC)의 제안 역시 일본을 동아시아 공동체의 동력으로 간주하였다. 그러나 아시아적 가치론이나 동아시아의 담론에 대한 일본의 반응은 적극적인 것 같아 보이지 않는다. 저명한 언론인인 후나바시 요이치(Funabashi Yoichi)의 '아시아의 아시아화'(Asianization of Asia)라는 표현만이 외국의 문헌에서 소개되고 있는 정도이다(Funabashi 1993).[7] 그는 서구사회가 그리스-로마 문화와 기독교를 전통으로 하고 있는 것처럼 젓가락 문화 역시 동아시아 공동의 유산이라고 말하며 문화적 정체성은 태평양이 아닌 아시아에서 발견된다고 주장하였다. 한국의 경우

7) 근래에 들어 '동북아시아 공동의집'의 이상이 제안되고 있기는 하지만 그 내용을 살펴보면 문화적인 접근이 아니라 정치적, 경제적 관점에 입각해 있다. 강상중·이경덕 옮김, 『동북아시아 공동의 집을 목표로』(뿌리와이파리, 2002); 와다 하루키·이원덕 옮김, 『동북아시아 공동의 집』(평범사, 2004). 와다 하루키의 경우 동북아의 개념은 미국을 포함한다.

아시아적 가치와 동아시아의 담론은 근래에 들어 가장 인기 있는 연구주제 중 하나이다. 1999년에 출간된 한 저서는 부록으로 아시아적 가치와 관련된 국내논문 70여 편을 소개하고 있으며, 2004년에 나온 또 다른 저서에서는 동 주제를 다루는 사회학자들의 논문 170여 편을 부록으로 소개하고 있다.[8] 그러나 한국에서의 대체적인 반응은 아시아적 가치의 논지에 대해서 그렇게 호의적인 것 같지 않다. 그것은 서구적 패러다임이 지배적인 한국 학계의 일반적 분위기와 무관치 않다 할 것이다.[9]

❸ 아시아적 가치 논쟁의 쟁점

아시아적 가치는 분석의 차원과 평가의 차원을 동시에 내포하고 있는 개념이다. 그것은 동아시아의 독특한 정치문화를 지칭하는 동시에 그것의 성과를 정당화한다. 각각의 영역에서 쟁점을 검토해보자.

---

8) 이승환 외, 『아시아적 가치』 (전통과 현대, 1999); 한국동북아지식인연대, 『동북아공동체를 향하여』 (동아일보사, 2004).

9) 논쟁의 몇 사례를 살펴보면, 임현진은 동아시아 공동체 담론이 과장된 역사의식의 발로이며 우리의 의도와 관계없이 일본과 중국의 패권주의를 미화하고 있다고 주장한다. 손호철은 서구의 유교찬양론을 추종하는 지적 식민성의 발로라고 말한다. 이승환은 아시아적 가치론이 서구의 오리엔탈리즘이거나 개발독재의 이데올로기라고 단정한다. 한편 함재봉은 아시아적 가치론에 대한 거부감을 진보적 역사철학을 지향하고 있는 한국지식인의 불편한 자아의식을 반영한다고 본다. 서구이론에 함몰된 주변부 지식인의 허위의식을 비판했던 김석근은 아시아적 가치를 시대착오적이라 매도할 수 있는가라고 반문한다. 임현진, "근대화를 통해 본 동아시아의 발전: 신화와 현실," 『정신문화연구』 21권 1호(1998), pp. 47-66; 손호철, "위기의 한국, 위기의 사회과학," 『경제와 사회』 봄 (1998), pp. 143-159 ; 이승환, "아시아적 가치의 담론학적 분석," 이승환 외, 『아시아적 가치』 (전통과 현대, 1999), pp. 313-336; 함재봉, "아시아적 가치론의 정치학과 인식론," 『아시아적 가치』, pp. 183-242; 김석근, "IMF, 아시아적 가치, 그리고 지식인," 『아시아적 가치』, pp. 243-312.

아시아적 가치론은 분석의 차원에서 적어도 네 가지 문제가 제기된다. 첫째, 서구의 가치와 구별되는 아시아적 가치란 존재하는가의 근본적 물음이다. 가령 근면, 검약, 교육의 정열은 유교뿐만 아니라 프로테스탄티즘에서도 마찬가지로 강조된다는 것이다. 그러나 여타의 종교나 윤리 속에서도 동일한 내용물이 발견될 수 있다고 해서 그 사실이 아시아적 가치의 존재를 부정하는 것은 아니라고 본다. 이 경우 유교 윤리의 일부 구성요소는 베버가 말하는 프로테스탄티즘의 등가물이 될 수 있을 것이다. 또한 서구의 그것과 차이를 보이는 아시아적 가치의 또 다른 구성요소는 경험적 연구를 통해서 존재가 확인된다.[10] 둘째, 아시아적 가치는 동아시아의 일부 유교권 국가에만 적용되는 한계를 갖는다는 주장이다. 이들은 아시아적 가치

10) 가령 동아시아 7개 국가와 미국인을 대상으로 한 히치콕의 조사연구는 양자 사이에서 의미있는 차이를 확인한다. David I. Hitchcock, *Factors Affecting East Asian Views of the United States: The Search for Common Ground* (Washington, D.C.: The Center for Strategic & International Studies, 1997). 히치콕은 1996년 국제연구전략센터(CSIS)의 지원을 받아 싱가포르, 말레이시아, 인도네시아, 태국, 한국, 중국, 일본 7개국의 지도자와 전문가 100명을 대상으로 면접조사를 실시하였다. 히치콕은 동아시아의 미국의 가치 사이에 공통적 요소가 다수 존재하며 따라서 차이가 과장되어서는 안된다고 결론을 내린다. 히치콕에 의하면 동아시아의 사회경제적 발전은 미국과의 가치관의 차이를 축소시키고 있다. 그러나 히치콕은 서구의 정책결정자들이 양자 사이에 잔존하는 차이가 중요하다는 사실을 인정해야하며 외교관계에 있어서도 이 점을 고려해야한다고 지적하였다. 히치콕은 동아시아의 문화가 개인보다 공동체를 강조하고 개인적 자유보다는 조화와 안정을 중시하는 경향이 있다고 말한다(*ibid.*, 2). 히치콕은 1994년에도 국제연구전략센터의 지원을 받아 동일한 7개국에 대한 면접조사를 수행한 바 있다. 조사는 100명의 사회지도자들을 대상으로 하였으며 동아시아와 미국의 가치 사이에 차이가 존재하는가라는 주제 속에 진행되었다. 히치콕은 양자 사이에 차이가 존재하지만 그것이 확대되고 있지 않다고 결론을 내렸다. 그는 동아시아 사회가 자신의 전통을 유지하고 싶어 하고 정신적 상실감을 우려하고 있지만 대체적으로 자신감을 갖고 서구적 가치를 잘 수용하고 있다고 보았다. David I. Hitchcock, *Asian Values and the United States: How Much Conflicts?* (Washington, D.C.: The Center for Strategic & International Studies, 1994).

의 종교적 측면을 지나치게 강조하는 경향이 있다. 물론 타당성이 있는 지적이지만 종교의 분파가 아닌 삶의 철학으로서 아시아적 가치는 헌팅턴이 주장하듯이 정도의 차이를 보이며 이 지역에서 광범위하게 발견된다. 가령 공동체주의, 위계질서, 가족의 가치는 동아시아뿐만 아니라 동남아시아에서도 공통적으로 발견되는 현상이다(Barr 2002, 9). 셋째, 아시아적 가치는 충분히 근대화되지 않은 사회에서 나타나는 현상이며 시간의 흐름과 더불어 서구적 가치로 수렴될 것이라는 주장이다. 서구적 가치를 보편적 가치로 간주하는 근대화론자 혹은 발전론자의 시각이다. 문화의 상대적 자율성을 주장하는 또 다른 시각에서 볼 때 그것은 검증되지 않은 가설에 불과하다. 넷째, 아시아적 가치는 일부 정치지도자나 특정 지배집단의 문화이며 중산층 혹은 기층민중의 의식을 대변하지 않는다는 지적이다. 그러나 이러한 주장은 아시아적 가치론을 하나의 정치적 이데올로기로만 파악하고 역사적 실재를 외면하는 문제가 있다.

아시아적 가치론은 평가의 차원에서 아시아의 정치와 경제, 즉 아시아적 민주주의와 동아시아의 경제발전 모델을 정당화한다. 이에 따르면 첫째, 아시아적 민주주의는 개인의 자유와 권리를 부분적으로 제약하지만 공동체의 번영을 담보하는 좋은 정부를 지향한다.[11]

---

11) 아시아적 민주주의론은 이른바 싱가포르 스쿨의 몇몇 정치인과 일부 학자들에 의해서 원론적 수준에서 개진되었고 아직 본격적인 연구가 이루어진 건 아니다. 따라서 개념은 논리적인 엄격성을 결여하고 있으며 서술과 분석, 평가의 차원이 혼재하고 있어서 일관된 논의가 매우 어렵다. Eric Jones, "Asia's Fate: A Response to the Singapore School," *The National Interest* (Spring 1994), pp. 18-22. 그것은 싱가포르식의 권위주의적 정치체제를 지칭하는 서술적 개념인 동시에 유교문화의 전통과 관련하여 성공의 원인을 진단하며, 싱가포르 정치체제의 서구민주주의에 대한 우위를 함축한다. 싱가포르 정치의 대표적 이데올로그인 찬행치(Chang Heng Chee)에 의하면 민주주의는 그 자체 목적이 아니고 목적은 좋은 사회의 실현에 있다. 자유롭고 공정한 선거가 보장된다면 민주주의의 이념은 좋은 정부의 존재를 통해서 실현가능하다. 그녀는 공동체의 가치에 대한

둘째, 동아시아의 경제발전은 정치적 안정, 효과적인 정부의 역할, 특유의 노동윤리 등 유교적 자본주의에 힘입은 바 크다.[12] 평가적 차원에서의 반론은 아시아적 민주주의가 사실상 권위주의체제를 정당화는 논리에 불과하며[13], 유교적 자본주의론은 IMF 사태가 보여

강조, 권위의 존중, 융합적인 지배정당의 존재, 경제발전을 담당하는 중앙집권적 관료정치의 네 가지를 아시아적 민주주의의 특징으로 열거하였다. Chan Heng Chee, "Democracy, Evolution and Implementaion: An Asian Perspective," in Robert Bartley, ed al. *Democracy and Capitalism: Asian and American Perspective* (Singapore: Institute of Southeast Asian Studies, 1993), pp. 21-24.

12) 유석춘은 유교자본주의의 특징이 국가주도의 산업화, 국가관료의 정책적 판단이 기업의 의사결정을 압도하는 메커니즘에 있다고 보았다. 유석춘, "유교자본주의의 가능성과 한계," 『전통과 현대』 창간호 (1997 여름), pp. 81-99. 한편 피터 버거는 일반인의 생활속에 용해된 세속적인 유교의 노동윤리를, 투 웨이밍은 교육열과 근면·검약의 정신 등 마음의 습성(habits of mind)을 이 지역의 성공적인 경제발전의 요인으로 보았다. Peter L. Berger, "An East Asian Development Model," Peter L. Berger, and H. Hsiao, eds., *In Search of an East Asian Development Model* (New Brunswick, NJ: Transaction Press, 1993), pp. 3-12; Tu Wei-ming, *Confucian Tradition in East Asia Modernity: Moral Education and Economic Culture in Japan and the Four Mini-Dragons* (Havard University Press, 1996). 타이(Tai)는 개인주의의 병리를 억제하는 사회구성원 상호간의 유기적인 인간관계를 동아시아 경제발전의 동력으로 간주하는 정서적 모델(The Affective Model)을 주장하였다. Tai Hung-chao, ed., 구범모 감역, 『공자의 경제학: 유교와 경제성장』 (서울: 한세, 1996).

13) 아시아적 민주주의론에 대한 비판은 다시 두 가지 논리로 대별될 수 있다. 첫째는 근대화이론의 논리를 이곳에 적용시키는 경우이다. 이에 따르면 동아시아의 권위주의체제 역시 자유주의 정치학의 보편적 모델에 따라 조만간 민주화의 궤도를 밟게 될 것이다. 물질적 번영의 가속화는 자유와 자율의 욕구를 더 이상 억제하지 못하게 되는 필연적 단계를 맞게 될 것이다. 중산층의 내부로부터 의식의 각성이 진행될 것이며 참여의 욕구가 증대 될 것이다. 결국 동아시아의 권위주의적 정치체제는 '성공의 실패'에 의하여 역사 속에서 퇴장할 것이다. 둘째는 비자유주의적 민주주의론의 논리로서 이들은 아시아적 정치문화의 본질적 한계를 지적한다. 아시아적 가치가 지속되는 한 서구적 의미의 민주주의는 실현 불가능하다는 것이다. 비자유주의적 민주주의론을 개진하고 있는 학자들은 동아시아 사회가 본질적으로 서구와 상이한 정치문화에 의해서 지배되고 있음을 강조한다. 동아시아는 반다원주의의 전통이 지배하는 사회이며 국가는 자체의 목적을 추구한다. 중산층은 서구의 부르주아 계급과 달리 국가의존적이며 체제

주듯이 국제적인 경쟁력을 상실한 정실자본주의의 한계를 드러내 보였다고 주장한다.[14] 혹자는 동아시아의 경제적 성공이 우연적 요소에 힘입은 바 크며 아시아적 가치와의 인과관계를 증명할 수 없다고 말한다. 루시안 파이(Lucian Pye)는 아시아가 근대화를 이루더라도 민주화가 힘들 것이라고 전망하였고, 헌팅턴도 유교적 민주주의는 용어상의 모순이라고 주장하였다.[15] 한편 프란시스 후쿠야마(Francis Fukuyama)는 아시아의 금융위기가 아시아적 예외주의를 파괴하였다고 말하였으며, 세바스찬 맬러비(Sabastian Mallaby)는 IMF로 인하여 미국의 세계관이 별다른 저항을 받지 않고 세계로 전파될 수 있게 되었다고 주장하였다.

의 공모자이다. 이러한 견해에 의하면 근래에 진행되고 있는 동아시아 지역에서의 민주화는 시민사회의 부활과 거리가 먼 국가의 선제공격에 불과하다. Daniel Bell et al., *Towards Illiberal Democracy in Pacific Asia* (New York: St. Martin's Press, 1995), p. 10.

14) 유교자본주의론에 대한 비판의 핵심은 유교가 경제적 가치를 우선시하는 자본주의 경제학과 친화성이 없다는 사실을 지적하는데 있다. 유교는 자본주의의 추동요인이 아닌 제약요인이 된다. 이상익, "유가의 경제사상과 유교자본주의론의 타당성문제," 『철학』 제66권 (한국철학회, 2001); 최연식, "중국에서 본 유교자본주의론 비판," 『동서연구』 제11권 제2호 (연세대학교 동서문화연구원, 1999).

15) 헌팅턴은 유교적 민주주의가 조어상의 모순일 수 있지만 유교사회에 있어 민주주의는 가능한 이야기라고 말한다. 유교문화 속에도 민주주의와 양립 가능한 규범체계가 존재하기 때문이다. Samuel Huntington, *The Third Wave: Democratization in the Late Twentieth Century* (Norman and London: University of Oklahoma Press, 1991), pp. 310. 김대중 역시 유교적 전통 속에 서구적 민주주의의 맹아를 발견할 수 있다는 의미에서 '아시아적 민주주의'를 주장하였다. Klaus-Georg Riegel, Inventing Asian Tradition: The Controversy between LeeKuan Yew and Kim Dae Jung, *Development and Society*, Vol. 29, No. 1 (June 2000), pp. 75-96.

❹ 아시아적 가치의 재해석

1) 분석을 위한 이론 자원

아시아적 가치론을 분석하기 위한 기본적인 이론자원은 근대화 이론과 헌팅턴식의 문화적 자율성이론이다. 전자는 비서구적 의식세계도 경제성장과 더불어 결국 서구적 가치에 수렴될 것이라고 가정한다. 반면 후자는 문화의 상대적 자율성을 주장하며 상이한 문명 사이에서 단층선이 형성될 것이라고 가정한다.

> "프란시스 후쿠야마, 로렌스 해리슨, 새뮤얼 헌팅턴, 로버트 푸트남은 베버적인 전통에 입각하여 문화적 전통이 매우 지속적이며 현대사회의 정치적·경제적 행태에 큰 영향을 미친다고 주장한다. 그러나 필자를 포함하여 칼 마르크스로부터 다니엘 벨에 이르기까지 근대화론자들은 산업사회의 등장이 전통적인 가치체계로부터의 이탈을 내용으로 하는 문화의 변동을 초래한다고 주장한다."[16]

그러나 필자는 아시아를 포함한 비서구사회가 근대화과정에서 서구의 문화에 접근하다가 그것이 일정 수준에 이르면 다시 이탈 내지 평행선을 밟게 될 것이라는 제3의 가설을 지지한다.[17] 여기에는

---

16) Lawrence E. Harrison and Samuel P. Huntington, *Culture Matters: How Values Shape Human Progress* (New York: Basic Books, 2000), p. 80.

17) 잉글하트는 지구인구의 75%를 차지하는 65개 사회에 대한 비교연구를 통해서 경제발전은 대규모의 문화변동을 초래하지만 고유한 문화적 전통의 지속현상 역시 발견된다고 결론을 내렸다. 후기산업사회로의 이행은 절대적인 규범과 가치 대신 합리적이며 관용적인 가치를 지향하게 만들고 제도화된 종교의 역할을 축소시키지만 동시에 삶의 의미와 목적에 대한 관심이 증대됨에 따라 전통적

두 가지 변수가 작용을 하는데 하나는 후기근대사회가 보여주는 문화적 욕구와 자존심이며 다른 하나는 세계화가 초래하는 신식민주의에 대한 위기의식이다. 대체적으로 후기산업사회의 시대정신은 문화적 공존과 차이의 철학에 입각해 있으며 정신적 가치를 지향하는 경향이 있다. 21세기를 문화의 세기로 규정하는 것도 이와 같은 이유에서이다. 매스로우(Maslow)의 가설이 보여주듯이 경제가 발전하고 소득수준이 높아질수록 정체성에 대한 욕구가 강해질 것이라는 예측은 별로 무리가 없어 보인다. 경제적으로 가장 성공한 동아시아 사회에서 아시아적 가치가 거론되고 있다는 사실도 이러한 이치와 무관치 않다 할 것이다. 또한 신자유주의에 의한 서구의 경제적, 문화적 공세는 상대적으로 열세에 놓여 있는 비서구사회로 하여금 전통문화의 파괴를 우려하게 만들고 이에 저항하도록 자극하는 계기를 제공할 것이다.[18]

2) 재해석의 방향

아시아적 가치론은 싱가포르, 말레이시아에서 중국에 이르기까지 체제유지를 위한 이데올로기적 측면이 분명히 존재한다. 문제는 그것이 무에서 창조된 것이 아니라는 사실이다. 즉 아시아적 가치론은 실재하는 현실에 근거하여 창조된 논리이다. 따라서 아시아적 가치론은 이 지역에서 대다수의 국가가 민주화를 완료하더라도 여전히

가치의 영향은 소멸되지 않는다. 따라서 이들 사회는 문화적으로 수렴하는 대신 자신의 고유한 궤적을 따라 평행선을 그으며 동일한 방향으로 나아갈 것이다. Ronald Inglehart and Wayne E. Baker, "Modernization, Cultural Change, and the Persistence of Traditional Values," *American Sociological Review*, Vol. 65 (February 2000), p. 49.

18) Birch, David, Tony Schirato, and Sanjay Srivastava, *Asia: Cultural Politics in the Global Age* (New York: Palgrave, 2001), P. 23.

중요한 담론으로서 생명력을 유지할 가능성이 많다. 그러나 아시아적 가치는 지금보다 훨씬 완화된 수준에서 그 존재가 확인될 것이다. 즉 국가의 권위와 질서를 강조하되 개인의 자유와 권리가 크게 신장되는 방향으로 나아갈 것이다. 왜냐하면 후기근대사회의 도래와 세계화의 물결은 자유주의를 강화시킴으로써 아시아적 가치를 중화시키는 효과 역시 예상되기 때문이다. 문명사적으로 볼 때 국제화, 세계화의 의미는 차이의 철학을 기반으로 하고 있으며 구성단위 상호간의 공존을 전제로 하고 있다. 따라서 세계화의 흐름과 더불어 서구적 이념의 헤게모니가 약화되고 동양적 가치가 존중됨은 당연한 논리이다. 그러나 개인 혹은 국가 상호간의 관계에 있어서 다양성의 의미가 '무엇이든 가능하다'는 식의 극단적인 상대주의를 의미하지는 않는다. 아시아적 가치가 상대적으로 강조될 것이지만 보편적 시대정신을 부정하는 내용까지 존중 될 수는 없다. 오늘의 세계는 사회구조의 다원화, 이질화 현상과 관련하여 권력의 해체, 조직원리의 이완, 자치욕구의 증대 경향을 보여주고 있으며, 개인의 자유과 권리가 그 어느 때보다도 강조되고 있다. 정보화 사회의 등장 역시 역기능의 존재에도 불구하고 사회의 전반적인 민주화를 가속화 시킬 것이다. 정보화의 과정은 국가의 시민통제를 용이하게 하는 것 이상으로 시민의 국가권력 통제를 강화시켜주기 때문이다. 후쿠야마에 의하면 9·11이 헌팅턴의 문명충돌론을 단기적으로 확인하는 것 같아 보이지만 오히려 이 사태로 이슬람 근본주의에 대한 도전이 본격화되고 역사의 종언이 앞당겨질 것이라고 말한다. 그는 근대화가 강력한 화물열차와 같아서 9·11 같은 사태로도 되돌릴 수 없는 역사의 추세라고 본다.[19]

---

19) Stanley Kurtz, "The Future of History: Francis Fukuyama vs. Samuel P.

정치와 경제 및 문화는 현실을 구성하는 3개의 주요 동인으로서 각각은 서로에 대해 동시적인 인과관계를 구축해나간다. 서구의 개인주의 및 자유주의와 어느 정도 차이를 유지하는 아시아적 문화의 존재는 아시아의 정치체제와 경제체제에도 일정수준 영향을 미칠 것이다. 이 경우 아시아적 가치의 정치적 효과는 현재 거론되고 있는 마하티르식의 비자유주의적 민주주의나 싱가포르식의 부드러운 권위주의가 아니라 자유민주주의의 한 유형으로서 공동체적 민주주의를 궁극적으로 지향하게 될 것이라 생각한다.[20] 유교적 규범과 민주주의의 양립가능성을 인정하는 후쿠야마에 의하면 아시아의 유교적 민주주의는 개인의 자유와 공동체의 필요를 조화시키는 과정에서 미국식 민주주의와는 다소 다른 양상을 보일 것이다.[21] 마찬가지로 아시아적 가치의 경제적 효과는 WTO나 IMF의 압력에 불구하고 사회적 형평과 발전주의라는 관점에서 시장에 대한 정부개입을 완전

Huntington," *Policy Review* (June/July, 2002), P. 57.

20) 필자와 비슷한 입장을 취하고 있는 김영명은 동아시아의 민주주의가 장차 덜 비자유주의적이고 덜 동양적이 되겠지만 서구의 자유민주주의와 꼭 같은 모습을 띠지는 않을 것이며 진정한 의미의 아시아적 민주주의로 진화할 것이라고 예상한다. 김영명, "동아시아의 문화와 정치," 이승환 외, 『아시아적 가치』, pp. 178-179.

21) 싱가포르 정치체제를 연성권위주의 개념화하고 있는 프란시스 후쿠야마는 그것의 두가지 특징을 다음과 같이 지적하였다. 첫째는 시장지향적 경제체제와 가부장적 권위주의를 결합시키는 경제적 자유주의, 정치적 권위주의체제이다. 둘째로 유교적 가치의 영향을 받아서 개인의 권리보다 공동체의 이익을 강조하고 도덕적 국가의 존재를 통해서 사회적 욕구 충족을 시도하는 경향이 있다. Francis Fukuyama, "Asia's Soft-Authoritarian Alternative," *New Perspectives Quarterly* (1992), pp. 60-61. 아시아의 정치를 이해하기 위해서 아시아의 독특한 정치적 에토스를 이해할 필요가 있다고 주장하는 후쿠야마는 연성권위주의체제를 서구 민주주의의 잠재적인 경쟁자로 간주한다. 그러나 후쿠야마는 싱가포르체제가 유교문화의 전통을 명분으로 필요 이상의 강권을 발동 중이라고 비판하며 앞으로 싱가포르의 연성권위주의가 보다 민주화된 유교적 민주주의로 진화 할 것을 기대한다. Francis Fukuyama, "Confucianism and Democracy," *Journal of Democracy*, Vol. 6 (1995), pp. 30-33.

히 청산하지 못하는 발전국가적 경향의 지속으로 나타날 것이라고 예상한다. 발전주의적 경제전략(developmental strategies)은 국가와 기업의 긴밀한 협력, 고용상의 신분보장, 연구와 투자에 대한 국가적인 개입 등의 내용을 포함한다(Barr 2001, 82). 그리고 그것의 성과 역시 실패로서 속단될 수 없을 것이다.[22] 헌팅턴의 경우 아시아적 가치의 정치적인 효과에 대해서는 회의적이지만 경제적인 효과에 대해서는 긍정적인 측면을 인정한 바 있다. 즉 헌팅턴에 의하면 아시아적 가치는 그 동안 동아시아 경제성장에 지대한 공헌을 하였으며, 그 후 경제 위기의 주범이 되었고, 시간이 흐르자 다시 경제회복에 일조하고 있다. 루시안 파이 역시 헌팅턴과 비슷하게 동아시아 체제의 경제적 성과를 인정한다. 그는 매개변수와 상황적 맥락을 무시한 채 문화적 특징과 경제적 성과를 결합시키는 것은 오류를 수반한다고 주장한다. 그러나 그는 동아시아경제가 예상보다 빨리 회복되었으며 그 과정에서 과거의 급격한 경제성장에 기여했던 동일한 문화적 요인이 부분적으로 작용한 것도 사실이라고 말한다(Harrison and Huntington 2000, 255).

그렇다면 공동체적 민주주의와 발전주의적 경제정책을 지향하는 아시아적 가치는 동아시아 전지역에서 동일한 크기의 힘을 발휘할 것인가? 아시아적 가치론의 적용 범위와 수준은? 필자는 이 문제와 관련하여 헌팅턴의 패러다임을 원용하고 싶다. 즉 아시아적 가치는 일본, 중국, 대만, 싱가포르, 한국 등 중화권 국가를 중심으로 해

---

22) 필자는 유교자본주의론을 유교가 동아시아 자본주의의 추동요인이라는 의미로 수용하는 것이 아니라, 이 지역에서 자본주의가 도입된 이후 유교의 전통도 경제발전과정에서 나름대로 순기능을 하였으며 그것은 국가주도형의 발전전략과 특유의 노동윤리 등의 성과로 요약될 수 있다는 의미이다. 이와 같은 논지를 주장하고 있는 논문으로서 국민호, "종교 및 역사학: 유교와 동아시아 자본주의의 발전," 한국사회학회, 『95년 전기사회학대회 발표논문집』 (1995) 참조.

서 아세안의 주변국가로 제2, 제3의 물결을 그려나갈 것이라고 본다. 지리적으로 한정되어 있는 몇몇 유교국가의 가치규범을 일반화하여 동아시아의 문화적 정체성을 거론하는데는 두 가지 이유가 있다.

첫째, 유교적 가치의 내용물은 이미 종교로서 의미를 상실한 삶의 에토스라 말할 수 있기 때문이다. 가족의 가치를 강조하고 권위를 존중하며 개인주의를 배격하는 생활방식은 유교뿐만 아니라 이슬람이나 불교문화권에서도 공통적으로 발견되는 아시아 공동의 정신적 유산이다.[23] 따라서 아시아적 가치는 베버가 말했던 하나의 이념

---

23) 가령 말레이시아의 씽크탱크 책임자인 누딘 소피는 다음과 같이 말한다. "우리는 개인주의가 아닌 공동체의 토대위에서 사회를 운영하며 근면절약의 정신, 가족에 대한 사랑을 강조한다. 사람들은 열심히 일할 준비가 되어 있으며 정부와 기업이 적대관계가 되어서는 안된다고 생각한다." Noordin Sopiee, "The Development of an East Asian Consciousness," in G. Sheridan (ed.), *Living with Dragon,: Austrlia Confronts Its Asian Destiny* (Sidney: Allen and Unwin, 1995), pp. 180-193. 근래에 들어 한류현상에 대한 일련의 연구는 이것을 새로운 정체성의 창출과정으로 파악하는 경우가 있는가 하면, 문화적 동질성의 확인과정으로 수용하는 경우도 있다. 후자의 논리에 따르면 산업화와 근대화 과정속에서 잊혀져가는 가족과 이웃에 대한 사랑의 소중함을 인식하고 경로효친, 권선징악 등 동남아의 전통적 미풍양속의 정서가 한류의 인기 비결이다. 유럽연합의 비전을 맨처음 창도한 장 모네(Jean Monnet)는 유럽은 존재한 적이 없으며 만들어져야 한다고 주장하였다. 정체성이란 고정된 실체가 아니라 역사적인 진화의 과정을 거친다는 관점에서 파악할 때 동아시아의 지역적 정체성은 하나의 기획의 문제로서 고찰될 수 있다. 김석근은 동아시아의 대중문화가 서구문화를 주체적으로 수용하고 이를 변용시키는 과정에서 문화적인 동질성을 보이고 있다고 말하며 한류현상을 이러한 맥락에서 이해한다(김석근 2004, 29). 그는 동아시아 공동체의 건설은 동화와 배제를 넘어서는 다문화적 사회의 지향, 배타적인 지역주의를 넘어서는 열린 지역주의의 추구라는 방향으로 나아가야 한다고 강조한다. 백영서 역시 동아시아에 보급되고 있는 소비문화의 확산을 새로운 정체성의 창조 가능성이라는 관점에서 이해한다. 중산층을 중심으로 미국식 대중문화에 접근하고 있는 현금의 상황을 2등급 상업문화의 수용 혹은 문화제국주의라고 배격하지 말고 새로운 아시아의 탄생으로 수용할 수는 없는가?(백영서 2004, 128). 그는 전지구화현상 속에서 나타난 동아시아의 사회문화적 역동성을 전통과 연결된 민간사회와 대중문화에 기초한 소비사회의 상호작용으로 파악하면서 이 양자의 결합이 동아시아의 새로운 정체성을 형성케 할 문화적 자원으로 보았다. 그러나 필자는 동아시아의 문화적 동질성을 확인하는 시각을 주목한다. 베트남

형(ideal type)으로서 분석적 의의를 충분히 갖는다 하겠다. 종교적 다양성을 이유로 문화적 정체성의 가능성을 부정하는 논리는 다소 성급한 결론이라 아니할 수 없다. 둘째, 아시아적 가치는 하나의 역할 모델로서 훌륭한 기능을 수행할 수 있다는 판단이다. 동아시아의 문화적 정체성을 모색함에 있어서 역내 선진국가의 의식세계가 규범적 측면에서 인정을 받는다면 그것의 파급효과를 무시할 수 없을 것이며 이런 맥락에서 볼 때 아시아적 가치는 동아시아의 문화적 정체성을 건설하기 위한 원동력을 제공한다 할 것이다. 근래에 들어 활발히 진행되고 있는 이민노동자의 디아스포라(diaspora)현상은 아시아적 가치를 전파하는데 한 계기가 되리라 본다.[24] 탈영토화를 지향하는 세계화 현상의 일부분으로서 아시아의 디아스포라 사태는 이

의 『영화세계』 당티우응언 기자는 한류열풍의 가장 큰 이유는 바로 문화적 동질성 때문이라고 분석한다. 그는 베트남이 한국과 마찬가지로 유교의 영향을 받은 기본적인 문화적 동질성을 갖고 있기 때문에 한류에 대한 거부감이 없다고 말한다. 또 현대화, 산업화, 도시화를 지향하는 과정에서 잊혀져가는 가족과 이웃에 대한 사랑과 소중함을 한국드라마를 통해 재확인할 수 있는 것도 한몫을 하고 있다고 설명한다(한겨레신문, "베트남은 한류와 열애중." 2004년8월30일). 『미얀마 알린』의 예민트 페 편집장은 "중국, 일본, 대만, 베트남의 사례와 마찬가지로 드라마 내용에 경로효친, 권선징악 등 동남아의 전통적인 미풍양속이 담겨 있는게 인기의 비결"이라고 말한다(한겨레신문,"동남아 최빈국 미얀마에도 한류열풍 솔솔," 2004년 9월27일). 한류현상은 동아시아적 가치와 의미를 새롭게 조명하고 있으며 그것은 한국 문화상품의 동아시아 시장개척이라는 소극적인 의미를 넘어 동아시아인의 감성과 현대적 삶의 가치를 조화시키는 새로운 매개체 역할을 하고 있다(한겨레신문 "한류는 21세기의 아방가르드," 2004년 12월 13일). 홍콩의 주간지 『아주주간』의 분석에 따르면 한국의 대중문화가 중화문화권에서 호소력을 갖는 이유는 유교문하에 뿌리를 둔 정서적 공감대가 작용을 했기 때문이다(이지형, "중국과 동남아에서의 한류: 문화를 타고 수출이 간다," 『월간조선』 2001년 11월호).

24) 와다 하루키는 동북아시아의 경우 가교의 중심은 한반도이며 이 지역 주요 국가들에 대한 한국인의 디아스포라 결과 한민족이 동북아시아의 인간적, 평화적 협력을 위해 활동할 가장 적합한 주체라고 말하고 있다. 와다 하루끼, 『동북아시아 공동의 집』, pp. 33-34.

지역의 문화적 융합과 변용을 초래하며 국경 없는 아시아의 건설에 일조할 것이다.

❺ 맺는 말

혹자는 정체성의 정치를 근본적으로 부정하기도 한다. 이러한 견해에 의하면 정체성의 개념 자체가 허구이며 그것은 정치적인 목적으로 이용될 뿐이다. 또한 모든 수준에서의 정체성은 상위 공동체 혹은 하위공동체의 존립을 위협할 수 있다.

현재 동아시아 공동체의 제안은 주로 정치적이며 경제적인 협력을 위주로 한 접근 방식에 의존하고 있다. 그러나 실리주의적 발상의 연대는 생명력이 짧을 수 있고 그 관계 역시 견고하지 못하다. 따라서 문화적 정체성을 모색하고 그것을 창조하는 과제는 지역협력의 중요한 관건이 아닐 수 없다.

동아시아 공동체의 정체성 논의에 있어서 부정적인 견해는 종교와 인종의 다양성만을 염두에 두는 성급한 결론이나 암암리에 서구의 가치를 보편적인 것으로 수용하는 편향된 의식세계에서 비롯하고 있지 않은가 한다. 미국사회만 하더라도, 지나친 개인주의와 자유주의에 대한 내부적인 비판과 직면해 있으며 보다 공동체적인 민주주의를 모색하는 여러 갈래의 시도가 있다. 아시아적 가치론이 강조하는 가족의 가치는 사실상 미국 보수주의자들의 구호이기도 하다.[25] 만일 아시아적 가치론이 서구적 가치의 한계를 보완하며 그것

---

25) 그러나 아직 아시아적 가치론과 서구자유주의에 대한 내부적 비판 사이에는 교류가 거의 없는 상황이다. Michael D. Barr, *Cultural Politics and Asian Values: The tepid war* (London and New York: Routledge, 2002), p. 11. 더구나 미

과 선의의 경쟁을 벌일 수 있는 대안적 이념으로 성립가능하다면 그 것을 거부해야 할 하등의 이유가 없다.

필자는 투웨이밍(Tu Weiming)의 주장처럼 정치적 이데올로기로서 유교와 삶의 철학으로서 유교는 구별되어야 하며 후자는 민주주의와 결합가능 할 뿐만 아니라 경제적 성장에도 기여할 수 있다는 입장을 취한다. 물론 이 경우에 유교적 민주주의는 싱가포르식의 부드러운 권위주의가 아닌 서구적 의미의 공동체적 민주주의를 말한다. 그리고 아시아적 가치와 서구적 가치의 관계를 상호배타적이 아니라 양립가능하고 상호보완적인 관점에서 바라보고 싶다. 즉 아시아적 가치가 강조하는 국민에 대한 위정자의 책임의식과 국민들이 보여주는 권위에 대한 존중은 자유주의 이념의 결함을 치유하는데 도움을 줄 것이며 보편적 윤리로서 수용가능하다는 것이다. 문명의 충돌을 거부하고 평화로운 세계질서의 창조를 원한다면 타자와의 차이를 인정하는 용기와 의지가 요구된다. 동양과 서양의 진정한 교류를 향한 첫걸음은 정신적인 상호의존성에 입각한 문명의 대화를 시작하는 것이다(Harrison and Huntington 2000, 266). '두 개의 문화'를 존중하고 양자의 상호협력을 추구하는 새로운 역사철학이 모색되어야 할 시점이다.

국의 가치(American values)를 미국의 예외주의(American exceptionalism)로 해석하는 통설적 분위기를 전제한다면 아시아적 가치를 보편성으로부터의 이탈로 규정하는 이분법적 논리는 자기모순적이라 말할 수 있다. 미국의 가치와 미국이 예외주의에 대해서는 Seymour Martin Lipset, *American Exceptionalism - A Double-Edged Sword* (New York: Norton, 1996) 참조. 그러나 이른바 합의설(consensus theory)을 가정하는 미국의 예외주의 가설에 대해서는 몇 가지 관점에서 반론이 존재한다. 이에 대해서는 Robert Booth Fowler, *Enduring Liberalism: American Political Thought Since the 1960* (Kansas: University Press of Kansas, 1999) 제2장 참조할 것.

참고문헌

고르바초프, M. 저, 이봉철 역. 1988. 『페레스트로이카』. 서울: 중원문화.

곽준혁. 2009. "민주주의와 한국사회: 샹탈 무페 교수와의 대담." 『아세아연구』 제52권 제3호.

국민호. 1995. "종교 및 역사학: 유교와 동아시아 자본주의의 발전." 한국사회학회. 『95년 전기사회학대회 발표논문집』.

기든스, A. 저, 장정수 역. 1986. 『선진사회의 계층구조』. 서울: 종로서적.

김남국. 1989. "N. I. Bukharin의 초기 노선에 관한 연구." 서울대 대학원 정치학과 석사학위논문.

김두진. 1993. "싱가포르의 발전의 정치경제: 국가, 다국적기업 그리고 노동." 『아세아연구』 제36권 제2호.

김명심·박희제. 2011. "기후게이트와 기후과학논쟁." 『환경사회학연구』 제15권 1호.

김비환. 2003. 『축복과 저주의 정치사상: 20세기와 한나 아렌트』. 서울: 한길사.

김석근. 2004. "동아시아 사회의 문화적 동질성과 다양성 그리고 아이덴티티: 지역공동체 구상과 관련하여." 신아세아질서연구회, 『2004년 춘계세미나 자료집』(5월 28일).

김영국 외. 1995.『레오스트라우스의 정치철학』. 서울: 서울대학교출판부.

김영명 편. 1998. 『동아시아의 정치체제』. 춘천: 한림대 아시아문제연구소.

김재인. 2002. "파시즘과 비인간주의 사이에서 외면당하는 들뢰즈와 가타리." 『문학과 사회』 제15권 제3호.

김종환. 2010. "제3의 길의 모호한 기후변화 해결책." 『마르크스21』 통권 5호.

김진석. 2005. "미시파시즘론의 함정: 니체의 능동적 힘을 너무 꺾어버린 들뢰즈." 『니체 연구』 제8권.

김홍명. 1990. "혼란에 빠진 사회주의체계." 『한겨레신문』, 3월 24일자.

니콜래스 쏘번 저, 조정환 역. 2005. 『들뢰즈 맑스주의』. 서울: 갈무리.

도스토예프스키 저, 박호자 역. 2003. 『카라마조프의 형제(상)』. 서울: 혜원출판사.

드레피스, 라비노우 저, 서우석 역. 1989. 『미셸 푸코: 구조주의와 해석학을 넘어서』. 서울: 나남.

레이파트, 아렌트. 1985. 『민주국가론』. 최명 역. 서울: 법문사.

로널드 보그 저, 이정우 역. 2013. 『들뢰즈와 가타리』. 서울: 중원문화.

로버트 달 저, 김왕식 외 역. 1999. 『민주주의』. 서울: 동명사.
로버트 달 저, 조기제 역. 1999. 『민주주의와 그 비판자들』. 서울: 문학과 지성.
로버트 터커 저, 김광삼 역. 『스탈린이즘』. 서울: 문학예술사.
류희식. 2010. "파시즘에서 벗어나기: 들뢰즈와 가타리의 논의를 통해서 살펴본 파시즘." 『인문연구』 제58권.
리브만, M. 저, 안택원 역. 1985. 『레닌』. 서울: 미래사.
맥렐런, D. 저, 안택원 역. 1986. 『마르크스주의논쟁사』. 서울: 인간사랑.
미셸 푸코 저, 박정자 역. 1989. 『성과 권력』. 서울: 인간사.
미셸 푸코 저, 박홍규 역. 1989. 『감시와 처벌: 감옥의 탄생』. 춘천: 강원대학교 출판부.
미셸 푸코 저, 오트르망 역. 2011. 『안전, 영토, 인구』. 서울: 난장.
미셸 푸코 저, 오트르망 역. 2012. 『생명관리정치의 탄생』. 서울: 난장.
박상섭. 1985. 『자본주의국가론』. 서울: 한울.
박제훈. 2004. "동북아공동체를 향하여." 한국동북아시아지식인연대 편. 『동북아공동체를 향하여』. 서울: 동아일보사.
배긍찬. 2003. "ASEAN+3협력과 동아시아 정체성." 『동남아시아연구』 제13권 1호.
백영서. 2004. "동아시아의 근대화와 사회문화 변동: 전통사회의 해체와 시민사회의 성장." 『동아연구』제46집(서강대 동아연구소).
사상문예운동. 1990. 『사회주의 대개혁의 논리』. 서울: 풀빛.
上妻精 외 저, 윤길순 역. 1984. 『헤겔법철학입문』. 서울: 중원문화.
새뮤얼 헌팅턴 저, 이희재 역. 1997. 『문명의 충돌』. 서울: 김영사.
샤피로, L. 저, 양흥모 역. 1982. 『소련공산당사』. 서울: 문화예술사.
샹탈 무페 저, 이보경 역. 2010. 『정치적인 것의 귀환』. 서울: 후마니타스.
샹탈 무페 저, 이승원 역. 2013. 『헤게모니와 사회주의전략』. 서울: 후마니타스.
샹탈 무페 저, 이행 역. 2009. 『민주주의의 역설』. 서울: 인간사랑.
손호철. 1998. "위기의 한국, 위기의 사회과학." 『경제와 사회』 봄호.
송충기. 2013. "홀로코스트에서 반유대주의 지우기: 한나 아렌트의 예루살렘의 아이히만을 둘러싼 논쟁 50년." 『역사비평』 통권 제105호.
슬라보예 지젝 저, 김지훈· 박제철· 이성민 역. 2013. 『신체없는 기관』. 서울: 도서출판b.
신중섭. 1984. "쿤의 새로운 과학철학," 『철학연구』 제9집. 고려대철학회.
아렌트 레이파트 저, 최명 역. 1985. 『민주국가론』. 서울: 법문사.
안병진. 2004. "신보수주의의 이념적 뿌리와 정치적 함의: 레오 스트라우스를 중심으로." 『한국정치학회보』 38집 1호.
안토니오 네그리, 마이클 하트 저, 윤수종 역. 2001. 『제국』. 서울: 이학사.

알렉스 캘리니코스 저, 정성진 역. 2003. 『반자본주의 선언』. 서울: 책갈피.
알베르 까뮈 저, 신일철 역. 1983. 『반항적 인간』. 서울: 일신사.
앤서니 기든스 저, 홍욱희 역. 2009. 『기후변화의 정치학』. 서울: 에코리브르.
앨런 소칼, 장 브리크몽 저, 이희재 역. 2000. 『지적 사기』. 서울: 민음사.
에드워드 사이드 저, 박홍규 역. 2001. 『오리엔탈리즘』. 서울: 교보문고.
와다 하루끼 저, 이원덕 역. 2004. 『동북아시아 공동의 집』. 서울: 일조각.
이관우. 1981. 『조사분석방법론』. 서울: 형성출판사.
이동수. 2007. "민주화 이후 공화민주주의의 재발견." 『동양정치사상사』 제6권 제2호.
이승환 외. 1999. 『아시아적 가치』. 서울: 전통과 현대.
이정우. 2008. 『천 하나의 고원: 소수자 윤리학을 위하여』. 서울: 돌베개.
이종영. 2002. "파시스트 들뢰즈와 가타리가 반(反)파시즘을 말하다." 『문학과 사회』 제15권 제2호.
이진경. 2002. 『노마디즘』 Ⅰ, Ⅱ. 서울: 휴머니스트.
이진경·정형철. 2003. "들뢰즈와 가타리의 동양적 사유." 『오늘의 문예비평』 통권 49호.
임현진. 1998. "근대화를 통해 본 동아시아의 발전: 신화와 현실." 『정신문화연구』 21권 1호.
장시기. 2005. 『노자와 들뢰즈의 노마돌로지』. 서울: 당대.
정영선. 1999. "아시아적 가치와 인권 홍정 논리." 『호남정치학회보』 제11집.
정영선. 2000. "인권사상의 재인식과 인권의 보편성." 『한국동북아논총』 제16집.
정의길. 2015. "시리자 집권, 다른 질서는 가능할 것인가." 『한겨레21』 제1048호 (2. 7).
제임스 밀러 저, 김부용 역. 1995. 『미셸 푸코의 수난』 Ⅰ, Ⅱ. 서울: 인간사랑.
조르조 아감벤 저, 박진우 역. 2008. 『호모 사케르』. 서울: 새물결.
주정립. 2007. "국가적으로 조직된 행정적 집단학살: 아렌트와 안더스의 해석에 대한 비판적 검토." 『대한정치학회보』 제15집 제1호.
지오바니 싸르토리 저, 이행 역. 1989. 『민주주의이론의 재조명 Ⅱ』. 서울: 인간사랑.
진상현. 2010. "기든스 역설에 빠진 세계에 대한 가이드북." 『환경사회학연구』 제14권 1호.
질 들뢰즈 저, 김상환 역. 2004. 『차이와 반복』. 서울: 민음사.
질 들뢰즈 저, 박찬국 역. 2007. 『들뢰즈의 니체』. 서울: 철학과 현실사.
질 들뢰즈 저, 이경신 역. 2016. 『니체와 철학』. 서울: 민음사.
질 들뢰즈, 펠릭스 가타리 저, 김재인 역. 2003. 『천개의 고원』. 서울: 새물결.

질 들뢰즈, 펠릭스 가타리 저, 이정임·윤정임 역. 1995. 『철학이란 무엇인가』. 서울: 현대미학사.
질 들뢰즈, 펠릭스 가타리 저, 이진경 역. 2004. 『카프카: 소수적인 문학을 위하여』. 서울: 동문선.
질 들뢰즈, 펠릭스 가타리 저, 최명관 역. 1994. 『앙띠 오이디푸스』. 서울: 민음사.
최연식. 1999. "중국에서 본 유교자본주의론 비판." 『동서연구』 제11권 제2호 (연세대학교 동서문화연구원).
최영진·지준호. 2004. 『동아시아 유교윤리의 새로운 지향』. 서울: 청어람미디어.
코헨, S. 1982. "볼셰비즘과 스탈린이즘." 로버트 터커 편, 김광삼 역. 『스탈린이즘』. 서울: 문화예술사.
콜린 고든 편, 홍성민 역. 1991. 『권력과 지식: 미셸 푸코와의 대담』. 서울: 나남.
폴 패튼 저, 백민정 역. 2005. 『들뢰즈와 정치』. 서울: 태학사.
프랜시스 후쿠야마 저, 이상훈 역. 1997. 『역사의 종말』. 서울: 한마음사.
한국동북아지식인연대. 2004. 『동북아공동체를 향하여』. 서울: 동아일보사.
한나 아렌트 저, 김선욱 역. 2002. 『칸트 정치철학 강의』. 서울: 푸른숲.
한나 아렌트 저, 김선욱 역. 2006. 『예루살렘의 아이히만』. 서울: 한길사.
한나 아렌트 저, 서유경 역. 2005. 『과거와 미래사이: 정치사상에 관한 여덟 가지 철학연습』. 서울: 푸른숲.
한나 아렌트 저, 이진우·박미애 역. 2006. 『전체주의의 기원 I』. 서울: 한길사.
한나 아렌트 저, 이진우·태정호 역. 1996. 『인간의 조건』. 서울: 한길사.
한나 아렌트 저, 홍원표 역. 2005. 『혁명론』. 서울: 한길사.
한나 아렌트 저, 홍원표·임경석·김도연·김희정 역. 2012. 『이해의 에세이 1930-1954』. 서울: 텍스트.
한병철. 2012. 『피로사회』. 서울: 문학과 지성사.
헤겔 저, 임석진 역. 1989. 『법철학 I』. 서울: 지식산업사.
홍성욱. 2001. "벤담의 파놉티콘에서 시놉티콘까지: 감시와 역감시, 그 열림과 닫힘의 변증법." 『한국과학사학회지』 제21권 제1호.
홍원표. 1992. "고전적 합리주의의 현대적 해석: 레오 스트라우스의 관점을 중심으로." 『한국정치학회보』 26집1호.
Carr, E. H. 저, 길현모 역. 1976. 『역사란 무엇인가』. 서울: 탐구당.
Carr, E. H. 저, 나남편집부 역. 1983. 『러시아 혁명』. 서울 : 나남.
Carr, E. H. 저, 이지원 역. 1985. 『볼셰비키혁명사』. 서울: 화다.
Chalmers, A. F. 저, 신일철·신중섭 역. 1983. 『현대의 과학철학』. 서울: 서광사.
Dobb, M. 저, 임휘철 역. 1989. 『소련경제사』. 서울: 형성사.
Stark, F. 편, 박성수 역. 1982. 『혁명이냐 개혁이냐』. 서울: 인간신서.

Tai, Hung-chao 편, 구범모 감역. 1996. 『공자의 경제학: 유교와 경제성장』. 서울: 한세.

Abramson, Jeffrey B., F. Christopher Arterton, Gray R. Orren. 1988. *The Electronic Commonwealth*. New York: Basic Books.
Adorno, T. and M. Horkheimer. 1972. *Dialectic of Enlightenment*. New York: Herder & Herder.
Aitken, Mhairi. 2012. "Changing Climate, Changing Democracy: A Cautionary Tale." *Environmental Politics*. Vol. 21, No. 2.
Appleby, Joyce. 1984. *Capitalism and a New Social Order: The Republican Vision of the 1790s*. New York: New York University Press.
Archard, D. 1980. *Marxism and Existentialism*. Belfast: Blackstaff Press.
Arendt, Hannah, 1948. "Concentration Camp." *Partisan Review*. Vol. 15, No. 7.
Arendt, Hannah. 1958. *The Human Condition*. Chicago: University of Chicago Press.
Arendt, Hannah. 1966. *The Origin of Totalitarianism*. San Diego: Harcourt Brace.
Arendt, Hannah. 1977. *Between Past and Future: Eight Exercises in Political Thought*. New York: Penguin Books.
Arendt, Hannah. 1977. *Eichmann in Jerusalem: A Report on the Banality of Evil*. New York: Penguin Books.
Arendt, Hannah. 1977. *On Revolution*. New York: Penguin Books.
Arendt, Hannah. 1978. "Martin Heidegger at Eighty." In Michael Murray (ed.). *Heidegger and Modern Philosophy*. New Haven: Yale University Press.
Arendt, Hannah. 1978. *The Life of the Mind*. New York: Harcourt, Inc.
Arendt, Hannah. 1982. *Lectures on Kant's Political Philosophy* (ed.) Ronald Beiner. Chicago: University of Chicago Press.
Arendt, Hannah. 1994. *Essays in Understanding 1930-1954*. New York: Schocken Books.
Arendt, Hannah. 2003. *Responsibility and Judgement*. New York: Schocken Books.
Badiou, Alain. 2001. *Ethics*. London and New York: Verso.
Bailyn, Bernard. 1967. *Ideological Origins of the American Revolution*. Cambridge, Mass.: Harvard University Press.

Baker, Susan. 1996. "Environmental Policy in the European Union: Institutional Dilemmas and Democratic Practice?" in William M. Lafferty (ed.). *Democracy and the Environment: Problems and Prospects.* Brookfield: Edward Elgar.

Barber, Benjamin R. 1998. *A Passion for Democracy.* Princeton: Princeton University Press.

Barber, Benjamin. 1984. *Strong Democracy: Participatory Politics for a New Age.* Berkeley: University of California Press.

Barr, Michael D. 2002. *Cultural Politics and Asian Values: The Tepid War.* London and New York: Routledge.

Barry, John and Geraint Ellis. 2010. "Beyond Consensus? Agonism, Republicanism and a Low Carbon Future." In Devine Wright (ed.). *Renewable Energy and the Public.* London: Earthscan.

Barry, John. 1999. *Rethinking Green Politics: Nature, Virtue and Progress.* London: Sage.

Barry, John. 2008. "Towards a Green Republicanism: Constitutionalism, Political Economy and the Green State." *The Good Society.* Vol. 17, No. 2.

Baudrillard, J. 1993. *In The Shadow of the Silent Majorities.* New York: Semiotext(e).

Beard, Charles A. 1941. *An Economic Interpretation of the Constitution of the United States.* New York: Free Press.

Beck, Ulrich. 1995. *Ecological Enlightenment: Essays on the Politics of the Risk Society.* New Jersey: Humanities Press.

Beckstein, Martin. 2011. "The Dissociative and Polemical Political: Chantal Mouffe and the Intellectual Heritage of Carl Schmitt." *Journal of Political Ideologies.* Vol. 16, No. 1.

Beeson, Mark. 2010. "The Coming of Environmental Authoritarianism. *Environmental Politics.* Vol. 19, No. 2.

Bell, Daniel A., David Brown, Kanishka Jayasuriya, and David Martin Jones. 1995. *Towards Illiberal Democracy in Pacific Asia.* New York: St. Martin's Press.

Bell, Daniel. 1995. "Democracy in Confucian Societies: The Challenge of Justification." Daniel A. Bell, Gavid Brown, Kanishka Jayasuriya and David Martin Jones, *Towards Illiberal Democracy in Pacific Asia.* New York: St. Martin's Press.

Bell, David. 2010. "Fail Again, Fail Better: Nomadic Utopianism in Deleuze & Guattari and Yevgeny Zamyatin." *Political Perspectives*. Vol. 4, No. 1.

Bellah, Robert N., Richard Madsen, William M. Sullivan, Ann Swidler, and Steven M. Tipton. 1985. *Habits of Heart: Individualism and Commitment in American Life*. Berkeley: University of California Press.

Benda, Julien. 1958. *La Trahison d'un clerc*. Paris: Grasset.

Benhabib, S. 1996. "Toward a Deliberative Model of Democratic Legitimacy." In Seyla Benhabib (ed.). *Democracy and Difference: Contesting the Boundaries of the Political*. Princeton: Princeton University Press.

Benhabib, Seyla. 2003. *The Reluctant Modernism of Hannah Arendt*. New York: Rowman & Littlefield Publishers, Inc.

Berelson, Bernard, Paul Lazarsfeld and William McPhee. 1954. *Voting*. Chicago: University of Chicago Press.

Berger. Peter, 1976. *Pyramids of Sacrifice*. Garden City. N.Y. : Doubleday.

Bernauer, James and David Rasmussen (ed.). 1988. *The Final Foucault*. Cambridge: The MIT Press.

Bernstein, Barton J. (ed.). 1969. *Towards a New Past*. New York: Vintage.

Bernstein, Richard J. 1996. *Hannah Arendt and the Jewish Question*. Cambridge, Massachusetts: The Mit Press.

Betti, E. 1980. "Hermeneutics as the General Methodology of the Geisteswissenschaften." in J. Bleicher (ed.). *Contemporary Hermeneutics: Hermeneutics as Method, Philosophy and Critique*. London/Boston, MA: Routledge & Kegan Paul.

Biggart, J. 1987. "Bukharin and The Origin of The Proletarian Culture Debate." *Soviet Studies*. Vol. 36, No. 2.

Birch, David, Tony Schirato, and Sanjay Srivastava. 2001. *Asia: Cultural Politics in the Global Age*. New York: Palgrave.

Birch, David. 1993. "Staging Crises: Media and Citizenship." In Garry Rodan (ed.), *Singapore Changes Guard: Social, Political and Economic Directions in the 1990s*. New York: St. Martin's Press.

Bleicher, J. 1980. *Contemporary Hermeneutics: Hermeneutics as Method, Philosophy and Critique*. London/Boston, MA: Routledge & Kegan Paul.

Bleicher, J. 1982. *The Hermeneutic Imagination*. London: Routledge and Kegan Paul.

Bloom, Alan. 1987. *The Closing of the American Mind.* New York: Simon and Schuster.

Bloom, Allan. 1989. "Response to Fukuyama." *National Interest.* No, 16 (Summer).

Bobio, Noberto. 1987. *The Future of Democracy.* Oxford: Oxford University Press.

Bookchin, Murray. 1990/91. "André Gorz, Ecology as Politics." *TELOS.* No. 46.

Bookchin, Murray. 1982. *The Ecology of Freedom: The Emergence and Dissolution of Hierarchy.* Palo Alto, Calif. : Cheshire Books.

Boucher, Geoff. 2008. *The Charmed Circle of Ideology: A Critique of Laclau and Mouffe, Butler and Zizek.* Melbourne: Re-press.

Bowring, Finn. 1995. "Andre Gorz: Ecology, System and Lifeworld." *Capitalism Nature Socialism.* Vol. 6, No. 4.

Bowring, Finn. 1996. "Misreading Gorz." *New Left Review.* No. 217(May-June).

Boyne, Roy. 2000. "Post-Panopticism." *Economy and Society.* Vol. 29, No. 2.

Brown, David. 1993. "The Corporatist Management of Ethnicity in Contemporary Singapore." In Garry Rodan (ed.). *Singapore Change Guard: Social, Political and Economic Directions in the 1990s.* New York: St. Martin's Press.

Browning, Graeme. 1996. *Electronic Democracy: Using The Internet To Influence American Politics.* Wilton, CT: Pemberton Press.

Browning, Graeme. 1997. "Updating Electronic Democracy." *Database* (Weston, Conn.). Vol. 20.

Bruell, Christopher. 1991. "A Return to Classical Political Philosophy and the Understanding of the American Founding." *Review of Politics.* No. 53.

Brunon-Ernst, Anne (ed.). 2012. *Beyond Foucault: New Perspectives on Bentham's Panopticon.* Burlington: Ashgate.

Bryman. Alan. 1984. "The Debate about Quantitative and Qualitative Research: A Question of Method or Epistemology." *The British Journal of Sociology.* Vol. 35.

Buchanan, Ian, and Nicholas Thoburn. 2008. *Deleuze and Politics.* Edinburgh: Edinburgh University Press.

Burchell, Graham, Colin Godon and Peter Miller (ed.). 1991. *The Foucault Effect: Studies in Governmentality.* Chicago: The University of Chicago Press.

Burns, James MacGregor. 1963. *The Deadlock of Democracy.* Englewood Cliffs, N.J.: Prentice Hall.

Byme, David. 1994/95. "A Rejection André Gorz' Farewell to Working Class." *Capital and Class.* No. 24.

Calabresse, A. & M. Borchert. 1996. "Prospects for Electronic Democracy in the United States: Rethinking Communication and Social Policy." *Media, Culture & Society.* Vol. 18.

Calhoun, Craig (ed.). 1997. *Habermas and the public Sphere.* Cambridge: Massachusetts Institute of Technology.

Calilinicos, Alex. 2002. "The Actuality of Imperialism." *Millenium-Journal of International Studies.* Vol. 31, No. 2.

Carr, E. H. 1974. "The Legend of Bukharinism." *The Time Literary Supplement,* September 20.

Cha, Beng Huat. 1995. *Communitarianism and Democracy in Singapore.* London and New York: Routledge.

Chan, Heng Chee. 1983. "The Emerging Administrative State." In Saw Swee-Hoc and R. S. Bhathal (ed.). *Singapore: Towards the Year 2000.* Singapore: Singapore University Press.

Chan, Heng Chee. 1993. "Democracy, Evolution and Implementation: An Asian Perspective." In Robert Bartley et al. *Democracy and Capitalism: Asian and American Perspective.* Singapore : Institute of Southeast Asian Studies.

Chee, Soon Juan. 1994. *Dare to Change: An Alternative Vision for Singapore.* Singapore: The Singapore Democratic Party.

Chen, Agnes. 1991. "The Message from the Voters." *The Strait Times.* Weekly Overseas Edition, 14 September.

Chua, Beng Huat. 1991. "Singapore 1990: Celebrating the End of an Era." In *Southeast Asian Affairs 1991.* Singapore: Institute of Southeast Asian Studies.

Chua, Beng Huat. 1994. "For a Communication Democracy in Singapore." In Derek da Cunha (ed.). *Debating Singapore.* Singapore: Institute of Southeast Asian Studies.

Clammer, John. 1993. *Deconstructing Value: The Establishment of a National Ideology and Its Implication for Singapore's Political and Economic Directions in the 1990s.* New York: St. Martin's Press.

Cohen, S. 1980. *Bukharin and Bolshevik Revolution.* Oxford: Oxford Univ, Press.

Connelly, William E. 2006. "The Virtue of Environmental Citizenship," in Dobson and D. Bell (eds.). *Environmental Citizenship.* Cambridge, MA: The MIT Press

Connolly, Willam E. 1995. *The Ethos of Pluralism.* Minneapolis, University of Minnesota Press.

Connoly, William E. 1995. *The Ethos of Pluralization.* Minneapolis: University of Minnesota Press.

Cooper, Barry. 1979. *Meleau-Ponty and Marxism.* Toronto: Toronto Univ. Press.

Cooper, Barry. I984. *The End of History: An Essay on Modern Hegelianism.* Toronto: University of Toronto Press.

Coser, L. 1971. *Masters of Sociological Thought.* New York.: Harcourt Brace Jovanovich INC.

Cotten, James. 1993. "Political Innovation in Singapore." In Garry Rodan (ed.). *Singapore Changes Guard: Social, Political and Economic Directions in the 1990s.* New York: St. Martin's Press.

Crimmins, J. E. 1996. "Contending Interpretation of Bentham's Utilitarianism." *Canadian Journal of Political Science.* Vol. 29, No. 4.

Dahl, Robert A. 2001. *How Democratic Is the American Constitution?.* New Haven: Yale University Press.

Dallmayr, F. R. 1976. "Beyond Dogma and Despair. Toward a Critical Phenomenology of Politics." *APSR.* Vol. 70.

Dallmayr, F. R. 1981. "Reason and emancipation: Notes on Habermas." *Beyond Dogma and Despair.* London: Noter dame Univ. Press.

Dallmayr, F. R. and Thomas A. McCarthy. 1997. "Introduction: The Crisis of Understanding." in F. R. Dallmayr and Thomas A. McCarthy (ed.). *Understanding and Social Inquiry.* Notre Dame: Notre Dame Univ. Press.

Dana, R. Shugar. 1995. *Separatism and Women's Community.* Lincoln: University of Nebraska Press.

Daniel Bell et al. 1995. *Towards Illiberal Democracy in Pacific Asia.* New York: St. Martin's Press.

Davis, Richard. 1999. *The Web of politics: The Internet's Impact on the*

American Political System. Oxford: Oxford Univ. Press.

Deleuze, Gilles, and Felix Guattari. 1987. *A Thousand Plateaus: Capitalism and Schizophrenia*. translated by Brian Massumi. Minneapolis: University of Minnesota Press.

Deutsch, Kenneth L. & John A. Murley (eds.). 1999. *Leo Strauss, the Straussians, and the American Regime*. Lanham: Rowman & Littlefield Publisher, INC.

Deutsch, Kenneth L. & Walter Nicgorski (ed.). 1994. *Leo Strauss: Political Philosopher and Jewish Thinker*. Lanham: Rowman & Littlefield Publisher, INC.

Deutscher, T. 1975. "Bukharinism vs Trotskyism." *Monthly Review*. Vol. 26. No. 11(April).

Devan, Janadas, and Geralding Heng. 1994. "A Minimum Working Hypothesis of Democracy for Singapore." In Derek da Cunha (ed.). *Debating Singapore*. Singapore : Institute of Southeast Asian Studies.

Devan, Janadas. 1994. *Southeast Asia: Challenges of the 21th Century*. Singapore: Institute of Southeast Asian Studies.

Devette, Pascale. 2014. "Plural Democracy and Plural Humanism: A Dialogue Between Chantal Mouffe and Albert Camus." *Parallax*. Vol. 20, No. 2.

Diggins, John P. 1984. *The Lost Soul of American Politics: Virtue, Self-Interest, and the Foundation of Liberalism*. Chicago: University of Chicago Press.

Dobson, Andrew. 1995. *Green Political Thought*. London: Routledge.

Dosse, François. 2010. *Gilles Deleuze and Félix Guattari: Intersecting Lives*. New York: Columbia University Press.

Drury, Shadia B. 1994. *Alexander Kojève: The Root of Postmodern Politics*. New York: St. Martin's Press.

Drury, Shadia B. 1988. *The Political Ideas of Leo Strauss*. New York: St. Martin's Press.

Drury, Shadia B. 1999. *Leo Strauss and the American Right*. Palgrave: Macmillan.

Dryzek, John S. 1987. *Rational Ecology: Environment and Political Economy*. Oxford: Basil Blackwell, 1987.

Dryzek, John S. 1996. "Strategies of Ecological Democratization." In William M. Lafferty (ed.). *Democracy and the Environment: Problems and*

Prospects. Brookfield: Edward Elgar.
Dryzek, John. 2005. "Deliberative Democracy in Divided Societies: Alternatives to Agonism and Analgesia." *Political Theory*. Vol. 33, No. 2.
D'souza, Dinesh. 1987. "The Legacy of Leo Strauss." *The Policy Review*. No. 40.
Easton, D. 1969. "The New Revolution in Political Science." *APSR*. Vol. 58, No. 4.
Easton, David. 1967. "The Current Meaning of Behavioralism." In J. C. Charlesworth (ed.). *Contemporary Political Analysis*. New York: The Free Press.
Eckersley, Robyn. 1998. "Environmental Rights and Democracy." In Roger Keil (ed.). *Political Ecology: Global and Local*. New York: Routledge.
Ehrenreich, Barbara. 1983. *The Heart of Men: American Dreams and the Flight from Responsibility*. Garden City, N.Y.: Anchor.
Elshtain, Jean Bethke. 1982. *The Family in Political Thought*. Amherst: University of Massachusetts Press.
Ely, John Hart. 1980. *Democracy and Distrust: A Theory of Judicial Review*. Cambridge.: Harvard University Press.
Emmerson, Donald K. 1995. "Singapore and Asian Value Debates." *Journal of Democracy*. Vol. 6.
Engelman, S. G. 2003. "Indirect Legislation: Bentham's Liberal Government." *Polity*. Vol. 35, No. 3.
Eric, Jones. 1994. "Asia's Fate: A Response to the Singapore School." *The National Interest* . No.35.
Etzioni, Amitai. 1993. *The Spirit of Community: Rights, Responsibilities, and the Communitarian Agenda*. New York: Crown Publishers.
Evangelista, Oscar L. 2002. *Building the National Community*. Quezon: New Day Publisher.
Evans, Brad, and Julian Reid. 2013. *Deleuze and Fascism*. London and New York: Routledge.
Feyerabend, P. 1975. *Against Mehtod*. London: New Left Book.
Fishkin, James S. 1991. *Democracy and Deliberation: New Direction for Democratic Reform*. New Haven: Yale University Press.
Flower, Robert Booth. 1999. *Enduring Liberalism: American Political Thought Since the 1960s*. Kansas: University Press of Kansas.

Foucault, M. 1980. "Nietzsche, Genealogy, History." In D. F. Bouchard (ed.). *Michel Foucault: Language, Counter-Memory, Practice: Selected Essays and Interviews.* New York :Cornell Univ. Press.

Foucault, Michel. 1976. "The Politics of Crime." *Partisan Review.* Vol. 43, No. 3.

Foucault, Michel. 1977. *Discipline and Punish.* translated by Alan Sheridan. New York: Vintage Books.

Foucault, Michel. 1977. *Discipline and Punishment,* trans. A. Sheridan. New York: Random House.

Foucault, Michel. 1980. *Power/Knowledge: Selected Interviews and Other Writings.* edited by Colin Gordon. New York: Pantheon Books.

Foucault, Michel. 1984. "The Subject and Power." In *Michel Foucault: Beyond Structuralism and Hermeneutics.* edited by Hubert L. Dreyfus and Paul Rabinow. Chicago: University of Chicago Press.

Foucault, Michel. 1990. *The History of Sexuality,* Vol. I : An Introduction. translated by Robert Hurley. New York: Vintage Books.

Foucault, Michel. 2000. *Power.* ed. by James D. Faubion and trans. by Robert Hurley and Others. New York: The New Press.

Foucault, Michel. 2006. *Psychiatric Power: Lectures at the College de France 1973-1974.* ed. by A. I. Davidson and trans. by G. Burchell. New York: PICADOR.

Fowler, Robert Booth. 1991. *The Dance with Community: The Contemporary Debate in American Political Thought.* Lawrence: University Press of Kansas.

Fowler, Robert Booth. 1999. *Enduring Liberalism: American Political Thought Since the 1960.* Kansas: University Press of Kansas.

Friedman, Marilyn. 1995. "Feminism and modern Friendship: Dislocating the Community." In *Social and Political Philosophy: Classical Texts in Feminist and Multi-cultural Perspective.* edited by James P. Sterba. Belmont, Calif : Wadsworth.

Fukuyama, Francis. 1992. "Asia's Soft-Authoritarian Alternative." *New Perspectives Quarterly.* Vol. 9, No. 2.

Fukuyama, Francis. 1992. *The End of History and the Last Man.* New York: The Free Press.

Fukuyama, Francis. 1995. "Confucianism and Democracy." *Journal of Democracy.*

Vol. 6.

Fukuyama, Francis. 1998. "Asian Values and the Asian Crisis." *Commentary* (February).

Funabashi, Yoichi. 1993. "The Asianisation of Asia." *Foreign Affairs*. Vol. 72, No. 5.

Funtowcz, S. O. and J. R. Ravetz. 1993. "Science for the Post-Normal Age." *Futures*. Vol. 25, No. 7.

Gadamer, H. J. 1975. *Truth and Method*. New York: Seabury.

Gadamer, H. J. 1976. "The University of the Hermeneutical Reflection." *Philosophical Hermeneutics*. Berkely: California University Press.

Galbraith, James K. 1998. *Created Unequal: The Crisis in American Pay*. New York: Free Press.

Gans, Herbert. 1988. *Middle American Individualism: Popular Participation and Liberal Democracy*. New York: Oxford University Press.

Giddens, Anthony. 1985. *The Nation State and Violence*. Oxford: Polity Press.

Giddens, Anthony. 2008. *The Politics of Climate Change: National Responses to the Challenge of Global Warming*. London: policy Network.

Gitlin, Todd. 1995. *The Twilight of Common Dreams: Why America is Wrecked by Culture Wars*. New York: Holt.

Glendon, Mary Ann. 1991. *Right Talk: The Impoverishment of Political Discourse*. New York: Free Press.

Goeminne, Gert. 2012. "Lost in Translation: Climate Denial and the Return of the Political." *Global Environmental Politics*. Vol. 12, No. 2 .

Goode, W. J. and P.K Hatt. 1952. *Method in Social Research*. New York : McGraw-Hill Book Company.

Gorbachev, M. 1989. *The Socialist Idea and Revolutionary Perestroika*. Novosti Press Agency Publishing House.

Gordon, David. 2002. "Democracy's False Prophet." *The Mises Review* (Fall).

Gorz. André. 1975. *Socialism and Revolution*. trans. Norman Denny. London: Allen Lane.

Gorz. André. 1980. *Ecology as Politics*. trans. Patsy Vigderman and Jonathan Cloud. Boston: South End Press.

Gorz. André. 1982. *Farewell to Working Class: An Essay on Post-Industrial Socialism*. trans. Michael Sonenscher. London and Sydney: Pluto Press.

Gorz. André. 1985. *Path to Paradise: On the Liberation from Work*. trans.

Malcolm Imrie. London and Sydney: Pluto Press.

Gorz. André. 1988. *Critique of Economic Reason.* trans. Gillian Handyside and Chris Turner. London: Verso.

Gorz. André. 1993. "Political Ecology: Expertocracy versus Self Limitation." *New Left Review.* No. 202.

Gorz. André. 1994. *Capitalism, Socialism and Ecology.* trans. Chris Turner. London: Verso.

Gourevitch, Victor. 1968. "Philosophy and Politics, Ⅰ." *Review of Metaphysics.* Vol. 22, No. 1.

Gourevitch, Victor. 1968. "Philosophy and Politics, Ⅱ." *Review of Metaphysics.* Vol. 22, No. 2.

Graham, Gordon. 1999. *The Internet: A Political Inquiry.* London: Routledge.

Grant, G. P. 1964. "Tyranny and Wisdom: A Comment on the Controversy Between Leo Strauss and Alexandre Kojève." *Social Research.* Vol. 31.

Greenstone, David. 1993. *The Lincoln Persuasion: Remaking American Liberalism.* Princeton, N.J.: Princeton University Press.

Grossman, Lawrence K. 1995. *The Electronic Republic.* Penguin Books.

Gunnell, John G. 1975. *Philosophy, Science and Political Inquiry.* Morristown, New Jersey: General Learning Press.

Gunnell, John G. 1986. *Between Philosophy and Politics: The Alienation of Political Philosophy.* University of Massachusetts Press.

Habermas, J. 1971. "Technology and Science as Ideology." *Toward a Rational Society: Student Protest, Science, and Politics,* trans. J. Shapiro. London: Heinemann.

Habermas, J. 1971. *Knowledge and Human Interests.* Boston: Beacon Press.

Habermas, J. 1977. "A Review of Gadamer's "Truth and Method"." In F. R. Dallmayr and Thomas A. McCarthy (eds.). *Understanding and Social Inquiry.* Notre Dame Univ. Press.

Habermas, Jurgen. 1996. "Three Normative Model of Democracy." In Seyla Benhabib (ed.). *Democracy and Difference.* Princeton NJ: Princeton University Press.

Habermas, Jurgen. 1996. *Between Facts and Norms: Contribution to a Discourse Theory of Law and Democracy.* Cambridge: MIT Press.

Habermas, Jurgen. 1998. *The Inclusion of the Other.* Cambridge: MIT Press.

Hacking, Ian. 1983. *Representing and Intervening.* Cambridge: Cambridge

Univ. Press.

Hague, Barry N. and Brian D. Loader (eds.). 1999. *Digital Democracy: Discourse and Decision Making in Information Age*. London: Routledge.

Hall, David L. and Roger T. Ames. 1999. *The Democracy of the Dead: Dewey, Confucius, and the Hope for Democracy in China*. Open Court Publishing Company.

Hardin, Garrett. 1968. "The Tragedy of the Commons." *Science*. Vol. 162.

Hardin, Garrett. 1973. "The Tragedy of the Commons." In J. Daly (ed.). *Towards a Steady State Economy*. San Francisco: W. H. Freeman.

Hardt, Michael and Antonio Negri. 2000. *Empire*, Cambridge, MA: Harvard University Press.

Hardt, Michael and Antonio Negri. 2004. *Multitude: War and Democracy in the Age of Empire*. New York: Penguin Press.

Harrison, Lawrence E. and Samuel P. Huntington. 2000. *Culture Matters: How Values Shape Human Progress*. New York: Basic Books.

Harz, Lousi. 1955. *The Liberal Tradition in America*. New York: Harcourt, Brace and World.

Hass, Michael. 1989. "The Politics of Singapore in the 1980s." *Journal of Contemporary Asia*. Vol. 19, No. 1.

Healey, P. 2003. "Collaborative Planning in Perspective." *Planning Theory*. Vol. 2, No. 2.

Hegel, G. W. F. 1967. *The Phenomenology of Mind*. New York: Harper Torch Books.

Heilbroner, Robert. 1974. *An Inquiry into the Human Prospect*. New York: Norton.

Heilbroner, Robert. 1980. *An Inquiry into the Human Prospect*. New York: W. W. Norton.

Held, David and Angus Fane Hervey. 2009. "Democracy, Climate Change and Global Governance." *Policy Network Paper*.

Hempel, C. G. 1966. *Philosophy of Natural Science*. Englewood Cliffs: Prentice Hall.

Herrington, Matthew. 2002. "Don't Just Do Something, Stand There: A Review of Robert A. Dahl's Recent Book on Democracy and the Constitution." *FindLaw's Book Reviews*. Friday, May 10.

Hewlett, Sylvia. 1986. *A Lesser Life: The Myth of Women's Liberation in*

America. New York: Morrow.

Hill, Kevin A & John E. Hughes. 1988. *Cyberpolitics: Citizen Activism in the Age of the Internet*. Lanham: Rowman & Littlefield.

Hillier, J. 2002. "Direct Action and Agonism in Democratic Planning Practice." In P. Allemendinger and M. Tewdwr-Jones (eds.). *Planning Futures: New Directions for Planning Theory*. London: Routledge.

Hilmer, Jeffrey D. 2014. "Chantal Mouffe, Agonistics: Thinking the World Politically." *Theoria*. Vol. 61, No. 1.

Hinchman, Lewis P. 1994. *Hannah Arendt: Critical Essays*. State University of New York Press.

Hitchcock, David I. 1994. *Asian Values and the United States: How Much Conflict?*. Washington: Centre to Strategic and International Studies.

Hitchcock, David I. 1997. *Factors Affecting East Asian Views of the United States: The Search for Common Ground*. Washington, D.C.: The Center for Strategic & International Studies.

Holland, Eugene W. 1998. "From Schizophrenia to Social Control." In Eleanor Kaufman and Kevin Jon Heller, *Deleuze and Guattari: New Mappings in Politics, Philosophy, and Culture*. Minneapolis: University of Minnesota.

Holland, Eugene W. 2006. "The Utopian Dimension of Thought in Deleuze and Guattari." *Arena Journal*. No. 25/26.

Holland, Eugene W. 2008. "Schizoanalysis, Nomadology, Fascism. Deleuze and Politics." In I. Buchanan and N. Thoburn (eds.). *Deleuze and Politics*. Edinburgh: Edinburgh University Press.

Holmes, David (ed.). 1997. *Virtual Politics: Identity and Community in the Cyberspace*. London: Sage.

Holmes, Stephen. 1989. "Truth for the Philosophers Alone?". *Time Literary Supplement*. Dec.1-7.

Holton, Richard. 1998. *Cyberspace: Identity, Community, and Knowledge in the Electronic Age*. Boston: McGraw-Hill.

Horkheimer, Max. 1974. *Eclipse of Reason*. New York: Seaburg.

Horwitz, Robert H. (ed.). 1986. *The Moral Foundation of the American Republic*. Charlottesville: University Press of Virginia.

Howard, Dick and Karl E. Klare (eds.). 1972. *Unknown Dimension: European Marxism Since Lenin*. New York: Basic Books.

Hoy, David Couzen (ed.). 1986. *Foucault: A Critical Reader*. Oxford: Basil Blackwell.

Hudson, William E., 2004. *American Democracy in Peril: Eight Challenges to America's Future*. Washington D.C.: CQ Press.

Hulme, Mike. 2009. *Why We Disagree about Climate Change*. Cambridge: Cambridge University Press.

Huntington, Samuel P. 1981. *American Politics: The Promise of Disharmony*. Cambridge, Mass: Harvard University Press.

Huntington, Samuel. 1993. "American Democracy in Relation to Asia." In Robert Bartley et al., *Democracy and Capitalism: Asian and American Perspective*. Singapore : Institute of Southeast Asian Studies.

Husserl, E. 1970. *The Crisis of European Sciences and Transcendental Phenomenology*. trans. David Carr. Evanston: Northwestern Univ. Press.

Hutton, Will. 2012. "Global Warming off the Agenda? Now That Would be a Catastrophe." *The Observer* (24 June).

Huxley, Tim. 1992. "Singapore's Politics in the 1980s and 90s." *Asian Affairs*. Vol. 23.

IFPRI. 2009. "Climate Change: Impact on Agriculture and Costs of Adaptation." available at www.ifpri.org/publication/climate-change-impact-agriculture-and-costs-adaptation.

Inglehart, Ronald. 1997. *Modernization and Postmodernization: Culture, Economic and Political Change in 43 Societies*. Princeton: Princeton University Press.

Issac, Jeffrey C. 1992. *Arendt, Camus and Modern Rebellion*. NewHaven and London: Yale University Press.

Jaffa, Harry V. 1982. *Crisis of the House Divided: An Interpretation of the Issues in the Lincoln-Douglas Debate*. Chicago: University of Chicago Press.

Jaffa, Harry V. 1985. "Reply to Thomas Pangle." *National Review*. November 29.

Janes, Steve. 1999. *Doing Internet Research*. London: Sage.

Janis, Irving L. 1982. *Groupthink* 2d ed. Boston, Houghton Mifflin.

Jones, David Martin, and David Brown. 1994. "Singapore and the Myth of the Liberalizing Middle Class." *The Pacific Review*. Vol. 7, No. 1.

Jones, Mattew. 2014. "Chantal Mouffe's Agonistic Project: Passion and

Participation." *Parallax* (April).
Jordon, Tim. 1999. *Cyberpower: The Culture and Politics of Cyberspace & the Internet.* London: Routhledge.
Jung, Hwa Yol. 1979. *The Crisis of Political Understanding.* Pittsburgh: Duquesne Univ. Press.
Kahn, H. and T. Pepper. 1979. *World Economic Development: 1979 and Beyond.* Boulder, Colorado: Westview Press.
Kalyvas, A. 2009. "The Democratic Narcissus: The Agonism of the Ancients Compared to that of the Post Moderns." In Andrew Saap (ed.) *Law and Agonistic Politics.* Aldershot: Ashgate.
Kann, Mark. 1991. *On the Man Question: Gender and Civic Virtue in America.* Philadelphia: Temple University Press.
Kapoor, Ilan. 2002. "Deliberative Democracy or Agonistic Pluralism? The Relevance of the Habermas-Mouffe Debate for Third World Politics." *Alternatives* 27.
Kateb, George. 1984. *Hannah Arendt: Politics, Conscience, Evil, Totowa,* NJ: Rowman and Allanheld.
Keil, Roger. 1998. *Political Ecology: Global and Local.* New York: Routledge.
Kelly, George Armstrong. 1966. "Notes on Hegel's Lordship and Bondage." *Review of Metaphysics.* Vol. 19, No. 4(June).
Kerber, Linda. 1980. *Women of the Republic: Intellect and Ideology in Revolutionary America.* Chapel Hill: University of North Carolina Press.
Kesler, Charles R. 1985. "Is Conservatism Un-American." *National Review.* March 22.
Khan, Gulshan. 2013. "Critical Republicanism: Jurgen Habermas and Chantal Mouffe." *Contemporary Political Theory.* Vol. 12, No. 4.
Kielmansegg, Peter Graf, Horst Mewes and Elizabeth Glaser-Schmidt (eds.) 1995. *Hannah Arendt and Leo Strauss: German Émigrés and American Political Thought after World War II*. New York: Cambridge University Press.
King, Desmond (ed.). 1997. *Rethinking Local Democracy.* Palgrave: Macmillan.
Klaus-Georg Riegel. 2000. "Inventing Asian Tradition: The Controversy between LeeKuan Yew and Kim Dae Jung." *Development and Society.* Vol. 29, No. 1.
Kojève, A. 1945. "Hegel, Marx et Le Christianisme." *Critique.* No. 3-4.

Kojève, A. 1946. "Christianisme et Communisme." *Critique*. No. 3-4.

Kojève, A. 1956. "Le Dernier Monde Nouveau." *Critique*. Vol. 12, No. 2.

Kojève, A. 1957. "Capitalisme et socialisme: Marx est Dieu, Ford est Son Prophète." *Commentaire*. Vol. 9(Spring).

Kojève, A. 1968. "Entretien avec Gilles Lapouge: 'Les Philosophes ne m'intéressent pas, je cherche des sages.'" *La Quinzaine Littéraire*. Vol. 53(July).

Kojève, A. 1969. *Introduction to the Reading of Hegel: Lectures on the Phenomenology of Spirit*. trans. James. H. Nichols, Jr., ed. Allan Bloom. New York: Basic Books.

Koopman, Colin. 2013. *Genealogy as Critique: Foucault and the Problem of Modernity*. Bloomington: Indiana University Press.

Kovel Joel. 1995. "Ecological Marxism and Dialectic." *Capitalism Nature Socialism*. Vol.6, No.4.

Kruks, Sonia. 1981. *The Political Philosophy of Merleau-Ponty*. Sessex: The Harvester Press.

Kuhn, T. 1970. *The Structure of Scientific Revolutions*. Chicago: Chicago Univ. Press.

Kuhn, T. 1976. "Reflection on My Critics." In *Criticism and The Growth of Knowledge*. I. Lakatos and A Musgrave (ed.), Cambridge: Cambridge Univ. Press.

Kuhn, T., 1970. *The Structure of Scientific Revolution*. Chicago: Chicago Univ. Press.

Kurtz, Stanley. 2002. "The Future of History: Francis Fukuyama vs. Samuel P. Huntington." *Policy Review* (June/July).

Lacatos, I. 1976. "Falsification and The Methodology of Scientific Research Programmes." In *Criticism and The Growth of Knowledge*. I. Lakatos and A Musgrave (ed.), Cambridge: Cambridge Univ. Press.

Lafferty, William M. (ed.). 1996. *Democracy and the Environment: Problems and Prospects*. Brookfield: Edward Elgar.

Lafferty, William M. 2000. "Democracy and Ecological Rationality: New Trial for an Old Ceremony." In Guy Lachapelle and John Trent (eds.). *Globalization, Governance and Identity: The Emergence of New Partnerships*. Montreal: Montreal University Press.

Lafferty, William M., James Meadowcroft (ed.). 1996. *Democracy and the*

Environment: Problem and Prospects. Cheltenham, Brookfield: Edgar Elgar.
Lakatos, I. & A. Musgrave (ed.). 1976. *Criticism and the Growth of Knowledge*. Cambridge: Cambridge Univ. Press.
Land, Nick. 1993. "Making It with Death: Remarks on Thanatos and Desiring-Production." *Journal of the British Society of Phenomenology*. Vol. 24, No. 1.
Larmore, Charles. 1990. "The Political Liberalism." *Political Theory*. Vol. 18, No. 3.
Larrain, J. 1979. *The Concept of Ideology*. London: Hutchinson.
Lefort, C. 1986. "Contradiction of Trotsky." In J. B. Thom-son (ed.). *The Political Forms of Modern Society*. Cambridge: Polity Press.
Lefort, Claude. 1986. *The Political Forms of Modern Society: Bureaucracy, Democracy, Totalitarianism*. Cambridge: Polity Press.
Lefort, Cluade. 1992. *Ecrire: A L'éverpe du Politique*. Paris: Calmann-Levy.
Lenin, V. I. 1960. *Collected Works*. Moscow: Progress Publishers.
Lianos, Michalis. 2003. "Social Control after Foucault." *Surveillance & Society* 1/3.
Lichteim, G. 1969. *Marxism in Modern France*. New York: Columbia Univ. Press.
Lijphart, Arend. 1977. *Democracy in Plural Societies: A Comparative Exploration*. New Haven: Yale University Press.
Lijphart, Arend. 1984. *Democracies: Patterns of Majoritarian and Consensus Government in Twenty-One Countries*. New Haven and London: Yale University Press.
Lijphart, Arend. 1999. *Patterns of Democracy: Government Forms and Performance in Thirty-Six Countries*. New Haven and London: Yale University Press
Lim, Linda Y. C. 1983. "Singapore's Success: The Myth of the Free Market Economy." *Asian Survey*. Vol. 23, No. 6.
Lindblom, Charles E. 1977. *Politics and Market: The World's Political Economic System*. New York: Basic Books.
Lindblom, Charles E. 1988. *Democracy and the Market System*. Oxford: Oxford University Press.
Lipset, Samuel M. 1981. *Political Man: The Social Bases of Politics*. Baltimore,

Maryland: The John Hopkins University Press.
Lipset, Seymour Martin. 1996. *American Exceptionalism: A Double-Edged Sword.* New York: Norton.
Loader, Brian D. (ed.). 1997. *The Governance of Cyberspace.* London: Routledge.
Loader, Brian D. 1998. *Cyberspace Divide.* London: Routledge.
Lovelock, James. 2009. *The Vanishing Face of Gaia: A Final Warning.* London: Allen Lane.
Lowi, Teodore. 1995. *The End of the Republican Era.* Norman: University of Oklahoma Press.
Lukacs, G. 1972. *History and Class Consciousness: Studies in Marxist Dialectics.* Cambridge: The MIT Press.
Lukacs, G. 1981. *The Destruction of Reason.* trans. P. Palmer. New Jersey: Humanities Press.
Lynd, Staughton. 1969. *The Intellectual Origin of American Radicalism.* London: Faber.
Lyon, David. 1993. "An Electronic Panopticon? A Sociological Critique of Surveillance Theory." *The Sociological Review.* Vol. 41.
Lyotard, Jean-François. 1984. *The Postmodern Condition: A Report on Knowledge.* trans. Geoff Bennington and Brian Massouli, Minneapolis: Minnesota University Press.
Maaranen, Steven A. 1978. "Leo Strauss: Classical Political Philosophy and Modem Democracy." *Modern Age.* Vol. 22, No. 1(Winter).
Macedo, Stephen. 1987. *Liberal Virtue: Citizenship, Virtue, and Community in Liberal Constitutionalism.* New York: Holt.
Machin, Amanda. 2013. *Negotiating Climate Change: Radical Democracy and the Illusion of Consensus.* London & New York: Zed Books.
Maclntyre, Alasdair. 1984. *After Virtue.* Notre Dame, Indiana: University of Notre Dame Press.
Macpherson, C. B. 1979. *The Life and Times of Liberal Democracy,* Oxford: Oxford University Press.
Madison, Gay B. 1981. *The Phenomenology of Merleau-Ponty.* Ohio: Ohio Univ. Press.
Maniates, Michael F. 2001. "Individualization: Plant a Tree, Buy a Bike, Save the World?" *Global Environmental Politics.* Vol. 1, No. 3.
Marcuse, Herbert. 1964. *One-Dimensional Man.* Boston: Beacon.

Margolin, Jean-Louis. 1993. "Foreign Models in Singapore's Development and the Idea of a Singapore Model." In Garry Rodan (ed.). *Singapore Changes Guard: Social, Political and Economic Directions in the 1990s.* New York : St. Martin's Press.

Martell, Luke. 1994. *Ecology and Society.* Cambridge: Polity Press.

Marx, K. 1979. Theses on Feuerbach. In R. Tucker (ed.). *The Marx-Engels Reader.* New York: Princeton Univ. Press.

Marx, K. and F. Engels. 1976. *The German Ideology.* Moscow: Progress Publisher.

Mason, Michael. 1999. *Environmental Democracy.* London: Earthscan.

Mathiesen, Thomas. 1997. "The Viewer Society: Michael Foucault's Panopticon Revisited." *Theoretical Criminology.* Vol. 1, No. 2.

Mavrakis, K. 1976. *On Trotskyism.* London: Routledge and Kegan Paul.

May, Larry and Jerome Kohn (ed.). 1997. *Hannah Arendt: Twenty Years Later.* Cambridge, Massachusetts: The MIT Press.

McGowan, John. 1998. *Hannah Arendt: an Introduction.* Minneapolis: University of Minnesota Press.

McWilliams, Wilson Carey. 1973. *The idea of Fraternity in America.* Berkeley: University of California Press.

Medvedev, R. 1974. "On Gulag Archipelago." *New Left Review.* Vol. 15.

Merleau-Ponty, M. 1962. *Phenomenology of Perception.* trans. Colin Smith. London: R. K. P.

Merleau-Ponty, M. 1963. *In Praise of Philosophy.* trans., J. Wild & J. M. Edie . Evanston: Northwestern Univ. Press.

Merleau-Ponty, M. 1964. *Sense and Nonsense.* trans H. L. Dreyfus & P. A. Dreyfus. Evanston: Northwestern Univ. Press.

Merleau-Ponty, M. 1964. *Signs.* trans. Richard Mecleary. Evanston: Northwestern Univ. Press.

Merleau-Ponty, M. 1964. *The Primacy of Perception and Other Essays.* (ed.). James M. Edie. Evanston: Northwestern Univ. Press.

Merleau-Ponty, M. 1969. *Humanism and Terror.* trans. J. O'Neill. Boston: Beacon Press.

Merleau-Ponty, M. 1970. *Themes from the Lectures at the College de France.* trans. J. O'Neill. Evanston: Northwestern Univ. Press.

Merleau-Ponty, M. 1973. "The Crisis of Understanding." *Adventure of Dialectic.*

tran S. J. Bien. Evanston: Northwestern Univ. Press.
Merleau-Ponty, M. 1973. *Adventure of the Dialectic.* trans. J. Bien. Evanston: Northwestern Univ. Press.
Merquior, J. G. 1985. *Foucault.* London: Fontana Press.
Meyer, A. G. 1970. "Theory of Convergence." In C. Johnson (ed.). *Change in Communist Systems.* Stanford: Stanford Univ. Press.
Michaelson, Nicholas. 2013. "Fascist Lines of the Tokkotai." In Brad Evans, and Julian Reid, *Deleuze and Fascism.* London and New York: Routledge.
Miliband, Ralph. 1973. "Poulantzas and The Capitalist State." *New Left Review.* No. 82.
Miliband. Ralph. 1970. "The Capitalist State: a Reply to Nicos Poulantzas." *New Left Review.* No. 59.
Miller, E. 1972. "Positivism, Historicism, and Political Inquiry." *APSR.* Vol. 66, No. 3.
Mills, C. Wright. 1956. *The Power Elite.* New York: Oxford University Press.
Mills, Mike. 1996. "Green Democracy: The Search for an Ethical Solution." In B. Doherty and M. de Geus (eds.). *Democracy and Green Political Thought: Sustainability, Rights and Citizenship.* London: Routledge.
Milner, Anthony and Deborah Johnson. 1997. "The Idea of Asia." In John Ingelson (ed.). *Regionalism, Subregionalism and APEC.* Clayton: Monash Asia Institute.
Milner, Anthony and Mary Quilty (eds.). 1997. *Australia in Asia: Comparing Cultures.* Melbourne: Oxford University Press.
Milner, Anthony. 2002. "Asia Consciousness and Asian Value." *Faculty of Asian Studies.* http://www.anu.edu.au/asianstudies.
Milner, Anthony. 2002. "What Happened to Asian Values?" *Faculty of Asian Studies.* http://www.anu.edu.au/asianstudies
Moon, J. D. 1975. "The Logic of Political Inquiry: A Synthesis of Opposed Perspectives." In F. I. Greenstein and W. Polsby (eds.). *Political Science, Vol. 1: Scope and Theory.* Addison-Wesley Publishing Company.
Mouffe, Chantal. 1993. *The Return of The Political.* London & New York: VERSO.
Mouffe, Chantal. 1999. "Deliberative Democracy or Agonistic Pluralism." *Social Research.* Vol. 66, No. 3.
Mouffe, Chantal. 2000. *The Democratic Paradox.* London & New York:

VERSO
Mouffe, Chantal. 2005. *On The Political.* New York: Routledge.
Mouffe, Chantal. 2013. *Agonistics: Thinking the World Politically.* London & New York: VERSO.
Natanson, Maurice. 1973. "Introduction to Part Ⅲ." In M. Natanson (ed.). *Philosophy of the Social Science.* Evanston: Northwestern Univ. Press.
Nealon, Jeffrey T. 2008. *Foucault Beyond Foucault: Power and Its Intensification Since 1984.* Stanford: Stanford University Press.
Noordin Sopiee. 1995. "The Development of an East Asian Consciousness." In G. Sheridan (ed.). *Living with Dragon,: Australia Confronts Its Asian Destiny.* Sidney: Allen and Unwin.
Norris, Pippa. 2001. *Digital Divide.* Cambridge: Cambridge University Press.
Oakeshott, Michael. 1975. *On Human Conduct.* Oxford: Clarendon.
O'Donnell, G. 1973. *Modernization and Bureaucratic Authoritarianism.* Berkely: California Univ. Press.
Okin, Susan Moller. 1989. *Justice, Gender, and the Family.* New York: Basic Books.
Ooi Giok Ling. 1990. *Town Councils in Singapore: Self-determination for Public Housing Estates.* Singapore : Time Academic Press.
Ophuls, William. 1977. *Ecology and the Politics of Scarcity.* San Francisco: Freeman.
Ophuls, William. 1997. *Requiem for Modern Politics: The Tragedy of the Enlightenment and the Challenge of the New Millenium.* Boulder, Colo.: Westview.
Orstein, Norman and Amy Schenkenberg. 1996. "The Promise and Perils of Cyberdemocracy." *American Enterprise.* Vol. 7, No. 2.
Paehlke, Robert. 1996. "Environmental Challenges to Democratic Practice." In William M. Lafferty (ed.). *Democracy and the Environment: Problems and Prospects.* Brookfield: Edward Elgar.
Palmer, R. E. 1969. *Hermeneutics: Interpretation Theory in Schleiermacher, Dilthey, Heidegger, and Gadamer.* Evanston: Northwestern University Press.
Pangle, Thomas L. 1985. "Patriotism: American Style." *National Review.* November 29.
Pateman, Carole. 1970. *Participation and Democratic Theory.* Cambridge:

Cambridge University Press.
Paul, Eric C. 1993. "Prospects for Liberalization in Singapore." *Journal of Contemporary Asia*. Vol. 23, No. 3.
Peperman Taylor, Bob. 1996. "Democracy and Environmental Ethics." In William Laffertyand James Meadowcroft (eds.). *Democracy and Environment*. Cheltenham and Lyme CT: Edward Elgar.
Perez, Rolando. 1990. *On An(anarchy) and Schizoanalysis*. New York: Autonomedia.
Peter L. Berger. 1993. "An East Asian Development Model." In Peter L. Berger, and H. Hsiao (eds.). *In Search of an East Asian Development Model*. New Brunswick, NJ: Transaction Press.
Phillips, Derek. 1993. *Looking Backward: A Critical Appraisal of Communitarian Thought*. Princeton, N.J.: Princeton University Press.
Pillitt, Katha. 1992. "Are Women Morally superior to Me?" *Nation* (Dec 28).
Pippin, Robert P. 1993. "Being, Time, and Politics: The Strauss-Kojève Debate." *History and Theory*. Vol. 32, No. 2.
Plumwood, Val. 1995. "Has Democracy Failed Ecology: An Economist Perspective." *Environmental Politics*. Vol. 4, No. 4.
Popper, K. 1959. *The Logic of Scientific Discovery*. New York : Harper and Row Publisher.
Popper, K. 1972. *Conjectures and Refutations*. London: Routledge and Kegan Paul.
Popper, K. 1979. *Objective Knowledge*. Oxford: The Clarendon Press.
Poster, Mark. 1975. *Existential Marxism in Postwar France*. Princeton: Princeton University Press.
Poster, Mark. 1990. *The Mode of Information: Poststructuralism and Social Context*. Chicago: Chicago University Press.
Poulantzas, Nicos. 1969. "The Problem of The Capitalist State." *New Left Review*. No. 58.
Protevi, J. 2000. "A Problem of Pure Matter: Fascist Nihilism in A Thousand Plateaus." In K. A. Pearson and D. Morgan (eds.). *Nihilism Now: Monsters or Energy*. London and New York: Macmillan Press.
Pye, Lucian W. 1985. *Asian Power and Authority: The Cultural Dimensions of Authority*. Belknap Press of Harvard University Press.
Quah, Jon S. T. 1991. "The 1980s: A Review of Significant Political

Developments." In Ernest C. T. Chew, and Edwin Lee (eds.). *A History of Singapore.* Oxford: Oxford University Press.

Quah, Stella R., Chiew Seen Kong, Ko Yiu Chung, and Sharon Mengchee Lee. 1991. *Social Class in Singapore.* Singapore: Time Academic Press.

Rakove, Jack N. 1996. *Original Meaning: Political and Ideas in the Making of the Constitution.* New York: Knopf.

Rancière, Jacque. 1998. *Disagreement.* Minneapolis: University of Minneapolis Press.

Regan, Tom. 1983. *The Case for Animal Rights.* Berkeley: University of California Press.

Reid, Julian. 2003. "Deleuze's War Machine: Nomadism Against the State." *Millenium-Journal of International Studies.* Vol. 32, No. 1.

Ricoeur, P. 1980. "The Model of the Text: Meaningful Action Considered as a Text." In P. Ricoeur. *Hermeneutics and the Human Sciences: Essays on Language, Action and Interpretation.* ed. & trans. by T. B. Thompson. London: Cambridge Univ. Press.

Riley Patrick. 1981. "Introduction to the Reading of Alexandre Kojève." *Political Theory.* Vol. 9, No. 1(February).

Rodan, Gary. 1992. "Singapore's Leadership Transition: Erosion or Refinement of Authoritarian Rule?" *Bulletin of Concerned Asian Scholars.* Vol. 24, No. 1.

Rodan, Gary. 1993. "The Growth of Singapore's Middle Class and Its Political Significance." In Garry Rodan (ed.). *Singapore Changes Guard: Social, Political and Economic Directions in the 1990s.* New York: St. Martin's Press.

Ronald Inglehart and Wayne E. Baker. 2000. "Modernization, Cultural Change, and the Persistence of Traditional Values." *American Sociological Review.* Vol. 65.

Ronfeldt, David. 1992. "Cyberocracy is Coming." *The Information Society.* Vol. 8, No. 4.

Rorty, Richard. 1989. *Contingency, Irony, and Solidarity.* New York: Cambridge University Press.

Rosen, Stanley. 1987. *Hermeneutics as Politics.* Oxford: Oxford University Press.

Roth, Michael S. 1985. "A Problem of Recognition: Alexandre Kojève and the

End of History." *History and Theory.* Vol. 24, No.3.

Roth, Michael S. 1988. *Knowing & History: Appropriation of Hegel in Twentieth Century France.* Ithaca: Cornell University Press.

Roy, Denny. 1994. "Singapore, China, and the Soft Authoritarian Challenge." *Asian Survey.* Vol. 34, No. 3.

Rummens, Stefan. 2009. "Democracy as Non-Hegemonic Struggle? Disambiguating Chantal Mouffe's Agonistic Model of Politics," *Constellation,* Vol. 16, No. 3.

Runciman, W. G. (ed.). 1978. *Max Weber: Selections in Translation.* trans. E. Matthews. Cambridge: Cambridge University Press.

Sale, Kirkpatrick. 1985. *Dwellers in the Land: The Bioregional Vision.* San Francisco: Sierra Club Books.

Samuel Huntington. 1991. *The Third Wave: Democratization in the late Twentieth Century.* Norman and London: University of Oklahoma Press.

Sandel, Michael. 1982. *Liberalism and the Limit of Justice.* Cambridge: Cambridge University Press.

Sandel, Michael. 1996. *Democracy's Discontent: America in Search of a Public Philosophy.* Cambridge, Mass: Harvard University Press.

Sartre, J. P. 1965. *Situations,* Trans. Benita Eisler. Connecticut: Fawcett Publication.

Sayers, Sean. 1987. "The Need to Work." *Radical Philosophy.* No.87.

Sayers, Sean. 1991. "Gorz on Work and Liberation." *Radical Philosophy.* No. 58.

Scalapino, Robert A. 1992. "National Political Institutions and Leadership in Asia." *The Washington Quarterly.* Vol. 15.

Schaefer, David Lewis. 1991. "Leo Strauss and American Democracy: A Response to Wood and Holmes." *Review of Politics.* No. 53.

Schilpp, P. A. (ed.). 1974. *The Philosophy of K. Popper.* La Salle, Illinois: Open Court.

Schlesinger Jr., Arthur M. 1973. *The Imperial Presidency.* Boston: Houghton Mifflin.

Schlosberg, David and Sara Rinfret. 2008. "Ecological Modernization, American Style." *Environmental Politics,* Vol. 17, No. 2.

Schmitt, Carl. 1985. *Parliamentary Democracy.* Cambridge, MA.: The MIT

Press.

Schofield, Philip. 2009. *Bentham: A Guide for the Perplexed*. Bodmin: Continuum.

Schudson, Michael. 1992. "The Limits of Teledemocracy." *The American Prospect*. Vol. 11.

Schumpeter, Joseph. 1950. *Capitalism, Socialism and Democracy*. New York: Harper & Bros.

Schutz, A. 1962. *Collected Papers, Vol. 1: The Problem of Social Reality*. ed. Maurice Natanson. The Hague: Martinus Nijhoff.

Seah Chee Meow. 1973. *Community Centers in Singapore: Their Political Involvement*. Singapore: Singapore University Press.

Semple, Janet. 1992. "Foucault and Bentham: A Defence of Panopticism." *Utilitas*. Vol. 4, No. 1.

Shee Poon Kim. 1991. "Singapore: in 1990: Continuity and Stability." *Asian Survey*. Vol. 31, No. 2.

Singh, Bilver. 1994. "Singapore: Change amidst Continuity." In *Southeast Asian Affairs 1994*. Singapore: Institute of Southeast Asian Studies.

Skinner, Quentin. 1984. "The Idea of Negative Liberty: Philosophical and Historical Perspectives." In R. Rorty, J. B. Schineewind and Q. Skiner (eds.), *Philosophy in History*. Cambridge: Cambridge University Press.

Smart, Barry. 1983. *Foucault, Marxism and Critique*. London: Routledge and Kegan Paul.

Smith, Graham. 2003. *Deliberative Democracy and the Environment*. New York: Routledge.

Sopiee, Noordin. 1995. "The Development of an East Asian Consiousness." In G. Sheridan (ed.). *Living with Dragon: Australia Confronts Its Asian Destiny*. Sidney: Allen and Unwin.

Souvarine, B. 1939. *Stalin*. trans. C. R. James. London: Secker and Warburg.

Spiegelberg, H. 1982. *The Phenomenological Movement: A Historical Introduction*. The Hague: Martinus Nijhoff.

Stavrakakis, Y. 2014. "Discourse Theory, Post-Hegemonic Critique and Chantal Mouffe's Politics of the Passions." *Parallax*. Vol. 20, No. 2.

Stoekl, Allan. 1994. "Round Dusk: Kojève at The end." *Postmodern Culture*. Vol. 5, No. 1(September).

Strange, Gerard. 1996. "Which Path to Paradise?: André Gorz, Political Ecology and the Green Movement." *Capital and Class*. Vol. 17, No. 59.

Strasser, S. 1967. "Phenomenology and the Human Sciences." In J. J Kockelman (ed.). *Phenomenology*. New York: Doubleday Anchor.

Strauss, Leo. 1953. *Natural Right and History*. Chicago: University of Chicago Press.

Strauss, Leo. 1958. *Thought on Machiavelli*. Chicago: University of Chicago Press.

Strauss, Leo. 1959. *What is Political Philosophy*. Westport, Conn.: Greenwood Press.

Strauss, Leo. 1963. *On Tyranny*. Ithaca: Cornell University Press.

Strauss, Leo. 1964. "The Crisis of Our Time." Harold J. Spaeth, ed. *The Predicament of Modern Politics*. Detroit: University of Detroit Press.

Strauss, Leo. 1968. *Liberalism Ancient and Modern*. New York: Cornell University Press.

Strauss, Leo. 1980. *Persecution and the Art of Writing*. Chicago: University of Chicago Press.

Strauss, Leo. 1985. *What is Political Philosophy*. Glencoe, Illinois: The Free Press.

Strauss, Leo. 1989a. *The Rebirth of Classical Political Rationalism*. Chicago: University of Chicago Press.

Strauss, Leo. 1989b. *Liberalism Ancient and Modern*. Ithaca: Cornell University Press.

Strauss, Leo. 1991. *On Tyranny*. ed. Victor Gourevitch and Michael S. Roth. New York : Free Press.

Strauss, Leo. I959. *What is Political Philosophy?* Glencoe, Illinois: The Free Press.

Suryadinata, Leo. 1987. "Ethnic Chinese in Southeast Asia: Problems and Prospects." *Journal of International Affairs*. Vol. 41, No. 1.

Swyngedouw, Erik. 2010. "Apocalypse Forever?: Post-political Populism and the Spectre of Climate Change." *Theory, Culture and Society*. Vol. 27, No. 2-3.

Tambakaki, Paulina. 2014. "The Task of Agonism and Agonism to the Task: Introducing Chantal Mouffe: Agonism and the Politics of Passion." *Parallax*. Vol. 20, No. 2.

Taylor, Bob Pepperman. 1996. "Democracy and Environmental Ethics." In William M. Lafferty (ed.). *Democracy and the Environment: Problems and Prospects*. Brookfield: Edward Elgar.

Taylor, Charles. 1985. *Philosophical Papers: Vol. 2, Philosophy and the Human Science.* Cambridge: Cambridge University Press.

Thaler, Mathias. 2010. "The Illusion of Purity: Chantal Mouffe's Realist Critique of Cosmopolitanism." *Political Science Criticism.* Vol. 36, No. 7.

Titmuss, Richard. 1970. *The Gift Relationship.* London: George Allen and Unwin.

Toulouse, Chris and Timothy W. Luke (ed.). 1998. *The Politics of Cyberspace.* New York: Routledge.

Trotsky, L. 1969. *The Permanent Revolution and Results and Prospects.* 3rd. ed. New York.

Trotsky. L. 1972. *The Revolution Betrayed.* New York: Pathfinder Press.

Truman, David. 1951. *The Governmental Process.* New York: Knopf.

Tsaqarousianou, Rosa Al (ed.). 1998. *Cyberdemocracy: Technology, Cities & Civic Networks.* London: Routledge.

Tu, Wei-ming. 1984. *Confucian Ethics Today: The Singapore Challenge.* Singapore Curriculum Development Institute of Singapore.

Tu, Wei-ming. 1996. *Confucian Tradition in East Asia Modernity: Moral Education and Economic Culture in Japan and the Four Mini-Dragons.* Cambridge, MA: Harvard University Press.

Valentino, Benjamin A. 2004. *Final Solution: Mass Killing and Genocide in the Twentieth Century.* Ithaca and London: Cornell University Press.

Vasil, Raj. 1992. *Governing Singapore.* Singapore: Mandarin.

Vasoo, S. 1984. *Neighbourhood Leaders' Participation in Community Development.* Singapore: Times Academic Press.

Vogel, Ezra. 1991. *The Four Little Dragons: the Spread of Industrialization in East Asia.* Cambridge, Mass: Harvard University Press.

Walzer, Michael. 1983. *Spheres of Justice: A Defence of Pluralism and Equality.* New York: Basic Books.

Walzer, Michael. 1984. *Spheres of Justice: A Defence of Pluralism and Equality.* New York: Basic Books.

Ward, Hugh, 1997. "Green Arguments for Local Democracy." In Desmond King (ed.). *Rethinking Local Democracy.* Palgrave: Macmillan.

Watkins, J. 1976. "Against Normal Science." In *Criticism and The Growth of Knowledge.* I. Lakatos and A Musgrave (ed.). Cambridge: Cambridge Univ. Press.

Weare, Christophere, Juliet A. Musso, Matthew L. Hale. 1999. "Electronic Democracy and the Diffusion of Municipal Web Pages in California." *Administration and Society*. Vol. 31, No. 1.

Weber, M. 1949. "The Meaning of 'Ethical Neutrality'." *The Methodology of the Social Science*. trans & eds. by E.A. Shils and H.A.Finch. New York : The Free Press.

Wenman, Mark. 2013. *Agonistic Democracy: Constituent Power in the Era of Globalisation.* Cambridge: Cambridge University Press.

West, Thomas G. 1991. "Leo Strauss and the American Founding." *Review of Politics*. No. 53.

Wilhelm, Anthony G. 2000. *Democracy in the Digital Age*. New York: Routledge.

Wills, Garry. 1979. *Nixon Agonistes: The Crisis of the Self-Made Man.* New York: Signet.

Wolfe, Alan. 1998. *One Nation, After All.* New York: Viking.

Wood, Godon S. 1988. *Fundamentalists and the Constitution.* New York Review of Books. February 18.

Wood, Gordon. 1972. *The Creation of the American Republic, 1776-1787.* New York: Norton.

Wood, Gordon. 1991. *The Radicalism of the American Revolution.* New York: Knopf.

Wynne, Brian. 2010. "Strange Weather, Again: Climate Science as Political Art." *Theory, Culture & Society*. Vol. 27, No. 2-3.

Yar, Majid. 2003. "Panoptic Power and the Pathologisation of Vision: Critical Reflections on the Foucauldian Thesis." *Surveillance & Society*. Vol. 1, No. 3.

Young, James P. 1996. *Reconsidering American Liberalism: The Troubled Odyssey of the Liberal Idea.* Boulder, Colo.: Westview.

Zimmerman, Michael E. 1994. *Contesting Earth's Future: Radical Ecology and Postmodernity*. Berkeley: University of California Press.

Zizek, Slavoj. 1999. *The Ticklish Subject: The Absent Centre of Political Ontology*. London: Verso.

색인

ㅎ